Poland
in
Four
Seasons

四季波兰

杜京 著

中国书籍出版社
China Book Press

图书在版编目（CIP）数据

四季波兰 / 杜京著 . —— 北京：中国书籍出版社，2018.11
ISBN 978-7-5068-7089-4

Ⅰ . ①四… Ⅱ . ①杜… Ⅲ . ①波兰－概况 Ⅳ . ① K951.3

中国版本图书馆 CIP 数据核字（2018）第 247777 号

四季波兰
杜京 著

责任编辑	游　翔　张　文
责任印制	孙马飞　马　芝
封面设计	黄俊杰
出版发行	中国书籍出版社
地　　址	北京市丰台区三路居路 97 号（邮编：100073）
电　　话	(010)52257143（总编室）　　(010)52257140（发行部）
电子邮箱	eo@chinabp.com.cn
经　　销	全国新华书店
制　　版	北京印艺启航文化发展有限公司
印　　刷	北京启航东方印刷有限公司
开　　本	787 毫米 ×1092 毫米　1/16
印　　张	41
字　　数	400 千字
版　　次	2018 年 11 月第 1 版　2018 年 11 月第 1 次印刷
书　　号	ISBN 978-7-5068-7089-4
定　　价	188.00 元

版权所有　翻印必究

谨以此书，献给波兰共和国重获独立 100 周年

波兰共和国驻中华人民共和国特命全权大使

赛熙军（Wojciech Zajaczkowski）

我们如何去了解另一个国家？关于这个问题，可能有很多种答案，但其中最具说服力的是，要想了解另一个国家，需要亲身体验它的四个季节。这句话蕴藏着许多真理。一年四季的变化体现在不同季节的光亮程度，体现在森林和田野的多姿多彩，还体现在人们的穿衣方式，身体对冷暖的感受以及行为举止等方方面面。一个春夏秋冬四季分明的国家，会显得更加丰富多彩和生机勃勃。

　　杜京女士在《四季波兰》一书中，就恰恰展现了一个多彩跃动的波兰。在当代中国新闻事业中，很难再找到一位除杜京女士之外能够利用自身才华和对事物的丰富见识，来描绘波兰生活众多方面的作家了。杜京女士不仅会让中国读者感到惊讶，即使在波兰，能夸耀自身对祖国的知识、政治及地理等不同方面具有深刻认识的波兰人也不多见。

　　值得关注的是，《四季波兰》一书，正是在波兰重获独立100周年这个时刻出版的。恰恰是在100年前，1918年11月，经过了123年的束缚和瓜分之后，波兰人民重新取得了国家的独立。因此，波兰对于中国在19世纪时的艰难历史经历有深刻的理解。今天，

100年前重获独立已成为波兰社会骄傲与喜悦的源泉,同时也是灵感的源泉,其所激励的也不仅仅是波兰人,在杜京女士精美的书中也提到了这激励人心的力量。

波兰与中国之间在不同领域都有着越来越多的紧密交往,从政治到文化再到教育。有越来越多希望了解弗雷德里克·肖邦(Fryderyk Chopin)、玛丽亚·斯克沃多夫斯卡·居里(Sklodowska-Curie)的祖国的中国游客们,走进了波兰进行探索。无论对于因职业需要与波兰进行接触的人,还是来这里享受生活体验乐趣的人,《四季波兰》都将是一本介绍波兰历史、了解波兰传统和现代波兰的值得品读的绝佳书籍。

波兰共和国驻中华人民共和国特命全权大使

赛熙军(Wojciech Zajaczkowski)

W jaki sposób możemy poznać inny kraj? Jest wiele odpowiedzi na to pytanie, jednak najbardziej przekonująca mówi, że po to by osiągnąć ten cel, trzeba doświadczyć w nim czterech pór roku. Kryje się w tym wiele prawdy. Pory roku to światło, barwy pól i lasów, sposób ubierania się, fizyczne doświadczenie zimna lub gorąca, ludzkie zachowania. Kraj widziany wiosną, latem, jesienią i zimą staje się wielowymiarowy, ożywa.

Taką właśnie wielobarwną, żywą Polskę pokazuje Pani Du Jing w „Polsce w czterech porach roku". We współczesnej publicystyce chińskiej trudno byłoby znaleźć innego autora, który z porównywalnym talentem i znajomością rzeczy opisywałby różne wymiary życia polskiego. Pani Du Jing może zaskoczyć nie tylko czytelnika chińskiego, niewielu Polaków mogłoby bowiem pochwalić się równie głęboką znajomością bardzo różnych środowisk intelektualnych i politycznych oraz geografii swojej rodzinnej ziemi.

Na uwagę zasługuje, że „Polska w czterech porach roku" ukazuje się w roku, na który przypada setna rocznica odzyskania przez Polskę niepodległości. Dokładnie przed stuleciem, w listopadzie 1918 roku, po stu dwudziestu trzech latach niewoli i rozbiorów Polacy odzyskali niepodległe państwo. Stąd też podobnie trudne doświadczenia historyczne Chin w XIX w. są w Polsce dobrze rozumiane. Dzisiaj wydarzenia sprzed stu lat są dla społeczeństwa polskiego źródłem dumy i radości, a także inspiracji i to nie tylko dla Polaków, o czym świadczy piękna książka Pani Du Jing.

Polskę i Chiny łączy coraz więcej kontaktów w najróżniejszych dziedzinach – od wielkiej polityki po kulturę i naukę. Coraz więcej turystów chińskich, wiedzionych pragnieniem poznania kraju Chopina i Marii Skłodowskiej-Curie odwiedza Polskę. Zarówno dla tych, którzy zetkną się z Polską ze względów zawodowych, jak i dla tych, którzy trafią tu dla przyjemności „Polska w czterech porach roku" będzie znakomitym wprowadzeniem do jej historii, tradycji i współczesności.

Wojciech Zajączkowski

Ambasador Nadzwyczajny i Pełnomocny

Rzeczypospolitej Polskiej w Chińskiej Republice Ludowej

How do we get to know another country? There are many answers to this question, but the most convincing one is that you need to experience all four seasons there. There is a lot of truth in these words. The light, the colors of fields and forests, the way people dress, the physical experience of cold or heat, human behavior it is all in the seasons. The country, seen in spring, summer, autumn and winter, becomes multidimensional, comes alive.

Such a multi-colored, vivid Poland is shown by Ms. Du Jing in her "Poland in Four Seasons". It is very difficult to find another contemporary Chinese journalist who with such a talent and knowledge would describe various dimensions of life in Poland. Ms. Du Jing may surprise not only the Chinese reader, as there are few Poles who could match her deep knowledge of diverse intellectual and political circles or the geography of their native land.

It is worth noting that "Poland in Four Seasons" is published in the year of the 100th anniversary of Poland regaining its independence. Exactly a century ago, in November 1918, after one hundred and twenty-three years of servitude and partition, Poles regained an independent state. Similarly difficult historical experience of China in the 19th century is well understood in Poland. Today, the events of one hundred years ago serve as a source of pride and joy and inspiration for the Polish society but also for others, as evidenced by the beautiful book by Ms. Du Jing.

Poland and China are linked by an increasing number of contacts in a wide variety of areas — from big politics to culture and science. More and more Chinese tourists, led by the desire to get to know the country of Chopin and Maria Sklodowska-Curie, visit Poland each year. Whether you come to Poland for professional reasons or for pleasure "Poland in Four Seasons" can be a great introduction to its history and tradition as well as its present.

Wojciech Zajaczkowski

Ambassador Extraordinary and Plenipotentiary

of the Republic of Poland to the People's Republic of China

密茨凯维奇学院院长
克里斯托弗·奥兰德斯基（Krzysztof Olendzki）

在波兰，任何季节都有丰富的文化活动。因为今天的波兰文化生气勃勃，丰富多样——无论是古典艺术迷还是使用最尖端技术的智能娱乐粉丝，都能在波兰找到对味的时髦及时尚。

在此，人们有必要了解波兰人为什么对自己的文化如此热爱。因为在波兰国家和民族的历史上，文化扮演了极为特殊的角色。在艰苦的19世纪，当波兰不是一个独立国家的时候，波兰人凭借文化认同自己的身份，更重要的是，波兰人也因此获得了世界的认同。

弗里德里克·肖邦美妙动人的马祖卡舞曲、斯坦尼斯拉夫·莫纽什科光彩夺目的歌剧、亚当·密茨凯维奇文采斐然的诗歌、扬·马特耶科妙手丹青的画作、亨利克·显克维奇扣人心弦的畅销小说等，都阐述了波兰民族及其引以为傲的文化遗产。

对波兰人来说，了解并热爱伟大波兰艺术家的杰作并不是因受教育或教化而来。它其实是一种爱国的责任，每个波兰人都乐意履行。这正是凝聚波兰人民，使其文化经久不衰的民族心理，也证明了为何波兰以文化立国。

如果你想了解波兰，就应该了解波兰文化。一旦你了解了，我非常肯定你会深深地爱上它，就像所有的波兰人以及本书的作者，中国高级记者、著名作家、摄影家杜京女士一般。杜女士在中国扮演了波兰文化大使的角色，本书已是她撰写的第三本介绍波兰的著作。愿你喜欢这本书并了解造访波兰，四季皆宜！

密茨凯维奇学院院长
克里斯托弗·奥兰德斯基（Krzysztof Olendzki）

In Poland every season is good for culture as today Poland is a place where the cultural life is vibrant and the choice staggering, there is something for every taste and fashion, whether you love the past and the classical style or are a future-oriented fan of cutting edge technology at the service of intelligent entertainment.

One must understand, however, that there is a strong reason why Poles love their culture so strongly. Culture has played a special role in the history of Poland and Poles as a nation. In the difficult 19th century, when Poland did not exist as an independent state, it was through culture that Poles identified themselves and, more importantly, were recognised by the world.

The beautiful and touching mazurkas of Fryderyk Chopin, the dazzling operas of Stanislaw Moniuszko, the great poems of Adam Mickiewicz, the staggering paintings of Jan Matejko and the best-selling novels of Henryk Sienkiewicz they all spoke for Poles and the heritage they were so proud of.

To know and love the works of great Polish artists for Poles was not a matter of being educated or cultured. It was a patriotic duty, which everyone gladly and ardently fulfilled. This has left a lasting impression on the collective psyche of the Polish nation, which is so culture-centred.

If you would like to know and understand Poland, you need to know the Polish culture. Once you know it, you will, I am quite certain of it, love it deeply, as all Poles do, as Ms. Du Jing, Chinese renowned journalist and author of this book does. Ms. Du is an ambassador of Polish culture in China. This is her third book about Poland. Please enjoy and know that Poland is a country for every season!

Krzysztof Olendzki

Director

Adam Mickiewicz Institute

作者的话

一年四季,春夏秋冬。

百年岁月,沧海桑田。

在地球上有一个地处欧洲心脏的国家,她的名字很美,这个国家就是波兰。她好似飘动着美丽和灵气的神话,是尘世间每一个旅行者精神与理想的栖息之地。

波兰,位于欧洲的十字路口,有着十分复杂而特殊的历史背景。公元一世纪末,斯拉夫人占领了欧洲大部分地区,公元五至七世纪,斯拉夫人在各地形成了部族联盟,其中波拉涅族(平原之民)成为今日"波兰"国家的起源。公元966年,梅什科一世(Mieszko Ⅰ)建立了波兰国家,至今已有一千多年的历史。

在不同历史时期,波兰曾建立起波罗的海至黑海广袤的帝国,疆域辽阔,傲立世界。14至15世纪进入鼎盛时期,在很长一段时间雄霸世界,成为名副其实的世界大国。然而,这片土地丰饶,气候宜人,地大物博,多姿多彩,如诗如画的风水宝地,一直成为周边列强虎视眈眈的"猎物"。波兰在历史上屡遭外来者的侵略和欺凌,曾经先后三次被划分,在地球上整整消失了123年。是什么力量支撑着这个国家重新建立起来?在我看来这一切都来自于文化的力量。

百年之后的今天，重新站立起来的波兰人民，爱国之心比任何时候都越发强烈。他们从未放弃希望，从未放弃对自由和独立的执着追求，凭着英勇顽强，坚韧不拔的民族意志，骄傲地告诉这个世界："波兰精神不朽！波兰人民爱国之心不可磨灭，波兰文化坚不可摧历久铭心。"于是，独放异彩的波兰文化熠熠生辉；于是，独树一帜的波兰精神大放光芒。以肖邦精神为象征的波兰名片，骄傲的成为波兰文化的标志；以肖邦音乐为代表的波兰之声，回荡在世界的每一个角落，传递着波兰文化、民族精神、博爱之心、高贵气质。

今天，当你走在波兰首都华沙古老的国王大道，当你漫步在曾经是国王所在地的老城克拉科夫广场，你都会感受到浓郁的波兰文化氛围。漫步在克拉科夫广场一眼就能看到波兰伟大的爱国主义诗人密茨凯维奇（Mickiewicz）的巨大雕像。1569年之前，这里一直作为波兰首都的克拉科夫古城广场，老城中最辉煌的建筑，要数始建于1018年竣工于1320年的哥特式、巴洛克式风格融为一体的瓦维尔城堡大教堂（Katedra Wawelska）。历代国王的加冕仪式都在此举行，而他们死后的遗体都安放在这里，葬在这里的人除了国王之外，还有波兰的诗人斯沃瓦茨基（Slowacki）、作家莱蒙特（Reymont）和有突出贡献的人物帕德莱夫斯基（Paderewski），其中一位就是波兰伟大的爱国主义诗人亚当·密茨凯维奇。在民族解放波澜壮阔的时代，是他写出了千古不朽的伟大诗篇——《致波兰母亲》。诗人与国王同葬在一起，这个世界上绝无仅有，而这样的奇迹，只有神奇之国波兰才能创造。

在波兰首都华沙毕苏茨基广场（Plac Pilsudskiego）无名烈士墓前，存放着从沙场上捧回沾着烈士献血的泥土。威武帅气的哨兵日夜守卫，终年点亮的长明灯，寄托着所有波兰人民的渴望与祈祷——永远的和平。

人类历史上最璀璨的星群照亮波兰，一串串闪光的名字：哥白尼（Kopernik）、肖邦（Chopin）、居里夫人（Sklodowska-Curie）、约翰·保罗二世（Jan Pawel

II) ……他们是波兰人的骄傲。在波兰的土地上,即使是一砖一瓦都闪烁着文明的光芒,每一座城市都极具魅力,从华沙到罗兹、从格但斯克到克拉科夫、从弗罗茨瓦夫到亚韦斯托克……都有着与生俱来的独特气质。深邃丰富的历史文化和世界自然文化遗产,更是波兰人引以自豪的财富。

我在不同的季节去过波兰。阳光和煦的春天百花绽放,鸟儿鸣春;铄金流石的夏天,绿荫满眼芳菲正浓;天高云淡的秋天,绚丽多彩令人迷醉;飞雪飘洒的冬天,寒凝大地静谧洁白。四季轮回,春夏秋冬。波兰的色彩风景随之变幻,亘古不变的是波兰民族不屈不挠的顽强意志,高贵向上的精神气节。波兰,屹立于世界民族之林,她以独特的魅力征服世人。在万紫千红的文化百花园中,她犹如芬芳的花朵一枝独秀,生机盎然,香飘四季,流芳百年……

在波兰共和国重获独立100周年之际,初冬时节,我笔下的这本《四季波兰》作为一份特别的礼物奉献给读者朋友。这是我撰写的第三本关于波兰的书,我愿意将我的所见所闻,心灵感悟,从笔尖从流淌出来的文字,从镜头中拍摄到的照片,与你分享,期待你读着我写的《我,文化波兰》、《琥珀色的格但斯克》、《四季波兰》认识波兰,走进波兰,感受波兰。

杜京

2018年11月18日于北京

目录

002　序 1

010　序 2

015　作者的话

001　历史是一面镜子

011　北京——波兰文化节

015　音乐是我们共同的生命

021　花城的"波兰文化之夜"

029　踏上"琥珀之路"

033　中波合作"春意正浓"

039　美丽的滨海拥抱中国

045　波兰文化之旅

075　华沙之秋的温情与惬意

083　牵手"华沙之秋国际现代音乐节"

089　心灵中流淌的旋律

095　边走边看话波兰

129　边走边看游波兰

151　"琥珀之夜"的审美享受

158　我与一位波兰姑娘和一块漂亮披肩的故事

163　心灵的舞者

169　认识滨海

177　滨海人在北京有了"家"

181　波兰S&A琥珀：自然是未来

189　"哥白尼向我们微笑"

193　波兰歌剧《居里夫人》

217　波兰S&A琥珀——温暖宝石献爱心

223　"舞蹈皇冠"——波兰拉尼歌舞团献艺北京

229　"发现·欧洲双色苹果"

237　"波兰邮政支持文化"邮票展览首次亮相中国

243　李云迪：最年轻的肖邦国际钢琴大赛评委

- 249　波兰ZAR剧团演绎《剖腹产》
- 255　在文化交流间沟通心灵
- 259　《浴血华沙》震撼北京国际电影节
- 271　欧洲文化之都：弗罗茨瓦夫
- 285　穿越500年 聆听欧陆之音
- 295　密茨凯维奇回到中国
- 303　《先人祭》在中国"复活"
- 313　悠久而激越的青年音乐盛典
- 323　聆听肖邦
- 335　"紫禁城"结缘"华沙之秋"
- 345　令人难忘的"肖邦之夜"
- 355　翻开"双面人"的生活
- 363　在紫禁城聆听穿越时空的古乐
- 373　《英雄广场》带来的震撼
- 387　《阿波隆尼亚》：表达人性 诠释生活
- 395　《姐歌姐娜》"绽放"北京
- 401　英雄之山

411　美妙音乐相伴美食

417　琴声流淌

429　深秋时节的美妙乐章

435　波兰克拉科夫老剧院：别样的《李尔王》

443　《火与剑》的声音

451　青年钢琴家

455　紫禁城回荡着中波友谊之声

461　回顾与展望

467　文化——中波友谊的桥梁

477　透过格但斯克看波兰文化

487　我心中的格但斯克

501　波兰好味道

507　熠熠生辉的人性光辉

517　波兰摇滚　魅力MOA

527　李云迪携手华沙爱乐乐团中国巡演

535　古老传说搬上现代"银幕"

545　马里乌什·特雷林斯基的"一鸣惊人"

551　三月春风吹来

559　牵着肖邦的手

577　雨中的肖邦

583　《光子》——人类的秘密

591　紫禁城古乐会之"中世纪的吟游"

603　世界的《福地》

611　《福地》与福气

619　伊莎贝拉的心愿

历史是一面镜子

初秋的午后,阳光洒在温馨的会见厅,浓浓的咖啡,香飘四溢。在波兰共和国驻华大使馆,采访波兰驻中国大使赛熙军(Wojciech Zajaczkowski),说到今年是波兰重新获得独立100周年的话题,他口若悬河侃侃而谈。

赛熙军大使说:"历史,是民族精神的一面镜子,真实记录着一个国家和人民在漫长岁月中坚韧不拔奋力前行的步履。在历史的长河中,波兰曾经建立起了覆盖波罗的海至黑海广袤的帝国,曾经发展成为欧洲地区国际化程度最高,最包容的国家之一;也曾经被多国列强瓜分,因战火的重创而一蹶未不起,波兰曾经在地球上整整消失了123年……但是英勇不屈的波兰人民从未放弃希望,从未放弃对自由和独立的执着追求,从未放弃坚韧顽强的奋斗精神和不屈不挠的民族意志。如今,波兰依然屹立于世界民族之林,成为欧洲经济政治和文化的先锋领袖之一。是什么力量支撑着波兰这个国家重新站立起来,我认为这力量来自于波兰人民英雄的民族气节,和坚韧不拔的奋斗精神。"赛熙军大使一席话,表达了一位资深外交官的心声,透出他热爱波兰,忠于祖国的赤诚之心。

坐在我面前的这位温文尔雅、彬彬有礼的赛熙军大使,是波兰共和国新任大使。

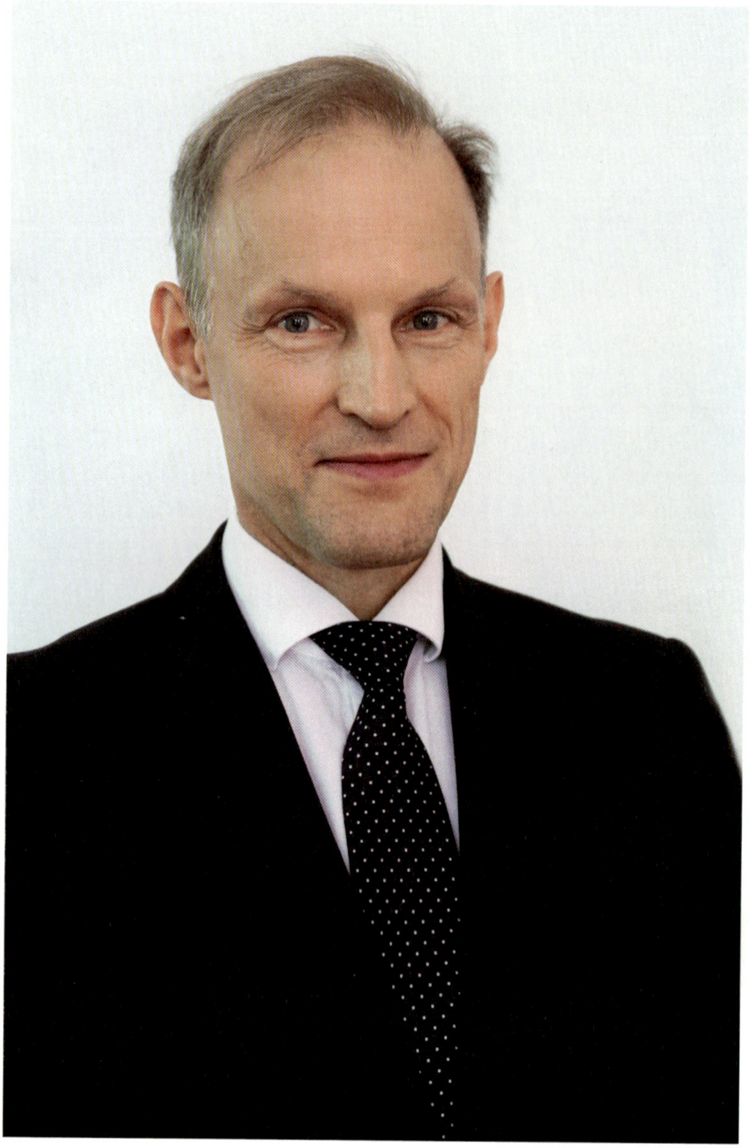

第一次见到他时，是在中国传统的春节前夕，赛熙军大使在波兰驻华大使馆举办"欢庆中国新春佳节"招待会上。当我们第一次握手接过他手中的名片，上面印着他的中文名字：赛熙军。我心想，莫非是他与军队和军人有关，为何会取这样一个中文名字，其中又有什么含义？这个"谜"一直装在我心里。时至今日，采访赛熙军大使我们面对面交谈时，这个"谜"才终于被揭开。

赛熙军大使告诉我，我的中文名字"赛熙军"的由来：首先按照波语发音与我的名字比较接近，我的波语名字的确与军队有关，寓意着战争、勇敢；其次"赛"字的中文含义很好，比如比赛、竞赛、赛跑等等，这些词都与人的进取精神连在一起；再就是"赛熙军"用中文念起来很好听，朗朗上口，大气平和。听他这一番话，我对这位名叫"赛熙军"的大使肃然起敬。

美丽的布尔达河流经比得哥什，矗立在岸边的古老建筑是建于百年的木质砖瓦结构粮仓，位于布尔达河上，建于19世纪后期的桥梁则为典型前卫建筑，古老和现代的交融，使这座城市美丽而有趣。赛熙军大使就出生在比得哥什一个知识分子家庭。他的父母都是化学专家，他从小就受到非常良好的教育，父母对他和妹妹要求十分严格，家里有很多书，这是父母培养他们兄妹的一大"法宝"。长大后他成为一名外交官，而他的妹妹则是一名建筑师。他和妹妹学习从来都很用功，成绩总是名列前茅。

童年，对每一个人来说都是难以忘却的时光。对于赛熙军来说，他至今印象最深的是，"比得哥什是一座美丽而极富艺术气息的城市，记得我很小的时候，每天上学都要路过比得哥什音乐学院，聆听着美妙动听的音乐，这是我童年最美好的记忆"。

赛熙军从小对物理极富兴趣，但上高中时他读得是文学班，在报考大学时他反复思考后，决定报考历史专业。"我个人认为物理和历史是相通的两门学科，物理是了解世界，历史是了解社会，通过二者了解人类。"赛熙军这样认为。

之后，赛熙军报考了鲁布林天主教大学，攻读历史专业。这所学校是当时从东德到太平洋之间唯一一所私立大学。他在学校学习成绩一直很好，但无论如何连他自己也没想到，他将来的工作是做一名外交官。赛熙军说，让世界充满爱这是我的愿望。我希望地球上的每一个人都幸福美满的生活，每一个人都努力勤奋的工作，为人类、为这个地球创造财富。他到中国来之前是担任波兰共和国驻俄罗斯大使，他先后于1998年—2000年、2010年—2014年两次派驻俄罗斯，在那里工作长达6年。他去过乌克兰、罗马尼亚、立陶宛等国访问、学习、考察。期间，他曾经在波兰外交部政策司工作，主要负责波兰与世界关系的工作。用历史的眼光客观的看待现实，用哲理性的思维分析判断这个纷繁复杂的世界，这是赛熙军作为一名资深外交官的"一技之长"。

还记得6年前，赛熙军大使第一次到中国访问的情景，他出访了香港、澳门，后到北京、上海等地走访。他的第一印象是中国很大，到处蒸蒸日上，人们都在为国富民强努力工作。"2018年初，当我正式上任驻华大使来到北京时，我才从内心感受到中国是一个了不起的国家，改革开放给整个国家带来了巨大变化。"出任驻华大使，在短短半年时间里，赛熙军大使在百忙中访问了上海、香港、西安、广州、武汉、大同、南宁、成都等中国多个城市地区，他感慨，中国真是一个地大物博，人口众多的国家，中国人民善良友好，勇敢勤劳。

赛熙军在小学时上地理课就知道，在世界的东方有一个文明古国，她的名字叫中国。那时，赛熙军幻想着有一天能到这个遥远而神秘的国度走走看看。如今，他真的来了，并出任波兰共和国驻华大使。他深知肩上的责任，他竭尽全力努力工作，不负众望。

赛熙军大使对我说过这样的话，"作为波兰共和国现任驻华大使，我觉得遗憾的是，现在波兰与中国间还缺乏更多的了解。他非常希望加强两国人民相互了解，通过媒体向中国人民介绍波兰，欢迎中国有更多的旅游者到波兰去旅行。同时，也希望更多的波兰人到中国来走走看看。让两国人民相互间交流了解波中两国悠久的历史，璀璨的文化。看到波中两国相互促进，共同发展的广阔而美好的未来"。当我们谈到，今年

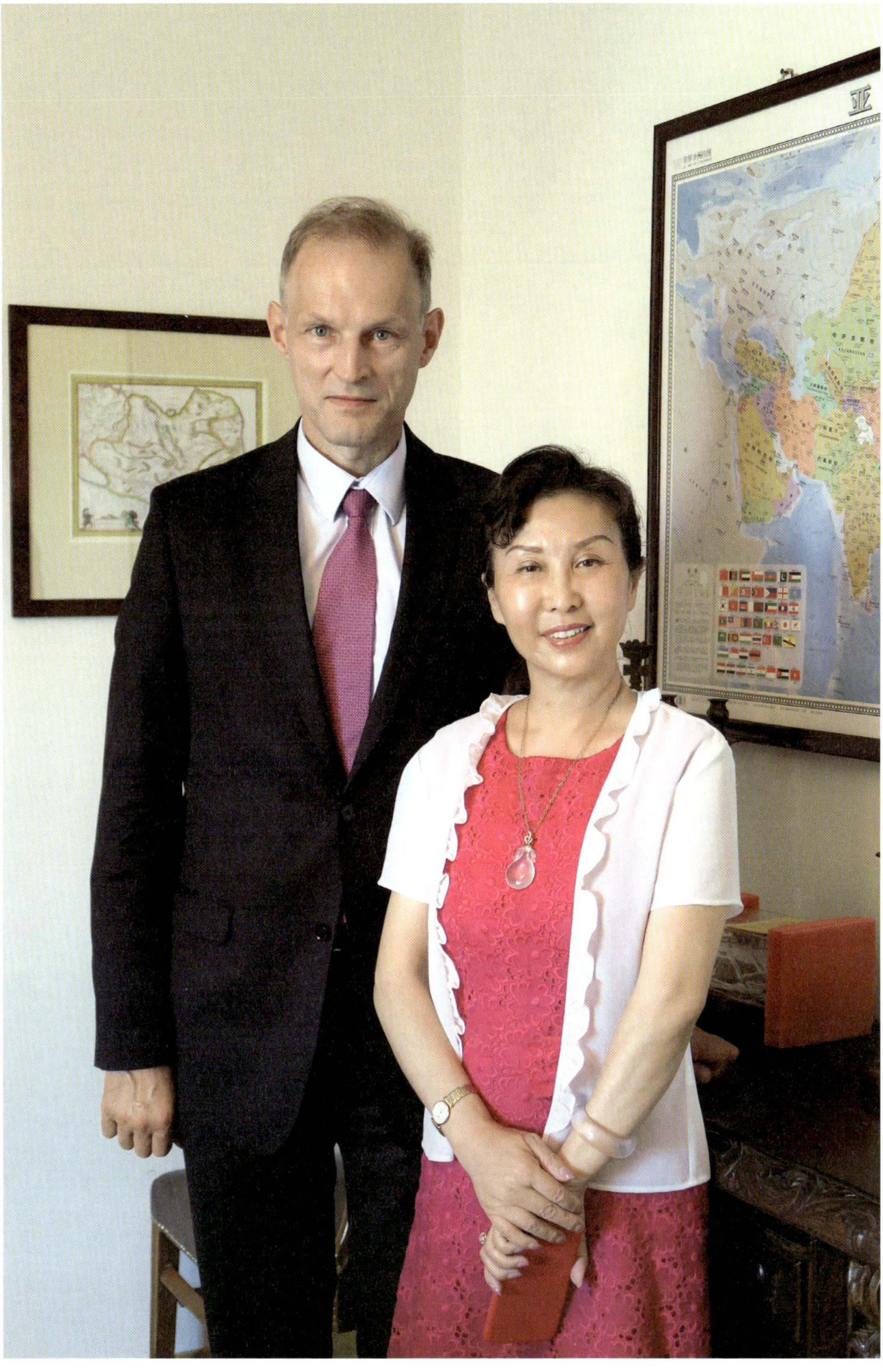

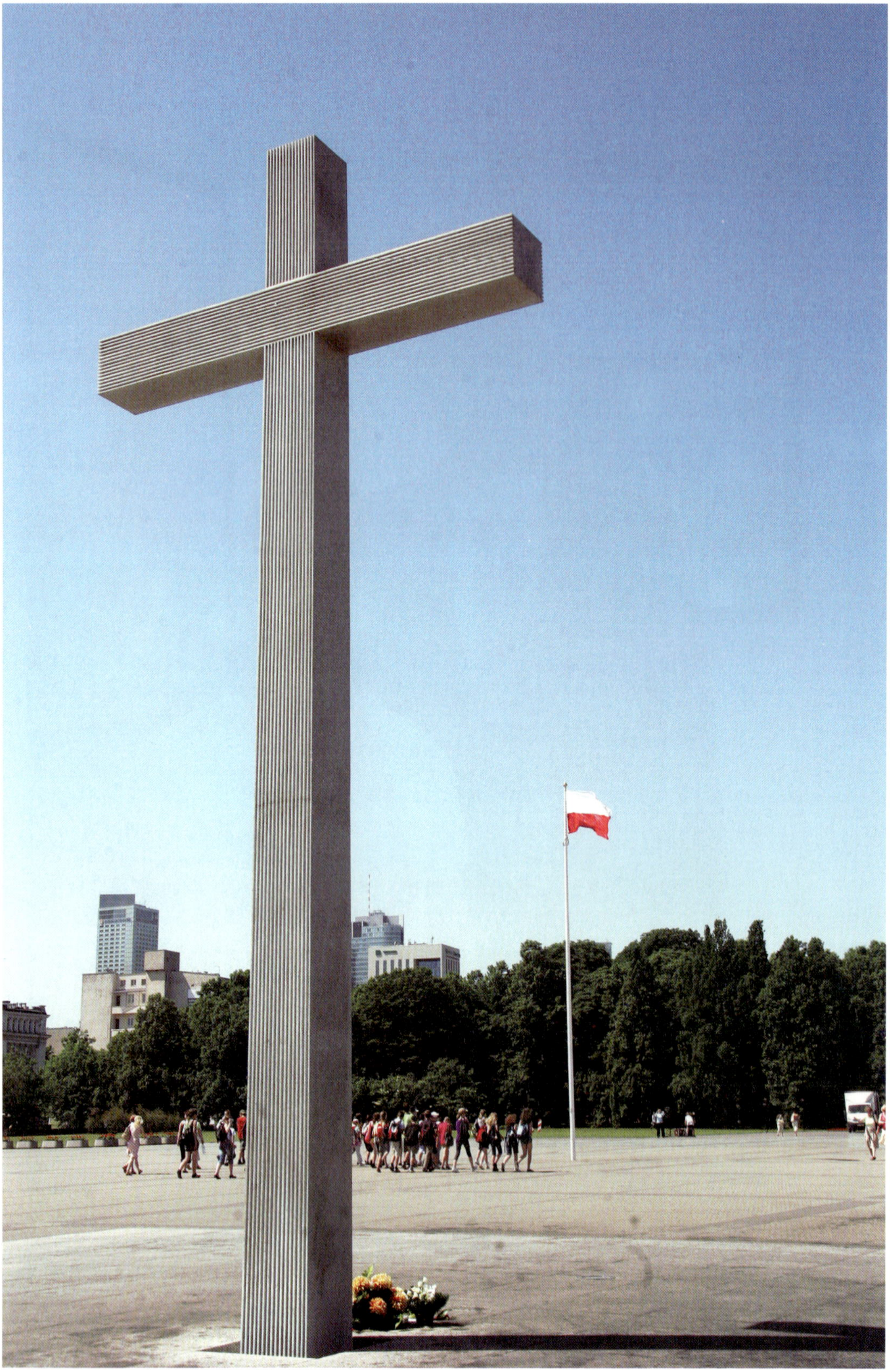

是波兰重获独立100周年的重要话题，赛熙军大使说："波兰，的确是一个不同寻常的非凡国度，他的悠久历史，深厚文化和独特魅力，深深凝聚着我和许多波兰人的心。"

当大使说到这里时，我也有此同感。我先后8次出访波兰，对波兰这个国家的历史文化、政治经济及艺术教育都非常感兴趣。波兰，一次次的灾难，蹂躏着这片土地，伟大的波兰人民凭借着百折不挠的气节，内涵深厚的文化底蕴，战后恢复建设，重振波兰经济，使其在遭受残暴和野蛮的屠杀后迅速崛起，保持着镇定而向上的高贵。在战争之后有人说，华沙100年之内都不可能站立起来。

赛熙军大使说，在这个地球上，波兰是一个极不平凡的国度。从历史的角度看，许多重大事件成就了当代的波兰。以下我例举仅仅是波澜壮阔历史岁月中的一隅，但是这些信息都有助于中国的朋友了解波兰的历史，理解和认同波兰，卓然不群而又独一无二的民族身份和民族气节。说到波兰历史，大使先生可谓是为专家，他神情专注的向我娓娓道来："1918年以前波兰的历史上有以下重要事件……

966年，波兰皈依基督教，历史学家们认为，梅什科一世是开创皮亚斯特王朝的开创者，该王朝在随后的400年中一直统治着波兰，966年受洗是波兰建国的标志。从此，波兰以他独立建国的身份在欧洲崭露头角，梅什科一世被宣布为波兰王储。

1025年，梅什科一世的儿子博莱斯瓦夫·赫罗波利（Boleslaw Chrobry），被誉为"勇敢者"的博莱斯瓦夫一世加冕为波兰国王，建立了波兰国家。

1385年，波兰摄政女王雅德维嘉（Jadwiga）与立陶宛大公国联姻，瓦迪斯瓦夫二世雅盖沃（Wladyslaw）建立了雅盖隆王朝。从那时起，波兰国王同时统治两个国家，建立了波兰立陶宛王国。1618年，当时波兰王国的国土面积达到了99万平方公里之多"……赛熙军大使向我讲述着波兰的历史。

当然，对于波兰曾经是欧洲一个大国的故事，我不止一次聆听过有关世界历史专家及欧洲问题学者们的讲述。令我记忆最深的是：除了蒙古国和拿破仑统治下的法兰西第一帝国外，波兰是唯一在1610年攻打过莫斯科占领克里姆林宫的国家。那是1605—1618年期间，波兰军队俘虏了留里克王朝的最后一名成员沙皇瓦西里四世（Tsar Vasili IV），并将他带到了华沙……

赛熙军大使回忆："波兰的贵族民主权自由选举波兰国王的制度，导致了中央政府的衰落和寡头政治的崛起。19世纪对于波兰是一个步履极其艰难的时期。波兰在历史上曾经三次被瓜分，普鲁士、奥地利、俄罗斯分别在1772年和1793年瓜分并吞并了东部和西部的大部分领土。1795年，瓜分导致波兰立陶宛联邦王国从世界版图中消失，这段时间长达123年……"回忆这段历史，赛熙军大使和千千万万个波兰人一样深感痛心。

1918年，波兰终于摆脱了长达123年以来被奥匈帝国、德意志帝国和沙皇俄国三大列强强占领土的历史，如凤凰涅槃浴火重生，波兰重新成立独立国家。1924年兹罗提被重新确立为国家货币，波兰重振经济，其经济一直保持在稳定发展水平。

但好景不长。1939年9月，根据旨在划分东欧势力范围的《莫洛托夫——里宾斯洛甫条约》，纳粹德国从波兰西部入侵波兰，打响了二战第一枪，纳粹德国和苏联军队的入侵在人类历史上揭开了最惨烈的战争序幕。

1918年，在约瑟夫·毕苏斯基（Jozef Pilsudski）将军的铁腕领导下，波兰终于摆脱了长达123的外国列强统治，重新获得真正意义上的国家独立。

自1945年，苏联军队将纳粹驱逐出波兰后，苏军在长达数十年的时间里一直驻守在波兰边境，直到苏联解体，最后一名苏联士兵于1993年离开波兰，标志着波兰共和国真正意义上获得了完全独立的国家。

1989年，波兰在成功转型后，在恢复国家主权的同时，重视经济建设，很短时间内效果显著，并在国际社会中获得了应有的主权和地位尊重。与此同时。波兰人与生俱来的开拓进取精神为新兴经济的发展推波之澜。2004年加入欧盟以来，波兰

VIM VI
REPELLERE LICET
SIŁĘ WOLNO
ODEPRZEĆ SIŁĄ
SILENT LEGES
INTER ARMA

发生了翻天覆地的变化，目前已成为重要的参与国与欧盟成员国，成为引领欧洲经济增长的先锋。

在赛熙军大使看来，历史就是这样，它不偏不离认真记录着人类前行的每一个脚印，记住历史，是对一个民族、一个国家记忆的整理和最深沉的回望。

北京—波兰文化节

2012年深秋时节,"北京—波兰文化节"在北京举行。2012年10月30日上午,波兰驻华使馆举行新闻发布会。"北京—波兰文化节"已经连续举办多年,音乐是无国界的,是沟通波中人民的心灵的桥梁。克日什托夫·潘德列茨基(Krzysztof Penderecki)已经连续18年来中国,每一次他的到来,都为中国观众献上精彩的音乐作品。潘德列茨基是波兰乃至世界著名的音乐家,他的夫人艾兹别塔·潘德列茨卡(Elzbieta Penderecka)是路德维格凡贝多芬协会主席(President, Ludwig van Beethoven Association),他们夫妇总是在竭尽全力的推动波兰文化走进中国,把中国音乐带到世界,起到了积极的桥梁作用。潘德列茨卡女士是作为欧洲最著名的音乐节主办者及发启人,她多次来到北京把中国的音乐家带到欧洲,为推动中国音乐走向世界,做出了不可磨灭的贡献。

2012年"北京—波兰文化节"活动,内容丰富多彩,形式多样,给中国观众带来了全新的艺术感。随着中波两国文化的合作与交流,这一活动还将继续深入更加有效。贝多芬协会这一创意,再一次告诉人们,音乐和艺术的语言是不需要翻译的。音乐和艺术可以搭建我们共同的价值平台,碰撞出精彩的火花。

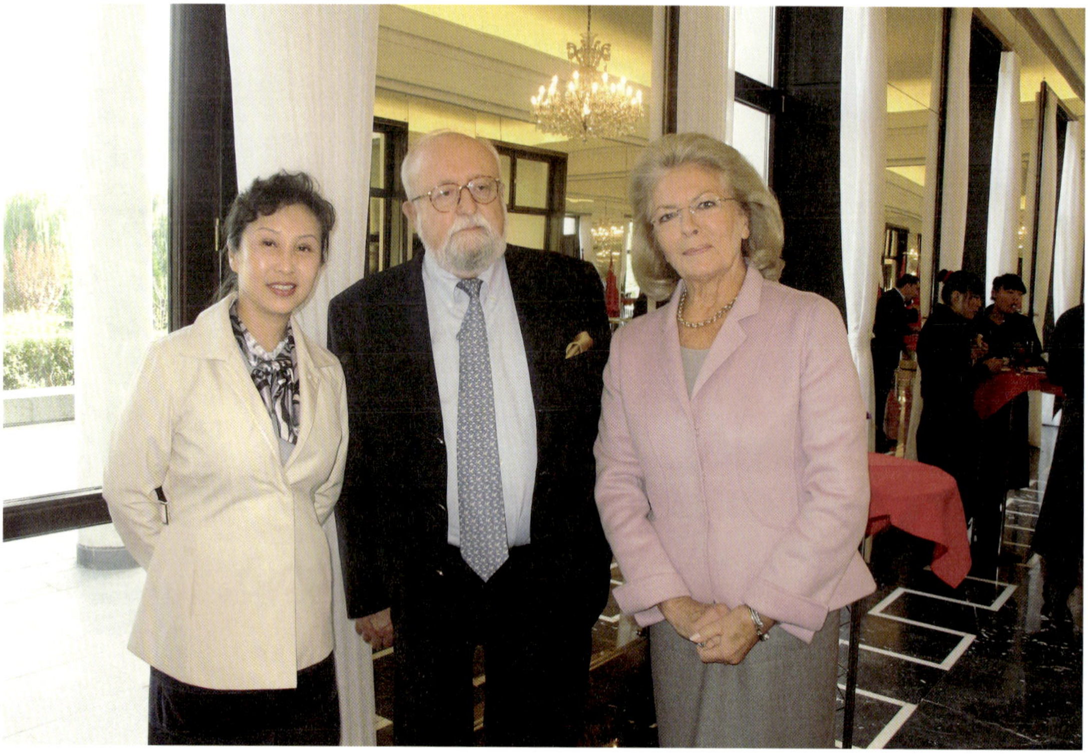

潘德列茨卡在新闻发布会上详细介绍了这次"北京—波兰文化节"活动。11月2日在北京音乐厅举办了文化节开幕式交响音乐会，曲目有斯坦尼斯拉夫·莫纽什科（1819-1872）的《"童话"幻想序曲》、弗雷德里克·肖邦（1810-49）的《e小调钢琴协奏曲OP.11》、潘德列茨基（1933）的《第五交响曲》。音乐会由青年钢琴家陈萨演奏，潘德列茨基指挥，中国国家交响音乐团演奏。

为在中国推介波兰南部的小波兰省，丰富的旅游资源及多样的文化特色，11月3日在中欧部国际工程学院举办了中国作者唐鹏举的《我的小波兰省》摄影作品展。为展示二战后跻身为波兰艺术中最具代表性的艺术现象——克拉科夫平面艺术，11月15日在清华大学美术学院举办《克拉科夫平面艺术展》为中国观众展示了铜版雕刻大师Krzysztof Skorczewski的作品，这是一门具有百年历史的印刷术，从中能感受到作者唯我独尊，回归自然艺术的理念。

19世纪至20世纪波兰绘画艺术在世界享有极高声誉，为展示这一杰出成就，11月6日在清华大学美术学院举办《波兰艺术，欧洲遗产》多媒体展览，Jan Matejko、Jacek Malczewski 和 Jerzy Duda-Gracz 创作的作品。与伦勃朗、马奈和毕卡索创作的绘画作品汇集于此，令观众大饱眼福。

本届"北京—波兰文化节"最与众不同的是，除了有音乐绘画等艺术形式，还能品尝到波兰传统的美食。11月6日在波兰共和国驻华大使馆举行了"波兰美食之夜"独立日招待会，特意从华沙飞来的著名大厨Kyzysztof Zurek和著名的职业糖果师Konrad Korszla为嘉宾们奉献了最具特色的波兰美食，面包、巧克力、冰淇淋及甜点让人们感受到波兰美食的美妙滋味。

11月7日又在北京音乐厅举办了"北京—波兰文化节"闭幕式交响音乐会，其中沃伊切赫·基拉尔（1932）的《奥拉瓦》、弗雷德里克·肖邦（1810-49）的《F小调钢琴协奏曲OP.21》、维托尔德·鲁托斯拉夫斯基（1913-1994）的《管弦乐团协奏曲》、钢琴家吴牧野演奏、波兰著名指挥家 Michal Dworzynski 指挥、中国国家交响乐团演出。

在这个秋冬交替的季节，北京秋风瑟瑟，寒意浓浓。由波兰文化与遗产部、波兰驻华大使馆、波兰密茨凯维奇、路德维格凡贝多芬协会共同主办的"北京—波兰文化节"，给中国观众带来了融融春意，献上高品位的精神盛宴。

正如波兰密茨凯维奇学院亚洲事务部总监马丁（Marcin Jacoby）所说，对于中国而言，遥远的波兰不再像过去那样，如此神秘和陌生，近年业，由于两国之间更紧密的联系，越来越多的文化活动，像中国人展示了波兰过去和现代的艺术和国情。"北京—波兰文化节"是非常有趣、有意义的文化活动，它汇集了文化商业和理由，展示了波兰各个领域的成绩，希望波中文化交流的领域更加广泛。波中人民的友谊永远长存。

音乐是我们共同的生命

阳光暖暖的洒在波兰驻华大使馆哥白尼会见厅，身穿粉色上衣，银灰色短裙，一头金发飘逸动人，深邃灰蓝的双目中透出迷人的目光。她，就是"北京—波兰文化节"创始人、路德维格凡贝多芬协会主席艾兹别塔·潘德列茨卡女士。

每一次见到艾兹别塔·潘德列茨卡，都让人感到她是一位端庄高贵、美丽优雅极富魅力的女人。作为世界著名音乐大师克日什托夫·潘德列茨基的妻子艾兹别塔·潘德列茨卡，她在大学时虽然学的是物理专业，但如今她陪伴着丈夫一路走来，近半个世纪的风雨历程，使两颗纯真执著的"音乐之心"紧紧地连在了一起，正如潘德列茨卡所说，音乐是我们共同的生命。

"十年前恰逢路德维格凡贝多芬协会成立，我担任该协会主席和'北京—波兰文化节'主任。"在与潘德列茨卡女士交谈中，我了解到她就是"北京—波兰文化节"的创始人，这位看上去非常温和贤惠、聪明美丽的女性不仅在家庭中有责任感，而且在事业上有着执著的追求。她说，我的性格就是，要想做好一件事就是碰到再大的困难也决不退缩，我可以不吃饭、不睡觉连续"作战"。看得出她的做事风格：直至把事情做得漂漂亮亮，才善罢甘休。

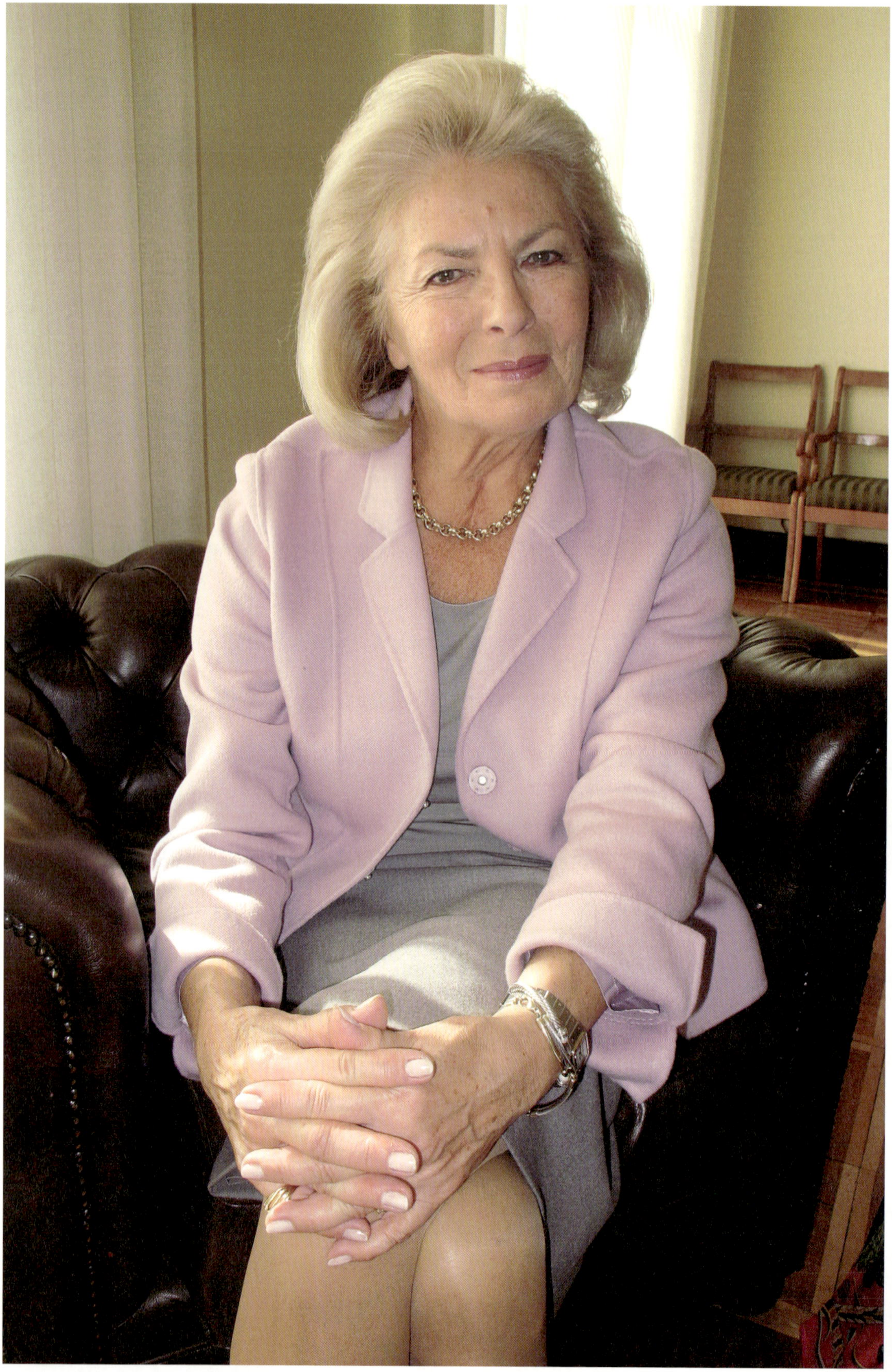

提到潘德列茨卡女士与"北京—波兰文化节"的缘份，还得从1996年说起。那一年，她被克拉科夫市政府邀请担任策划顾问，克拉科夫将于2000年担任"欧洲文化节"的主宾城市，在这期间，潘德列茨卡为活动的成功举办付出了心血，策划组织了许多音乐、戏剧等大型文化活动，受到欧洲各国的高度赞誉。面对诸多荣誉，潘德列茨卡自豪的说："我感到非常骄傲。"

1998年，随着潘德列茨基第一次来到中国，还与中国爱乐乐团、上海交响乐团、上海管学乐团合作，多次成功举办了波兰文化推广活动及音乐会。特别是2011年，"北京波兰音乐周"非常成功，也标志着2012年"北京—波兰文化节"拉开帷幕。潘德列茨基夫妇已经是连续18年每年都到中国来推广波兰文化、进行艺术交流。潘德列茨卡女士兴奋地说："我非常荣幸能够在中国向广大观众，介绍丰富多彩的波兰文化，我肩上的责任就是要向中国人民推介波兰文化中的精品，波兰文化是我们引以为自豪的文化，我认为在世界民族文化之林中，波兰文化占有重要的部分。"

"我感到非常骄傲的是，路德维格凡贝多芬协会在欧洲和世界各地举办的各类波兰文化推广活动，十分有意义，产生了深远的影响。经过不懈的努力，路德维格凡贝多芬协会如今已经成为欧洲节庆联盟'E+A'的重要成员，而且也成为国际表演艺术协会成员，这个协会位于美国，但在全世界有着很高的知名度和影响力。我们主办的音乐节获得了'最佳音乐节奖'、'最佳海报奖'、'最佳节庆奖'、'最佳节目单奖'等等多项殊荣。我们协会的成功离不开波兰政府、文化遗产部及社会各界、金融界企业家的广泛支持，在此我也向他们表示最诚挚的感谢。"潘德列茨卡女士的话语中充满了自信与谦逊。

在举办波兰文化推广活动的同时，潘德列茨卡女士"慧眼识英雄"，她常常以艺术家独到的目光，发现有才华的年轻人，为他们的发展创造条件，搭建平台。她把有着绘画天赋，思维活跃的波兰年轻人，请来为音乐节绘制海报，他们创意绝佳最终摘冠。潘德列茨卡女士在中国也常常把有才华的年轻音乐家送到欧洲，参加各类音乐戏剧节的比赛和演出，可以说她是一个善于发现艺术人才的真正的伯乐。近年来随着"北京—波兰文化节"的举办，她高兴地看到，中国有许多有潜力的年轻音乐家。她说，在波兰首都华沙举办的"华沙之秋"音乐会上，来自中国作曲家的音乐作品给波兰观众带来了纯美的享受。如中央音乐学院副院长叶小刚教授的音乐作品《马九匹》、《羊卓庸措》，青年作曲家郑阳的《悬空寺》，青年作曲家代博的《幻蝶》，在华沙古城皇宫音乐厅演出，倍受波兰观众喜爱。

还记得，我在波兰参加"华沙之秋"音乐活动期间，潘德列茨卡女士邀请我们欣赏波兰古典音乐并共进晚餐时，她与我们聊天，谈艺术、谈人生，从交谈中我感受到了潘德列茨卡女士身上透出的波兰女性的智慧与魅力。

2012年，在"北京—波兰文化节"新闻发布会上，潘德列茨卡女士如数家珍的向中国的媒体朋友们，介绍了本届"北京—波兰文化节"从11月2日拉开帷幕，为期5天。其中有文化节开幕式交响音乐会，摄影展《我的小波兰省》、《克拉科夫平面艺术展》、"波兰美食之夜"，内容丰富多彩，令人耳目一新。

著名音乐大师潘德列茨基，1933年11月23日生于波兰Debica，父亲是一位律师，也是一位小提琴爱好者，从小便带领他走入音乐的殿堂。1954年，潘德列茨基在第二届华沙青年作曲家比赛中获得第一名。随后，其作品获得一系列奖项，其中包括联合国颁发的大奖。1966—1968年，潘德列茨基在德国艾森富克旺根音乐学院任教，并着手自己的首部戏剧The Devils of Loudun。该剧在汉堡国立歌剧院首演后大获成功，并在世界各大剧院与观众见面，之后潘德列茨基又推出了《失乐园》、《黑面具》、《尤布·雷克斯》等三部作品。

1965年，在潘德列茨基艺术生涯创造了许多殊荣的同时，音乐让这位艺术大师结识了一位美若天仙、亭亭玉立的女大学生，当时她正在克拉科夫亚隆盖大学物理专业

学习，在一场精彩的音乐会谢幕之后，这位对大师非常崇拜的漂亮姑娘走到后台向潘德列茨基表示祝贺。之后，一个爱情故事更加动人传奇。当年，走到后台祝贺大师的这位姑娘如今正是坐在我面前的潘德列茨卡女士。聊到这段爱情，她的目光闪烁，面色红润，脸上露出少女般的羞涩与含蓄。

潘德列斯卡女士出生在一个知识份子家庭，她的父亲毕业于音乐学院，原先是位律师，二战后他励志成为一名音乐家，几经努力，如愿以偿，后来担任克拉科夫国立音乐学院的教授。潘德列茨卡女士从小就学习钢琴，对音乐有极高的天赋，她所就读的亚隆盖大学成立于1364年，在学校期间，她品学兼优，深受老师的夸奖与同学的喜爱。

她大学毕业后，当爱情之花绽放之时，她的生活也更加充实和有意义。音乐让他们相识，音乐让他们相伴，在与潘德列茨基结为夫妇后，从此她一心一意当好贤内助，陪同丈夫奔走在世界各地演出，除了照顾丈夫的生活起居，还要为他当好"秘书"、"保姆"、"管理员"和"保健医生"。儿子和女儿两个孩子的成长与教育，她都得操心，家里的大小事情都由她打理。她总是默默无闻地支持着丈夫的音乐事业，付出的辛苦不言而喻。谈到一双儿女，她高兴地告诉我，如今儿子已经是一位医学博士，女儿在波兰创办了一家媒体公司，他们都事业成功，生活幸福。与此同时，潘德列茨卡女士也没有忘记自己应该为人类做点事情，为推广波兰文化，为世界人民的友谊做出贡献。为表彰潘德列茨卡，传播推广文化，促进和平友谊所做出的突出贡献，2012年11月12日潘德列茨卡女士赴柏林，接受了德国总统授予的"德意志联邦共和国十字优秀勋章"。她说："这项殊荣是对我工作的肯定，也是我未来的动力。"从她的话语中，让我感受到这位漂亮女人的内在魅力和深厚的内涵。

  潘德列茨卡女士担任路德维格凡贝多芬协会主席，总是用勤奋的工作在回报社会，总是用智慧和付出在抒写她的人生。她饱含深情地说："我和我的丈夫都是为音乐而生，音乐把我们连在一起，音乐伴着我们一路前行，音乐是我们共同的生命。"

花城的"波兰文化之夜"

山清水秀,风光旖旎。走在洒满阳光的街道上,绿树成荫,鸟语花香,这座素有"花城"的美誉的城市,就是中国的南大门——广州。

冬日的广州,暖洋洋的。郁郁葱葱的树木伫立在曾被称为"拾翠洲"的沙面大街。这里留下了孙中山先生、周恩来总理等伟人的足迹,沙面见证了广州近代史的变迁,沙面已成为中国近代史与租界史的缩影,沙面岛上欧陆风情建筑形成了独特的露天建筑"博物馆"。如今,这里已经被开发为国家AAAAA级旅游景区,是广州著名的旅游区、风景区和休闲胜地。

漫步沙面大街,我看到一块椭圆形黑色石牌上用中英文写着:"沙面大街61号,B类文物建筑,建于清末民初。折中主义建筑风格,曾作天祥洋行。正面和西面立面外墙,采用仿石水刷石工艺,正立面二、三层的窗下墙采用岭南传统工艺水磨青砖对缝工艺,本建筑的突出特色是采用西式钢结构坡屋架,而屋面有采用岭南传统陶瓦,为的是避免岭南地区木屋架受潮易腐。"往前走,又有一块黑色石碑上写着:"沙面大街62号,B类文物建筑,建于20世纪初,亚洲殖民地建筑风格,曾经是英国洛士利洋行旧址。"波兰共和国驻广州总领事馆就坐落在沙面大街63号。

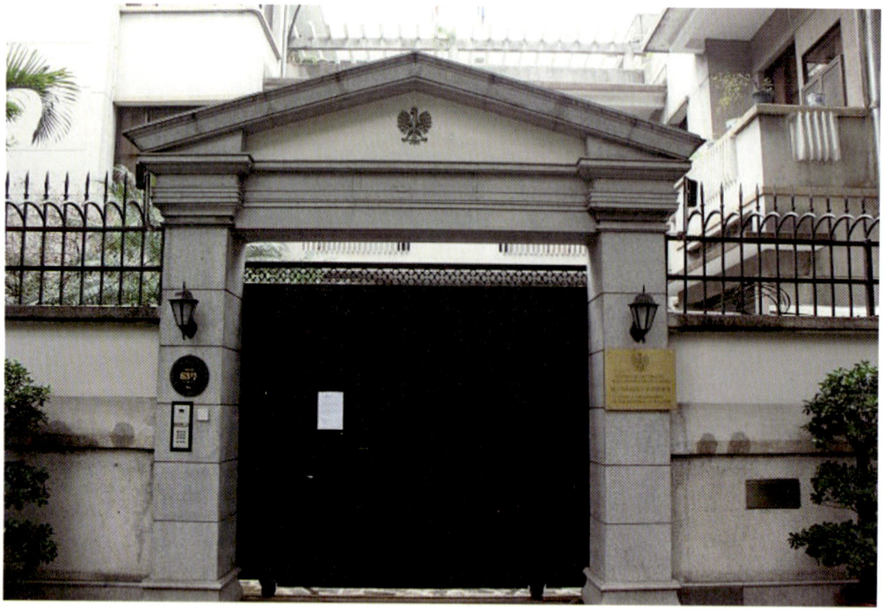

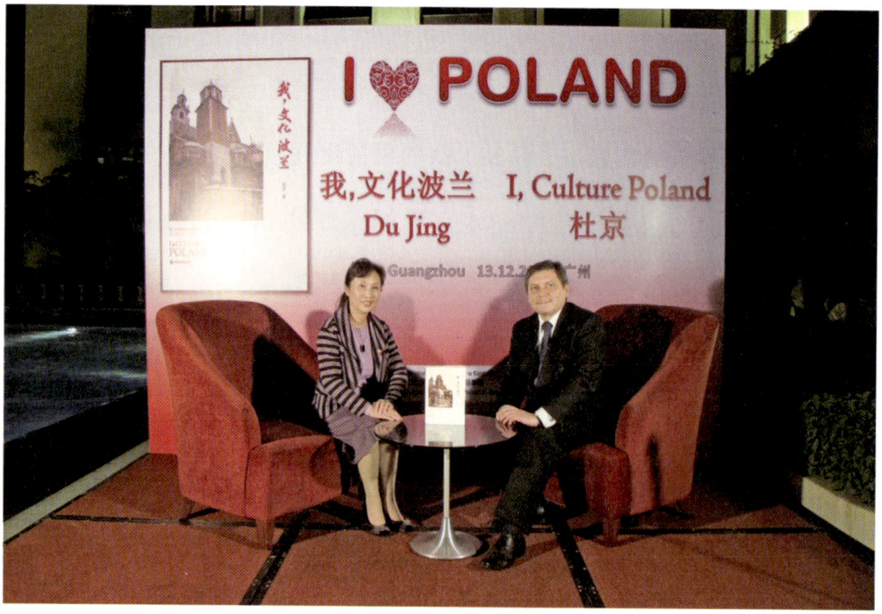
I POLAND
我,文化波兰
I, Culture Poland
Du Jing
杜京

我走进这座精美典雅的建筑，眼前郁郁葱葱，石山池鱼，青花瓷桌凳，客厅内水晶吊灯，雕花座椅，中西风格，完美结合。波兰共和国驻广州总领事谢宾（Krzysztof Ciebien）先生热情欢迎我的到来，他说着一口非常流利的汉语，令我惊讶不已。他说："欢迎你到我们广州总领事馆做客，我认真看了你撰写并新近出版的新书《我，文化波兰》，非常高兴，你是如此的热爱波兰文化，用真心真情为推广波兰文化做出积极贡献，感谢你。作为波兰共和国驻华大使馆驻广州总领事，我更是义不容辞的有责任和义务向中国介绍波兰，向中国朋友介绍和推广波兰文化，我们都是在做着同样一件非常有意义的事情。"谢宾总领事的一番话立刻拉近了我们的距离。他的言谈，也解开了我心中的疑惑，原本想问他的问题，已经迎刃而解。因为他的话语中已经告诉我，他热爱中国，喜欢中国文化。

谢宾总领事不仅中文好，而且对广州沙面的历史文化十分熟悉。聊起沙面，我知道沙面的由来，因为是珠江冲积而成的沙洲，故名沙面，位于广州市市区西南部，南濒珠江白鹅潭，北隔沙基涌，与六二三路相望的一个小岛，有大小街巷八条，面积0.3平方公里。

"沙面在宋、元、明、清时期为中国国内外通商要津和游览地。鸦片战争后，在清咸丰十一年（1861年）后沦为英、法租界。沙面是广州重要商埠，历经百年，曾有十多个国家在沙面设立领事馆，九家外国银行、四十多家洋行在沙面经营，粤海关会所、广州俱乐部等在沙面相继成立。沙面岛上有150多座欧洲风格建筑，其中有42座特色突出的新巴洛克式、仿哥特式、券廊式、新古典式及中西合璧风格建筑，是广州最具异国情调的欧洲建筑群。"谢宾对自己任职地的历史及环境非常熟知，由此可见他是一位优秀的外交官。

下午，在广州总领事馆领事阿格塔·多曼斯卡（Agata Domanska）的安排下，我来到广东外语外贸大学，与师生们面对面交流，整整一个下午的时间，我认真回答学生们提出的问题，与大家畅谈中波文化的交流、传播与影响。这些学生们对波兰的历史文化很感兴趣，他们求知欲强，充满青春活力，当他们了解到波兰的历史文化等方面的知识，非常兴奋，看得出他们很满意。他们都非常希望将来自己能选择学习波兰语。

我此次广州之行，是应波兰驻广州总领事馆邀请，前来参加谢宾总领事在广州饭店举办的"波兰文化之夜"活动。当夜幕降临，我们来到珠江河畔，就像走进了一个童话的世界，这里灯火辉煌，五光十色的彩灯闪烁着，把江边的高楼大厦倒映在水中，一艘艘游船在江面驶过，一座座大桥跨越江面，就像挂在天上的彩虹，川流不息的汽车在桥上来来往往，600多米的广州电视塔直插夜空，我仿佛是在看一幅美丽的画卷，真不愧是有着"美丽花城，和谐家园"之称的广州啊。

星月交辉的夜晚，霓灯闪耀的夜景，"波兰文化之夜"邀请了各方嘉宾，高朋满座，气氛热烈。在如梦幻般色彩的"我，文化波兰"的背景板前，谢宾总领事在致辞中说："我到中国30年来，亲眼看到了中国飞速的发展变化，在波中两国人民长久以来的交往中，我们的友谊与日俱增，两国人们的感情不断加深，波中两国人民的交往中文化交流显得尤为重要。我认为，文化交流是波兰的一张重要名片，我们从杜京女士的这本《我，文化波兰》的字里行间，可以看出她对波兰人民的友好，特别是对文化的极大兴趣，通过这本书中优美的文字，精彩的图片，使更多的中国朋友了解波兰、认识波兰、走进波兰。"

"今晚，愿各位嘉宾朋友们可以聆听美妙的肖邦音乐，品尝美味的波兰香肠及味道醇香的波兰美酒，度过一个愉快美好的波兰文化之夜。不过，我想告诉大家的是，我们今晚品尝的波兰香肠不是在波兰制造的，而是在广州中山的RTJ中山波兰公司生产的'虎沙'牌波兰香肠。欢迎各位认真品尝波兰美食……"谢宾总领事的一番话，顿时让在场的嘉宾兴奋不已，大家举起酒杯，祝福波兰，祝福中国。

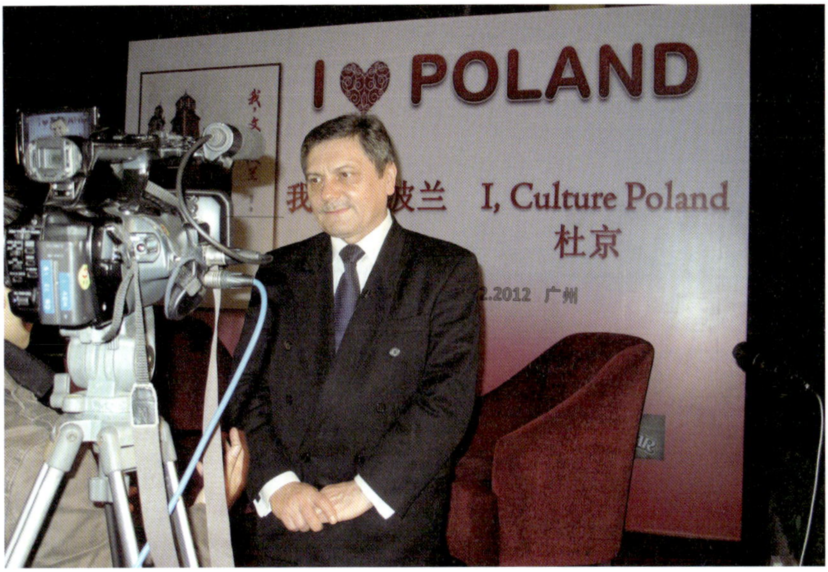
I POLAND
I, Culture Poland
杜京
广州

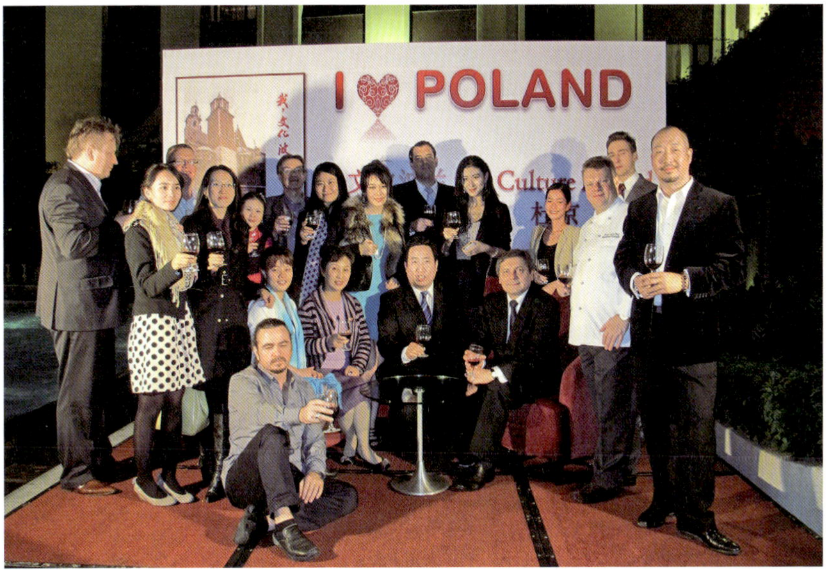
I POLAND

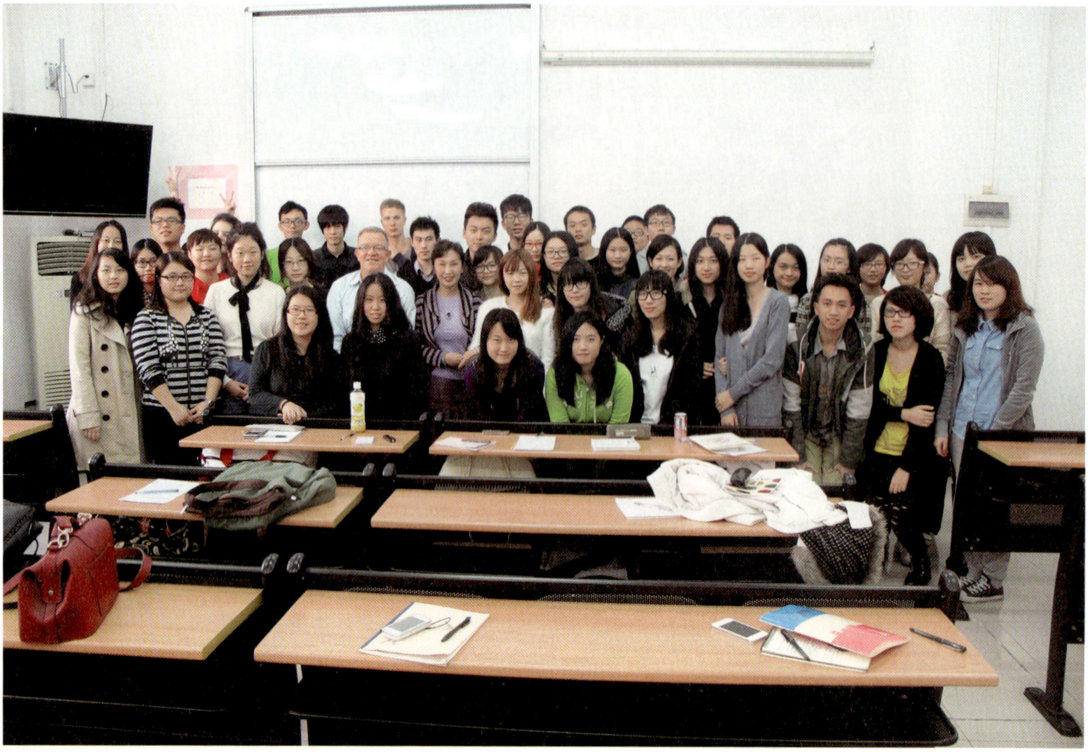

谢宾总领事在接受媒体采访中透露，波兰驻广州总领事馆将在波兰共和国65周年国庆之际，主办《"中欧交流使者"——卜弥格的文化遗产》展览意义非凡，展示中波两国之间长久以来的文化交流活动。尤其是卜弥格在中国游历期间，更是把中国南方的文化带到了欧洲。

谢宾总领事向我介绍："卜弥格出生于1612年。他于1643年踏上征程远赴亚洲，他在澳门学习汉语，与此同时开始研究中国地理、医学、药学、风俗和野生。在明朝永历皇帝统治期间，他来到海南岛和广州生活。此后，他随当时的外交使团回到欧洲，向罗马教皇介绍中国的局势。作为一位研究者、探险家兼外交家，卜弥格倾其毕生精力向西方介绍他在中国的所见所闻。其最著名的作品《中国植物》，也是欧洲出版的第一部描述中国生态系统的书籍。"谢宾的讲述，令我对这位17世纪的汉学家、中波文化使者，心生敬畏。

谢宾总领事饱含深情地说，波兰驻广州总领事馆一直致力于向中国人民传播波兰多方面的文化，包括绘画、电影、音乐等，最近总领馆也推动在广东外语外贸大学开设波兰语课程一事。在促进波兰文化传播的同时，更需要进一步促进广州乃至中国的文化到波兰传播，加强两国之间的文化交流，祝愿波中友谊万古长青。

花城的"波兰文化之夜"，令人难以忘怀，她是那么的温馨，那么的美好。

踏上"琥珀之路"

三月的北京春寒料峭,为期三天的中国出境旅游交易会4月9日至11日在北京举行。来自全球60个国家的200多家展商参展。本届交易会由英国塔苏斯集团(Tarsus Group Plc)公司承办,是自2005年在中国创办组织定位于中国出境旅游市场的B2B专业展览会。Tarsus集团是一家总部设在伦敦并于1998在伦敦证券交易所上市的B2B国际传媒集团公司,拥有多家展览、会议、杂志出版和在线媒体等,其在美国、欧洲、亚洲、非洲和中东等地区运营项目。

走进展厅,来自土耳其、埃及、墨西哥、意大利、波兰等国的巨幅旅游宣传图片令人耳目一新。在琥珀之路·中东欧地接社展厅,来自波兰的总经理毕达(Piotr Karpinski)用流利的中文告诉记者,此次来参展的目的就是想宣传波兰的文化和旅游,使波兰早日成为中国人出境旅游的目的地。这位获得华沙大学国际关系及中文系双硕士的波兰人,幸运地在2002年获得奖学金来到中国北京师范大学学习一年,在北京学习期间,他有机会游览了中国的大好河山,从北国之城哈尔滨到世界屋脊珠穆朗玛峰,从新疆乌鲁木齐到澳门,从齐鲁大地到天府之国,他游览了中国的许多名胜古迹。他说,中国很了不起,全世界的人几乎都知道她,都知道长城、泰山等旅游胜地。而对于我

捷克
CZECH REPUBLIC
波兰
Fun experience
体验缤纷
奥地利
AUSTRIA
爱沙尼亚
ESTONIA
拉脱维亚
LATVIA
波兰
波兰

的国家波兰来说，就有很多人不太了解，因此，这次来北京参加出境游交易会，就是想向中国旅游者介绍波兰丰富的旅游资源和深邃的历史文化，希望更多的中国朋友到波兰去旅游。

当毕达了解到中国出境旅游交易会（COTTM）是中国唯一以出境旅游为主题和商家对商家（B2B）为定位的专业展会，致力于为全球国际旅游目的地与中国出境旅游运营商、出境旅行社和寻求购买海外商务及奖励旅游产品的专业人士建立直接商务联系而打造的年度性交流平台。在服务全球增长的旅游市场——中国出境旅游市场——得到了合作伙伴们的广泛的赞誉时，他来到北京参加本届旅游交易会。

在展台前，毕达向参观者介绍，中国与波兰有许多共同点，丝绸是中国众多商品之一，历史上将连接中国和西方的古代商路称为"丝绸之路"，丝绸之路不仅是古代亚欧互通有无的商贸大道，还是促进亚欧各国和中国的友好往来、沟通东西方文化的友谊之路。中欧自罗马时代开始，在斯拉夫人（其中一支成为后来的波兰族）还未定居于这片土地之前，就已经形成了一条"琥珀之路"，通过琥珀之路将埋藏于波罗的海南岸的琥珀运往南方。这条路线由今天的波兰境内开始，穿过捷克、斯洛伐克和匈牙利，一直延伸至当时属于罗马帝国的奥地利和意大利。在这里，我欢迎各位到波兰旅游，循着历史的足迹，去认识和了解波兰的风土人情。

琥珀之路·中东欧地接社董事长刘倩茜毕业于北京外国语大学波兰语系，1999年她来到波兰的一座美丽城市罗兹学习，获得银行学硕士学位，后来到华沙工作，与朋友合作成立了琥珀之路·中东欧地接社，2007年开始运营，并取得了波兰国家旅游局的经营许可证，从事旅游行业，她想把波兰的文化和风土人情介绍给更多的中国人。刘倩茜说，自己喜欢旅游这个行业，可以接触很多人很多事，对自己也是很好的学习和锻炼，搞旅游这个行业要有服务意识，为了接待好中国旅行团，就连波兰员工也学会了讲中文。通过他们的周到服务，很多中国人开始对波兰有所了解。

波兰这片土地有着不平凡的历史，既有鼎盛时期的辉煌，也有经历苦难后的重生，当你沿着"琥珀之路"走进波兰，可以通过近年来经济转型给波兰带来的变化，加深对这个美丽国度的认识。你可以踏遍乡村和森林，去寻找肖邦、居里夫人、哥白尼的伟人足迹……

中波合作"春意正浓"

由波兰驻华大使馆、中国人民对外友好协会在京共同举办的"首届中波地方合作论坛"新闻发布会2013年4月11日在北京举行。波兰驻华大使塔德乌什·霍米茨基、中国人民对外友好协会副会长李建平、中波友好协会会长孙玉玺及近50家媒体记者出席。

发布会宣布,"首届中波地方合作论坛"将于2013年4月22日在波兰美丽的海滨城市格但斯克举行。届时将有500多位两国来宾参会,并就中波经贸、投资、旅游、能源、文化、教育合作等内容展开积极探讨。这将是迄今为止中国与波兰地区间举办的规模最大,也是中东欧影响力最大的区域交流活动之一,必将为双边务实合作注入强大动力。

波兰驻华大使霍米茨基介绍,近年来结成伙伴关系的中波城市和地区数量迅速增长,并已成为快速发展的双边关系的基石。约40对来自中波两国的城市、地区有着友好合作关系。论坛主办城市格但斯克早在1985年就与上海开展了友好合作。本次论坛将有效推动经济、文化与学术合作的讨论,成为鼓励双方地区政府、企业家及学者开展紧密合作的重要举措。中波地方合作为两国地方机构搭建了更强的联结纽带和直接联系,有助于增进相互了解。地方论坛的举办将为双方创建一个新的、充满活力的沟通平台。

中国波兰地方合作论坛
Regional Forum Poland-China
Press Conference
新闻

中国人民对外友好协会副会长李建平在新闻发布会上致辞说，地方政府的交流合作十分重要。"首届中波地方合作论坛"将为中国地方与波兰地方之间的交流开启新的篇章。为促进中国各省与波兰的友好交流与合作，自 2012 年下半年就开始准备这次论坛，本次活动得到了波兰共和国驻华大使馆及滨海省的大力支持，本次论坛的主题为"繁荣发展 携手 21 世纪"。中国将有 10 个友好城市参加，波兰对此次论坛非常重视，总统代表、波兰地区发展部部长、波兰国际事务部长及滨海省省长等出席论坛。

中国驻华大使徐坚致电祝贺，他说中波分处亚欧大陆，但两国和两国人民之间的友谊源远流长。近年来，两国高层政治对话频繁，经贸合作水平提升，文化、教育、科技等领域交流不断扩大，中波关系发展面临难得的历史机遇。随着双边关系的蓬勃发展，两国地方合作积极性不断提升，交往日趋活跃，友好省市不断增多，务实合作更加深入，为中波关系发展注入新的生机和活力。"首届中波地方合作论坛"的举办将成为双方开展对话合作新的重要平台，为增进两国人民友谊、推动中波战略伙伴关系深入发展发挥积极作用。

论坛由波兰总统布罗尼斯瓦夫·科莫罗夫斯基倡议发起。2012 年 4 月，中国总理温家宝与波兰总理图斯克举行了华沙会晤，双方领导表示全力支持举办省、市级政府参与的重要活动，以推动中波合作。中波地方合作论坛由波兰滨海省和中国人民对外友好协会共同主办。

目前中方确认参会的地区包括北京、上海、深圳、浙江、福建、河北、山东、山西、辽宁、陕西、云南等 20 多个省、市约 150 位代表。波方代表则来自滨海省、小波兰省、瓦尔米亚－马祖里省和西波美拉尼亚省等。

近年来，中波合作取得了快速发展。频繁的高层互访为两国合作奠定了坚实的政治基础。伴随波兰总统布罗尼斯瓦夫·科莫罗夫斯基 2011 年访华，并与胡锦涛主席签署了中波建立战略伙伴关系的声明，中波关系发展进入快速通道。2012 年 4 月温家宝

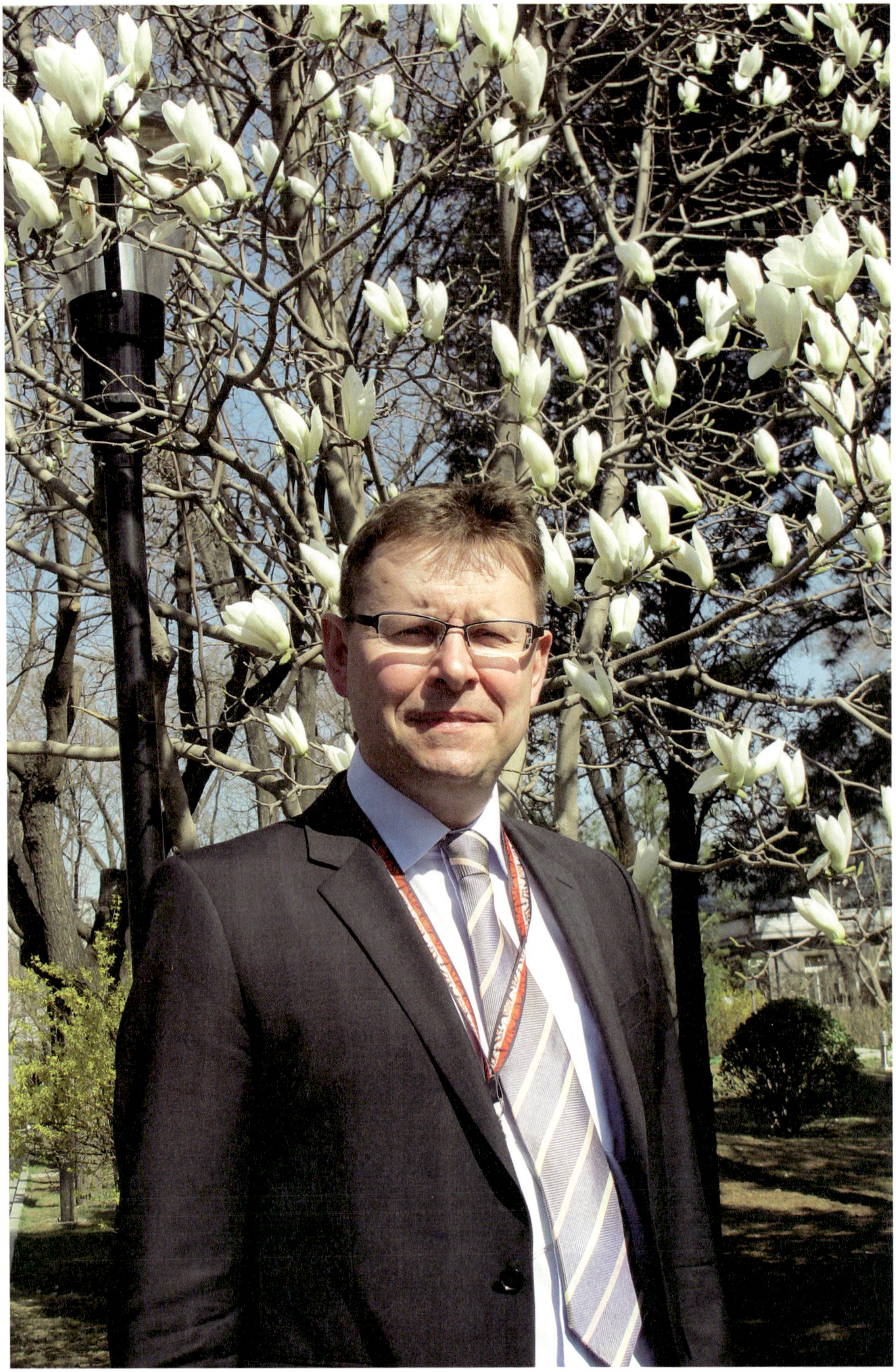

总理在华沙与中东欧 16 国领导人举行会晤时，提出了中国关于促进与中东欧国家友好合作的十二项举措。华沙会晤后，一系列会谈成果正在逐一落实。中国—中东欧国家合作秘书处于同年 9 月在北京正式成立，中国政府面向中东欧国家设立的总额 100 亿美元专项贷款也正式启动。

在经贸投资领域，从 1997 年开始，中国五矿集团公司就与波兰铜业集团公司 KGHM 展开了合作，波铜集团不仅向中国出口了总价值超过 24 亿美元的近 60 万吨电解铜，双方还达成框架协议，将共同在波兰、中国或第三国开发铜矿等非铁金属资源。据报道，华为科技自 2008 年在华沙建立东北欧地区部以来，通过科技、文化、教育等领域的合作，赢得波兰社会的广泛认可。目前，这一管理中东欧、南欧及北欧的东北欧地区部已下辖 24 个国家的子公司，员工达 2200 人，实现销售收入 15 亿美元。国内电子产品巨头 TCL 和电脑显示器制造巨头冠捷科技都在波兰设有工厂，这两家企业也充分利用波兰的窗口作用开拓欧洲市场并取得良好业绩。2010 年，冠捷科技在欧洲的营业收入已占全球总营业收入的 31.4%。

在欧债危机的大背景下，波兰作为自 2009 年金融危机后欧盟内唯一经济实现正增长的国家，成为欧洲范围内最"安全"和最具吸引力的投资地，引来了国际投资者的高度关注。据统计，2011 年外资在波兰的直接投资增长近 22%，成为欧洲吸引外资最多的国家。从 2008 年到 2011 年，波兰经济累计增长 15.7%，而欧盟作为一个整体，其生产总值萎缩了 0.6%。波兰正在巩固自己作为欧盟增速最快经济体的地位。2012 年的经济增速达到 2%。2013 年，波兰财政部对 GDP 增长预测为 2.2%，仍将保持相对快速健康发展。波兰对外资的吸引力来源于欧洲中心的战略位置，优质低价的劳动力，经济、金融和政治稳定，14 个经济特区提供投资激励机制等多种因素。

目前在波兰的最重要的投资者主要来自于欧洲，但近年来，波兰成为了亚洲公司大规模投资的目的地。来自中国企业的直接投资增长尤为迅速。据统计，截至 2010 年底，来自中国的投资总额累计超过 1.4 亿美元，高于中欧其他国家。在波兰，最重要的中国投资者包括华为和柳工。柳工以并购的方式进入波兰。未来几年，波兰 Huta Stalowa Wola（HSW）将成为柳工机械业务扩展中心，辐射地区包括西欧、美国等地。HSW 公司也将成为柳工在中国以外的唯一研发中心。

在全球经济危机严重冲击中国出口产业的情况下，越来越多的中国企业把目光转向了中东欧国家，希望通过拓展新兴的中东欧市场，缓解由于传统发达国家市场萎缩带来的出口压力。在很多中国企业的出口版图上，中东欧市场，特别是波兰，正成为不可或缺的一部分。2011 年，中国与波兰间的贸易额为 146 亿欧元，其中波兰从中国进口额比其出口额高出 10 倍。在波兰的中国企业数量增加了四倍。

波兰和中国作为新兴经济体，都需要进入现代化进程的下一阶段，重塑经济增长模式和创造新的竞争优势。会议主办方特别期待在清洁能源，环境治理，互联网，农业，奢侈品，城市化等领域推动双边务实合作。

论坛也是两国展示旅游产品的良好契机。随着 LOT 波兰航空公司开通北京—华沙直航航线，前往波兰和中东欧地区旅游的中国游客逐渐增多。论坛中特别设立了旅游研讨会，并提出针对中国市场的旅游培训计划，推广两国旅行社的旅游产品，为双方旅游从业者提供了直接洽谈的平台。据悉，国旅，凯撒等十几家中国主要旅行社及高端定制旅游的从业者已确认参会。

美丽的滨海拥抱中国

这里位于波兰北部，濒临波罗的海，是波兰的 16 个省份之一，土地面积占波兰国土总面积的 6%，这里风景多样、多彩多姿，有长长的海岸线、美丽的渔村、茂密的森林、陡峭的悬崖、蜿蜒的沙丘……这里就是欧洲最美丽、最著名的滨海省。

春光四月，被誉为琥珀之都的滨海省省会、坐落在波罗的海美丽的海滨城市——格但斯克，将展开双臂欢迎参加"首届中国—波兰地方合作论坛"的 500 多名两国嘉宾。

中波两国高层、地方、专家学者及企业家代表将借此机会相互交流，就中波经贸、投资、旅游、能源、文化、教育合作等内容展开积极探讨，展望未来，拓宽领域，加强合作。

前不久，中国记者代表团一行为这次论坛的成功举办前往波兰首都华沙、弗罗茨瓦夫、格但斯克进行采访报道。

当我又一次来到格但斯克，心情依然是那么激动。这座始建于 10 世纪的老城依然是由那条连接城门的国王之路把长街、长堤、老城市场、广场上美丽的海神喷泉和雕塑连在一起。一眼看去，格但斯克依然是古老、典雅、美丽的。但是，这次我们的到访不仅仅是要观赏她的风景，更重要的是，想要寻找她经济转型之后的发展变化，和生活在这里的人们切切实实感受到的生活的内在变化。

一个雪花飞扬的早晨，我们做客来到滨海省省长米柴夫斯拉夫·斯处克的办公室，就 2013 年 4 月 22 日在格但斯克召开"首届中国—波兰地方合作论坛"经济论坛的话题面对面交流。

接过米柴夫斯拉夫·斯处克省长手中的中文名片，立刻就拉近了我们之间心与心的距离。在斯处克省长的心中，中国是他最喜欢的国家之一，中波合作的历史悠久，两国人民情深意长。自 1951 年成立的中波公司至今依然交流密切，合作非常成功。米柴夫斯拉夫·斯处克省长说，在我们格但斯克的图书馆中珍藏着很多中国书籍，这是中波友谊的象征，也是滨海省和格但斯克市的骄傲。

米柴夫斯拉夫·斯处克省长深情地说："中国有五千年的文明历史，有丰富深厚的中华文化。近年来，我们亲眼目睹了中国改革开放后的飞速发展，中国发展速度十分惊人，我们没有理由不与中国合作。早在 1985 年，滨海省格但斯克市就与中国的上海市开展了友好合作。今后，中国与波兰各地方在合作与交流上会更加广泛深入。我以东道主的名义热情的欢迎中国的朋友到滨海省做客，到格但斯克旅游，同时欢迎中国的学生到格但斯克来学习交流。"

"格但斯克是世界优良的天然深水港和中欧地区唯一一个终年不冻港，巨轮到达格但斯克，由此再转中东和欧洲国家，这里可以停靠世界上最大的轮船，18000 个集装箱可在 48 小时内全部下船或转运。波兰和中国已经开通了直航船运，货运量一年比一年增加，2010 年至 2011 年之间增加了 30%。随着波中两国人民友谊与日俱增，经贸往来更加密切，我们非常希望与中国，特别是与中国各地方省份开展多领域的合作与交流。与此同时，滨海省的发展，也希望招商引资注入新的活力。以格但斯克港口的建设为例，港口建设需要加快基础设施及相关配套设施的建设，我们欢迎中国的企业家来滨海省投资发展。"米柴夫斯拉夫·斯处克省长发出了热情的邀请。

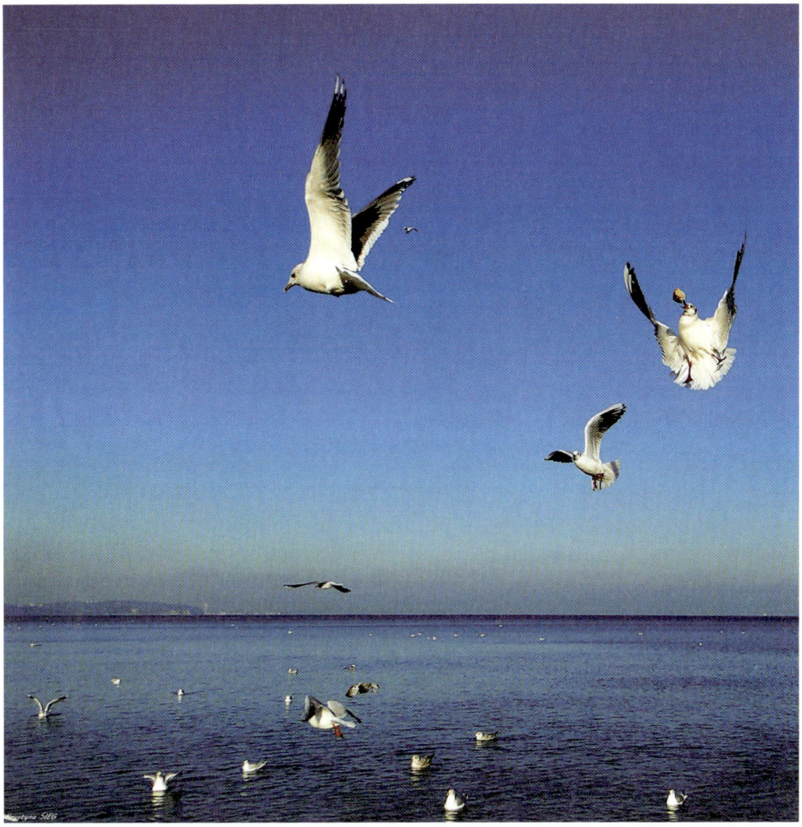

谈到投资环境，米柴夫斯拉夫·斯处克省长说："滨海省重视地区发展和政府扶持，这就是很多企业家和投资人选择我们的原因。在波兰滨海省经济特区和斯武普斯克经济特区投资将享有税收减免政策，除以上两个特区以外滨海省还拥有两个科技园区，在此投资者毫无疑问都将享受到优惠政策和良好的服务。"

格但斯克是世界最大的琥珀生产地，这座城市被誉为"琥珀之都"。2013年3月21日至24日在这里举行了"第19届格但斯克国际琥珀节"。有来自波兰、立陶宛、俄罗斯等国的数百家参展商及不少中国商人前来参加。米柴夫斯拉夫·斯处克省长告诉我们，2010年他有机会到上海参加"世博会"，波兰展馆的小卖部摆放了来自格但斯克的琥珀，原本是供参观者观赏的，但没想到仅在一天之内，所有的琥珀都被参观者买光了。由此可见中国人很喜欢琥珀。斯处克省长："我希望他们更喜欢格但斯克和滨海省。上海世博会太棒了，给我留下的印象非常深刻，直到现在我常常会想起，世博会举办得非常成功，中国真的了不起。"

当问到"滨海省在北京开设了波兰在中国的第一个代表处，意义何在？"米柴夫斯拉夫·斯处克省长回答："滨海省在北京开设了经济代表处，这也是波兰历史上第一个地方政府驻中国首都的代表处。我们的目的就是要更加紧密地与中国加强合作，同时，我们的许多企业也与中国企业合作，从中国进口产品，一些公司还在中国开设了办事处。我们希望在商业、国际贸易、旅游、能源、教育等更多领域与中国加强合作。"

当谈到"为什么首届中波地方合作论坛选在滨海省的格但斯克举行？"米柴夫斯拉夫·斯处克省长充满信心地说："这是因为我们省有着独特的区位优势、环境优势、人才优势、技术优势，半个多世纪以来与中国关系密切，中国和波兰合作的第一家公司就在滨海省。这次论坛是在中东欧影响力最大的区域举办的一次交流活动，通过论坛的举办，波兰和中国就经贸、投资、旅游、能源、文化、教育合作等内容展开积极深入探讨。滨海省也要借这次良好机会，加快与中国的合作与交流。"

采访结束时，米柴夫斯拉夫·斯处克省长高兴地说："我们期待着更多中国朋友的到来，更希望美丽的滨海拥抱中国。"

波兰文化之旅

波兰被誉为"千湖之国",美妙的风光像一块盖在新娘头上绚丽五彩的柔纱。从北部的波罗的海沿岸延伸到南部的喀尔巴阡山、苏台德山大片的原始森林,环绕着大大小小的溪流湖泊,滋润着这片曾经屡遭战火洗礼的土地。肖邦、哥白尼、居里夫人三个波兰人改变了世界。应中国国际广播电台邀请,走进环球资讯演播室开启文化之旅,《边走边看》魅力波兰。

主持人:杜京老师好,欢迎做客环球资讯。杜老师今天给我们带来什么样的《边走边看新发现》?最近波兰有什么新鲜事?

杜京:五月份在波兰是草莓收获的季节,温暖而不过分热的春天,春暖花开,万物苏醒。波兰各地都举办文化活动,音乐喜剧演出,电影放映,诗歌朗读,烧烤野餐等等丰富多彩的活动。

就在这个五月,四位波兰作曲家访问中国音乐学院,一位是 Wielecki 先生"华沙之秋"的总裁,他还将参加北京现代音乐节的开幕式。在北京现代音乐节期间中国演奏家将演奏两位波兰作曲家的音乐作品。

每年金秋十月，波兰都要举办"华沙之秋"音乐会，这是在世界上非常有影响力和知名度的国际音乐节。自1956开始创办，至2013年已有57的历史。波兰密兹凯维奇学院一直参与"华沙之秋"音乐节的活动。

主持人：杜京老师，您曾多次率团出访波兰，用镜头和文字见证了波兰历史名城的美丽，可以说您对与波兰有关的一切事物抱有强烈的热忱和情感。那么波兰文化带给您最大的感受是什么呢？

杜京：波兰文化给我最大的感受是多元、丰富、传统、厚重。在我的眼中，波兰不是一个大国，但是一个文化强国。

一个曾经满目疮痍，先后三次被瓜分，在地球上消失了整整123年的国度，如今又屹立在世界民族之林；一个在风云多变、纷繁复杂的世界经济背景下，在27个欧盟成员国中，既无外债又无内债，GDP以4.3%的速度增长，这就是波兰。是什么支撑着这个国家重新站立起来？在我看来，这一切都来自于文化的力量。

有着一千多年历史的波兰，公元九、十世纪建立封建王朝。波兰人属于西斯拉夫人，其余为少数的日尔曼人、乌克兰人、白俄罗斯人和犹太人。14至15世纪进入鼎盛时期，18世纪下半叶开始衰落。先后被俄罗斯、普鲁士和奥地利瓜分，分分合合历经战争使波兰融合了丰富的多元文化，透过华沙的建筑就让人感受到波兰文化的多样性和丰富性。

来到华沙的第一天，我就惊讶地发现，欧洲各个历史发展时期的建筑流派几乎都在这座城市留下了自己的代表作。在这里，人们可以看到罗马式、歌特式、文艺复兴时期的巴罗克式建筑物，还能见到波兰古典式的建筑或者带有仿古风格的直线派艺术

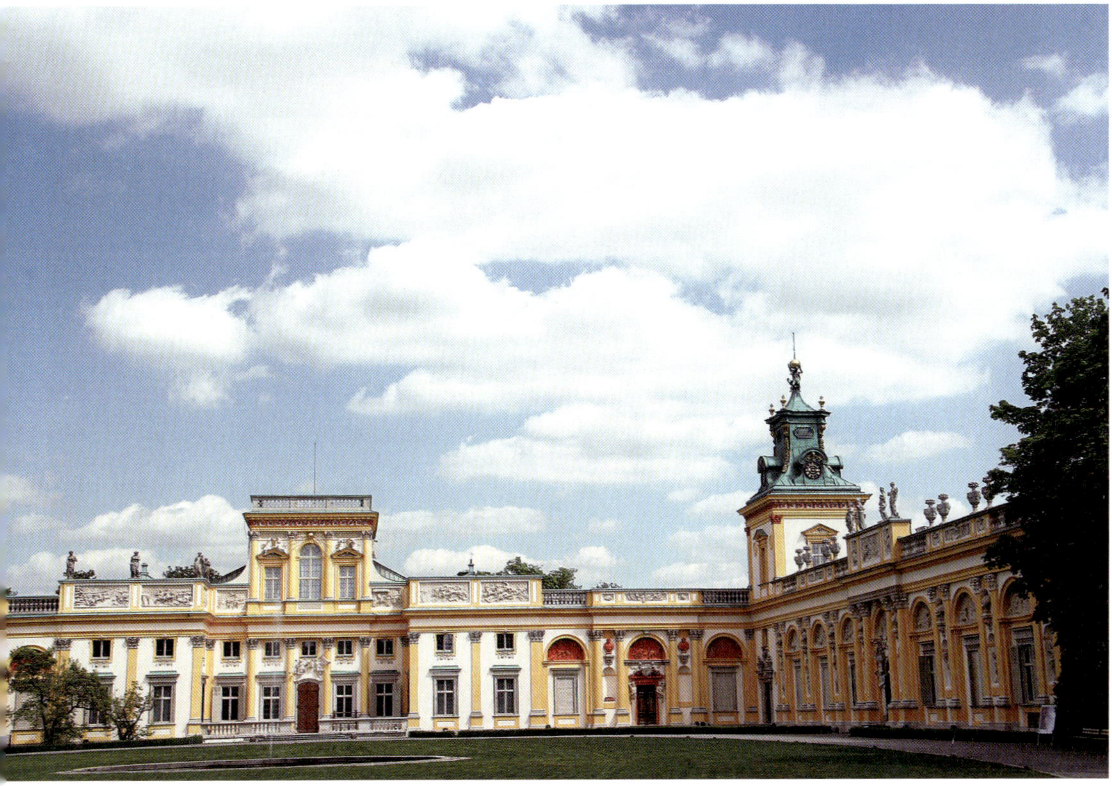

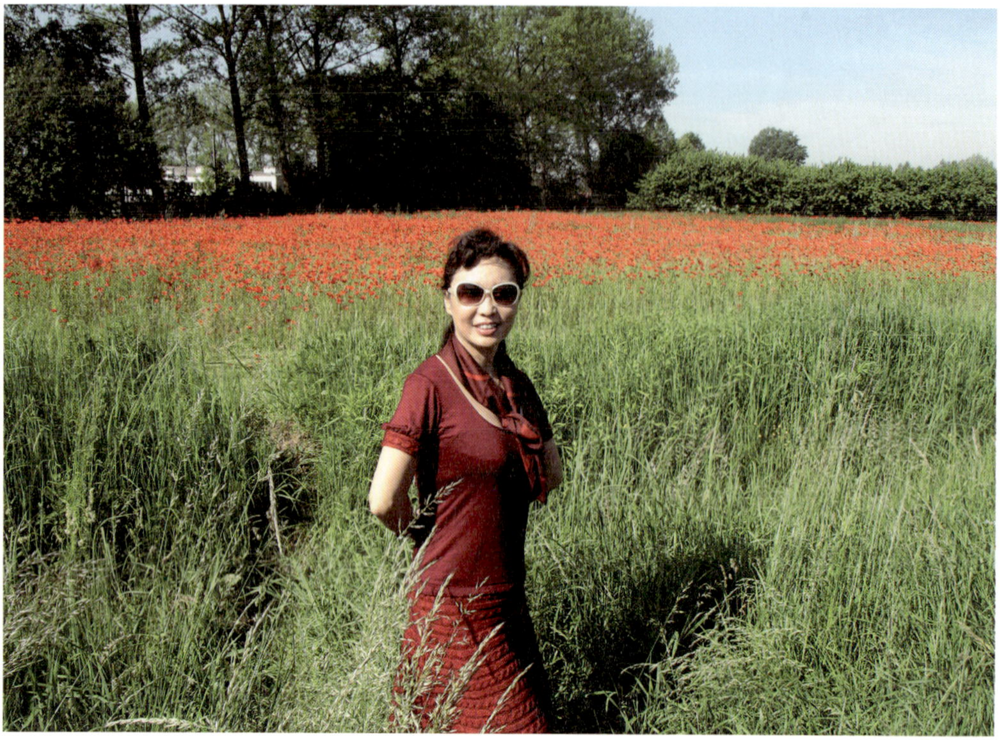

造型的建筑。

在这片土地上，一条玉带般优雅美丽的波兰母亲河——维斯瓦河，波光粼粼，蜿蜒流淌，她是波兰文明的摇篮。波兰地处欧洲心脏的位置，融合了优秀文化的精粹。这些多元文化来自东西南北，在与宗教、语言、习性等各不相同的民族交往融合中，渗透在波兰民族的血脉中，形成独具特色的波兰文化。

波兰文化蕴藏着包容内敛、典雅蕴藉，百折不挠、坚韧不拔的精神特质，融入每一个波兰人的血脉中……一个民族的历史，凝结着一种独特的文化，而文化就是这个民族的精神脊梁，就是这个国家精神和智慧的源泉。波兰，这部用血和泪写成的历史，很容易给人留下深刻的记忆，她带给人们的不仅仅只是悲情与忧伤，还伴随着思索与骄傲。

一位人类学家曾经说过，文化就像一束束鲜花，每一束花的组合都不尽相同。我想，历史中的波兰文化，就是一束五彩缤纷的花束，波兰文化这束美丽的鲜花，就是由生长在这片土地上的每一片绿叶、每一朵小花组合而成，她的历史最终是以白红两色的民族之花赋予了波兰，她代表着怒吼与宁静、痛苦与欢乐、泪水与笑容、黑暗与光明。

在我看来，文化不是一个标语，几句口号，更不是热热闹闹的形式和轰轰烈烈的运动。文化，是数千年来潜移默化、细水长流的传承与坚守，是一代代人精神特质和民族气节的传递与延续。文化，是一个民族的血液，它耳濡目染、循序渐进地影响着一代代人，为这个国家的国民提供最丰美的精神食粮，用最新鲜的精神养分滋养和哺育着他们，让他们有敏锐的思想、丰富的知识、良好的素养和崇高的境界。有了文化，国家才有一切。

文化，也许它就体现在每个公民的一言一行，一举一动之中；也许它就是一部电影、一首乐曲、一行诗歌、一部小说……"随风潜入夜，润物细无声"。

主持人：波兰是镶嵌在欧洲心脏的一颗璀璨明珠，一千多年前就成为欧洲著名的琥珀之路，这里鲜花常开不败。那么她有哪些迷人的景色？

杜京：上帝赐给波兰人一块宝地，北部濒临波罗的海，南部有苏台德山脉和喀尔巴阡山脉。森林、湖泊、丘陵、河流……一年四季如诗如画，春夏秋冬绚丽多彩。

如今是一个盛行旅游的时代，生活日益富裕起来的中国人，跨出国门，睁大眼睛，要想看看这个异彩纷呈、奇妙精彩的世界。去过欧洲旅游的中国人，几乎跑遍了德国、法国、荷兰、比利时、卢森堡、奥地利……相比之下，只有波兰，隐隐回荡着一种让人还没有靠近她就感到神秘魅力的气质，而在世人的心目中，波兰是一幅看得见摸不着的神秘画卷……

许多人对波兰并不陌生，但也谈不上熟悉。想想看，波兰，对于大多数普通的中国人来说，虽然对这个国家有感情，但除了知道华沙、肖邦、奥斯维辛，恐怕更多的也就说不出一二了。在这里我想告诉听众朋友们：波兰国土面积为312683平方公里，人口3840万，气候为温带气候，平均海拔170米，夏季平均气温在20度左右，冬季只有零下几度而已。在这片面积仅为31.26万平方公里的土地上，就有华沙古城、木查科夫斯基公园、维利奇卡古盐矿、克拉科夫古城、奥斯维辛集中营、卡尔瓦利亚文化区、雅弗木造教堂、波兰南部木造教堂、沙摩奇旧城、比尔乌维威查森林保护区、玛尔堡城堡、中世纪古城土伦12处被联合国教科文组织列为世界遗产。无论山丘、湖泊、森林、海岸，还是古镇、盐矿、皇宫、城堡处处充满诱人的魅力。值得一去的城市除了首都华沙，还有南部享有"欧洲文化之都"美誉的城市克拉科夫，北部享有"琥珀之都"的城市格但斯克，著名的"电影之城"罗兹，在2016年作为"欧洲文化之都"的美丽城市弗罗茨瓦夫。

我特别要向听众朋友们推荐一处必看景点：维利奇卡古盐矿。2006年阳光灿烂的

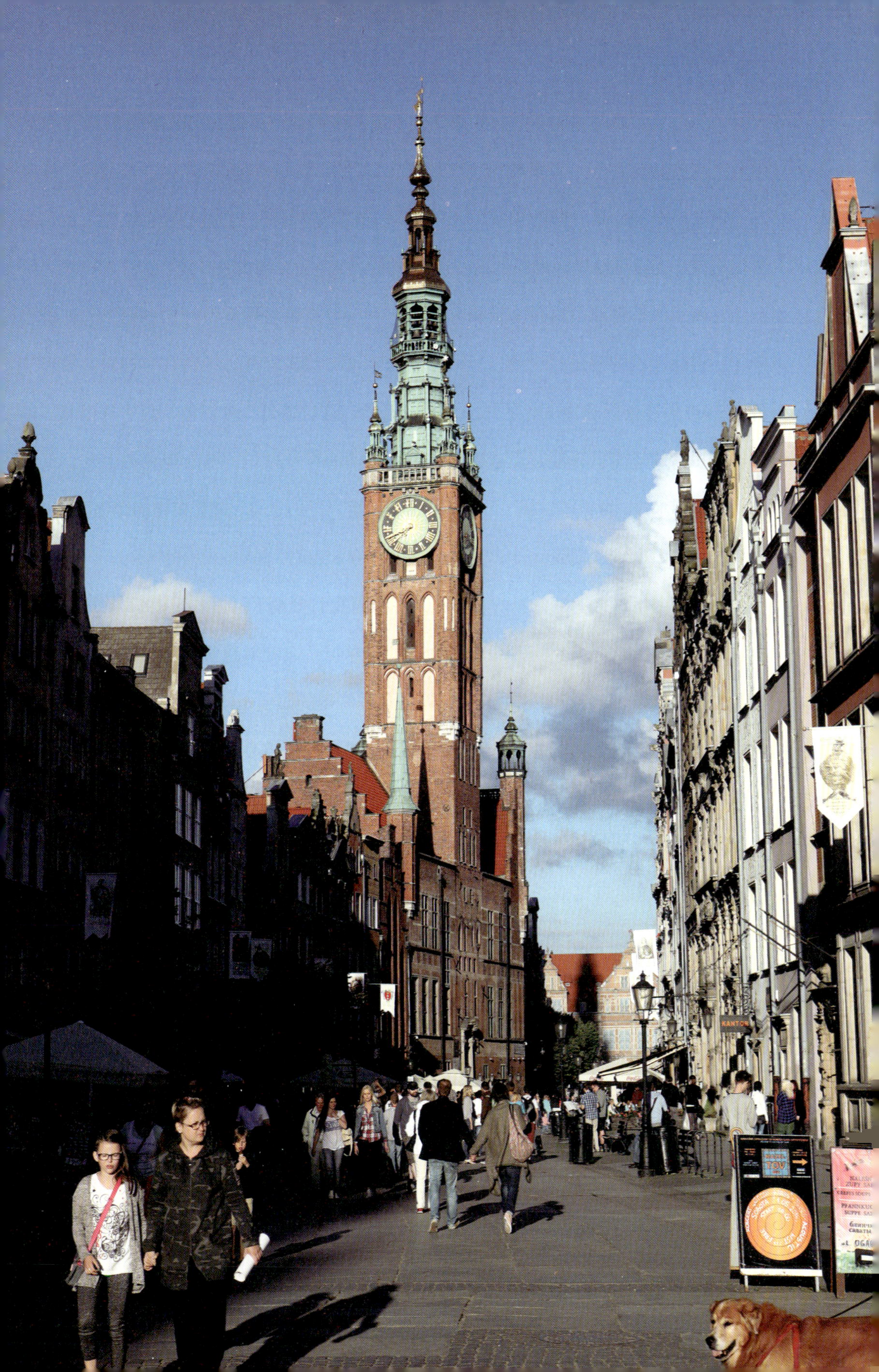
KANTOR

五月，一个风大而晴朗的日子，我来到位于波兰南部城市克拉科夫东南约13公里处的维利奇卡古盐矿参观。风度儒雅、文质彬彬的莱瑟克（Leszek）先生告诉我说，维利奇卡古盐矿就好比是中国的长城。他年轻时就在盐矿工作，当时已经有39年。我们随着他的脚步走进这座堪称世界上最古老而今依然保存完好的古盐矿。

老天爷似乎对波兰这片土地格外偏爱，大自然更是对她有特殊"恩赐"。在雄伟俊秀、连绵起伏的喀尔巴阡山，蕴藏着极为丰富的盐矿资源。维利奇卡古盐矿的形成源于1500万年前大自然变化的结果。远古时代，这里曾是一片汪洋，到中世纪时出现了许许多多的环礁湖，经过无数次地壳变化，沧海终变桑田。随着地壳的上升，干燥热风带走了水分，留下了宝藏。后来，喀巴阡山喀巴阡山上升，此盐矿结构分为两部分：上部为盐块，下部为盐层……

头戴安全帽，身穿工作服的莱瑟克先生陪同我们参观了这座曾于1978年被联合国教科文组织列入世界文化自然遗产名单，1994年波兰总统颁布法令将其列为历史遗迹的闻名遐尔的维利奇卡古盐矿。当我们随着他那稳健的脚步走进地底下宽敞奇特的"白色世界"，看到极富矿场特色的建筑的别致风景时，我的心灵受到强烈的震撼；我的心底默默赞叹大自然的鬼斧神工，无不深为波兰人民的无穷智慧和崇高精神所感动。

莱瑟克先生向我们介绍这座精美绝伦的地下古盐矿悠久的历史和灿烂文化，说一口流利中文的波兰帅哥道心为我们当翻译。维利奇卡古盐矿又被称作"戈雷绍夫斯基"矿井，是13世纪下半叶开采的。维利奇卡盐矿利用了得天独厚的自然盐矿资源，在地下挖掘开发了九层深度的古盐矿。最浅的地方在地下64米，最深处在地下327米，其中所有通道的总长合计为250公里。

走进古盐矿这个洁白无瑕的世界，眼前是一道道超凡脱俗的独特风景。世世代代的矿工们用九个世纪漫长艰辛的岁月挖成的房柱总计2040处。当我们走完旅游线路后，才知道所参观过的地方仅仅是这个盐矿房柱总数的3%时，大家都不约而

KOPALNIA SOLI WIELICZKA

CHODNIK DO KOMORY KRĘCINY SPRZED 1666 R

同地发出惊叹！

沿维利奇卡古盐矿2公里的旅游路线，边走边看，我们了解到古代的矿产开发过程、开采技术及保护方法，让人增长知识，大开眼界。当你正在矿内平坦的地面行走，突然"峡谷、湖泊"就出现在你眼前，天然盐洞，层次清晰，色调洁白。无数代矿工们用智慧和双手在古盐矿下凭想象和天赋创作了大量精美绝伦的盐雕像、盐浮雕等艺术精品。

莱瑟克先生向我们介绍，在古代，盐的价格与黄金相等，这里是人们第一次找到盐的地方。传说维利奇卡古盐矿是由匈牙利国王贝拉四世的女儿圣金嘉公主发现的。为了纪念这位智慧超人、善良美丽的公主，人们在古盐矿下用铁锤和凿子雕刻盐块，造建了规模宏大的地下教堂——圣金嘉公主礼拜堂。最让我震惊和难忘的是它富丽堂皇的屋顶上的那盏豪华吊灯，这是用盐的结晶做成的精美雕塑，矿工雕塑家们创造的艺术品全都是矿工用聪明智慧和独到工艺精心雕琢而成，其中凝聚着矿工们饱含风霜的生活经历和无穷智慧。

圣金嘉公主礼拜堂建于1896年，长54米，宽15—18米，高10—12米，顶部位于地下91.6米，底部在地下101.4米处。它风格独特，工艺精湛，与众不同，是维利奇卡矿工雕塑家们创造的艺术珍品，堪称为全世界宗教建筑中最珍贵的明珠。圣金嘉公主礼拜堂内有根据达·芬奇名画创作的盐制浮雕"最后的晚餐"（Antoni Wyrodek于1936—1945年作）和"加利利婚宴"盐造浮雕（Antoni Wyrodek于1929年作）、约翰·保罗二世教皇盐雕塑像（Stanislaw Aniol于1999年作）、鲁尔德圣母盐雕（Jozef Markowski于1903年作）及题为"十二岁的耶稣在圣殿"的盐制浮雕（Antoni Wyrodek于1928年作）等一尊尊盐雕精品。

在莱瑟克先生带领下，我们慢慢走下维利奇卡古盐矿，与这座宏伟壮观、气势浑弘的伴随着漫长岁月，承载着厚重历史文化内涵的世界文化自然遗产零距离相依相守，静静聆听着这座维利奇卡古盐矿春风秋雨中一个个动人的传说和故事。

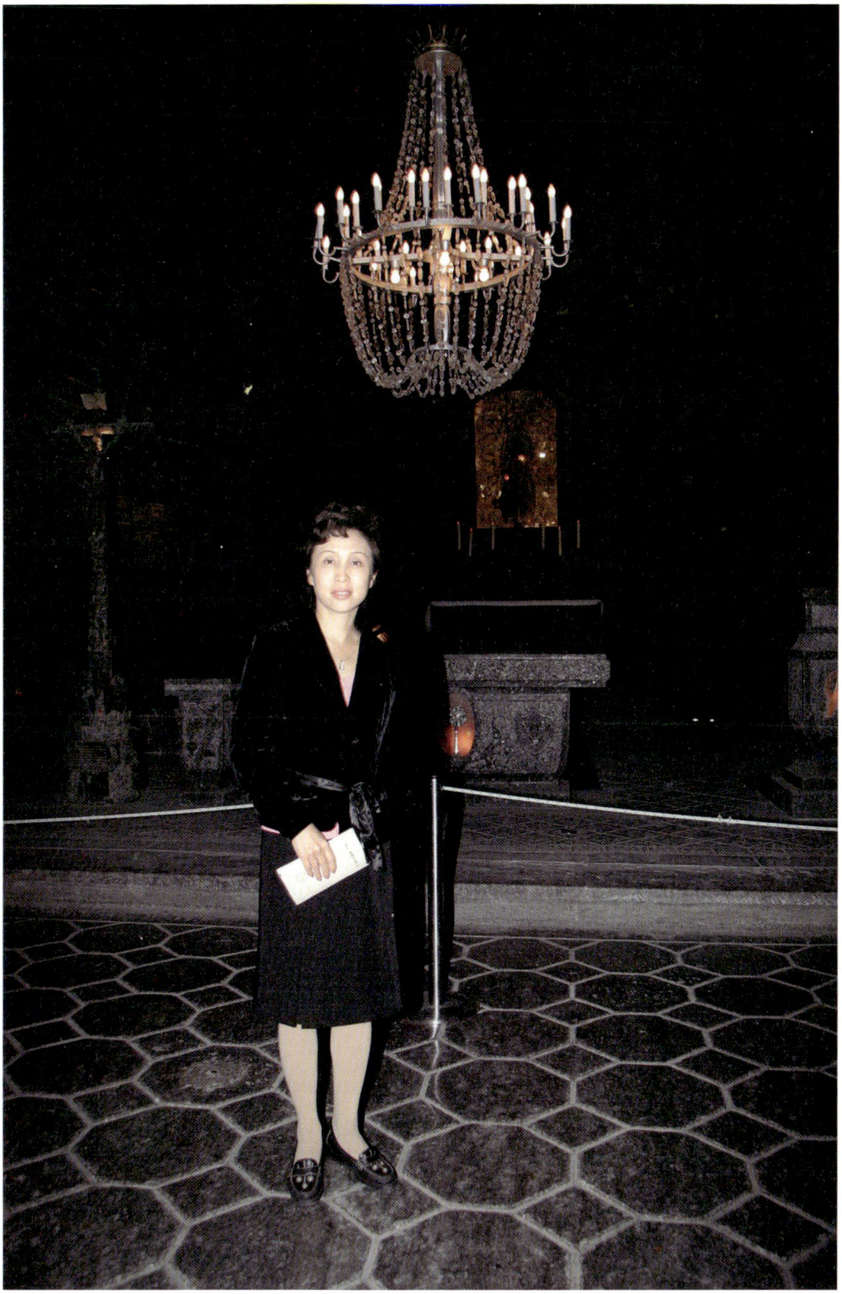

CRI
NEWS RADIO FM90.5
环球资讯广播
国家周
WONDERFUL WORLD
华沙之夜
音乐会 / 烧烤 / 观影活动
“非常世界、非常国家周、非常波兰”
音乐、美食、电影、摄影
带你体验波兰之艺术，艺术之波兰
主办单位:
协办单位:
官方网站: guojiazhou.cri.cn

我走到一个巨大的用盐雕建成的舞台前，莱瑟克先生告诉我，这是17世纪时盐矿工人唱歌的地方。此刻，耳边传来肖邦著名钢琴曲《乡愁》，这首旋律优美的幻想即兴曲，抒情柔和、静谧幽澜、轻缓委婉中透着沉思，给人力量。当你站在这洁白神圣的盐雕音乐厅时，这首肖邦与乔治·桑一起在马约卡岛回国之后创作的，后被库勒普斯基称为《乡愁》的钢琴经典名曲，便会感到典雅高贵，引人入胜。音乐中那每一个打动人心的音符，仿佛都跳跃着波兰民族精神的血脉；谱写着波兰人民精神气质的动人乐章。维利奇卡古盐矿和肖邦那动人的音乐旋律永远会深深珍藏在我的记忆中。离开维利奇卡古盐矿数月后，我脑海里总是抹不去那幅令人难忘的屏风，波兰人民真是英雄的人民，仿佛是一位博大无形的智者用智慧点燃了维利奇卡古盐矿的明亮灯光，书写了社会文明进步的一部"天书"。

无以伦比的维利奇卡古盐矿经历了几个世纪的岁月风雨，如今它依然是波兰一道最亮丽的风景，昂然挺立在世人惊愕的目光中，成为全世界游客为之倾倒和震惊的必游之地。从哥白尼到保罗二世；从波兰总统到中国国家领导人……维利奇卡古盐矿都留下了他们深深的足迹，见证着中波两国人民相传的友谊。

主持人：华沙作为波兰的首都、历史的窗口，这里除了举世闻名的美人鱼传说，有什么不可错过的人文风景？

杜京：提到首都华沙就更会让人感到，这座城市仿佛是一位轻浮柔软的面纱轻轻飘盖在她高贵典雅额头上的少女。

陪同我们波兰之行的中文导游，名叫道心，毕业于华沙大学中文系。他向我们讲起了这样一个故事：相传在古代，一个名叫华尔的男孩和他的恋人沙娃在维斯瓦河畔建立了自己的家园。维斯瓦河里的一个妖魔经常兴风作浪，华尔和沙娃勇敢地战胜了

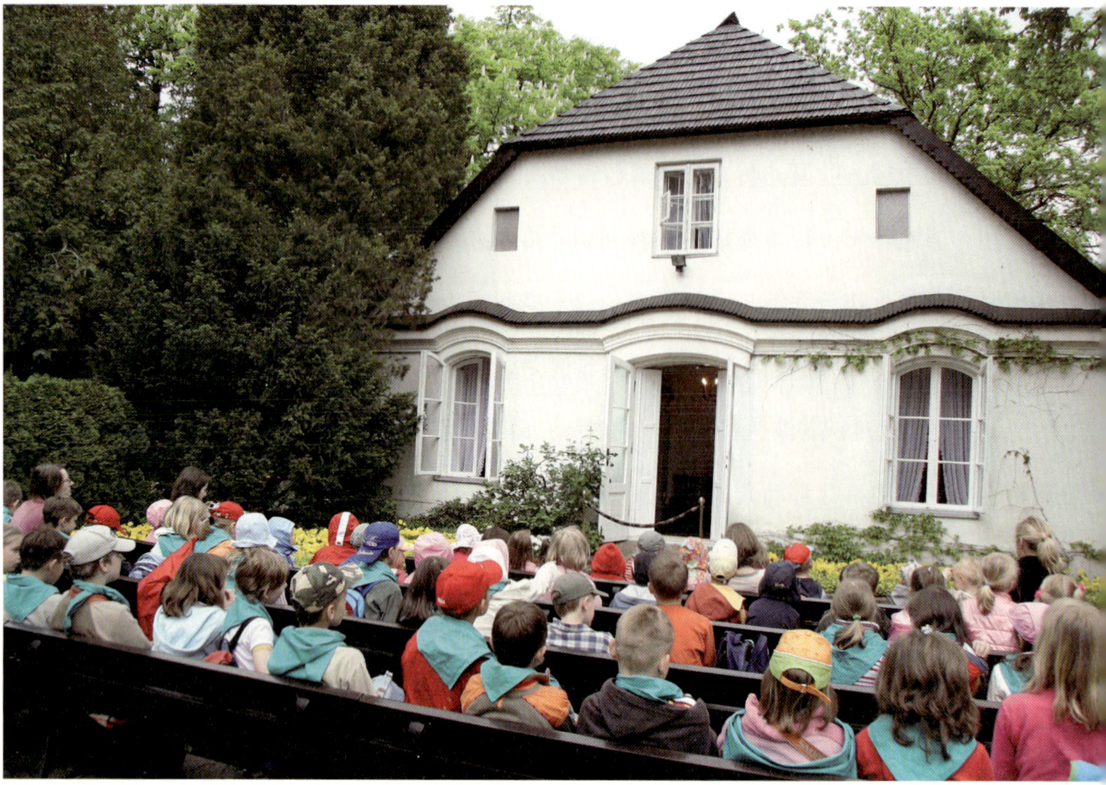

妖魔。从此，这里的人们过上了安居乐业的日子，维斯瓦河畔这个小渔村也渐渐发展为一座城市。为纪念他们勤劳勇敢的祖先，人们便把华尔和沙娃的名字组成了"华沙"。多少年来，美人鱼一直成为华沙的象征，被认为是华沙的守护神。在华沙美人鱼身上寄托着波兰人民对自由幸福的渴望，展示了波兰人民英勇无畏的精神。

在我童年的时代，留声机是高贵的"奢侈品"，幸好家里有一台，它成为我最初的音乐老师。母亲是军医，出生书香门第，她很小的时候，家里也有一台留声机，常听黑胶唱片，所以非常喜欢音乐，她是全军的模范，曾经与苏联、波兰、匈牙利的友人一同唱歌跳舞共度世界青年联欢节。母亲经常买一些她喜欢的唱片让我听，令我着迷，津津有味。音乐是那么美妙，时而欢乐、时而庄严、时而轻快、时而深沉。听完后，我问母亲："这是什么曲子，是哪个国家、哪个人写的？"我守着留声机听老式黑胶唱片在闪闪的旋转，心里开始想象肖邦、华沙、波兰。

这是一栋被花木重重包围的古老住宅，既像一座美丽的别墅，又似一处幽静的农舍。白色的小屋前，一棵巨大的栗子树守护在门前，周围是一片生机勃勃的花草，丁香花、玫瑰花、郁金香、紫罗兰，花开正艳，香气袭人，把这所古老的住宅装扮得更加优雅美丽。

故居内珍藏着肖邦的出生证、洗礼证明书、肖邦儿时给父母的贺卡以及他少年时代的手书乐谱，摆满着他和父母一家人使用过的炊具、生活用具，其中最为珍贵的要属一架与肖邦年龄相仿的黑色三角钢琴，这一切如今都已成为波兰的国宝。

钢琴静静地伫立在那里，好像一个饱经风霜的老者，迎送进出的参观者。此时钢琴的盖子开着，似乎肖邦还在一曲未终，我想仿佛肖邦还会回来，用钢琴演奏那一支属于热拉佐瓦·瓦拉庄园的恬静、浪漫的乐曲。

望着屋里摆放着的家具、书架和照片，我想象着儿时的肖邦一定非常聪明可爱、惹人喜欢。在天冷的时候，贤惠的母亲嘉斯蒂娜为在屋中白柱式的火炉添些木材，燃烧取暖，炉中燃烧的树枝木条发出噼啪的响声，散发出淡淡的香味，至今还令人感到暖意融融。伴着肖邦的琴声，屋内的壁炉仿佛还在燃烧，熊熊的火焰暖意浓浓，肖邦的琴声划破星空，伴着满天星星回荡在寂静的山村。

如今，我静静地伫立在肖邦故居，也许很多人会这样问："看上去这么普通简单的房屋里，竟然会诞生出一位伟大的音乐家、浪漫的钢琴诗人？"红色的教堂在蓝天白云映衬下更显得庄严肃穆，这里风景如画，鲜花遍地，教堂的顶尖耸立云端。在阳光下，欢快的鸟儿在树梢窜来窜去，轻捷灵巧。骄傲的鸟妈妈展示出它的尾翼，带着催眠的节拍徐徐盘旋，呵护着它的儿女们。我端起相机抢下了这张珍贵的照片。

红嘴白羽来往飞舞，不住地唱出妙婉的歌声。在安娜女士的陪同下，我们来到小镇，一条清澈的河流带着沿途野花野草的清新，欢快地流向远方。安娜告诉我，肖邦家乡的这条河叫布苏拉河，她小时候常来看住在这里的姑妈赫莲娜，在这里玩耍。说话间，安娜一脸灿烂的笑容，透出对童年美好时光的回忆。

肖邦正是在这诗情画意般的环境中成长，大自然赋予他音乐创作的灵感。去过这里你才会明白这里为什么会诞生肖邦。

正午，阳光依然明媚，《玛祖卡舞曲》悠扬的回荡，我将要道别热拉佐瓦·瓦拉庄园。临别时，我又一次来到肖邦故居的后花园，轻轻走进去，第一眼又看到他那尊熟悉的黑色塑像：肖邦披着风衣面向远方，脸庞右侧微微朝下，那双神情忧郁的眼睛依然传神。我三次来到肖邦故居，敬仰之情与日俱增。一个国土面积不大，民族曾三次被瓜分的"小国"音乐家，他用自己的音乐让全世界认识了自己的国家，他用音乐才华征服了世界，怎不令人崇敬？！

我走上前去，朝塑像前献上一支金黄色的向日葵，希望故乡的阳光永远照耀他的心灵，带给他温暖，让他不再寒冷孤寂；他身后的参天大树为他挡风避雨，让钢琴诗人的魂魄不再犹豫惆怅。

怀揣着那份带着肖邦生命气息和音乐旋律的难忘记忆，我久久地伫立在肖邦的雕

MARJA SKŁODOWSKA
CVRIE.
POLON i RAD
MUZEUM
MARII SKŁODOWSKIEJ
CURIE

100 ans
après

像前，从心底默默的说：

我没有远走，我还会再来……

居里夫人故居也是一处必看的风景。当我真的来到这位闻名于世、跨越了百年美丽的女科学家——居里夫人故居时，心情怎不激动？

午饭后，我们漫步来到世界第一位荣获诺贝尔奖的女科学家、第一位两次诺贝尔奖获得者玛丽·斯科沃道夫斯卡·居里夫人故居。它坐落在华沙古城弗莱塔街16号，一座看上去很普通的三层小楼。这里不仅是波兰人民敬仰的地方，也是外国旅游者的必到之处，迄今已接待了来自100多个国家的参观者。

我怀着无比崇敬的心情，轻轻走进小楼。二楼门厅的墙上悬挂着两张诺贝尔奖证书放大复印件。介绍了这位女科学家对人类做出的伟大贡献。前厅挂着许多居里夫人与丈夫的合影，可见她当年的美貌。厅里摆放着她用过的眼镜盒，桌椅，与学生、同事的书信，实验器皿，波兰总统邀请她到波兰王宫参加茶会的请柬。

在后厅里陈列着居里夫人当年骑过的自行车，戴过的礼帽，穿过的风衣。看着这些实物，我感到非常亲切。摆放在眼前的鲜花，表达着人们对这位女科学家永远的尊重和敬仰。桌上那盏白纱方型台灯，仿佛在告诉人们居里夫人的生命还在燃烧，就像这盏永不熄灭的明灯，照耀着后人去为人类科学文明进行不懈的追求和探索。

主持人：既然是文化之旅，波兰人民是如何享受艺术的熏陶？波兰有什么美食？

杜京：我多次去过波兰，切身的感受，让我总结出了这样两句话：国家不大，文化深厚；人口不多，精英荟萃。为什么这么说呢？因为在波兰这个国家，处处都能感受到它厚重的文化底蕴和浓郁的艺术气氛。波兰人的生活非常简单、快乐，解释一下简单，就是不追求名牌，一个月前，我刚去了一趟波兰，这次全程陪我们新闻代表团采访的一位导游毕达先生说，我们波兰人不会花很多的兹罗提或者欧元去买一个很昂贵的包或者奢侈品，但是我们每个星期一定要花钱去听一场音乐，或者去看两场话剧。波兰人是这样认为的，在生活中，衣服能御寒，穿着舒服实用就行了，就饮食而言，能吃饱营养够就好了，在这方面他们不愿意花很多钱去追求所谓的名牌服饰或山珍海味，但是对于精神的追求和艺术的品位，他们却是很"挑剔"的。

2010年是伟大的波兰音乐家、钢琴诗人肖邦诞辰200周年，为了纪念这位生为华沙人，胸怀全波兰，因才智而闻名于世的音乐家，波兰政府宣布这一年为"肖邦年"。

非常荣幸的是，作为波兰在全世界40个肖邦委员会委员中中国女性的唯一代表、4名中国专家庆典委员中的一员，应波兰国立文化传播机构密茨凯维奇学院的邀请，我有机会再一次踏上波兰的土地，领略她的绰约丰姿，感受"肖邦年"的浓情厚意。

此次波兰之行，是为"肖邦年"而来。从走下飞机的那一刻起，我们就融入肖邦的世界。华沙国际机场是以肖邦的名字命名。在街头的霓虹灯、出租车、歌剧院、博物馆、商场酒店和大大小小的广告牌、宣传海报上，既有非常传统的人们熟悉的肖邦画像，也有与时俱进的戴着墨镜时尚很酷的肖邦，还有许多关于肖邦音乐会的宣传海报，从中可以感受到"肖邦年"浓浓的气氛

当你走在华沙的街头，漫步在公园稍作小憩，往路边的石头长凳上一坐按下小小的金属键钮，肖邦美妙的钢琴曲就会与你如期相约，萦绕耳边。坐在毕苏茨基广场公园的树荫下，密茨凯维奇学院亚洲事务总监马丁（Marcin Jacoby）先生告诉我，像这样能听音乐的"肖邦音乐座椅"在华沙随处可见。政府出资做这件好事的初衷就是要让人们记住肖邦是波兰文化的一张名片，记住他的爱国热情和高尚精神，从而激发人们为国家出力的热忱和报国思想。这位华沙大学中文系中国文学专业博士用一口流利的中文告诉我："在波兰人们很重视音乐欣赏对人的精神激励和国民品味的提高。对于一个天性善良充满情感的人来说，他是不会忘记国家的忧患和他人的痛苦和不幸的，

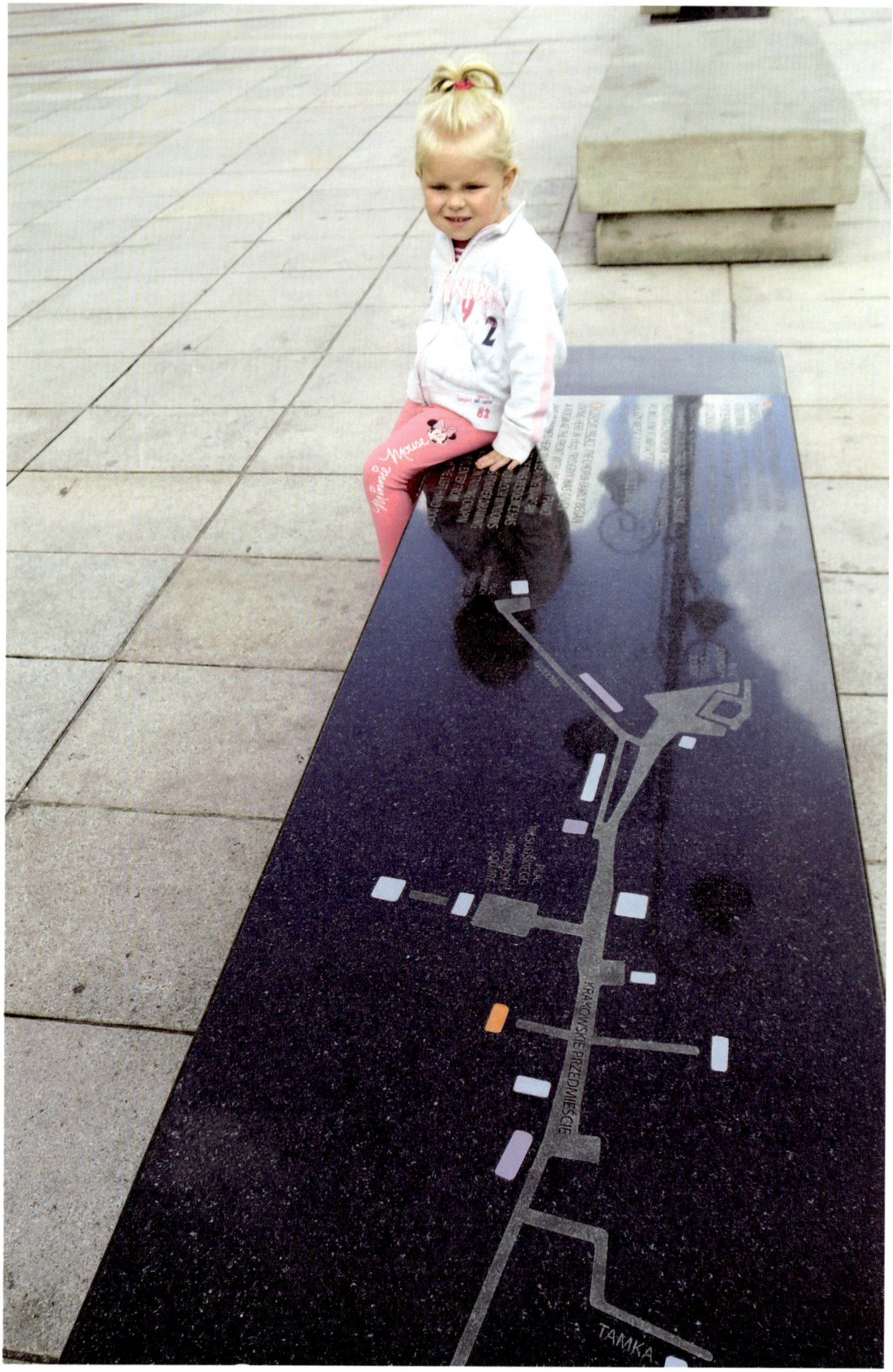
KRAKOWSKIE PRZEDMIEŚCIE
TAMKA

肖邦就是这样一位品格高尚的音乐家，华沙街头和公园内的'肖邦座椅'就是让人们随时随地聆听到肖邦音乐，传递音乐情感，让市民在自觉与不自觉中受到肖邦潜移默化的影响，理解肖邦作品、提高艺术修养。"

记得在北京时，我曾采访过波兰肖邦庆典委员会主席瓦尔德马尔·东布罗夫斯基（Waldemar Dabrowski），这次华沙相聚感到十分亲切。性格爽朗，待人热情的他在百忙中整整抽出两个多小时的时间与我们中国新闻代表团一行交谈。他如数家珍地详细介绍了"肖邦年"的各项活动安排。东布罗夫斯基告诉我们，早在4年前，他还在担任波兰文化遗产部部长时，经国家批准，就准备了1亿欧元的预算，用于2010年纪念肖邦诞辰200周年，波兰还在全世界，如中国、法国、德国、英国、意大利、西班牙等地举行了2500多场次肖邦音乐会，还组织了电影放映、图片展览、吟诗绘画、音乐讲座，如"肖邦和他的欧洲"、"多面肖邦"等各种纪念活动。出版了110多种有关肖邦的图书。最值得一提的是，波兰在全世界成立了40个肖邦委员会，邀请各国的知名人士、文化名人参加，尽管这些人都非常忙，但却无一人拒绝，由此可见肖邦在全世界的影响不言而喻。

为纪念肖邦诞辰200周年，政府宣布在"肖邦年"里凡是在首都华沙出生的婴儿，都会得到一份珍贵的礼物：印着肖邦玛祖卡乐曲音符的宝宝装。

来到好朋友保罗家中做客时，我看见他的两个在中国出生的儿子，3岁多的尤利安（中文名字勃安），1岁多的米郝（中文名字勃乐）正在挣着看一本由米哈乌·鲁西奈克编著、尤安娜插图，由北京外国语大学乌兰教授翻译的漫画读物《肖邦》。这本书专供学龄前儿童阅读，书中用漫画的形式活灵活现、妙趣横生，以讲故事的方式将肖邦的一生展现在孩子面前。我翻看这本儿童读物，色彩鲜艳，内容丰富，寓教于乐。其中一段这样描述："当小弗雷德里克的父母忙着没时间照顾他时，他就跑到大自然中聆听鸟儿、溪水、风吹和森林的声音。有一天，他突然感到有什么东西爬到他身上，

原来是喜欢吸人血的蚂蚁，看样子它是想把小孩子当午餐吃掉。'你们猜猜他被吓着了吗？'回答是：'没有！'肖邦家族历来以勇敢著称，于是他把蚂蚁统统抖掉，开始想象蚂蚁爬行的动作在五线谱上写乐曲，然后他一鼓作气猛跑回到父母身边。当他把自己谱写的乐曲给父母看时，他们从鼻子里哼出了曲调，父母向他祝贺，祝贺他写出有生以来第一首进行曲。这时，蚂蚁们迷迷糊糊的随着进行曲的节奏，迈着铿锵的步伐向华沙出发了……"

我手捧着这本由波兰人编写、绘画出版的儿童读物，不禁感慨：这实在是可以堪称认识肖邦的优秀启蒙之作。用通俗易懂的艺术表现形式，将肖邦的品格和波兰的文化品位渗透到孩子们幼小的心灵。我在想，总有一天这些文化的种子会在孩子们的心中发芽、开花、结果，长成参天大树，肖邦精神会代代相传。

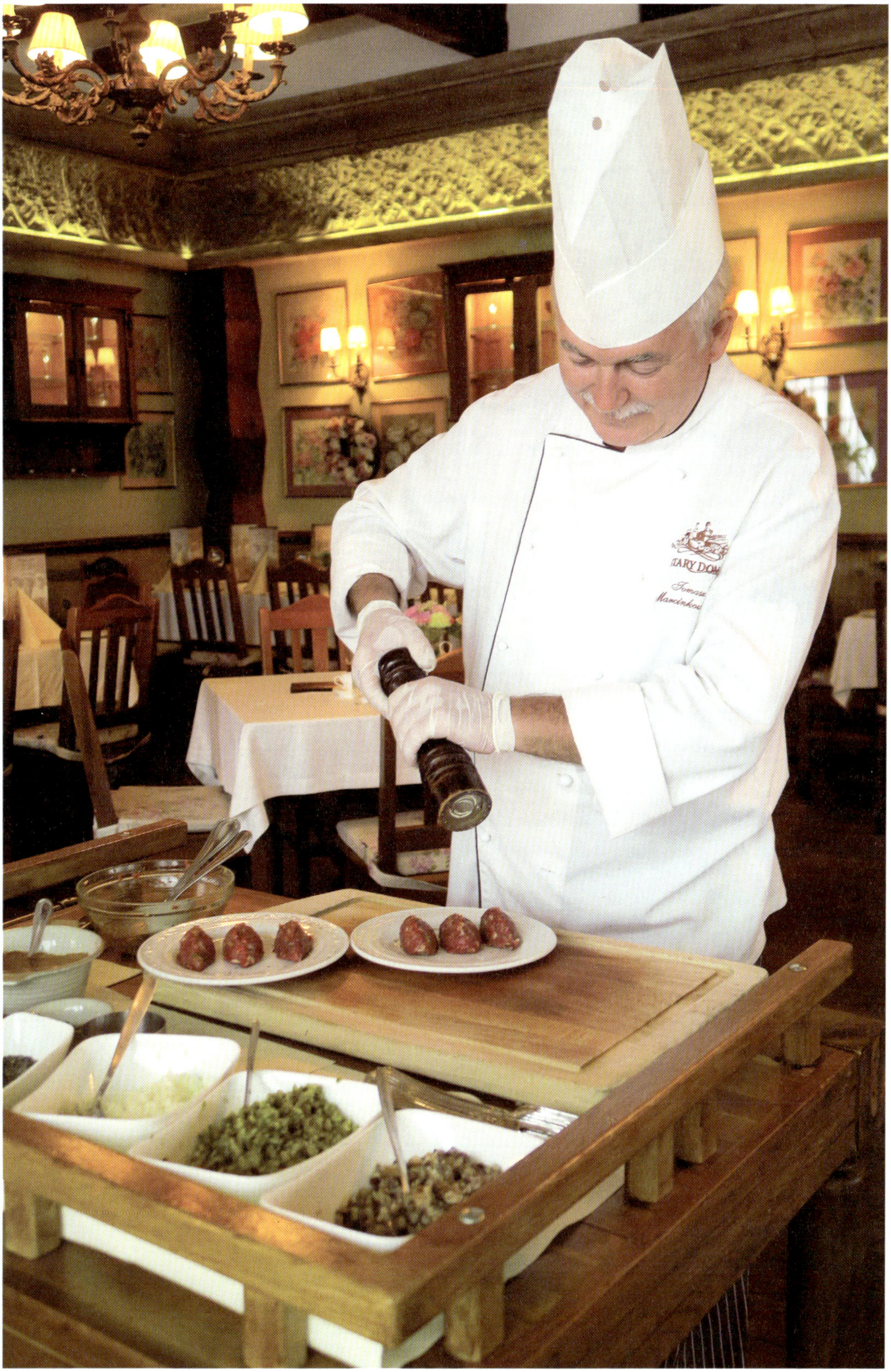

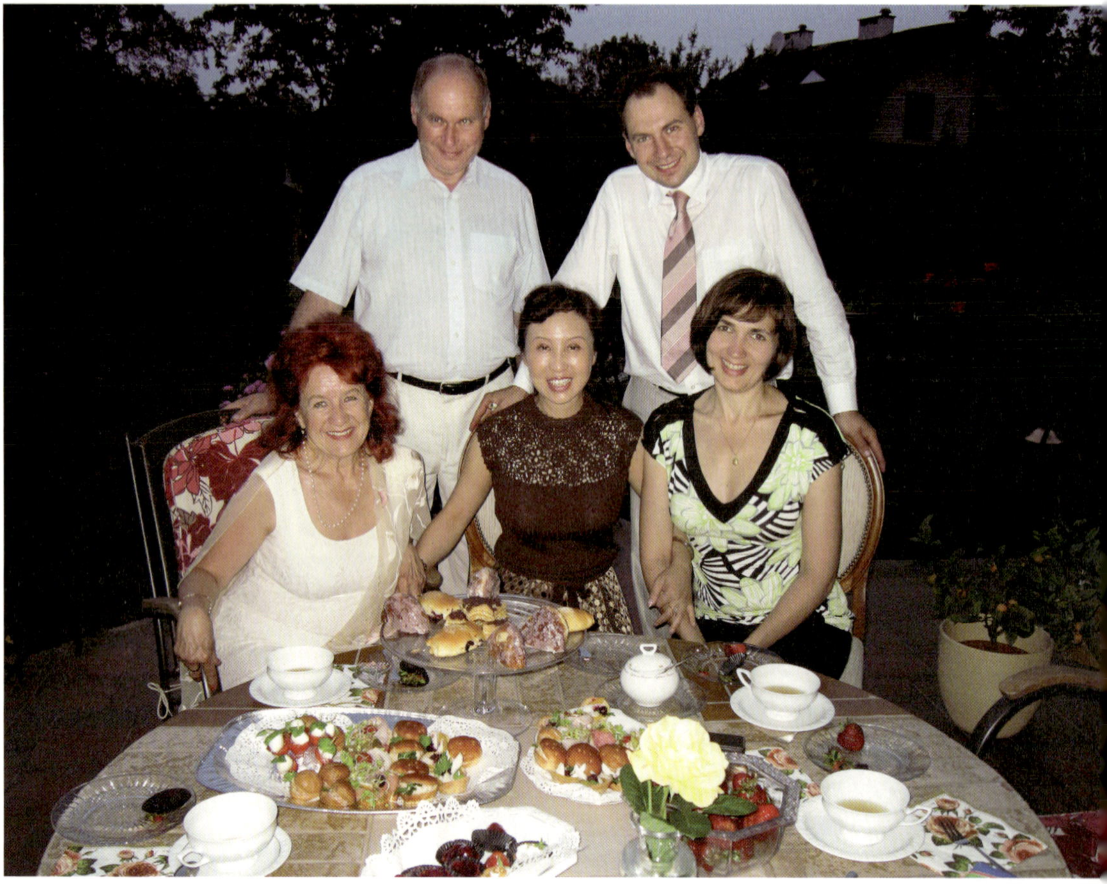

在华沙的每一天，盛情的主人——密茨凯维奇学院的马丁先生（Marcin Jacoby）陪同我们一行聆听了多场肖邦音乐会。有钢琴独奏、交响音乐、歌曲演唱、爵士音乐、摇滚音乐……室内露天的、古典传统的、现代时尚的，每次都不重复，场场都很精彩。最让我感触的是，无论音乐会安排在白天还是在晚上；无论天晴还是下雨，只要开演，时间一到，济济一堂的听众准时的坐在音乐厅，专心认真聆听音乐会，观众之多，次序井然，氛围专注，即使是露天的音乐会有时下起了大雨却丝毫不会影响人们对肖邦的崇敬和聆听音乐会的兴致。

最受欢迎的"华沙之秋音乐节"，也让我感受到了波兰人喜欢古典音乐的浓烈艺术氛围。无论是在霓虹灯闪烁的酒吧音乐厅，还是在旧厂房改造的音乐厅，无论是白领还是年轻大学生，工人或是自由职业者，每到夜晚，他们会邀约亲朋好友及家人孩子来到音乐厅和剧场聆听优美的古典音乐，观看话剧电影。我仔细观察发现，他们都是些最普通的波兰市民，他们非常优雅、高贵，中国有句俗话说，"一夜之间可以造就几个暴发户，三代人造就不了一个贵族"。我想这里说的高贵，就是指精神的高贵、品味的高贵。在波兰这个国家，我觉得普通的民众都非常热情、善良。波兰，是一个充满了真诚情感的国度。在这里，人的诚信是第一位的，这也是我最喜欢波兰的理由。我从心灵深处钦佩这个民族，热爱这个国家，更喜欢豪爽乐观、热情大度的波兰人民。在我看来，波兰人之所以有爽朗的性格和高雅的品味，正是来源于日积月累的文化艺术熏陶。

明媚阳光，屋后花园，蕾丝花边儿的桌巾，精致的餐具，曼妙的音乐在耳边回响。桌上烛光袅袅，典雅的乳白色圆底花瓶，一束束美丽的粉色鲜花，香气袭人，沁人心脾。一幅优雅情调的波兰美食画卷已经跃入我的眼帘。且不说那些琳琅满目恰好满足女人小心思的甜点，也不说男人侃侃而谈间溢出的酒香，光是坐下来，体味时光流逝间的这份憩静华美、悠然自得，就足以让你觉得品味波兰美食、享受独特的波兰文化，不虚此行。

我想，品味永远不是罪过。让人身心愉悦的片刻时光，美味佳肴已经呈上，花香四溢，阳光正好。

在好朋友保罗（Pawel Milewski）的陪同下，这是我第三次来到华沙最具波兰特色的塔德兹亚餐厅品尝波兰美味。保罗点了几道正宗传统的波兰美味菜肴，我们畅快的聊天。

就在我们交谈的时候，第一道菜上来了，这就是波兰有名的红菜汤（barszcz）。在波兰品味美食，最重要的就是这道红菜汤。我几次去波兰，每天都有红菜汤相伴，那碗色泽艳丽、爽口开胃的红菜汤，可以说让每个到访波兰的人赞不绝口，对我来说尤为的喜欢。

来到波兰我才发现这里汤的种类很多。第一次去波兰时，我们新闻代表团一行来到克拉科夫就喝过一种，让我一喝就忘不了的汤——"茹尔汤"（zur），在世界的其他地方，你都无法品尝到这样的美味。这道汤是用面粉和烤制的面包，配上香肠和一个煮鸡蛋而做成。传统的波兰"茹尔汤"是要用新鲜的蔬菜汁，加上蘑菇、蒜蓉煮制，往汤里再放上些事先用大麦粉加水发酵而成的一种被波兰人叫做"扎克瓦司"（zakwas）的汤汁，再加入白香肠和熏培根、火腿丁和辣椒末，这道汤本来就工艺复杂、制作精良，但做事认真，又有品味的波兰人还要用烤黄的面包掏成一个空心碗盖在汤盘子上，使得这道汤锦上添花。既美观漂亮，又营养丰富，味道更纯。波兰还有一种叫"克瓦希尼扎汤"（Kwasnica），是用猪肉、排骨加蘑菇、红菜、圆白菜腌制而成的，与酸菜一同炒熟后再加入几种蔬菜煮成的酸汤，这道汤既美味又可口，还健脾胃助消化，我在华沙品尝过再也忘不了。

说实话，对于我这个爱吃素菜和麻辣味儿的食者来说，每次出国访问，什么倒时差、乘飞机转车、坐船颠簸等辛苦事儿都不在话下，最让我不习惯的就是饮食，特别是欧洲人爱吃大肉，什么牛排、法国人餐、烤鱼，我一看就差不多饱了，加上菜的做法又无盐无味儿，所以每次出访，我都要带些小袋装的泡菜、腐乳、辣椒等佐餐小菜，可是到波兰却不用，因为我觉得波兰人做的菜味道跟咱们差不多，我喜欢吃波兰菜。我做过比较，波兰菜肴中有许多菜的做法与中国很接近，如波兰人长久以来一直享用的"必高斯"（bigos），味道有点像中国东北大白菜腌制的酸菜。"必高斯"这道菜从中世纪起就已经出现在波兰人的餐桌上了，特别是贵族和城市里的聚会者，无此不欢。波兰酸菜"必高斯"也常常出现在波兰人的口语中。这道菜有很多变种和做法，波兰有句俗话说，"如果有两个波兰人，就会有三种'必高斯'"。记得出访波兰时，每次餐桌上有这道"必高斯"，大家都会很喜欢，在一点不剩的把它吃完后，都会异口同声地说，"必高斯"味道很像中国菜——好吃。

通常好吃的菜肴制作起来都相对复杂，要花点时间费点功夫，波兰酸菜"必高斯"就是如此。有一次在格但斯克就餐时，我好好采访了一下大厨亚当，他告诉我"必高斯"是用圆白菜腌制好的酸菜和新鲜白菜做成，先将白菜切碎后，放入备好的牛肉料理，加入橄榄油、洋葱一同炒拌，然后放入牛肉、鸡肉、猪肉均可，再放些西红柿酱、干蘑菇、苹果、杏脯、葡萄干以及花椒、薄荷、罗勒、龙蒿、鼠尾草、迷失香粉等多种香料。这样，"必高斯"就可以上桌了。

在波兰访问期间，罗兹市宣传旅游和外国合作局副局长莫妮卡（Monika Karolczak）女士告诉我们，在制作"必高斯"这道菜时，每个厨师都会尽情发挥自己的想象力，为了做出地道美味的"必高斯"，必须花很长时间精心制作，还要加入上好的葡萄酒，将做好的"必高斯"经过冷却放入冰桶取出加热，经过几天的反复加工，滋味最为喷香浓厚的"必高斯"会更加令人打开胃口。

波兰还有一种我最爱吃的用圆白菜叶子包上鸽子肉或猪肉末、牛肉末蒸熟的菜肴，好朋友马丁告诉我，这道菜是波兰最传统的美食，名叫"高兰比基"（golabki），就别提有多好吃了。

我走过许多国家，只有在波兰看到并吃到过饺子。回来告诉朋友时，他们不太相信并且追问："饺子是咱中国的传统美食，波兰怎么会有饺子？波兰人会包饺子吗？"……这一串问题也正是我访问波兰时想要解开的"谜"。

饺子在辞海中这样记载："一种有馅儿的半圆形面食，如水饺、蒸饺。"饺子是中国人发明的毫无疑问，最早起源于我国中原一带，13世纪由马可·波罗带到波兰，从此波兰便有了饺子。由此看来，中国和波兰两国的确有着很深的历史渊源。

波兰式的饺子被叫做"别劳基（pierogi）"。波兰饺子的馅料多种多样，五花八门。有肉馅，如牛肉、羊肉、猪肉、鸡肉馅；素馅，如蘑菇馅、酸菜馅、鸡蛋馅；奶酪馅，如酸奶酪、咸奶酪和水果馅，如草莓、樱桃、杨梅等。在华沙的好朋友米郝（Michal Stepniewski）邀请我们到他家做客，与他的父母、妻子和三个孩子一同共进晚餐。他的母亲为欢迎我们到来，特意为我们包了新鲜草莓馅的饺子，饺子大而厚实，一口咬下红红的草莓甜中带微酸，味道极好。

波兰除了有许多好吃的，还有好喝的，享有盛誉的波兰伏特加（wodka）就是波兰人的最爱。伏特加种类有上百种，波兰是全世界伏特加种类最丰富的国家。俗话说，一方水土养一方人，为了抵御严寒，许多波兰人喜欢烈酒。从历史记载看，古老的波兰有着久远的酿酒传统和历史，最初他们用大麦酿制啤酒加入蜂蜜制成蜂蜜酒（okowita），后来才有伏特加。

伏特加气味芳香，爽口丝滑，特别值得一品，每次出国在机场免税店，我和同行们必去酒柜做一番市场调查。据了解，波兰生产的纯伏特加已畅销70多个国家，在法国、德国、意大利、墨西哥、加拿大和中国最受欢迎。其中"精品伏特加"（Wyborowa）已经在国际大奖赛中获得20多个奖项，当中有四分之三是多次获得世界金奖。

在波兰的商场和酒吧，"精品伏特加"（Wyborowa）、"牛草伏特加"（Luksusowa）、

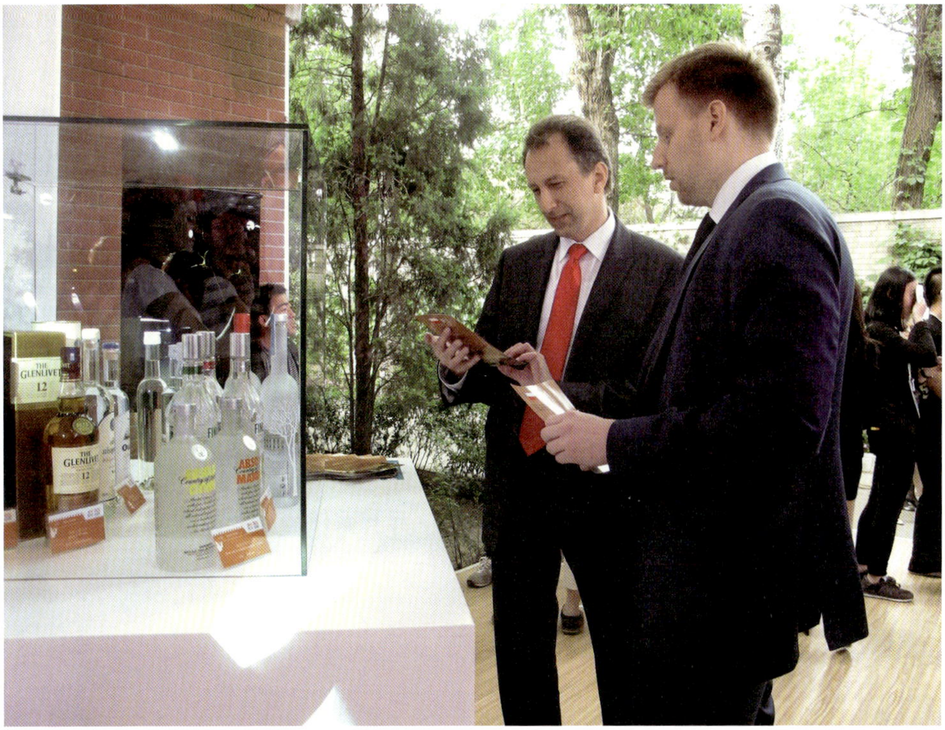

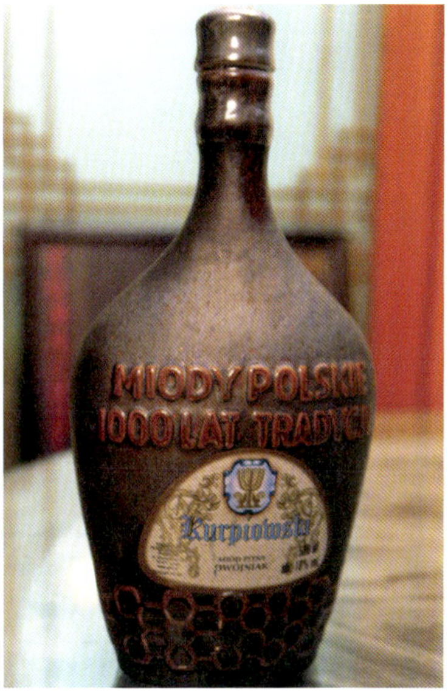
MIODY POLSKI
1000 LAT TRADYC

"高级伏特加"（Belvedere）随处可见，这些品牌的伏特加在欧洲各地乃至世界都非常有名。在波兰如果要品尝"牛草伏特加"，还可以将生长在波兰比亚沃维耶斯基森林中的野牛草的草叶加入伏特加中，会使得酒的颜色变成淡黄的琥珀色，酒的味道更加芬芳浓郁，沁人心脾。

除了传统的伏特加之外，还有黑麦香味、茴香味、水果味、香草味和草药味的品种，有"波罗乃兹"（Polonaise）、"维波罗瓦"（Wyborowa）、"茹布罗夫卡"（Zubrowka）等著名品牌，其中一款精选核桃和葡萄干制成的"帕利科扎夫卡"又称"生命之水"烈酒，这种酒也是波兰人的最爱。除此之外，"蜂蜜酒"也是波兰著名的美酒之一。

在琳琅满目的波兰美酒中，我最喜欢著名的格但斯克金箔酒（Goldwasser），记得第一次到格但斯克我就品尝过。这款金箔酒一直采用 16 世纪的配方，是用一种植物根茎和香草酿成的伏特加，酒液中加上金光闪闪的金箔片，使得酒的色泽明丽、味道醇香。酒中的金箔在透明的琥珀色酒液中金光闪闪，许多人都将它作为藏品，珍藏起来，从中寻找着对波兰的记忆。

华沙之秋的温情与惬意

华沙之秋，天空更蓝了，阳光很明媚，几朵白云袅袅婷婷地飘浮在空中，它是秋天写在蓝色诗笺上的骈文，那份洒脱和飘逸，那种恬淡和惬意，只有高远的蓝天才能吟咏。秋天的太阳更红更娇了，中午它虽还有些刚烈，可刚烈得恰到好处。透过云罅的阳光则更像是一位慈祥的母亲，充满了温情，充满了爱意。在这最美的季节，我又一次来到华沙，是为华沙之秋国际现代音乐节而来。

一年一度的华沙之秋国际现代音乐节，是世界上最重要的现代音乐盛宴。作为享誉国际的欧洲三大现代音乐节之一的华沙之秋（Warsaw Autumn）国际现代音乐节，创办于1956年。冷战时期，这个音乐节成为东欧了解西方当代音乐文化一个最直接的窗口，成为当时东西欧音乐文化交流的一个重要平台。一些东欧的重要作曲家，如卢托斯拉夫斯基、潘德列茨基等都曾在这个具有国际影响力的音乐节上声名鹊起，从而引起了国际乐坛的广泛关注。

华沙之秋国际现代音乐节有着近半个世纪的历史，它是见证了现代音乐发展的一个音乐盛事。它更是波兰享誉国际的现代音乐节。多年来，在整个中东欧，它在同类型国际音乐节中都处于顶尖地位。直到如今，它仍是一个充满活力的为新音乐发展提

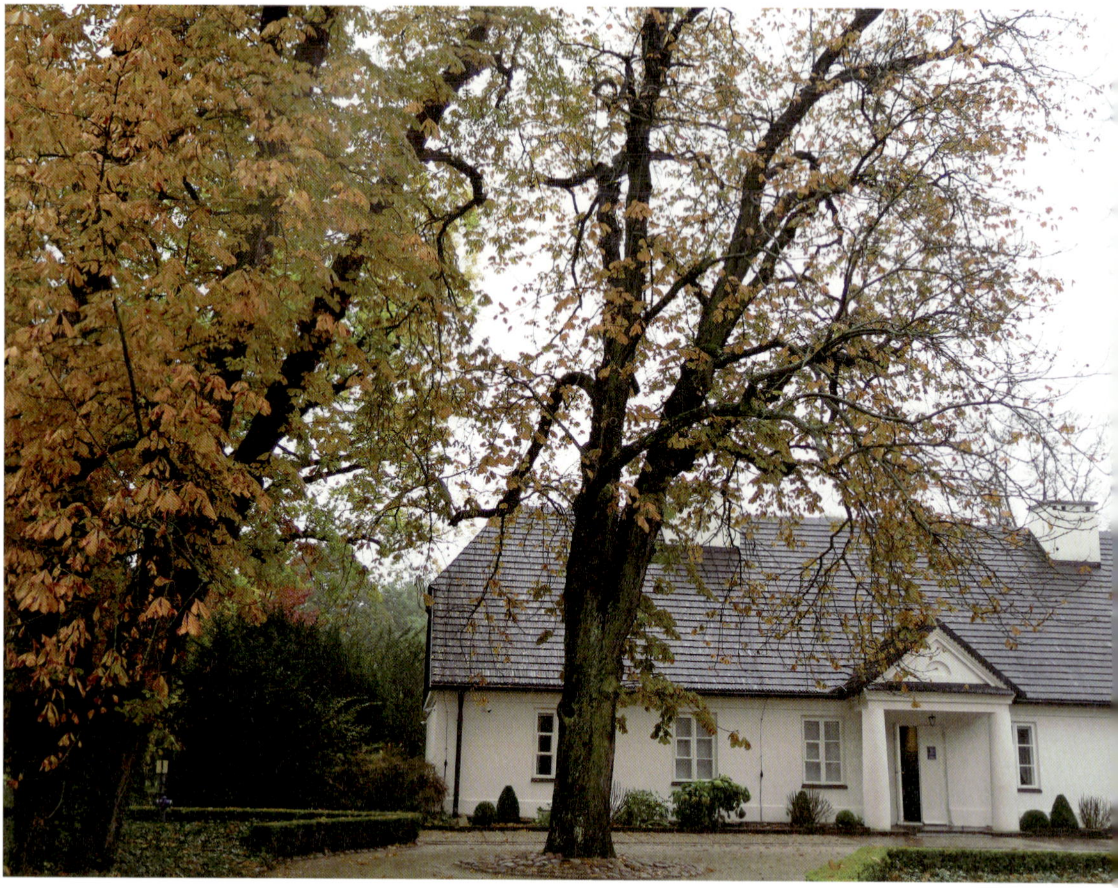

供沃土的平台。

"华沙之秋国际现代音乐节由波兰作曲家协会主办，演出曲目组委会则轮流由欧盟委员会指定，并对每年参与音乐节的曲目做出最终抉择。华沙之秋国际现代音乐节每年在全球推举1至2名具有国际影响力的作曲家，并邀约其创作一部大型管弦乐作品在闭幕式音乐会上首演。音乐节期间，还会举办讲座、交流和音乐会等一系列活动。艺术不分国界，音乐沟通心灵。"密茨凯维奇学院亚洲事务总监马丁博士向我介绍情况，并陪同拜访华沙之秋国际现代音乐节主席塔图兹·维列斯基（Tadeusz Wielecki）。

创建于1956年的华沙之秋国际现代音乐节，被现任音乐节主席塔图兹·维列斯基形容为"波兰当代音乐创作荒漠中的一股清泉，一个惟一充满艺术创造性的自由之岛"。因为在冷战时期，这个音乐节是惟一一个能让东欧作曲家们体验到西方新潮音乐创作的音乐节。音乐节曾因政治原因两次被迫中断，好在音乐节有站得高看得远的波兰政府的鼎力支持，使之得以在资金上获得持续性的保障。

塔图兹·维列斯基介绍说，华沙之秋国际现代音乐节，具有相对独立和自由的空间，因此音乐节备受来自东欧地区的作曲家和观众的热烈欢迎。上世纪六七十年代，"华沙之秋"音乐节带来的当代音乐和演出，都是最新锐的，令人激动人心。波兰人迫切地需要学习西欧最新潮的音乐技术和了解世界最前沿的当代音乐创作。"华沙之秋"成为当时东欧音乐家们了解勋伯格、瓦列兹、威伯恩、巴托克、布列兹、诺诺和凯奇等当代作曲大师们音乐创作的重要平台。这个音乐节曾经迎来过最高120%的观众参加比率，其受欢迎的程度可想而知。

我点开华沙之秋国际现代音乐节的网站，看到这样一个页面：画面上立体型的音乐节LOGO呈现出一个不规则的立体梯形设计，点击动感的梯形LOGO，立体声的当代音乐便灌满耳道。华沙之秋国际现代音乐节概念，并非一开始就那么边缘和新锐。这个音乐节是从稍微保守的曲目中逐渐走向边缘化。它的现代主义概念和形象始于最

早期当代作曲家威伯恩，然后再慢慢过渡到最激进的拉赫曼、霍林格等，从历史到传统，从现代到后现代，从音频艺术到声音装置……逐渐演变。

　　华沙之秋国际现代音乐节，走出的是一条多元化且积极的开创性道路，为的是让波兰观众了解音乐世界的最新发展态势，熟悉最新潮前沿音乐。经近半个世纪的历程，经典的 20 世纪作品都已被一一呈现。如今，华沙之秋国际现代音乐节，开始更加关注 20 世纪下半叶的一些未能演出的作曲家的作品。音乐节首演了很多当代作曲家的新作，如 2000 年首演斯特克豪森的《Gruppen》以及 2005 年首演布列兹的《Respons》。音乐节在介绍著名和前卫的作曲大师新作的同时，也将推广波兰当代音乐和展示最前沿海外作曲家的新作作为重任。而邀约最前沿的亚洲作曲家的新作，也成为了这个音乐节颇为显著的亮点。

人们往往将当代音乐与奇怪、抽象等名词联系在一起，力求消除这一偏见也是华沙之秋国际现代音乐节的又一目标。音乐节主席塔图兹·维列斯基说，如今，人们很少会将当代音乐与波兰社会现状联系在一起。但是，很多当代作曲家的创作都与现实当下的生活有关。音乐节主办的另一个宗旨，即消除人们对当代创作的这种偏见和刻板认知。如今，有越来越多的观众会自发前来参加华沙之秋国际现代音乐节，观众年龄越来越年轻。公众对更精致、更复杂的音乐越来越感兴趣。在过去十年左右的时间里，创作界也涌现出了一批年轻的精英，他们勇于挑战困难的技术，寻找新的、不同的声音，同时也寻找能丰富听众听觉感官的音乐。在当今世界，由于互联网已经进入到平常百姓的家庭中，当代音乐已不再是昨日荒谬或冷漠的代名词，而进入了大众的视线，音乐节的音乐作品也呈现出多样化、时尚化、国际化。

前不久，华沙之秋国际现代音乐节开启了其"第一届儿童现代音乐节"，大众及音乐媒体热情地将此称为"小小华沙之秋"，这个创意的初衷是让音乐节的内容更丰富，不但会长久持续下去，更会为华沙之秋国际现代音乐节添加更多精彩。

当然，"小小华沙之秋"的创意，与华沙之秋国际音乐节的初衷一脉相承，为的是让音乐的种子深深植入孩子们幼小的心灵，让音乐给孩子和家长们带来参与感及增添学习的兴趣。希望孩子们学会聆听音乐，哪怕所听的音乐相对来说是有难度和有深度，或者简单说，是不太为人所熟知的世界丰富的音乐。"小小华沙之秋"为孩子们带来音乐体验乐趣的同时，也给孩子们带来音乐创作的灵感。

走过近半个世纪历程的华沙之秋国际现代音乐节，将传统与现代、时间与空间串联在一起。音乐节推出的作品，为的是让参与者的眼睛、耳朵和注意力都集中在音乐的舞台上，用整体感官去领会音乐作品的丰富内涵，无论是字面意义还是象征意义。因此，每一届音乐节内容都丰富多彩，既有露天音乐及器乐小剧场形式的作品，也有用装置和多媒体设备呈现的作品，当然还有传统的器乐创作新作，用独立自由和公平公正来续写欧洲及世界音乐节的崭新篇章，华沙之秋国际现代音乐节，可谓是一台国际化高水准的音乐饕餮盛宴。我每天都徜徉在华沙之秋音乐节带给我的享受中，品味着这份国际现代音乐饕餮盛宴的美味，可谓幸福极了。看看我身边的波兰人，他们拥有一颗纯洁善良的心，音乐艺术带给他们高雅快乐的生活。此时此刻，我无忧一身轻，轻松地走进华沙之秋，细细品悟秋的淡然、秋的纯净。

秋日的华沙秋风萧瑟，街头的行人穿着深色呢子大衣，踏着满地的黄叶，走在秋天的路上。我和身边的波兰人一样，用心感受着美好的秋色，享受着华沙之秋音乐节给我带来的惬意与温情。

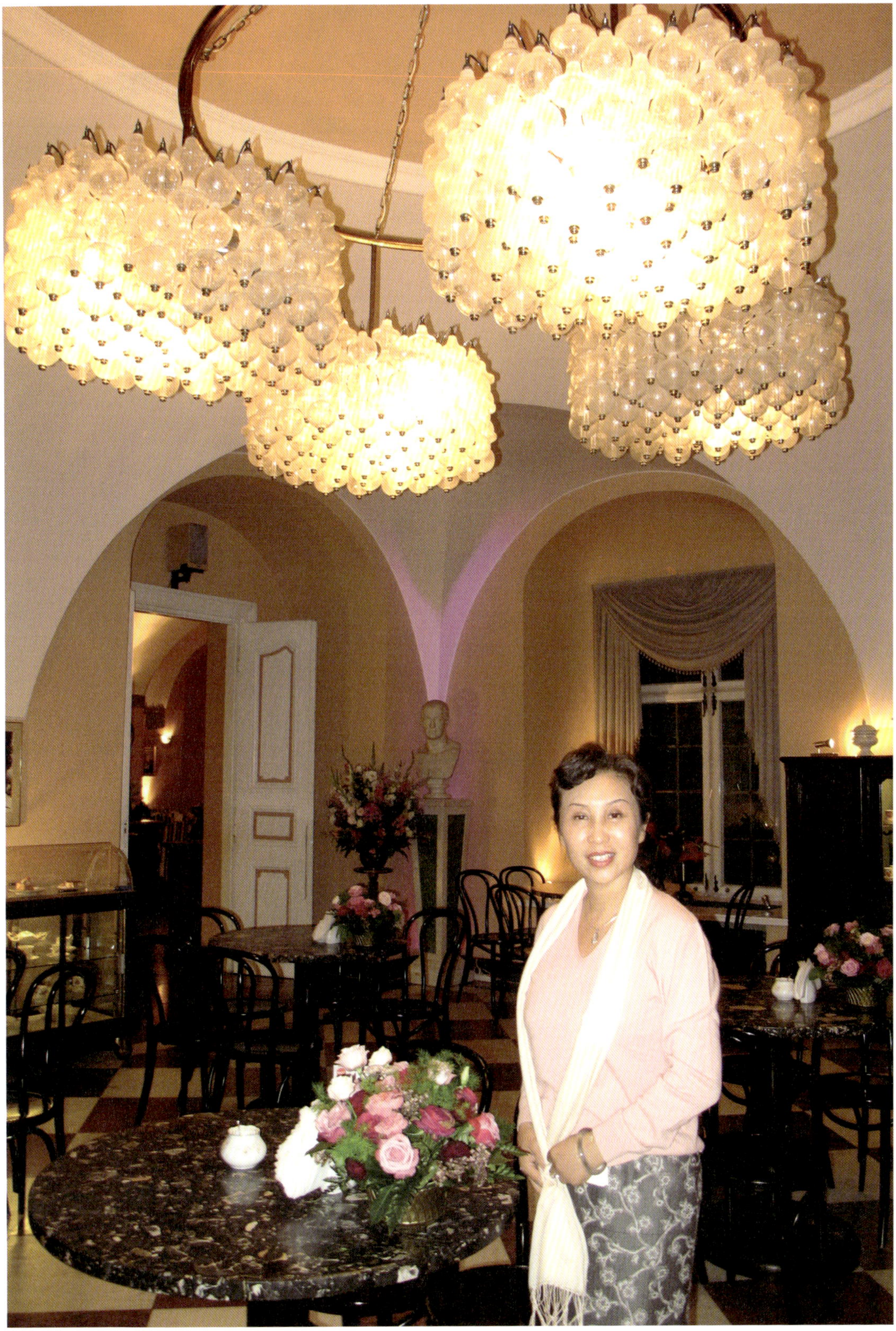

牵手"华沙之秋国际现代音乐节"

　　2014年"华沙之秋国际现代音乐节"与中国音乐学院紫禁城室内乐团合作项目启动仪式暨媒体推介会于2013年5月27日在波兰驻华大使馆举办。中国文化部外联局、波兰共和国驻华大使馆、中国音乐学院、波兰密兹凯维奇学院、"华沙之秋国际现代音乐节"组委会、中国音乐学院紫禁城室内乐团的相关负责人出席发布会。

　　波兰驻华大使塔德乌什·霍米斯基在致辞中说，前不久，在北京中国国家博物馆举办了"中国——中东欧国家文化交流回顾展"，在这个展览上，展出了许多波兰与中国从上世纪50年代起，在后来的半个多世纪中双方文化交流丰富的内容。波兰政府十分重视与中国的文化交流，希望通过文化交流沟通两国人民的心灵、增进两国人民的友谊。仅波兰驻华使馆平均每年在华举办的文化活动就有100多场，是在华举办文化活动最多的国家，对此，我感到十分骄傲和自豪。2014年，为庆祝中波两国建交65周年，波兰将在中国国家博物馆举办波兰历史艺术展。

　　"华沙之秋国际现代音乐节"艺术总监塔德乌什·维列斯基（Tadeusz Wielecki）先生在发布会上说："我自己也是一位来自波兰华沙的作曲家。'华沙之秋国际现代音乐节'有着几十年的历史，连同其丰富的音乐传统，可以说它见证了现代音乐发展

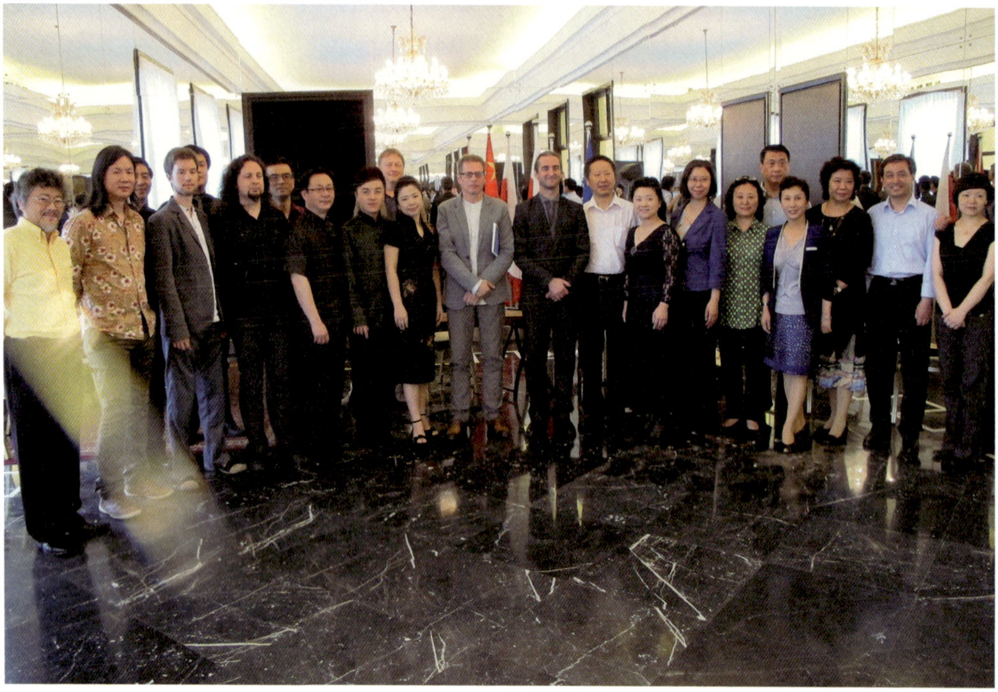

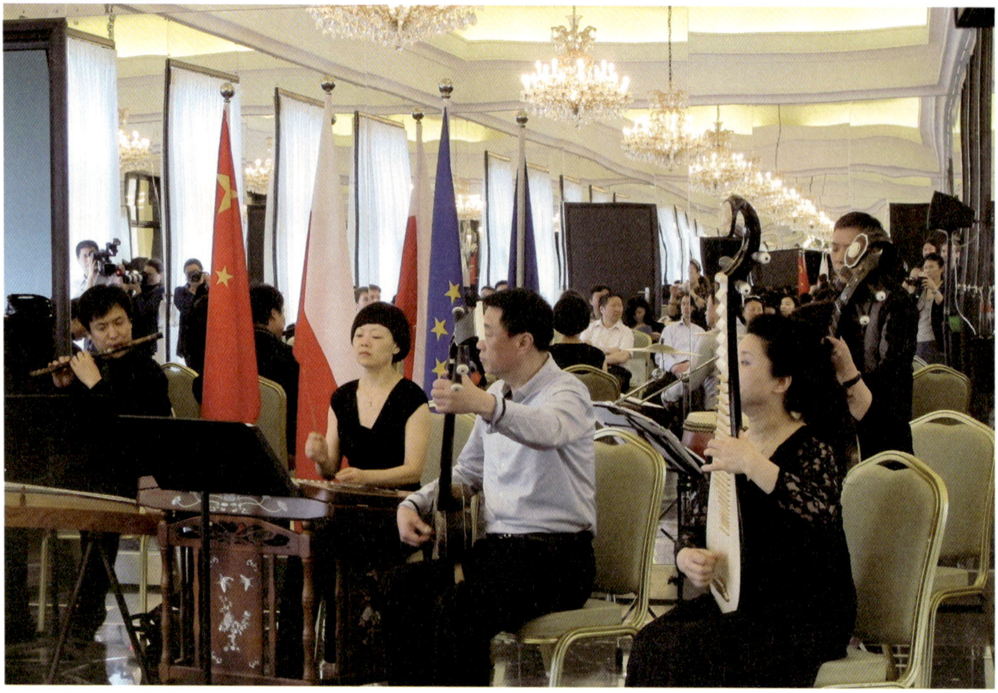

的一个音乐盛事。'华沙之秋'更是波兰享誉国际的现代音乐节。多年来，在整个中东欧，它在同类国际音乐节中都处于顶尖地位。直到如今，它仍是一个充满活力，为新音乐创作、发展提供良好机会的平台。'华沙之秋国际现代音乐节'伊始的最初二十年，对大众来说，它是一个非常有趣且新颖的音乐盛事，更是前卫音乐的推广平台。西方的作曲家、表演家、音乐评论家、音乐学家都热衷于来到华沙，正是因为华沙之秋音乐节所承载的，是向世人介绍先锋音乐的使命，人们在这里可以欣赏到走在音乐潮流前沿的音乐作品。这种定位是在音乐节一开始便设定的，保守派的古典音乐在这里远不会成为永远的焦点。华沙之秋音乐节对同时代的各种音乐现象及音乐趋势形成了一个开放模式：从 Webernean 传统而产生的音响激进派，到由过去音乐传统衍生出来的音乐潮流，直到音效听觉艺术及声音设备的推陈出新；'华沙之秋国际现代音乐节'欢迎所有门类的音乐，在这个世界的舞台上发出自己独具特色的响声。"

塔德乌什·维列斯基（Tadeusz Wielecki）介绍，在"华沙之秋国际现代音乐节"举办期间，来自世界各地，特别是欧洲的音乐家、作曲家、演奏家欢聚一堂，交流艺术创作的体会，分享多元文化的成果。音乐、歌剧、音乐剧各类音乐艺术门类在此交流，百花争艳，盛况空前。世界许多知名艺术家、乐团都纷纷希望参加"华沙之秋"并与他们合作。"华沙之秋国际现代音乐节"由波兰作曲家协会主办，音乐会的曲目组委会则轮流由欧盟委员会指定，并对每年参与音乐节的曲目做出抉择。

塔德乌什·维列斯基（Tadeusz Wielecki）说："我在 2012 年 10 月金秋时节，参加了由中国文化部外联局主办的'中东欧地区国际音乐节艺术总监访华考察'活动。中国文化部为到访的总监团安排了包括紫禁城室内乐团在内的十几场音乐会的观摩；访问了北京、上海、苏州、贵州等地相关乐团及中国各大音乐节组委会，中国音乐学院紫禁城室内乐团以其精湛的技艺、独特的品质和创新的理念令各位总监耳目一新。我当即与乐团音乐总监刘顺先生达成了合作意向，由音乐节组委会邀请紫禁城室内乐

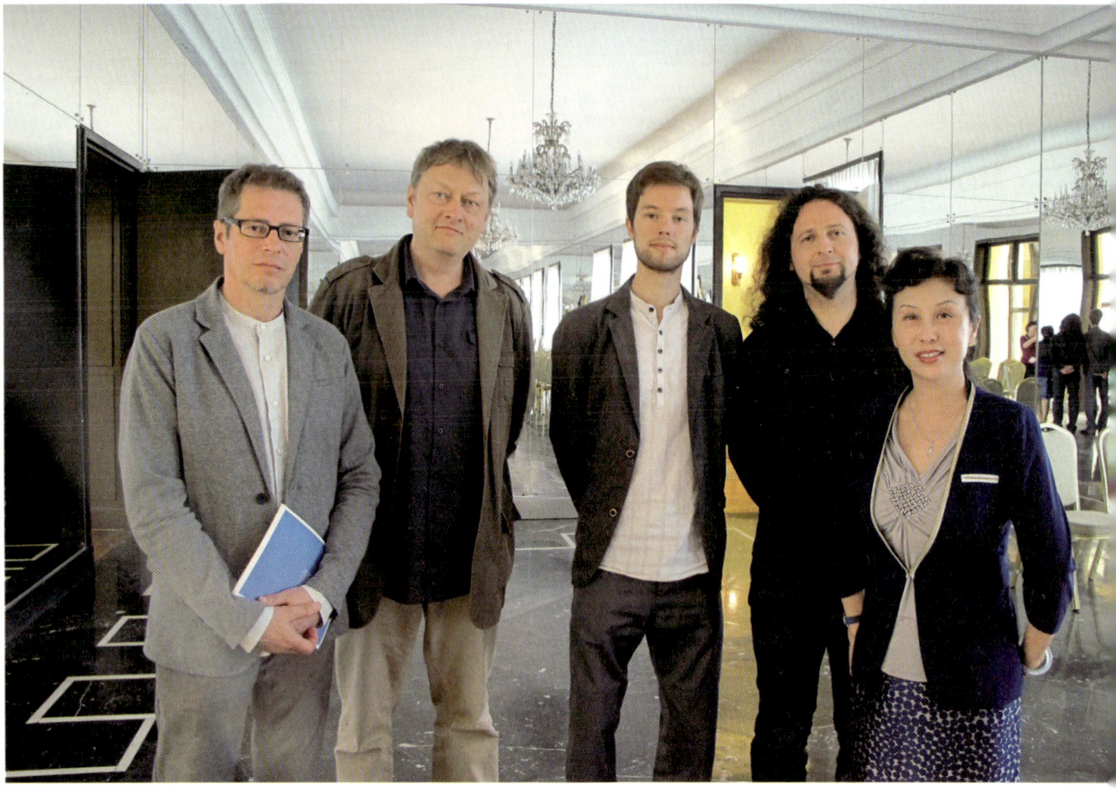

团参加2014年的'华沙之秋国际现代音乐节',并举办专场音乐会。音乐会作品由双方共同委托中、波两国作曲家创作完成。根据双方达成的合作意向,紫禁城室内乐团应邀将于2014年9月赴波兰,参加'华沙之秋国际现代音乐节'并举办专场音乐会。这是中波音乐家一次充满创意的探索性合作,对于充实和丰富两国文化交流的内涵,拓展文化合作的空间,推动双方在文化艺术界开展高层次、宽领域的交流与合作具有十分重要的意义。"

紫禁城室内乐团的艺术家们在合作项目启动仪式上,演奏了肖邦的作品《愿望》,亨德尔的《让我痛苦吧》,中国古曲《阳关三叠》、《十面埋伏》,京剧曲牌《夜深沉》,好评如潮。为了使波兰作曲家更好地熟悉中国乐器的特点和演奏技巧,与中国音乐家面对面交流,创造更多的合作机会,彼此充分沟通和了解,2013年5月19日至27日,应中方邀请,波方作曲家塔德乌什·维列斯基(Tadeusz Wielecki)、小提琴家Piotr Roemer、钢琴家Jaroslaw Siwinski、电声音乐家Pawel Hendrich一行4人进行为期8天的访华。在此期间,波兰音乐家们努力学习中国民族乐器,熟悉中国传统音乐,把中国古典民族音乐推荐到波兰和欧洲。

紫禁城室内乐团总监刘顺说,紫禁城室内乐团不是一个职业化的乐团,更多的主要工作是音乐教学,正因为如此,所以一直在思考中国民乐发展与国际化交流面临的问题。如何更好地让中国民族音乐走出自己的"方言区",为世界更多的人们喜爱,我们一直在为之努力。紫禁城室内乐团的追求,不仅在于乐团独特的风格和精湛的水平,更在于当代艺术家文化自觉的办团理念。即:在继承中国优秀音乐文化遗产的同时,着力彰显中国音乐文化时代价值和当代音乐家艺术个性的宗旨;打造民族音乐研究,民族音乐传承与创新,艺术实践与对外交流高端平台的定位;通过乐团的实践,引发对民族音乐继承与创新的讨论,创新民族音乐人才培养的特色模式,推动民族音乐创作的多元与繁荣,弘扬中华民族优秀音乐文化。

2014年"华沙之秋国际现代音乐节"与中国音乐学院紫禁城室内乐团合作项目，得到了中国音乐学院和波兰密兹凯维奇学院的高度重视和大力支持。学院方面为作曲家小组此次访华提供了相关资助。紫禁城室内乐团早在2011年9月赴波举办"中国文化节"期间就与波兰接待方——密兹凯维奇学院建立了良好的合作关系，学院亚洲事务总监马丁先生与乐团总监刘顺先生就利用双方现有资源建立新的合作模式达成共识。2012年夏，密兹凯维奇学院资助波兰作曲家布莱森（Blezhan）来华为乐团创作，并已顺利完成预定的第一期工作。布莱森的作品亦将于2014年"华沙之秋国际现代音乐节"上进行世界首演。此次塔德乌什·维列斯基（Tadeusz Wielecki）等4位波兰作曲家的北京之行，是中国音乐学院紫禁城室内乐团与波兰密兹凯维奇学院合作项目的深入推进。

中波两国音乐家在此次合作中，不仅搭建了两国音乐文化传播互鉴的平台，而且对中国与中东欧及其他国家在文化领域开展深度、务实合作，具有积极的影响和深远的意义。

心灵中流淌的旋律

三月的北京，乍暖还寒。马雷克·布拉查（Marek Bracha）又一次来到北京。他从小就对神秘的东方充满了神奇的幻想，他对地球那边的文明古国——中国，更是倍加好奇。此次北京之行，他是要用喜欢的钢琴曲演奏心灵中流淌出来的旋律，表情达意，增进波中友谊。

位于北京东城区交道口南大街，东棉花胡同35号的蓬蒿剧场（又称蓬蒿人剧场，还有人称蒿子杆剧场），一个由民国四合院改造的黑匣子剧场并附设咖啡馆、图书馆、展览厅，这里也是中国大陆第一个民间投资建设的非营利性独立剧场。一位来自波兰的年轻钢琴家马雷克·布拉查在这里用一台旧的老式钢琴演奏着最优美的旋律。剧场内座无虚席，人们神情专注、安安静静的欣赏着他指尖里流淌出来的动人心旋的钢琴曲。此时无需语言，只有美妙的音乐、跳跃的音符、灵动的旋律打动着观众的心灵。

马雷克·布拉查生于波兰首都华沙，从小就受到艺术的熏陶，他非常喜欢音乐。7岁开始学习钢琴，跟随名师特蕾萨·玛纳斯特尔斯卡（Teresa Manasterska）在著名的音乐学府Z. Brzewski音乐学校的天才班学习。2005年马雷克·布拉查开始在华沙肖邦音乐学院学习，师从特蕾萨·玛纳斯特尔斯卡、阿丽琪雅·帕雷塔·布该（Alicja

Paleta-Bugaj）和尤安娜·瓦乌列诺维茨（Joanna Lawrynowicz）。由于他学习非常刻苦，学习成绩总是名列前茅，因此他获得伦敦 St Marylebone 教育基金，并在 Kevin Kenner 指导下，开始在英国伦敦皇家音乐学院继续自己的硕士学位。

马雷克·布拉查是一位胸怀大志者。他选择学习钢琴，梦想成为一名钢琴家，聪明的他深深懂得，想要实现这个梦想需要自己百倍努力。马雷克·布拉查除了在学校学习钢琴以外，他积极参与各种公益演出及音乐会演出。马雷克·布拉查于1999年在美国丹沃 Wells 音乐厅为丹沃波兰人社团举办的特别音乐会演奏。2000年，他应邀参加德国为世博会举办的系列音乐会。2005年，他再次代表波兰在日本爱知世博会举办了两场独奏音乐会。他的演奏如行云流水，优美流畅，深受各国听众喜爱。

马雷克·布拉查更是多次参加国际音乐节，如：拉夫朱贺内（La Folle Journee），在波兰拉杰尤维茨（Radziejowice）举办的瓦尔道尔夫（J.Waldorff）夏季音乐节，在都什尼克·兹杜罗伊（Duszniki-Zdroj）举办的第44届国际肖邦音乐节，在斯武普斯克（Slupsk）举办的波兰钢琴音乐节。2008年，他在北京奥运会期间，举办了"马雷克·布拉查钢琴专场音乐会"。此外，他更是多次巡演于欧洲，其演奏遍布波兰、德国、比利时、荷兰、奥地利、法国、俄罗斯、乌克兰以及阿尔巴尼亚。

由于刻苦与钻研，马雷克·布拉查获得过多项奖学金，其中有波兰儿童基金（2004、2005年），同时他也是波兰艺术文化部政府奖学金（1997、2005年）和总理奖学金（2003年）的获得者。2009年，他被授予伦敦 St Marylebone 教育基金。2010年，他获得 PRO POLONIA 基金的大奖，同时成为波兰 O Lepsze Jutro 基金的学者。

马雷克·布拉查多次荣获国际钢琴大奖：2010年在 Marianske Lazne 举办的国际肖邦钢琴大赛的二等奖（一等奖空缺）；2003年国际肖邦钢琴大赛的 Chopin Szymanowski 特殊奖项。马雷克·布拉查以优异的成绩，出众的演奏成为2010年10月华沙国际肖邦钢琴大赛第二轮比赛中四位代表波兰的钢琴家之一。

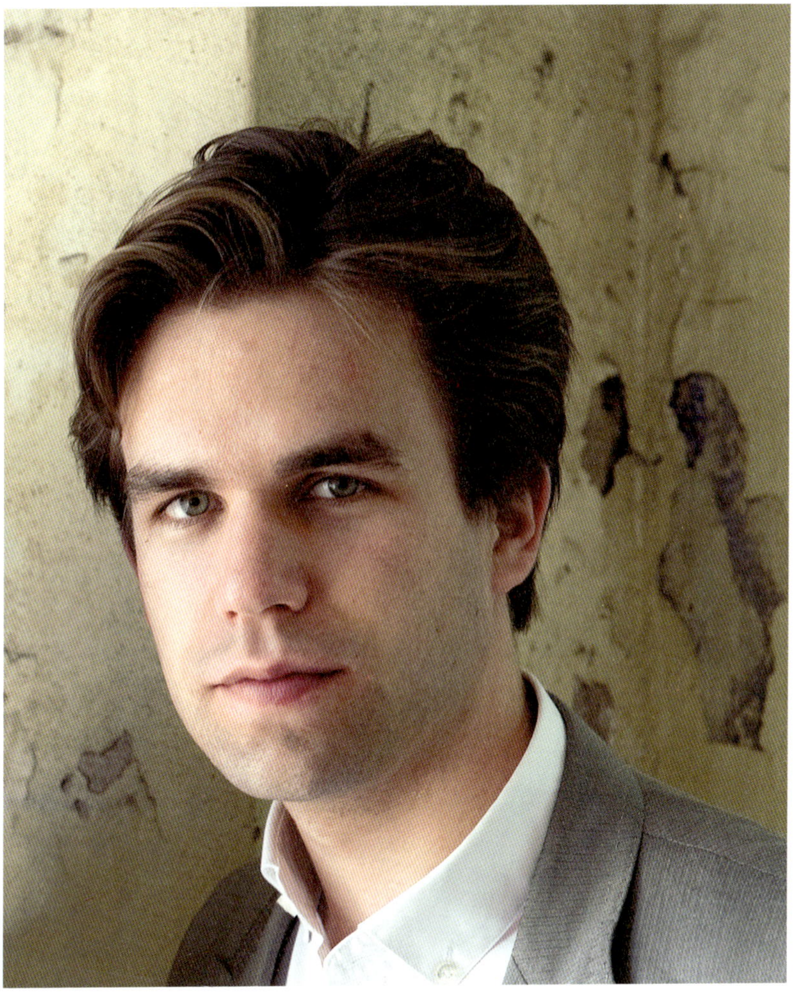

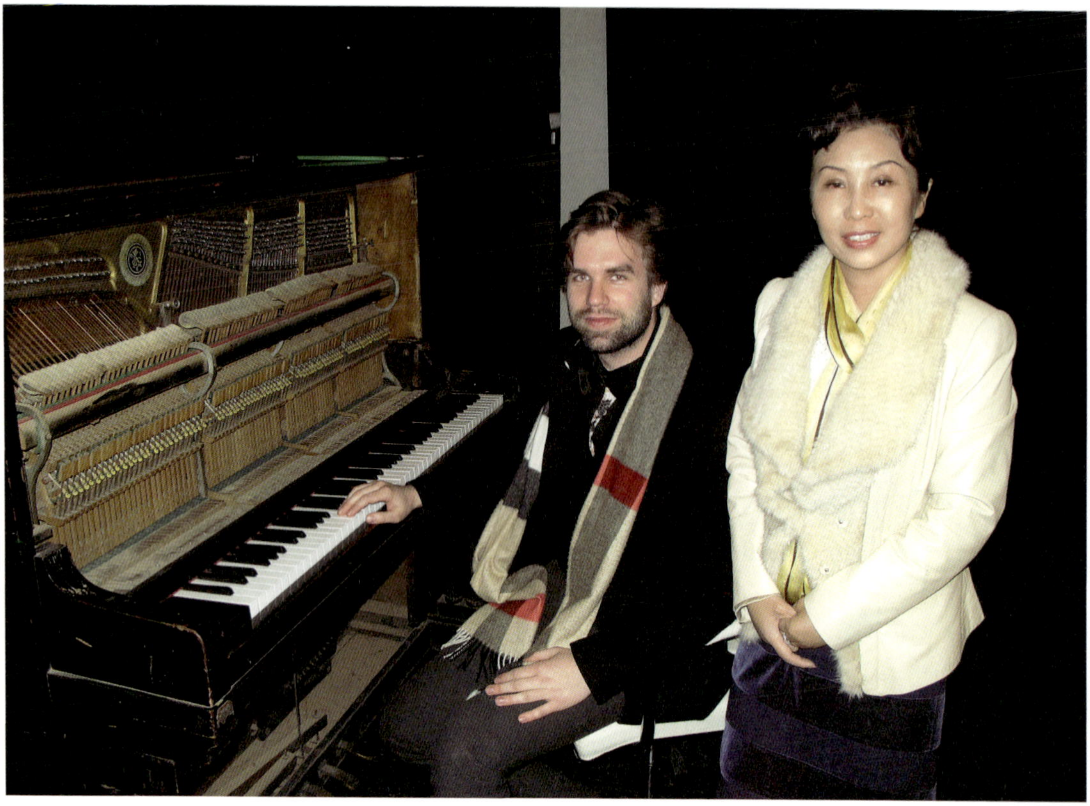

2010 年，马雷克·布拉查在中国北京参加了多场音乐会，并在国家大剧院举办了个人专场音乐会，更成为"2010 肖邦诞辰 200 年"闭幕式音乐会的特邀钢琴家。2011 年 5 月，在肖邦的出生地热拉佐瓦·瓦拉（ZelazowaWola）庄园，举办了一系列钢琴演奏会，并在华沙的肖邦博物馆为瑞典国王和王后举办了特别音乐会。2011 年 9 月，马雷克·布拉查成为伦敦皇家音乐学院的研究员。

　　我多次聆听过马雷克·布拉查的钢琴音乐会，看得出他是在用心用情演奏。他对我说，能把肖邦的音乐带到中国，为波中两国人民的友谊，促进两国的文化交流，做一点贡献，倍感荣幸。当他得知，"蓬蒿剧场"的"蓬蒿"二字，是出自中国唐代大诗人李白的一首诗"仰天大笑出门去，我辈岂是蓬蒿人"，蓬蒿人即普通人的意思，马雷克·布拉查希望每个普通人都能走进剧场。"戏剧是自由的"，艺术是多元的，只要热爱戏剧，只要热爱生活，只要热爱思考的人，都是蓬蒿剧场的嘉宾。走进在国际颇有影响力的蓬蒿剧场为中国观众演奏，他觉得很荣幸。

　　《升 c 小调幻想即兴曲》是马雷克·布拉查在音乐会上经常演奏的一首著名钢琴小曲。此曲时长 5 分钟左右，分为三个段落。第一段以一个不安定的低音和弦开始，随即进入快速和相对弱奏的音流跑动，成为略带阴郁急促的思绪情感的即兴延伸。第二段转入相对舒缓的"行板"，展示对某种场景、回忆、憧憬和想象的捕捉。第三段回复到第一段的音乐情绪和跑动，第二段的旋律动机在全曲结束前，在低音区隐隐再现，给黯淡的结尾添上一抹色彩衬托。他的表演精湛，演奏娴熟，演技高超，聆听他的演奏，琴声好像叮咚泉水，这是灵魂中流淌出来的旋律。

边走边看话波兰

中国国际广播电台环球资讯导听：一个曾经满目疮痍，先后三次被瓜分，在地球上消失了整整123年的国度；他重要的地理位置导致历史上连年的战火纷争，几个世纪以来版图一再更改；在风云多变、纷繁复杂的世界经济背景下，他能做到既无外债又无内债；国徽上的舒展双翼的白鹰彰显着这个民族的坚韧不屈，本期边走边看就让我们一起走进波兰、感受波兰。

主持人：大家好，欢迎收听本期的边走边看，我是主持人舒扬，说到波兰也许很多人并不感到陌生，但也谈不上熟悉。毕竟对于绝大多数中国人来说，只知道肖邦、华沙这几个关键词。所以为了让大家对波兰能有一个更深刻的认识，我们今天再次请来了《我，文化波兰》这本书的作者、高级记者、作家、摄影家、环球资讯"边走边看"节目的老朋友杜京女士，为我们深度解析波兰。

主持人：其实熟悉我们节目的朋友一定对杜老师并不感到陌生，因为杜老师不久前刚刚做客我们的节目，介绍了波兰，但是很多听众反映啊，我们还要听美女老师深度讲波兰，还没听够！所以为了满足听众的需求，我们特别又策划了两期节目，专门围绕杜老师的《我，文化波兰》这本书深度解析波兰的节目。

我认为了解一个国家，应该首先认识他的国旗、国徽甚至是国花，在节目中我也提到了波兰的国徽，您能不能先从这几个方面给我们的听众简单地介绍一下？

杜京：波兰的国徽为盾徽。红色的盾面上绘有一只头戴金冠、舒展双翼的白鹰，白鹰象征波兰人民不屈不挠的爱国精神。

红、白两色是波兰人民喜爱的传统颜色，也是国旗之颜色。白色不仅象征古老传说中的白鹰，而且还象征着纯洁，表达出波兰人民渴望自由、和平、民主、幸福的美好愿望；红色象征热血，也象征着革命斗争取得胜利。

为什么波兰国徽、国旗会选择红白两色？一位人类学家曾经说过，文化就像一束束鲜花，每一束花的组合都不尽相同。我想，历史中的波兰文化，就是一束五彩缤纷的花束，波兰文化这束美丽的鲜花，就是由生长在这片土地上的每一片绿叶、每一朵小花组合而成，她的历史最终是以白红两色的民族之花赋予了波兰，她代表着怒吼与宁静、痛苦与欢乐、泪水与笑容、黑暗与光明。

主持人：在几次跟您聊天中，您都提到了波兰是欧洲的心脏，这与它的独特的地理位置有关吗？

杜京：上帝赐给波兰人一块宝地，北部濒临波罗的海，南部有苏台德山脉和喀尔巴阡山脉。森林、湖泊、丘陵、河流……一年四季如诗如画，春夏秋冬绚丽多彩。

如今是一个盛行旅游的时代，生活日益富裕起来的中国人，跨出国门，睁大眼睛，要想看看这个异彩纷呈、奇妙精彩的世界。去过欧洲旅游的中国人，几乎跑遍了德国、

烈酒
SPIRIT DRINKS

鸡尾酒 COCKTAILS

文化遗产
HERITAGE

法国、荷兰、比利时、卢森堡、奥地利……相比之下，只有波兰，隐隐回荡着一种让人还没有靠近她就感到神秘魅力的气质，而在世人的心目中，波兰是一幅看得见摸不着的神秘画卷……

在我的眼中，波兰不是一个大国，但是一个文化强国。

一个曾经满目疮痍，先后三次被瓜分，在地球上消失了整整 123 年的国度，如今又屹立在世界民族之林；一个在风云多变、纷繁复杂的世界经济背景下，在 27 个欧盟成员国中，既无外债又无内债，GDP 以 4.3% 的速度增长，这就是波兰。是什么支撑着这个国家重新站立起来？在我看来，这一切都来自于文化的力量。

有着一千多年历史的波兰，公元九、十世纪建立封建王朝。波兰人属于斯拉夫族，其余为少数的日尔曼人、乌克兰人、白俄罗斯人和犹太人。14 至 15 世纪进入鼎盛时期，18 世纪下半叶开始衰落。先后被俄罗斯、普鲁士和奥地利瓜分，分分合合历经战争使波兰融合了丰富的多元文化，透过华沙的建筑就让人感受到波兰文化的多样性和丰富性。

波兰位于欧洲的心脏位置，地处欧洲的十字路口，有着十分复杂而特殊的历史背景，公元一世纪末，斯拉夫人就占领欧洲大部分地区，公元五至七世纪，斯拉夫人在各地形成了部族联盟，其中波拉涅族（平原之民）成为今日"波兰"国家的起源。公元 966 年，梅什科一世建立了波兰国家，至今也有一千多年的历史。其次是波兰处在欧洲中心，从地理上看，欧洲中心就在距离华沙一百多公里的地方，千百年来，与周边各国人民相互交融，波兰的文化也受到影响，波兰文化就像一块由各种文化拼搭形成的多元魔方，这些元素来自东西南北不同地方，融入民族文化的血脉中。波兰人与宗教、语言、民俗、风情不同的各民族交往，如德国人、瑞典人、俄罗斯人、土耳其人，对波兰社会生活的方方面面都产生了重要影响，从语言文化、法律编纂、行政实践到服装服饰、民族歌舞、饮食习惯等等，波兰是一个非常包容的国度，既保持本民族文化的传统，又融入其他民族的文化元素，形成了独特的波兰文化，他就像一个炼钢炉子一样，煅炼铸造了波兰文化的精髓。

有人说，也正因为波兰人太包容开放，使得侵略者趁虚而入，让波兰在历史上曾三次被瓜分，成为邻国的受害者。我认为，波兰文化的特点首先是历史悠久，其次是多元丰富。波兰文化正因为有了东西南北的交融，才使得今天的波兰文化荟萃精华，在世界上占有一席重要之地。

主持人：提到波兰很多人马上想到的是首都华沙，觉得这个城市的名字很美，但是其实在这个名字的背后有一段更美的童话故事，是这样的吧杜老师？

杜京：华沙在波兰语中，念作华尔沙娃。相传在古代，一个名叫华尔的男孩和他的恋人沙娃在维斯瓦河畔建立了自己的家园。维斯瓦河里的一个妖魔经常兴风作浪，华尔和沙娃勇敢地战胜了妖魔。从此，这里的人们过上了安居乐业的日子，维斯瓦河畔这个小渔村也渐渐发展为一座城市。为纪念他们勤劳勇敢的祖先，人们便把华尔和沙娃的名字组成了"华沙"。 同时，把美人鱼形象作为华沙的城徽。多少年来，美人鱼一直成为华沙的象征，被认为是华沙的守护神。在华沙美人鱼身上寄托着波兰人民对自由幸福的渴望，展示了波兰人民英勇无畏的精神。

1936年，波兰著名雕刻家鲁德维卡·克拉科夫斯卡——尼茨霍娃女士开始雕塑美人鱼雕像，这尊雕像与其他美人鱼一样，上身为裸体妙龄女郎，下身为鱼尾。不同的是华沙美人鱼雕像高大，姑娘昂首挺胸，左手紧握盾牌右手高举利剑。原来，当时欧洲战争风云密布。作者忧虑祖国命运，才决心塑造一个保护祖国的英雄形象。如今美人鱼雕像前，终年花束不断，表现了波兰人民对祖国的热爱。

在《我，文化波兰》一书中我这样写道"华沙是波兰历史的窗口"。提到首都华

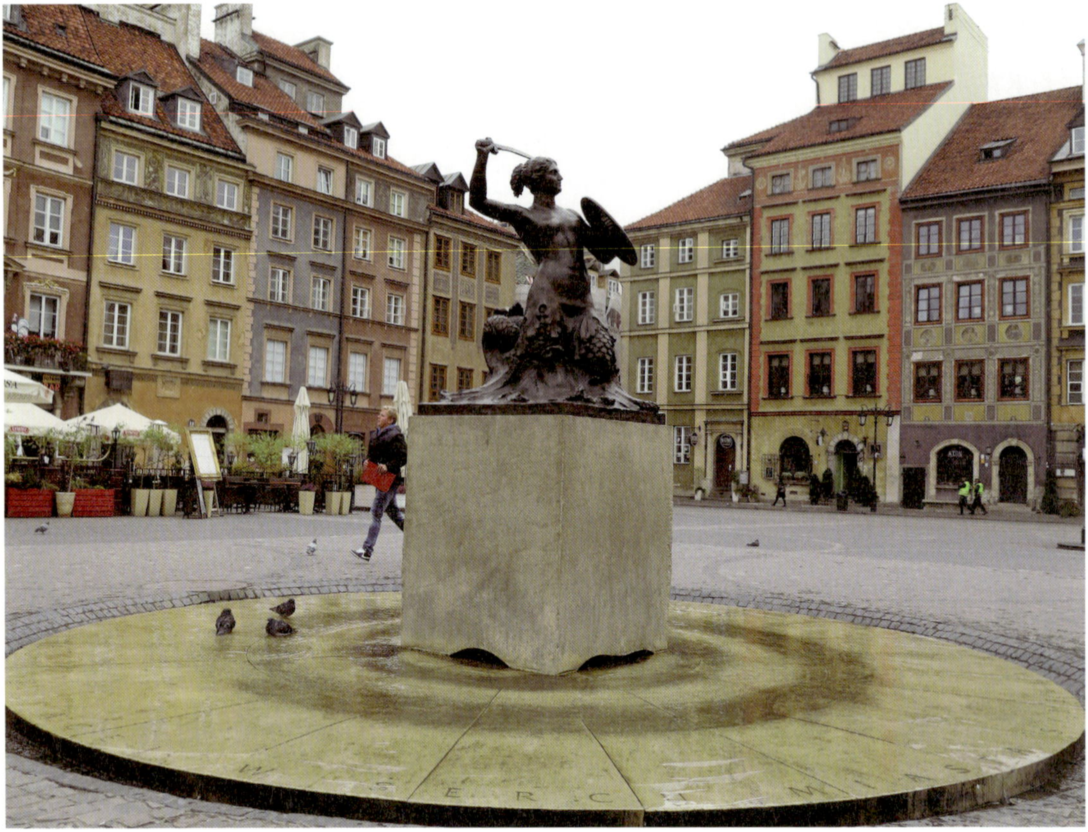

沙就更会让人感到，这座城市仿佛是一位轻浮柔软的面纱轻轻飘盖在她高贵典雅额头上的少女。

2006年5月我第一次去波兰时，从飞机上看华沙，跃入眼帘的是一幅美丽壮观的自然美景。银波粼粼的维斯瓦河，犹如一条柔美的玉带缠绕在华沙的腰际，雄伟的华沙古城屹立在河岸上，欧洲中世纪的红色尖顶建筑鳞次栉比。再看看维斯瓦河上的铁桥，车水马龙，一派繁华景象。热闹的街道两旁，高楼林立，绿树成荫，片片绿色的草坪和姹紫嫣红的鲜花把华沙这座城市装扮得格外美丽。

漫步华沙，名胜古迹数不胜数。这是一座极富魅力的城市。拥有一千多年历史的华沙不仅以王宫、教堂而著称，同时也是一座欧洲现代化大都市。在这里，历史上各种风格的建筑与夹带着罗曼蒂克情调的大街小巷、高楼建筑共存。

华沙始建于13世纪中叶。1596年，波兰国王齐格蒙特·瓦托把波兰首都从南部城市克拉科夫迁移到华沙，建起很多王室贵族的宫殿和豪华庄园。在1655年至1657年的一场战争中，华沙遭到严重破坏，但又从废墟中崛起，迅速发展成了闻名遐迩的繁荣城市。

乘车沿着国王大道往华沙南郊行驶7公里，伫立在绿树鲜花、蓝天白云中的巴洛克式建筑风格的拉斯维尔夏宫在阳光的照耀下金碧辉煌，熠熠生辉。道心向我们介绍，这座富丽堂皇的夏宫是波兰约翰三世所建。这位国王在波兰历史上是位民族英雄。道心幽默地说："约翰三世就是波兰的诸葛亮。他在波兰人民心目中有很高的威望，他曾经率领波兰军队帮助奥地利抵御外来侵略……"

走进拉斯维尔夏宫，其华贵富丽简直令人叹为观止。法式庭院围绕着的宫殿典雅精美。行宫里摆放着的家具和生活用品十分奢侈华贵。金银首饰、瓷器装饰、玻璃饰品、服饰、鞋袜、收藏画、工艺品让人目不暇接。宫里我们看到蓝色基调的巴洛克风格的客厅，还看到了 18 世纪中国风格的炉子。据说当时流行中国式装饰风格，宫内有三四个房间装饰成中式风格，包括家具、餐具、墙上挂的字画全是从中国运来的。王宫几经扩建，宫内收藏了大量的珍宝和艺术品，成为当时欧洲最豪华、最瑰丽的宫殿之一。这里陈列的一件件文物、珍宝，从一个侧面生动地向人们展示了波兰悠久的文化历史。

这个在过去 300 年里布满伤痕、充满悲情的国家，曾在一位犹太人作家的自传体小说钢琴家（后来拍成同名电影）中有过真切的描写。二次大战末期新世界大道在战火下是一片瓦砾，华沙这座美丽的古城遭到德国法西斯毁灭性的破坏，几乎被夷为平地，全城 85% 以上的建筑被毁，那些富丽堂皇的古典建筑大都残垣断壁，一片焦土。希特勒曾经扬言，要从地球上抹掉这座名城。一些西方人士曾断言："华沙不会重现人间，至少 100 年内是没有希望的。"但是在战后的 36 年中，波兰人民在这座废墟上不但复兴了祖国的首都，保持了中世纪古城的风貌，而且兴建新市区，超过了战前的规模和水平。在重建古都的过程中，波兰人民十分注重保护和修建那些历史古迹，尽可能使华沙保持原有的风貌。据记载："就连墙上的裂缝都忠实于原建筑的模样。"华沙古城周围有红砖墙围绕，城墙四角有高耸的古城堡，城堡内外一些有价值的古代艺术建筑都仿照原样进行了重建。战前市内共有 900 多座具有历史意义的建筑，迄今已恢复和整修了 700 多座。整个市内的房屋风格都保持清新淡雅的色调，美丽的维斯瓦河由南向北静静流过，两岸树木葱郁，碧草如茵。华沙城人均占有绿化面积 78 平方米，在世界各国首都中名列前茅。

流不尽的维斯瓦河文明赋予华沙丰厚的底蕴，这座历史名城或许一开始，就成为了波兰这个伟大国家经典与辉煌的代名词。

华沙，真是一座丰富的博物馆，在被列为世界遗产的老城区，有宏伟的宫殿、巨大的教堂、各式各样的箭楼和城堡；著名古老建筑、被誉为"波兰民族文化纪念碑"

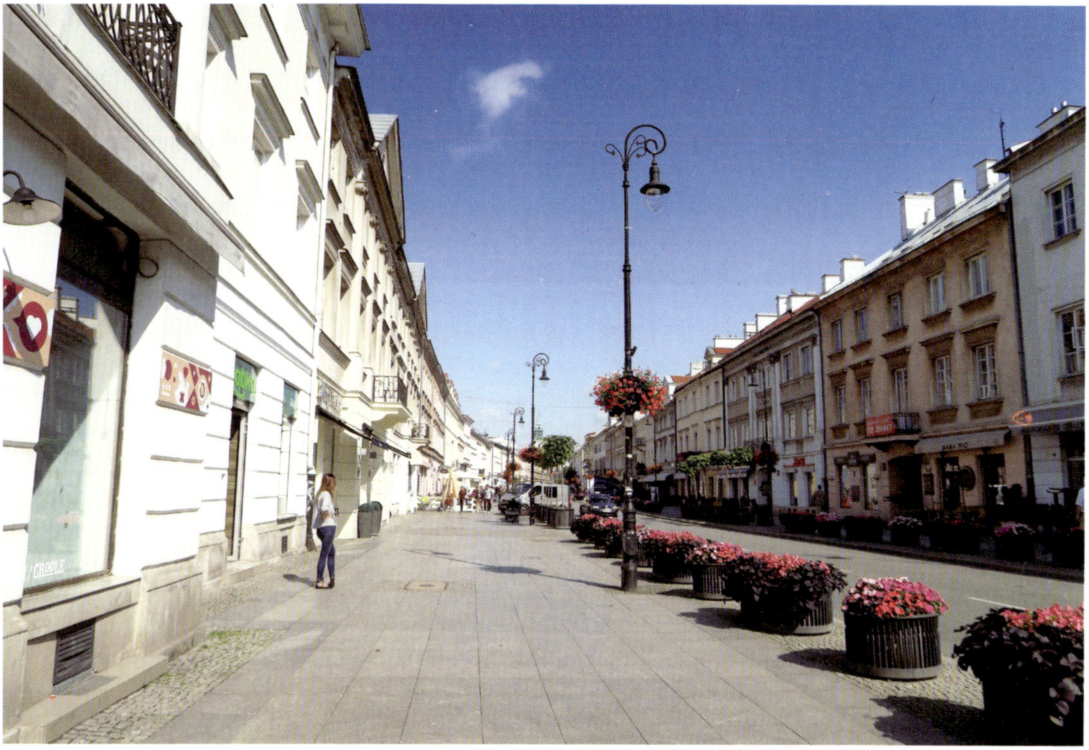

的昔日皇宫、华沙最美丽壮观的巴洛克式建筑克拉辛宫，波兰古典主义建筑杰出代表瓦津基宫；文艺复兴时期建筑斯塔希茨宫广场的哥白尼塑像。走在国王大道上华沙大学北边能看到的由狮子塑像和士兵把守大门、现在作为总统宫邸的拉齐维奥宫，祭奠肖邦之心的圣十字教堂、，波兰伟大的民族诗人密茨凯维奇的塑像，仿佛都在默默地向来自世界各国的游人诉说着华沙的历史。

华沙人在一笔丰厚的遗产面前不露丝毫骄横之态，而是精心地、默默地守护着自己从废墟中夺回的家园，明智地在现代与传统之间果断抉择。维斯瓦河畔的美人鱼至今依然"风姿绰约"；城区耸立着的纪念碑、铸雕像像一个个饱经沧桑的历史见证人，目光深邃聆听着维斯瓦河依旧的涛声。

岁月留给华沙的印记，还有一道抹不去的风景，那就是位于华沙市中心的科学文化宫。这座高达237米尖顶造型的"庞然大物"，是苏联赠送给波兰的礼物。据说当年斯大林让华沙市政府在科学文化宫和地铁之间选一样作为礼物送给华沙，而华沙选了前者。科学文化宫于1955年建成投入使用，半个多世纪来，一直承载着科学与文化中心的功能，内有科技博物馆、大厅、三个剧院和一个电影院。它诉说着波兰与俄罗斯漫长纠结的渊源和爱恨情仇的历史。1989年后，有人建议拆除这座建筑物。但是，更多的波兰人却认为，要留着，那是波兰的历史，历史岂能被轻易改变。于是，这座"庞然大物"被保留了下来，如今，它依然是华沙最高的建筑物，被列为华沙历史文化遗产，至今依然是华沙排名第二的旅游景点，向全世界游人开放。当我登上37层高的科学文化宫观光、尽情俯瞰华沙全貌时，全城美景尽收眼底，不禁感慨万千。

在华沙，值得一看的东西很多，除了自然文化遗产、城堡、宫殿，让人们不能忘记历史的华沙起义纪念馆、肖邦博物馆外，还有为世界文化发展做出杰出贡献的伟人——肖邦和居里夫人的故居。我庆幸每次波兰之行都能来到这里。伫立在他们面前，顿时

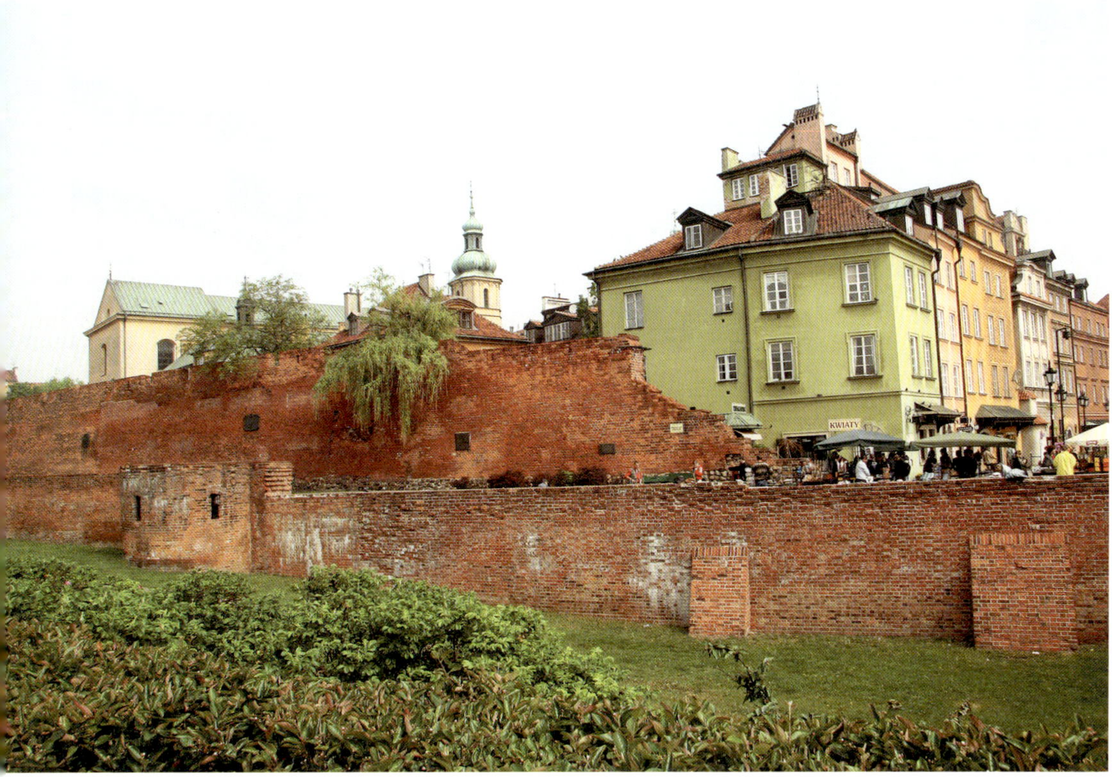
KWIATY

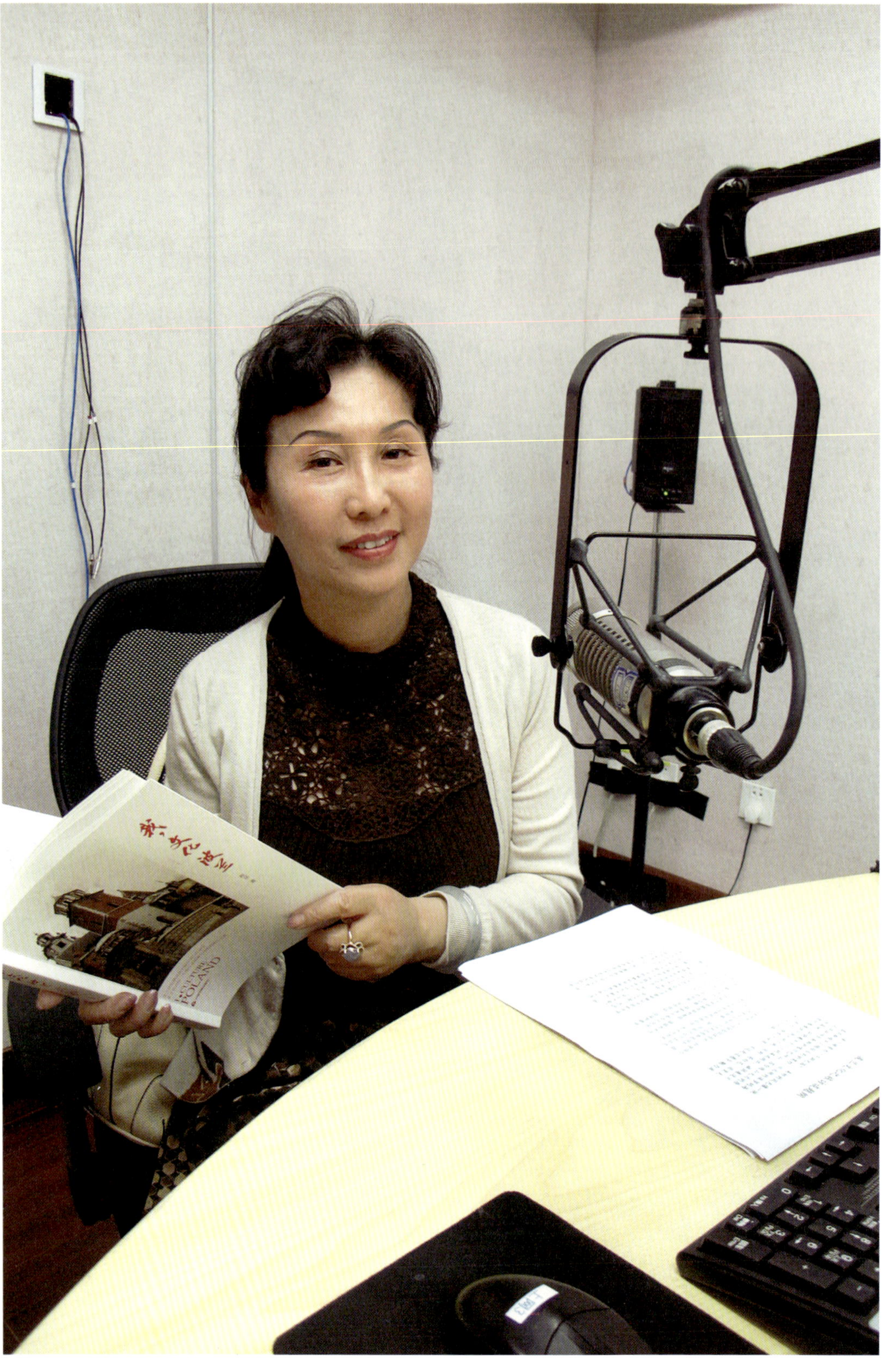

我的文化波兰
POLAND

会感到一种无比崇敬的心情油然而生，此刻我这位来自东方中国的女记者是在与两位波兰伟人做面对面的心灵交流。

主持人：刚刚说过了波兰整个国家的概况，又深度解析了首都华沙，接下来请杜老师介绍一下波兰其他的几大著名城市，让大家有所了解。

杜京：我已经多次去过波兰，每一次出访，波兰有关方面都为我们精心安排了所有的参观考察行程。说真话，在没有去过波兰之前，对这个国家知之甚少，去过波兰，特别是去过波兰的大多数城市后，让我有机会全新地认识和了解波兰。

值得一去的城市除了首都华沙，还有南部曾经是波兰故都的城市克拉科夫、北部享有"琥珀之都"的城市格但斯克、著名的"电影之城"罗兹、在2016年作为"欧洲文化之都"的美丽城市弗罗茨瓦夫。

品味百年：格但斯克

离开首都华沙，我们乘火车前往波兰北部波罗的海沿岸滨海省的省会城市格但斯克，它是波兰最美丽的城市之一，它与南部城市克拉科夫一道是波兰引以为荣的文化历史观光地，也是欧洲最受欢迎的旅游圣地。

站在经过中世纪沧桑的古色苍茫的格但斯克旧城区，给人一种历史的厚重感。这座城市诞生至今已有1000多年。早在997年时，格但斯克就作为波兰领地首见文献记载。自古以来这里就是港口繁荣、交通发达、商业繁华、旅游兴旺的城市。中世纪13—14世纪开始，这里就有圣诞商品展览会，吸引着波罗的海沿岸各国的旅游者和商人。瑞典、丹麦等国的游客渡船来到这里，既购物又旅游，两全其美。如今，当你风尘仆仆拜访格但斯克这座城市时，依然感到它有一种与众不同的温柔迷人之处。

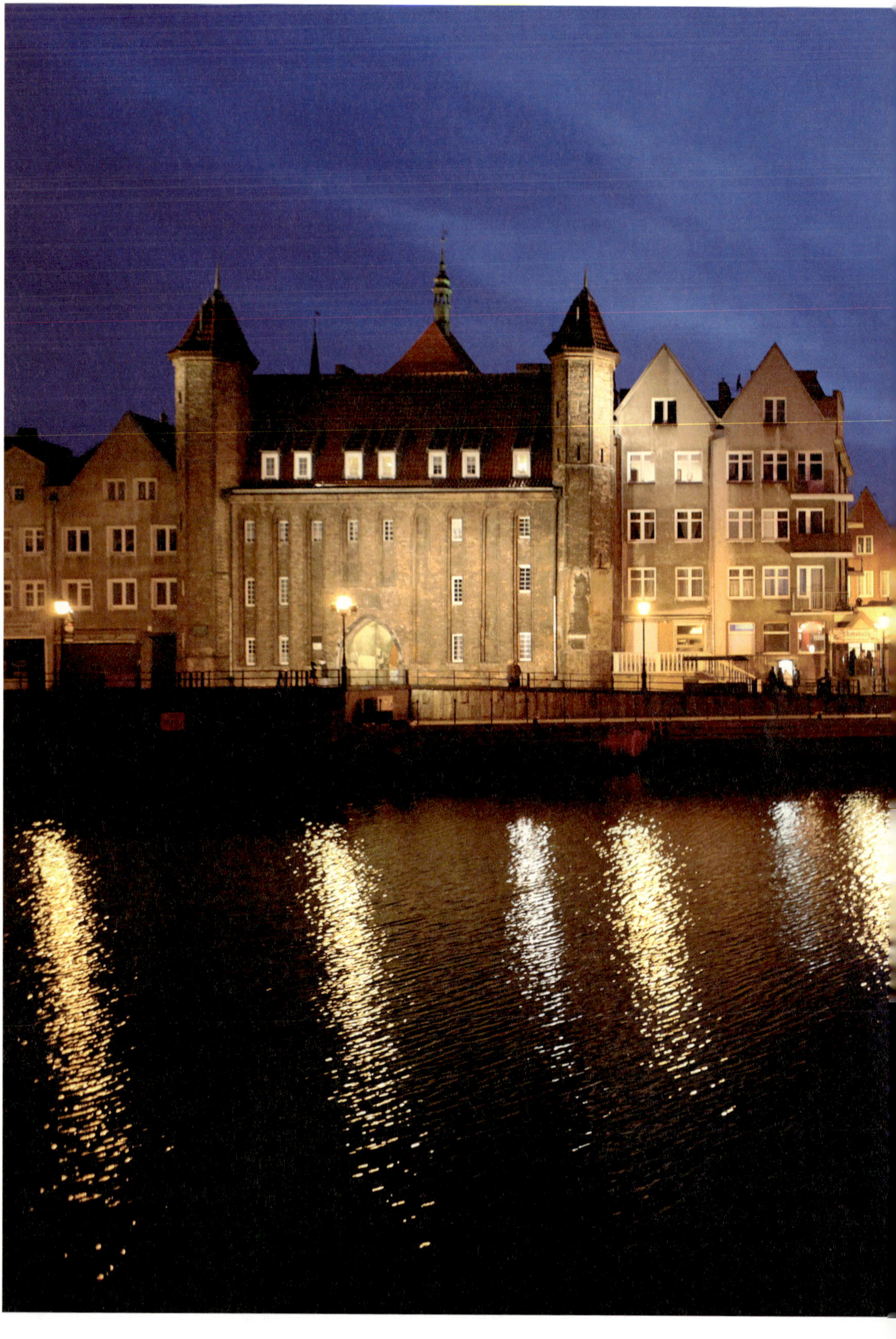

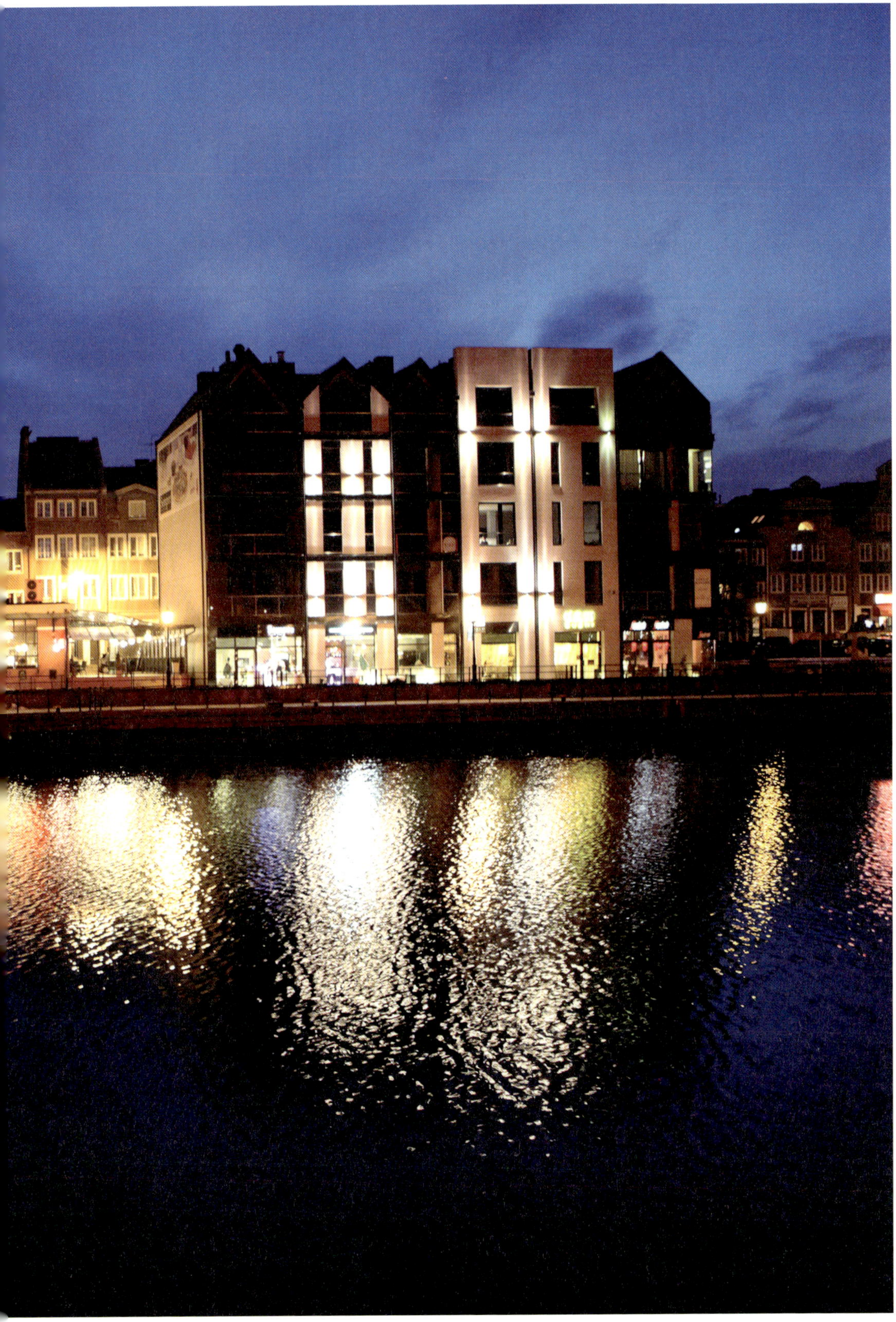

莫托瓦河流淌在脚下，运河两旁，红色古老的砖房一排排倒映在水中，格外美丽。在格但斯克旧码头，成群结队的学生在这里伫足参观，早期第一艘往返于波兰至英国之间的运煤大船静静地停靠在这里。这艘黑船身红船底的轮船，上面还有"SOLDEK"的白色字样，它是格但斯克的历史见证。

自古以来，格但斯克就以盛产琥珀而闻名于世。一大早在道心和波兰旅游组织人员的陪同下，我们参观了一家名为"米瑟尔"的琥珀加工厂。刚踏进门，热情好客的主人鲁道夫先生就请我们品尝波兰特色的点心、咖啡，热情欢迎我们的到来。在这家设计、产、销一体的琥珀加工厂，我们参观了琥珀全手工制作的过程，展框中陈列着琳琅满目、各具特色的琥珀工艺精品，让人目不暇接。鲁道夫先生介绍，琥珀是古代松柏树脂落入地下，经过了4500万年所形成的天然化石，因为它稀有，所以它珍贵。琥珀呈黄褐色，有400多个品种，不但是装饰品，而且对身体有益处。因此在西方许多人喜欢佩带，显示出高贵富有的内在涵义。

这里每天都有来自世界各地，特别是欧洲各国，以及加拿大、美国、澳大利亚、日本、韩国的旅游者前来参观购买琥珀首饰及工艺品，格但斯克因此又享有"琥珀之都"的美誉。

午饭后，在当地旅游组织芭蒂·迪莉西亚小姐陪同下，我们来到一个波兰人最喜欢的索伯特小镇森林剧场。它于40年前建在绿树葱郁的森林之中，剧场可容纳4500多名观众，每年9月都在此举办国际歌唱比赛节，许多世界一流的歌手、乐队云聚于此，为静谧的小镇带来热闹与祥和。

来到格但斯克，你可以放松心情、放慢脚步，从高城门出发，穿过金色的城门，经过市政厅，走进这座如今已向公众开放的格但斯克历史博物馆展厅，到最为著名的"红色客厅"作客，欣赏佛兰德画家的精品之作，最后来到中世纪广场的长市场，这个广场位于旧城区的中心，广场内中世纪贵族的私邸鳞次栉比。格但斯克有美丽的运

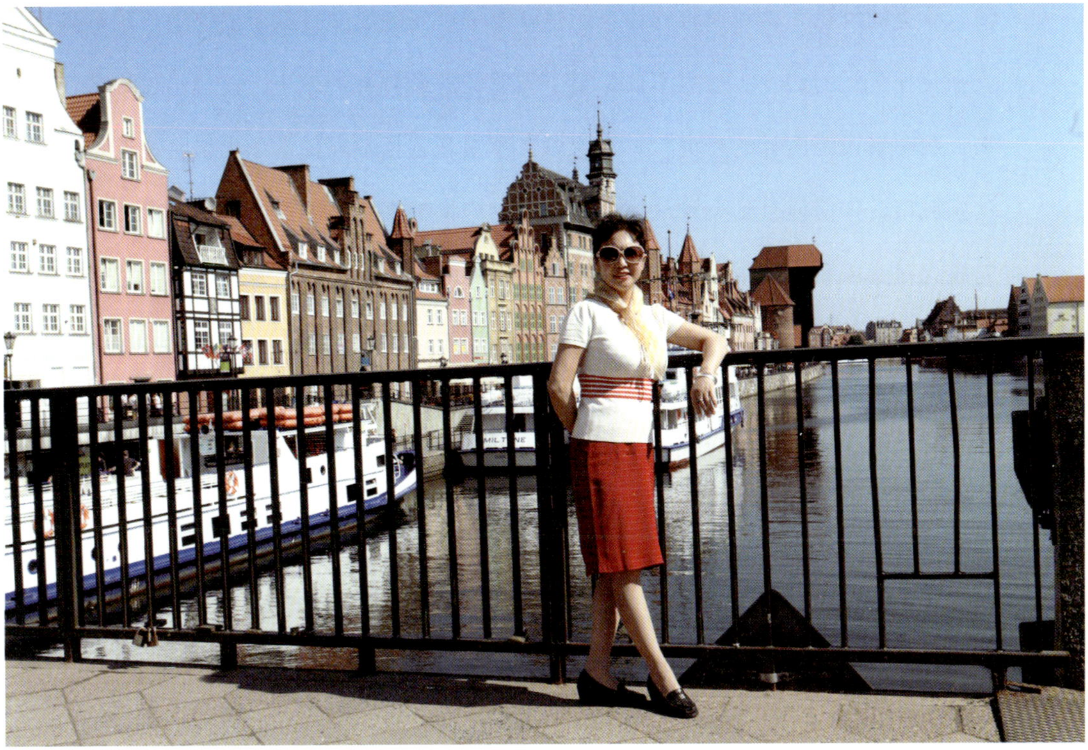

河，漂亮的鲜花，精致典雅的建筑。她就像一个安静的女孩脖子上挂着琥珀静静地伫立在莫托瓦运河边上。这里不仅是整个波罗的海最漂亮的城市，而且出过许多伟大人物：发明华氏温度计的丹尼尔·费伦海、德国著名哲学家叔本华也出生在这里。漫步这座城市，你便体会到一种从城市里溢出的中世纪高雅、华丽的贵族气息。专程来此的游人对贵族私邸的依恋已经远远不是单纯的好奇，更多的是来格但斯克感受这些百年旧宅小楼间那份暖洋洋的舒坦，品味那份浓郁的中世纪的波兰人文风格和悠久文化。这样的感觉，当你在国家艺术博物馆及被列入世界文化遗产和在欧洲屈指可数的马尔堡城堡参观游览时，就越发显得强烈。

守望岁月：克拉科夫

在波兰的每一天，无论是乘火车还是坐汽车，呈现在你眼帘的总是宁静美丽的山庄，草甸如茵、牛羊满地，山间点缀着片片小花，五颜六色；举目远眺，原始森林层层叠叠，缤纷的花海总也看不到边际……

欣赏着一路的美景，我们乘火车来到波兰南部著名的旅游城市克拉科夫。这座城市在1386年至1572年的亚盖沃王朝时代是波兰王国的首都。是欧洲最美丽的城市之一，当时克拉科夫与罗马帝国的一部分——波希米亚的布拉格、奥地利维也纳齐名，享有"欧洲文化之都"的美誉。

位于旧城南面维斯瓦河畔高地上的华丽建筑瓦维尔城堡，是克拉科夫旖旎风光中必览的一景，直到16世纪都是历代波兰国王居住的宫殿，它是波兰历史和文化的一颗璀璨明珠。富丽堂皇的宫殿，给人宏伟气派的感觉。抬头望去，墙上挂着西格蒙三世国王儿时的照片，在宫殿北边有著名画家卢本施画的油画，国王像悬挂中央。巨大的窗户上镶嵌着斑驳绚丽的彩色玻璃，精制的大理石在地面上铺成各种艳丽的图案。16世纪时的红色雕梁，当时从比利时特别定做的艺术挂毯，意大利风格的家

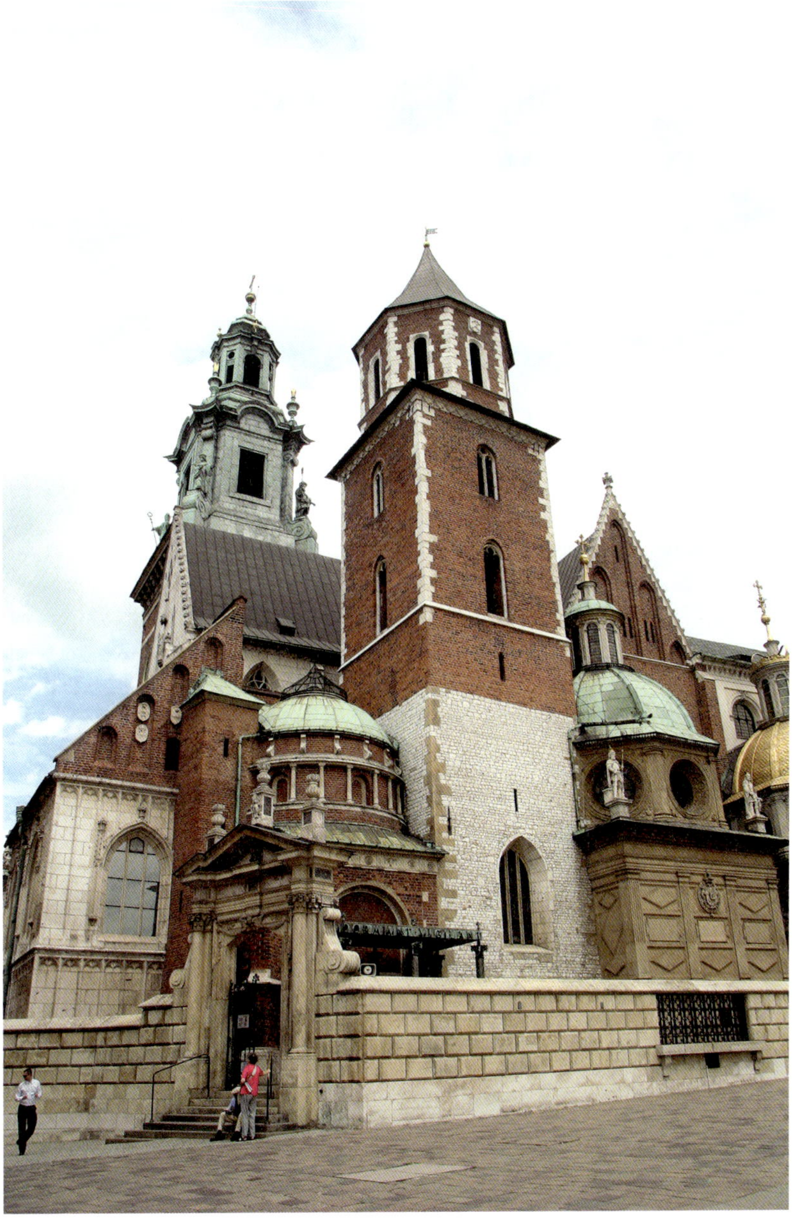

具、油画，将瓷器巧妙制成高大的暖气罩……所有这一切都显示出波兰王国当时的兴旺与强大。

清晨，走在克拉科夫宁静的街道上，缓缓驶过的有轨电车带着它闲适而有规律的、不紧不慢的节奏，使人感到这座古老城市的优雅风度和生命活力。夜晚的克拉科夫，处处弥漫着娇艳欲滴的浪漫风情，遍布全城的地下餐厅和酒吧、咖啡店是中世纪古城人们生活中的风景。夕阳早早地把圣玛利亚教堂不对称的双塔轻轻扫了一下，便翩跹而去。夜幕降临，天空显得格外空灵，克拉科夫的月色真美。

克拉科夫是波兰少有的逃过二战劫难的城市之一，1978年被列入世界文化遗产。瓦维尔城堡和旧城区别具特色的风光将中世纪的历史文化艺术传承至今。我们入住的酒店就在城堡旁边，推开窗户就能看到瓦维尔城堡。这座极富魅力的旅游城市去年接待游客700万人次，其中有300万来自欧洲各国。

克拉科夫的确是一座极具魅力的城市。主要的景点集中在旧城区，漫步在古老的石子路面的大街小巷，迎面走来一个个满脸流动着活脱脱表现欲、大方漂亮的波兰美女，真是养眼又养心。

历史悠久的克拉科夫，如今仍保存着众多名胜古迹。60多座大小不一的教堂，宏伟的古代门廊和中世纪城堡，以及13世纪的雷涅克格尼罗广场都使克拉科夫无愧于历史名城和文化中心的盛誉。穿过弗洛里安城门，不一会就到了克拉科夫的中心——雷涅克格尼罗中央城市广场。这是欧洲最大的广场，四周环立着众多的古代建筑。我们来到克拉科夫是个周末，天气格外晴朗，广场上人们自由自在，十分悠闲。周围全是高朋满座的露天咖啡厅、酒吧、餐厅，各具特色，数不胜数。与朋友对坐在路边的咖啡厅，看着来来往往的行人，喝一杯咖啡，品一块蛋糕，身边有鲜花、音乐相伴，周围是俊男靓女的笑容，心情很是惬意。广场的东侧坐落着著名的圣玛利亚教堂，由远而近渐渐传来马蹄声声，马车上的女马车夫挥鞭驾车，仿佛把观光者拉回到中世纪那个时代……

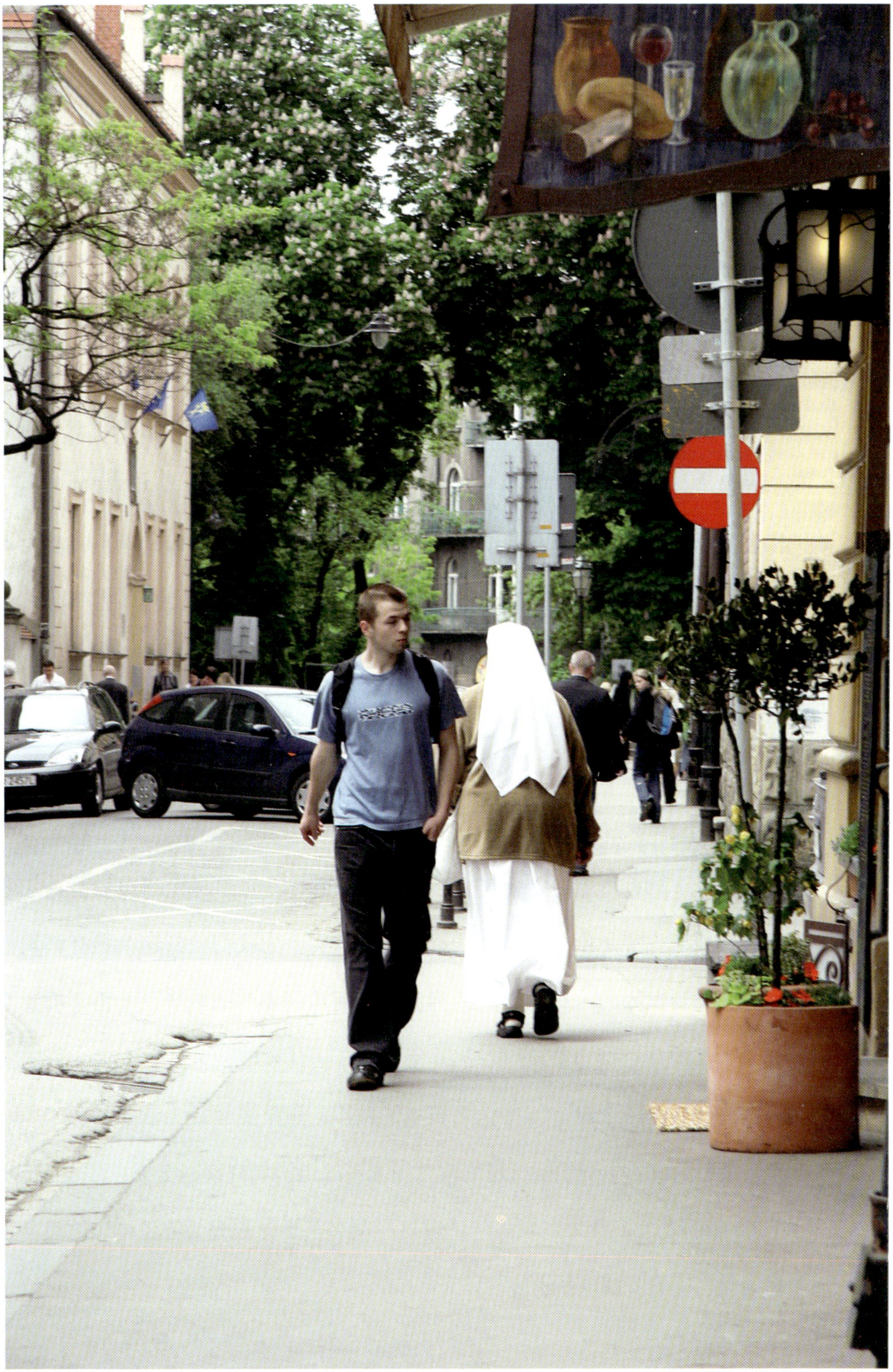

建于 14 世纪中后期的圣玛利亚教堂，是一座典型的哥特式建筑，后经 15 世纪和 18 世纪的扩建，愈加辉煌。它设有两座建于 1222 年的尖塔，内部的维奥特·斯特乌奥米圣坛被指定为国宝，非常值得一看。这个圣坛是欧洲第二高的木造雕刻品，历经 12 年才完成，教堂内彩色玻璃和艺术品每一件都十分精美，大厅堂前挤满了前来祈祷的信徒，夏天会有许多新人伉俪在这里举行婚礼，祈求幸福美满、一生平安。

傍晚时分，夕阳西下，我们来到教堂下面，默默等待着聆听教堂钟楼上传来的号角。相传 13 世纪时蒙古军队入侵克拉科夫，一名波兰士兵冲上教堂钟楼，吹响了号角，后来不幸中箭牺牲，号声戛然而止。又一位士兵拿起军号继续吹响。为纪念牺牲的士兵，教堂的号声代替了钟声。直到今天，每隔一小时，钟楼上的号声就要吹响，这高耸的钟楼上几百年来号声从未间断，就是波兰广播电台每天中午 12 点报时的信号，也用这个号声。嘹亮的号角声传颂着动人的英雄故事，激励着波兰人民勇往直前。

我已经去过克拉科夫三次，但是我还想再去第四次、第五次……在我的眼中，克拉科夫是一座一生必须要去的城市。

电影之城：罗兹

1895 年 12 月 28 日，法国的卢米埃尔（Lumiere）兄弟将光和影最美妙、最出神入化的结合而诞生了电影。电影是光影结合的产物，为我们找到这个社会认识世界的精神支点。说到世界的电影不能不提到波兰，而谈到波兰的电影，不得不提到罗兹。地处波兰中部的这座城市在 19 世纪 20 年代时，居住着波兰人、犹太人、德国人和俄国人，因此罗兹是一个融多元文化之精华的城市，她是波兰最为活跃的艺术中心。罗兹还有最著名的波兰电影学院（现为波兰国家高等电影电视喜剧学校）。非常有幸的是，在 2006 年的夏天，我来到罗兹走访过这所闻名于世、被誉为波兰电影摇篮、世界都享有很高知名度的罗兹电影学院。

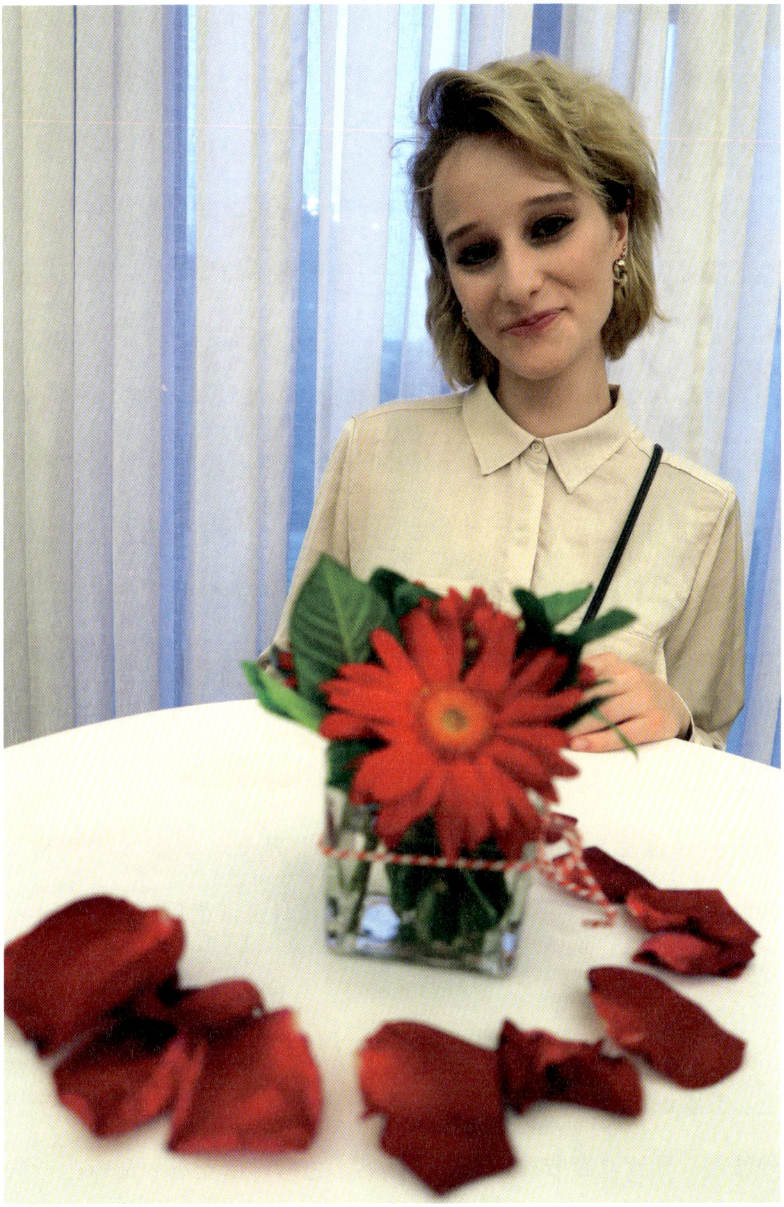

罗兹电影学院培养出来的电影人才如今遍布世界各地，在西欧和美国工作的摄影师大都来自波兰罗兹电影学院，著名的有斯·伊德齐亚克和亚·卡明斯基，安·巴特科维亚克和爱·克沃辛斯基，皮奥特尔和维托尔德·索波辛斯基，好莱坞的摄影师中很多都是波兰摄影学派的精英，及一批优秀的波兰电影作曲家，这也算是波兰罗兹电影学院对世界电影的一大贡献。波兰电影学院的导演们常常借鉴波兰名著中的故事改编成电影，因此波兰电影繁荣也使得波兰文学的发展达到了巅峰。

走在安静的罗兹街头，在大树绿荫中一扇不太起眼的大门敞开着，门口挂着牌子，精通波语、汉语和俄文翻译的金昨非告诉我们这里就是罗兹电影学院（Polska Szkola Filmowa）。走进电影学院的大楼，我们参观并与这里即将毕业的学生交谈，了解他们一心要成为电影人的梦想，这里为世界输送了很多著名的电影导演、演员、摄影师、剪辑师，其中安杰·瓦伊达（Andrzej Wajda）、罗曼·波兰斯基（Roman Polanski）、安杰·蒙克（Andrzej Munk）、沃伊切赫·耶瑞·哈斯（Wojciech Jerzy Has），他们是把波兰电影推向世界，并在世界电影史上占有重要一席之地，为波兰骄傲和自豪的波兰电影人。用世界著名电影人阿里奇亚·赫尔曼（Alicja Helman）的话来说："可以确定的是，这种空前绝后，电影人才辈出，人声鼎沸的盛况只有在罗兹电影学院才能看到。"

波兰电影与世界电影节有着无法分割的缘分，其中有一个特殊的原因是，第一届电影节本该在1939年9月1日—10日举行，但是9月1日这一天，阿道夫·希特勒入侵波兰，导致电影节被迫取消并延后，之后，由安杰·瓦伊达导演的第一部影片获得了戛纳电影节的大奖。

安杰·瓦伊达拍摄的电影《下水道》1957年荣获戛纳电影节特别评委会奖。他总是关心现实中普通人的生活，揭示他们的内心世界，在现实生活中寻求电影创作的灵感，81岁的他导演的《卡廷惨案》可与《辛德勒的名单》媲美。

来到罗兹这座城市,还有一座电影艺术博物馆,里面许多别出心裁的电影、宣传海报、摄影棚、布景、马具、服装及电影剧照,是整个波兰电影发展史的缩影。

在这里,我了解到,波兰电影历史悠久。早在法国的卢米埃尔兄弟之前,波兰人卡齐米什·普罗津斯基(Kazimierz Proszyski)、扬·波普拉夫斯基(Jan Poplawski)和彼得·莱比得津斯基(Piotr Lebiedzinski)等人就设计出了可以"使照片活动起来"的机械装置,其中最具独特性的是普罗津斯基设计的"多向摄影器",1896年,在克拉科夫、华沙和罗兹等地公开举行了最早的电影放映会,这些地方出现了第一批专门的电影院。1902年,波兰第一家电影制片厂成立,拍摄和发行短纪录片、文化片和故事片。1908年,波兰第一部真正的故事片《安东首次到华沙》问世。从1918年起，波兰电影有了较大的发展，每年生产约20部故事片和60部短片，全国有100多家电影院，主要放映外国影片。到默片时代后期，波兰已能生产短片300部，故事片仍维持在20部左右，电影院已增至700家。这在波兰电影历史上写下了浓墨重彩的一笔。

在这里，我了解到，波兰电影具有"纪录片"的真实血脉，而世界上许多电影大师都曾拥有过用真实来铸造电影魂魄的成功经历。应该说，就历史记忆而言，是非功利的，但随着岁月的流逝和更迭，这种深刻的记忆渐渐地作为一种文化基因沉淀在民族的血脉中，一个民族的自我认识和苦难经历会在战争灾难之后加速成型，这在电影中就会留下典型而深刻的痕迹，它所反映出来的民族精神，比起其他电影类型，都更加直观而丰富。

波兰电影发展的历程及它在世界电影史上曾经的光荣与辉煌和罗兹这座城市分不开。电影对于观众而言是一道精神大餐，静静的欣赏波兰电影，我脑海里逐渐升华了对这个国家历史的认知，波兰电影是对在血与火中诞生的波兰国家历史脚印和前进号角的发自民族内心的洗礼。它是一个关于波兰社会现状的万花筒，使你看到了昔日的悲情与诗意交融，看到了如今面貌一新、蒸蒸日上的波兰。所以，在我看来如果你去波兰，一定要去罗兹。

文化之都：弗罗茨瓦夫

弗罗茨瓦夫是波兰第四大城市，位于波兰西南部。在这座城市发展史上的大部分时期内，一直是一个以多民族、多元文化为特色的城市，德意志、波兰、捷克、犹太等民族均扮演过重要角色。而德语曾长期是占有优势地位的语言，该市的德语名称布雷斯劳（Breslau）的知名度一直很高，二战以前该市曾是德国重要的工商业与文化名城之一，城市规模居全德国第六位（人口达60多万，与2000年几乎相等）。在第二

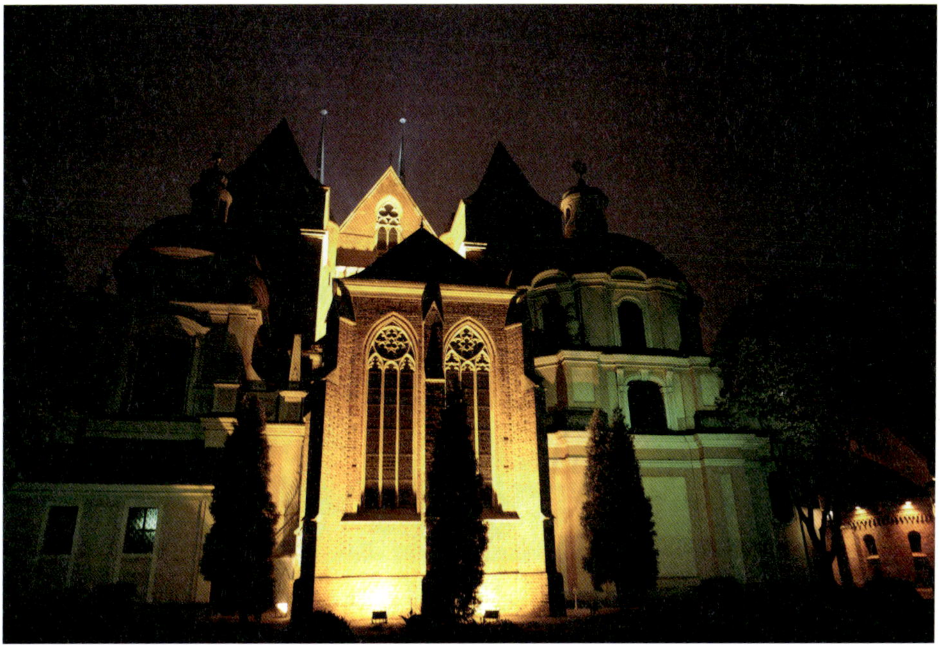

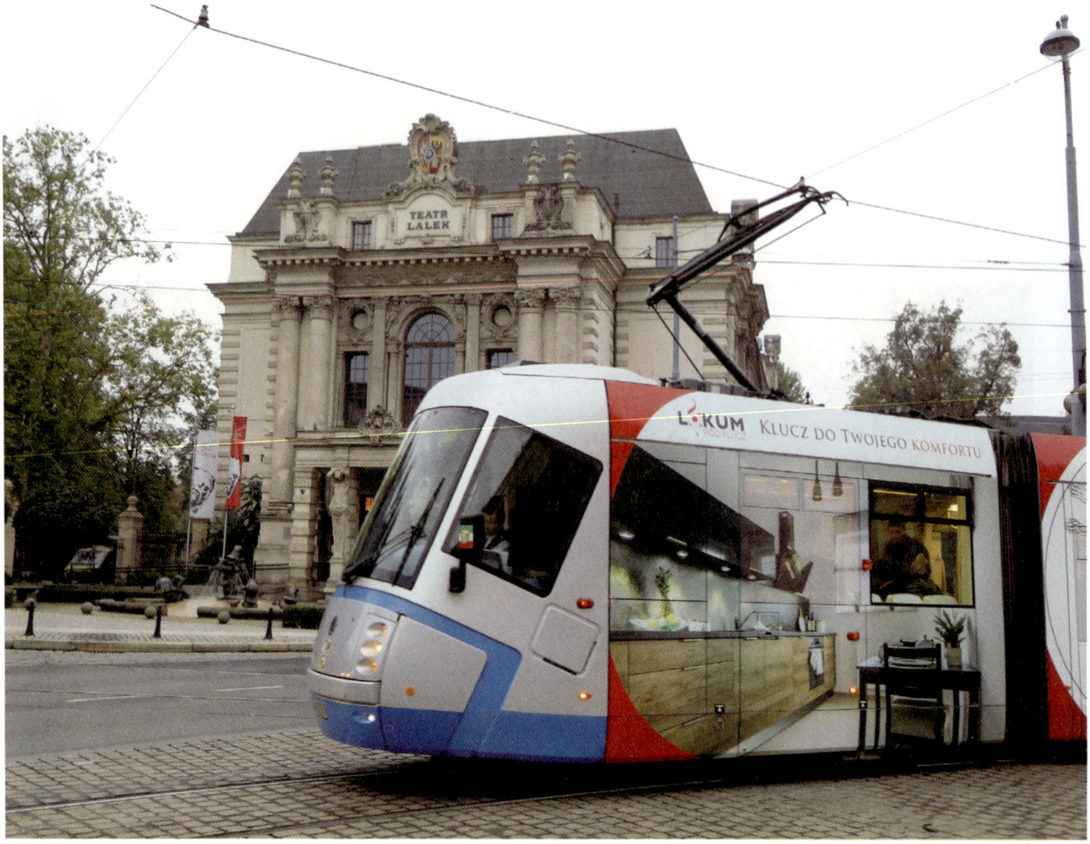
TEATR
LALEK
LOKUM
KLUCZ DO TWOJEGO KOMFORTU

次世界大战以后的领土调整和民族大迁徙中，该市是德国在战后失去的最大城市，原有的德国居民被迫西迁，同时迁来波兰东部割让给苏联领土上的大批波兰人，这样，弗罗茨瓦夫在人口构成上基本上成为一个纯粹的波兰城市，但由于保留下来的以及战后重建的大量普鲁士、奥地利乃至波希米亚风格的建筑，该市在波兰境内仍是一个颇为独特的城市。

弗罗茨瓦夫交通十分发达，是欧洲的铁路枢纽之一，火车站不仅开通前往波兰各地的国内列车，也有不少班次是前往柏林、德累斯顿、汉堡、基辅、布达佩斯和布拉格等地的国际列车。弗罗茨瓦夫作为奥得河上的港口，内河航运业也很重要。弗罗茨瓦夫国际机场有固定航班开往法兰克福、哥本哈根、维也纳和华沙。

弗罗茨瓦夫在过去的德国时代曾是一个重要的经济文化中心，拥有过为数众多的哥特式、文艺复兴式、巴洛克式、古典主义，直到现代主义、后现代主义等各种风格的精美建筑。虽然其中有70%毁于二战末期的战火，但还是有为数不少的建筑幸存了下来，或是在战后得到恢复。弗洛茨瓦夫的哥特风格出现最早，座堂岛上拥有高大双塔的圣母主教座堂和公爵礼拜堂都属于这种风格；它的巴洛克风格建筑主要归功于奥地利哈布斯堡王朝的宫廷建筑师，弗罗茨瓦夫大学和座堂岛上的圣伊丽莎白教堂就是属于这种风格的代表作品。

弗洛茨瓦夫还有一批德国摩登建筑和建筑师留下的卓越作品，其中马克斯·伯格建于1911年—1913年的作品百年厅（德语：Jahrhunderthalle，波兰语：Hala Ludowa）是其中最重要的。这幢建筑并无富丽堂皇的装饰，而是以钢筋混凝土建筑技术和现代工程建筑学先驱著称。2006年被列为世界文化遗产。它的中心是一个直径35米，高42米的圆形空间，约可容纳6000多人。

弗罗茨瓦夫城市不大，却拥有14座博物馆、10座剧院、爱乐音乐厅、歌剧院以及15座美术馆。每年还举办爵士乐音乐节等年度文化活动。

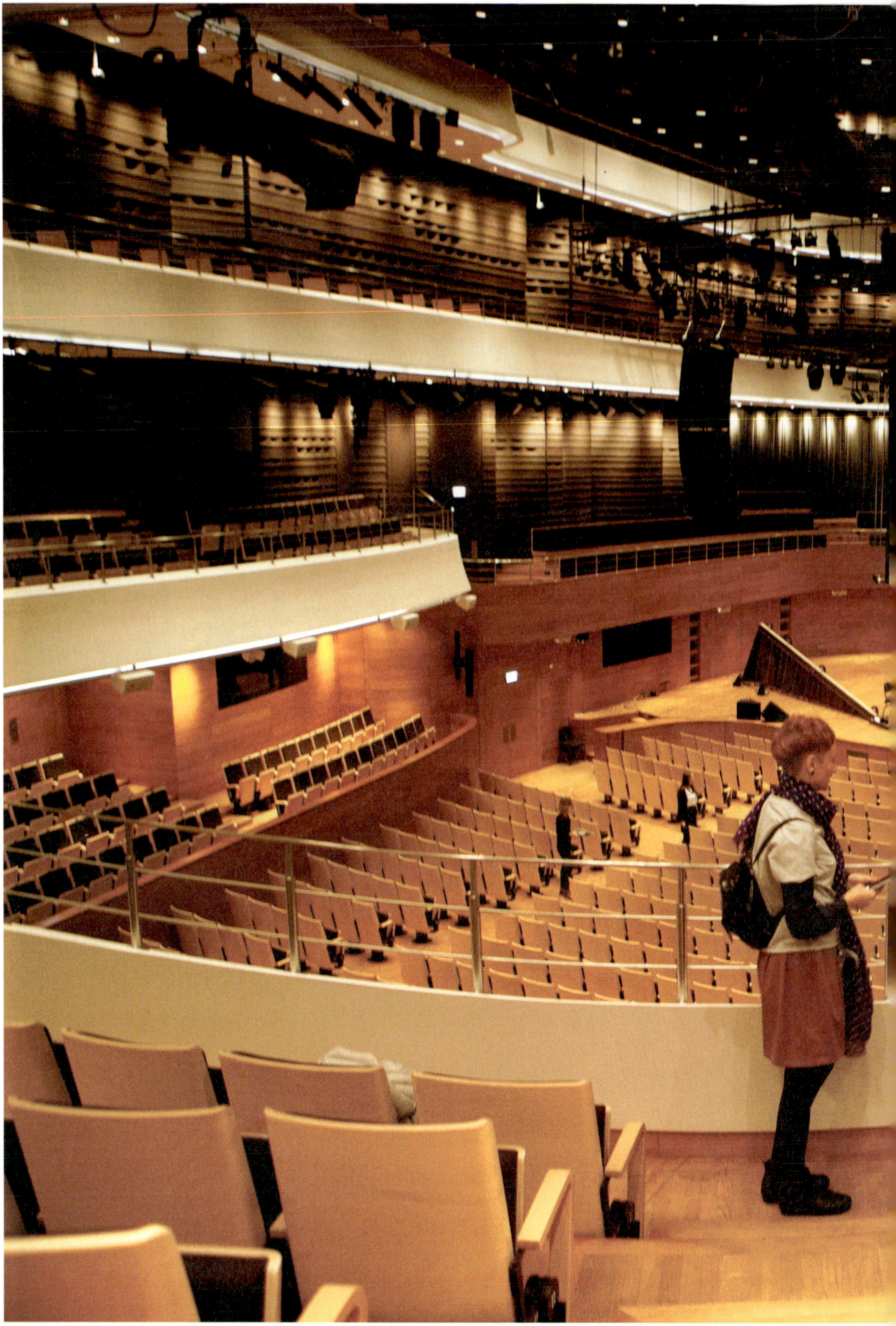

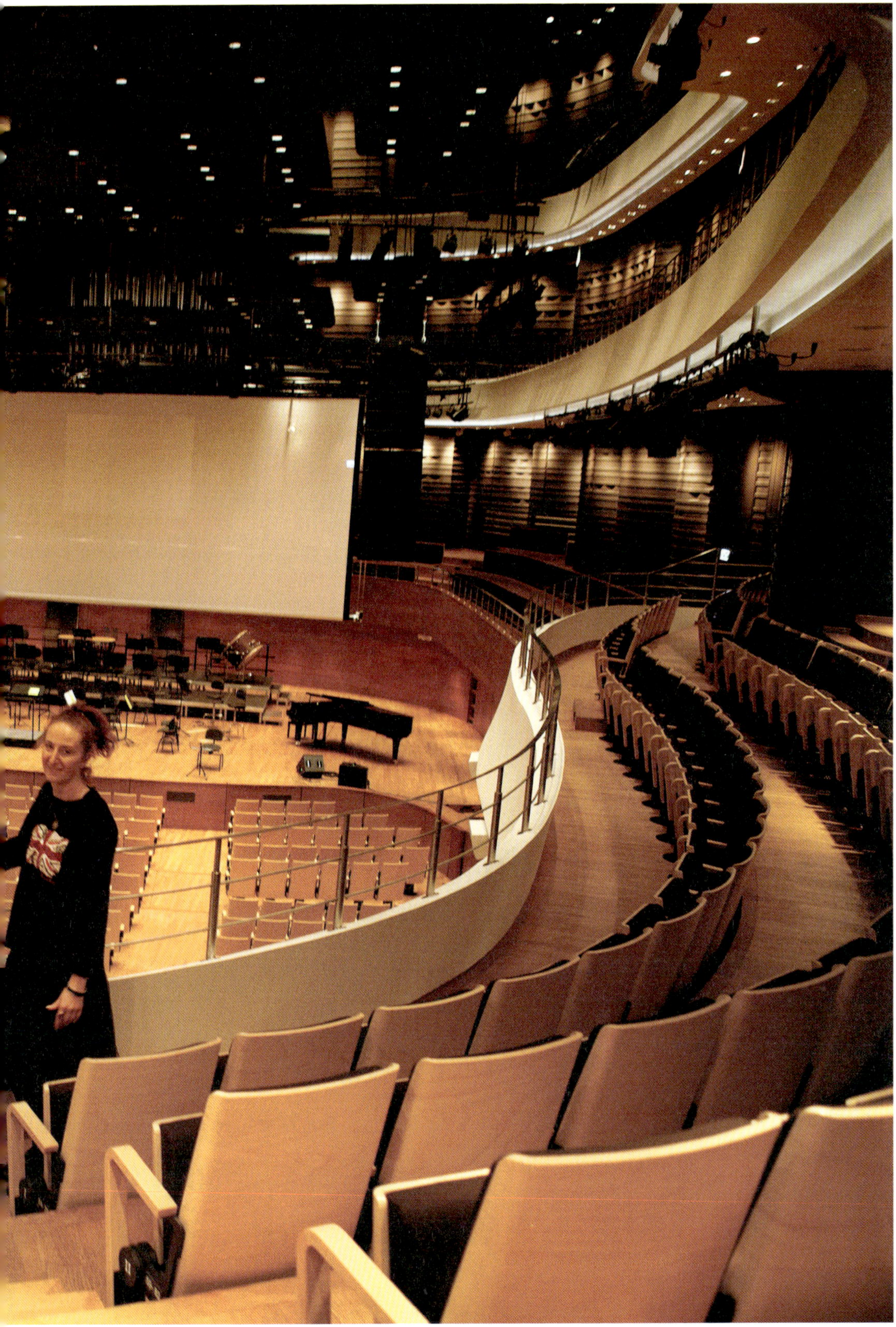

出生于弗罗茨瓦夫的名人有爱罗斯·阿兹海默（阿兹海默病即老年痴呆症的发现者）、亚道夫·安达臣（19世纪国际象棋名人）、马克斯·伯格（建筑师）、迪特里希·潘霍华（反纳粹运动的宗教领袖）、思斯切·卡西勒（哲学家）、奥托·克伦佩勒（德国指挥家作曲家）、古斯塔夫·罗伯特·基尔霍夫（物理学家）、斐迪南·拉萨尔（德国社会主义者及革命者）、曼弗雷德·冯·里希特霍芬（第一次世界大战著名王牌飞行员）、旺达·卢切薇兹（著名女登山家）、腓特烈·施莱马赫（神学家和哲学家）、西勒修斯（17世纪德国－波兰宗教诗人）、伊迪特·施坦因（德国哲学家，天主教修女）、胡果·斯廷豪斯（数学家）等。

这座城市虽不算大，但赫赫有名的诺贝尔奖得主就有10位，他们是：西奥多·蒙森（1902年诺贝尔文学奖）、伦纳德（1905年诺贝尔物理学奖）、爱德华·毕希纳（1907年诺贝尔化学奖）、保罗·艾特列治（1908年诺贝尔生理学或医学奖）、盖尔哈特·霍普特曼（1912年诺贝尔文学奖）、弗里茨·哈伯（1918年诺贝尔化学奖）、弗里德里希·柏吉斯（1931年诺贝尔化学奖）、斯特恩（1943年诺贝尔物理学奖）、马克斯·玻恩（1954年诺贝尔物理学奖）、莱因哈德·泽尔腾（1994年诺贝尔经济学奖）。

格但斯克大学是波美拉尼亚区内最大的高等教育学府。校内提供近30个领域，100余个专业供学生选择。校内现有生源数量已逾35,000人，另有教职员工以及外语教师培训师共计约一1,700余人。该校的生物学、生物科技、化学、心理学以及教育学等专业在世界都属于顶尖水平之列。

克拉科夫雅盖隆大学（波兰语 Uniwersytet Jagiellonski w Krakowie，英语 Jagiellonian University in Krakow）位于波兰南部古都克拉科夫市，是一所创建于1364年的多层次、多学科的古老大学。克拉科夫雅盖隆大学下辖法律管理学院，医学院，药物学院，健康科学学院，哲学院，历史学院，语言学院，波兰研究学院，物理、

天文及应用计算机科学学院，数学及计算机科学学院，化学学院，生物与地球科学学院，管理与交际学院，国际政治研究学院。雅盖隆大学开设了门类丰富的本科及研究生专业，例如公共管理，劳动法，犯罪法，历史学，对外波兰语教学，笔译学，数学，现代计算机技术，工业药物学，软件工程与商务工具，公共关系，生物技术，语言学，欧洲文化等等。

波兰罗兹理工大学的历史比较悠久，建校至今已有60多年，在校学生超过2万人。学校是一所理工类的大学，有超过13个院系。目前有许多英语（论坛）授课的面对更多国际学生的专业，有一些科技类的管理专业，还有建筑学专业。

弗罗茨瓦夫大学始建于1702年，是一所有着数百年历史的大学，其创始人为哈布斯堡王朝利奥波德一世，从创建伊始的小规模逐渐成长为今天波兰最大的高等学府之一。20世纪初以来,该大学培养了9名诺贝尔奖得主。建校至今,该校的重中之重还是科学研究。今天的弗罗茨瓦夫大学已经是该地区最大的大学,现拥有4万多名在校生,其中约1300名博士研究生,每年从该校毕业的学生为9000名左右。弗罗茨瓦夫大学下设10个学院,开设了丰富的本科、硕士、博士专业,比如计算机科学,数学,化学,理论物理,实验物理,管理经济学,旅游,经济学,国际关系,地理与环境管理,英语语言学,生物技术,政治科学等等。此外,该校还设有预科课程,包括英语、波兰语以及为攻读理论、实验物理学硕士学位的学生专门准备的预备课程。

边走边看游波兰

中国国际广播电台环球资讯导听：一个曾经满目疮痍，先后三次被瓜分，在地球上消失了整整123年的国度；他重要的地理位置导致历史上连年的战火纷争，几个世纪以来版图一再更改；在风云多变、纷繁复杂的世界经济背景下，他能做到既无外债又无内债；国徽上的舒展双翼的白鹰彰显着这个民族的坚韧不屈，本期边走边看就让我们一起走进波兰、感受波兰。

主持人：大家好，欢迎收听本期的边走边看，我是主持人舒扬，在上期节目当中，向大家深入介绍了首都华沙和几大著名城市，今天我们再次请来了《我，文化波兰》这本书的作者、高级记者、著名作家、摄影家杜京女士，为我们深度解析波兰。

上一期节目横向的以城市为切入点，为了让听众更全面的了解波兰，这一期咱们换个角度，请您给听众朋友们聊聊从波兰的著名景点，纵向的了解波兰。

杜京："波兰"，在斯拉夫语中意思是"平原"。波兰的平原与小丘陵占国土总面积的92%，面积达1千公顷以上的湖泊有9300个，因此波兰又被誉为"千湖之国"。

波兰风光就像一块盖在新娘头上的绚丽五彩的柔纱，美妙、浪漫。从北部到南部地理线条舒缓流畅，从北部的波罗的海沿岸延伸到南部的喀尔巴阡山脉、苏台德山脉大片的原始森林，青青的草地拥抱着峻峭的山岩，环绕着溪流湖泊。大大小小的河流蜿蜒曲折，从林间潺潺流过，滋润着这片富饶美丽的土地。

穿越波兰辽阔的原野，从北部到南部一路风景。城市和乡村美丽如画，高耸的教堂雄伟庄重，乡间的小路花海飘香，一幢幢五颜六色的农庄别墅点缀着绿色的山野，好一派乡村田园风光。乡村小镇的人们，伴着教堂的钟声，牧羊耕作，采摘草莓，轻松生活，悠然自得。

在北部，当大自然从冬日的沉睡中缓缓苏醒，高山顶上的雪莲花还在绽放，而此时南部早已在不知不觉中变成了春天。片片花海在田野中争奇斗艳，娇艳欲滴。成群结队的蝴蝶翩翩起舞，空中美丽的鸟儿展翅飞翔。

波兰有空旷静谧的别什查德山脉（Bieszczady）、风光明媚的高地草原（Pieniny）、人烟稀少的别布热河滩（Biebrza）和景色宜人的波罗的海沙滩……波兰还是一个动物王国，在这里生活着金鹰、白尾鹰、北方鹞等296种鸟类，其中生活在欧洲的白鹳有一半在波兰聚集筑巢。在金色的秋天，每当夕阳西下，鹳群拍打着翅膀，欢快鸣叫，缓缓落在河岸的景象，真是美丽动人。波兰境内森林中至今有700多头野牛潇洒地狂欢。在波兰土地上，饲养阿拉伯马的历史可以追溯到18世纪。著名的亚努夫·波德拉斯基马场建于1817年，它是波兰最早的马场。波兰人对马的钟爱及几个世纪的养马历史，使波兰的阿拉伯马成为世界上品质最优良的阿拉伯纯种马。至今，500匹纯种阿拉伯马生活在风景如画的布洛河沿岸，它们驰骋在开满鲜花的草地上。波兰阿拉伯马集勇敢、高大、骏壮于一身，兼具完美特性及迷人魅力，在世界上闻名遐迩。

在这片面积仅为31.26万平方公里的土地上，就有华沙古城、木查科夫斯基公园、维利奇卡古盐矿、克拉科夫古城、卡尔瓦利亚文化区、雅弗木造教堂、波兰南部木造

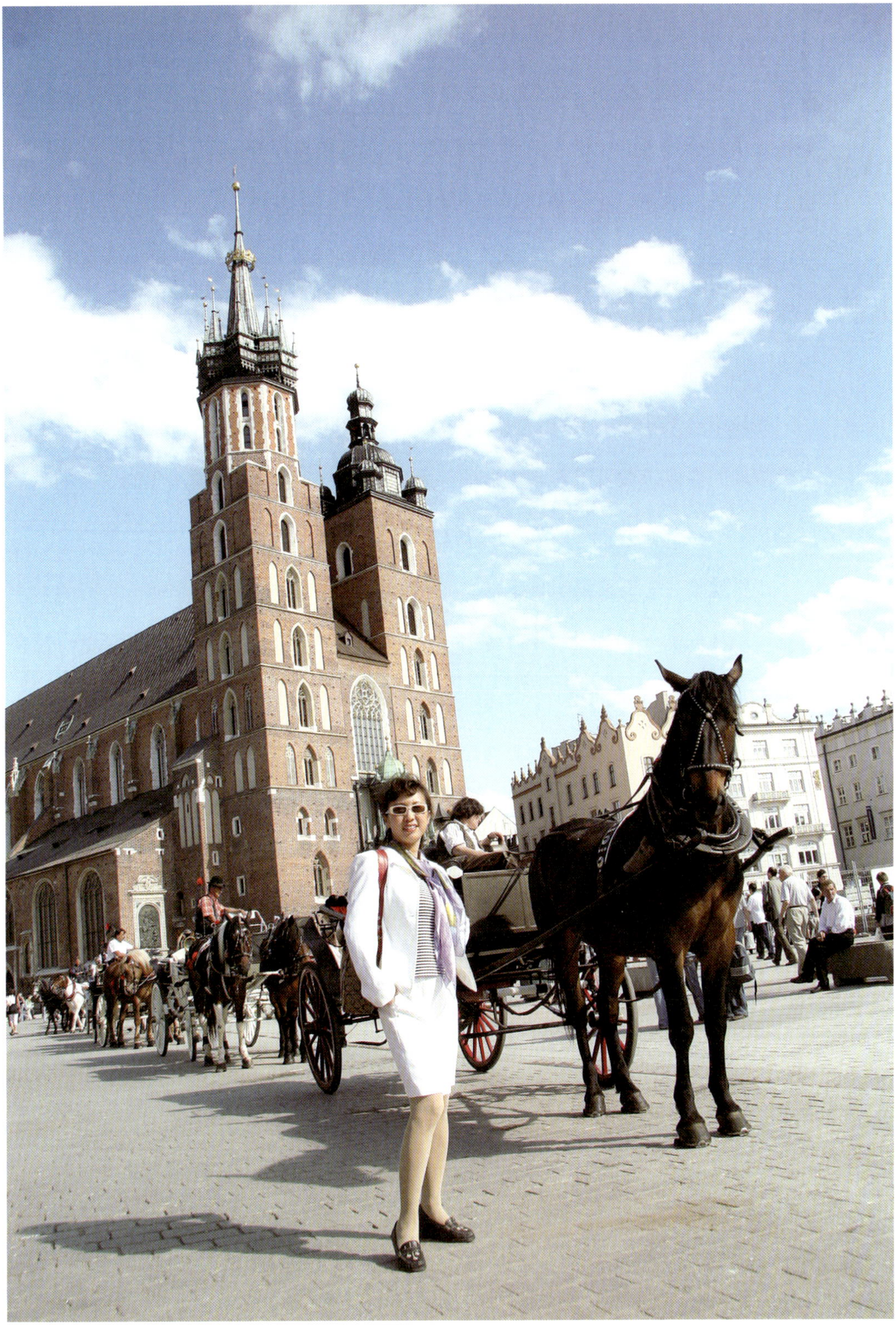

教堂、沙摩奇旧城、比尔乌维威查森林保护区、马尔堡城堡、中世纪古城土伦等19处景观被联合国教科文组织列为世界遗产。无论山丘、湖泊、森林、海岸，还是古镇、盐矿、皇宫、城堡，处处充满诱人的魅力。

在波兰，无论北部还是南部，你都会领略到数不尽的人文经典，欣赏到看不完的美景风光。令人赞叹、令人感慨、令人心醉神往。在这里我要向听众朋友们推荐波兰必去的几处景点。

奥斯维辛集中营。这里，被称为世界最大的"死亡之墓"；这里，是在第二次世界大战期间夺取了数百万无辜生命的杀人工厂；这里，是腥风血雨黑暗一页的见证地；这里，是一座祈祷和平远离战争的历史纪念馆……

这里就是——奥斯维辛集中营。

三次访问波兰，我都怀着十分沉重的心情来到这里，来到奥斯维辛集中营寻找历史的记忆，拾起战争的碎片，为早日在地球上消灭战争，捍卫和平，为了用我手中的这支笔写出一个充满爱意的世界而尽绵薄之力。有人说我不愧是"将门虎女"，胆子大，有人说我心理素质极好，扛得住。这么残酷可怕、阴森冰冷的地狱，作为一个女性居然有勇气接二连三地到这里来。

我是军队的女儿，深深懂得军人的神圣使命，就是要尽天职，为在地球上消灭战争，捍卫和平而奋斗。让人类的良知长存。

2006年，在波兰翻译道心先生陪同下，我第一次来到奥斯维辛集中营，远远就看到集中营大门的铁板上挂着醒目的"ARBEIT MACHT FREI"一行字——"劳动使人自由"。其中的B字被写倒了，据说这是当年集中营里犯人被迫安放这行字反抗的证据，奥斯维辛集中营是纳粹德国在第二次世界大战期间修建的1000多座集中营中最大的一座，它被称为"死亡工厂"，在第二次世界大战的漫长5年间，奥斯维辛的名字成了被纳粹占领国人民的梦魇。

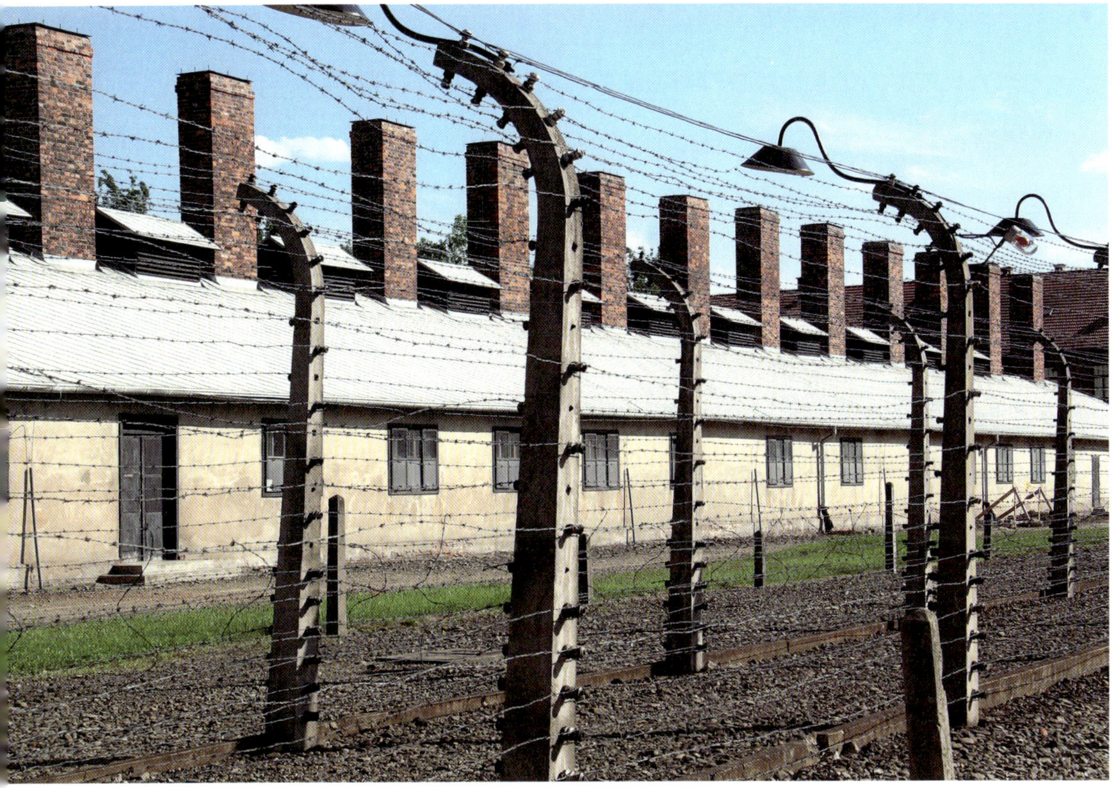

1940年，为关押波兰政治犯而建造了奥斯维辛集中营。一开始，它就成为屠杀波兰人民的罪恶工具。随着时间的推移，纳粹开始从欧洲各国押运囚犯到这里，其中以各国的犹太人为主，奥斯维辛的囚犯包括苏联战俘、犹太人、吉普赛人、斯拉夫人、提克人，波兰、法国、德国、荷兰、挪威、比利时、奥地利、立陶宛、斯洛伐克在内的30多个国家的囚犯。直到集中营解放前，波兰所有的"政治犯"仍被源源不断地运到这里。

1939年，波兰军队试图击退德军侵略的"九月战役"失败后，奥斯维辛集中营及周边地区被划为第三帝国的统治区，与此同时，集中营被更名为奥斯维辛。在这里，先后共监禁过数百万各国各类人士，还有些被转运到其他集中营，因此很难统计出具体的数字。到目前为止，统计的数字为28个民族多达150万以上的人（有另一种说法为400万人）在这里被夺取生命。直到1945年，苏联红军解放奥斯维辛集中营的时候，这里只剩下7000名幸存者……

迈着沉重的步子，我走进奥斯维辛集中营，我先观看了在奥斯维辛解放后由盟军拍摄的一部纪录片。再现了集中营惨不忍睹的真相，这些影像对后来有人怀疑奥斯维辛集中营是否存在，这是回应他们最有利的证据。走进四号楼一层一号展厅，这里是二战期间关押波兰战犯和囚犯最多的猎杀犹太人最大的杀戮之地。从展览厅的图片上我看到，被押送着从起点出发到集中营，行程最长的达2400公里，他们乘坐的交通工具，是由被铅封和用木条密封的火车货物车厢，途中，不供应任何事物，甚至不许大小便，车厢里拥挤不堪，抵达集中营通常需要7—10天。当火车驶进奥斯维辛集中营，车厢大门被打开时，许多人已经奄奄一息，其中部分老人和儿童已经断气。

犯人们被"死亡列车"送到奥斯维辛集中营站台后，纳粹士兵命令他们把行李放在站台上，等"安排"好以后再统一分发他们的行李，然后把囚犯分为两列，能干活的，和不能干活的，不能干活的人会被送往奥斯维辛二号集中营，又称比克谐集中营。剑子手们玩弄骗局，让被屠杀的受害者走上刑场前"要有次序"，他们在广播里"温和的劝告"："你们应该去洗个澡，除去身上的虱子就会舒服了。"其实受害者们哪里知道，所谓的"浴室"就是毒气室，门前种植着鲜花和绿草，还有一支小乐队在前厅为这些人演奏欢迎的乐曲，2000名平民强行被塞入仅有200平米的浴室后，沉重的铁门就被关上，他们从天花板上预留的小孔中向浴室投放了"齐克隆B"（Zyklon B），又叫氯化氢（旋风B）……15—20分钟之后，浴室内的人全部中毒死亡。随后，被害者的金牙被拔掉，头发被剃光，随身的戒指耳环也被摘掉，尸体被运送到一层焚尸炉，来不及进入焚尸炉的干脆就架火焚烧。

第二次陪同我来到奥斯维辛集中营的翻译金昨非是一位出生在波兰的韩俄混血小伙子，他告诉我无辜的人们被送进毒气室的同时，他们留在展台上的皮箱被全部撬开，其中会有人专挑眼镜、领带以至用放大镜和天平专门鉴定珠宝首饰成色，从死难者身上刮取这些物品成为纳粹重要的"国家物资"。1943年，集中营内竟然还建起了炼金车间，将金首饰、金牙熔化成金条，一天最高产量达22磅。金条在这里看到的只是奥斯维辛集中营解放后留在这里的，已经没用的眼镜，数量非常惊人，由此可见，当时这里到底有多少人被折磨致死，惨遭杀害，真的不得而知。

看着一张张堆满旧眼镜、死人毛发、旧皮包、旧皮箱的照片，真是惨不忍睹，令人毛骨悚然。

走在十号楼和十一号楼的空地之间，眼前被一堵高墙所封闭而堵住了通行，旁边面向空地的窗户全部被木板钉死，以免在这里执行处决时被人看到，党卫军在这个被称为"死亡墙"前，枪决了数千名囚犯，其中主要是波兰人。由此可见，纳粹法西斯对波兰人民犯下的不可饶恕的滔天罪行，战争给波兰人民造成了深深的伤痛。

第三次是在安娜女士的陪同下，我来到奥斯维辛集中营。在参观中不免又勾起这位女士悲痛的回忆，安娜讲述了她的外公在她母亲只有两个月大的时候便被德军杀害的悲惨的外婆与战争的故事。在奥斯维辛集中营最震撼我的还有那面肖像墙，当我的目光与这些苦难的不幸者目光相对时，身穿竖条纹囚犯衣的他们直视我的眼神，让我内心充满了同情、怜悯、惋惜，悲愤之情油然而生。从他们哀伤和祈求的目光里，他们中每个人并非150万死者中一个数字那么简单，这些照片并不是关于囚犯五官相貌的简单记录，爱好摄影的我，仔细观察到这些囚犯的肖像照拍摄非常精致，准确把握了死难者的精神气质，每一个人都表现出了十分强烈的人物个性，但是，最令人悲愤和惋惜的是，他们当中有欧洲著名的政治家、艺术家、科学家、文学家、律师、教授等，更令人伤痛和惋惜的是，这些人中不管有多少精英，他们是多么的优秀和友善，最终都没能逃脱纳粹的魔爪而惨死在集中营……想到这里，我的眼圈被泪水湿润了。

我问向导，这些被害者的照片是谁拍的，回答是："现在已经无法考证是谁拍的，是在什么条件下拍的。"但从摄影师的角度，我能看出这里很多人物的肖像都是由有着专业水平的摄影师拍摄的。后来听道心先生说，有一位名叫奥古斯特·桑德（August Sader 1876年—1964年）的人，他在第二次世界大战中拍摄过许多经典的照片，其中奥斯维辛集中营里的许多囚犯的照片就是他拍摄的。他的冷静真实的拍摄风格再现了当时腥风血雨和悲壮惨烈的场景和真相。

奥斯维辛是距离波兰首都华沙300公里、距克拉科夫54公里的小镇，至今已经有800年的历史。在第二次世界大战前，这里居住了近万名犹太人，因此又被成为波兰的犹太城，纳粹之所以将此地作为最大集中营的主要原因是：这里位于铁路的交通枢纽中心，便于转运犯人而周围又人烟稀少，铁路通到这里就结束无路，囚禁者在此下车，也就因为他们的生命到了尽头。

2005年1月27日，漫天洁白的雪花在空中飞舞，伴着火车长长的汽笛声，在此举行了隆重的奥斯维辛集中营解放60周年纪念活动。波兰总统亚历山大·克瓦西里涅夫斯基（Aleksander Kwasniewski）、俄罗斯总统普京、法国总统希拉克、德国总统科尔、以色列总统卡察夫、乌克兰总统尤先科、美国副总统切尼等 44 个国家政府领导人以及欧盟主席巴罗佐纷纷来到这里参加纪念活动，并向数百万在此消逝人生的死难者默哀致敬。

今天，战争已经远去，奥斯维辛已经成为一个热闹繁华的旅游小镇，至今我还清晰地记得，一位名叫乔治的先生在离开集中营时说："忘记历史的人注定要在重复一次历史，为了不让战争的惨景重现，不让奥斯维辛集中营的悲剧重演，我们千万不要忘记历史。"

望着天真孩童脸上绽放的纯美笑容，抬头看晴朗的天空，灿烂的阳光，我在想，人们需要常常唤醒历史的记忆，远离战争，珍视和平。

我认为，一个人最理想的生活状态，就是一半在路上，一半在书房。所以我爱大自然，喜欢旅游，也去过不少地方。在我的眼中，波兰好似飘动着美丽和灵气的神话，是尘世间每一个旅行者精神与理想的栖息之地。波兰是一个人一生必去的地方，因为在那里你会领略到最为独特的风景，品味经典深邃的文化。

主持人：2014 年的"华沙之秋国际现代音乐节"与中国音乐学院紫禁城室内乐团合作的启动仪式刚刚在波兰大使馆举办，您也参加了这次发布会，能给我们听众简单地介绍一下华沙之秋吗？

杜京：2014 年"华沙之秋国际现代音乐节"与中国音乐学院紫禁城室内乐团合作项目启动仪式于 2013 年 5 月 27 日在波兰驻华使馆举办。中国文化部外联局、波兰共和国驻华大使馆、中国音乐学院、波兰密兹凯维奇学院、华沙之秋国际现代音乐节以及中国音乐学院紫禁城室内乐团的有关负责人出席了启动仪式。

根据双方达成的合作意向，紫禁城室内乐团应邀将于 2014 年 9 月赴波参加华沙之秋国际现代音乐节并举办专场音乐会，作品由双方共同邀约创作。这是中波音乐家一次充满创意的探索性合作，对于充实和丰富两国文化交流的内涵，拓展文化合作的空间，推动双方文化艺术界在更高层次上开展交流与合作具有十分重要的意义。紫禁城室内乐团由来自中国民族音乐的最高学府——中国音乐学院的著名音乐家组成。乐团多次参加国家重大音乐活动，并作为文化部对外交流"东方快车"的国家高端艺术家团体，出访了澳大利亚、新西兰、波兰、匈牙利、俄罗斯、罗马尼亚、保加利亚、墨西哥、古巴、以色列、西班牙等十余个国家和地区，应邀参加了布里斯班、堪培拉、惠灵顿、奥克兰、爱内斯库、塞万提斯和新加坡华艺等国际音乐节，艺术足迹遍及国内外音乐舞台。出版了《梅边四梦》、《风声》等原创音乐 CD 唱片，就在不久前 5 月 14 日，紫禁城室内乐团在中国国家博物馆举办的"中国——中东欧国家文化巡回展"开幕式上还举办了一场名为《高山流水觅知音》的专场音乐会。文化部长蔡武、波兰驻华大使塔德乌什·霍米斯基（Tadeusz Chomicki）先生及中东欧各国驻华使节出席开幕式。紫禁城室内乐团演奏了汉调古曲《寒鸦戏水》，古曲《春江花月夜》、《阳关三叠》，京剧曲牌《夜深沉》，我听了是发自内心很喜欢，觉得非常之美。紫禁城室内乐团的演出，受到了国内外音乐界和众多爱乐者的盛赞。被评价为："体现了中国传统音乐特有的华贵与典雅，表现了当代音乐舞台罕见的经典与魅力，拉近了高雅音乐和芸芸众生的情感距离"，"是探索中国当代音乐语境与世界对话的范例"，"是当今世界最具影响力的室内乐团之一"。

"华沙之秋国际现代音乐节"这个波兰文化的品牌至 1956 年创办以来，已经有 57 年的历史，连同其丰富的音乐传统，可以说它是见证了现代音乐发展的一个音乐盛事。它更是波兰享誉国际的现代音乐节。多年来，在整个中东欧，它在同类型国际音乐节中都处于顶尖地位。 直到如今，它仍是一片充满活力的为新音乐发展提供养分的沃土。"华沙之秋国际现代音乐节"由波兰作曲家协会主办，曲目组委会则轮流由欧盟委员会指定，由他们对各国每年申请参与音乐节的曲目做出抉择。

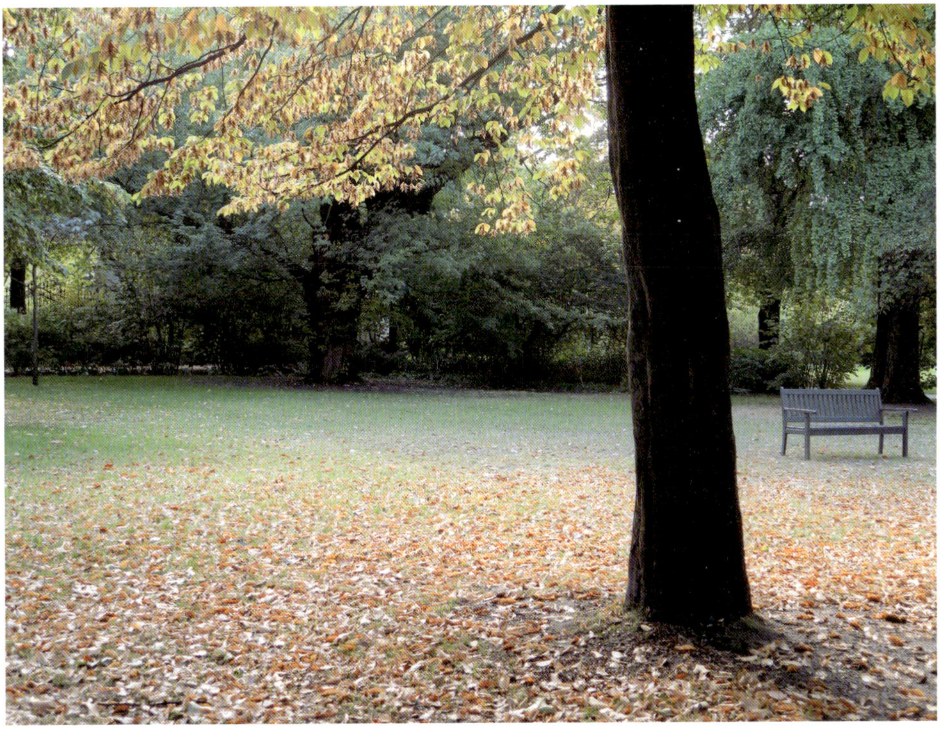

"华沙之秋国际音乐节"在波兰始终在当代文化形成中占有重要的一席之地。音乐节伊始的最初20年，对大众来说，它是一场非常有趣且新颖的音乐盛事，更是前卫音乐的推广平台。西方的作曲家、表演家、音乐评论家、音乐学家都热衷于来到华沙，正是因为华沙之秋音乐节所承载的，是向世人介绍先锋音乐的使命，人们在这里可以欣赏到走在音乐趋势前沿的音乐作品。这种定位是在音乐节一开始便设定的，保守派的古典音乐在这里永远不会是焦点所在。华沙之秋音乐节对同时代的各种音乐现象及音乐趋势形成一个开放模式：从Webernean传统而产生的音响激进派，到由过去音乐传统衍生出来的音乐潮流，直到音效听觉艺术及声音设备的推陈出新；华沙之秋欢迎着所有音乐试验。它向乐迷们尽可能全面地传递着音乐界的最新信息，其节目手册和节目单更是音乐学家和媒体们获得先锋音乐信息的第一手资料。音乐节年度手册则不折不扣是先锋音乐的历史性纪念手册。

组办方的主要宗旨之一，让波兰听众熟悉20世纪的古典音乐，"华沙之秋"无疑已经实现了；同时，积极推广20世纪后半叶新音乐，"华沙之秋"正承担着这一使命，如Stockhausen's Gruppen正是在2000年华沙之秋音乐节上第一次在波兰首演其作品。音乐节推广呈现波兰及世界新音乐的使命从未改变。当代音乐在某种程度上被认为是一种小众音乐，甚至有点与世隔绝的味道，与现实中的音乐似乎有点格格不入。"华沙之秋国际现代音乐节"旨在消除这种偏见，并且可以说，它已经做到了。多年来，越来越多的听众来到华沙之秋，音乐厅总是爆满，有时甚至座位会不够。更重要的是，多数听众是年轻人，这可以预见接下来的一个时代的音乐走向。听众中的精英群体正在形成，他们并不拒绝接受不一样的声音，他们希望自己成为先锋音乐的消费群体。他们寻找着"另类"，他们寻找着"新声音"，同时，他们更希望自己能够区别于那些专注于流行文化的年轻群体。

虽然华沙之秋音乐节也时常面临一些困难，但它始终独具特色并持续获得巨大的成功和国际声誉。它已经成为华沙的文化旗舰。不同的文化机构与华沙之秋保持着长期合作关系，如国家爱乐乐团、国家歌剧院，波兰广播电视台，波兰电视台，密茨凯维奇学院和众多文化团体。近年来音乐节开始改变其传统音乐表达模式，音乐厅、音乐学院、教堂，它们不再是唯一的演出地点；运动场、旧工厂、摩登建筑、各种会所，这些都是可以赋予音乐演出异样风情的演出场所。

主持人：您觉得波兰的文化艺术气息这么浓厚，主要得益于哪几个方面？是他们从小的教育方式？还是说整个国家的环境就是那样的？

杜京：我去过波兰三次，对波兰的历史、文化、政治、经济十分关注。波兰文化蕴藏着包容内敛、典雅蕴藉、百折不挠、坚韧不拔的精神特质，融入每一个波兰人的血脉中……一个民族的历史，凝结着一种独特的文化，而文化就是这个民族的精神脊梁，就是这个国家精神和智慧的源泉。波兰，有着用血和泪写成的历史，很容易给人留下深刻的记忆，她带给人们的不仅仅只是悲情与忧伤，还伴随着思索与骄傲。

一位人类学家曾经说过，文化就像一束束鲜花，每一束花的组合都不尽相同。我想，历史中的波兰文化，就是一束五彩缤纷的花束，波兰文化这束美丽的鲜花，就是由生长在这片土地上的每一片绿叶、每一朵小花组合而成。

在我看来，文化不是一个标语，几句口号，更不是热热闹闹的形式和轰轰烈烈的运动。文化，是数千年来潜移默化、细水长流的传承与坚守，是一代代人精神特质和民族气节的传递与延续。文化，是一个民族的血液，它耳濡目染、循序渐进地影响着一代代人，为这个国家的国民提供最丰美的精神食粮，用最新鲜的精神养分滋养和哺育着他们，让他们有敏锐的思想、丰富的知识、良好的素养和崇高的境界。有了文化，国家才有一切。

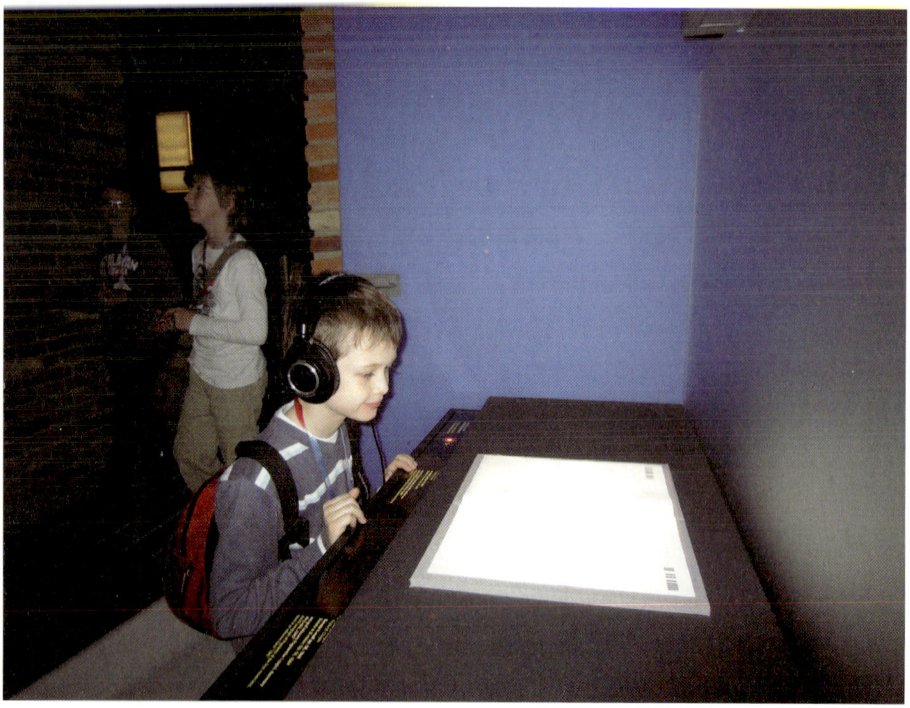

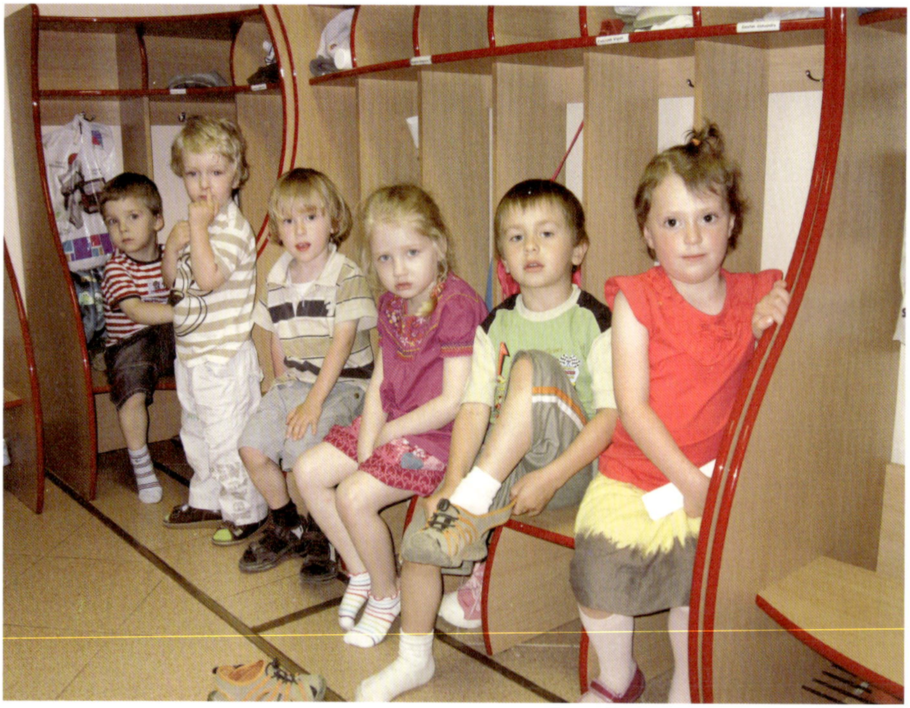

文化，也许它就体现在每个公民的一言一行，一举一动之中；也许它就是一部电影、一首乐曲、一行诗歌、一部小说……"随风潜入夜，润物细无声"。

在这里我还要说，如果一个国家既有文化，又有人才，这个国家就会强大。说到人才，就不得不谈到教育。因此从小培养、耳濡目染的熏陶非常重要。

我第一次去波兰时，走进世界文化遗产的马尔堡城堡让人感到庄严肃穆。整个城堡用红色的砖砌成高高的塔楼和宏伟的城墙，城墙上面都筑有巨大的城垛。看上去房屋好像是一座叠一座，仿佛堆成了一座座大山，它的顶峰就是老城堡，斜城上是中城堡和四处分散的防御工事。我们随着能说一口流利中文的波兰导游道心来到院落里，首先看到的是一群活泼可爱的波兰小学生，他们在老师的带领下参观城堡，有的孩子掏出笔和本认真记录，还有的孩子用照相机拍照留念。见到我们中国来的记者，他们问这问那，争先恐后和我们合影留念。看到院落里站满的学生，我感到有些出乎意料。后来我从波兰驻华使馆新闻官康拉德·马嘉士（Konrad Maziarz）先生那里了解到，波兰非常重视对世界遗产的保护和对孩子们的教育。在学校，专门开设遗产课程，所有的孩子从小通过学习历史、地理，从中了解自己国家的民族历史及世界遗产方面的知识。

有人说，人一辈子经历的事情太多太多，最令人难忘的还是童年的时光。我从小就喜欢听音乐，不止一次的听母亲讲过肖邦。30多年后的一个上午，我终于来到肖邦的故居。我怀着朝圣的心情，轻轻走进么令人感到亲切温馨的白色小屋，这里就是肖邦出生的地方——热拉佐瓦·瓦拉庄园。

这是一栋被花木重重包围的古老住宅，既像一座美丽的别墅，又似一处幽静的农舍。白色的小屋前，一棵巨大的栗子树守护在门前，周围是一片生机勃勃的花草，丁香花、玫瑰花、郁金香、紫罗兰，花开正艳，香气袭人，把这所古老的住宅装扮得更加优雅美丽。

肖邦正是在这诗情画意般的环境中成长，大自然赋予他音乐创作的灵感。当然生活在这个小村的人怎么也不曾想到，世界音乐史上一位天才钢琴诗人就诞生于此。我想，一个人的成长与他童年生活的环境和家庭的熏陶教养密不可分。

1825年隆冬时节，肖邦第一次随父母回到他出生的小村庄，在这里他度过了一个难忘的圣诞节。在一个雪后的黄昏，迈克拉·肖邦带着儿子外出散步，路过一家乡间客栈，突然肖邦听到了客栈的窗户里回荡出波兰民族舞曲玛祖卡的优美旋律，肖邦十分兴奋，于是他恳请父亲让他听完这支曲子再离开，父亲点头答应了他的要求。

就这样，小小年纪的肖邦静静地站在寒冷的雪地里，忘记了饥饿，忘记了寒冷，专心致志地聆听这支属于波兰的曲子。父子俩任凭寒风在耳畔呼啸，任凭雪花在空中飞舞，直到一曲终了，父子俩才离开回家。

2010年是伟大的波兰音乐家、钢琴诗人肖邦诞辰200周年，为了纪念这位生为华沙人，胸怀全波兰，因才智而闻名于世的音乐家，波兰政府宣布这一年为"肖邦年"。

非常荣幸的是，作为波兰在全世界40个肖邦委员会中中国女性的唯一代表、4名中国专家庆典委员中的一员，应波兰国立文化传播机构密茨凯维奇学院的邀请，我有机会再一次踏上波兰的土地，领略她的绰约丰姿，感受"肖邦年"的浓情厚意。

此次波兰之行，是为"肖邦年"而来。从走下飞机的那一刻起，我们就被融入肖邦的世界。华沙国际机场是以肖邦的名字命名。在街头的霓虹灯、出租车、歌剧院、博物馆、商场酒店和大大小小的广告牌、宣传海报上，既有非常传统的人们熟悉的肖邦画像，也有与时俱进的戴着墨镜时尚很酷的肖邦，还有许多关于肖邦音乐会的宣传海报，从中可以感受到"肖邦年"浓浓的气氛。

当你走在华沙的街头，漫步在公园稍作小憩，往路边的石头长凳上一坐按下小小的金属键钮，肖邦美妙的钢琴曲就会与你如期相约，萦绕耳边。坐在比乌德斯基广场公园的树荫下，密茨凯维奇学院亚洲事务总监马丁（Marcin Jacoby）先生告诉我，像这样能听音乐的"肖邦音乐座椅"在华沙随处可见。政府出资做这件好事的初衷就是

要让人们记住肖邦是波兰文化的一张名片,记住他的爱国热情和高尚精神,从而激发人们为国家出力的热忱和报国思想。这位华沙大学中文系中国文学专业博士用一口流利的中文告诉我:"在波兰人们很重视音乐欣赏对人们的精神激励和国民品味的提高。对于一个天性善良充满情感的人来说,他是不会忘记国家的忧患和他人的痛苦和不幸的,肖邦就是这样一位品格高尚的音乐家,华沙街头和公园内的'肖邦座椅'就是让人们随时随地聆听到肖邦音乐,传递音乐情感,让市民在自觉与不自觉中受到肖邦潜移默化的影响,理解肖邦作品、提高艺术修养。"

为纪念肖邦诞辰200周年,政府宣布在"肖邦年"里凡是在首都华沙出生的婴儿,都会得到一份珍贵的礼物:印着肖邦玛祖卡乐曲音符的宝宝装。

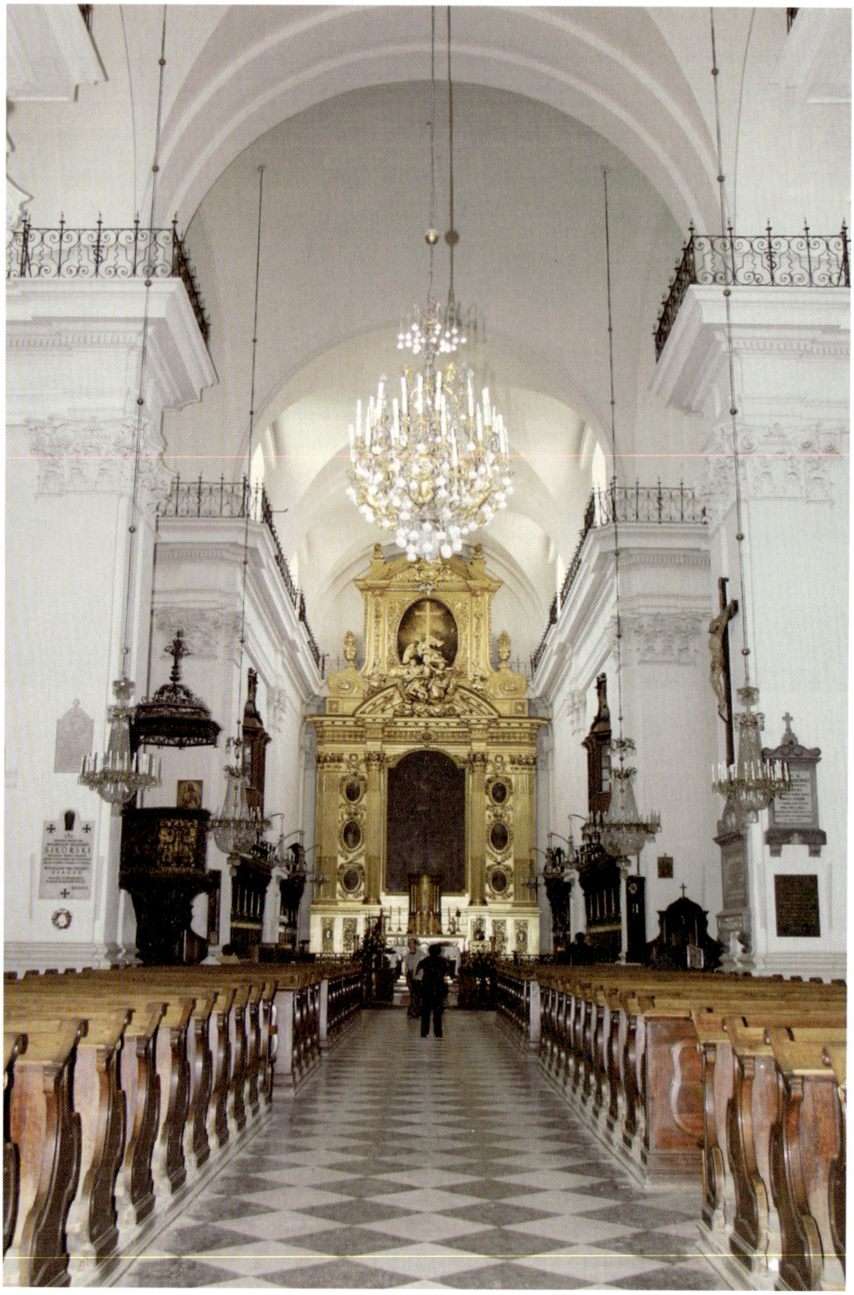

在"肖邦年"里，主办者还邀请了来自欧洲、亚洲、非洲、美洲多国的著名指挥家和音乐大师，举行了几百场的音乐会、朗诵会和演出，以此来纪念肖邦，盛况空前，令人叹为观止。在波兰的旅游胜地，被誉为"欧洲文化之都"的克拉科夫也是"肖邦年"最令人神往的地方。它的古色古香背后，总是给人典雅、神秘的感觉，克拉科夫广场、国王之路、瓦维尔城堡、卡奇米日区、老教堂、博物馆、音乐厅、歌剧院，还有大大小小的旧街巷交错纵横，宛然如昔，溢满中世纪的味道和它曾作为波兰故都的时代气息。

在广场上的旧式马车旁，高大健壮的波兰阿拉伯马马鞍整齐地和马夫一道在国王之路上敬候游客。马车启动了，城市的喧嚣中马蹄声声脆响，由远及近，在我耳边这分明就是肖邦的《降A大调，英雄波罗乃兹》，雄壮振奋。路人分开让道，身着制服的乐手一边行走，一边演奏，围着老广场转一圈，庄重威武，随即合着整齐的步伐随着马队渐渐远去。

我矗立在华沙圣十字教堂安放肖邦心脏的浮雕像面前，默默看着竖立着的纪念碑上镌刻着："哪里有你的最爱，哪里就有你的心脏。"肖邦虽然已经离开人世，他的名字永远留在波兰人民心中，他的音乐已经成为一笔珍贵的文化遗产留给了全人类。

主持人：看您书的时候有一个章节我很感兴趣，叫做：走近"波兰地铁诗歌"，这个诗歌跟地铁怎么能联系到一块起呢？感觉是完全不搭的两种文化啊？

杜京：2011年的金秋时节，当你走进北京东直门、西直门、复兴门、国贸地铁站时，你可以欣赏到来自一群波兰诗人的诗歌作品。这些颇有品位的波兰诗歌，抒发了波兰诗人热爱生活、赞美爱情、关注生命、回归自然的崇高境界和审美情趣。

"波兰诗歌——地铁里的诗"此项活动，由华沙图书协会和英国文化协会倡议发起。

这是波兰担任欧盟轮值主席国期间举办的一次重要文化活动，"地铁诗歌"活动的名誉赞助人是华沙市市长汉娜·戈隆凯维奇·华尔兹和外交部长拉多斯瓦夫·西科尔斯基。此次活动的合作伙伴有华沙市宣传办公室、亚当·密茨凯维奇学院、伦敦波兰文化中心、波兰驻英国大使馆、巴黎波兰文化中心、波兰驻法国大使馆、波兰驻西班牙大使馆、基辅波兰文化中心、波兰驻华大使馆、波兰驻日本大使馆、欧盟委员会和文化及民族遗产部。通过这次活动，波兰当代诗人和他们的作品在北京、伦敦、巴黎、马德里、基辅、东京、布鲁塞尔、卢森堡等地大放异彩。"地铁里的诗"的参展作品视角新颖独特，主题内容广泛。这一巧妙构思不但满足了诗歌爱好者的欣赏要求，拉近了诗歌与普通大众的距离，而且为大家感知波兰文化、走进波兰诗坛打开了一扇窗，通过诗歌中生动的描述，人们可以进一步了解这个拥有古老建筑和音乐传统的美丽国度的文化内涵。在北京举办此项活动，旨在推广波兰文化，让更多的中国诗歌爱好者和青年朋友，阅读优美的波兰诗歌，分享诗人创作的快乐，品味高雅美妙的波兰诗篇。

　　说到波兰的"地铁诗歌"，我要向听众朋友们介绍一位波兰最著名的伟大诗人，他的名字叫切斯瓦夫·米沃什（Czeslaw Milosz）是波兰著名的诗人、作家和散文家，诺贝尔文学奖获得者。2011年6月30日，是米沃什诞辰100周年纪念日，为了纪念米沃什——这位《吾土吾国》的作者对波兰文坛的杰出贡献，波兰政府将2011年命名为"米沃什年"。此外，2011年7月至12月间正值波兰担任欧盟理事会轮值主席国，波兰政府决定借此契机运用多种语言向世界介绍切斯瓦夫·米沃什和他的诗歌作品。

　　米沃什于1911年6月30日，出生在立陶宛的谢特伊涅。关于他的出生地，在1980年瑞典皇家科学院颁奖典礼上，米沃什这样说："出生在一个小村庄挺好的，这个小村庄里自然与人是那么和谐，不同语言和宗教千百年来和平相处——这是一件多么美妙的事。我说的这个地方是立陶宛——一片充满神奇和诗意的土地。早在16世纪，我的先辈们就掌握波兰语了，所以，我认为自己是个波兰诗人，而不是立陶宛诗人。

但我永远忘记不了立陶宛的壮丽河山以及立陶宛精神。"

米沃什获得诺贝尔文学奖,除此之外,他还获得过无数重要的文学奖项,并被以色列大屠杀纪念馆授予"万民义士"称号。诗人的众多作品已被翻译成包括中文在内的42种语言,荣获美国和波兰大学荣誉博士学位,立陶宛荣誉公民,克拉科夫市(前波兰首都)荣誉市民。

为了表达中国诗人对这位伟大诗人的缅怀和敬意及其作品在中国被翻译、研究和流传的情况,波兰驻华大使馆、世界诗人大会中国办事处和中国诗人俱乐部于6月30日在京举行了"纪念切斯瓦夫·米沃什"诞辰100周年北京学术研讨会,同时推出米沃什图片展。波兰共和国驻华大使馆文化参赞梅西亚(Maciej Gaca),中国作家协会全国委员会名誉委员、中国诗歌学会副会长、人民文学出版社前总编辑屠岸,北京外国语大学教授、博士生导师、翻译家、作家易丽君,中央民族大学外国语学院院长、教授、博士生导师郭英剑,北京外国语大学教授、博士生导师汪剑钊,诗人、评论家、翻译家北塔,诗人西川,加拿大女作家、翻译家、法语专家李莎,意大利女诗人朱西等出席研讨会。

研讨会上,与会者怀着无限崇敬的心情,对这位"总是在思考拯救的问题、实现的拯救和灵魂的拯救、诗歌是否具有拯救功能?能拯救什么?"的波兰诗人的人格作品进行了深入的探讨和研究。

米沃什有一颗明亮真诚的心和博大宽广的情怀。正是他的这种人文主义立场和思考探索的力量,使他的诗既有地区性,也有国际性,他的崇拜者从20世纪80年代至今一直络绎不绝,他的读者从10岁、20岁到七八十岁的老人,无所不有,他的诗对中国的一代诗人产生了极大的影响,特别是对20世纪80年代中后期和90年代的中国诗坛影响十分深远。米沃什的诗滋养了自己,也滋养了别人。他的诗把过去和现代相连,把波兰与中国相连,把和平及好相连,给人一种精神崇尚和道德力量。

主持人：很多听众反应啊，老在节目里听说杜京老师的节目，特别想见见您本人，杜老师平日里非常忙，今天好不容易又请到您做客我们《边走边看》，与听众见面目前来看是不太现实啊，但是咱们可以请杜老师给大家朗诵一段诗歌，给我们的广大听众谋求点"福利"，您看行吗？

杜京：好的，没问题。那我就为大家朗诵一首波兰伟大诗人切斯瓦夫．米沃什，在1936年创作于维尔纽斯的题为《相遇》的诗。

"黎明前我们行驶在上了冻的田地里，
夜里红色的翅膀飞得很高。

有一只兔子突然跑了过来，突然出现在我们面前，
我们中有人向它伸出了一只手。

这是过去的事，现在他们都不在了，
无论是兔子还是向它伸手的那个人都死了。

我的爱情在哪里？手上的闪光、奔跑的线路，
还有冻土里发出的沙沙声响都到哪里去了？
我问这些是因为我在思考，而不是我感到惋惜……"

"琥珀之夜"的审美享受

波兰琥珀是珠宝界最具时尚气息的宝石之一。波罗的海沿岸的波兰,因其繁荣的琥珀工业而被誉为"琥珀之国"。2013年6月5日,值波兰议会议长伊娃·考帕兹(Ewa Kopacz)女士访华之际,波兰外交部、波兰驻华大使馆与S&A赛吉琥珀首饰有限公司、MF时装品牌、Lavender公司、北京当代芭蕾舞团共同为各界精英人士、时尚界及媒体嘉宾呈现了流光溢彩、充满魅力的"琥珀之夜",带来波兰前沿的潮流时尚与珠宝艺术。

尽管波罗的海诸国至今仍为"琥珀之国"的名号争抢不休,但是波兰琥珀的独到设计理念、精美制造工艺、加工工艺水平都堪称世界一流。波兰北部港口城市格但斯克更以其加工工艺闻名世界,连俄罗斯、瑞典、德国等国商人,都将从本国收购的琥珀原石送到这里加工制作。格但斯克的琥珀工艺得益于历史的积淀与文化的内蕴。这里最早是由波兰国王梅什科一世在10世纪末建立的一个要塞,到12世纪初,已经成为世界上主要的琥珀生产加工制作中心。如今,凭借其悠久的加工历史,丰富的文化底蕴和新一代波兰琥珀设计师的大胆创意,波兰的琥珀艺术,成功地将古典与时尚相结合,给人们带来了极富波兰文化特色、精神气质的无与伦比的美丽和审美享受。

波兰议会议长伊娃·考帕兹女士在"琥珀之夜"开幕式上致辞说:"波兰琥珀特别的美,享誉全球。波兰人从上层人物到普通百姓都非常喜欢琥珀。千变万化的波罗的海琥珀为我们的生活增添了一份独特的美丽。在我们的生活中,无论是高贵的服饰还是首饰、工具都能用琥珀来点缀。在民间的词典里,我们能找到大概100个描述琥珀的词汇。有透明、半透明、温润、细腻,以及黄、红、中、米、白等多种颜色的琥珀,有些更是泛着蓝和绿的色彩,形成了独特通透的矿石和蕴藏微小植物粒的天然宝藏。泛着金银丝图案的琥珀更是独一无二。我可以骄傲地说,琥珀是波兰国家的特产,在美丽的'琥珀之夜',请嘉宾尽情欣赏,喜欢这些充满灵气的宝石。夏日北京这个美好的'琥珀之夜'令我永生难忘。"

"琥珀之夜"晚会由波兰驻华大使馆文化处帅气的波兰小伙子万山和中国美女赵玥担任主持。在这个美丽的夜晚,微风徐徐,轻松惬意,嘉宾们欣赏了琳琅满目的琥珀首饰展,风景无限的琥珀摄影展,最令人难忘的是来自波兰的女设计师费思琦(Monika Figlewicz)设计的黑白色彩、青春飘逸、时尚前卫的亮丽时装。北京当代芭蕾舞团与MF时装品牌分别以各自独特的方式演绎"琥珀之夜"的主题——"琥珀"。晚会上,MF服装向来宾们展示了波兰时装界走在国际流行前沿的时装设计新品。摄影家Henryk Pietkiewcz的系列琥珀摄影展更为来宾们带来了视觉艺术享受。Henryk主要以大自然为拍摄题材,更擅长琥珀的摄影。平凡的日子与大自然的规律与魅力,都完美地在Henryk的镜头下以极富哲学意义的方式表达出来。

当琥珀大师Lucjan Myrta设计的琥珀聚宝箱映入来宾眼帘的那一刻,将晚会推向高潮。Lucjan Myrta是硕果仅存的波兰琥珀手工艺大师之一,他的设计精品目前只能在格但斯克琥珀博物馆等少数博物馆和私人收藏中得以一见。许多艺术家、收藏家和琥珀爱好者们,都为能拥有一件Myrta的作品而感到自豪。

波兰琥珀加工的手工艺技艺在300年前就已经达到顶峰水准。随着琥珀宫——世

才华横溢的琥珀设计师
Amber Designers
been attracting and raising the most
Within the city's premises artistic
life to raw amber. The jewelry shines with
and fashionable style.

界上最后一件登峰造极的琥珀杰作的完成，琥珀原石如今已经日渐稀少。凭借传奇的经历，良好的天赋和对琥珀这一独一无二的原材料的热爱，Lucjan Myrta 继承了 17 世纪格但斯克琥珀珠宝制作技术，并将其发扬光大。他最大的作品是一个重达 500 公斤、由顶级琥珀原料手工雕刻的装饰柜。北京"琥珀之夜"当晚，亮相的 Lucjan Myrta 作品令人惊叹，嘉宾们亲眼目睹了这位波兰琥珀大师的高超技艺，鉴赏了波兰琥珀文化的精湛艺术。

深圳市赛吉祥瑞贸易有限公司副总经理苏明砜说，琥珀是千年的精华，时尚的灵魂。S&A 赛吉琥珀公司为"琥珀之夜"晚会提供了所有的琥珀，其设计中心便位于波兰北部城市美丽的格但斯克。S&A 旗下聚集了世界最知名的琥珀首饰设计师，所有产品由欧洲艺术工匠纯手工制作。

S&A 琥珀是国际琥珀大师亚当·斯车格夫斯基（Adam Pstragowski）旗下的设计师品牌，成立于 1992 年。这个被美国 JCK 珠宝专刊誉为"国际琥珀潮流制定者及琥珀设计发动机"的欧洲顶级琥珀品牌，其设计的琥珀首饰受到不少时尚人士，如摇滚歌星 Rod Steward 和辣妹维多利亚的青睐。作为欧洲最大的琥珀连锁品牌，S&A 的设计多次荣获国际琥珀设计最高奖。2010 年上海世博会，S&A 琥珀作为波兰文化的代表品牌亮相波兰国家馆。2011 年 12 月 21 日，在波兰驻华大使馆举办的波兰总统布罗尼斯瓦夫·科莫罗夫斯基欢迎晚宴上，S&A 琥珀受邀在现场向来宾展示了代表波兰最杰出设计的琥珀艺术作品。

S&A 品牌琥珀 2003 年 11 月进入中国市场以来，凭借卓越的优秀品质、良好的经营理念、诚信的商业信誉，受到中国广大消费者的青睐，各大城市高档商场纷纷竞相邀约，目前 S&A 品牌琥珀已入驻北京、上海、广州、深圳、南京、武汉、昆明、成都、西安、石家庄、厦门、苏州、乌鲁木齐等各地的顶级商场，成为欧洲在中国的最大琥珀零售品牌。

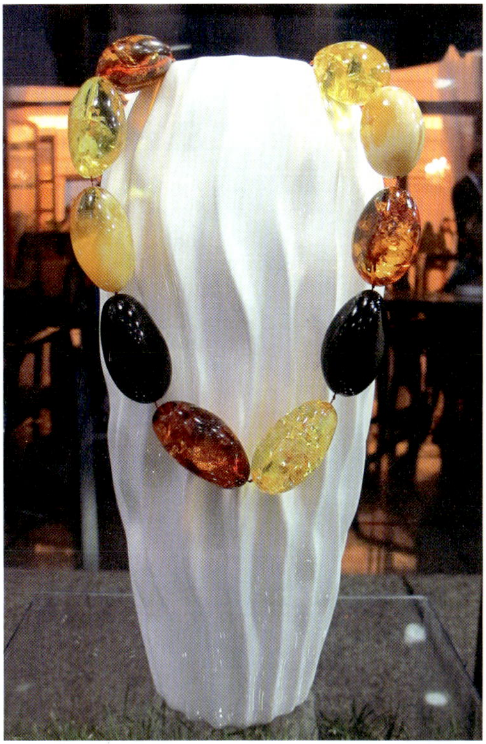

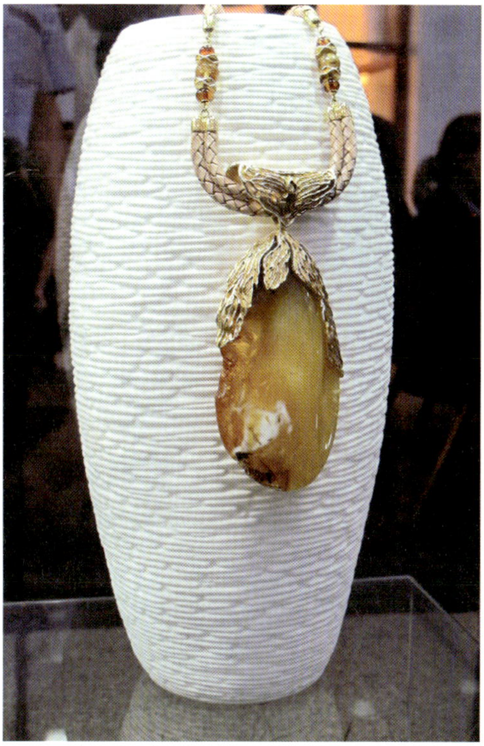

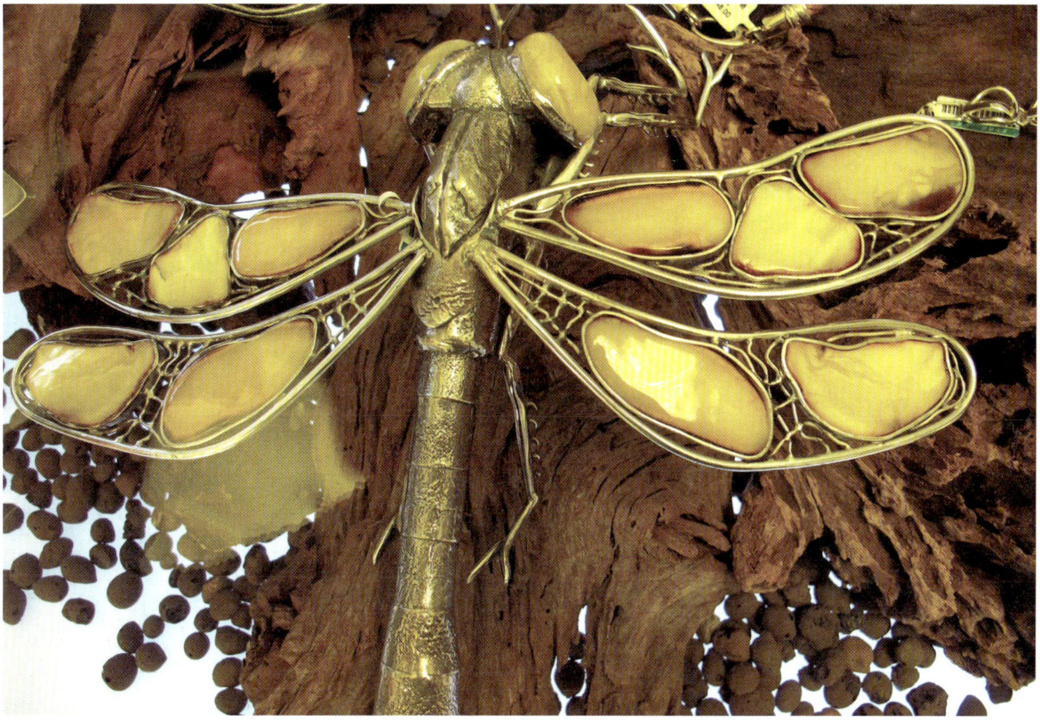

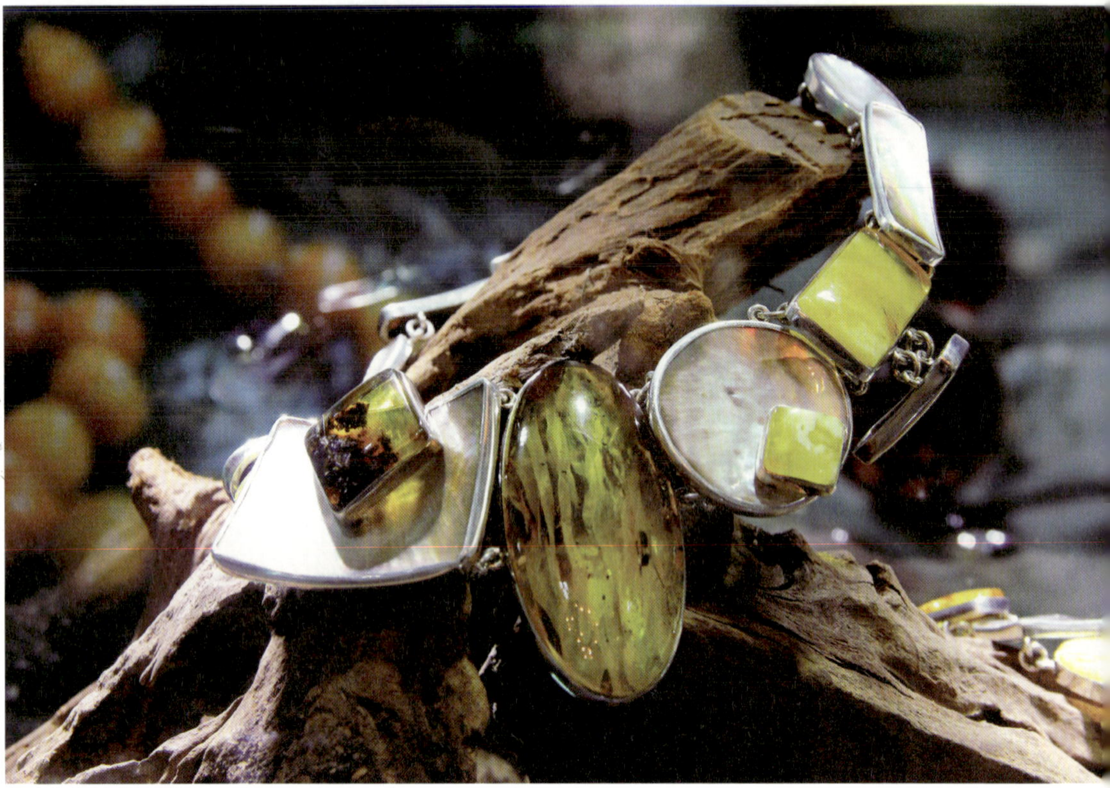

晚会结束后，服装设计师费思琦女士坐在我的面前，讲述了她的黑白设计理念。"黑白两色是我最喜欢的颜色，我的服装大多都只有黑白两色，因为这是永恒的颜色，既古典又现代。穿着黑白两色的时装可以在不同的年代里诠释出不同的生命内涵。"费思琦的设计理念非常新颖，崇尚自然，她设计的服装大都采用纯棉质地的面料，而且一定要用100%的纯棉，这是她的追求。当我问她"为什么？"时，她微笑着回答，生活在这个世界上的每一个人，都是来自于大自然。身穿棉质的服装不仅仅是给人看的，更重要的是穿在自己身上的感觉。舒适、手感好，就像把美丽柔软的棉花披在身上，柔和、轻松，人和自然的距离也就显得无影无踪。费思琦女士的设计理念，体现出自己独特的个性和气质。无论是工作室还是在时装秀场，她都专心致志地为每一位顾客精心设计。当晚展示的全部是由她设计的夏季系列晚装，为了这个美丽的"琥珀之夜"，她付出了心血和努力，甚至花了很长的时间苦思冥想。今天当一个个青春靓丽的模特身着自己用心设计出来的"MF"系列黑白夏季晚装，佩戴五光十色、华贵典雅的琥珀饰品轻松飘逸款款走来时，她心中充满的那份喜悦心情与幸福感受不言而喻。

费思琦女士告诉我，最初她设计服装时仅仅是一种爱好，每次自己设计的服装穿在身上走在街头，总有人用欣赏的目光打量着她，不停的有人问她："请问你这身时装是哪个牌子？在哪里买的？"久而久之这种创作的灵气鼓励她不得不全身心地投入这项事业。两年前她设计了自己的品牌，在上海创立了工作室，并在上海长乐路开设了自己的"MF"时装展厅，她的独特设计理念和崇尚自然风格靓丽舒适的服装受到广泛青睐。如今费思琦女士不仅在波兰，而且在中国、德国、日本都有她的品牌。许多贵宾还特意邀请她设计定制，费思琦女士说："我的MF品牌更多的是融合了国际元素的时装。"

我与一位波兰姑娘和一块漂亮披肩的故事

还记得，2008年6月我第二次去波兰，从首都华沙乘火车前往波兰北部波罗的海沿岸的城市格但斯克，她是波兰最美丽的城市之一，也是欧洲最受欢迎的旅游圣地。

午饭后，在当地旅游组织的芭蒂莉西亚小姐的陪同下，我们来到了一个最受各国旅游者喜欢的索伯特小镇。这里仿佛是人间的"世外桃源"，绿色的森林，青青的草地，潺潺的流水，一曲悠扬、婉转的波兰民歌《森林之声》唱尽了波兰的神韵——宁静、安祥。与此同时，小镇的人们跳起欢乐的舞蹈，也让我们切身感受到了波兰纯粹的民间歌舞给小镇带来的热闹与祥和。

傍晚，夕阳西下，我们围坐在草地上，欣赏着索伯特小镇男女青年跳着地道的波兰民族舞蹈。他们激情欢快的舞姿令每一个在场的人无不感动，其中一位表演最出色的漂亮姑娘跳到我身边时停下舞步，把自己肩上的波兰民族特色的一块白底红花绿叶的漂亮披肩轻轻披在我肩膀上，并且用波兰语说："你好，祝你开心好运！"接着又继续跳舞。演出结束后，我走到她身边，为她送上一个中国彝族妇女手绣的民族挎包，她立马挎在肩上非常高兴。在一旁的芭蒂莉西亚小姐告诉我，原来这位波兰姑娘名叫安娜，她从小就知道中国、喜欢中国，但是从没去过，她希望有一天能到中国去看看，

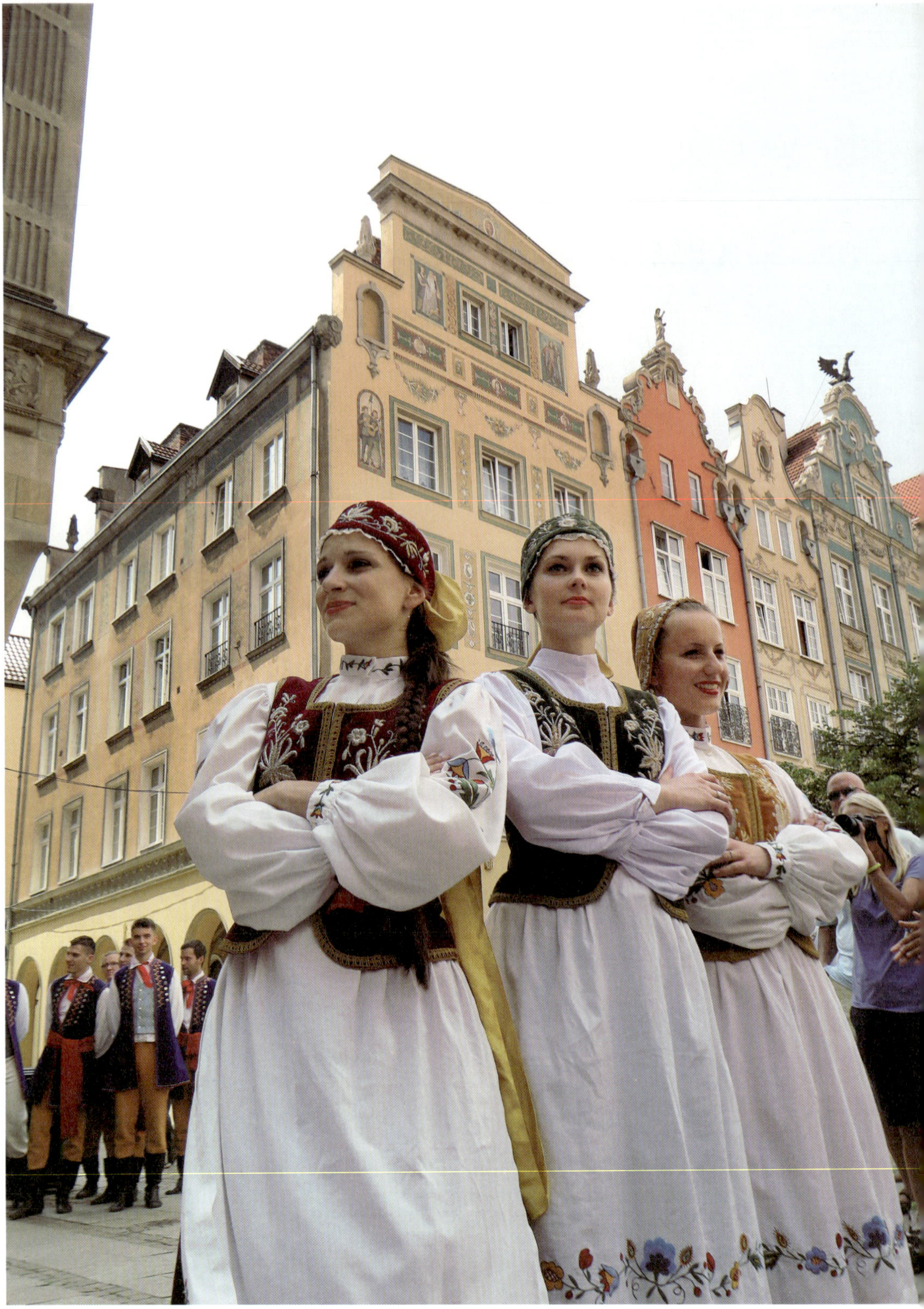

当她得知我们是中国来的朋友时，就把自己最心爱的披肩送给了我，她希望远到而来的中国朋友喜欢最淳朴的波兰民间舞蹈，祝福波中两国人民友谊地久天长。

波兰人说，不了解玛祖卡舞曲就无法品味肖邦音乐。原来安娜姑娘他们跳的就是玛祖卡，乡间农民在提琴、风笛等乐曲伴奏下，边唱边跳的土风舞。玛祖卡源于16世纪，后盛行全波兰，它是一种淳朴的农民舞蹈，常有民歌伴奏，舞姿高傲优美。玛祖卡舞曲对于波兰民族有着非同寻常的意义，它是构成波兰国歌旋律的节奏基础，从歌词中表现出与广大民众的热血相连："马死了，躺在地板上，如果有人为它歌唱，它会翻身翩翩起舞，因为这就是它的灵魂。即使马死了，听到曲子，它也不会安静。"

时光飞逝，几年的时间过去了，每当我看到这块我从未舍得用过一次的、至今珍藏着的、漂亮的波兰披肩，就会想起美丽的安娜和优美的玛祖卡。

心灵的舞者

金秋十月，2013北京青年戏剧节拉开帷幕。

北京青年戏剧节始创于2008年，以"培养青年戏剧创作人才、推出优秀青年喜剧作品"为宗旨，以"推动中国喜剧繁荣发展、促进国际青年戏剧文化交流"为目标。

自2008年至今，北京青年戏剧节涌现了大批优秀青年戏剧人才，并同时推出了大量优秀原创戏剧作品。5年来，北京青年戏剧节共推出了235部来自世界各地和中国青年戏剧艺术家创作的戏剧作品，并举办了大量的剧本朗读、戏剧表演工作坊、戏剧论坛、舞台美术展览等公益性戏剧活动。迄今为止，已有近5000名青年戏剧工作者参加到戏剧节的创作及制作工作，近20万观众观看了北京青年戏剧节的演出，近3万名观众参加了由北京青年戏剧节组织的各项公益戏剧教育活动。北京青年戏剧节的优秀作品近年来多次参加了世界各大戏剧节，演出团足迹遍布亚洲、欧洲、美洲、澳洲等。北京青年戏剧节已经成为亚洲最大的戏剧节。

在本届北京青年戏剧节期间，来自波兰老酒厂剧团演出的《春之祭》（The Rite of Spring）和波兰马尔泽娜舞蹈工作室演出的《5-7-5俳句》（HAIKU-5-7-5）以独特的艺术表现形式成为本届戏剧节舞台上的一大亮点，让观众一览波兰独特文化艺术的魅力。

9月12日晚《春之祭》(The Rite of Spring)和《5-7-5俳句》(HAIKU-5-7-5)亮相国家大剧院。演出开始时,寂静的剧场响起一段清新优美的音乐。三位男演员用刚中有柔、柔中显刚、柔刚并济的舞蹈语汇带给观众独特的美感。在聚光灯下,三人的舞蹈和谐刚劲,波兰著名的舞蹈家亚努史·奥尔利克(Janusz Orlik)潇洒、变换的现代舞令人耳目一新。他从6岁开始跳舞,13岁走进波兰一所著名的芭蕾舞学校,一路走来,他说最喜欢做的事情就是跳舞。他认为舞蹈是用肢体语言表达自己的思想与心情。近20年的舞蹈生涯练就了他精湛的舞艺。他告诉我,虽然今年已经32岁,但是他打算一直跳下去。虽然舞蹈是吃青春饭,但他相信并希望一直会让舞蹈伴随着自己生活下去,潇洒行走在人生的旅途。

2013年是著名音乐大师斯特拉文斯基代表作《春之祭》创作100周年纪念,来自波兰的老酒厂剧团对原版《春之祭》进行了较为完善的舞蹈编排。该作品体现了当代波兰舞蹈艺术家对于《春之祭》的理解与创新,来自波兰的现代舞表演艺术家将带着观众与斯特拉文斯基的《春之祭》不期而遇。这个舞蹈里,舞者没有回避牺牲的主题,而是用他们精湛的舞蹈技艺和精心编制的故事引发观众的思考,让每个观众找到自己的答案。

演出前一天晚上,我在波兰驻华大使馆见到亚努史·奥尔利克(Janusz Orlik)时,尽管排练了一天的他非常劳累,但与他聊起舞蹈时,他那双深蓝色的眼睛闪闪发光,一脸的兴奋和喜悦。他告诉我波兰是自己生长的土地,波兹南这座美丽的城市既是他舞蹈生涯起步的摇篮,又一直是他舞蹈创作的沃土。他把自己的情感与这片美丽的土地融为一体,他的舞蹈向世界传递了波兰舞蹈文化的元素。至今他创作了多部舞蹈作品,并且与乔安娜·勒希涅罗夫斯卡(Joanna Lesnierowska)女士主管的舞蹈基金会保持着长期密切的友好合作,其中《春之祭》及2008年创作的《台上的生活》成为精品杰作。在波兰驻华大使馆见到基金会主管乔安娜(Joanna Lesnierowska)女士时,她高兴地

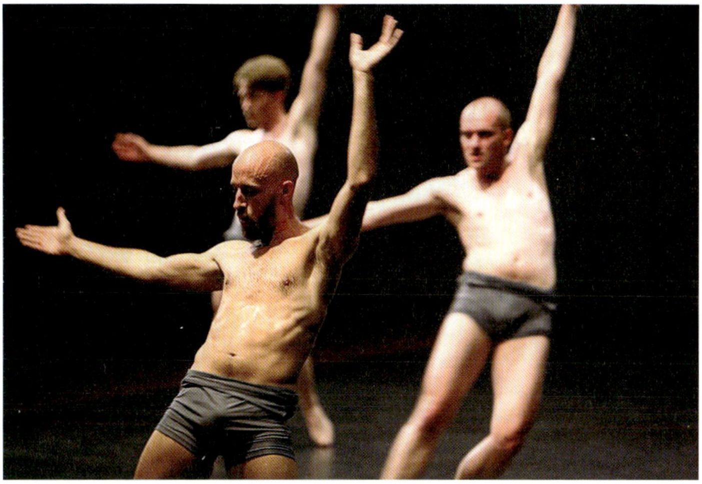

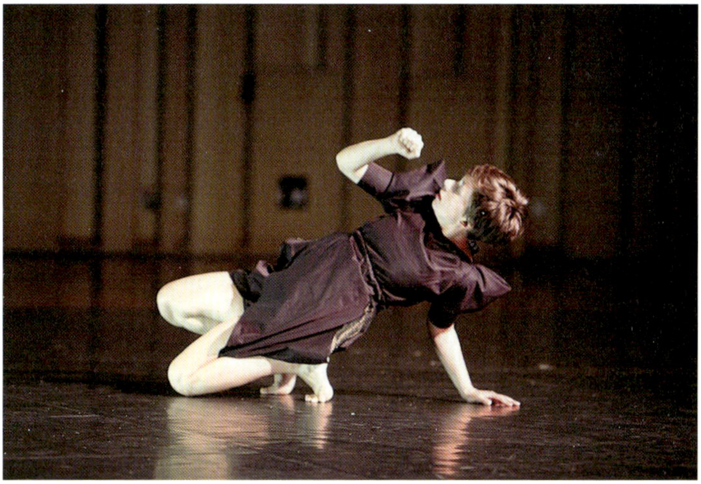

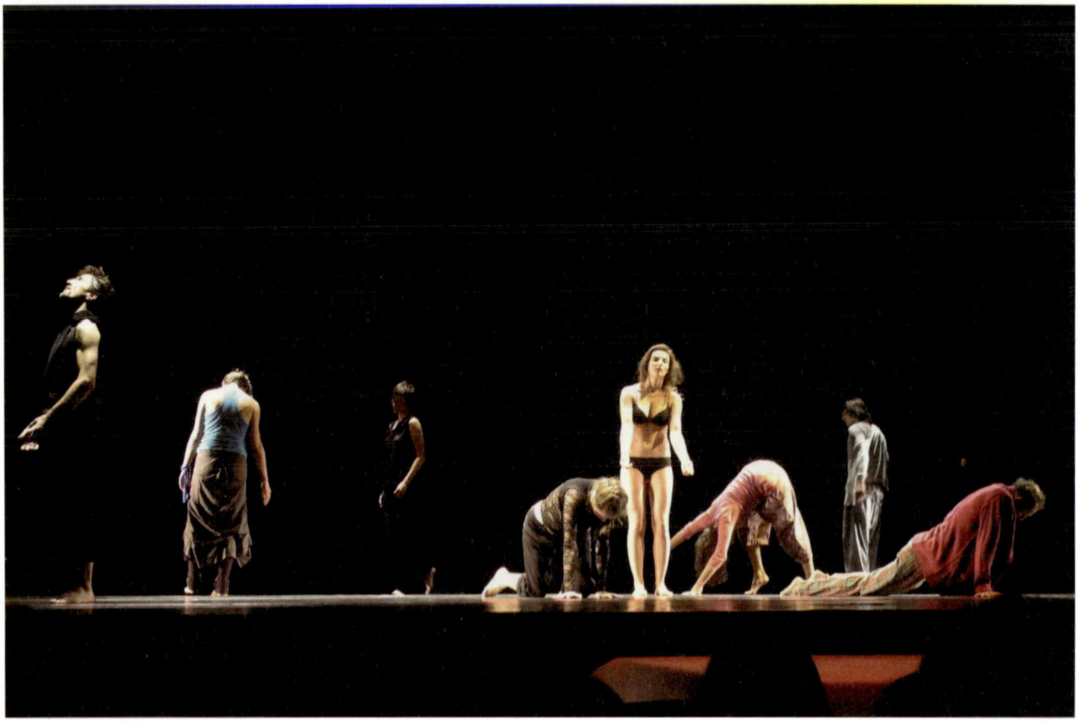

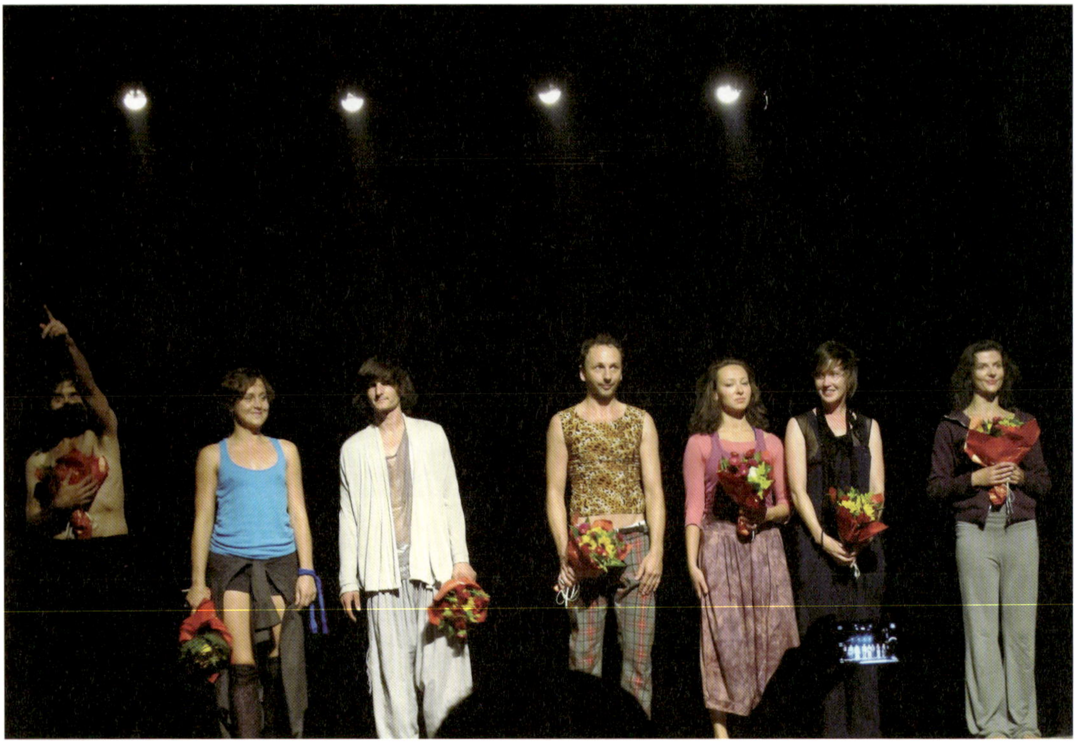

告诉我，自己的工作就是将波兰有才气的年轻舞蹈编导和舞者向国外推广。用她自己的话说她既是一个杠杆，又是一座桥梁，在商界精英格拉日娜·库切克女士（Grazyna Kulczyk）的鼎力支持下成立了波兰舞蹈基金会，专注于波兰现代舞蹈的和发掘推广，并组织优秀的青年舞蹈家赴国外交流学习，为波兰培养更多的优秀舞蹈编导及表演人才。乔安娜女士已经在舞蹈基金会工作了10年，她希望用自己的勤奋工作为波兰培养更多的舞蹈编导人才。亚努史·奥尔利克（Janusz Orlik）是波兰非常优秀的舞蹈家，也是英国Vincent Dance Theater舞蹈团特邀演员，他曾随该舞蹈团多次在世界各地参加演出。

　　国家大剧院剧场，在昏暗的灯光下，一位身穿黑衣的女演员独自站在舞台的右角，一曲女声独唱划破夜空，拉开了《5-7-5俳句》的序幕。演出完毕，她脱去黑色的高跟鞋，轻轻地绕着舞台走了一圈，在舞台的中央塑起一尊优美的舞蹈造型，像雕塑还是像油画？给观众带来了视觉的震撼。马尔泽娜在舞台上犹如轻风舞动，柔美的身段展示了现代女性的优美与雅致。舞台上悠扬的大提琴旋律在耳边回响，舞者展开双臂好似鸟儿展翅飞翔。她坐在舞台中央吐露心声，并轻声地说："请记住我，别忘了我在这，我就在这，请记住我，请记住我……"这一新颖的舞蹈形式、独特的艺术创新吸引了观众的目光，也搭建起一座舞者与观众心与心沟通的桥梁。如何组合和结构才能使观众全情投入？这称之为"情感形式"：致力于情感的抒发而不是故事的讲述，侧重于身体形状、动态改变、沉默的使用、悬念等，这就是《5-7-5俳句》所探索的主题。来自波兰的著名舞蹈艺术家马尔泽娜极富创新精神，她用肢体语言、舞蹈作品为观众开启一个全新的想象空间。

认识滨海

金秋十月，以波兰共和国滨海省省长米柴夫斯拉夫·斯处克（Mieczyslaw Struk）为团长的波兰滨海省商务代表团开始了为期一周的对华访问，代表团先后访问了北京、深圳、珠海、香港等城市。日前在波兰大使馆举行了"认识滨海省——开展合作的可能性"推介会。

此次滨海省在京举行的对华商贸推介会别开生面。台上，滨海省驻华办事处主任斯瓦夫（Slawomir Berbec）先生用汉语说："虽然我的汉语不好，但是我是波兰滨海省在中国的主人，我代表滨海省欢迎中国商贸界朋友及新闻媒体记者出席会议。"台下，以滨海省省长米柴夫斯拉夫·斯处克为团长的访华代表团一行，个个身着正装整齐就坐前排。代表团团员有格但斯克市长 Pawel Adamowicz、索波特市长 Jacek Karnowski、滨海省副省长 Ryszard Swilski、格但斯克副市长 Andrzej Bojanowski、格丁尼亚副市长 Boguslaw Stasiak、斯武普斯克市政厅市长代表 Wojciech Szulc、格丁尼亚市政厅主任 Jerzy Zajac、格但斯克市长助理 Marek Bonislawski、滨海省经济特区管委会、滨海省经济特区投资开发部门以及滨海省 IT、再生资源、物流、交通运输、商业、环保、城建、电信、教育、科技、教育等领域的企业家代表约 30 人一同访华。

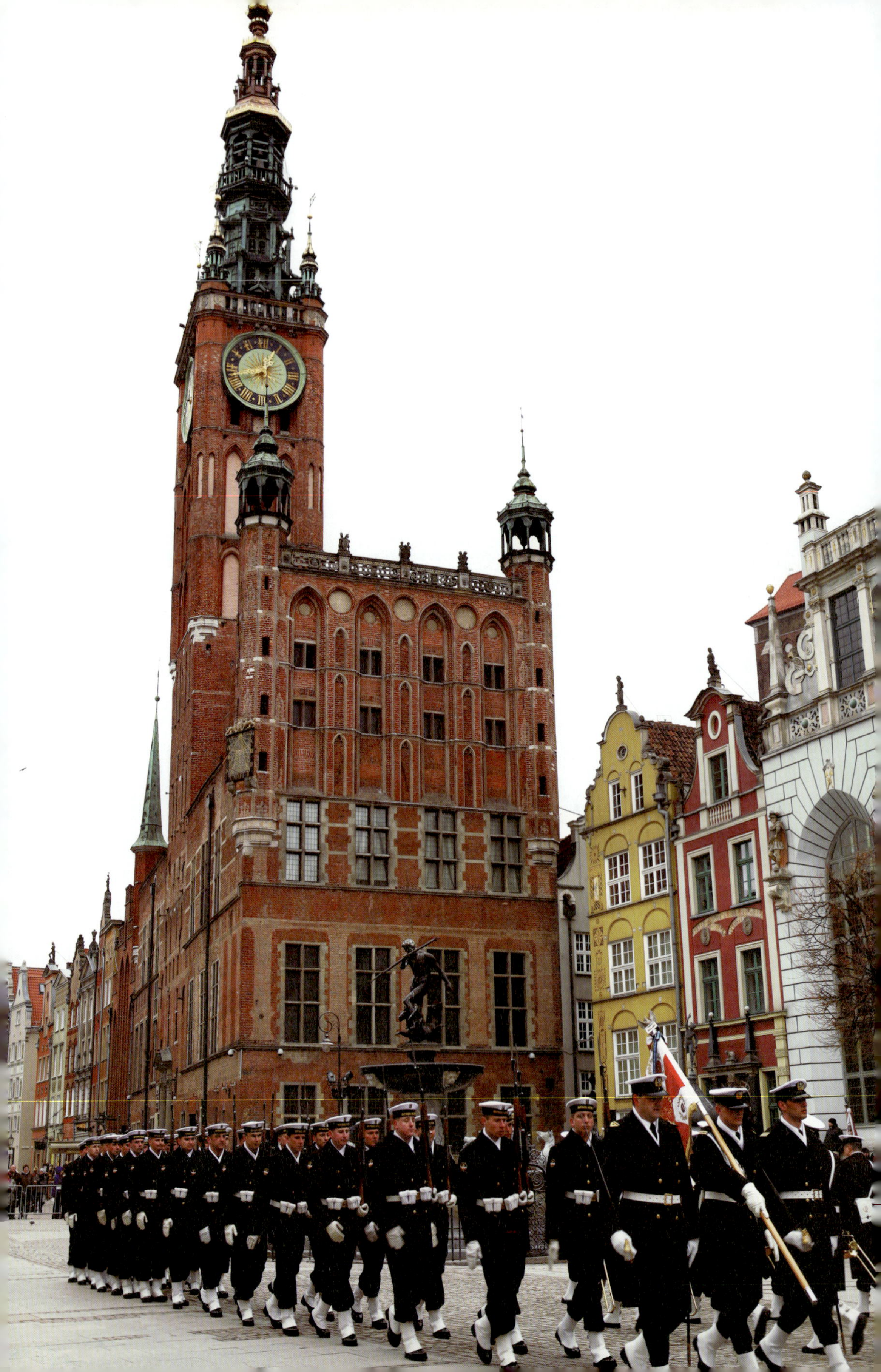

波兰驻华大使馆副馆长克什托夫·多布罗沃斯基（Krzysztof Dobrowolski）在推介会上致辞说，今天滨海省商贸代表团一行访问中国，在这里举行"认识滨海省——开展合作的可能性"推介会。我们感到十分高兴。近年来是中波关系发展最好的时期，特别是 2011 年以来，中波两国高层互访，结为战略合作伙伴关系，中国经济快速发展，在世界的地位日益凸显，波兰在欧盟成员国中的经济发展速度名列前茅，这为我们两国的合作奠定了良好的基础。

克什托夫·多布罗沃斯基（Krzysztof Dobrowolski）说，滨海省位于波兰北部，濒临波罗地海，港口贸易和旅游业发达。今年春天，首届中波合作论坛在滨海省举行。这为双方相互了解、增进友谊、扩大合作领域营造了良好的氛围。波兰滨海省在与中国地方合作中占有非常重要的位置，无论是从版图上看，还是实实在在的与中国的合作中它都可堪称为"排头兵"。滨海省一直与中国上海、宁波、珠海等城市保持着密切的交往与精诚的合作。早在1951年中国与波兰合作成立的中波造船公司开启了波中合作的友谊之门；1958年中国在滨海省格但斯克市开设了总领事馆；1985年滨海省与上海市开始合作；2010年在上海世博会上，滨海省借上海世博会召开这扇窗口，把笑脸和目光投向中国。特别值得一提的是，这次以滨海省省长米柴夫斯拉夫·斯处克（Mieczyslaw Struk）为团长的商贸代表团访华期间，滨海省将在中国北京正式开设波兰滨海省驻华办公室，这是波兰省市中第一家在中国开设驻华办公室的省份。我们希望通过今天的推介会，促进中波两国的友谊与合作，特别是让中国的企业家关注滨海省的商贸、环保、通信、教育等行业，与之加强全方位的合作，共同促进双方经贸合作的繁荣发展。

滨海省省长米柴夫斯拉夫·斯处克（Mieczyslaw Struk）在推介会上高兴的说，"我们滨海省的大门从来都是向中国敞开的，这次我们很认真的组织了滨海省各方面的官员、企业家、专家及学者访问中国，我们是怀着一颗真诚之心来到北京，怀揣着梦想与中国加强合作。滨海省为波兰经济发展最佳的区域之一。其优势为：地理位置优越、具有波罗的海最大的海港、发达的国际机场、来自欧盟基金的协助和不断发展中的道路基础设施等。

滨海省省长米柴夫斯拉夫·斯处克（Mieczyslaw Struk）全面介绍了滨海省的投资环境。滨海省一贯坚持对外商企业提供投资项目、做好服务工作。我们提供给投资人设备完整的投资用地、更具吸引力的办公空间及现行的国家级或地区等级的奖励机制。滨海省投资（Invest in Pomerania）是为投资者提供协助和支持的专门机构，其在波兰具备独特的性质，由区域内多个服务外商投资的重要机构组成。有意在滨海省进行投资者，可在此获得高素质的人力资源。滨海省内共有28所大学及专业技术学校和职业学校。为培养人才，提供了良好的学习环境。滨海省拥有千年的中欧文化及历

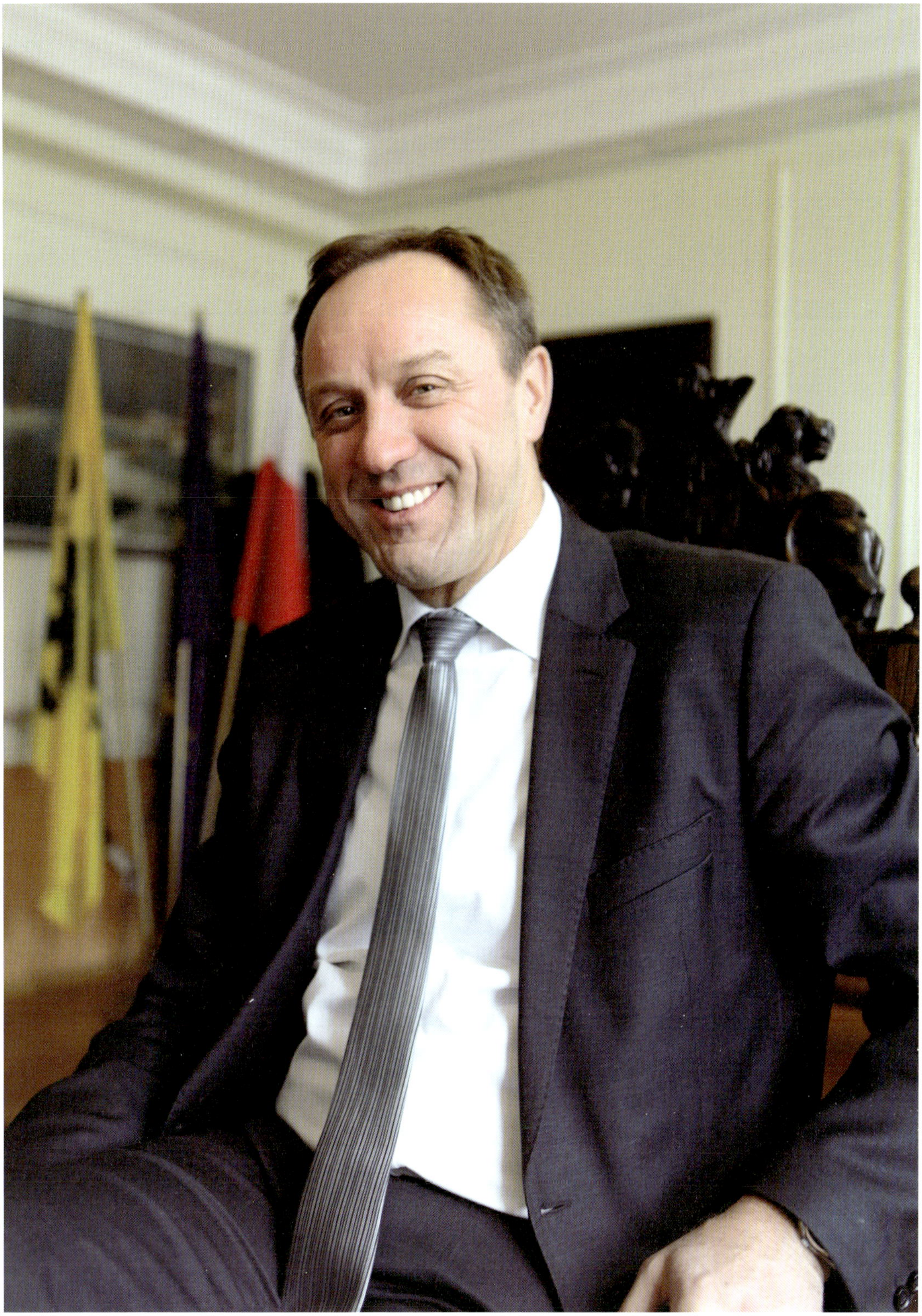

史传承。不仅深具旅游和景观上的价值，更提供丰富的文化休闲活动，多年来滨海省在波兰的生活质量上排名榜始终位居前列。因此，众多外商投资人已将目光投向大有可为的滨海省。

米柴夫斯拉夫·斯处克（Mieczyslaw Struk）说："还记得，中国在波兰开设的第一家外贸公司就在滨海省注册成立。伴随着 2011 年波兰总统科莫罗夫斯基访华及 2012 年温家宝总理访波，中波两国关系进入快速通道。2013 年 4 月，首届中波地方合作论坛——两国规模最大的地区间经贸论坛，在格但斯克成功举办。滨海省希望更多的中国企业了解其独特的投资吸引力和合作前景。滨海省有着独特的地理优势及区位优势，交通十分便利，资源非常丰富。我们迫切的需要与中国各领域和各省市自治区，加强进一步合作。期盼着这次滨海省商贸代表团的访华之行，能够结出累累的硕果。"

身为市长的格但斯克市长帕瓦欧·亚当莫维兹（Pawel Adamowicz）在推介会上，为格但斯克这座美丽的城市做了一番"广告"，若你为往事越千年的欧洲古城羽驰神往，格但斯克探秘之旅定不会令你失望。省会城市格但斯克依然保留着中世纪城市风貌，曲径通幽的街巷和风格独特的建筑风韵犹存。格但斯克市长特别推荐，有着百年历史，在世界闻名暇尔的格但斯克大学、格但斯克技术大学、格但斯克海事大学及格但斯克医科大学，他欢迎更多学生到格但斯克学习深造。

滨海省投资事务局副局长 Marcin Falenczyk 向参会者介绍了中国与波兰滨海省的巨大合作前景，滨海省代表团中的企业代表逐一向参会者介绍各自的商业计划书，如港口运输、电信、禽类及农产品出口、波兰酒类出口、榉木和橡木出口、出入境旅游、健康和社会保障领域等方面的合作意向。

格丁尼亚副市长 Boguslaw Stasiak 介绍，格丁尼亚港是波罗的海沿岸最重要的集装箱码头之一，拥有两座集装箱码头，滚装船和轮渡专用码头和若干大宗货物装卸设施。

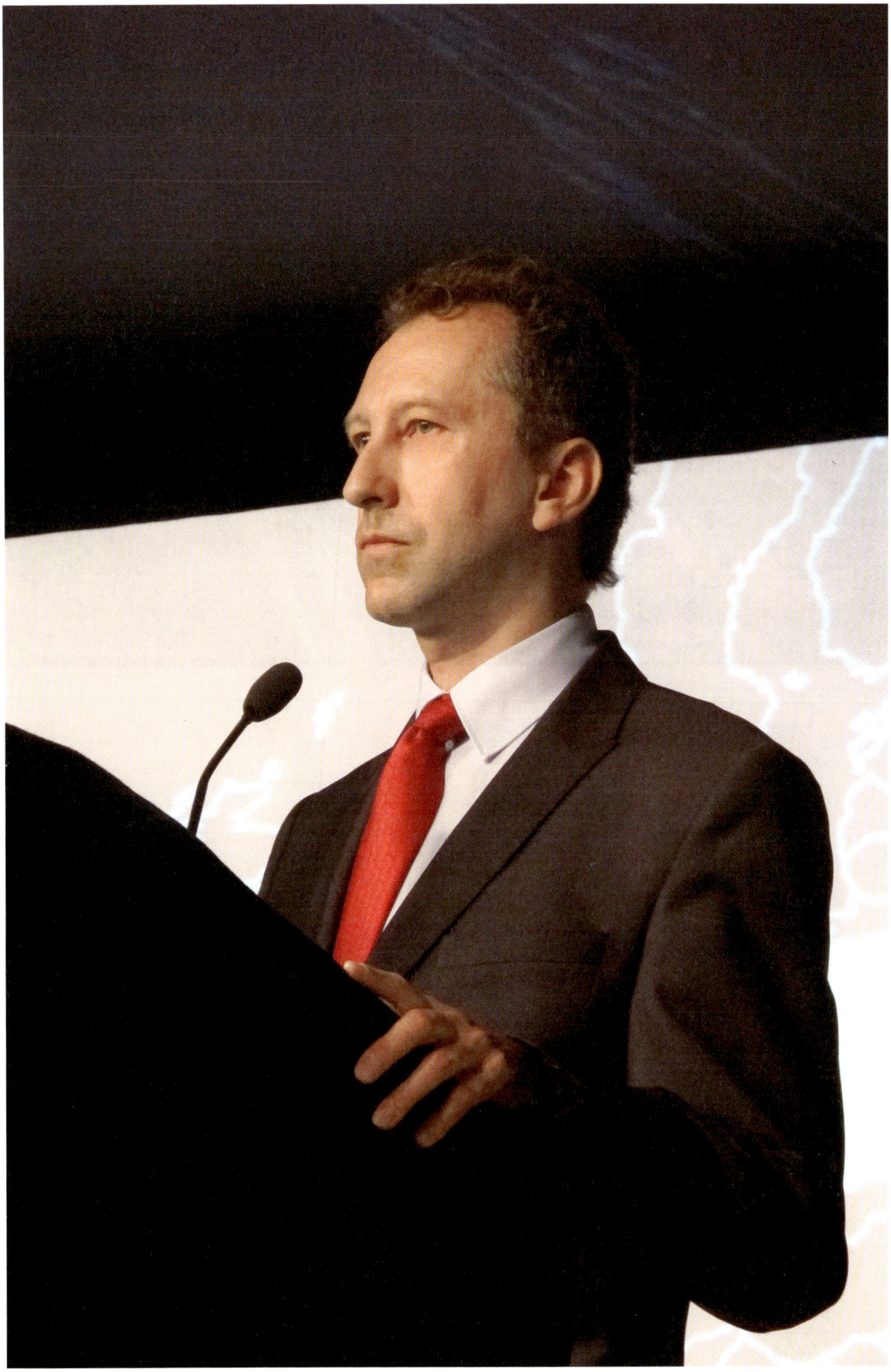

格丁尼亚港务局有限公司管理委员会副主席 Walery Tankiewicz 高兴地说："展望未来，我们诚挚欢迎中国企业家进驻港区。"

"认识滨海省——开展合作的可能性" 推介会上，滨海省代表团成员们踊跃发言，就电信与 IT 技术进行整合、运输和货运代理行业（核心业务是陆空海三种货运代理）、扩大亚洲市场在中国寻找合作伙、为中国客户提供广泛的咨询服务及肉禽类、酒类、木材出口及出入境旅游，提供健康和社会保障领域的广泛医疗服务，并提供全方位私人医疗服务，寻找外国共同投资人，为老年人建造高标准房屋或房屋楼群等项目开展了全面广泛的推介。

滨海人在北京有了"家"

随着中国经济的快速发展,许多国家和地区,甚至国外一些省市都将投资合作的目光投向中国。他们认为,中国的发展大有潜力,与中国合作大有前景。

秋天,是收获的季节。位于波兰北部波罗的海南岸的滨海省,在中国首都北京正式开设波兰滨海省驻华代表处,这是波兰省市中在中国开设的第一家驻华代表处。为的是进一步加强扩大与中国的交流与合作,寻求更多合作机遇,增进双方友谊,促进共同发展。

2013年10月13日上午9时,在位于北京长安街上的东海大厦,高朋满座,气氛热烈。滨海省驻华办事处主任斯瓦夫(Slawomir Berbec)先生介绍各位前来祝福的嘉宾,出席滨海省驻华办公室揭牌仪式的有:波兰共和国驻华大使塔德乌什·霍米茨基(Tadeusz Chomicki)、滨海省省长米柴夫斯拉夫·斯处克(Mieczyslaw Struk)、格但斯克市长 Pawel Adamowicz、索波特市长 Jacek Karnowski、滨海省副省长 Ryszard Swilski、格但斯克副市长 Andrzej Bojanowski、格丁尼亚副市长 Boguslaw Stasiak、斯武普斯克市政厅市长代表 Wojciech Szulc、格丁尼亚市政厅主任 Jerzy Zajac、格但斯克市长助理 Marek Bonislawski 及滨海省有关方面负责人。塔德乌什·霍

米茨基大使、滨海省省长米柴夫斯拉夫·斯处克（Mieczyslaw Struk）先生、格但斯克市长 Pawel Adamowicz、格但斯克副市长 Andrzej Bojanowski 等为滨海驻华办公室揭牌仪式剪彩。

塔德乌什·霍米茨基大使先生在挂牌仪式上致辞："中国的经济快速发展，令世界瞩目。中国是波兰的好朋友、好兄弟、好伙伴，波兰与中国的合作前景无限。中国是快速发展中的国家，这里的机会很多，滨海省有独特的地域优势，还有终年不冻深水港，交通十分便利，有两条重要的泛欧过境交通要道在此相交（赫尔辛基—塔林—里加—加里宁格勒—格但斯克、赫尔辛基—塔林—里加—考那斯—华沙、格但斯克—卡托维

兹—日利纳），连接斯堪的纳维亚与中欧、东欧及地中海国家。滨海省正因为有如此独特的优势，非常有条件走出国门，走进中国，与中国各领域、各省市加强合作与交流。他说，中国的发展机会很多，滨海省是第一个在中国开设办事处的省份，我希望借此机会加快发展。"塔德乌什·霍米茨基大使回忆起自己很小的时候经常在假期去滨海省旅游度假，他是发自内心的热爱滨海省，对这个美丽的地方充满深厚的感情。他希望，滨海省抓住机遇，加快发展，在波兰与中国的对外合作与共同发展交流的史册上，抒写辉煌的一页。

滨海省省长米柴夫斯拉夫·斯处克（Mieczyslaw Struk）先生，在挂牌仪式上高兴地说："滨海省在中国首都北京正式设立驻华办事处，这真是一个极好的创意。从现在起，我们滨海人在北京有了一个温暖的家。我们可以和中国开展全方位、多领域、深层次的合作。我想，这应该是我们做得一件最美妙的事情。"揭牌仪式上，当滨海省驻华首席代表斯瓦夫先生，从滨海省省长米柴夫斯拉夫·斯处克手中接过那块做工精美的牌子时，全场气氛热烈，掌声阵阵。

滨海省驻华办事处主任斯瓦夫（Slawomir Berbec）先生激动地说："今天是我最高兴的日子，我是一个地地道道的滨海人，但我热爱中国，我的夫人与孩子们都生活在北京，我愿意竭尽全力做一个推动波兰滨海省与中国合作交流的、名副其实的真正使者，勤奋努力工作，认真履行职责，让到中国来投资合作的滨海人感到我们在中国有一个温暖的家。"

波兰 S&A 琥珀：自然是未来

  琥珀是蕴含千万年精华的珍贵宝石，被誉为北方的黄金和太阳的象征，是自古至今的传统宝石。众所周知，全世界 80% 的琥珀产自波罗的海沿岸。位于波兰北部滨海省的格但斯克是琥珀的故乡。2013 年 10 月 12 日，国际知名琥珀品牌 S&A 再度携手王府井北京市百货大楼举办了一场名为"自然是未来"的琥珀视觉盛宴。活动展出了多款 S&A 琥珀设计精品以及国际设计大赛获奖作品。S&A 品牌创始人兼首席设计师亚当·斯车格夫斯基（Adam Pstragowski）、波兰驻中国大使馆大使塔德乌什·霍木茨基（Tadeusz Chomicki）以及由波兰滨海省省长柴夫斯拉夫·斯处克（Mieczyslaw Struk）为团长的波兰滨海省商务代表团亲临活动现场，介绍及推广波兰引以为豪的国宝——琥珀，讲述 S&A 品牌故事。

  琥珀以不同寻常的美丽、自然的形状，有趣而独特的内部结构被世界公认为最有价值、最时尚、最珍贵的宝石之一，已有近 6000 年的珠宝史，以琥珀制成的首饰，风格含蓄内敛、低调中不失高雅、温润却又流光溢彩，每一件都独一无二、无法复制。加之琥珀价格日益上涨，成为个人品位与实力的最佳代言，在时尚的舞台上，扮演着越来越重要的角色。

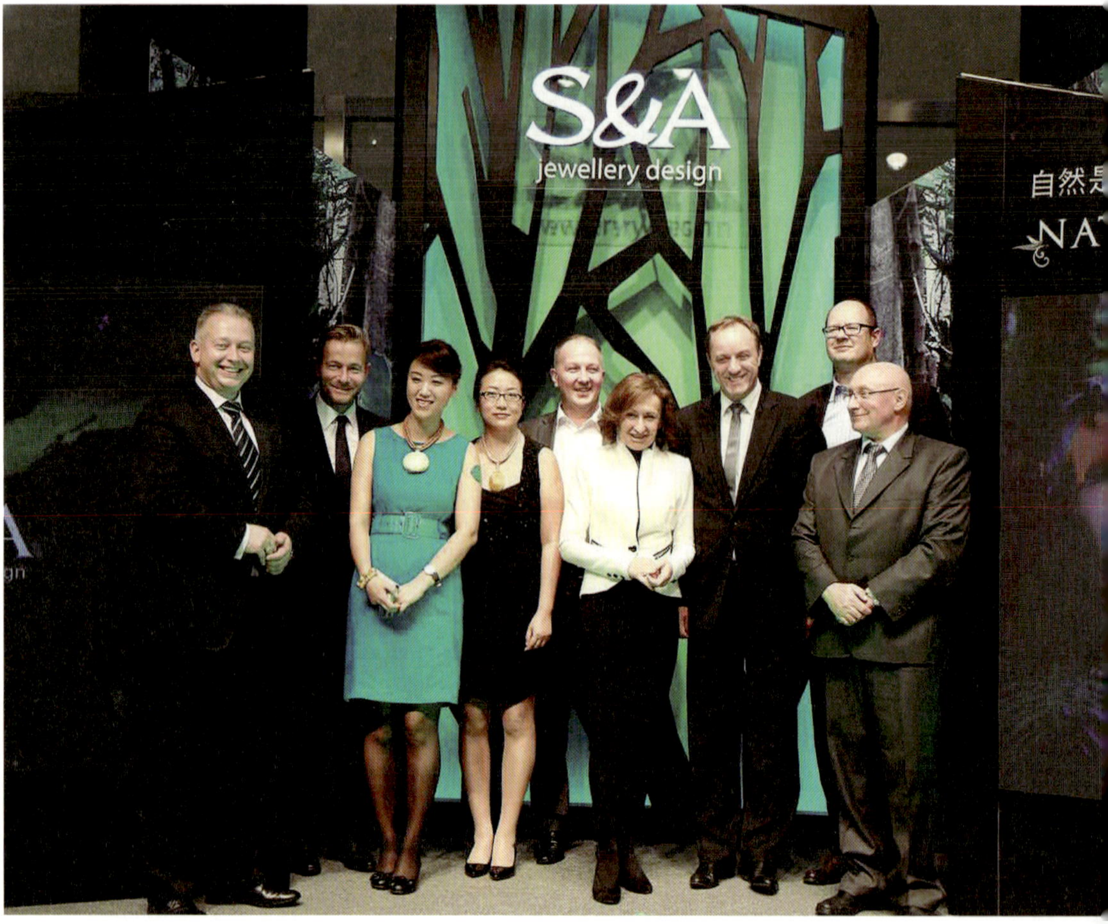
S&A
jewellery design

波兰格但斯克市以琥珀成色好、品质佳享誉世界，来自这个"琥珀之都"的S&A琥珀绝对是这场时尚大片中的主角，以时尚风向标以及引导者的身份带领我们走在潮流的最前沿。S&A聚集了波兰众多知名设计师，艺术家们以其独到的审美视觉和天马行空的创意理念，赋予了S&A不同于传统琥珀首饰设计的艺术灵魂，为推崇一款一件的个性设计，独一无二的自我风格的珠宝爱好者以及收藏家带来了新的时尚革命。

S&A不仅囊括了多个国际琥珀设计大赛的重要奖项，更凭借其在琥珀设计行业里的绝对影响力，得到波兰经济部的认可，作为"国家名片"向全世界推介，在许多国际性活动中，S&A作为波兰国宝的经典作品进行了展出，得到了世界的一致认可，被誉为"国际琥珀第一品牌"。

北京巡展的开幕当天，S&A琥珀以2013年年度主题"自然是未来"为主体，携众国际名模演绎当季最新流行琥珀。S&A琥珀公司代表亚当·斯车格夫斯基先生专程从波兰来到北京。他介绍，本次展览分为三大系列。大地系列：其特色为大地孕育万物，质朴而又富有安全感，一如琥珀低调而不失内涵的个性，每一块琥珀都是时空的守望者，千姿百态的内含物见证着无一重复的新生与交替，这种不期而遇充满惊喜。简洁的设计，最大化展现琥珀自然的原始风貌，突破传统女性珠宝的规整感，更好地展现当今女性的自由、独立、奔放与热情。森林系列：其特色为如果说"花是上帝最甜美的创造，只是忘了赋予其灵魂"，那么风景如画的琥珀就是被造物者赋予灵魂的天造地设的艺术杰作。设计师用心去领悟琥珀上自然形成的画面，就像误入仙境的爱丽丝，带着好奇与童趣，选用自然界各种元素，勾勒出大自然的风情万种，引发人们无限遐想，以达到突显上帝之手创造的自然之美的效果。海洋系列：琥珀质朴的表皮就像是静谧的大海，只要你有足够的耐心，掀开这安静的表象，便会看到内部的五彩斑斓，该系列将琥珀与贝壳等海洋元素相结合，展现了琥珀低调的奢华与神秘，在光影交错间，琥珀宝石始终散发温润柔和的光芒，像是大海低声的呢喃，又似爱人迷离深邃的眼神，映衬出都市女性的浪漫与奢华，让人不禁想要探寻迷离眼神背后的一往情深。

开展前，深圳市赛吉祥瑞贸易有限公司总经理杨颖、深圳市赛吉祥瑞贸易有限公司副总经理苏明砜与S&A赛吉琥珀北京王府井店的员工们一同忙碌，精心地布展，把最养眼、最灵动，经过波兰设计大师们精心设计的每一款精致美丽的琥珀，摆放在专柜前，迎接热情的消费者。

"S&A琥珀设计精品展"将精彩纷呈的琥珀秀推向高潮，让中国观众直观地体验到富有设计感、艺术感的琥珀珠宝所带来的震撼的佩戴效果，同时也带来了国际琥珀潮流的新时尚。

总经理杨颖告诉记者，1998年一个巧合的机缘让她深深地爱上了波兰的琥珀。当时中国人还没有认识波兰的琥珀，琥珀作为一种自然珍贵的宝石，它的晶莹剔透、光泽美感让杨颖为之一震。杨颖喜欢琥珀的原因不仅仅是琥珀本身所独具的品质和价值，更因为它已经融入了波兰的文化，是一张波兰文化的名片而被深深地吸引和感动。在杨颖看来，波兰的琥珀不仅质量好，最关键的是设计新颖、美观大方，其设计理念与国人的设计思维还有一些迥异之处。波兰民族是智慧的民族、创造的民族，有着艺术感和美妙幻想的民族，因而S&A塞吉的设计师总是设计出一些在有的人看来是"不可思议"的作品，比如中国人看琥珀首先要无杂质、干净、通透、明亮，而波兰设计师则认为琥珀本事就是来自于自然，如果说这块琥珀上占一些青苔、泥土，带一些昆虫、花朵的图案那就更是美不胜收。他们认为这是千万年前经过大自然地壳运动留到今天的宝贝，进入了生物状态的化石，因此顺其自然地带一些天然的记号，会随着时光的流逝人类的远行而来到我们身边。琥珀的颊囊带有自然的上帝赐给它的特点和灵气，那样的琥珀才是真正的极品琥珀。

S&A的创始人亚当·斯车格夫斯基曾说："每个人背后都有一个故事，而我的故事都是与琥珀有关的。我对琥珀这无比神奇的宝石的着迷及对琥珀首饰极强的驾驭能

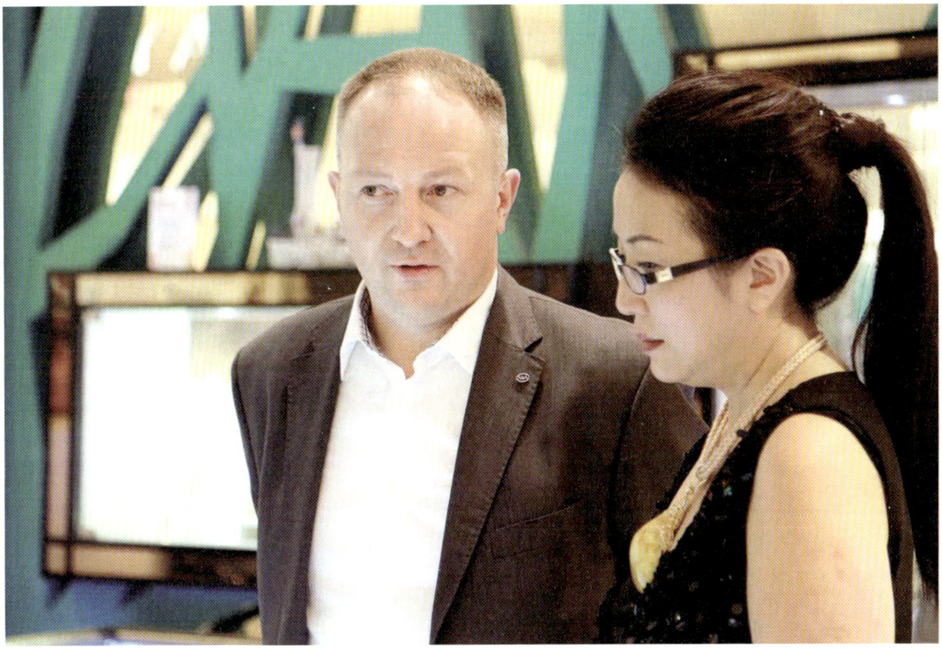

力驱使我创立了 S&A 这个品牌。"

　　毕业于罗兹艺术学院珠宝设计专业的斯瓦维克·菲亚春夫斯基博士曾撰写过《顶级琥珀》一书，为国际琥珀协会制作了现代琥珀设计的综合文本。他曾参加在波兰、日本、中国香港举行的 50 多场设计研讨会，并与多个国家的顶级珠宝品牌合作。他的作品颇受世界欢迎。

　　茨普瑞恩·霍若切 1978 年生于格迪尼亚的一个艺术世家。霍若切最大的灵感来自于大自然，可以是一朵花瓣的造型，树叶的经脉或鸟翼舞动的一瞬。一个不经意的小细节可以变成一个伟大的灵感创意的来源。他最新的获奖作品名为"白雪皇后的灵魂"，灵感来源于他对神秘童话的幻想。

　　S&A 赛吉的设计大师们在设计琥珀作品时最大的特点，就是采用纯天然的极品琥珀，用独特的设计工艺打造 S&A 赛吉品牌，设计师们费尽心思每款作品只有一至两件，甚至全世界只有那么一个工匠可以用手工工艺设计出最时尚的 S&A 赛吉琥珀艺术作品。如 S&A 赛吉琥珀的"凯瑟琳娜"系列设计师自己心爱的妻子的名字作为品牌，通过作品讲述了一段动人的爱情故事，让人们深刻地去回忆人生的历程，领会甜美的爱情。这组作品一问世就受到世界各国琥珀收藏家的热捧。因此无论是从琥珀本身的自然价值还是其独特的设计理念、精美的加工工艺、优良的艺术品质及高雅的文化品位，S&A 赛吉都堪称世界一流。S&A 赛吉品牌进入中国市场后，为中国的珠宝时尚业带来一阵清风。其品质优良、设计个性化是 S&A 塞吉的独到之处。无论是从选料、切割还有工艺上都会为消费者着想，打造出万里挑一与众不同的经典饰品。目前 S&A 赛吉公司已在中国的北京、广州、深圳、青岛、徐州、大连、昆明等地开设88家分店。S&A 赛吉品牌追求的目标，就是将波兰一流品质的琥珀奉献给中国的消费者。让人们在佩戴观赏 S&A 赛吉品牌琥珀精品的同时了解波兰的文化，追求美好的生活。前不久，美国的 JCK 珠宝杂志这样评价说："S&A 公司是当今国际琥珀界当之无愧的潮流制定者，琥珀设计业的发动机。"如今，S&A 赛吉品牌在中国首都北京最繁华的王府井开设了 S&A 赛吉琥珀专卖店，其作品的风格与十几年前有所不同，它更加人文自然、推陈出新。

"哥白尼向我们微笑"

2014年8月19日上午，波兰卫星"赫维留（Heweliusz）"由中国的长征四号乙遥二十七运载火箭于太原发射中心成功发射。卫星由波兰科学院设计制造，用于精确观测部分最亮恒星。中国长城工业总公司负责其发射。目前，卫星已进入预定轨道。

8月20日上午，波兰卫星的主要设计者，来自波兰科学院太空研究中心和哥白尼天文中心的专家，国家航天局副司长李国平，中国长城工业总公司总裁殷礼明出席了在波兰驻华使馆举行的新闻发布会。

波兰驻华大使馆副大使、临时代办克什托夫·多布洛沃斯基（Krzysztof Dobrowolski）表示，波兰卫星在2014年于中国发射是具有历史意义的事件："今年适逢中波建交65周年，波兰科学卫星在中国的发射有着特殊的意义，标志着双边合作达到了新高度。我很高兴今天的发布会在波兰驻华大使馆，以波兰天文学家哥白尼名字命名的哥白尼厅举行，他的肖像悬挂在大厅的中央。我想，如果哥白尼能看到今天波中双方在太空领域合作所取得的巨大成果，我相信他一定向我们发出会心的微笑。"

"赫维留"科学卫星以波兰17世纪天文学家约翰内斯·赫维留的名字命名，是波兰的太空探测项目BRITE框架下的项目。"BRITE项目使我们了解物质是如何转移的，恒星内部的核反应如何进行，恒星的寿命到底有多长等重要的科学命题。"BRITE-PL 项目负责人托马什·扎维斯托夫斯基（Tomasz Zawistowski）介绍道。

赫维留卫星是 BRITE 框架下制造的两颗波兰卫星之一，主要由波兰科学家设计和制造。"这是波兰的第一颗科学卫星，其中主要部件由波兰专家设计，关键设备是天文望远镜。波兰设计的天文望远镜体积比其他望远镜要小得多，轻很多。这使得我们能在卫星上紧凑地安装很多其他设备，比如防辐射板。我们设计的防辐射板能阻挡太空中各种辐射对卫星的致命伤害。"副大使多布洛说。沃斯基中国长城工业总公司负责卫星的升空计划。波方表示长城公司是理想的合作伙伴。

波兰科学院太空研究中心主任马莱克·巴纳什凯维支（Marek Banaszkiewicz）说："这是我们和长城公司的首次合作。在商业发射的招标过程中，我们邀请了多个国家的代表。长城公司的高效和专业给我们留下了深刻印象，仅用一个月我们就完成了招标工作。这个项目为我们提供了很多经验，包括如何建造、控制卫星，以及与中国火箭的对接经验。长城公司提供的卫星分离数据非常及时准确，这使得我们在第一时间与卫星建立了通讯联系，确保卫星进入预定轨道。这次发射的成功让我们期待与长城公司的进一步合作。我们还会再回来。"

波兰尼古拉斯哥白尼航天研究中心主任马瑞克·萨尔那（Marek Sarna）说："波兰尼古拉斯哥白尼航天研究中心是波兰科学院最领先也是最大的研究机构，我们在对太阳系外面的研究及空间技术领域的研究有独到之处，'赫维留'卫星的发射成功，是波中合作的典范，我们和北京大学／中国科学院天文观测台都有密切的合作和良好的关系。我们希望波中双方在太空技术和空间领域的合作更加密切和广泛。"

中国长城工业总公司总裁殷礼明表示："去年 8 月，长城工业总公司与波兰签署了合作协议，一年来，双方的合作终于有了圆满的结果。通过这次发射，我们更多地了解了波兰天文学家在科学领域的重大贡献，如哥白尼和赫维留。在合作中，我们非

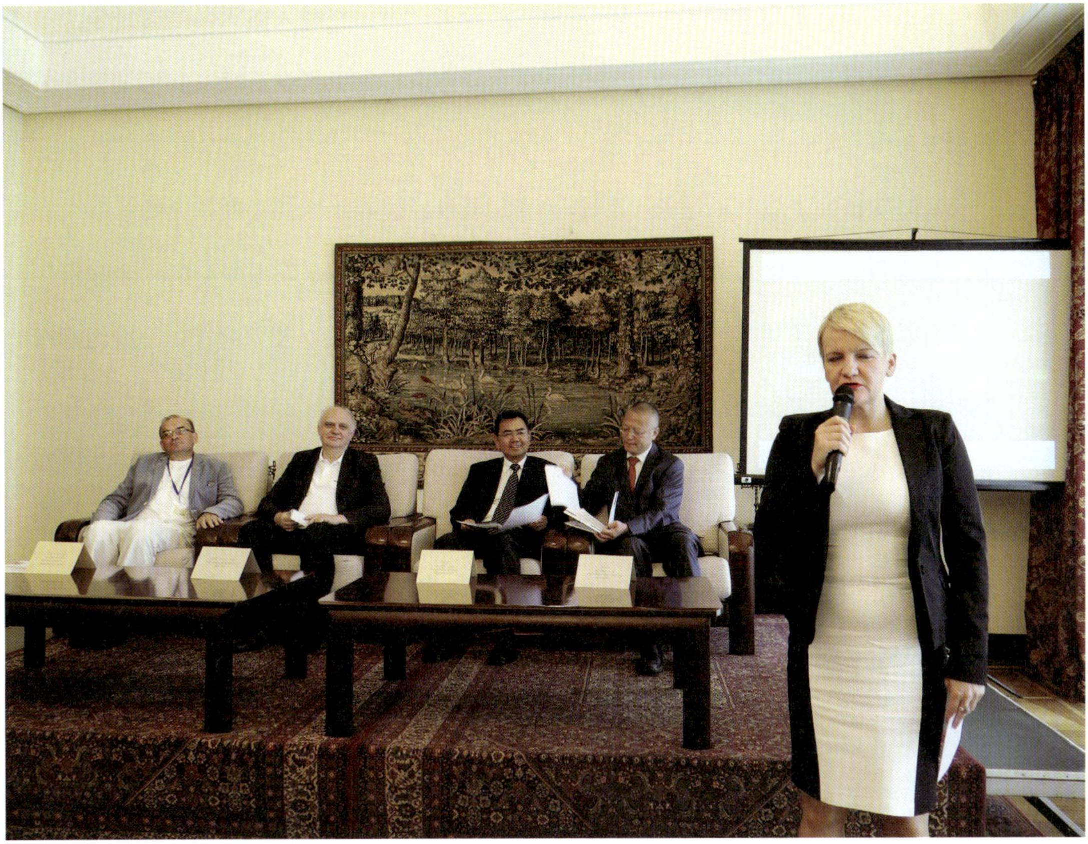

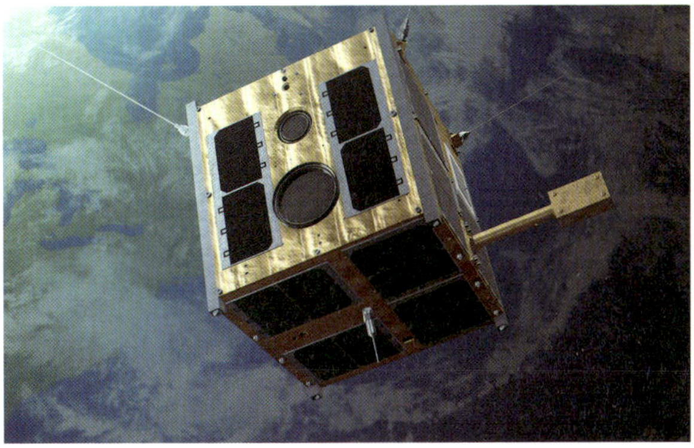

常钦佩波兰同仁的敬业精神和创新精神。近年来，中国在载人航天、空间科学上取得了瞩目的成就。中国长城工业总公司也在发展中取得了很大的成绩，我们期待与波兰的更多合作。"

新闻发布会上波兰科学家、BRITE-PL项目经理扎维斯托夫斯基介绍了研究和发射"赫维留"卫星的成就，并在演讲中亮出了一张太原卫星发射中心的"全家福"。波兰科学家展示了"龙"（DRAGON）卫星分配器的全貌以及"赫维留"空间运行的模拟图。

记者从新闻发布会上了解到，为了适应波兰空间科学的发展，波兰航天局近期成立，以推动航天产业的研发、管理和商业应用。有趣的是，为了在民众中更好的普及航天知识，波兰发行了一枚"赫维留"卫星的邮票，还有作曲家为这颗卫星创作了交响乐及hitpop音乐。BRITE项目还在民众中征集优秀摄影作品，获选照片将随卫星进入太空。

波兰歌剧《居里夫人》

欧里庇得斯曾说，出生在一座著名的城市里，这是一个人幸福的首要条件。因为大都市不仅物质生活丰盈，更是精神生活的天堂。如今，天津就是这样的一座城市。"2014首届天津曹禺国际戏剧节"刚刚落下帷幕，从2014年9月3日至2015年1月10日，为期四个月之久的"2014首届天津国际歌剧舞剧节"又在天津大剧院拉开帷幕，19台47场演出、30场活动讲座，使得整座城市沉浸在艺术的海洋之中，而戏剧、歌剧、舞剧一系列演出将为天津这座古老而年轻的城市增添绚丽多彩的文化魅力。

一

作为"2014首届天津国际歌剧舞剧节"的开幕大戏，由波兰波罗的海歌剧院创作的讲述波兰著名女科学家居里夫人一生精彩故事的歌剧《居里夫人》，于9月3—4日在中国天津大剧院成功上演，这是该部歌剧对中国观众首次亮相。

波兰人杰地灵，精英辈出，独特璀璨的文化代代相传，灿烂多姿的戏剧文化对于中国的观众并不陌生。由华沙话剧院根据好莱坞著名影星玛丽莲·梦露的故事改

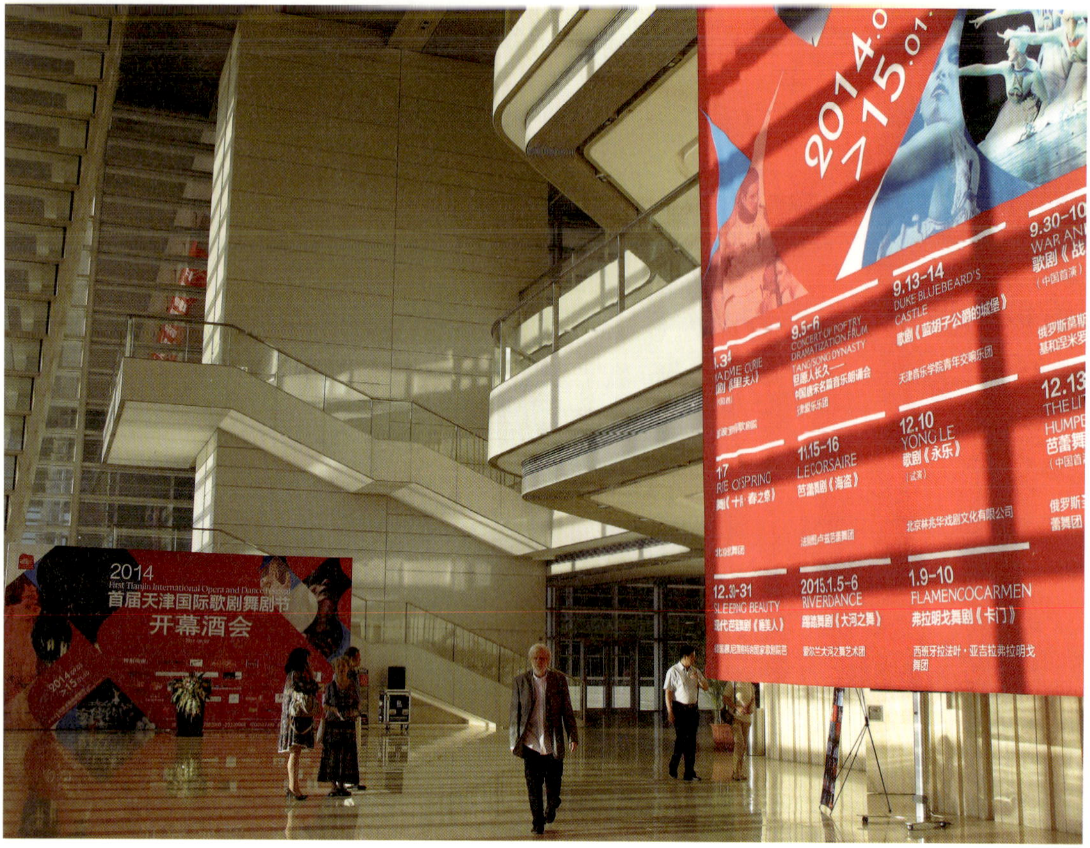

编的话剧《假面玛丽莲》，在中国首演获得了中国戏剧界的广泛关注及广大观众的热情赞誉。作为波兰向世界推广波兰文化的重要机构——亚当·密茨凯维奇学院，是波兰国家文化机构，致力于加强波兰文化影响力及促进国际文化交流。波兰密茨凯维奇学院先后在世界范围内，精心策划举办过许多推广波兰文化的活动，此次歌剧《居里夫人》在中国首演，正是亚当·密茨凯维奇学院与天津大剧院的又一次精诚合作。

亚当·密茨凯维奇学院亚洲事务委员会总监马丁（Marcin Jacoby）介绍："此次密茨凯维奇学院和天津大剧院合作，把《居里夫人》这部歌剧带到天津，在中国首演希望能通过这部作品能让中国观众更加深入地了解这位伟大的人，而不仅仅是科学家。"当问到马丁："你对波中文化的交流与合作有什么想法？"马丁这样回答："文化就是不同国家文化存在的理由，对于一个国家来说十分地重要，有时候我们就会把这种看不见、摸不着的东西叫做文化，有时候我们又会把它看做人类生存文化的价值观。我想，波中文化交流就是要寻找共同点而不是寻找差异，这样才能使双方的文化交流更加的和谐，更好地促进波中文化的交流。居里夫人和哥白尼、肖邦、瓦文萨都是波兰在全世界的知名人物。居里夫人她天资聪颖、意志坚强、热爱生活，为自己的梦想而不断追求，勇往直前，但绝不是一个不食人间烟火的工作狂。她美丽善良，是一个实实在在的女人，歌剧《居里夫人》为我们展现了一个真正的玛丽亚·居里，是一个不仅热爱科学而且热爱生活的女科学家。"

歌剧《居里夫人》是波罗的海歌剧院经典剧目的保留项目之一，该剧曾是波兰担任欧盟轮值主席国参加欧洲文化项目的组成部分，2011年11月15日该剧在法国巴黎遗产中心首演，并得到了波兰文化及国家遗产部资助。之后2011年11月25日该剧在波兰首演于格但斯克波罗的海歌剧院。

歌剧 居里夫人
Elżbieta Sikora
Propel
歌剧
蓝胡子
DUKE 2014
BLUEBEAR
CASTLE
公爵的城堡
Libretto/ Bela Balasz
Director/ Yi Liming
Conductor/ Muhai Tang
大剧院歌剧厅 票价: 50
022-83882000 2332006
tjgtheatre.org

歌剧《居里夫人》由波罗的海剧院艺术总监马莱克·维伊斯(Marek Weiss)亲自担任导演。该剧的音乐由波兰著名女作曲家艾尔日别塔·希科拉(Elzbieta Sikora)精心创作，她在电声音乐领域享有很高的声誉，创作的几十部作品在世界各地上演好评如潮。同为女性，希科拉围绕剧中居里夫人创作的音乐丝丝入扣，她在以管弦乐为基础的创作上加入了电声音乐因素，突出了乐曲中的细节和质感。希科拉在谈到该剧的创作时表示："我不希望居里夫人是一个一成不变的，像课本中那样从早到晚不知疲倦地搞发明研究的科学家，她应该是一个有血有肉的，拥有自己强烈感情的，活生生的女人，此外她还有真正意义上的学术生涯。"

二

歌剧《居里夫人》分为三幕：

第一幕

实验室：夜晚。突然出现一位爱因斯坦或爱因斯坦似的人物。他警告玛丽亚，她的试验会给人类带来严重的不良后果。而玛丽亚坚持认为她的试验将给这个世界带来划时代的新发现。

实验室：皮埃尔·居里叫醒他的妻子。在皮埃尔身边是他的朋友，保罗·朗之万。玛丽亚给他们讲述了自己做的梦，说她梦见了爱因斯坦。皮埃尔劝阻她不要再这么拼命工作了。玛丽亚注视着实验瓶里的镭。镭对皮肤刺激很大，但她并不在乎。

巴黎大博览会：人们纷纷议论玛丽亚的发明标志着新时代的到来。洛伊·富勒希望她会用发光的元素装饰她的舞台服装。

居里家：玛丽亚和皮埃尔获得了诺贝尔化学奖。特里认为法国科学界的元老们无法接受一个女人获得诺贝尔奖的新闻。玛丽亚抱怨名誉将会影响她的工作。

实验室：居里夫妇坚持一边工作一边照顾女儿。玛丽亚对丈夫皮埃尔说："如果我们两人中有一个先死了，另一个是无法再活下去的。"

巴黎街道：皮埃尔·居里出车祸死了（器乐场景）。

居里家：玛丽亚得到丈夫去世的噩耗。她看着皮埃尔留下的遗物，其中包括镭的试瓶。她对圣母说：你怎么不能保佑他"这难道是对我的惩罚？因为我没有祈祷？"

实验室：孤独的玛丽亚向死去的丈夫皮埃尔倾诉衷肠，虽然她已功成名就，但她却失去了丈夫，无欢乐可言。她的生活失去了意义。

第二幕

巴黎咖啡店：皮埃尔去世几年后。人们喝着苦艾酒，高度赞扬未来主义者的宣言和玛丽亚在巴黎索邦大学做的演讲。他们暗示居里夫人应该申请法兰西科学院院士。

索邦：课后玛丽亚跟保罗·朗之万一起出去散步，陪孩子们观看日食。孩子们锻炼身体，学物理。保罗祝玛丽亚幸福，向她介绍自己的家庭生活，认为这对他来说是一场噩梦。

客厅：玛丽亚穿上她女儿们也都很喜欢的白色连衣裙，回想年轻时穿着白色连衣裙参加舞会的情景。

科学大会：玛丽亚在男学者中。卢瑟福劝她小心利用镭。特里认为，玛丽亚的成功会引来男科学家们的敌意和妒忌。他们俩讨论玛丽亚是否会成为法兰西科学院的院士并互相倾诉内心的情感。

索邦前街道：古斯塔夫·特里带着一群人抗议居里夫人成为法兰西科学院的院士。她的申请失败了，结果白兰利成了院士。报童向人们分发有关居里夫人与郎之万之间风流韵事的号外。

房子：她的私人信件被曝光后，朗之万安慰玛丽亚，说这是他妻子对他的报复。玛丽亚的心情十分低落，当保罗劝她把镭交给塞夫尔时，她大发脾气。她说，为什么她必须要放弃自己要做的事业。突然外面扔进一块石头，砸破了玻璃窗。

玛丽之梦：卢瑟福嫉妒镭给她带来的巨大财富。特里劝居里夫人回俄罗斯，因为在一战前，波兰尚未获得独立。尔特伍德还讥讽说她是白痴。

会议室：诺奖委员会宣布，居里夫人获得了诺贝尔化学奖。人们表现出不满的情绪。玛丽亚决定不顾阻力，自己去斯德哥尔摩亲自领奖。

决斗：特里曝光了朗之万和玛丽的信件，朗之万决定要与特里决斗。同时，玛丽亚正在准备参加授奖仪式的演讲，她给保罗写信说："我如今已经精疲力尽，让我们成为好朋友吧。"两位情人从此分手。

艺术家咖啡店：人们赞扬这次世界大战、未来主义和风云变幻的形势。

第三幕

火车站：玛丽亚准备离开，她在箱子里放了点儿镭。人们纷纷来送她。

战争：记者报道前线形势的发展。女儿伊雷娜和艾芙把母亲讲给她们的每一场胜利标在地图上。

战争结束了：第一次世界大战结束了，波兰获得了独立，玛丽亚和她女儿欢欣鼓舞。

家里：美国记者，米丝·麦隆内，欢迎玛丽亚来美国。

医院：玛丽亚到医院看望洛伊·富勒。她坚信辐射会治好洛伊的病。合唱队用歌声赞扬镭的药性，赞扬镭会使人们青春永驻。

美国：副总理送给玛丽亚一克镭。记者围着她，玛丽亚坚决要求，通过法律来保证她是镭的唯一拥有者。

梦里：正当玛丽亚患病时，爱因斯坦和圣母突然出现在她的眼前。护士摘掉她眼睛上的绷带。玛丽亚安慰她的女儿，她的病在逐日见好。

放映正在索尔维会议的视频。记者们纷纷议论玛丽亚根本不相信镭会伤害人命的说法。

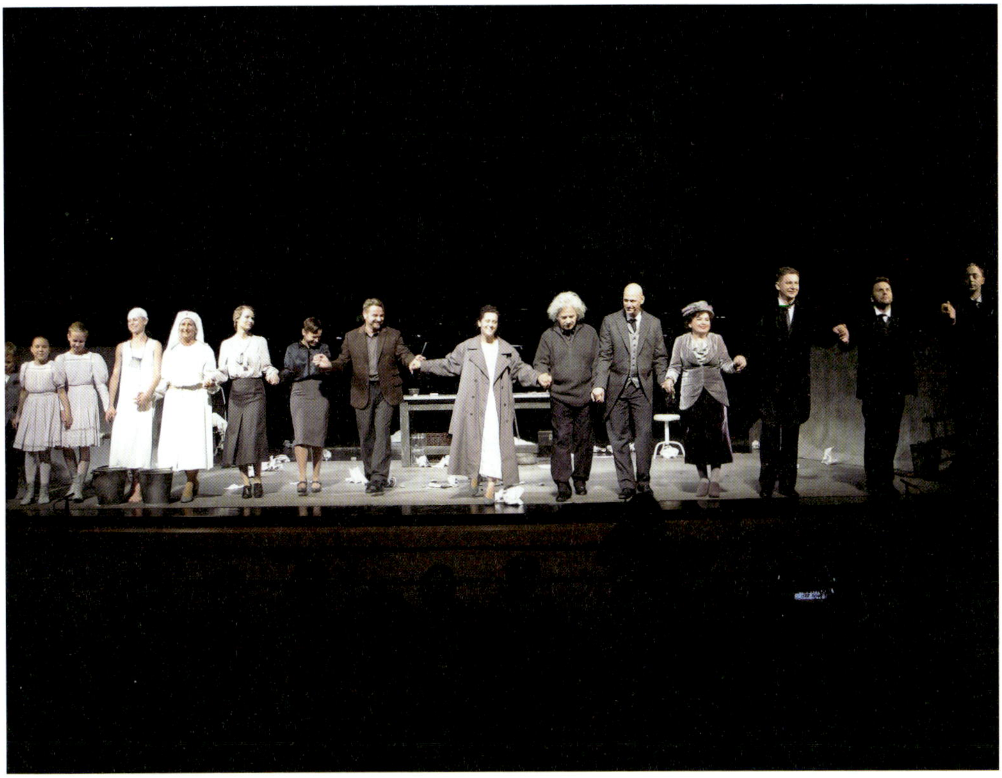

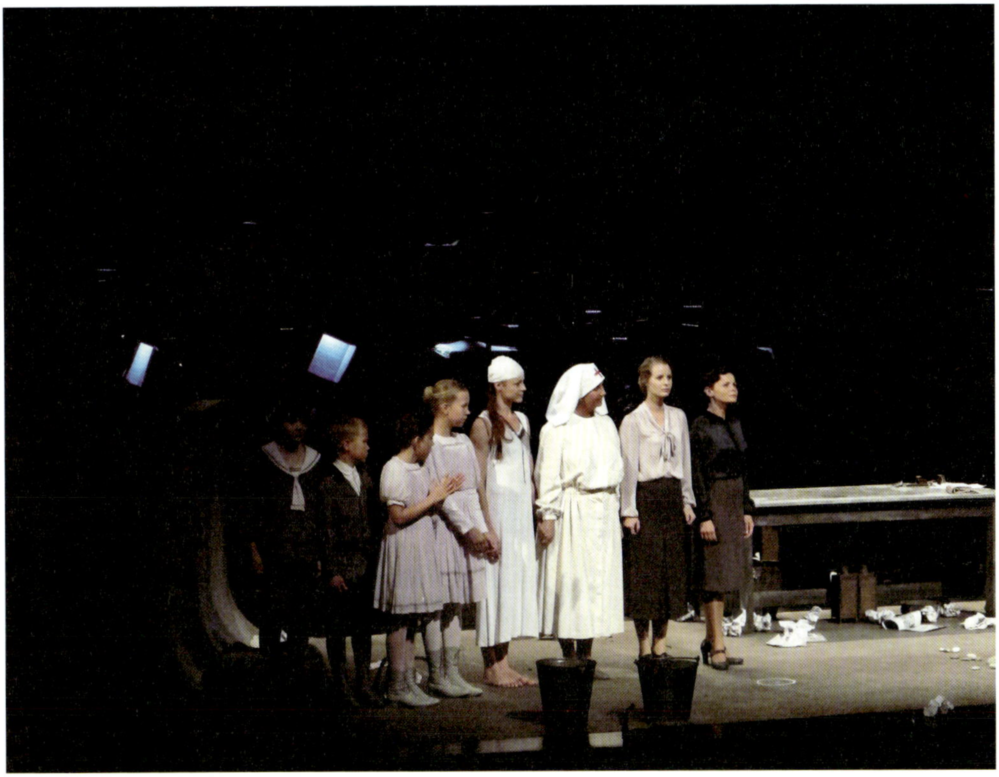

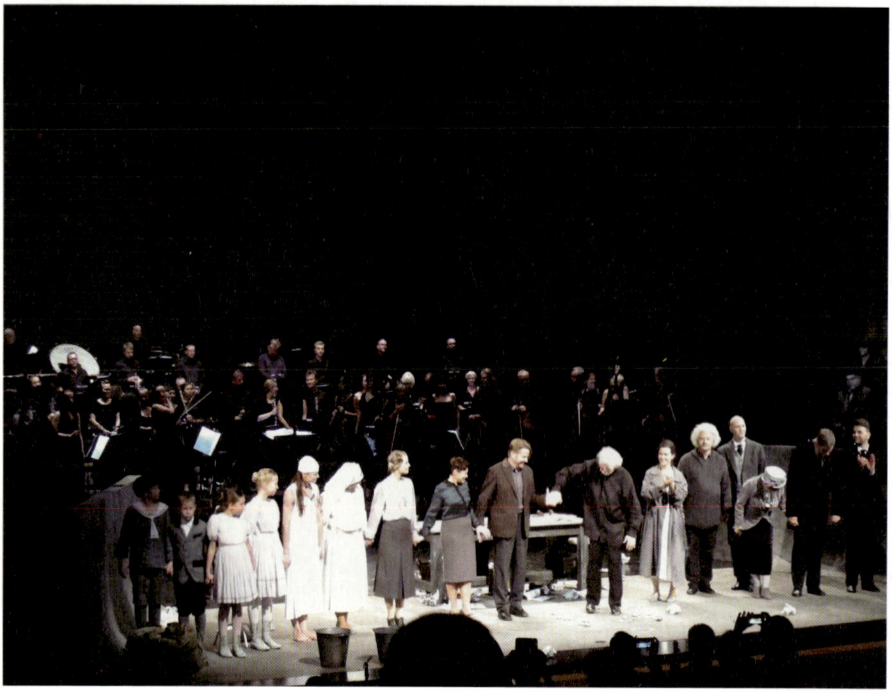

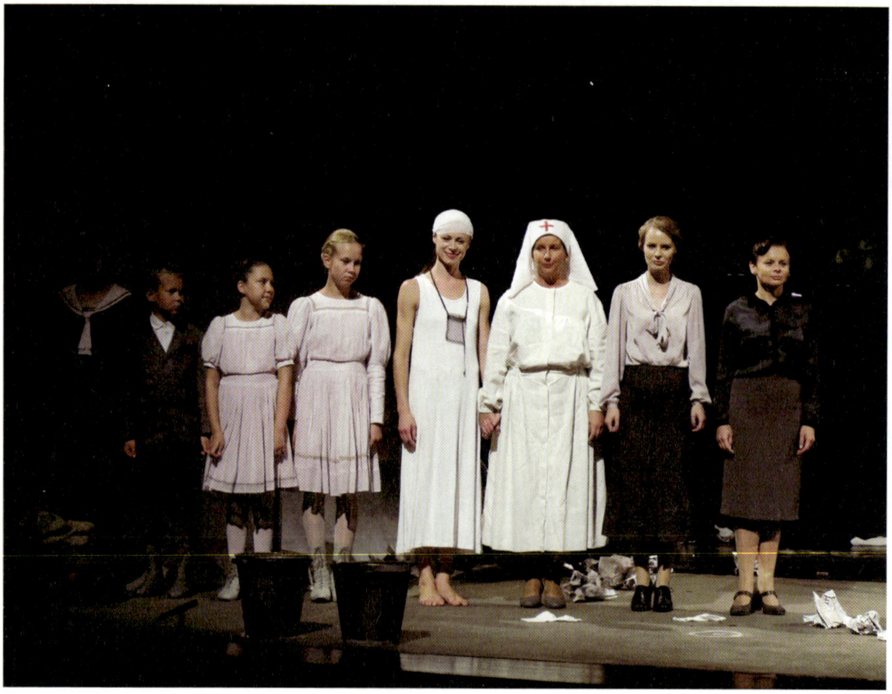

华沙：玛丽亚昏了过去。爱因斯坦提出镭的辐射对人有害，但她说："上帝不只会掷骰子，而且还欺骗人！但一切，都值得进一步探索。"

上萨瓦省疗养院的屋子里：疲惫的玛丽亚请女儿打开窗户。皮埃尔去世了。合唱队："白天的光——点燃圣火，出生和死亡"。

三

艺术总监马莱克·维伊斯（Marek Weiss）独具匠心的创意使得这部歌剧与众不同，令中国观众耳目一新，从中领略到波兰歌剧的独具魅力。与其他歌剧所不同的是，《居里夫人》的乐团并不在乐池内，而是在舞台后方，这样使得音乐与剧情紧密交融，拉近了观众与表演者心灵的距离。

马莱克·维伊斯认为："无人能否认居里夫人是个伟大人物，但人们并不了解她的生活。关于对这位化学教授的介绍通常十分扼要呆板，常常只是描述她白发苍苍、面色严厉，在丈夫的帮助下她获得过诺贝尔化学奖。很少有人看到她真实生活的介绍，更少有人能意识到她的研究对科学产生的巨大影响。其实在波兰她的名字家喻户晓，她在人们的心目中有很高的地位，波兰的许多街道、学校都以她的名字命名，世界上所有的学生都听说过她的名字。2011年被宣布为"居里夫人之年"，使得人们增加了对她的进一步了解。我一直十分崇敬这位女科学家，并且随着年龄的增长我对她越发的钦佩。我不仅把她作为自己的榜样，同时也告诉我的孩子，让他们以她为榜样。但我们是否真正了解她呢？最近许多出版物都在致力于去除对居里夫人的带有神话色彩的描写，而是对她的描述更加生活化。为此我们也决定加入到这个探求真相的队伍之中，并用歌剧形式，讲述这位优秀的女科学家克服种种鲜为人知的困难，以及战胜周围人们对它的敌意和嫉妒，最终取得成功的故事。"

在天津大剧院我见到了容光焕发的女作曲家艾尔日别塔·希科拉（Elzbieta Sikora），她是歌剧《居里夫人》的作曲，承担了该剧的全部音乐创作。她说："我的本来想法是写一部真正的启发人心灵的歌剧，最初我一直在想如何让这部歌剧更有感染力，所以我采用了熟悉的创作方式及各种音乐元素，将它们结合起来，根据故事情节的变化，有些部分需要强烈，有些部分需要舒缓。在这部歌剧中采用交响乐的方式显得尤为重要，这样更加表现音乐的感染力。"

艾尔日别塔·希科拉告诉我，在过去近半个世纪的音乐创作中创作过多部室内歌剧、广播剧，写过60多部音乐作品，其中有交响乐、电子乐、室内乐、独奏乐。她曾来过中国，去过上海、青岛，登上过万里长城。说到这里女作曲家透出兴奋的目光。"这次来到天津参加首届歌剧节我感到非常的高兴，我的丈夫他是一位法国人，他陪我来到天津歌剧节。一直以来，他对我的音乐创作事业给予了极大地支持和鼓励，我非常的感谢他。演出结束后我们还要去古城西安观光，一起去看中国最长的江——长江。我喜欢中国，希望有更多的机会再到中国来。"

作曲家希科拉女士是欧洲当代著名的作曲家，出生于波兰的她于1981年移居法国，因而十分通晓法国文化。除了古典音乐领域，她在电声音乐领域也享有很高的声誉，她创作的几十部作品直到今天仍在世界各地上演。在歌剧《居里夫人》中，音乐极其复杂而且富有质感，希科拉还创造性地加入了电子元素，这些元素会被用来强调音乐的细节，以及提示一些特殊的场景，特别是那些与梦境有关的场景。比如说战争场面，

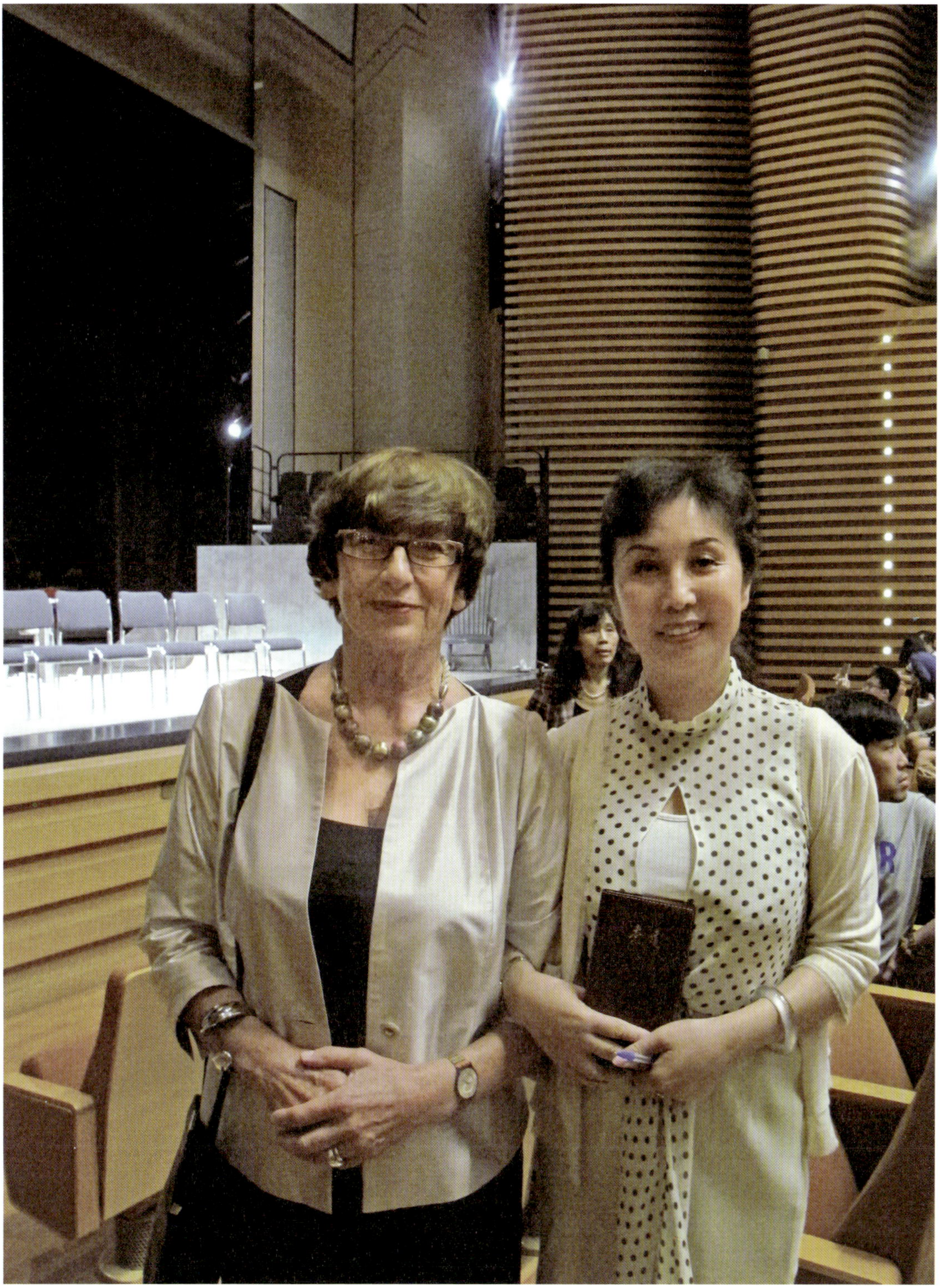

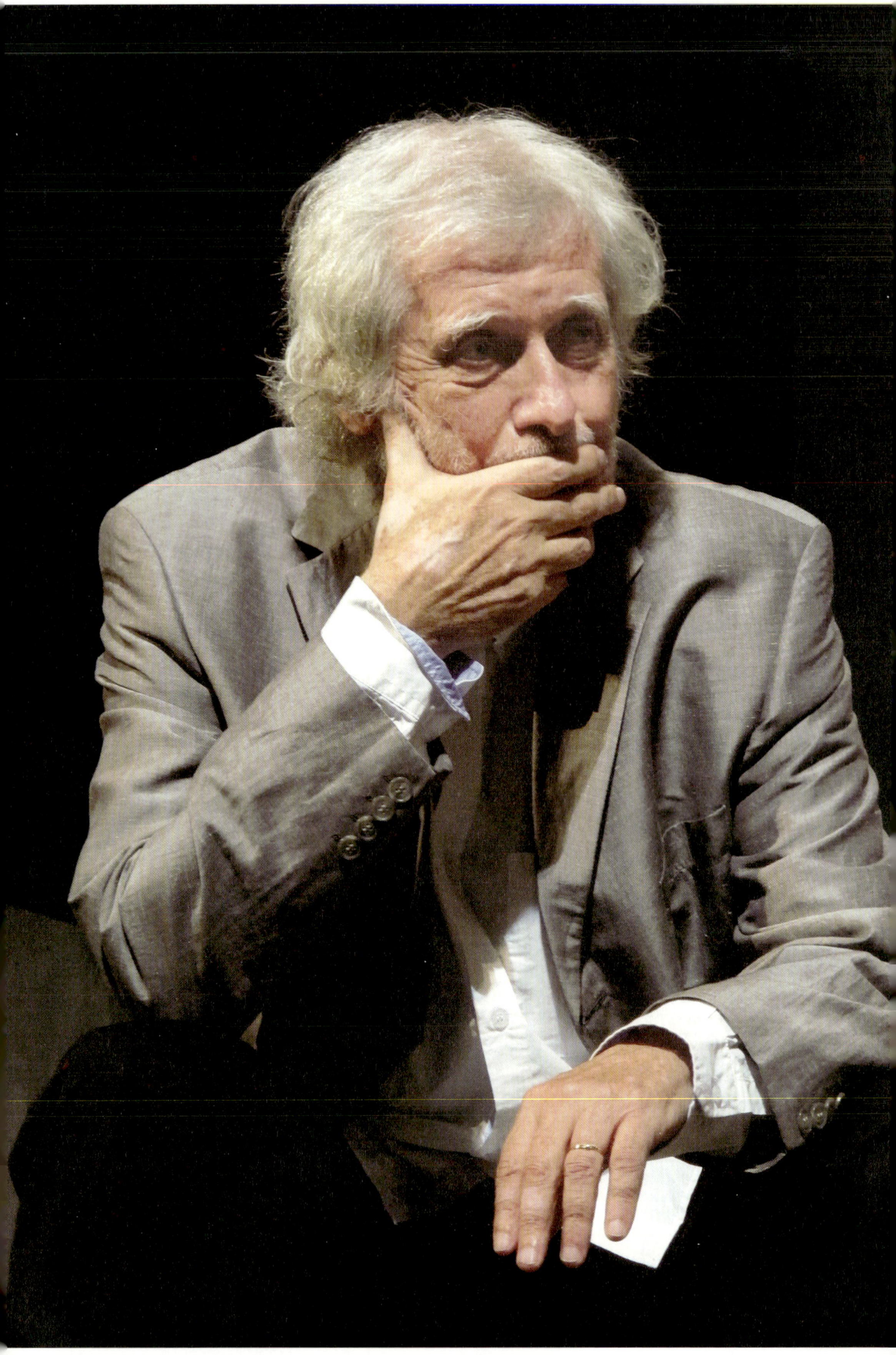

会很有电影的效果。电子乐和管弦乐相互配合，在《居里夫人》这部歌剧作品中扮演"重要的角色"，电子乐在并不被主导听觉的音乐环境里，成为管弦乐的不可或缺的一个部分。

一头白发和一脸白须的波兰指挥家沃依切赫·米赫涅夫斯基（Wojciech Michniewski）担任《居里夫人》这部歌剧的指挥。他是一位"多面手"，用他的话来说："除了平时担任重要的指挥以外，还要协调交响乐团和歌唱演员的很多事物。"他说："我深深地懂得波兰著名女科学家在中国人备受崇敬，观众们热爱她喜欢她，她把自己的一生都献给了科学事业，她的研究成果是对人类的巨大贡献。她的坚韧不拔、执着追求的精神值得我们每个人记忆。在担任歌剧《居里夫人》的指挥时，我一直在想，居里夫人是一位很美丽的女人，她情感丰富内心完美，她有自己独立的人格和独特的生活方式，因此每一次的指挥我都把对她的崇敬之情融入到我的指挥当中。"这位气质非凡和蔼可亲的指挥家沃依切赫·米赫涅夫斯基曾两次来过北京和香港，他喜欢北京的磅礴大气，也喜欢香港的繁华热闹。这次他是第一次来到海河之滨的美丽港口城市——天津，这座古老又年轻的城市给他留下了深刻而美好的印象。歌剧《居里夫人》中国首演在天津举行，这座城市很有品位的热情观众回报他的阵阵掌声，令这位波兰指挥家非常欣慰。

在歌剧节开幕式上，站在我面前的安娜·米科瓦伊齐克（Anna Mikolajczyk）在歌剧《居里夫人》中扮演女主角居里夫人，面对我的采访，她侃侃而谈："我是怀着一种虔诚和感恩的心态来扮演居里夫人的，她是我心目中最崇敬的女科学家也是我人生的榜样，在这部歌剧的演出过程中带给我机遇和挑战，我有幸成为居里夫人的扮演者我感到非常地高兴，与此同时我又必须用我的歌唱完美地表达出居里夫人的独特性格和她独具魅力的人格。整部歌剧需要精湛娴熟的演唱技巧，音符的高低跳跃及音乐极大跨越都给我的歌唱艺术带来了巨大的挑战。你看我在舞台上表现与舞台上的表现是不一样吧？"

前不久，刚从波兰回来的著名女指挥家郑小英这样说："没有去过波兰以前，我对波兰的认识只知道哥白尼、肖邦和居里夫人，去过波兰之后我从内心感到波兰这个民族的伟大。波兰有很深厚的文化底蕴，艺术人才辈出。在她的土地上，文化名人层出不穷，使我对波兰这个国家更加的尊重和崇敬。19世纪的伟大艺术家肖邦已被中国人所熟知，他的音乐穿越时空，引起世界的共鸣。居里夫人是世界上第一位获得诺贝尔奖的女性，她为人类做出的巨大贡献，名垂千古。今天在天津大剧院，《居里夫人》被搬上了歌剧舞台，让我们领略了她人格魅力的伟大，正是这部歌剧带给我们的巨大收获。"

从艺62年的著名舞蹈艺术家陈爱莲，应邀来到天津大剧院观看歌剧《居里夫人》。她说："在我看来艺术是相通的，歌剧和舞剧也不例外。歌剧用声音，舞剧用形体，这次歌剧《居里夫人》在中国首演选择了天津，为我们带来了一次纯美的精神享受。这部歌剧把一个真实的居里夫人形象展现在中国观众面前，我非常地高兴。"

四

歌剧《居里夫人》精彩的演出结束后，热心的观众报以热烈的掌声，久久不愿离开，一位姓于的男士虽然从事国际物流工作，但是他热爱戏剧、歌剧，提前很多天买票观看。演出结束后，他主动上前请作曲家签名，并合影留念。剧场内气氛热烈，台下的观众与主创人员互动。

一位热心观众说："首先对歌剧《居里夫人》在中国首演取得圆满成功，表示衷

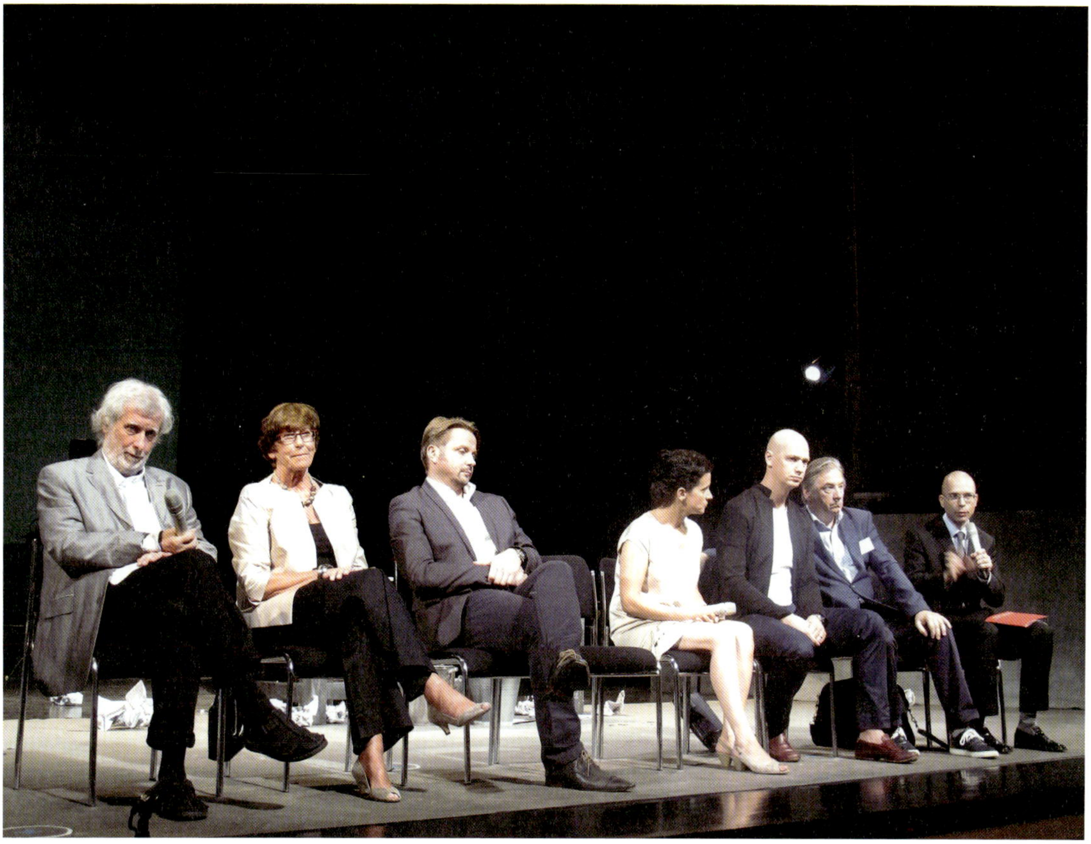

心的祝贺。请问歌剧《居里夫人》准备了多长时间？"

女主角安娜·米科瓦伊齐克回答："《居里夫人》这部歌剧是一部现代歌剧，现代音乐的排练需要很多的时间，需要刻苦系统的训练，我自己投入了很多的时间去研究这部歌剧。同时歌剧的其他演员和乐队演奏人员也花费了很多的时间精心排练，我们付出了很多。"

指挥家沃依切赫·米赫涅夫斯基（Wojciech Michniewski）回答观众说："现代音乐与古典音乐有很大的区别，古典音乐的作曲家大家都很熟悉比如：莫扎特、海顿、贝多芬、威尔第、柴可夫斯基等他们所写的咏叹调大家耳熟能详。但是，现代音乐是一个新的创作形式，需要更多的时间去研究理解。现代音乐在给我们带来难度的同时，也给了我们创作的自由，就像是生活一样：我们拥有自由，但是我们也需要合理的利用它、享受现代音乐带给我们的乐趣。"

作曲家艾尔日别塔·希科拉解释了这部歌剧中音乐创作的思路。她说："古典音乐中，指挥的表演方式是固定的，而在现代音乐中需要自己对作品深层解读，需要自己对作品的深入理解，现代音乐和爵士有一些相同点，现代音乐要比爵士更加地自由一些，需要表演者更深的感情投入和情绪变化，需要一定的主观性。虽然我们需要自由，但是我在准备这部歌剧的作曲时经过了很细心的研究和不断地修改，我的音乐结构是严谨的。等到后期的再创作，演员们要有自己对作品的深度发展。"

一位歌剧爱好者问她说："您前面所提到的歌剧中需要的自由，是什么意义上的自由呢？"

指挥家沃依切赫·米赫涅夫斯基回答："剧中所谓的自由是有控制的自由。自由并不代表演员可以在舞台上自由发挥，所有剧情的变化，音乐的节奏都是有细致的规

定的，是严格按照作曲家的音乐标题练习的，要经过细腻的排练。"女主角风趣地说："我并不感觉我是自由的，我需要很用心细心地练习每一句歌词，记住每一句的旋律节奏，每一次的换气口，这需要我的专心和加倍的付出。该歌剧感情丰富，需要很强的感情抒发但是也需要非常高超的演唱技巧，只有在演唱技巧没问题的前提下，才能更好的抒发感情更加深化对歌剧人物的理解。"作曲家说："歌剧中所有自由的部分都已写在谱子上，这种自由是演唱者对于音乐情感的控制自由并不是真正的自由发挥。"

一位长期居住在法国的女观众这样问："这部剧的音乐体裁是否受到波兰音乐风格的影响？""整部歌剧中我使用了一部分波兰风格的音乐创作，我是波兰人，我热爱我的祖国。我的丈夫是法国人并且我在法国定居多年，当该歌剧在法国首演的时候观众会说我有波兰音乐的成分，但是在波兰演出时波兰观众说歌剧有法国音乐的成分。"女作曲家艾尔日别塔·希科拉回答。

另一位观众好奇地问道："你怎么想到与这位作曲家合作？"指挥家沃依切赫·米赫涅夫斯基回答："首先，我想说我和作曲家认识快40年了，我们是很好的朋友有着深厚的友谊。我曾经是一位作曲家，对于电子音乐的作曲非常的感兴趣，当时我和另一位作曲家和该歌剧的作曲家我们三个人被称为Q族，并且我们创办了'华沙电子音乐工作室'，但是后来我停止了创作，学习了指挥。我非常理解希科拉的音乐。我们合作过多次。我很欣赏她的创作技巧，她能巧妙地融合乐器和电子音乐，我对她的作品很感兴趣并且我非常喜欢电子音乐，我希望我们有更多的合作机会。乐器音乐在表演当中能看到电子音乐的背景，歌唱的旋律可以和乐队完美的融合，这两个不同背景的艺术融合，一起合作非常有意思，这部歌剧的音乐令我非常感动。"

有观众问："在中国已经上演了话剧版的《居里夫妇》和舞版的《居里夫人》，但是现代歌剧不经常看到，这次，波兰艺术家带给中国观众的现代歌剧给我们带来了不一样的视觉感受。请问，在波兰现代歌剧的发展是怎样的？"

指挥家沃依切赫·米赫涅夫斯基回答："现代歌剧在波兰越来越多的受到欢迎，现在波兰的歌剧院文化活动经常演出现代歌剧和现代音乐。我觉的现代歌剧以室内乐歌剧为主，而歌剧《居里夫人》这样的现代音乐难度很高，这样的大型歌剧相对演出的几率会小一些而室内歌剧会多一些。但是现代音乐的创作也存在一定的问题，现代作曲家经常从现代音乐的创作风格逐渐变成传统音乐的创作风格，这需要作曲家更娴熟的作曲技巧。"扮演男主角的帕维乌·斯卡乌巴回答："我们演唱的方法都是传统

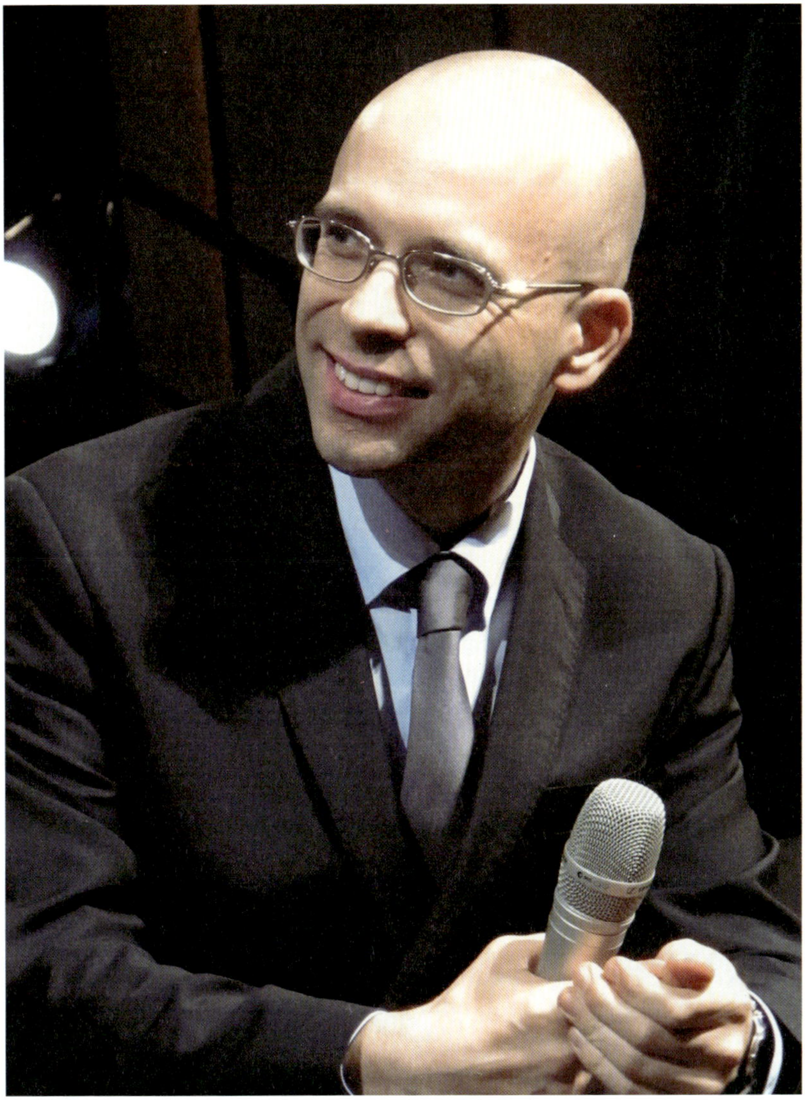

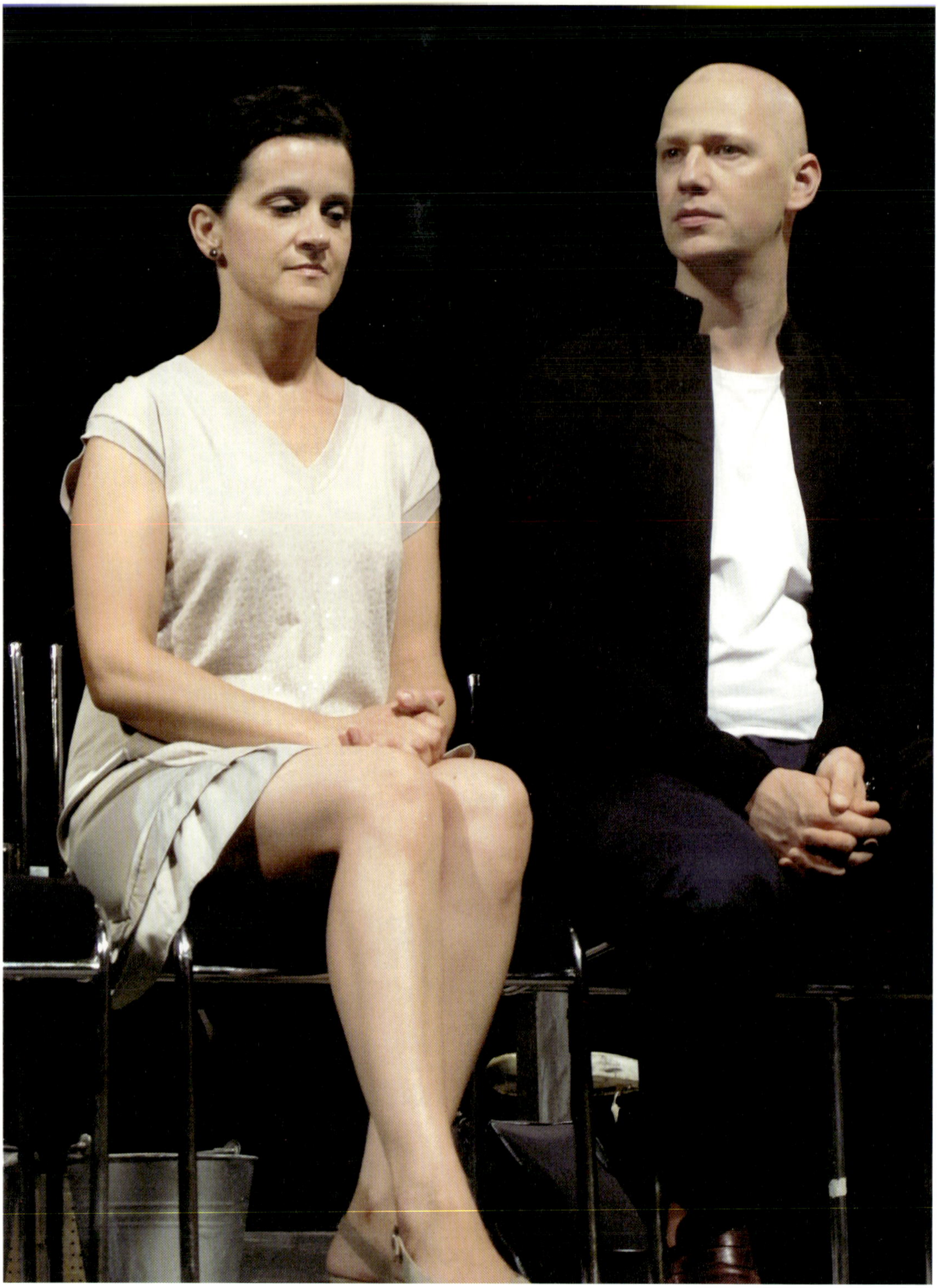

歌剧的方法，更习惯于咏叹调的唱法，现代歌剧的演唱对我来说是很大的挑战，现代歌剧很周密，在排练当中需注意每一个细节，每一个音符，还有对自由的理解我觉得这会增加更大的难度。"

许多观众问道："在歌剧《居里夫人》中所想表达的主旨和思想是什么？"作曲家艾尔日别塔·希科拉回答说："我想让广大的观众朋友看到居里夫人更全面的一面，歌剧的创作将居里夫人生活中的一些真实故事和她生前的亲身经历以源于生活高于生活的创作手法，用歌剧的艺术表现形式将一个感情丰富的，内心坚强的，生活在矛盾冲突中的真实的居里夫人形象再现于舞台，让观众认识一个有血有肉的、无比坚强的、永远美丽的居里夫人。"

波兰 S&A 琥珀——温暖宝石献爱心

金秋送爽，丹桂飘香，为庆祝中波建交 65 年，2014 年 9 月 28 日晚，由波兰共和国驻华大使馆、波兰文化中心、互满爱人与人国际慈善组织、S&A 赛吉琥珀共同主办的"助力梁山彝族儿童教育慈善义卖琥珀专场拍卖会"在北京举行。波兰教育部长道格拉·莉宾斯卡（Daria Lipinska-Nacz）、波兰共和国驻华大使塔德乌什·霍米茨基（Tadeusz Chomicki）、互满爱人与人国际慈善组织驻华代表迈克尔·海尔曼及社会各界爱心人士参加了此次拍卖活动。慈善拍卖活动还未开始，许多爱心人士早早就来到位于北京日坛路 1 号的波兰共和国驻华大使馆。一件件由波兰著名设计大师们设计的款式新颖、高贵典雅的精美琥珀摆放在展厅，玲琅满目令人目不暇接，爱心人士欣欣向往。

S&A 琥珀是国际琥珀大使亚当·斯车格夫斯基（Adam·Pstragowski）旗下的设计师品牌，品牌汇集了波兰知名的琥珀珠宝设计师，所有产品由欧洲艺术工匠纯手工制作。积极推动、影响并引领世界琥珀行业的潮流，让消费者能真正的欣赏到琥珀的特殊能力一直是 S&A 的目标所在。作为领导国际琥珀潮流的欧洲连锁品牌，S&A 的天然琥珀首饰将现代欧洲的时尚设计与古典浪漫的琥珀结合在一起，其设计多次获得

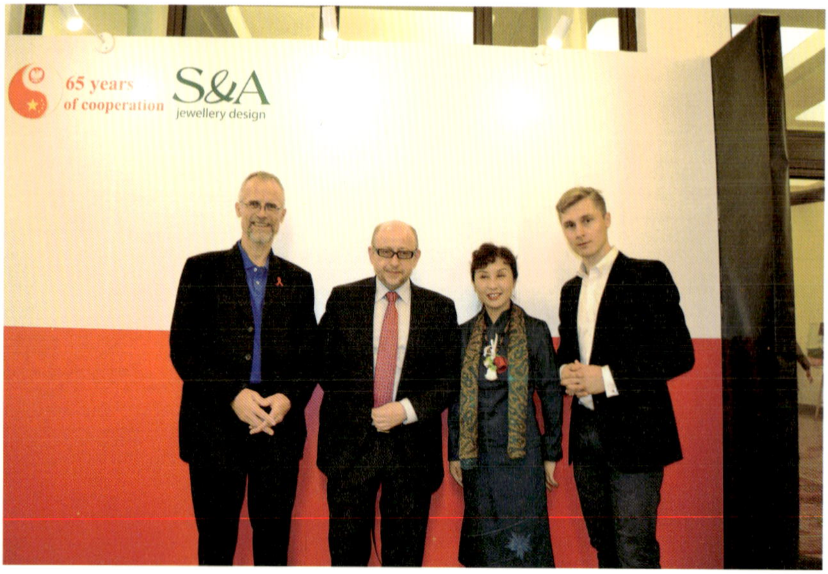
65 years
of cooperation
S&A
jewellery design

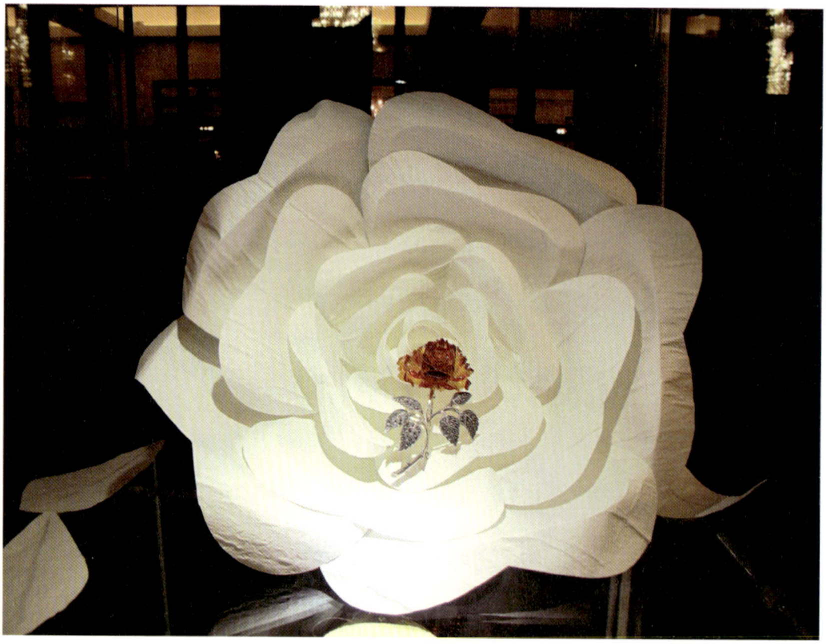

国际琥珀设计最高奖,是国际琥珀设计大赛当之无愧的"无冕之王"。好品质的选材,精湛的工艺和独特设计成就了S&A国际品牌地位,使其成为国际琥珀行业当中的知名品牌。目前,在欧洲的德国、法国、英国、丹麦、奥地利、匈牙利、捷克、西班牙、意大利、希腊和美洲的加拿大、美国,有1000多家珠宝饰品店经营着S&A的专属产品。S&A赛吉中国公司副总经理苏明砜说,琥珀原本就是温暖的宝石,用琥珀来传递爱心我们感到很开心和幸福。S&A赛吉公司希望通过参与此次慈善活动,用实际行动实现救助贫困儿童、共享中波友谊的硕果。

　　互满爱人与人国际慈善组织驻华代表迈克尔·海尔曼来到中国做慈善已经九年,他愿意竭尽全力帮助中国特别是西部民族地区贫困地区的孩子受教育。迈克尔·海尔

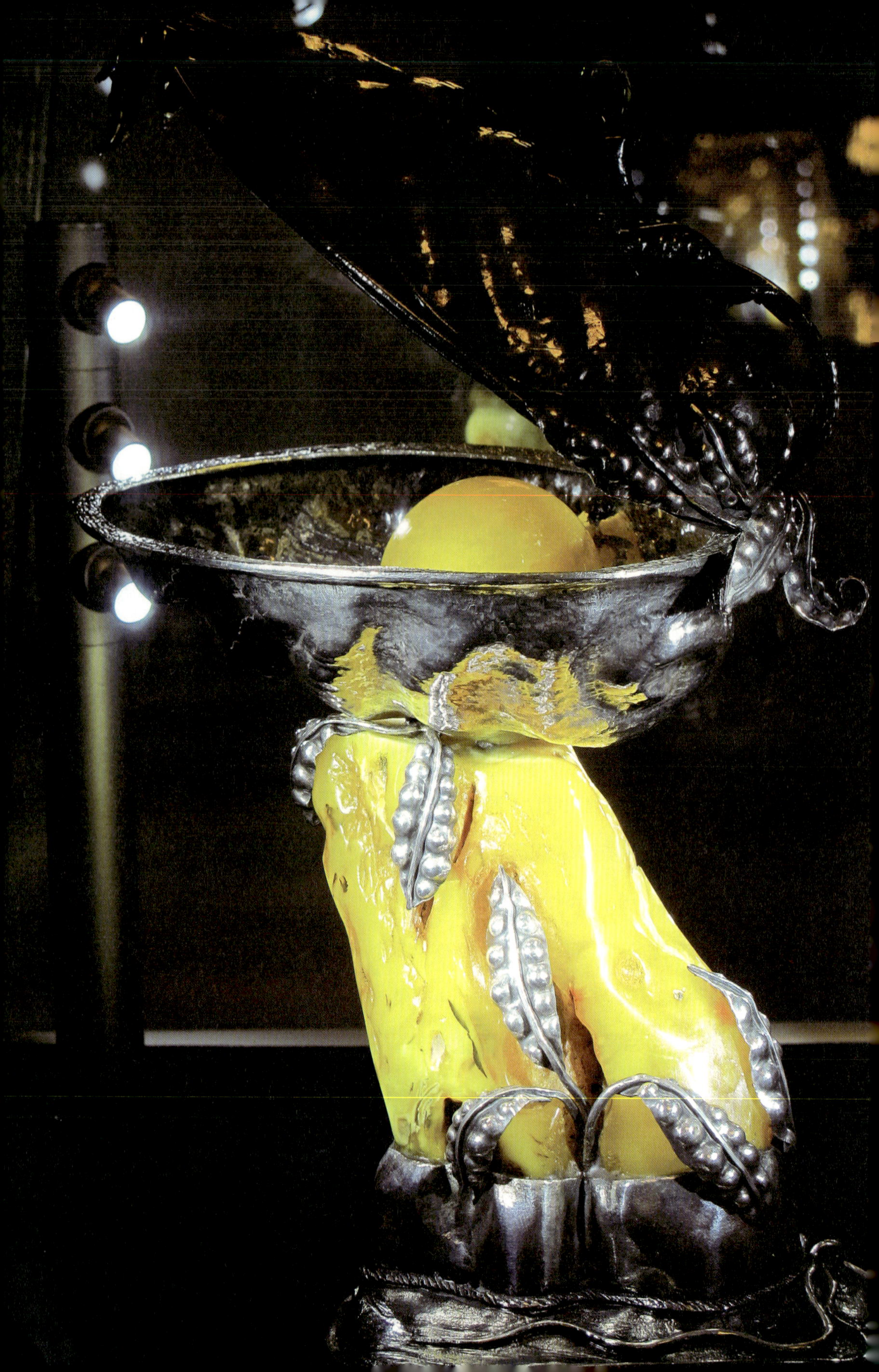

曼荣获"云南省彩云奖",该奖励认可互满爱人与人国际慈善组织为云南省的社会公共事业发展所做出的贡献。互满爱人与人国际慈善组织的使命是,促进人与人之间的团结一致为贫困社区提供发展机会并传递知识与技能,支持贫困和最需要帮助的人创造更好的生活。他们主要在四个领域开展项目。自2007年在中国开展项目以来,受惠人口已超过280万。他们希望,通过他们的力量,为缩小中国的城乡差距、东西差距、贫富差距和男女差距四大鸿沟做出微薄的贡献。

波兰共和国驻华大使霍米茨斯致辞:"在中华人民共和国建国65年之际,我们迎来了中波建交65周年的喜庆日子。波兰是最早承认中华人民共和国成立的国家之一也是最早和中华人民共和国建交的国家之一。65年来,中波友谊与日俱增并将延续和传承,波中友谊万古长青。今晚的活动主要资助凉山彝族儿童教育慈善，我希望多开展这样的慈善活动，帮助更多的需要帮助的人。我们希望帮助彝族的儿童更好的成长接受教育，儿童早期教育的发展是非常重要的，而一些偏远的农村地区的儿童却接受不到这样的学前教育。我们想通过此次拍卖活动帮助到这些孩子，把所有筹集到的善款全部捐给彝族的孩子们，尽微薄之力。"

"助力凉山彝族儿童教育慈善义卖琥珀专场拍卖会"全部拍品由 S&A 赛吉琥珀公司提供。这些精美的拍品有蜜蜡项链、拼色项链、原石项链、火珀项链、琥珀台灯、琥珀胸针等琥珀精品。大使夫人苏珊也将丈夫送给她的一件心爱的蜜蜡挂件礼物作为拍品，13 件琥珀拍品共拍得 336,500 元善款，将全部用于资助凉山彝族儿童教育。所受捐助的儿童班级被命名为"中波友好班级"。

孩子是国家的未来和希望，文化是民族的精神与脊梁，在中波建交 65 周年、两国友谊经历了岁月洗礼和时间考验的漫长之路上，作为两国人民友谊的信物，它见证了两国人民的友谊，实现了美与善的完美融合。

"舞蹈皇冠"——波兰拉尼歌舞团献艺北京

十月的北京，秋高气爽、鲜花盛开。在中波建交65周年之际，2014年10月1日晚，灯火辉煌、高朋满座的北京音乐厅迎来了来自波兰波兹南拉尼歌舞团民族舞蹈演出庆祝中华人民共和国成立65周年。被誉为"舞蹈皇冠"的波兰波兹南拉尼歌舞团成立于1976年，足迹遍布全欧洲、亚洲、非洲、拉丁美洲。

拉尼歌舞团为中国观众献上一台欧洲舞蹈盛宴。演出开始，身着红色中式旗袍的主持人说："来自波兰拉尼舞蹈团的演员们怀着激动的心情来到中国首都北京，今天上午登上了向往已久的万里长城，实现了他们的夙愿。现在他们以饱满的热情向中国北京的观众朋友们献上一场原汁原味的波兰民间舞蹈，让观众们品味一台高水平的欧洲舞蹈盛宴。"主持人话音刚落，全场响起热烈的掌声。

在欢快的音乐声中，身着波兰民族服装的舞蹈演员们跳起斯扎摩特里舞（Szamotuly）。斯扎摩特里是波兰的一个小镇，这里的女孩喜欢身着蓝白衣服，头戴帽子，男子则喜欢以靴子配合鞭子展示舞蹈技巧。这段舞蹈集合了当地布罗兹德克、波尼夫耶拉那、维沃特、特里迅卡等丰富的舞蹈元素。队形主要以圆圈和纵横为主，舞步轻松活泼，表现了波兰青年对爱情的美好期待。

卡舒比位于波兰北部，北邻波罗的海，当地渔业发达，因此卡舒比舞蹈也融入了打鱼生活的元素。基本上舞蹈以男演员为主，以高难度的舞蹈技巧为主，动作灵巧，幽默诙谐，反映了波兰人民对美好生活的向往。

一群穿着鲜艳民族服装的漂亮姑娘们跳起了欢快的新松奇舞（Nowy Sacz），她们金黄色的大辫子随着轻盈的舞步"翩翩起舞"。新松奇是波兰南部的一个小镇，位于卡帕蒂山脉的起点，居住在这里的人们喜欢以繁复精美的针线绣花装饰，当地通常在年轻男子服兵役前的送别会上跳此舞。

在波兰东南部的热舒夫，帅气的小伙子和漂亮的姑娘们喜欢跳当地的热舒夫舞，该舞蹈融合当地和周边的舞蹈特色，以极具活力的舞步变化，热情奔放的歌声和人们之间的嬉戏抒发对生活的热爱之情。

扎马格鲁斯·斯皮兹基是以自然地貌为分界线的一个地域，西以比耶乌卡河为界，北以杜那耶兹河为界。在当地的舞蹈中，融入了明显的匈牙利、捷克斯洛伐克、德国和意大利的舞蹈风格。这段编舞中有克扎达斯、华尔兹、波尔卡和马兹亚斯基，演员们优美的舞姿，精湛的演技，带给中国观众美的享受。

约格是波兰南部斯皮兹地区的一个小村庄，与斯洛伐克接壤，本段舞蹈的音乐主要由两种节奏组成慢节奏的卡达斯和快节奏的波尔卡。女舞蹈演员们穿着者漂亮的红裙，男舞蹈演员们带着帅气的帽子，在舞台上激情四射。

库亚维克和奥别列克是两种风格迥异的波兰民族舞蹈，常常被用在一起同台演出。通常，首先由女演员表演库亚维克舞，步履轻盈旋律优雅；接着男演员表演奥别列克舞，节奏欢快，意图以高超的技巧吸引女子们的注意，该舞蹈在波兰非常的盛行。舞蹈演

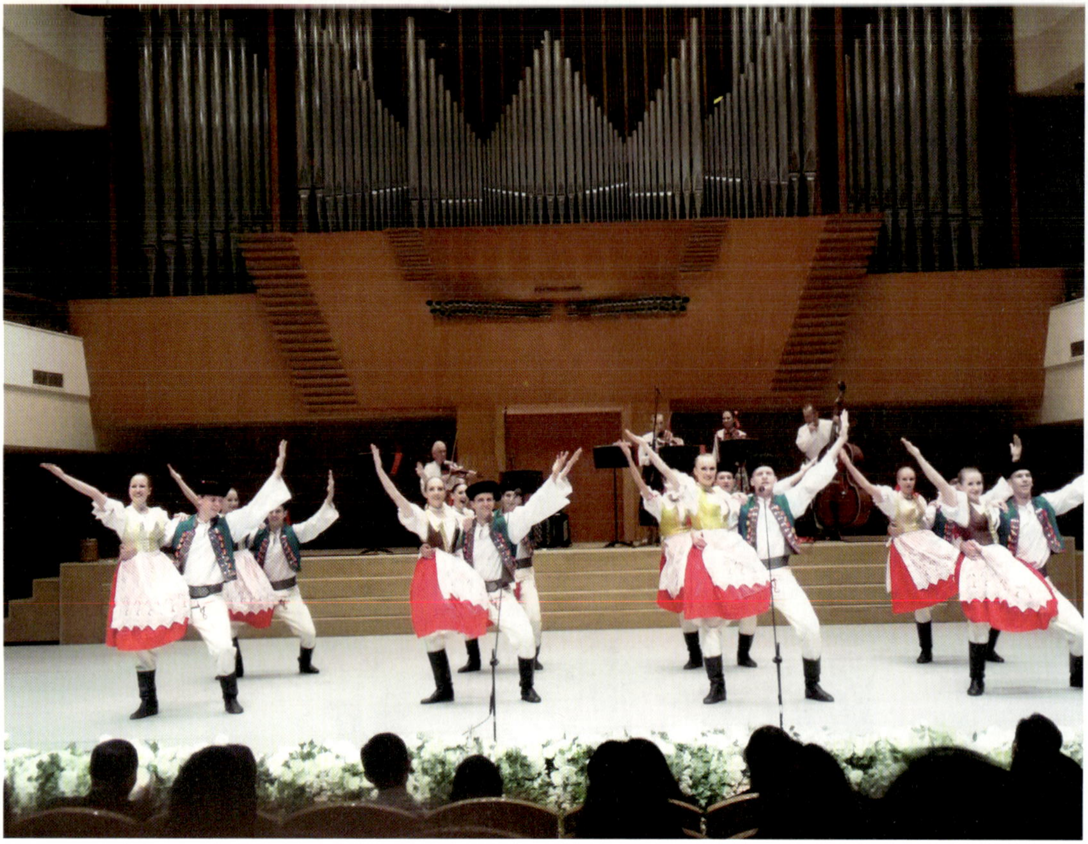

员们把青春的气息表现的淋漓尽致。

当著名的玛祖卡舞曲奏响时，演员们身着漂亮的波兰民族服装，随着音乐响起，跳起优雅的舞步。玛祖卡舞曲是波兰乡土舞曲，发源于三种三拍子的波兰乡村舞曲：重音位置多变、力度较强、速度较快，玛祖卡被称为"乖僻的克拉科维克"。玛祖卡舞曲其实只是一个总称，它包括玛祖尔、库亚维克和奥别列克等多种舞曲，19 世纪波兰作曲家肖邦写过 50 几首玛祖卡舞曲，显现了一个多采而妙想纷呈的玛祖卡钢琴世界。而今，在北京音乐厅玛祖卡舞曲亮相北京，让中国观众一饱眼福，目睹波兰民族舞蹈的风采。

整台舞蹈晚会内容丰富多彩，有波兰南部的维兹内克舞蹈和贝斯基斯·思维奇舞蹈；有波兰最具代表性的民族舞波罗乃兹，通常波罗乃兹是在节庆及重大活动时的必演节目，在古代波罗乃兹只为波兰的贵族保留；有克罗科维亚克舞蹈，有卢布林舞蹈……一个个优雅欢快的舞蹈，跳出了波兰人民的幸福生活，展示出民族的精神气质。

波兰舞蹈演员舞步欢快、舞姿翩跹，他们的精彩表演，赢得了全场观众们经久不息的掌声，将晚会推向高潮。演出结束时，热情的观众们纷纷走向舞台，主动与英俊潇洒、美丽动人的波兰演员们合影留念。波兰共和国驻华大使馆领事克什托夫·波日尼啊克（Krzysztof Pozniak）先生、波兰驻华大使馆波兰中心主任蔡梦灵（Magdalena Czechonska）女士、波兰拉尼歌舞团团长泽诺·木西阿乌（Zenon Musial）先生、中华人民共和国文化部外联局副局长谢金英、中国驻波兰大使馆前文化参赞丁海嘉等一同观看演出，并与演员观众合影留念。欢声笑语、热情友好的气氛，见证了中波两国人民 65 年来的深厚友谊，拉尼歌舞团献艺北京，在中波文化交流的史册上书写了令人难忘的一页。

"发现·欧洲双色苹果"

欧洲苹果之乡——波兰，盛产双色苹果，这种苹果多呈现红黄两色，香脆多汁，广受青睐，并已畅销于整个欧洲和俄罗斯地区。2014年，双色苹果有望进入中国。在2014年11月14日举办的中国（北京）国际果蔬展览会暨研讨会（China FVF 2014）上，波兰蔬果经销商协会"水果联盟"协同波兰共和国果农协会联合宣布，双色苹果在中国为期三年的推广活动正式启动。

本次研讨会暨欧洲双色苹果在中国的推广活动，由波兰蔬果经销商协会"水果联盟"协同波兰共和国果农协会主办；由欧盟、波兰共和国与蔬菜水果基金会提供资金支持。活动主办方表示，推广活动将从2014年至2017年，分为发现、选择、享受三个阶段进行。波兰共和国驻华大使塔德乌什·霍米茨基（Tadeusz Chomicki）、"水果联盟"协会会长约兰达·卡兹米艾斯卡（Jolanta Kazimierska）女士、波兰共和国果农协会会长米洛斯劳·马里什维斯基（Miroslaw Maliszewski）先生出席了研讨会。

霍米茨基大使在会上致辞。他说："今天，波兰与中国的专家学者及果蔬界人士相聚在波兰驻华大使馆，讨论一件非常美味的事情——在中国推销双色苹果。波兰是欧洲著名的苹果之乡。波兰苹果口味的与众不同在于，它的苹果外形美观，色泽鲜艳，

发现

香脆多汁，口感极佳。希望在不久的将来，中国消费者可以品尝到来自波兰的苹果。众所周知，每个国家的农产品生产和销售在国民经济中占有重要比例。波兰是一个农业国家，波兰生产的食品、乳制品及水果蔬菜出口到世界各地，在各国高档商场、大型超市均可见到。许多由波兰生产的食品、乳制品在美国、欧洲、亚洲和阿拉伯国家很受欢迎。中国有13亿人口，是食品和水果蔬菜的消费大国，我希望有机会，中国的消费者也能品尝到来自波兰的优质食品、乳制品和水果。"塔德乌什说，近几年波兰的肉制品、奶制品陆续进入中国，非常希望产自欧洲的波兰双色苹果能够顺利进入中国市场，满足中国消费者的需求。

塔德乌什幽默地说："我本人非常喜欢吃苹果，更喜欢用波兰的苹果与伏特加调成最美味的鸡尾酒。在此，我把自己的经验与大家分享：用三分之一的牛草酒（用波兰野牛吃的一种野生香草酿制而成的酒），和三分之二的鲜榨苹果汁兑调而成。最近这种酒已经在波兰市场上广受欢迎，之所以受到欢迎，就是因为有波兰苹果作为原料，因为波兰苹果是世界上最好的苹果。目前，中国和波兰政府都在积极推进协议的签署。我到中国工作已经5年，常常会有人问我，你在想波兰的时候最想什么，我回答说，我会常常在夜里梦见波兰的香肠、硬奶酪、伏特加和苹果。还有人问我说，如果让你独自到孤岛上生活，只能带两样食品，你会带什么？我会毫不犹豫地说：绿茶和波兰苹果。在昨天的波兰独立日招待会上，我们用25公斤波兰苹果作为装饰，它们受到了中国客人的喜爱。但没有想到的是，这些苹果很快就被中国朋友们吃完。这说明波兰苹果是很受中国人喜爱的，希望波兰苹果尽快进入中国市场。"

"很高兴能为中国消费者带来佳音，产自波兰的欧洲双色苹果在生产、贮藏与运输方面都是通过欧盟严格标准的，严格的标准将带给中国消费者最好质量的产品。"卡兹米艾斯卡女士介绍说。随着贮藏技术的不断提高，在一年中，随时都可以吃到最新鲜的波兰苹果。卡兹米艾斯卡女士说："我们将和果农协会一道，将最好的波兰苹果展示给中国消费者。"

值得一提的是，革新化的分拣，贮藏和运输技术对延长欧洲苹果保质期有非常大的帮助。而严谨的包装，使新鲜美味松脆的水果可以遍及世界各地。既是波兰果农协会会长，又是波兰议员的马里什维斯基先生兴奋地对记者说："我们很高兴可以给中国消费者带来味道多样化的欧洲苹果。我相信在这些品种当中，每位消费者都可以找到适合自己的口味。比如波兰格鲁耶茨（Grojec）一带出产的苹果，口感细腻，带些酸甜的感觉。这是因为特殊的气候和土壤条件，再加上多年经验发展出来的栽培技术。"

苹果专家巴乔克先生介绍了波兰苹果的种植情况。他说："双色苹果不但可口美观，而且远离污染，不含农药与化肥残留物，在栽培和贮藏过程中，都是按照国际最高标准严格执行，尽可能使用天然方法，完成手工检测和分拣。甚至对苹果中淀粉、糖分的检测，都有专业人员严格把关。这正符合目前中国消费者追求高品质、安全食品的心理。"

波兰"水果联盟"专家米郝先生还为与会者详细介绍了波兰苹果的种类非常之多，有艾达红、嘎啦果、红乔王子、金冠苹果、赞皮恩，且生长环境非常优良，气候也极适宜苹果生长。波兰地处欧洲中心，地理位置非常优越，冬天无严寒，夏天无酷暑，春季长达两个半月之多，夏天阳光明媚，日照充足，秋天温差大。这些有利的条件使得波兰特别适宜种植苹果，无愧于苹果之乡的美誉。"另外，苹果的贮藏也特别重要，通常需要在0.5℃到2℃之间，包装全部采用环保材料，这既利于苹果呼吸，又不失水分。"据了解，波兰是欧洲第一大、世界第三大苹果生产国，也是全球第一大苹果出口国。2013年，波兰的苹果产量达到317万吨；2012年，波兰苹果的出口量达到94余万吨。不管是产量还是出口量，均领先于欧洲同类竞争对手意大利、法国。

"我代表果农协会和波兰议会在中国北京推介波兰苹果。近年来，波兰在世界的

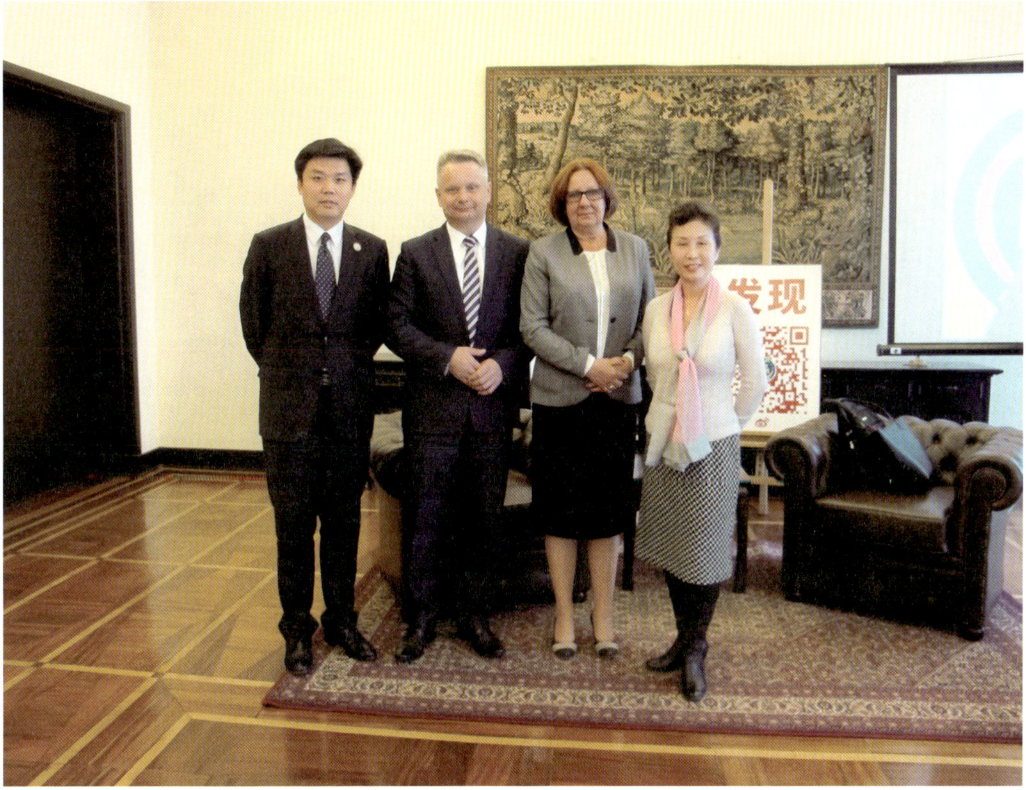
发现

地位日益提高，波兰是世界最大的苹果出口国之一，曾经有一段时间，我们和中国在苹果汁市场上处于竞争状态，而今天，我们双方更多的是合作。我们希望，双方携手，互利共赢，前景无限。我两次访问中国，给我留下了非常美好的印象，让我深深感受到中国人的热情和一张张洋溢着笑脸的友善。我们两国建交65周年，经过风雨考验，双方的合作不断加深，友谊日益深厚。我们也希望更多的中国人了解波兰的美食及波兰的苹果。波兰美食是波兰文化的一张名片，而波兰苹果又是波兰美食的代表佳作。波兰苹果无论从外观还是口感，都和目前中国市场上销售的苹果截然不同。我希望波兰苹果进入中国市场，会给中国消费者带来惊喜。"马里什维斯基称，"我们还对中国6亿多网民有非常强烈的兴趣,中国的网民是一个庞大的消费群体,我们也希望通过开创性的工作,使更多的境外消费者了解、喜欢上波兰的双色苹果。"据悉,经常参与线上互动的网友还有机会抽奖,赢取神秘礼物,并有机会亲眼目睹欧洲苹果从果园到中国消费者手中的全过程。

与会者在充满期待中品尝到了来自欧洲的苹果之乡——波兰的双色苹果,名不虚传,美味可口。

"波兰邮政支持文化"邮票展览首次亮相中国

"鸿雁翔空通今传信情播四海，邮驿马萧古道西风惠达万民。"初冬的北京，在中国邮政邮票博物馆的展厅里，人头攒动。一大早，"波兰邮政支持文化"邮票展吸引了众多中国观众，前来驻足观看，一睹波兰邮票的风采。

中波建交65周年之际，作为北京波兰文化节的特别项目，"波兰邮政支持文化"邮票展览日前在北京中国邮政邮票博物馆举办。本次邮展共展出波兰邮政发行的邮票、小型张及印样等300余枚，以及邮折、纪念册等多种，由展框与展台两部分组成。波兰驻华使馆大使塔德乌什·霍米茨基（Tadeusz Chomicki）、波兰邮政局副主任博古斯瓦夫·阿格涅什卡·科沃达－丹波斯卡（Boguslawa Kloda-Debska）、集邮推广专家尤利娅·玛格达莱纳·斯克鲁普卡（Julia Skorupka）、波兰贝多芬协会主任安德烈·基扎、波兰驻华大使馆文化处主任蔡梦灵等出席了邮票展开幕式。

塔德乌什·霍米茨基在开幕式上致辞说："在我的眼中，邮票是不同国家文化交流的媒介，今天大家看到的波兰艺术品邮票，是第一次与中国的观众见面，这次展出的精美邮票，都是由波兰著名的邮票设计师设计的，发行量很大，在欧洲颇有影响。通过举办"波兰邮政支持文化"主题邮票展，我希望把波兰的邮票艺术传递给中国的观众，

把波兰国家的文化精神传递给全球。今年正值中国和波兰建交65周年,波中双方在各个领域不断地扩大交往与交流,我们双方互通互信,已经提升到战略合作伙伴关系。在政治、经济、文化方面,双方的交往与日俱增。文化是沟通波中两国人民最好的桥梁和纽带,中国的观众通过观看波兰的邮票展,可以全方位地了解波兰的历史、文化、经济等各方面的发展。我非常高兴参加今天的开幕式,此次展览将为波中两国文化交流,特别是在邮政领域的交流与合作,开启新的旅程。"

身穿蓝色连衣裙的博古斯瓦夫·阿格涅什卡·科沃达－丹波斯卡女士今天显得格外高兴,享誉世界的波兰邮票今天终于有机会亮相中国首都北京,与广大中国观众见面。

5 zł
Polska
Polskie produkty regionalne
jabłka łąckie
A. SANCEWICZ
PWPW SA 2014

Polska
WIELKANOC
1,75 zł
PWPW 2014

455 lat
POCZTY
POLSKIEJ
ŚWIATOWY DZIEŃ POCZTY
POLSKA
4,60 zł

Polska

她抑制不住内心的激动，高兴地说："我被中国观众的热情感动，我希望通过这次邮票展览，增进波兰和中国两国人民的友谊，我愿意为波中两国邮政领域的合作与交流做些贡献。"科沃达－丹波斯卡女士曾经是一位舞蹈老师，后来，因为长期从事文化活动，她觉得文化对于人的心灵沟通、增加世界人民的友谊，能起到不可替代的作用，于是进入了传媒界。20年多年前，通过一次考试角逐，她以优异的成绩，正式加入波兰邮政局工作，开始了她后来的邮政工作生涯。她觉得，到世界各地推广波兰邮票，也就是推广波兰文化，是一件非常有意义的事情。她先后去了德国、法国、比利时、瑞士、以色列，与各国邮票设计师合作，设计发行邮票，赢得了非常多的赞誉。对于

增进波兰与各国人民的交往与文化交流，起到了桥梁作用。"我们一直期待与中国的合作。" 科沃达－丹波斯卡女士说，"我们希望通过这次邮票展，架起一座波兰通向中国，中国了解波兰的艺术之桥和文化之桥。"

邮票是可以到达地球上任意角落的流通工具，也是世界各国人民传递理念的纽带。而波兰邮政发行的主题邮票常常着眼于历史人物、重大事件、社会文化及体育赛事。此次波兰邮票展主题多元，内容丰富，展览为广大中国集邮爱好者呈现波兰丰富的文化，既有纪念人物的，又有纪念事件的，如波兰邮政总局发行的肖邦诞辰200周年纪念邮票，波兰邮政与瑞典邮政总局联合发行的居里夫人获诺贝尔奖100周年纪念邮票，这枚被誉为欧盟最好的邮票——香桧邮票为波兰邮政赢得了第 42 届阿夏戈国际邮票大赛"奥斯卡"。2014 年为庆祝波兰邮政 455 周年发行的邮票在阿夏戈国际邮票大赛上被认为是年度世界最美邮票。这些精美的邮票反映了波兰历史文化，也成为波兰文化的又一个重要符号，为波中两国人民间的友谊与文化交流增添亮彩。

李云迪：最年轻的肖邦国际钢琴大赛评委

2014年12月2日，波兰共和国驻华大使馆与云迪音乐在北京发布新闻，世界上最权威的古典音乐奖项——肖邦国际钢琴比赛组委会日前宣布，国际著名钢琴家李云迪将出任2015年第十七届肖邦国际钢琴比赛评委。

肖邦国际钢琴比赛是全世界最古老、最严格、级别最高的钢琴比赛之一。从1927年开始，每5年在肖邦故乡——波兰首都华沙举办一次。作为20世纪钢琴演奏史不朽传奇的见证，自第二届赛事开始，组委会就力邀世界各国最著名的艺术家们担任评委，不断发现优秀的肖邦钢琴演绎者，从而奠定了肖邦国际钢琴比赛在全世界的影响力及权威性。组委会对李云迪担任评委的评价："很荣幸邀请最年轻的肖邦金奖得主李云迪先生在2015年第十七届肖邦钢琴比赛中担任评委。他将是本比赛有史以来最年轻的评委。他是一位在国际上极具影响力的中国钢琴家，相信可以激励更多的中国人关注和参与肖邦国际钢琴比赛。"2015年将与李云迪同列评委席的更有深孚众望的卡塔琳娜·齐德龙·波波娃，马耳塔·阿格里奇，家里克·奥尔森等大师。

作为中波音乐大使，李云迪以一曲波兰著名钢琴诗人肖邦的经典之作开场，美妙动听的钢琴曲从李云迪的指尖中流淌出来……李云迪就受邀出任评委表示："担

任肖邦大赛的评委，我想这是大赛组委会给我的最大肯定和支持。今后我会更加尽力地弘扬古典音乐，推广肖邦音乐。也希望明年在肖邦大赛上看到祖国钢琴家们的精彩演奏。"

波兰共和国驻华大使塔德乌什·霍米茨基在新闻发布会上致辞说："李云迪当选2015年第十七届肖邦国际钢琴比赛评委，我非常高兴并祝贺这位年轻的中国王子，当选为这一国际顶尖级赛事最年轻的评委，他是已有87年历史的肖邦国际钢琴比赛评委中第一位中国人，今天我们在这里与李云迪分享这份喜悦。"

塔德乌什·霍米茨基大使说："音乐是无国界的，它是沟通波中人民与世界友谊的桥梁。肖邦是一位爱国主义音乐家，他的音乐充满了爱国的热情，肖邦音乐总是让人百听不厌、打动心灵。正是因为有这样的爱国激情和浪漫热情，肖邦的音乐才会跨

越时空、穿过岁月、经久不衰，深受世界人民的喜爱。我非常喜欢音乐，在聆听肖邦时，总是觉得他的音乐是如此的浪漫细腻，要演奏好，只有最接近肖邦思想和肖邦风格的人才能把握好，才能演奏好肖邦的音乐。"

　　李云迪在发布会上心情激动，面对媒体，他内秀、腼腆、风度儒雅。从他的话语中和眼神里，传递出的是对波兰伟大的浪漫主义钢琴诗人肖邦的无限崇敬和深厚感情。李云迪说："我与肖邦确实有着深深的缘分，波兰驻华大使馆将明年在波兰举行的钢琴比赛取名为'李云迪·音缘波兰'，我认为是再恰当和贴切不过了。今天，我的心情非常激动，我希望将这次机会当作自己一次学习进步的机会，对肖邦的感情更加深厚，对肖邦作品的理解更为深刻，这样才能演奏好肖邦的作品，才能把肖邦的作品风格及内心情感传递给世界人民。我的钢琴之路一路走来，是肖邦音乐伴我成长，我感谢肖邦，感恩波兰。"

"我发自内心地感到,被国际媒体誉为'钢琴王子',李云迪当之无愧。在肖邦诞辰 200 周年之际,我初次和李云迪见面时,感觉他非常谦逊。当时我问他,你是否考虑与波兰驻华大使馆合作,开展纪念肖邦系列文化活动?李云迪毫不犹豫回答:'这件事理所当然,不用考虑。'当时听到这番话时,我想这只是外交辞令,但几年交往下来,我感到李云迪的内心是真诚的,他非常热爱肖邦及他的作品。" 塔德乌什·霍米茨基大使这样说。

李云迪告诉大家:"我之所以喜欢肖邦的音乐,也喜欢波兰人的真诚,我想通过音乐作品的演奏,把肖邦的真诚热情及波兰人的精神气质传递出来。中国与波兰在音乐交流上是有很多共同之处的,在情感和审美心理上也有很多共同之处。肖邦的作品之所以能与世界人民相通,就是他的作品中保存和传承弘扬了波兰人的民族精神与气节。他像一座桥梁,把中国和波兰人民紧紧联系在一起。"

塔德乌什·霍米茨基大使认为,肖邦音乐带有波兰传统的民族精神,他的音乐令世界人民喜欢,令中国人民喜欢。这位风趣幽默的大使先生面对新闻媒体,非常神秘地揭开了一个鲜为人知的"秘密":2014 年 10 月 7 日是波兰与中国建交 65 周年纪念日,而同一天生日的李云迪被称为是"带着使命出生的钢琴家"。在新闻发布会上,李云迪与霍米茨基大使一起向乐迷们发出了"肖邦音乐之旅——与李云迪一起去波兰"的邀请,届时将有乐迷受邀前往波兰华沙,体验美妙的音乐之旅。李云迪表示,非常高兴和中国乐迷一同在肖邦的家乡分享他经典的作品,让肖邦的音乐走进我们的生活,更有亲切感。李云迪向媒体透露,2015 年恰逢他荣获肖邦金奖 15 周年,他的工作目标和巡演计划都会围绕着肖邦作品展开。

李云迪与波兰的缘分因肖邦而结缘。2000 年 10 月 20 日,李云迪在最后决赛中凭借一曲《肖邦第一钢琴协奏曲》一举夺得空缺了 15 年之久的肖邦国际钢琴比赛冠军,

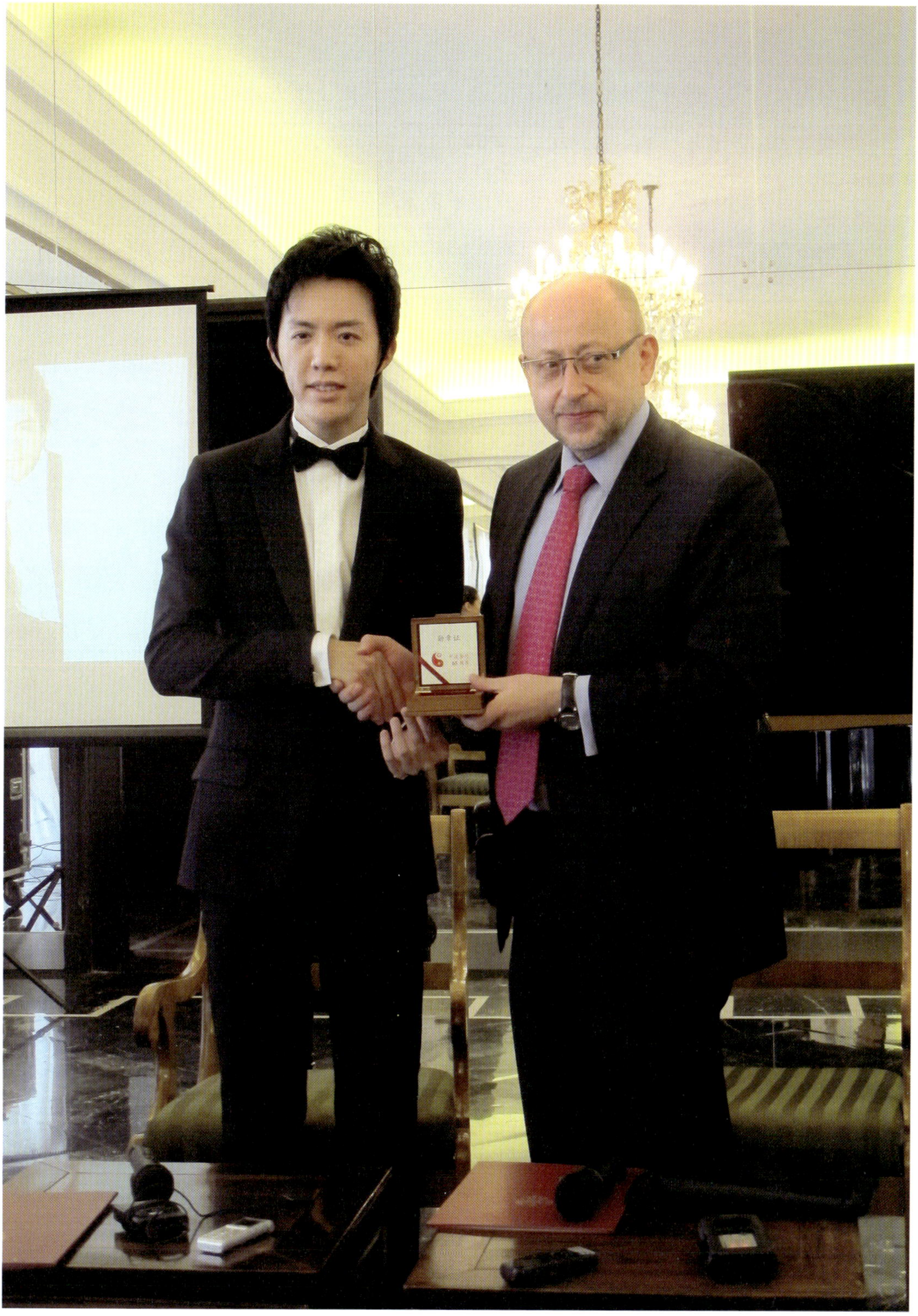

成为大赛史上最年轻的金奖得主和唯一获此殊荣的中国人，震惊世界的同时也开启了中国钢琴家步入世界一流演奏家行列的大门。

自 2000 年获奖以来，李云迪推出了多张肖邦专辑，并在世界各地举办了大量的肖邦作品音乐会，成为公认的肖邦钢琴艺术的传播者和代言人。仅在 2013/14 乐季，他在中国 35 个城市进行了巡回演出，将肖邦音乐在全国范围内普及推广。鉴于李云迪对肖邦钢琴艺术全球推广做出的贡献，2010 年是肖邦诞辰 200 周年，波兰文化与民族遗产部部长亲手授予他"荣耀艺术"文化勋章，成为首位获此殊荣的中国人，并拥有了全球第一本"肖邦护照"。

鉴于李云迪为波中关系的发展做出的杰出贡献，塔德乌什·霍米茨基大使向李云迪颁发了波中建交 65 周年纪念章。从 2000 年最年轻的肖邦钢琴大赛金奖得主，到最年轻的肖邦钢琴比赛评委，肖邦钢琴比赛不仅见证了李云迪的少年风华，也再次肯定了他的钢琴艺术造诣与成就。

波兰 ZAR 剧团演绎《剖腹产》

马年岁末，尽管天气寒冷，但是中国首都观众对戏剧的热情却丝毫不减。在为期近两个月的第六届戏剧奥林匹克期间，先后共有 22 个国家和地区的 46 部作品在京上演，演出达 110 余场，观众人次超过 11 万。作为戏剧奥林匹克节重要展演项目，由波兰 ZAR 剧团格洛托夫斯基协会（Grotowski Institute）推出的现代戏剧《剖腹产》在北京人艺实验剧场成功演出。

在剧中，"剖腹产"是一种对自杀的冲动和将人们拉向无意识边缘的隐喻。整部戏剧在独特的开放式舞台光影中展开：一条由晶莹的碎玻璃填满的长沟将舞台从中间划开，三位主演在乐师的配合下，用舒展而夸张的舞姿，展开剧情。不论是喃喃自语式的剧情提要，或是表演者对自身的专注，《剖腹产》的舞台上找不到明确的角色，整场演出看起来更像是一次表演者的自我救赎，自我问询。观众置身演出空间，看到表演者用沉重的高跟鞋敲击地面，一次次爬上椅子触碰光源，用力撕扯自己衣服的肩带，绕着舞台空间踉跄奔跑，看到满地的碎玻璃和红酒，伴着多声部、粗粝的吟唱。

"它是一种关于潜能，一种当观众感觉到静脉里有着还没有到达他们心脏的玻璃碎片时，拉长这一瞬间的可能性。"该剧项目负责人雅罗斯瓦夫·弗雷特告诉记者，

"真正严肃的哲学问题只有一个,这便是自杀。判断人生是否值得活下去,就意味着回答了哲学的根本问题。所有其他的问题——世界是否是三维的,思想可分为九类还是十二类——都在其次。这些问题不过是游戏,但人们必须要先行作答。"

《剖腹产》的首演是在2007年5月,正值佛罗伦萨的"the Fabbrica Europa Festival"。同年12月在弗罗茨瓦夫格洛托夫斯基学院首演。后来,该剧获得了"身体／视觉戏剧类"的全戏剧奖和2012年"爱丁堡国际艺术节"先驱天使奖。

此次北京的演出,ZAR剧团让中国观众感受到了其戏剧创作的风格,不单是希腊传统的,而且还有一些触及人类听视觉等各种感官的感受,令中国观众耳目一新。"ZAR"是斯瓦内提部落葬歌的名字,他们居住在位于高加索高地地区的格鲁吉亚的西北部。ZAR剧团成立于1999年,为了在作品中培养蕴含民族精神的戏剧语言,剧团在创作中不断地在不同文化间比较和思考着。曾有文艺评论认为,ZAR剧团使戏剧恢复到了艺术被分割成不同学科和风格之前,被波兰浪漫主义观念所影响,其艺术并不仅是宗教信仰的一种补充,而是能够填充现实和超越现实之间动态的鸿沟的艺术。

在《剖腹产》的创作过程中,ZAR剧团的成员几次到科西嘉寻找新兴音乐配乐的新素材。他们积极地参与到了法国巴斯蒂亚旁的TOX的复活节礼拜中,这次活动也成为了作品创作中一个重要的契机。因此表演的高潮部分是配以科西嘉礼拜音乐而表现出来的。虽然配乐的基本风格是科西嘉的音乐元素,他们也使用了保加利亚的一种哭叫声和咒语来增加作品的音乐戏剧性。另外,ZAR剧团在这部作品中也深受阿哥瓦亚·瓦特拉尼Aglaya Veteranyi文学的影响。

整部剧除了结尾处的几句唱白和呼喊外,没有一句台词,但这反而让观众对剧情的发展更加关注。"戏剧选用的乐曲结构是以科西嘉复调音乐为基调的,并与保加利亚、罗马尼亚、冰岛和车臣的歌曲相交织而成,作曲家埃里克·萨蒂赋予了其微妙的力量,以及将能激发人们对生命里一点一滴的声音所传输的强度融入其中。"——(亚罗斯

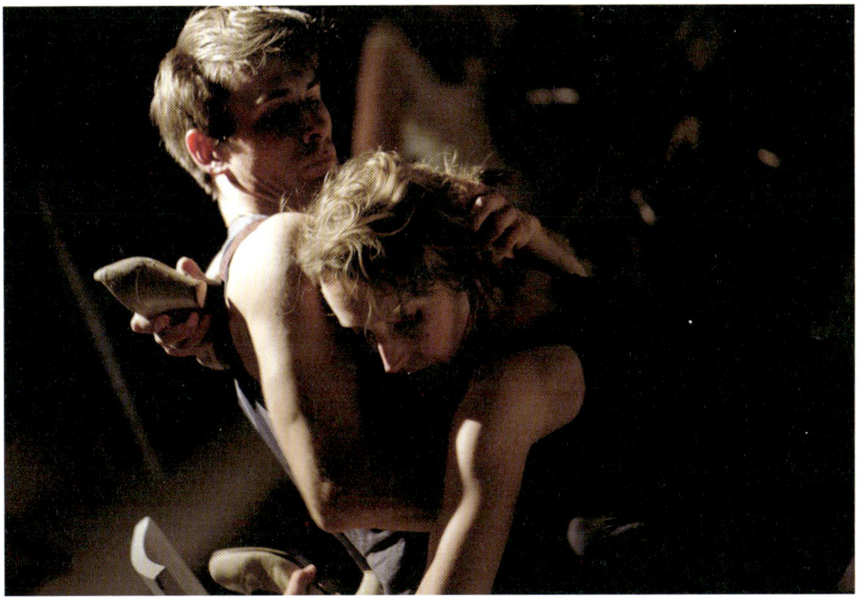

瓦夫·夫乐特）说，"这些都是向格洛托夫斯基致敬。"

耶日·格洛托夫斯基（Jerzy Grotowski）是20世纪戏剧大师，与斯坦尼斯拉夫斯基（Stanislavsky）、布莱希特（Brecht）、阿尔托（Artaud）同为影响当代剧场最为深远的导演和理论家。他打破戏剧演出的传统模式，取消了舞台和观众座席的界限，使观众置身于整个演出现场，力图使演员和观众建立更亲密的关系，身临其境，感受真实。他的这种实验和创新被称为质朴戏剧，这在上世纪60至70年代受到欧美各国戏剧界的推崇。彼得·布鲁克在为英文版《迈向质朴戏剧》(Towards A Poor Theatre)所作的序中，曾评价说："格洛托夫斯基是个超群绝伦的人物。"

作为戏剧奥林匹克节的普识部分，《剖腹产》在观众的赞叹和热烈掌声中落下帷幕后，波兰《戏剧（TEATR）》杂志总编辑雅兹克·考布津斯基（Jacek Kopcinski）先生对演出进行了点评，结合精美的幻灯片，向现场观众分享波兰现代戏剧的发展和成就，他说："随着社会、经济的变化，戏剧在新的社会背景下，作品也会随之变化。有人注重金钱，有人则在追求不变的戏剧价值。波兰人对于宗教的态度，大部分人是天主教，一些人是东正教。无论他们的信仰如何，很多人，特别是艺术家，在创作自己作品的时候，总是潜移默化地将宗教的信仰融入其中。因此，波兰的戏剧重在不仅给人带来视听享受，更重要的是召唤回波兰人的精神追求。"

考布津斯基介绍："近年来，波兰戏剧关注战争和历史题材，今天，战争虽已远去，但在许多时候，从戏剧中还能看到战争的影子。比如波兰版《哈姆雷特》，就与华沙起义有关。故事讲述的是，一位名叫古尔本的德国人，居住在弗罗茨瓦夫，这座城市后来成为波兰的第四大城市，作品的名字，是一些人从一个地方搬迁到另一个地方生活的再现。只要有战争，波兰人和德国人同样受到战争的影响。他们同样厌恶战争，他们希望能有一个平静安宁的生活环境，所以戏剧在表达生活的时候，从它的创意、创作到搬上舞台，全都离不开生活。"

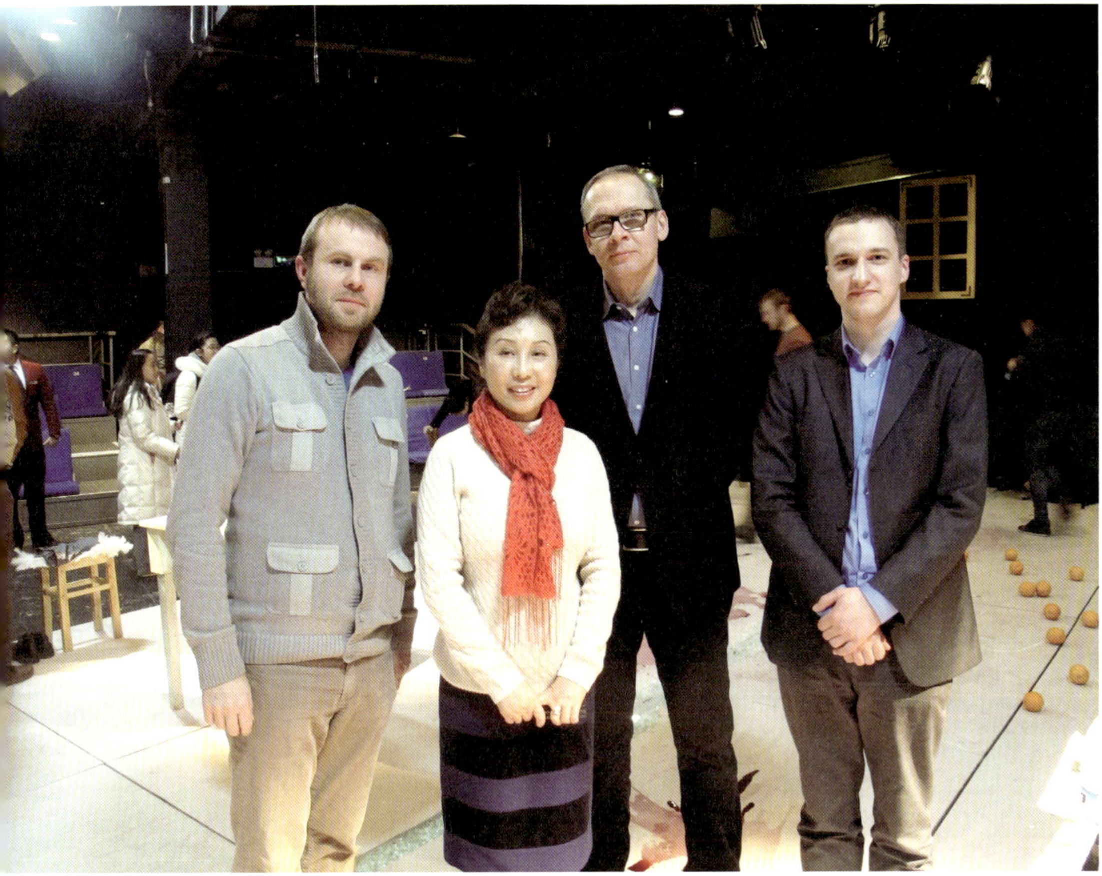

在北京人艺实验剧场，演出已经结束，观众们却久久不愿离开，他们静静地聆听着波兰戏剧大师的诠释，与他们进行心灵的真诚对话。此时，投影仪显示着一个人站在椅子上，对上帝说话，他说："我喜欢戏剧，也喜欢足球队员获胜。" 考布津斯基说："生活不仅仅只有金钱，人生有许多比金钱还重要的，比如像戏剧这样的艺术享受，及更高层面的精神追求。"

在文化交流间沟通心灵

早春的北京，风和日丽。在位于长安街的贵宾楼饭店，记者见到了第一次来到中国北京的波兰共和国文化与民族遗产部部长玛格拉塔·奥米拉诺夫斯卡（Prof. Malgorzata Omilanowska）女士。

奥米拉诺夫斯卡部长此行，是为在中国国家博物馆举办的"来自肖邦故乡的珍宝：15—20世纪的波兰艺术"展览专程而来。坐在我面前的奥米拉诺夫斯卡女士，身穿蓝色套装，金色的短发，十分干练而庄重。

这位气质优雅大方的女性部长身上兼具"教授"和"学者"的身份：她于1995年获得华沙大学博士学位，2003年完成华沙经济学院金融与税收硕士学业；2014年6月履职文化部长前，曾先后任教于波兰科学院艺术学院和格但斯克大学艺术史学院，并于2008年至2012年担任格但斯克大学艺术史学院院长，她是一位名副其实的"学院派"官员。

奥米拉诺夫斯卡女士说，这是她担任文化与民族遗产部部长以来第一次访华，也是首次中国之行。她说："我们在中国首都北京举办"来自肖邦故居的珍宝：15—20世纪的波兰艺术"展览，此次展览由中国国家博物馆、波兰华沙国家博物馆、密茨凯

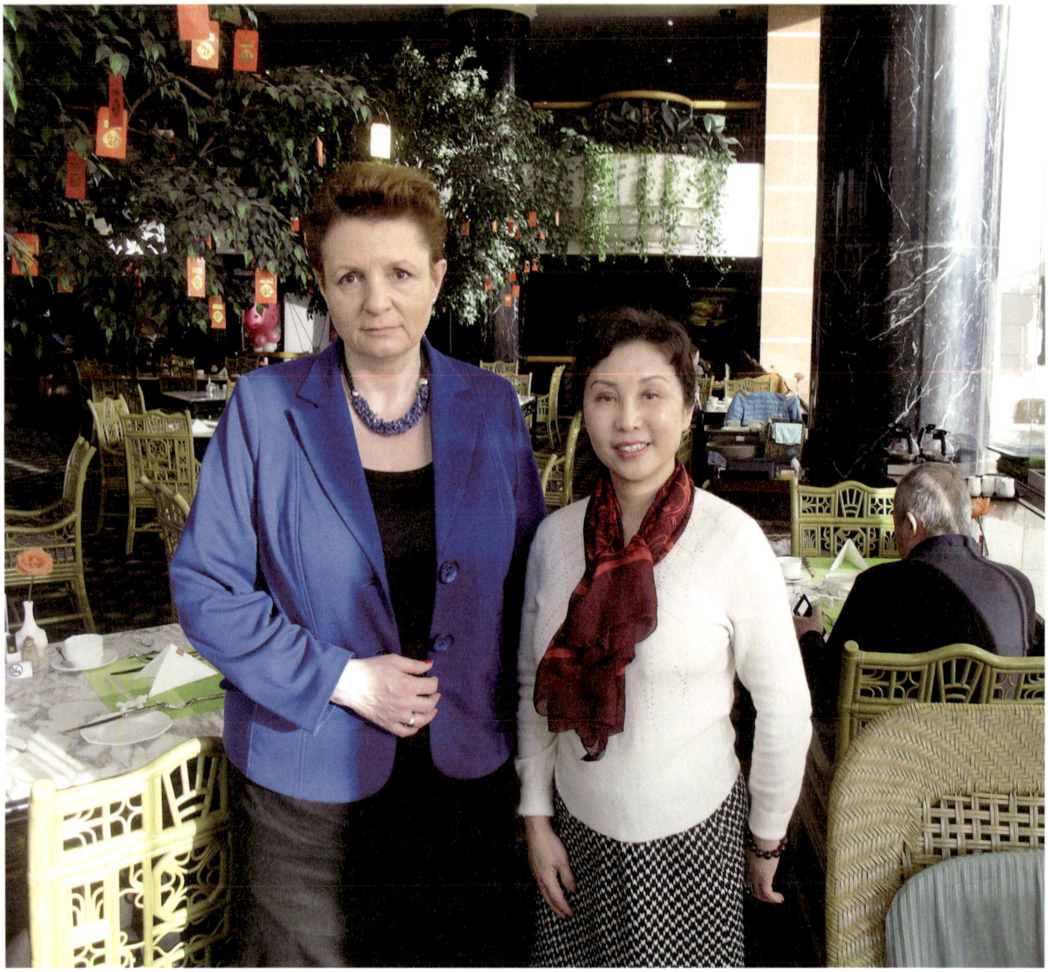

维奇学院联合主办,克拉科夫国家博物馆、波兹南国家博物馆、波兰驻华大使馆协办,且受到波兰文化与民族遗产部和赞助商波兰铜业集团KGHM Polska Miedz S.A的资金支持。我们想通过展览,让中国观众了解波兰的民族精神,以及文化魅力。在文化交流间沟通心灵。"

展览举办得很成功,波兰珍宝展区每天都有络绎不绝的参观者前来参观。奥米拉诺夫斯卡女士认为,这要归功于两国文化交流所产生的共鸣:"我发现,在波中文化交流过程中,我们找到了很多共同点,这些共同点就是我们两个民族都经历过战争和外侮,正因如此,我们两个民族都焕发出不屈的民族气节和强烈的爱国之心。此次展览全面展现波兰文化,每一件展品都展示着波兰的民族精神和文化元素,这些元素给我们两个民族的文化带来了深深的影响。19世纪波兰著名的钢琴诗人肖邦,就是波兰民族精神的典型代表。他在欧洲和全世界,发出自己的声音,他的音乐就像一颗颗射向侵略者的子弹,他的作品象征着波兰的民族精神,也为中国人民喜爱。音乐是一种心灵的语言,特殊的艺术,它可以联结波中两国人民的心灵。"

奥米拉诺夫斯卡女士认为波中两国文化有共同点,也有各自的特点。她说:"这次展览,就是想通过展示波兰艺术珍宝,让不了解波兰的中国人有一次了解波兰的机会。我们力求选出中国参观者感兴趣的和期待看到的波兰艺术品,同时从艺术的角度看又是波兰最想向世界展示的部分。希望通过展览让更多的中国人了解波兰灿烂丰富的文化和艺术。我认为,重要的是通过350件展品展示波兰文化的特性。展览涵盖绘画、雕塑、丝织品、金银器等多个艺术门类的精美展品,将波澜壮阔的波兰历史与灿烂辉煌的波兰艺术完整地呈现在中国观众面前。其中,很多展品是从波兰各博物馆基本陈列中特别选取的重要文物,如近6米长、3米多宽的杨·马特义科的巨作《国王斯蒂凡·巴托雷在普斯科夫》,出自华沙王宫博物馆基本陈列。这些展品一方面表现波兰的王宫生活、宗教(波兰人对天主教的热衷)、爱国主义、波兰的风俗以及欧亚文化对其的影响，另一方面，展览以特别的方式面向中国参观者，展现不为他们所知的波兰教堂的彩绘玻璃，另外还有带有波兰艺术特性的、让人联想到中国卷轴画的 16 米长幅水彩画卷。"

中波两国都非常注重对自己的文化遗产的保护和传承，虽然两国在文化保护的理念上不完全一样。"波兰地处欧洲的心脏，在 19 世纪就形成了保护文化的学派。"奥米拉诺夫斯卡女士说，"虽然战争给我们带来了极大的创伤，许多文化珍宝遭到破坏，但我们一直竭尽全力，用尽百分之百的努力去抢救和保护我们的文化遗产。而中国在文化遗产保护方面有很多经验值得我们借鉴，相应的，波兰的专家学者在保护古老壁画方面积累了很多丰富的经验，可以为中国提供参考。所以我们更应该加强文化交流与传承保护方面的合作。"

奥米拉诺夫斯卡女士这样评价这次中国之行的感受："这是我第一次来中国。在来到这里之前，我想象中国应该是欧洲传闻中的'自行车的国度'，但来到这里我发现，眼前的一切和想象的并不完全一样：城市干净整洁，高楼林立，车水马龙——北京是一个国际化的大都市。"

采访奥米拉诺夫斯卡，与她交谈让人感觉轻松愉快。奥米拉诺夫斯卡女士给我留下了非常深的印象。她说："波中文化交流，前景广阔，我们更希望在多领域进行深入交流，相互学习借鉴，在文化交流间沟通心灵。"

《浴血华沙》震撼北京国际电影节

春光明媚四月天。第五届北京国际电影节于 2015 年 4 月 14 日在北京盛装启幕。日前，波兰 33 岁新生代导演杨·科马萨（Jan Komasa）携其历时 9 年完成的鸿篇巨制《浴血华沙》来华参展，轰动北京国际电影节。

"多国风情"扮靓电影节

北京国际电影节期间，共有来自 90 个国家和地区的 930 部影片角逐"天坛奖"。其中，国际影片 808 部，国内影片 122 部，入围影片中有多部是国际首映。来自 103 个国家和地区的 1531 部影片报名北京展映，其中，200 部左右未在中国上映的国际影片与观众见面，21 部是近两年获得国际知名电影节奖项及奥斯卡金像奖的影片。

"多国风情"单元在本届电影节中最具亮点，将按国别的形式，集中放映 100 余部电影。这当中有很多小板块是和各国大使馆及相关电影机构合作的，比如法国电影周、波兰电影周、丹麦电影周、巴西电影周。此外还有日本电影单元、韩国电影单元、印度电影单元等。电影节主办方表示，通过各国电影作品的放映，可以使中国观众更好地了解世界电影的最新发展成就。

波兰电影的饕餮盛宴

本届电影节"波兰电影周"可谓"阵容强大"。担任本次波兰电影宣传策划及在北京举办系列波兰文化推广活动的负责人、密兹凯维奇学院亚洲事务委员会总监马丁（Marcin Jacoby）先生介绍："在本届电影节上，人们可以欣赏到多部最具代表性的波兰影片。同时我们也给中国观众们带来了刚刚荣获2015年奥斯卡最佳外语片奖的《修女艾达》。届时，来自波兰的两位著名导演，克日什托夫·扎努西（Krzysztof Zanussi）和杨·科马萨（Jan Komasa）将与观众朋友们进行一次面对面的近距离接触。"

北京国际电影节是中国迄今为止规模最大也是最为重要的国际性电影节之一。本届电影节的"波兰电影周"由波兰亚当密茨凯维奇学院、华沙电影节组委会、波兰共和国驻华大使馆和北京国际电影节组委会共同协作，4月16日至4月23日电影节期间，为中国观众带来波兰最具观赏价值的8部大师级导演执导的波兰影片。如扎努西、瓦伊达、基耶洛夫斯基、哈斯等。"希望中国的观众朋友能享受我们在本届电影节上为大家准备的饕餮盛宴。"马丁风趣地说。

《浴血华沙》震撼北京

4月17日晚，在位于北京市海淀区五棵松万事达中心旁，卓展购物中心的耀莱成龙国际影城，观众们欣赏到了由波兰33岁的导演杨·科马萨（Jan Komasa），历经9年时间拍摄的极具艺术价值与历史反思的战争历史大片——《浴血华沙》。该片用细腻的视听语言，通过展现一群热血青年投身到华沙起义63天特殊经历的感人故事，为观众们再现了第二次世界大战末期，波兰人民为反抗纳粹，争取自由，百折不挠，浴血奋战的民族精神，以及波澜壮阔的英雄史诗。

影片《浴血华沙》，又称《华沙1944》讲述了在华沙起义爆发前不久，一群当地的年轻人加入了地下组织。他们不仅为了履行爱国义务，同时也开启了一段青春冒险，

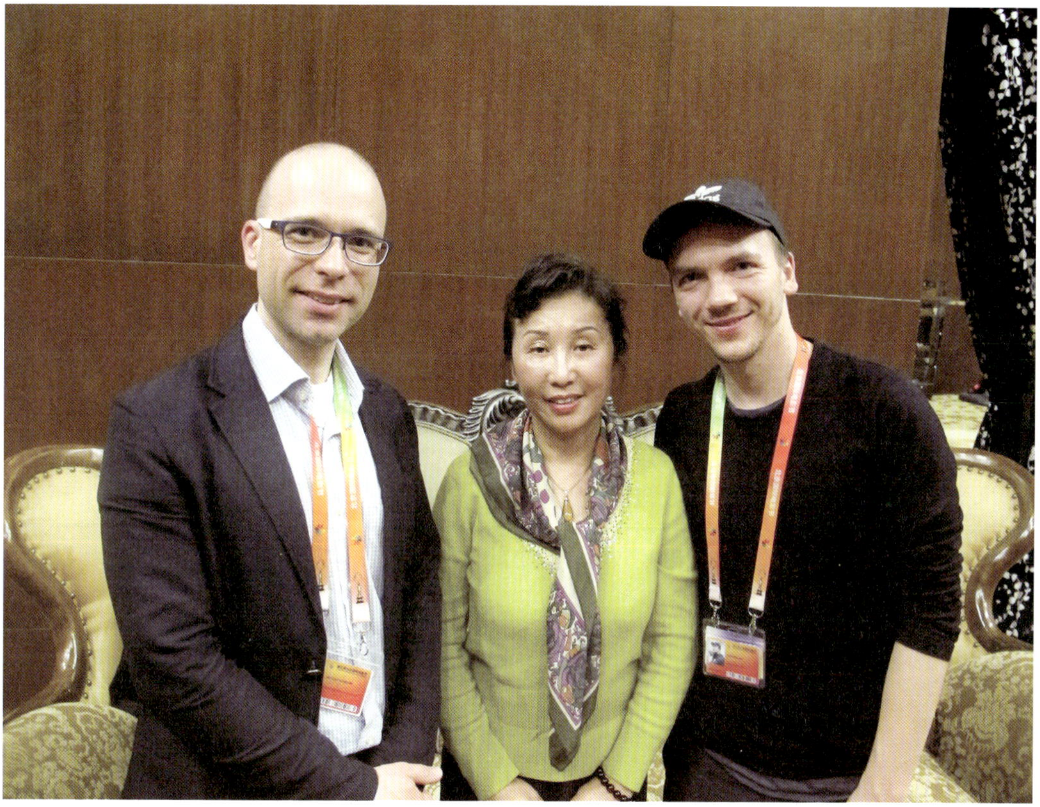

可以跟同龄人吹嘘，还可以吸引女孩子。在地下组织培训时，他们边"调情、炫耀"，边制订计划，殊不知接下来的那个夏天将是对他们生命的考验，而历史已经为他们做好了"安排"。他们成为华沙起义战斗中最为勇敢的组织之一，共同见证了牺牲精神和英雄气概，也看见了残忍、背叛与谋杀；他们懂得了爱，也体会了什么叫仇恨。尽管他们不情愿，历史还是在他们成熟的过程中，给他们上了血腥残酷的一课……

当电影落幕时，观众们意犹未尽，坐在影厅里。导演科马萨走上台，与观众们面对面交流。

当记者问科马萨："听说《浴血华沙》这部电影从构思、拍摄到完成，你用了9年漫长时间。9年前你才24岁，你怎么想到要拍摄这样一部厚重的战争历史题材电影呢？"

科马萨回答说："在历史上，波兰多次遭到外来入侵者的踩躏，战争给波兰带来太多的沉痛、悲剧和苦难。我之所以要拍摄《浴血华沙》这部影片，就是想让人们记住历史，记住那段难忘的伤痛，珍视和平，珍惜现在的美好生活。波兰社会在发展中的转型，为我们的生活带来了深刻而实质性的变化。这部片子从一开始就得到了政府方面的支持，我一直在等待着一个合适的时机，让这部凝结着我和我的团队多年心血的影片与广大观众见面。"

9年前，当时只有24岁的科马萨，就一直在思考，如何才能把这部战争题材的影片拍摄出最佳效果。在9年中，科马萨多次去过华沙起义博物馆，采访了许许多多的经历过华沙起义和那场战争的人们，所以在影片的场景中，科马萨镜头里的波兰人都是普通人，他们有教师、演员、运动员等各行各业的人们，他们共同生活在华沙这座城市，他们也许素不相识，但是当战争的灾难降临在这座城市的时候，所有的人都会为了自由与尊严，挺身而出。面对敌人的炮火、烧杀抢掠，他们宁死不屈、奋起抗击。

"我从这9年的拍摄经历中，也学到了不少东西。在波兰，至今人们常常都会以各种各样的方式，纪念那些在战争中死难的人们，有些年轻人甚至穿上二战时期的服装，他们是想提醒人们，不要忘记历史。"科马萨说。

回忆起当年，科马萨虽然还很年轻，但是已经结婚，并有了一个漂亮的女儿。他的想法就是要找一份自己喜欢的工作。回想起自己的导演经历，觉得很有意思。最初他是参加一个华沙电影剧本大赛，《浴血华沙》剧本并没有得到像今天这样的赞誉，科马萨悻悻而归。但是这却让很多知名人物和有经验的导演迷惑了——当初"输了"的科马萨赢了。就是因为米郝·基佛钦斯基（Michal Kwiecinski），一位很有影响力的波兰很有实力的电影制作人。

9年前，基佛钦斯基千方百计地找到科马萨，提出拍摄合作意向。原因很简单：当时其他比赛赢了的竞争者说，要有1亿兹罗提（约合人民币2亿元）的投资。而科马萨在众多竞争者中，仅提出1000万兹罗提投资需求，这在当时是最低的报价。

就这样，科马萨，这个当时还很年轻，名不见经传的导演，得到了波兰最著名的电影制作人基维钦斯基的垂青，从此，他的电影创作之路翻开了新的一页。《浴血华沙》这部片子最终以2500万兹罗提（折合人民币5000万元）的投资开机启动。

《浴血华沙》能有如此轰动效果，也得益于强大的制作阵容，很多国际顶尖制作人参与了影片制作，包括：理查德·贝恩，曾为例如《盗梦空间》《悲惨世界》《金刚》等大片制作特殊效果；还有UPP公司，曾是《2012》《香水》和《魔术师》的特效制作公司。

一位男士观众站起来对科马萨说："感谢你带来这部伟大的作品，在北京国际电影节与我们分享，让我们非常感动。你是否能与我们谈谈你对战争的理解？"

"波兰在第二次世界大战中，有600万人被战争夺去生命。这给每个波兰家庭带来了巨大的灾难和悲痛。这部电影拍摄成功，在波兰也掀起了轩然大波，反响强烈。"科马萨告诉观众，"拍摄这部电影的目的，主要是要反映波兰人民为自由和尊严而进

FILM FABULARNY JANA KOMASY
MIASTO 44
W KINACH OD 19 WRZEŚNIA

行的浴血奋战的不屈精神。相信大家都能体会，每一个人都有他们的生活选择，实现梦想。当电影很好地再现出当年残酷的战争场面，反映了在战争中为自由和和平付出献血生命的每一个年轻生命。我还是想用自己对战争的理解，和对生活渴望的理念来拍摄这部电影。因为电影给人们带来很多幻想和梦境，我是想把 70 年前，华沙起义 63 天浴血奋战的那段历史和在战争中发生的感人故事搬上银幕，我自己是准备了大量的资料，采访了很多经历过战争的人们。"

有位观众问导演科马萨："这部反映华沙起义的历史战争影片，给人身临其境的感觉。在拍摄期间，总共用了多少演员，才达到这样震撼的效果？"

科马萨回答说："我想告诉大家，这部片子的主演都是摄制组从 3000 多报名者中严格筛选的。其中，有些选好的演员在时隔两年后的正式拍摄过程中，由于年龄的增长，已经不能满足角色的需要，所以我们就要在新的一批报名者中重新筛选。饰演影片中一号男主角斯特凡的男演员乔瑟夫·帕夫洛夫斯基（Jozef Pawlowski）在 9 年前还是个 15 岁的孩子，两年后，他可以担任这个角色了。为了拍摄好这部片子，我们一家都搬到了华沙起义博物馆附近，以便于工作和采访。每一个场景和镜头画面，我都亲自做过调查。比如'爆炸后下血雨'的画面，在现实中，在战争中求生的人们在下水道穿行，牺牲了 300 人。要知道，这些都是真实发生过的事情。我甚至还到下水道，亲自在里面走过。"

科马萨介绍说，大学时，他听过这样的一个故事：有一个男孩儿在上课的时候睡着了，老师在课堂上讲完课，在黑板上写下一道数学公式。当男孩儿睡醒的时候，老师让他马上写下这个公式并解题。当时这个男孩儿一脸疑惑，非常尴尬。下课的时候，他把这道最难的公式带回家，用了整整一夜来解题。第二天清晨，当这个男孩儿走进课堂，将答案交给老师时。老师非常惊讶，这样难度高的公式题，他凭借自己的努力，竟能完全解开。

说到这里，科马萨笑着说："任何事情，在你没有做过之前，虽然你不知道结果会是什么，但是你完全有理由去试试。《浴血华沙》这部片子正是这样。我在完全不知道这部电影的结果是什么的时候，我去尝试了。于是，机会来了。9年前，在快毕业之前，我就开始自己做这部片子的策划、剧本等案头工作。2005年，波兰文化与民族遗产部、电影评论家等有关电影制片人、导演及相关组织对我们的拍摄方案进行了最为严厉的批评，并对我这位年轻的导演不屑一顾。后来在文化与民族遗产部、波兰总统和总理等有关方面的支持下，这部影片的拍摄批文正式颁发。事实上，在拍摄华沙起义之前，我已经拍摄了故事片《自杀者的房间》、《世界末日时间》，还拍摄过纪录片、专题片，还做过广告，为后来的电影创作奠定了良好的基础。"

对于《浴血华沙》的故事情节，一位女观众问道："这部影片非常感人，在影片中，你采用了超现实的表现手法，寓意深刻，处理得非常好。特别是对影片中两位女角色，别迪热卡（Biedronka）和卡玛（Kama）的处理上，非常独到，富于人性化。由于男主角与两位女角色的情感'纠葛'贯穿始终，你认为这会不会破坏战争影片的协调性？"

科马萨回答说："首先，这部电影是采用超现实的表现手法，历史上，表现战争题材的影片已经很多很多，如果没有一些超越和新颖的构思，那就与其他的片子雷同了。所以我在想，作为一名导演，应该把电影更加理想化。所以在拍摄这部电影的过程中，运用了很多波兰的背景音乐。在这部影片的拍摄过程中，我尽可能地让主角主观地感到，这不是战争，而是像一场party。所以，这部电影中加入了很多柔美的、生活化的、美好的画面，激发观众对未来美好生活的向往。"

"男主角斯特凡的人物形象是真实的，但是在构思时，我加入了一些想象。在身经百战，艰苦磨难之后，并没有让男主角死去，这样能给人们带来生的希望。另外，在两个女角色处理上，我想金发的别迪热卡求生欲望强烈，只是想活下来。而卡玛的

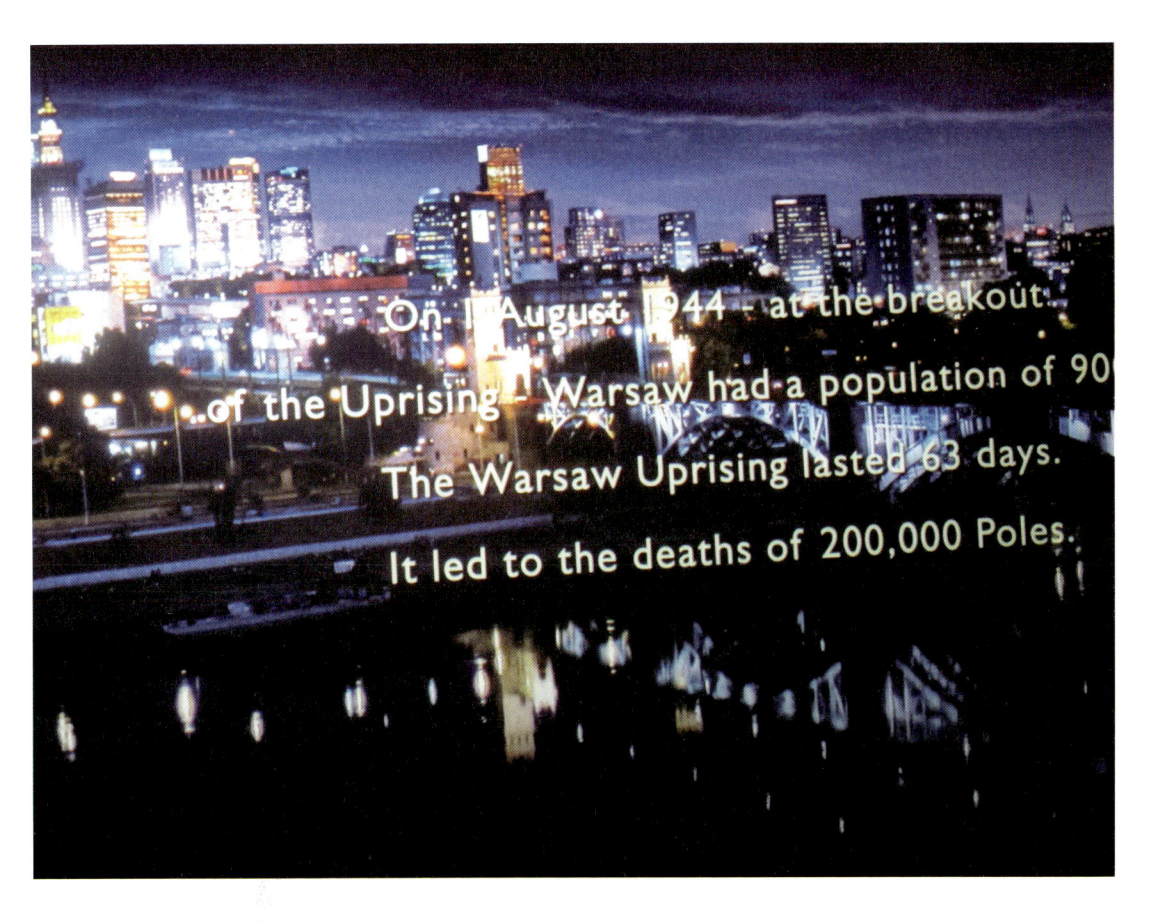

On 1 August 1944 - at the breakout
of the Uprising - Warsaw had a population of 90
The Warsaw Uprising lasted 63 days.
It led to the deaths of 200,000 Poles.

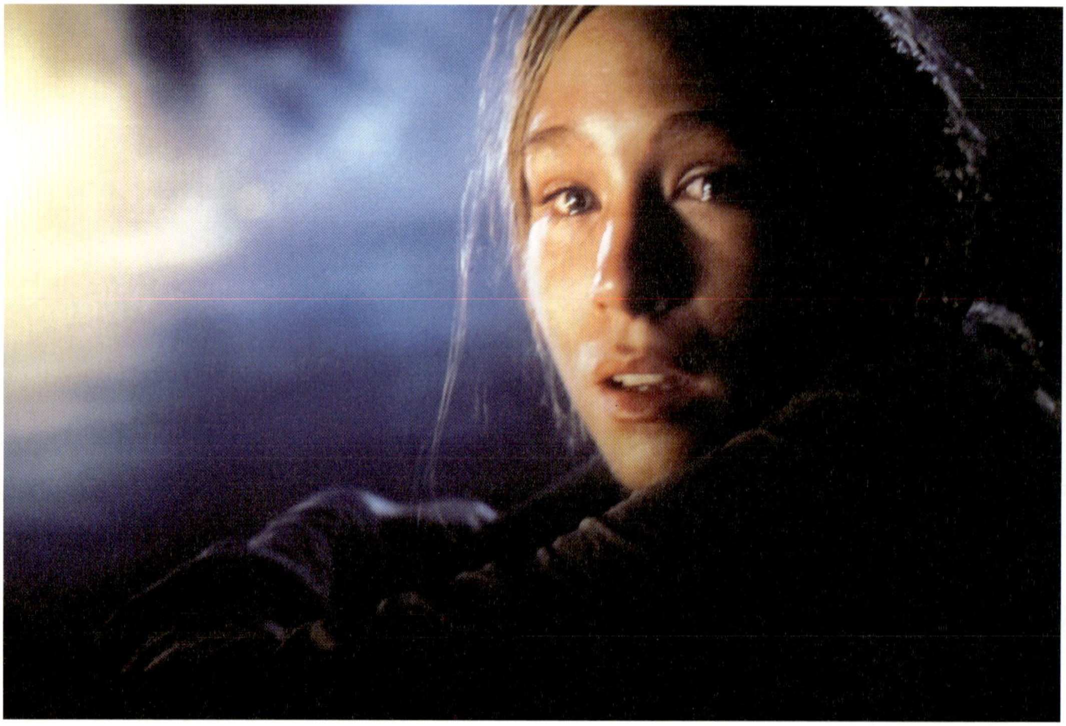

性格却是不仅要活下来,还要为了祖国和尊严,与敌人战斗,哪怕牺牲生命。这表现出在战争中,人们在特定历史环境中的心理活动和性格特征。两个女孩儿都深爱着斯特凡,但她们的风格不同,性格不同,所以面临人生选择的态度也不同。"科马萨说。影片中,男主角斯特凡并非一个超级英雄,他只是一个为了自由而活下来的平凡人物。他的人生态度真正转变是在眼睁睁看着母亲和弟弟相继被德国纳粹残害的惨象时,他的人生真正发生了深刻的变化。他想,一定要为自由和尊严起来奋战抗争。

2014年,《浴血华沙》这部影片在纪念华沙起义爆发70周年之际,在波兰国家体育场进行首映。当时,有15000人参加首映。波兰总统布罗尼斯瓦夫·科莫罗夫斯基(Bronislaw Komorowski)及夫人安娜·科莫罗夫斯卡(Anna Komorowska),时任波兰总理、现任欧盟理事会主席唐纳德·图斯克(Donald Franciszek Tusk)出席了首映式。文化民族遗产部派代表、起义军代表家属、犹太人地区代表以及与华沙起义同时期的巴黎起义代表参加首映。当时有人看了片子后,在反响强烈的同时,也有些争议。应该说这是新与旧的争议,还有人认为科马萨的战争场面过于血腥。但实际上,这些都是华沙起义63天战斗中鲜活的事实。在科马萨看来,文化是最有价值、最有冒险精神的挑战。"就像中国伟大的长城,谁能想到6300公里的长城建造者们,也是具有冒险和挑战精神的。正是当年的冒险和挑战,才换来了今天给中国和世界留下的文化遗产。"科马萨自信地说。

多年来,科马萨非常感谢他的家人对他的支持和鼓励。科马萨生长在一个艺术世家,从小就受到艺术的熏陶。他的母亲是歌唱家,15年前曾在电视台工作,父亲是波兰著名演员,弟弟是歌剧演唱家,两个妹妹分别是流行音乐歌手和广告设计师,生长在这样的家庭,他对电影艺术的那份感觉与生俱来也就不足为奇了。他有两个孩子,15岁的大女儿这次随他一同来到北京,参加北京国际电影节。他们希望中国观众喜欢他们的电影,并希望今后让中国观众看到更多的波兰经典优秀电影。

欧洲文化之都：弗罗茨瓦夫

行走在美丽的国度——波兰，每一座城市都有着自己独特的魅力，悠久的人文历史和厚重的文化底蕴。有些城市以其丰富的历史古迹，展现着曾经辉煌的昔日；有些城市以其高贵典雅的艺术气息，将每一位到访者的心留住。

走过波兰的一座座城市，了解悠久沧桑的历史，欣赏绚丽缤纷的景色，分享多姿多彩的艺术，感受多元丰富的文化，可谓人生中不能错过的一道亮丽风景。

我多次出访波兰，华沙、格但斯克、克拉科夫、罗兹、弗罗茨瓦夫都留下了我的足迹。漫步在波兰的每一座城市，就如同让我穿越在时光隧道，感受不同时期的历史，享受着不同风格的文化艺术，品尝着美味丰富的饕餮盛宴，收获着难得体验的人生感悟。

屹立在奥德河畔的弗罗茨瓦夫，是波兰第四大城市，同时也是波兰仅次于华沙的第二大金融中心。她的历史悠久，文化丰厚，这座千年的城市留下了曾经被捷克、德国统治过的痕迹，如今的弗罗茨瓦夫，已经是一座名副其实的欧洲文化之都，是波兰土地上最美丽的城市之一。

三次去过弗罗茨瓦夫，这座美丽的城市深深印在我的脑海里。弗罗茨瓦夫的历史可以追溯的公元 10 世纪，最初的奥德河畔是奥莱比锡前往奥菠莱、克拉科夫等地贸易

之路上的一个渡口。公元1000年罗马教廷设立了弗罗茨瓦夫教区，在这里修建了主教堂和交通要塞，于是，弗罗茨瓦夫由此诞生。

奥德河缓缓流经弗罗茨瓦夫，将这座城市建造成了大大小小的"岛屿"，最早的城市发源地——座堂岛，是奥德河上一座小岛，是中世纪时期珍贵的古迹。10世纪时这里就建有堡垒，如今是教堂等宗教建筑聚集的神圣领地。拥有高大双塔的圣约翰大教堂建于13世纪，沿着卡诺尼亚（Kanonia）街可以到达岛上的植物园，植物园建在曾经是奥德河的支流上，在附近的沙堡上耸立着14世纪建造的圣玛丽教堂。桥的后面是大学图书馆大楼，位于沙堡尽头的玛利亚和菲利克斯两座磨坊，分别建于17和18世纪。

夜幕降临，灯火辉煌，这些古老建筑倒映在水中，成为弗罗茨瓦夫城市最独特亮丽的一道风景。

上千年的历史为这座城市留下了不同时期、不同民族的、不同风格的各色建筑与多样文化，哥特式风格的圣艾勒基贝塔教堂，巴洛克风格的弗罗茨瓦夫大学以及被联合国教科文卫组织列入世界文化遗产名录的人民会堂百年大厅，令人目不暇接。这些古老建筑绽放出惊人的目光，给人一种穿越时光，一眼看遍千年的梦幻感觉。

在世人眼中，弗罗茨瓦夫是一座美轮美奂的"欧洲文化之都"，在我的眼中弗罗茨瓦夫更是一座名副其实的"世界文化之都"。因为她的历史文化，及生活在这座城

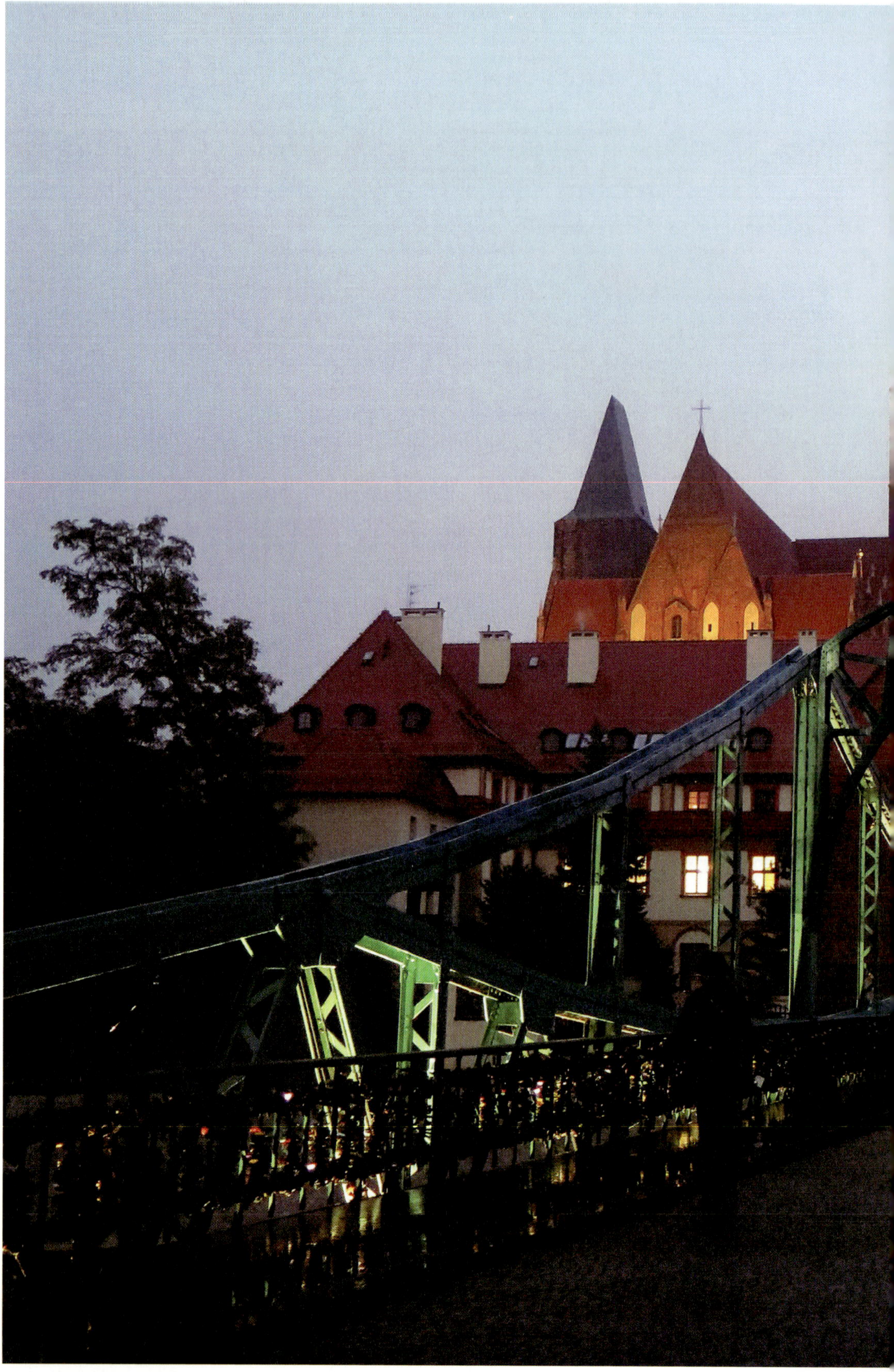

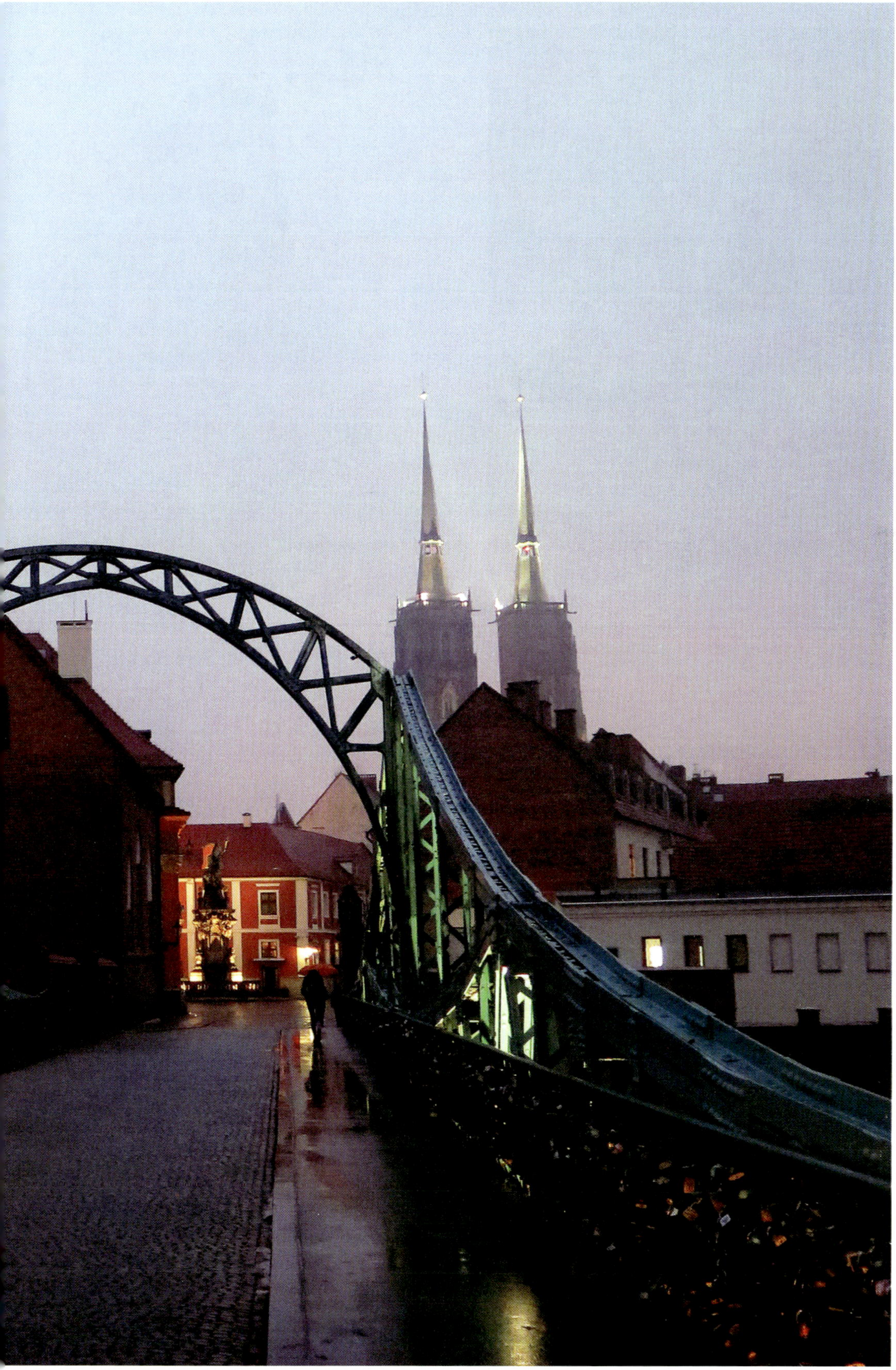

市中的市民及生活态度、生活方式、文化理念，都是世界上独一无二的。在奥德河对岸的办公大楼旁矗立着现代化建筑的伏罗茨瓦夫歌剧院，常常上演着世界顶尖级的戏剧、芭蕾及歌剧；而在被誉为"世界现代建筑明珠"的百年大厅内举办的国际顶尖级音乐盛典，规模宏大，随时都吸引着世界各国的明星纷至踏来……

芬芳正浓的夏天，在7月里伏罗茨瓦夫举办的新视野(Nowe Horyzonty)电影节期间，位于市区的整座广场"摇身一变"成为巨大的露天电影院；依然是在仲夏7月，弗罗茨瓦夫山羊之歌剧团每年都要举办"勇敢戏剧节"，创意者的初衷是让勇敢者们汇聚在这座城市，勇敢地登上喜剧舞台，勇敢地表达自己的思想，勇敢地在戏剧节上展露自己的艺术才华，来自世界各国的戏剧爱好者、戏剧艺术家们在文化交流中沟通心灵。

山羊之歌剧团的团长、导演热高士·帕拉尔(Grzegorz Bral)先生告诉我，每逢"勇

敢戏剧节",非洲的埃及,亚洲的越南、伊朗、格鲁吉亚,欧洲的捷克、法国等地的艺术家都会来。他们演出所得都捐给贫困地区的孩子们。2013年"勇敢戏剧节"演出售票所得全部捐给了甘肃省边远地区的孩子们,资助他们上学,在山羊之歌剧团地支持和帮助下,有的孩子才得以考上大学。听着热高士·帕拉尔先生地讲述,我的内心早已被深深地打动。

还记得,那是2015年的深秋时节,我在柯茗蕾(Kamila Kreft-Nowacka)女士的陪同下应邀来到弗罗茨瓦夫采访,这是我第三次访问这座城市。连绵不断的秋雨,带着深秋时节的寒意,淅淅沥沥地下着。当我们走进这座城市,无论是在山羊之歌剧团,还是在位于市区的波兰文化部国家音乐中心(Narodowe Forum Muzyki)或者是在有着60年历史的弗罗茨瓦夫哑剧院,每当见到一位弗罗茨瓦夫的朋友,都感到暖意融融，倍感亲切。每到一处艺术院团，都充满了浓郁的艺术氛围，令人舒心惬意。从踏入这座城市的那一刻起，我就认定弗罗茨瓦夫不仅是一座美丽的城市，更是一座温暖的城市。

山羊之歌剧团作为欧洲最具创造性的剧团之一，在世界上享有盛誉，剧团致力于研究戏剧区别与其他艺术形式的独特之处，剧团持续进化的训练、排练和表演都被视为是一个实验过程，探究演员和导演的技艺，并演绎出新的表演技术、语言和作品。山羊之歌剧团对事物内在连结的探求促成了每种新训练的发展——即试图把动作、声音、歌曲和文字结合起来，创作出自身附有内在音乐性的表演，从而与观众产生感官共鸣。

坐在我面前的热高士·帕拉尔团长讲述了他从1996年起，就在弗罗茨瓦夫创办山羊之歌剧团的故事，于此同时他也开班培训演员。他认为大部分戏剧人在演绎戏剧时，更多考虑的是表达方式，而我则是想用声音和音乐二者来表达思想，就像中国的京剧艺术，有声音也有音乐。山羊之歌剧团成立20年，已经先后创作出9部剧目到世界各地演出。山羊之歌剧团第一次到中国演出的剧目，是根据契科夫的《樱桃园》改编成的《樱桃园的肖像》，公演后反响很好。之后山羊之歌剧团来到中国参加乌镇戏剧节的演出，"喜欢感受不同地域的文化，为人生享受而创作艺术"这就是山羊之歌剧团成立与创作的初衷。

弗罗茨瓦夫哑剧团自1956年成立以来，多次荣获国际奖项。声名远扬的还有爱乐乐团。我三次来到这座城市都非常有幸地在弗罗茨瓦夫哑剧院观看了戏剧、芭蕾、歌剧的不同演出。令我印象深刻的是这座剧场至今依然保持着中世纪高贵典雅的剧场风格，充满了浓浓的艺术气息。安妮亚（Ania）女士是剧团的演员，她告诉我，剧团成立60年来，先后到过日本、俄罗斯、澳大利亚、摩纳哥、意大利等多个国家访问演出，他们希望有机会到中国演出，并与中国艺术家交流感受中国文化。采访结束时，安妮亚信心十足地说："请相信我们弗罗茨瓦夫哑剧团的实力与魅力。"

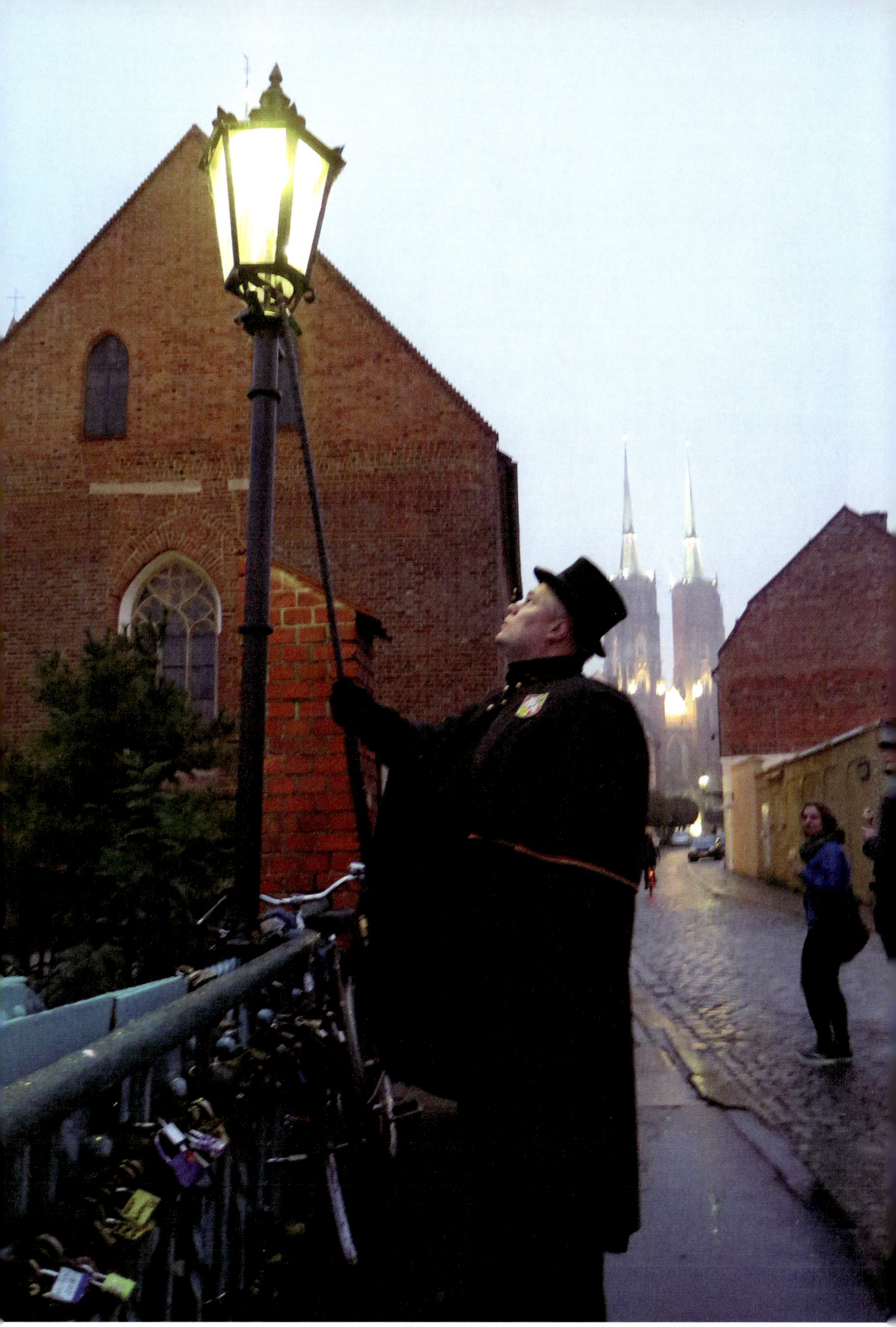

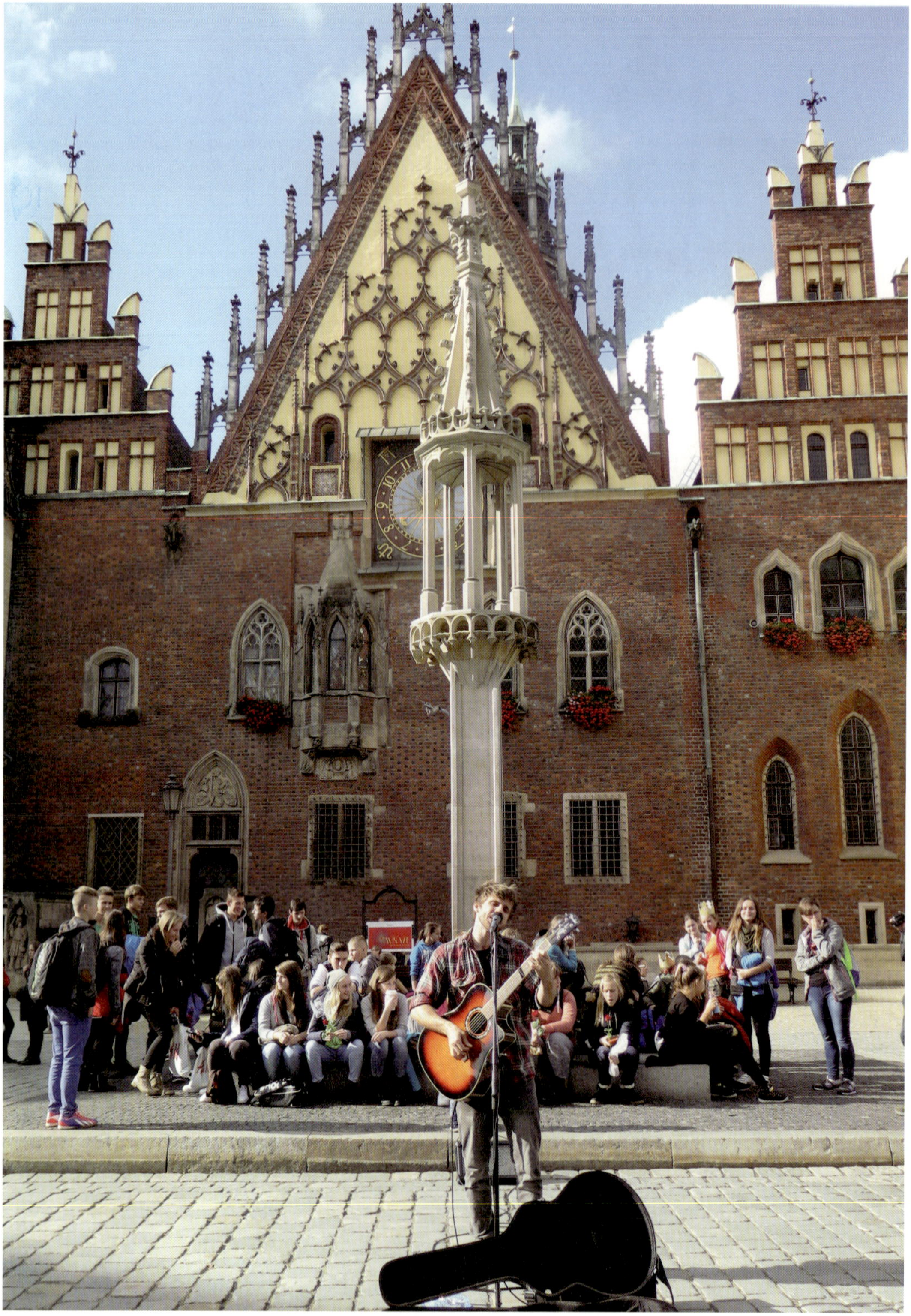

波兰西南部有着最迷人的自然风景、名胜古迹。她既是欧洲文化之都,也是不可多得的欧洲文化圣地。凡是到过这里的人都会被茫茫的群山及迷离仙境般的城堡所吸引。作为这个地区的省会城市,弗罗茨瓦夫以其"欧洲文化之都"的独特魅力,吸引着来自世界各地的旅游观光者和投资创业者。

在弗罗茨瓦夫市长的鼎力支持下,2015年9月在市中心建起了波兰文化部国家音乐中心,将音乐教学与艺术表演相结合,打造"会说话的音乐会"。弗罗茨瓦夫作为波兰最具活力的城市之一,这里有极具想象力的现代化建筑与千年历史古迹交融并存,过去与现代相互交融和谐完美。始建于13世纪末的市政厅,顶部正面镶嵌着1580年

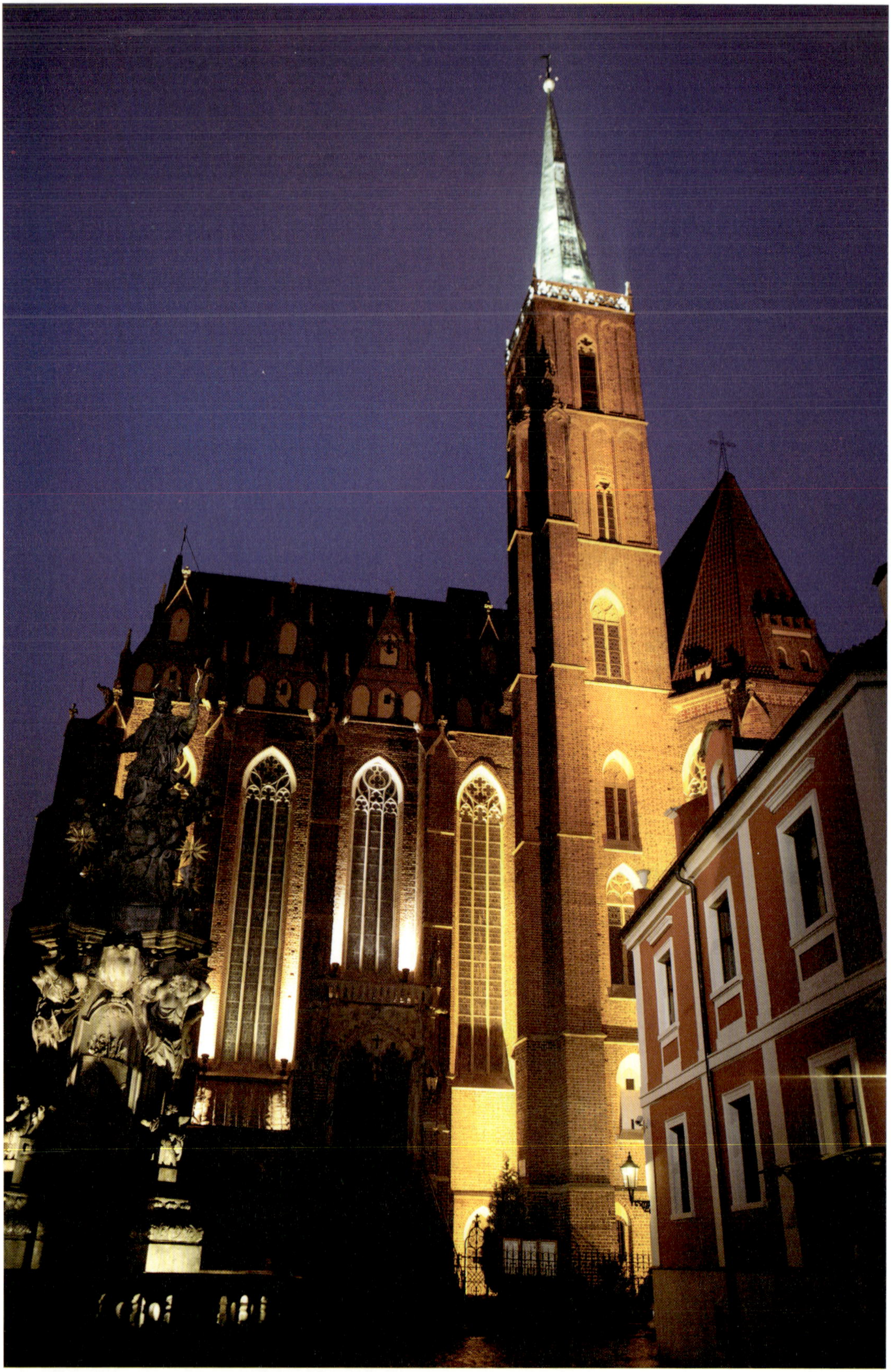

制造的天文钟，至今依然向过往的人民展示着它的古老与传奇。建于1863年的集市广场西北的新市政大厅，其建筑风格与周围环境十分和谐，毗邻市政大厅的纺织会馆，客商们曾在此交易纺织物品，这里也曾是裁缝铺、鞋匠店聚集的地方。如今精心修建好的建筑多为餐厅和商店，其中色彩缤纷的2号官邸（Pod Gryfami），顶部装饰着白鹈鹕、雄鹰和狮鹫，栩栩如生引人注目。值得一提的是作为弗罗茨瓦夫城市的骄傲，建于1913年人民会堂百年厅的钢筋会凝土建筑，是世界建筑史上具有里程碑的杰作，被列入世界文化遗产名录。百年厅是为纪念莱比锡战役胜利100周年而修建，大厅内直径为65米的穹顶高达23米，顶部悬挂着用钢材与玻璃制作的吊灯。自2009年以来大厅前的喷泉安装了欧洲最大的喷射水柱，灯光音响可同步控制喷泉。位于附近尤利乌什·斯瓦夫茨基（Juliusz Slowacki）公园内有座圆形大厅展出——阿拉茨瓦维奇（Raclawice）全景画，整幅画作长114米高15米，这是波兰最大的一幅画作，是为纪念1794年波兰与俄罗斯战役的杰出的城市全景画作，也是世界上独一无二的城市全景画作。

当你走在弗罗茨瓦夫街道上，你的眼前会突然"跳"出铜铸的小矮人，这里是世界上唯一有小矮人徒步线路的城市，整座城市大概有200多个小矮人，他们是这座城市的市民代表。这些铜铸的小矮人伴随着城市的人文历史，向来自世界的人们用无声的语言讲述着弗罗茨瓦夫的精彩故事，展望着弗罗茨瓦夫的美好未来。

穿越 500 年 聆听欧陆之音

近年来，紫禁城·古乐季已成为顶级音乐盛事。2014 年 4 月 12 日、19 日和 26 日，第五届"紫禁城·古乐季"再次登陆北京中山音乐堂。与往年的阵容相比，2015 年演出的 3 个古乐团规模最大，演出也各具特点：第一场是器乐，由波兰艺术家古乐团带来的整场巴赫曲目；第二场是声乐，由波兰八度古乐合唱团演出，这些人组成 8 个声部的演唱，加上羽管键琴的伴奏，演出的曲目是波兰十六七世纪的声乐作品，很难得；第三场巴洛克搞笑喜歌剧，延续了去年木偶喜歌剧的风格。这些难得一见的文艺复兴时期的作品，使得不少古乐迷专程从外地来京，赶赴这场穿越 500 年的音乐会。

第五届古乐季盛装启幕

4 月 12 日的"与巴赫同行——波兰艺术家古乐团音乐会"为今年的"紫禁城·古乐季"拉开大幕。率先登场的波兰艺术家古乐团是一支蜚声欧洲的乐团，在古乐重新复苏不久的今日，他们已经拥有了 22 年的历史。在国际上，他们也包揽了留声机大奖、金色音叉奖、音乐世界 Choc 大奖、TAS 金耳奖等重大奖项。

人声是公认最美的乐器。4 月 19 日八度合唱团与古老的羽管键琴一起，用最原汁

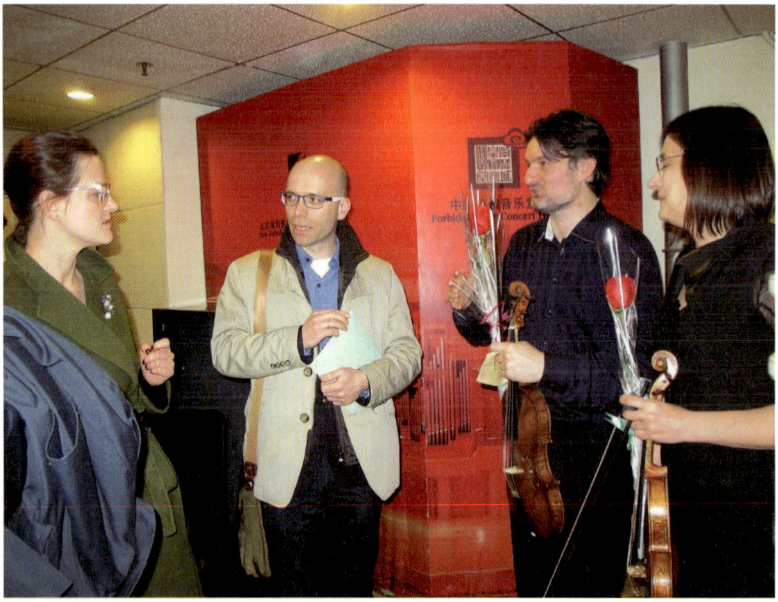

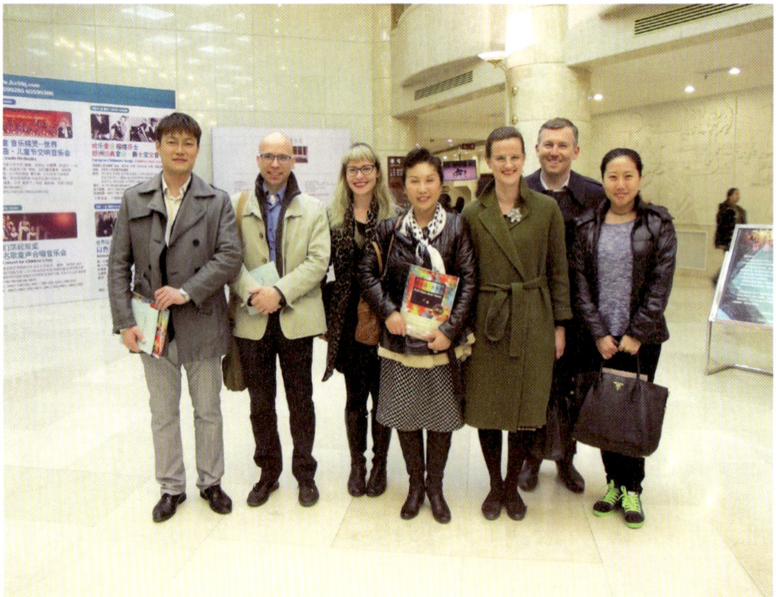

原味的方式，演唱来自波兰16、17世纪的几乎被世人遗忘的歌曲。翻开八度合唱团的歌单，不少作曲家的生卒年份甚至已不可考，最早的可能上溯至1535年。乐团艺术总监兼男高音西格蒙特·玛吉拉称，这场音乐会将尽可能全面地展现波兰整个16、17世纪的音乐，带大家走进一个唯美的波兰音乐世界。

享誉世界的法国凡尔赛巴洛克中心再出新作，2014年首演于法国凡尔赛宫皇家歌剧院喜歌剧《双面娇娃》音乐会版于4月26日在中山公园音乐堂上演。11位法国音乐家演奏着羽管键琴、法国圆号、竖笛等200年以前流行的乐器，3位歌唱家扮成巴洛克喜歌剧《双面娇娃》中的人物，在古朴和谐的音乐声中唱起法国作曲家几百年前创作的音乐……这是法国巴洛克喜歌剧首次在北京演出。这台《双面娇娃》音乐会版本也为2015年紫禁城·古乐季画上句号。

纯美古音传文艺复兴神韵

2015年，中山音乐堂"紫禁城·古乐季"迎来第五年，从最初只有二三百的铁杆粉丝，到如今众多新面孔加入，这个京城唯一以古乐构成的乐季逐渐为观众打开了一扇崭新的音乐之窗。

对中国的音乐粉丝而言，紫禁城／琴台·古乐季已成为顶级的音乐盛事。2015年古乐季所邀请的三支世界优秀的古乐团中，有两支从未来过亚洲的波兰古乐团，为古乐季增添了浓浓的波兰风味。

波兰文化协会（Culture.pl）的宗旨是让波兰文化走向中国，历年来他们组织了大量文化活动，邀请许多世界知名的波兰艺术家参与。紫禁城／琴台·古乐季将让中国听众第一次有机会接触波兰鼎盛时期——17世纪的音乐传统，也能够让中国听众感受到波兰古乐团的艺术水准，对音乐的热情投入，并为之感染。乐团不仅将演奏世界听众喜闻乐见的作曲家的作品如巴赫的，曲目还将包括很多波兰作曲家的作品。这些作品虽未广泛流传，专家认为同样是那个时代的音乐佳作。

紫禁城·古乐季上，波兰艺术家首场献映于4月12日晚在中山音乐堂音乐厅，拉开了——"与巴赫同行、波兰艺术家古乐团音乐会"，小提琴艺术家奥雷里乌斯·葛林斯基和玛蒂娜·葛林斯卡等人，及大提琴演奏家马西耶·卢卡茨克等艺术家，同台为中国观众献上了约翰·塞巴斯蒂安·巴赫的《D大调第三管弦乐组曲BWV1068》《b小调第二管弦乐组曲BWV1067》及《d小调双小提琴协奏曲BWV1043》等作品。

波兰艺术家还于4月19日为中国观众献出了"璀璨和声·波兰八度古乐合唱团音乐会"，女高音约翰娜·玛利亚·拉德茨塞夫斯卡、安娜·沃丁斯卡，及女中音阿格涅茨卡·卢敏斯卡，男高音西格蒙特·玛吉拉、马特乌茨·普兰德塔等音乐艺术家同台献艺，为中国听众带来了众多经典曲目，包括：米科莱·泽兰斯基（1560-1620）的《普天同乐》《神之天使》；米科莱·克拉科夫斯基（约16世纪）的《赐予力量》《万福》；马欣·米尔捷夫斯基（1600—1651）的《大弥撒曲：慈悲经—荣耀经》《大弥撒曲—信经》《大弥撒曲—圣哉经&降福经》《大弥撒曲—羔羊经》；巴特洛梅·佩吉尔（？—1670）的《飞天颂》；格杰格日·戈尔齐斯基的《纯洁圣母》；马欣·莱奥波利塔的（？—约1589）《神圣之名》；米科莱·格莫尔卡（1535—1600）的《受福之人》。

在三场盛大的古乐表演中，波兰古乐团以巴赫式古朴的演奏告诉观众，巴赫曾经在波兰生活，并将波兰的音乐元素融入自己的创作——波兰与巴赫有着深深的联系，巴赫不仅是当时波兰宫廷正式聘任的乐师，而且巴赫的音乐也有不少受波兰音乐影响的痕迹，比如波罗乃兹舞曲。

"在欧洲，古乐正在复兴，甚至可以说欧洲的古乐处于'时尚'的状态。在波兰，听古乐的，还有相当一部分年轻听众，他们平时不一定常听古典音乐，但是痴迷于世界音乐，对世界各地的民间音乐有很浓厚的兴趣。"和古乐在中国尚属小众不同，玛吉拉在接受媒体采访时说，"在波兰存在大量唱这些古曲的乐队，他们常常为教堂演

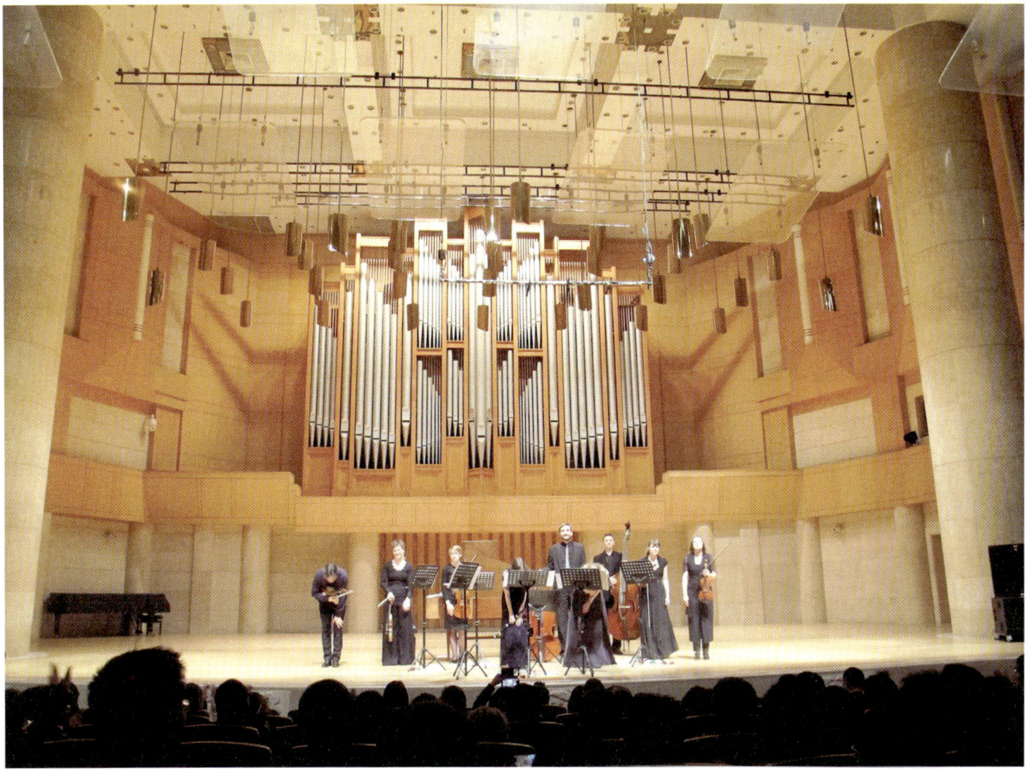

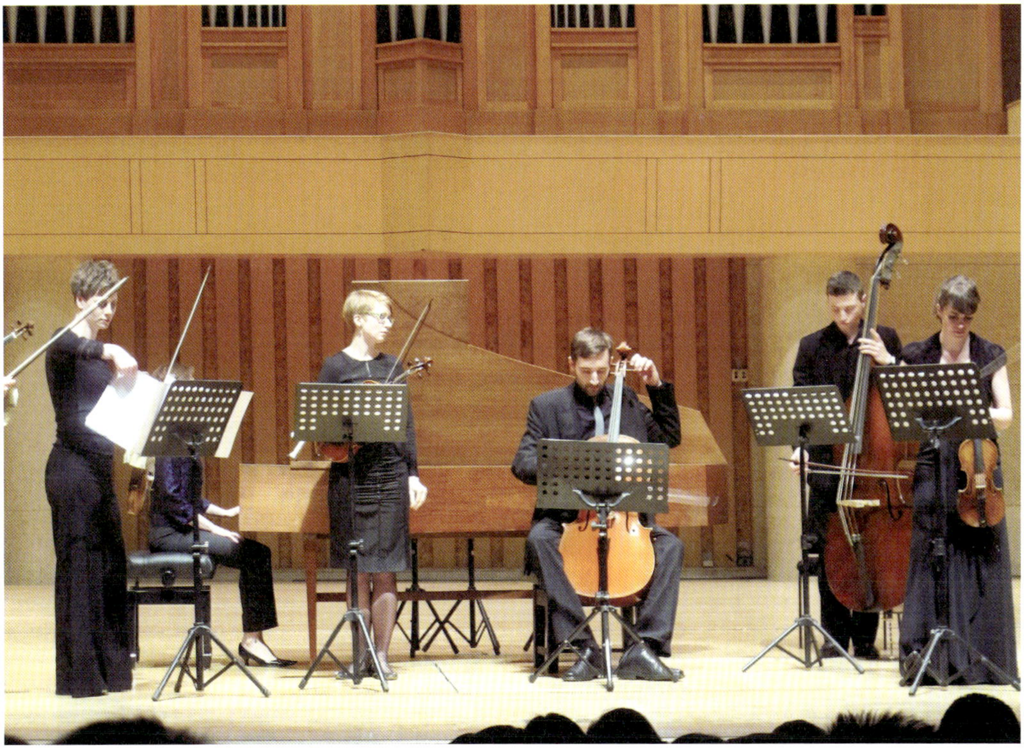

唱，如果你喜欢，能在一天24小时不间断地听到这些天籁之音。"对于年轻而好奇的听众而言，古乐是一种新鲜和趣味之选。而玛吉拉率领的八度合唱团正是用古老方式复原古老歌曲，创造了新的时尚。整场演出座无虚席。虽然拉丁语理解起来并不容易，但是在玛吉拉和密茨凯维奇学院亚洲事务总监马丁幽默地讲解下，这些题材与神灵、宗教有关，曲风虔诚、纯美的音乐给观众带来愉悦，以至演出结束，观众久久不愿离场，掌声绵延不绝。

古乐再现欧陆丝竹黄金时代

一提起波兰音乐，自然而然先联想到弗雷德里克·肖邦。接下来可能会想起一些列杰出的20世纪波兰作曲家：卡罗尔·席曼诺夫斯基、维托尔德·卢托斯瓦夫斯基、安德烈·帕努夫尼克、亨里克·米克莱·格雷茨基，还有克里斯托弗·潘德列茨基……这些创造力惊人的艺术人物光芒亮眼，加上波兰特殊的历史境遇，于是仿佛波兰19世纪前，压根没有音乐这回事儿，这实在是世人很大的误解。如若仅从肖邦作品的角度来看波兰音乐，无疑忽视了波兰在16、17世纪欧洲音乐中的重要地位。

16、17世纪波兰音乐空前繁盛，可以成为波兰音乐的黄金时期，时间跨越瓦萨王朝三位伟大的君主：西格蒙德三世（1566—1632）、瓦迪斯瓦夫四世（1595—1648）、约翰·卡思麦（1609—1672）。三位君主热衷于鼓励本国与意大利各城之间往来，从意大利"进口"了许多杰出的作曲家、歌唱家和演奏家，他们纷纷加入分布在波兰各地的宫廷、贵族或者教会乐团，让波兰与当时的很多欧洲国家一样，在以意大利为核心的文化轨道上兴盛繁荣。这些富有盛名的意大利音乐家包括：卢卡·马伦齐奥、马尔科·斯卡契、塔奎因尼奥·梅茹拉，以及帕勒斯特里纳的两位学生乔万尼·弗朗切斯科·阿捏瑞澳和埃斯波里奥·帕切利。与欧洲其他地方一样，意大利音乐风格、其丰富的体裁在波兰十分盛行。

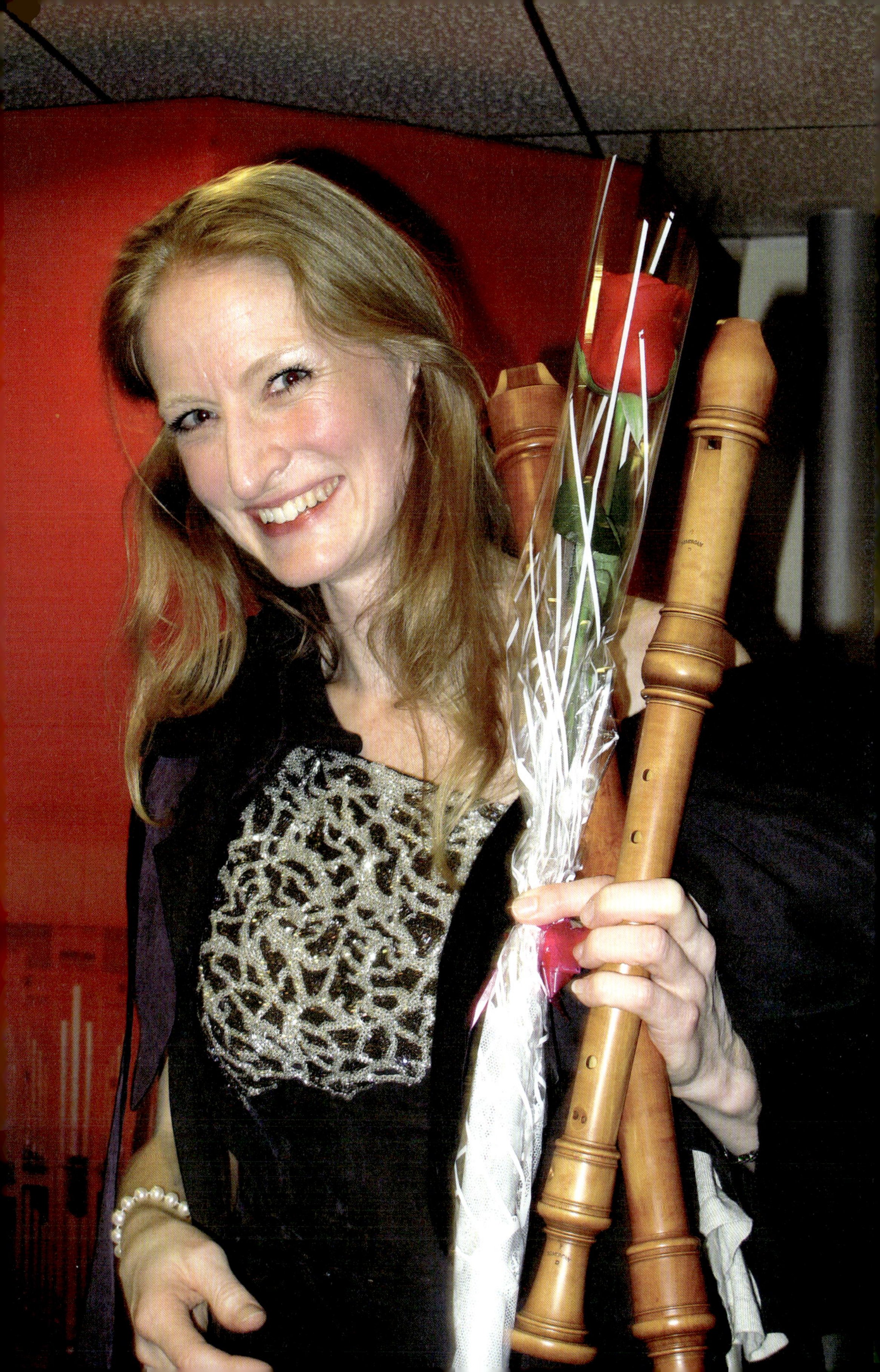

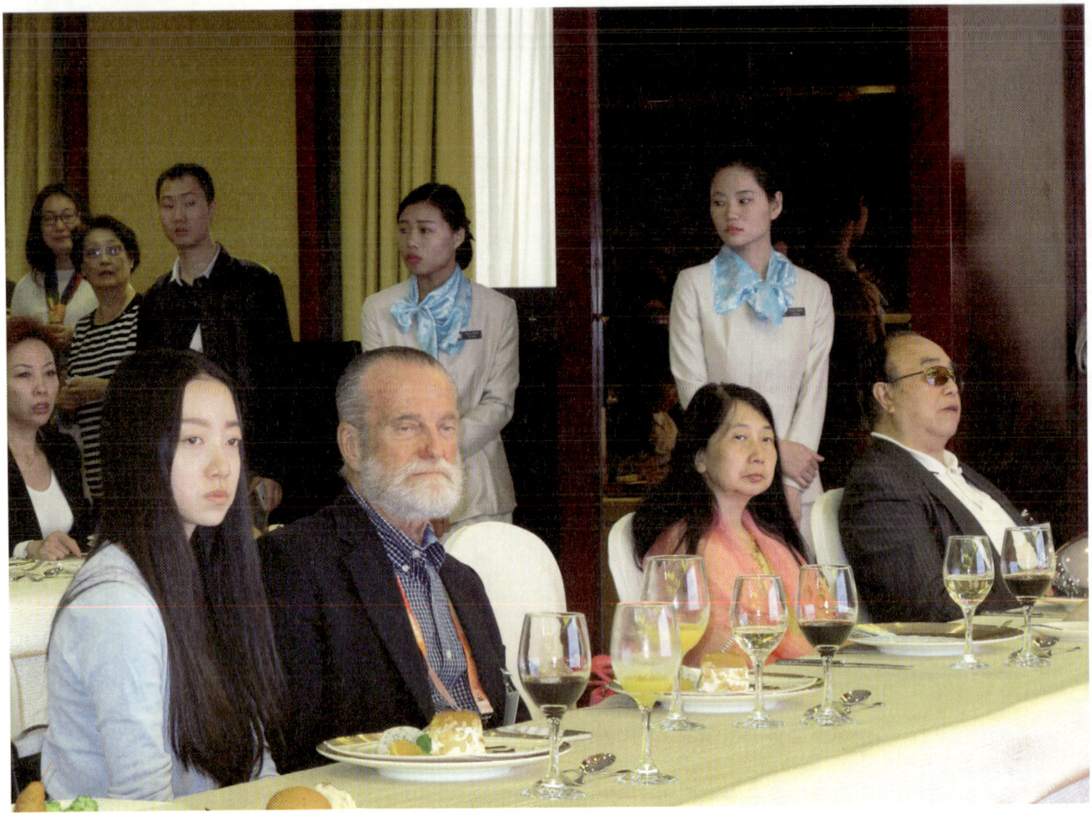

2015年的紫禁城·古乐季依旧是三支古乐团三场演出，与前几届相比，声乐和戏剧的内容大幅增加。在华美的演奏与咏唱中，为京城观众带来数百年岁月积淀的灵魂悸动。

密茨凯维奇回到中国

仲夏的北京迎来了雨季，虽然阴雨连绵，却浇不灭中国读者对波兰文学戏剧的热情。

2015年8月波兰伟大的爱国主义诗人亚当·密茨凯维奇的代表作《先人祭》中文全译本在北京人艺首都剧场举行新书发布暨读者见面会。该书由知名翻译家易丽君、林洪亮、张振辉联合翻译，波兰剧院（弗洛茨瓦夫）院长克日什托夫·涅什科夫斯基作序，由四川文艺出版社出版。波兰驻华使馆文化处主任蔡梦灵、波兰密茨凯维奇学院亚洲事务主任马丁、波兰弗罗茨瓦夫剧院院长克日什托夫·涅什科夫斯基、本书的三位翻译者以及媒体界人士近50人出席发布会。

波兰驻华使馆文化处主任蔡梦灵在发布会上致辞说："今天的《先人祭》新闻发布会有两个主题：首先是《先人祭》中文全译本终于和中国读者见面；与此同时，波兰剧院（弗罗茨瓦夫）将在北京人艺首都剧场为中国观众带来戏剧《先人祭》的精彩演出。诗剧《先人祭》是波兰19世纪最伟大的诗人亚当·密茨凯维奇的代表作，这是一部燃烧着炽热复仇和解放烈焰的诗剧，贯穿体现了崇高的爱国主义情怀，主要刻画了沙俄统治时期当局的横征暴敛与诗人对民族大义背弃者的鄙视与痛斥。"

《先人祭》的创作跨越了密茨凯维奇整个人生，全本包括了四部诗剧、序诗和附诗。

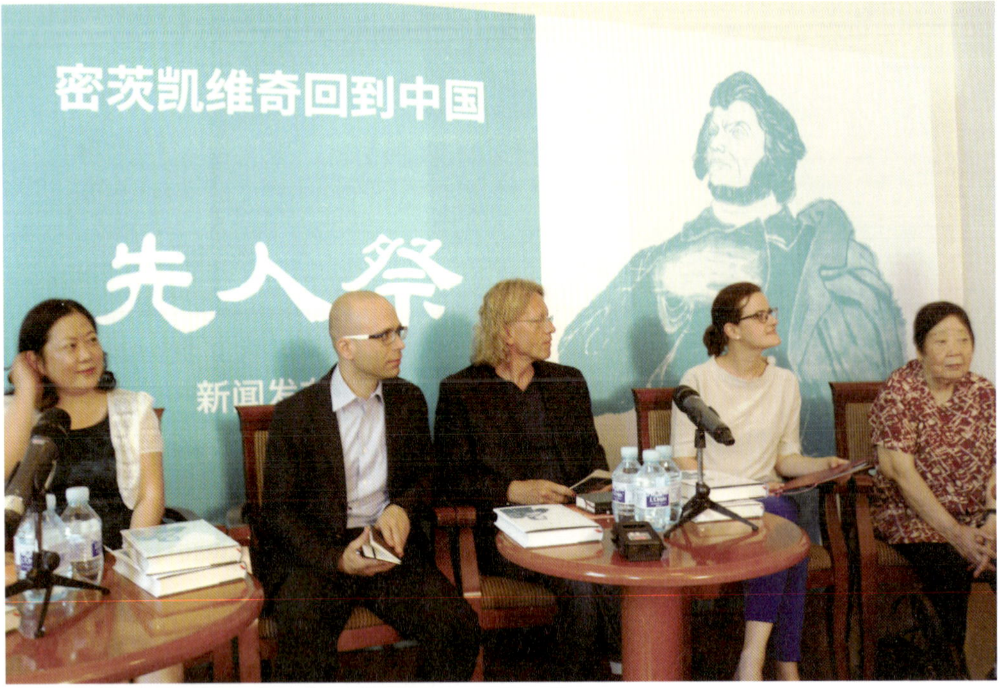
密茨凯维奇回到中国
先人祭

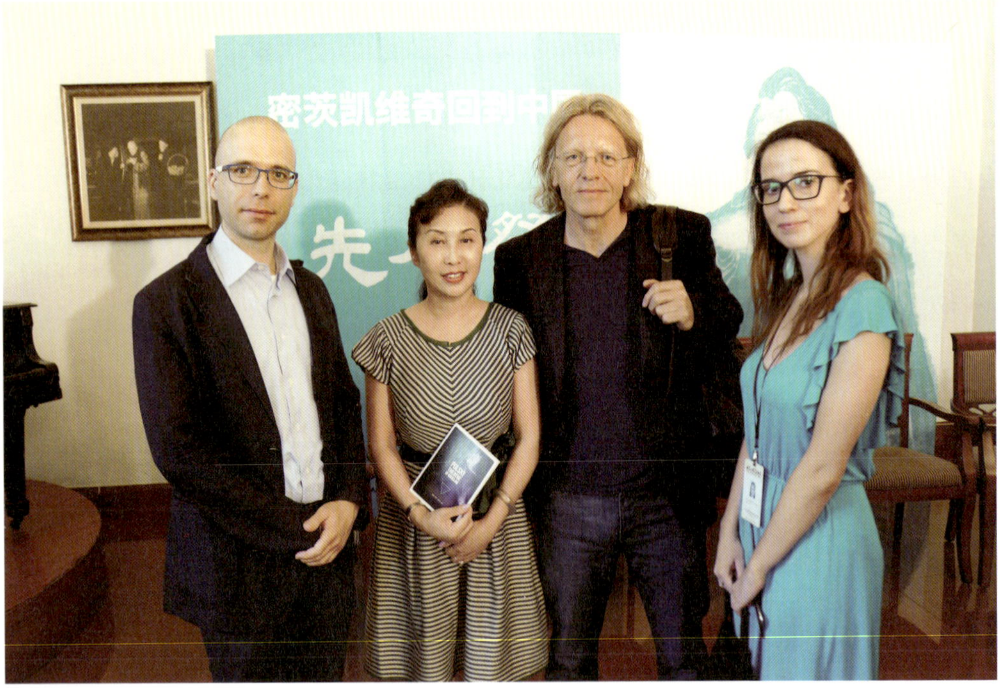
密茨凯维奇回到中国

第一部诗集《歌谣和传奇》于1822年完成，它是根据民间故事写成。1823年，密茨凯维奇的第二部诗集出版，收有长诗《格拉席娜》和诗剧《先人祭》第二、第四部。《先人祭》第二部通过古老民间祭祀仪式，反映了农民对恶霸地主的复仇和民间的道德准则，第四部描写青年古斯塔夫失恋后的痛苦，具有强烈的感情色彩和抒情特点。《先人祭》第三部完成于德累斯顿，它虽然是密茨凯维奇早年所写诗剧的续篇，但主题完全不同。诗人写信给一位朋友说："我打算写出我们祖国遭受迫害和磨难的全部历史。"诗中记述了1823年作者被拘捕的情形，控诉了沙皇俄国对波兰的侵略和血腥统治，也反映了华沙起义失败后波兰人民遭到的迫害和大屠杀。

波兰剧院（弗洛茨瓦夫）院长克日什托夫·涅什科夫斯基说："首先感谢北京人民艺术剧院邀请波兰弗罗茨瓦夫剧院参加2015年的'首都剧场精品剧目邀请展演'。在今天的新闻发布会上，我发现一个有趣的现象：在座的大多是女性。我们这部戏，在波兰及其他地方的演出，大部分观众也都是女性——这说明女性与戏剧文化关系密切。《先人祭》是波兰文学作品中的巨作，是波兰戏剧历史上最重要的开篇之作，将波兰戏剧推向了文学和戏剧艺术的巅峰。密茨凯维奇热爱生活，渴望幸福，他对爱情的追求始终不渝，有人说，如果他不爱女性，这部戏剧也就无从诞生。他是波兰文学巨匠，他是一个真实的人：他喜欢玩，喜欢和朋友们在一起，这样他会感到很快乐，也正是这些丰富多彩的生活和贯穿他一生的感情纠葛，成为了这部剧的灵魂。"

《先人祭》在文学和戏剧舞台上影响巨大。1980年诺贝尔文学奖得主、另一位伟大的波兰诗人切斯瓦夫·米沃什评论说："它是浪漫主义最复杂和最丰富的作品之一，把梦与残酷的、现实主义的讽刺糅合起来，被戏剧导演尊为对他们的技能的最高考验。"在第三部出版后，易丽君教授继续《先人祭》的翻译，中国社会科学院外国文学研究所研究员林洪亮、张振辉先生也相继参与翻译工作，经过跨度四十年的努力，终于在汉语中完整地呈现了这部名著的全貌。

"朋友们可以在书中看到天使、精灵、抛弃的情人，以及许许多多形色各异的人物个体，" 波兰密茨凯维奇学院亚洲事务主任马丁介绍说，"亚当·密茨凯维奇是波兰的民族诗人，也是19世纪最伟大的诗人之一；他还是浪漫主义代表性戏剧家，亦是散文家、翻译家、斯拉夫文学教授和政治活动家。1798年12月24日生于立陶宛诺伏格罗德克附近的查阿西村，1815年考入维尔诺大学。在大学期间，积极参加爱国学生活动，并开始发表文学作品。1855年他到土耳其的君士坦丁堡，想组织一支波兰军队参与土耳其的反俄战争，因染上瘟疫逝世。在欧洲和波兰，他被视为与拜伦和歌德并驾齐驱的人物，其影响力超越文学，覆盖文化和政治。"

北京外国语大学教授、著名翻译家易丽君对波兰乃至世界最伟大的诗人——密茨凯维奇高度评价，她说："我和林洪亮、张振辉是上世纪50年代国家公派到华沙大学学习波兰语的同班同学，但是我们三人合作翻译一部巨作尚属首次。回想起当年我们离开中国，到波兰学习的情景，是习仲勋同志亲自为我们送行的，后来，彭德怀、朱德、陈毅访问波兰的时候，都特别提到要与我们中国留学生见面……一想到这些当年在华沙大学留学的情境，我们的心就感到特别温暖。我们有责任为促进中波友谊，推动中波文化交流做出贡献。此次巨作的面世，也算是我们的一次回报和感恩。在翻译的过程中，因为这部诗剧关于爱情的语言非常丰富，我们三人都绞尽脑汁，费尽心血，将最美的辞藻全部用上，从《红楼梦》到《西厢记》，中国人最耳熟能详的故事中，选择最美好最动听的词语，也不足以表达密茨凯维奇对于爱情的追求与梦想。如果说有机会再让我翻译一遍《先人祭》，我愿意，我们认为值得。从美学的角度来看，密茨凯维奇的这部巨作，诞生于150年前，他的思考没有随着时光的流逝而渐渐退去，'新东西仍然是对旧主义的复活'。在美学层面上讲，它还包括了丰富的政治哲学内容。戏剧是一种成人教育的方式，它更是一种挑战。《先人祭》内容丰富多彩，反映了密茨凯维奇的爱情生活，但这只是他的精神生活的一部分。2014年，乌克兰裔美国

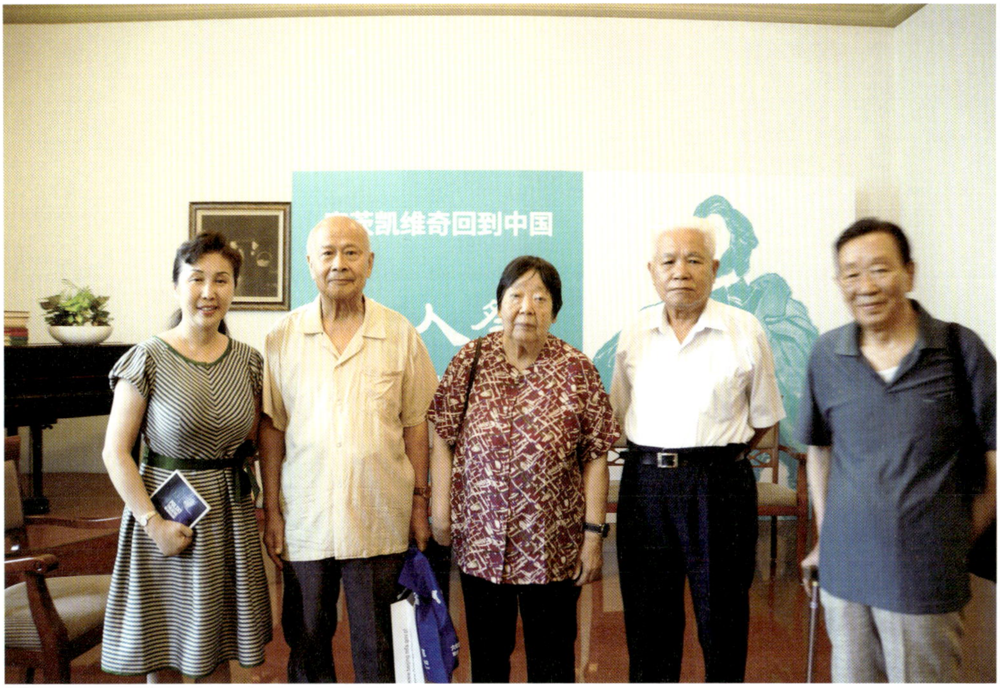
凯维奇回到中国

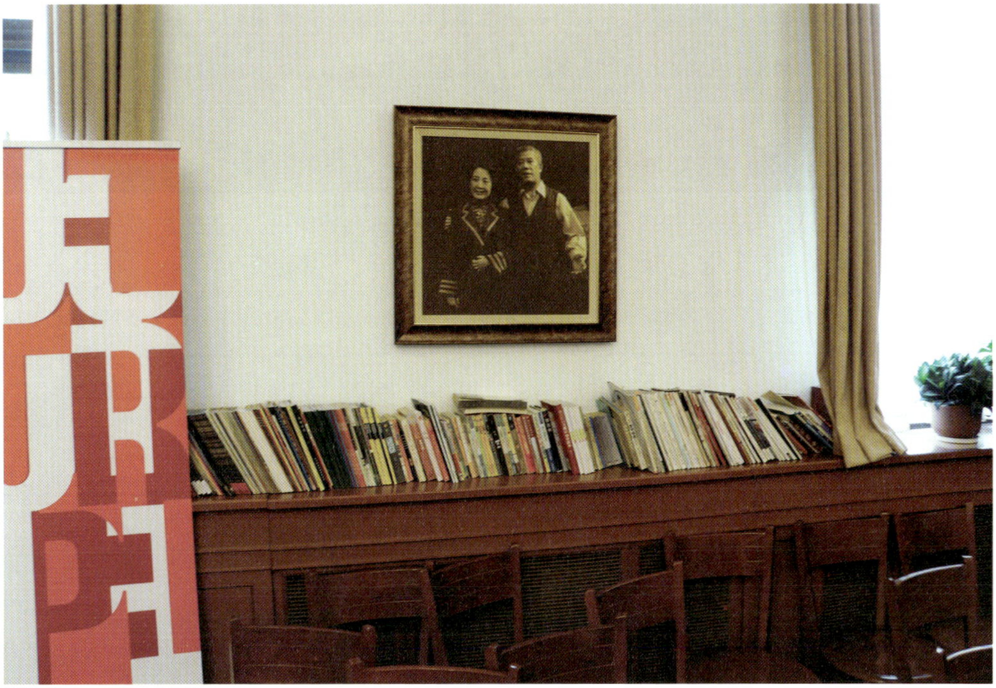

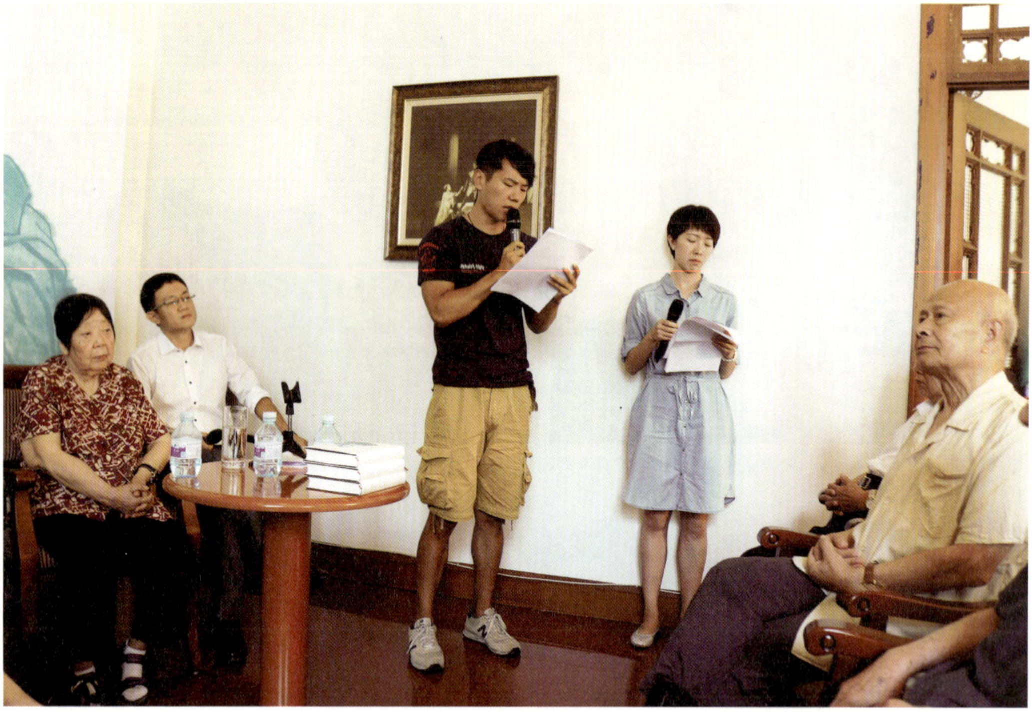

学者罗曼·克罗佩茨基在其传记作品《浪漫主义者的一生》中这样描述密茨凯维奇：这个贫穷的诗人、大贵族沙龙里的常客、虔诚的天主教徒、狂热的异教徒、浪漫主义者、丈夫、七个孩子的福气（其中一个是非婚生育）、女权主义者、自私的人、忠诚的朋友、拿破仑拥护者、政治家、神秘主义者、多国语言天才（会七门语言）、哲学家、大学教师，他既是沙皇俄国的受害者，也是它慷慨的受益人。"

四川文艺出版社总编张庆宁介绍说："早在1907年，鲁迅先生在《摩罗诗力说》中就已向中国读者做了隆重的推介。《先人祭》最早为周恩来总理点名翻译，在上世纪70年代完成了第三部的翻译，由人民文学出版社出版，成为我国在70年代出版的第一部外国文学作品，被誉为文化领域的'报春花'。"

《先人祭》中文版策划人冯俊华也介绍了该书的策划出版情况，他还说："11月1日被定为波兰的'祭祀节'，也是精神与艺术的自然融合而诞生的浪漫主义。19世纪浪漫主义主张回归自然，返璞归真，世人普遍认为，孔子的思想对塑造中国人的民族性格发挥了不可磨灭的作用，直至今日还影响着中国当代文化；与此类似，浪漫主义的神话深深地影响了波兰人的心理和意识，至今仍塑造着波兰人的民族性格。"

波兰文化中心黄琳女士还向与会者介绍："今年是波兰公立剧场成立250周年，我们文化处与鼓楼西剧场联手打造一个名为波兰戏剧月的活动，让大家有机会能与波兰戏剧进行一次亲密接触。该活动由两个独具创新性的活动组成：第一个是'荧幕戏剧'，这是一种极具有波兰特色、融合电视和戏剧的表演形式，目前在中国还是难觅其踪影。我们8月份在鼓楼西剧场播放两部'荧幕戏剧'分别是《瓦莲京娜》和《行李箱》，这两部戏剧都是由华沙电影和纪录片工厂创作的，而且在波兰国内和国际上都斩获过大奖，比如《瓦莲京娜》在第48届得克萨斯州休斯敦国际电影节的'电影与录像艺术——独立试验电影和录像艺术'单元中被授予白金雷米奖。《行李箱》在2015年波兰索波特名为'两个剧院'的戏剧节上获得舞美、剧本最佳奖项，而且在摄影上也获取殊荣，可以说是该戏剧节的最大赢家。第二个活动是波兰著名戏剧导演克日什托夫·瓦里克夫斯基创作的《阿波隆尼亚》的剧本朗读，希望通过此次戏剧月的活动能让更多的中国戏剧迷了解波兰戏剧、喜欢波兰戏剧、爱上波兰戏剧。"

中央戏剧学院的两位学生，陈若涵和富鹏栩现场为大家朗诵《先人祭》中一段充满爱情色彩，感人至深的诗句，赢得与会者的阵阵掌声。在《先人祭》中文版发行的同时，波兰剧院（弗洛茨瓦夫）也应北京人艺首都剧场的邀请，首次来中国演出这部名剧，两件盛事相互辉映，成就了中波两国文化交流史上一个光彩夺目的时刻。

《先人祭》在中国"复活"

"波兰这个国家不到 4000 万人口，和中国比起来简直沧海一粟。但是在波兰不大的国土上，几乎每一平方米都会诞生天才的戏剧导演。"中国戏剧家协会主席、北京人民艺术剧院副院长濮存昕在"2015 首都剧场精品剧目邀请展演"《先人祭》交流会上感慨道。

8 月之初的北京飘着绵绵细雨，清润的空气让人们在观剧之余，有更闲适的心情参与到舞台背后的讨论中。首都剧场 2015 年度精品剧目邀请展演《先人祭》交流会——"艺术家负责世界"便在这舒适的时光邀观众畅聊舞台先后的点点滴滴。

《先人祭》在中国"复活"

19 世纪波兰最伟大的民族诗人，也是斯拉夫民族及欧洲最伟大诗人之一的亚当·密茨凯维奇，这位欧洲浪漫主义的代表性戏剧家、散文家、翻译家、斯拉夫文学教授和政治活动家，被视为与拜伦和歌德并驾齐驱的人物。他的宏篇巨作《先人祭》影响力仍覆盖文学，超越文化和政治。200 多年后的今天，2015 年 7 月 31 日晚，波兰剧院（弗罗茨瓦夫）带来的《先人祭》在北京人艺首都剧场进行首演，反响热烈。

濮存昕主持交流会，他的"开场白"这样说："今天我是一个推荐者。话剧《先人祭》是非常伟大的作品，这个'伟大'不只是作家——一个波兰很了不起的剧作家，这次演出也是非常重要的中波文化盛事。"

《先人祭》是波兰伟大的爱国诗人亚当·密茨凯维奇的代表作。此次携话剧《先人祭》来华演出的波兰剧院（弗罗茨瓦夫）院长克日什托夫·涅什科夫斯基（Krzysztof·Mieszkowski）如此评价其重要性："《先人祭》在某种程度上改变了历史。"

许多首都观众及戏剧爱好者冒雨相聚在北京人艺首都剧场，演讲者与观众们相互

交流，涅什科夫斯基院长和濮存昕对观众们的提问进行了热情而细致地解答。担任本次交流讲座翻译的是密茨凯维奇学院亚洲事务委员会总监马丁（Marcin Jacoby）博士，他用流利的汉语现场为涅什科夫斯基院长和在场的观众之间，架起了一座真正的中波文化交流的"桥梁"。

"我们非常荣幸在这里能上演《先人祭》，因为这是波兰的文学里面最重要的一部文学作品。这是一部长诗形式的戏剧，它包括爱情、失恋、国家独立、爱国心、死亡等话题，也有关于不合法的祭祀仪式，当时的白俄罗斯农夫进行的仪式。"捏什科夫斯基介绍说，"波兰有许多的天才戏剧导演，因为波兰有这样戏剧培养体系及文化传统，从教育到剧院，年轻人可以经过培训，很快就有机会去国家戏剧院，可以开始制作自己的戏，陆帕等一批喜剧人才，就是在这样的环境下脱颖而出的天才戏剧家。"

1967年，为庆祝苏联十月革命胜利50周年，波兰重新组织排练了《先人祭》这部剧。11月25日，《先人祭》在波兰国家大剧院首演，接下来的每一天，演出场场爆满，观众反响极其强烈。每当剧中人淋漓尽致地斥责沙皇残暴统治时，观众也都跟着朗诵台词，并时时爆发出热烈的掌声和欢呼声。周恩来总理听说后，就希望中国的翻译家把这部作品介绍到中国。《先人祭》由知名翻译家易丽君、林洪亮、张振辉三位上世纪50年代留学波兰华沙大学的水平最高的翻译家合力，将此作品由波兰语翻译为汉语。翻译跨度长达40年，2015年8月由四川文艺出版社出版。同期波兰剧院（弗洛茨瓦夫）应北京人艺的邀请，首次来中国演出这部名剧。两件盛事相互辉映，记录了中波两国文化交流史上一段光彩夺目的历史性时刻。

经典的舞台设计是《先人祭》最吸引观众的"亮点"。捏什科夫斯基说："从天而降的各种垃圾，大段没有常规照明的看不清人的黑暗舞台，意象丰满的人偶，漆黑中的红外线直播摄像及投影，还有饰演古斯塔夫的男主角在最后长达一个半小时的近乎独角戏的表演，这些舞台手法共同烘托出了古老的先人祭中阴暗、神秘、激情、梦幻与现实交替的氛围。"

"他们将舞台利用得淋漓尽致，我甚至不相信这是我所熟悉的首都剧场的舞台，从舞台开场底下有一个地洞，我演了30几年戏了只用过一次，而他们用了，在第一部开场。"濮存昕补充道，"他们用得非常好，在床的后面突然冒出了男女主角，那个故事既是隐匿的爱情故事，又是一个非常开放的文学结构。"

作为首都剧场精品剧目邀请展演的开幕大戏，波兰剧院编排的最新版《先人祭》在首都剧场连演三天。有意思的是，这版《先人祭》与该作品以往的剧场呈现不同，

新版并没有将诗剧中"思想境界最高、最能体现诗人的爱国情怀的"第三部放入其中，而是选择了浪漫主义气氛浓厚的第一部、第二部和第四部进行演出。交流会上，捏什科夫斯基表示，他们打算将第三部单独编排，计划将于 2016 年上演。

  这样的编选尽管令一部分喜爱《先人祭》的读者感到失落，那种对于缺失了最关键部分的怅然，恰恰可以引起人们一些有趣的思考。从首演的情况来看，观众们基本上是"平静地"看完了整场长达四小时的演出，很少有中场退席的人，并在演出结束时回报以长久而热切的掌声。从结束后的交流中可以发现，虽然很多观众对内容和诗文本身感到"云山雾罩"，但是还是被剧中营造出来的氛围和演员的真实而颇具功力的表演深深吸引并受到强烈感染。

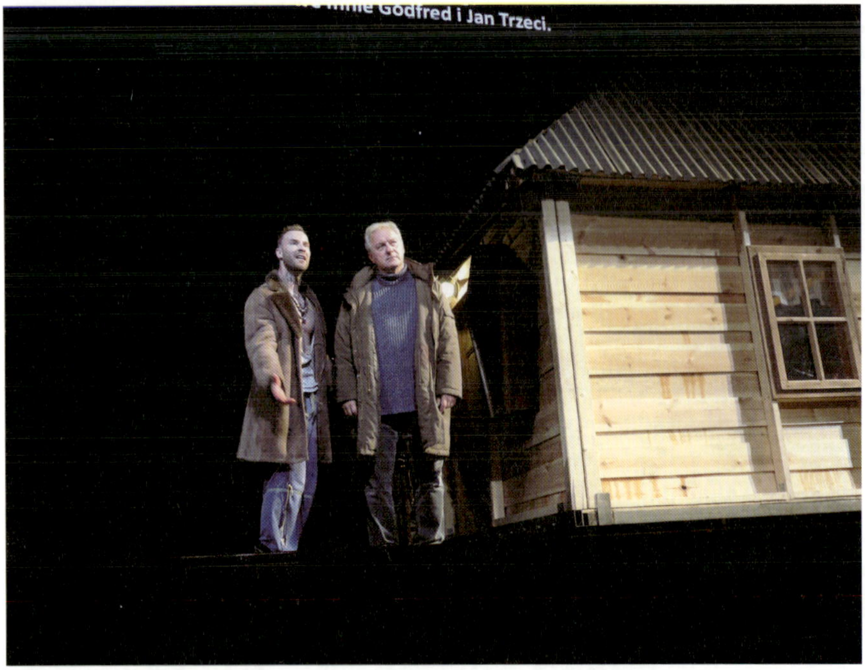
Godfred i Jan Trzeci.

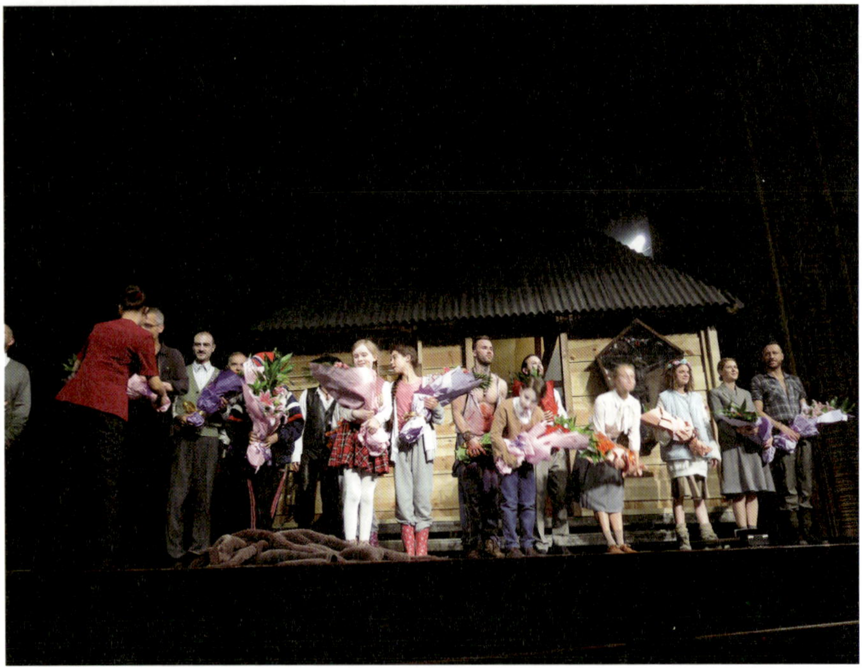

对于这部剧的改编手法和舞台表现形式本身的褒贬，也许将引发一阵讨论，但或许更值得深入探究的，还是那个对于中国观众了解并不多的故事中所包含的能量，及其在中国"复活"的可能性。

戏剧推动中波文化交流

捏什科夫斯基在向观众讲述波兰戏剧的发展时，充分地结合历史背景，文学艺术创造以及波兰人的精神追求等，生动而具体，台下观众听得入迷，还有人仔细记着笔记。

"来自波兰的ZAR剧院在这里演出过现代戏剧《剖腹产》，他们继承了波兰另外一位非常重要的戏剧界人士——格鲁特夫斯基的戏剧风格。"捏什科夫斯基非常关注波兰戏剧在海外的影响，他举出ZAR剧院在华演出的例子说："这里我想要说关于波兰戏剧团的一些特色，也是受到地理特征、地域文化影响的戏剧创作风格的特色，格鲁特夫斯基先生成为世界上著名的戏剧家之前，在一个非常小的城市生活，那里仅有6万人口，50年代的时候建立了一个小小的剧团。他毕业于莫斯科的戏剧导演系毕，曾经在克克夫戏剧学院做了戏剧方面的训练和工作。"

"波兰的戏剧一直不停的改变。"捏什科夫斯基说，"20世纪初的戏剧很不一样，今天的戏剧艺术又完全不一样，但不变的是戏剧一直是戏剧。所以一方面我非常鼓励观众要开放的接受一个导演，敢于完全改变剧本的创作思维，最重要的并不是说原来的作者想要表达什么，而是是戏剧要做什么，要说什么，当然还要和作家的思想和创作相互交融。"

在波兰，"戏剧的战争"一直在或剧烈或平静地进行着。"波兰是一个90%人口信奉天主教的国家，他们也是非常重视天主教所传播的道德，以及价值观。"捏什科夫斯基认为，波兰戏剧是严肃的，关乎信仰的艺术，他说："波兰的戏剧艺术家知道这个特色，也知道这个精神上象征一个社会的体制，所以他们有着非常强烈的表达社

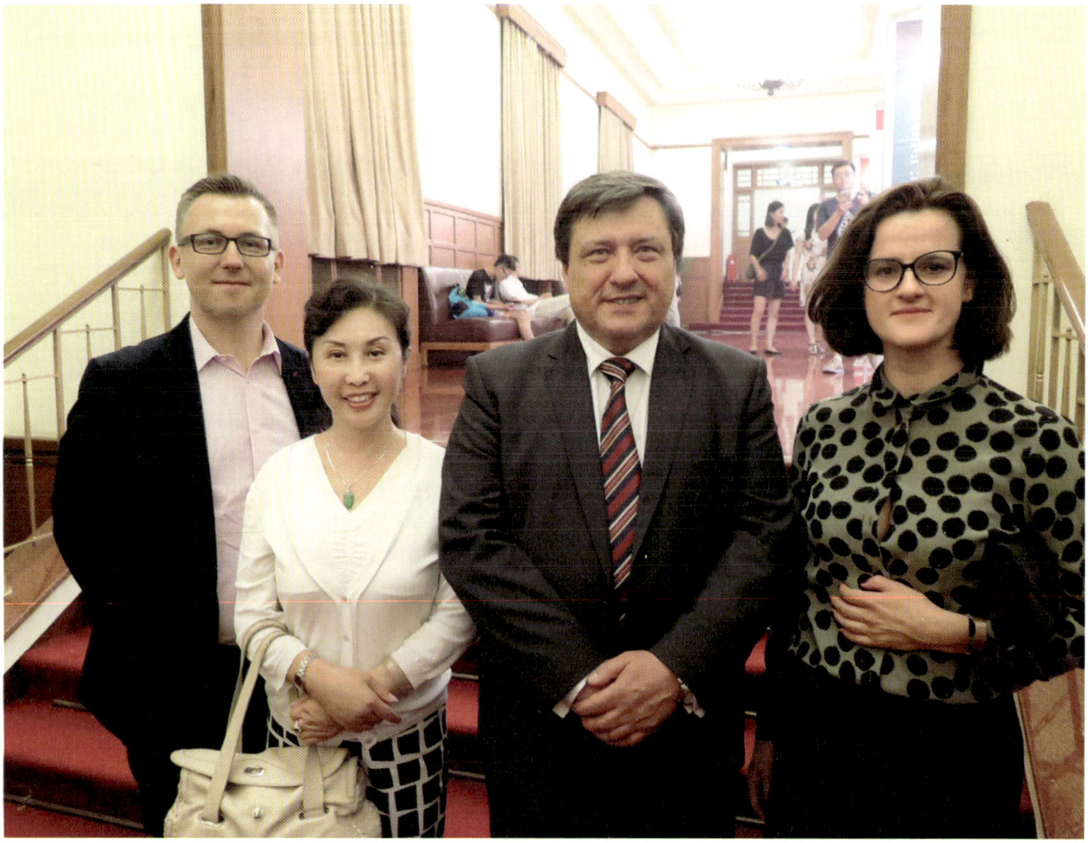

会现实的愿望。比方说非常激烈的讨论，对于这样的讨论，我们也是在相关期刊说得很清楚了，舞台上我们应不应该允许人一直用脏话，用脏话有什么含义，有什么意图，这是不是要允许或者限制的。舞台上我们有没有权利批评宗教的一些感情、还有道理的感觉。所以戏剧艺术家们说舞台上的语言，常常会使用非常尖锐的字眼，或者是脏话，他们并不是自己在说，而是他们的角色在说。这不是他们作为自然人的出现，而是舞台上的角色表达的需要。"

"艺术家负责世界"

"我们剧院的邀请展已开展过几届了，在我们今天不得不面对的，必须要经历的市场化商业的艺术这个现实面前，我们剧院重视文学品质，这也与克日什托夫·涅什科主斯基院长所强调的，坚持艺术的纯粹性的观点不谋而合。"濮存昕在交流会上向观众们阐释中国戏剧发展定位，他说："我们不反对商业和市场，但它只是我们的桥梁，只是我们的方式。所以，一定不可以在桥梁上生活，一定要达到彼岸，彼岸就是大家都坐进剧场，都充满兴趣的参与到戏剧当中，台上、台下互相在一起的创作，这才是我们要达到的目的。"

"波兰戏剧大师格洛托夫斯基认为，没有理论上的戏剧，只有现实上的戏剧，所以我们做艺术的人不要总想着市场经济，政府要保护艺术家，更要尽力保护年轻的大师。我们不是为了观众演戏，而是'反对'观众而演戏。戏剧提供了这样的空间，艺术家可以和观众'吵架'。"捏什科夫斯基强调艺术家要参与改变世界的事业中，他说："现在是一个全球化的世界，我觉得对个人是一个非常危险的范畴。我认为，住在'地球村'的人，好像都有一种恐惧感，就是生活的恐惧感。我觉得现代人忘记关于以前人类生存共有的一些东西，比方说对死亡而恐惧的感觉，所以《先人祭》这部戏剧也正是在说这些东西。"

提到现代人的处境，捏什科夫斯基有些"失望"，他声音低哑地对观众讲："我认为，我们全世界的政治家在全球化的大混乱中已经迷路了，艺术家用他们的艺术作品展现在世人面前，这个社会、这个世界发展有什么危险，对个人的危险，对我们个人自有的危险，对一些民族的危险，这样来看，政治家并非全部负责这个世界；反之，艺术家对这个世界负有不可推卸的社会责任。"

捏什科夫斯基说，这个世界的政治家还有经济学家在面对关于人的道德，人类的发展这样的选题中，没有任何的"创造力"和"想象力"。但是"艺术家有这样的想象力"，他坚定地认为，这部展现近代波兰社会风云的戏剧，更是人性与信仰在历史长河奔流中的反思与觉醒的一部"自省书"。

悠久而激越的青年音乐盛典

当进入这座美丽的音乐殿堂——华沙音乐厅时，我被这里浓郁的肖邦音乐氛围深深吸引，让我按耐不住心中的激情，迫不及待地想去亲身感受肖邦美妙醉人的音乐旋律。

在这座音乐圣殿中，2015 年的肖邦国际钢琴比赛（International Chopin Piano Competition）盛装启幕。肖邦国际钢琴比赛是世界著名钢琴比赛之一，也是历史悠久的钢琴比赛之一，在全球享有极高的声誉．从 1927 年开始每五年在波兰首都华沙举办一次，已经有 80 年的历史，记载着现代钢琴家们的年少风华，更是 20 世纪以来钢琴演奏史不朽传奇的见证。

2015 年第 17 届肖邦国际钢琴大赛从 10 月 1 日开始，共有 78 位来自世界各国的青年钢琴家入围。其中，中国共有 15 位选手挺进正赛，来自日本的有 12 位选手，韩国的有 9 位，7 位来自俄罗斯，5 位来自美国，加拿大、英国、意大利三国各有 3 位选手，另外还有匈牙利、法国、克罗地亚、乌克兰、捷克、希腊、印度尼西亚、拉脱维亚、乌兹别克斯坦、罗马尼亚、白俄罗斯的钢琴家入围。值得人们关注的是，这其中有相当多的外国参赛选手均为华裔。

经过 5 天的激烈角逐，共有 43 位参赛选手进入了第二段比赛，其中包括 8 位波兰

选手、5 位中国选手（贾志超、孔棋、王超、徐子、张程）、5 位日本选手、5 位韩国选手、4 位美国选手，3 位俄罗斯选手、3 位加拿大选手、2 位意大利选手、2 位匈牙利选手、2 位法国选手、2 位克罗地亚选手、2 位乌克兰选手、2 位捷克选手、2 位拉脱维亚选手和 2 位英国选手。

虽然 2015 年入围的中国青年参赛者们最终无缘比赛桂冠，但是他们的演奏实力已经得到了评委会和观众的认可，这将是他们在未来钢琴演奏道路上的宝贵经验和财富。

华沙当地时间 10 月 12 日，第二阶段比赛结束，经过 4 天的角逐共有 20 位进入了第三轮比赛，其中 3 位美国、3 位韩国、2 位加拿大、2 位俄罗斯、3 位波兰、2 位加拿大、1 位日本、1 位乌克兰、1 位意大利、1 位克罗地亚、1 位拉脱维亚和唯一一位中国

选手徐子晋级到第三轮比赛。从10月14日至16日将展开本届肖赛的第三轮争夺，届时将仅剩10名选手进入最终的决赛。10月17日本届肖赛的第三轮的20名选手比赛中，徐子作为唯一一位晋级到第三轮的中国选手，未能晋级到最后的决赛。Seong-Jin Cho（韩国）、Aljosa Jurinic（克罗地亚）、Aimi Kobayashi（日本）、Kate Liu（美国）、Eric Lu（美国）、Szymon Nehring（波兰）、Georgijs Osokins（拉脱维亚）、Charles Richard-Hamelin（加拿大）、Dmitry Shishkin（俄罗斯）、Yike（Tony）Yang（加拿大）10位选手将角逐最后的肖赛冠军。

  在经过15天的激烈比赛，各国高手竟相角逐，第17届肖邦国家钢琴大赛终于在波兰时间10月20日晚圆满结束。10月21、22和23日，华沙音乐厅举行了精彩纷呈的获奖者颁奖音乐会。

本届钢琴比赛依然由华沙爱乐乐团伴奏，乐团成立于 1901 年，拥有 110 多年的悠久历史，是东欧地区最知名的乐团之一。华沙爱乐乐团的首场音乐会举办于 1901 年 11 月，这场具有历史意义的音乐会由时任乐团艺术总监兼首席指挥的伊美尔·米尔纳斯基亲自指挥，并由当时世界著名的钢琴家、作曲家帕德雷夫斯基担任独奏。1927 年开始，华沙爱乐乐团作为世界著名的肖邦国际钢琴比赛官方合作乐团，在比赛的决赛阶段担任现场演奏。1955 年 2 月，华沙爱乐乐团被授予"波兰国家爱乐乐团"称号，标志着乐团被认可为波兰音乐领域的翘楚。1956 年 10 月，华沙爱乐乐团开创了被称为"华沙之秋"的第一届当代音乐国际艺术节，如今已为世界最重要的国际艺术节之一。

坐在灯火辉煌的华沙音乐厅，聆听各国选手高水平的演奏，来自韩国、日本、波兰、克罗地亚、俄罗斯、加拿大和美国的参赛者们，争相角逐，异彩纷呈。他们用不同的演奏风格，迥异的演奏技巧，时而发出幽怨凄婉，扣人心弦的音乐，时而是激越的旋律与和声的交融，演奏精彩传神，演奏着为人熟知的《肖邦第一钢琴协奏曲》，让千余名观众共同分享着一台听觉上的饕餮盛宴。

肖邦学院院长亚瑟·斯克莱内尔（Artur Szklener）说："肖邦国际钢琴比赛是由波兰钢琴家耶日·祖拉夫刘易斯（Jerzy Zurawlew）教授创办，在著名音乐家肖邦的故乡波兰首都华沙的华沙音乐厅举行。比赛得到波兰政府的资助，为每届大赛提供 500 万兹罗提（约人民币 1000 万元）的补助金。"

第一届肖邦国际钢琴比赛在 1927 年 1 月 23—30 日举行，地点是华沙爱乐音乐厅。1932 年和 1937 年的比赛同样在那里举行。1942 年的比赛因为第二次世界大战而没有举行。战后的第一次比赛第四届比赛在 1949 年举行，地点在"罗马"音乐厅——当时华沙爱乐乐团和歌剧院的临时所在地。那届比赛成了肖邦逝世 100 周年的一大盛事。再下一次比赛是在 1955 年举办，当时在二战中被炸毁的华沙音乐厅刚刚重建完成。

CHOPIN

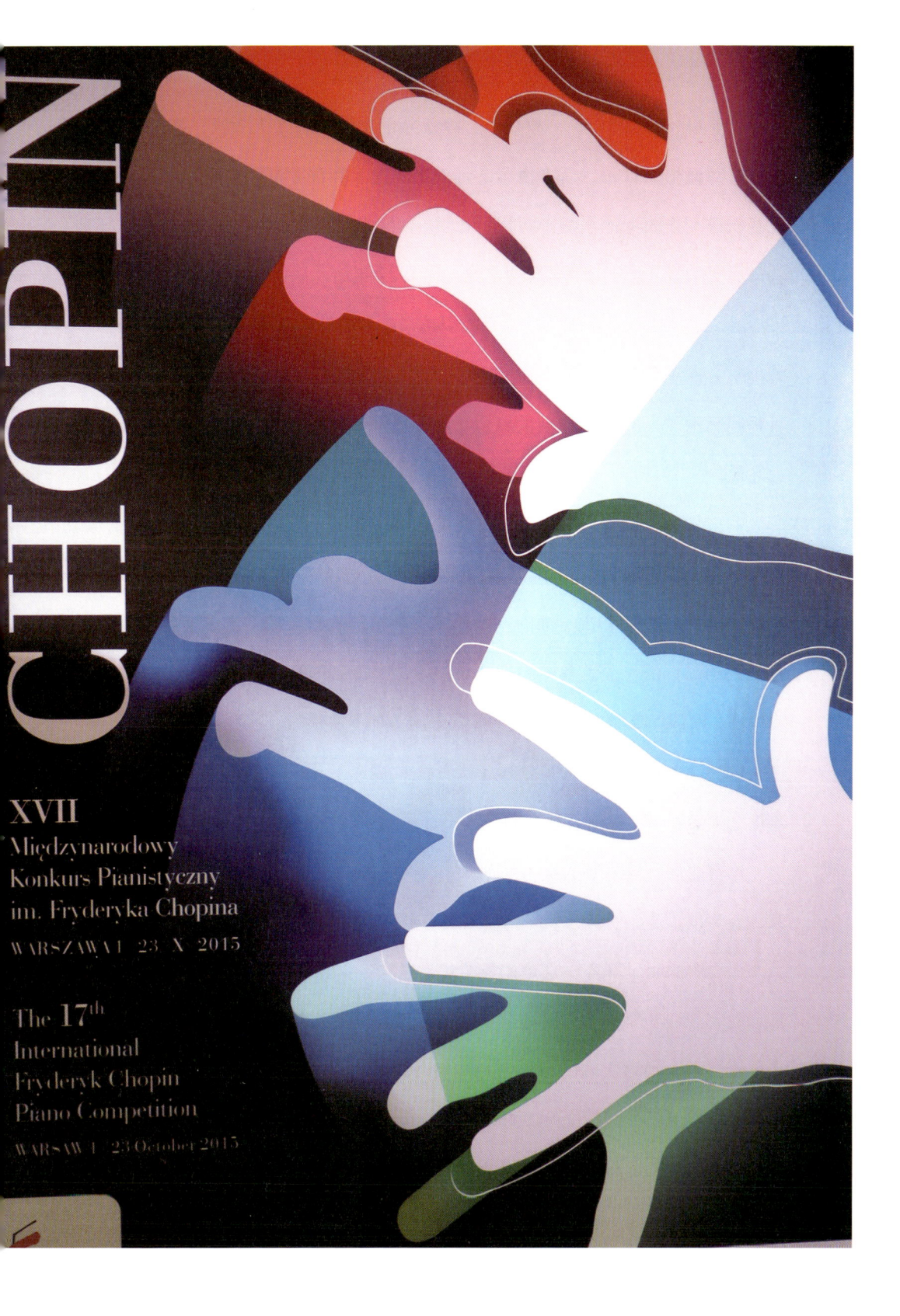

XVII
Międzynarodowy
Konkurs Pianistyczny
im. Fryderyka Chopina
WARSZAWA 1–23 X 2015

The **17th**
International
Fryderyk Chopin
Piano Competition
WARSAW 1–23 October 2015

战前和战后1955年、1960年、1965年的比赛都在冬天举行，接近2月22日，也就是肖邦诞生的日子。后来由于2月份比赛选手和评委都容易出现较多疾病，以后的比赛安排在作曲家的忌日10月举行。从1957年开始，肖邦国际钢琴比赛从属于国际音乐比赛联盟，是这个联盟创办者之一。1927年第一届比赛，来自8个国家的26名选手参赛，之后比赛迅速扩大，并且吸引越来越多的选手参赛。1980年，来自36个国家的149名青年钢琴家参加了比赛，11届到14届也有数量接近的选手参加，2015年的肖邦国际钢琴大赛收到了全世界450名青年钢琴家的肖邦音乐光盘，参赛数目到了史上之最。

手中捧着一本印刷精美，设计新颖的《2015年第17届肖邦国际钢琴比赛手册》，这是在与肖邦与欧洲音乐节艺术总监斯塔尼斯拉夫·勒什钦斯基（Stanislaw Leszczynski）先生初次见面时，他送给我的精美礼物。从手册中了解到：肖邦一生创作了大约二百部作品。其中大部分是钢琴曲，著名的有：两部钢琴协奏曲、三部钢琴奏鸣曲、四部叙事曲、四部谐谑曲、二十四首前奏曲、二十首练习曲、十八首波兰舞曲、四首即兴曲等等，被誉为"钢琴诗人"。参赛选手几乎要演奏肖邦所有的钢琴曲目，难度之大，对参赛者有着很大的挑战。

比赛每届颁发六项大奖及特别奖，赛项的特色是，评判会根据参赛者的实际表现来评定奖项。若他们认为某一奖项无人有足够资格获奖，便会空缺，而不会有递补者。

评委中的明星阵容一直是比赛的焦点之一，作为20世纪钢琴演奏史不朽传奇的见证，自第二届赛事开始，组委会就力邀世界各国最著名的艺术家们担任评委，在2015年的肖邦国际钢琴大赛的评委席上我们看到历届冠军得主和肖邦作品特殊奖演绎者，对观众来说可以一览各位大师的尊荣。

评委团主席是有着崇高威望的卡塔琳娜·齐德隆·波波娃（Katarzyna Popowa-Zydron），她是神话般的钢琴教育家。1973年毕业于格但斯克国立音乐学院，1975年参加华沙国际肖邦钢琴大赛并获得最高荣誉奖。同年，在意大利车尔尼国际钢琴大赛中获奖，并于1978年慕尼黑国际钢琴大赛中获荣誉奖项。目前，卡塔琳娜·齐德隆·波波娃在波兰比得哥什国立音乐学院任教，为钢琴系资深教授。她担任着世界上许多钢琴大赛的评委，同时她还担任钢琴大师班、研讨会以及国内外众多知名音乐学院客座教授。多次参与国内外众多世界级交响乐团和室内乐团的比赛和演出。她演奏的曲目包括从巴洛克风格的作品，以及横跨20世纪众多音乐大师的作品：莫扎特、贝多芬、舒伯特、舒曼、肖邦、德彪西、巴托克等。可以说，卡塔琳娜·齐德隆·波波娃是波兰当代音乐的领军人物，20世纪70年代波兰国家级音乐家。音乐评论家这样评价她：卡塔琳娜·齐德隆·波波娃的演奏现代、简单而充满爆发力；对于贝多芬、肖邦等知名音乐家作品的演绎，完整而独树一帜；她所表现出的，丰富多彩的钢琴音色和超强的键盘控制能力，是这位钢琴大师一流的音乐技巧和精湛个性的完美结合，使人情不自禁地陶醉在她轻松而浪漫的音乐世界当中。卡塔琳娜·齐德隆·波波娃的学生遍布世界各地，并常常出现在世界钢琴大赛领奖席上。第15届国际肖邦大赛冠军布雷查兹，就是卡塔琳娜·齐德隆·波波娃的亲传弟子。这位年轻的肖邦大赛的冠军，是迄今唯一一个同时囊括包括波兰舞曲、马祖卡舞曲、协奏曲等所有乐曲种类最佳演绎奖的大满贯得主。可以说，卡塔琳娜·齐德隆·波波娃在国际乐坛中拥有其不可撼动的权威性和极高的地位。

有着钢琴"女祭司"之称的阿根廷人玛尔塔·阿格里奇（Martha Argerich）也来了，她是肖邦钢琴比赛中一位不可或缺的评审人物。她是阿根廷钢琴家，出生于布宜诺斯艾利斯，5岁首次登台演出，8岁多次参加公开演出莫扎特、贝多芬的钢琴协奏曲。1955—1957年，在维也纳师从古尔达，后又在日内瓦拜帕蒂夫人和马加洛夫为师。1965年在华沙第七届国际肖邦钢琴比赛中获第一名，波兰唱片公司在现场录制了她演奏的肖邦第一钢琴协奏曲的唱片，令其名扬全球。她的演奏风格浪漫豪放，虽然她的

演奏充满吉普赛人的奔放热情，但有时也具有阴沉忧郁的格调，表现出一种内在、沉思的诗意。她的演奏技巧过人，音色铿锵有力，不愧为当代杰出的女钢琴家；她喜爱舒曼、肖邦的作品，同时也演奏现代作曲家巴托克、斯特拉文斯基等人的乐曲。

最吸引人们眼球的是亚洲评委、世界级钢琴大师邓泰新与最年轻的评委李云迪，亚洲评委功不可没，让世界看到亚洲人对音乐的重视与喜爱。

邓泰山是一位越南钢琴家，在1980年10月波兰华沙举行的第十届肖邦国际钢琴比赛中夺得金奖及一系列特别奖项，他是赢得此项西方最高级别的国际钢琴比赛大奖的第一位亚洲人。如果人们想到他早期接受钢琴训练及发展的地点是在饱受战争破坏的祖国——越南，那么他的成功就更显非凡了。一般人很难想象，越南会在战火纷飞

的年代，孕育出一位世界级的钢琴大师——邓泰山。邓泰山是一位让欧洲人顶礼膜拜的大赛冠军。他是越南人，也是第一位获此殊荣的亚洲人。20年后，中国的李云迪再次问鼎这一赛事。

李云迪是首位担任肖邦国际钢琴比赛的中国评委，1982年10月7日出生的他也是第17届肖邦国际钢琴比赛评委会最年轻的评委。

在每晚比赛开始之前，都要对评委一一介绍，每当念到中国评委"YUNDI"的名字时，全场爆发出经久不息的掌声，现场的华人几乎全都蕴立鼓掌，向这位年轻的评委致以最诚挚的祝福。李云迪说："我与肖邦确实有着深深的缘分，我认为是再恰当和贴切不过了。今天，我的心情非常激动，我希望将这次机会当作自己一次学习进步的机会，对肖邦的感情更加深厚，对肖邦作品的理解更为深刻，这样才能演奏好肖邦的作品，才能把肖邦的作品风格及内心情感传递给世界人民。我的钢琴之路一路走来，是肖邦音乐伴我成长，我感谢肖邦，感恩波兰。"

李云迪是知名国际钢琴家、中国音乐协会委员、重庆政协常委。2000年，李云迪就是通过肖邦国际钢琴比赛冠军头衔而名声大噪，成为首位获此奖项的中国人。2001年，首登春晚舞台为观众演奏；同年，作为第一位中国钢琴家与环球DG唱片公司签约，并开启音乐会世界巡演。2003年，《李云迪·李斯特》专辑获得德国经典回声大奖和《纽约时报》年度唱片奖。2008年与DG解除合约，2010年签约EMI，并获得波兰"荣耀艺术"文化勋章和全球第一本"肖邦护照"。2012年，李云迪与环球唱片公司再次签约，重返DG，并推出唱片《贝多芬奏鸣曲》。2013、2014年连续两年每年在中国举办30余场音乐会巡演。2015年，受邀担任第17届肖邦国际钢琴比赛评委。

跨越时空200年，肖邦，这位19世纪欧洲最伟大的浪漫主义"钢琴诗人"的杰作——肖邦音乐，通过历届大赛，从世界各国青年钢琴演奏家的指尖里流淌，后继有人，渊源流传……

聆听肖邦

深秋时节，秋雨滋润。黄的灿烂，红的艳丽，绿的葱茏。华沙这座城市仿佛像一位优雅的美人，矗立在维斯瓦河畔，静静地听着肖邦的声音。

2015年第17届肖邦国际钢琴比赛于北京时间10月21日凌晨06:40宣布了决赛最终结果：21岁的韩国选手赵成珍（Seong-Jin Cho）获得金奖及最佳波罗乃兹舞曲演奏奖。

10月21日晚，当地时间19点，43岁的波兰总统安德烈·杜达（Andrzej Duda）偕夫人一起来到华沙音乐厅为荣获一等奖的参赛选手颁奖。他祝贺所有参赛及获奖的选手们，感谢各位评委和组委会，感谢各个关注肖邦钢琴大赛的组织者、工作人员和志愿者。

波兰文化与民族遗产部部长玛格扎塔·奥米拉诺夫斯卡（Malgorzata Omilanowska）女士为二等奖颁奖。中国驻波兰大使徐坚出席了此次颁奖音乐会，并与观众一起聆听精彩纷呈的肖邦音乐。

本次比赛的评委主席由卡塔琳娜·齐德隆·波波娃（Katarzyna Popowa-Zydron）教授担任，评委会由包括中国青年钢琴家李云迪在内的17位来自世界各国的顶尖钢琴大师组成。对于本届肖邦国际钢琴比赛，评委中的明星阵容一直是比赛的焦点之一，作为20世纪钢琴演奏史不朽传奇的见证。自第二届赛事开始，组委会就力邀世界各国最著名的艺术家们担任评委，其中有一大批优秀的肖邦作品演绎者。今年的评委会成员都很看重参赛选手的技术水平和竞争能力。有人甚至坦言，整个过程看起来相比比赛更像节日。值得一提的是，本届肖邦国际钢琴比赛及颁奖音乐会的现场指挥由波兰著名指挥家雅杰克·卡什布什克（Jacek Kasprzyk）担任，在他的指挥棒下，华沙爱乐乐团将经典曼妙的肖邦音乐作品呈现在观众面前。

萦绕在评委心间的是激动人心的"肖邦旋律"，他们享受着自己的工作所带来的快乐，理性地作出每一个决定。他们的裁判公正真实，希望所有候选人被公正对待，得到真实的评分。胜利者绝不是靠好运气就能脱颖而出的，评委们认为，我们着重观察的是选手们天赋异禀的卓越才能、迷人的表演、动人的表现、最高级别的演绎——这些都不能言尽我们听到的美妙乐音。波兰钢琴家哈拉塞维契（Adam Harasiewicz）说："虽然很难说有谁在多轮表演中始终无懈可击，但只有最最杰出的钢琴家才有机会获得奖项。"日本演奏家海老章子（Akiko Ebi）说："年轻的参赛者和年长的参赛者之间风格明显不同，10名决赛选手之间的年龄跨度也是非常大的。"获奖者名单由评委会主席宣布。

卡塔琳娜·齐德隆·波波娃教授在颁奖音乐会上发言："非常感谢评委钢琴家兢兢业业的辛勤工作，从去年12月起，肖邦钢琴大赛组委会收到了来自全世界450名参赛者的录音光盘，各位评委教授认真聆听，细心筛选出来160名进行音乐会海选，再选出来78名钢琴参赛选手进行初赛，依次再进行复赛、半决赛和决赛，在这个过程中评委及教授们付出了辛勤的劳动和汗水，再一次感谢你们的努力和付出，谢谢！"同时她还说，"我也非常感谢这次参赛的青年钢琴艺术家们，你们给我们带来了惊喜和希望，让我们在享受音乐，对于肖邦钢琴大赛的精神来说，是没有输赢的，如果你热

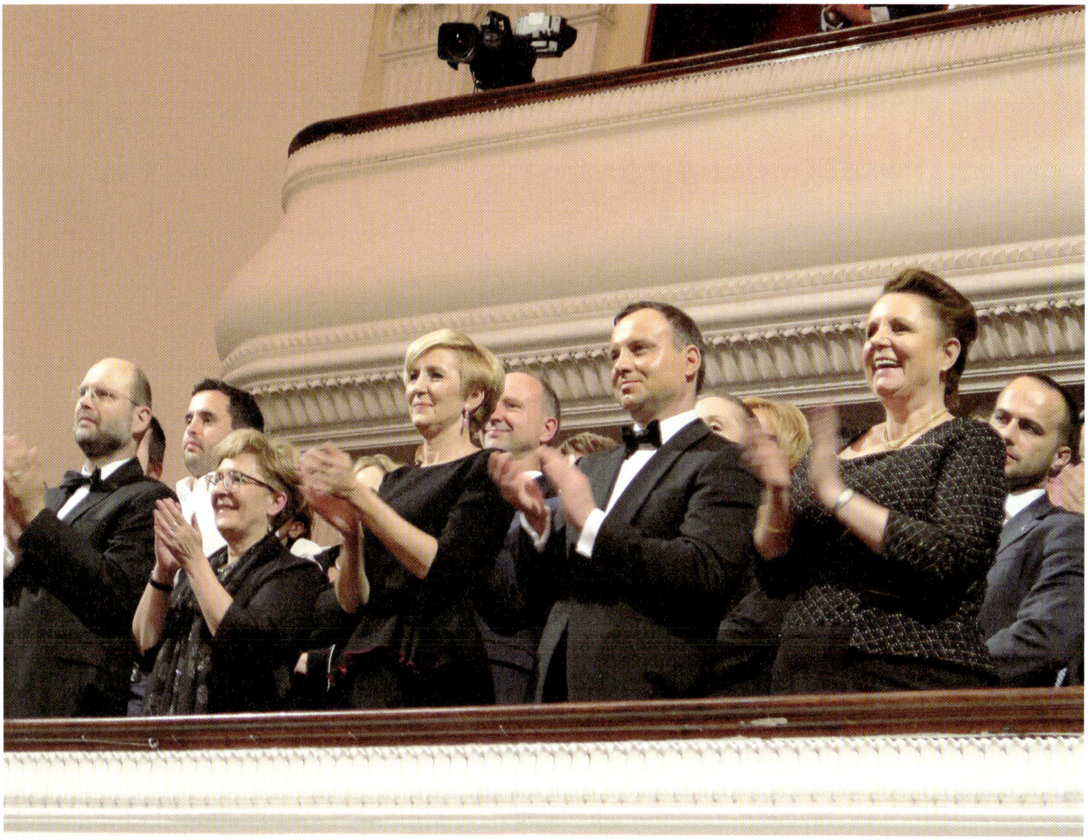

爱音乐就把这次经历作为你们人生旅程中的重要时刻，为自己的音乐理想奋斗追求。谢谢你们将近一个月来给我们带来的听觉享受，祝你们将来的艺术事业成功，实现自己的音乐梦想。"

卡塔琳娜·齐德隆·波波娃教授作为评委会主席与肖邦大赛组织者肖邦音乐学院院长亚瑟·斯克莱内尔（Artur Szklener）亲自为获奖选手颁奖。

在颁奖音乐会现场，中国驻波兰大使馆文化参赞蔡炼说："肖邦音乐不仅是波兰的，也是中国的，不仅是欧洲的，更是全世界的。肖邦的爱国主义浪漫音乐是全世界的通用'乐音'。音乐无国界，肖邦的音乐是波兰的文化名片，是增进中波文化交流、人民友谊的重要桥梁纽带。"

正在格但斯克音乐学院钢琴演奏专业攻读博士学位研究生的中国留学生张超颖激动地说："当我亲临肖邦国际钢琴大赛的现场时，感觉自己好幸运，能感受五年一次的听觉享受，真是非常的荣幸。在美丽的音乐殿堂华沙音乐厅里，有来自各个国家的音乐爱好者，音乐是全世界交流的语言，没有国界的限制，没有语言的障碍，一切都是那么的美好。对于我来说，作为专业的钢琴学生，肖邦国际钢琴大赛对于每个学习钢琴的学生再熟悉不过，大赛制度严格，难度之大，需要参赛者付出很多的辛勤汗水，要对比赛做到最充分的准备。很佩服获奖者的毅力和对钢琴的热爱。现场的感受和电视直播是完全不一样的，在现场更能感觉到音乐旋律，情感的流动，我感觉自己热血沸腾，音乐是多么美妙！同时，聆听肖邦音乐，对于我来说这也是一个非常好的学习机会，学习他们在舞台上演奏的放松，丰富的舞台经验，这对于专业演奏者来说显得非常重要。艺术之路是没有止境的，需要我们用一生去学习和追求。在波兰留学6年，遇到这样宝贵的机会真的感觉很开心，很荣幸。肖邦大赛的精神是需要学习的，对作品最精细的研究，对音乐情感真挚的表达，对舞台演奏高标准的心里素质要求，是我们每个音乐人需要学习的。感谢有这样宝贵的机会，督促我更好地学习，让我在音乐

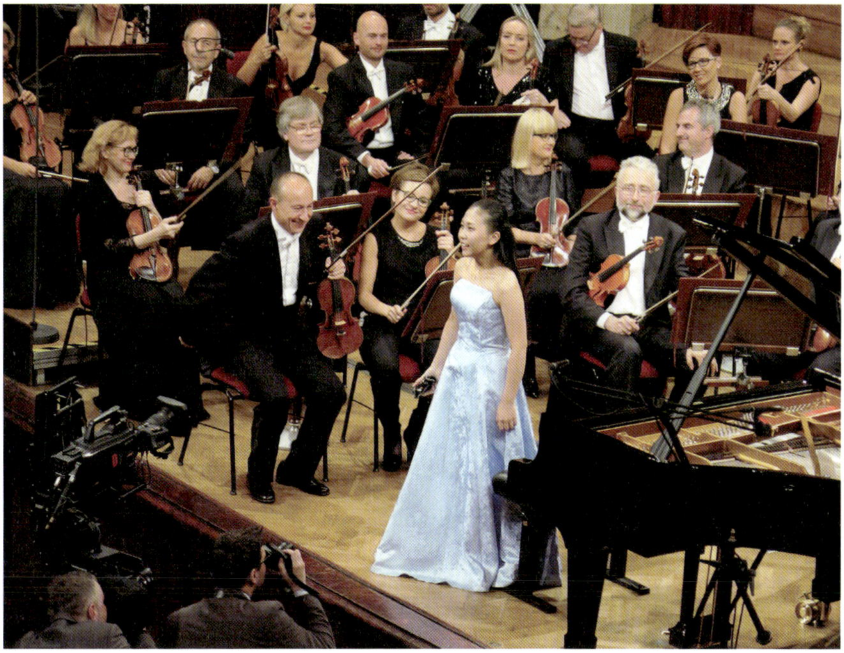

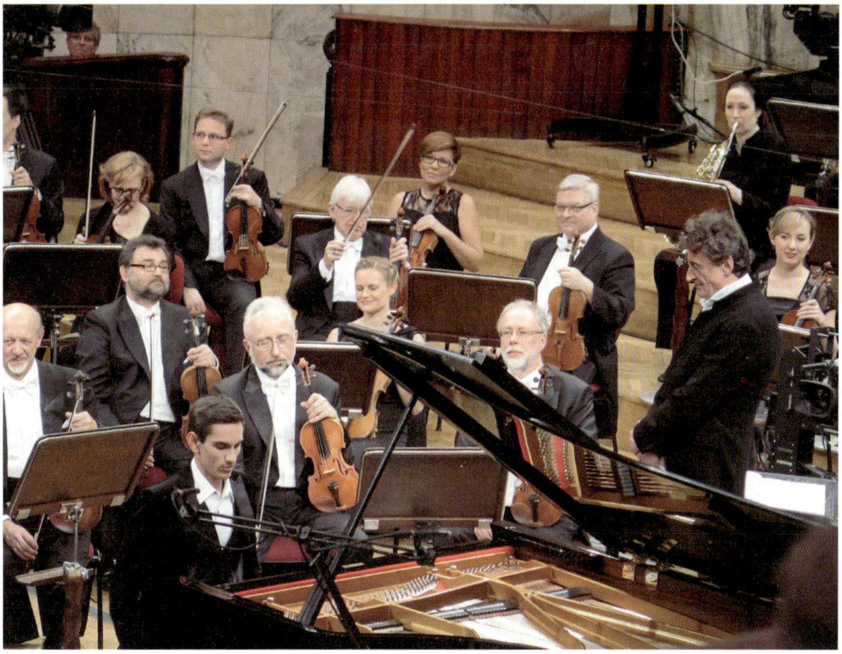

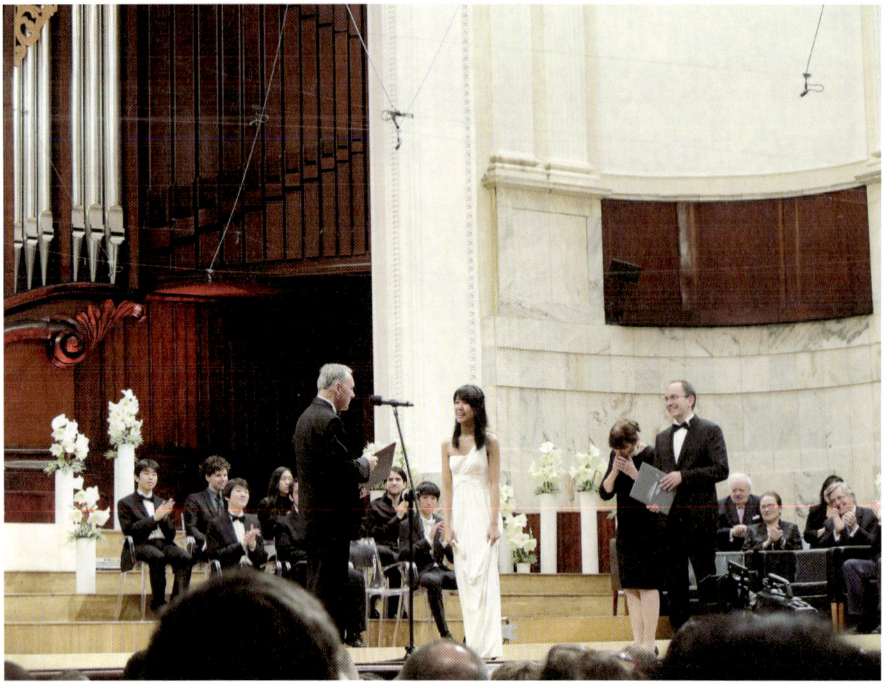

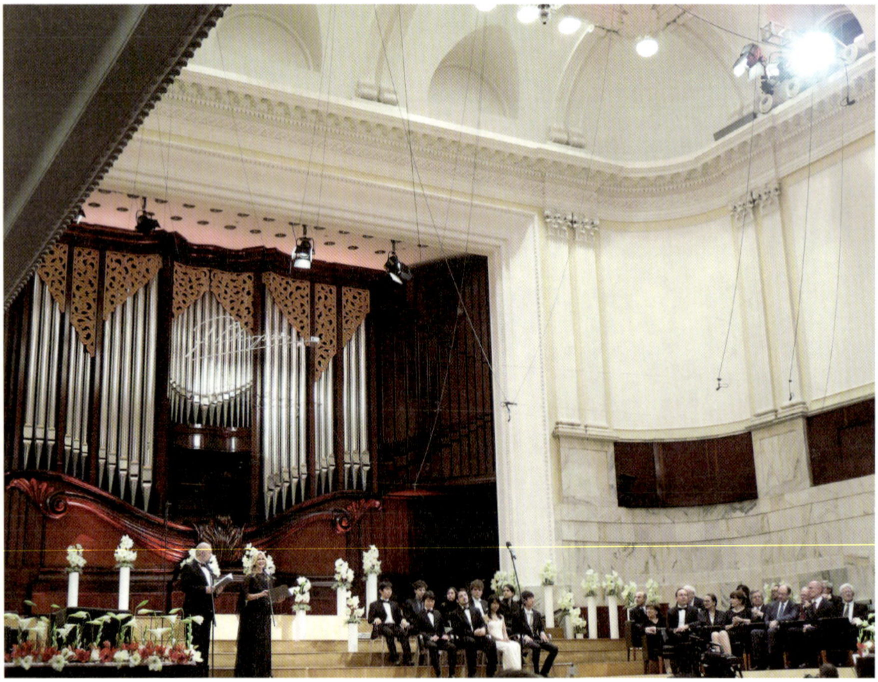

道路上不断进步。"

本届肖邦大赛中荣获金奖的选手赵成珍(Seong-Jin Cho)在决赛中心理素质极好，技巧无懈可击，音乐滴水不漏，又在流动的音浪中像鱼儿那般自由行进，尺度掌握得恰到好处。15岁时，他曾在日本滨松国际钢琴比赛上获得第一名，当时他弹奏的拿手曲目就是这次凭此获得波兰舞曲最佳演奏奖的《作品53号》。这也是韩国人历史上第一次获得肖邦大奖。

赵成珍1994年5月28日出生于韩国首尔，目前在巴黎高等音乐学院跟随Michel Beroff学习钢琴。在这次获金奖前，他已经在以下比赛获过奖：2008年肖邦青少年国际钢琴比赛，2009年日本滨松钢琴比赛，2011年柴可夫斯基国际音乐比赛（第三名），2014年鲁宾斯坦钢琴比赛（特拉维夫）。

他先后参与合作演出的乐团有：杰吉耶夫指挥的马林斯基剧院交响乐团，郑明勋指挥的法国巴黎广播乐团/汉城爱乐，Marek Janowski指挥的柏林广播乐团，Lorin Maazel指挥的慕尼黑爱乐，普雷特涅夫指挥的俄罗斯国家管弦乐团。赵成珍先后在日本、德国、法国、俄罗斯、波兰、以色列、中国、美国等国家演出。2012年，他为著名小提琴家郑京和的莫扎特独奏会担任伴奏，获得好评，令他在韩国火速成为古典乐坛的新宠儿。

获得第二名的加拿大选手查尔斯·理查德－海姆林(Charles Richard-Hamelin)，1989年出生于加拿大魁北克。2013年以全额奖学金获得耶鲁大学音乐学院的硕士学位，现在师从加拿大蒙特利尔音乐学院的Andre Laplante，是一位成熟的音乐家。

获得第三名的凯特·刘(Kate Liu)，1994年出生在新加坡，4岁时她开始学琴，8岁随家人移民美国，2012年进入费城科蒂斯音乐学院，师从罗伯特·麦克唐纳(Robert McDonald)，郎朗和王羽佳都毕业于科蒂斯音乐学院。她对比赛的总结极其精辟：

Experience（比赛不过就是一次经历）、Moment（比赛无论结果如何都是瞬间的事）、Passion（只有心怀激情，音乐之火才能永远燃烧下去，才能让自己成为强者）。她获得玛祖卡特别奖，玛祖卡奖含金量很重，且非常难，代表着波兰的国粹，中国钢琴家傅聪当年就获得此奖项。如果用一句话比喻的话：相当于一个波兰人来到中国捧走了京剧艺术的奖项。

获得第四名的艾瑞克·路（Eric Lu），美国籍，出生于1998年，早期受训于波士顿新英格兰音乐预科学校，是1980年获第十届波兰华沙肖邦钢琴大赛冠军的越南钢琴家邓泰山的学生。15岁进入科蒂斯音乐学院师从乔纳森·碧斯（Jonathan Biss）和罗伯特·麦克唐纳（Robert McDonald）。

获得第五名的是加拿大16岁小选手扬（Yike Tony Yang），也是肖邦钢琴大赛史上最年轻的获奖选手，出生于1998年，加拿大多伦多人，是多伦多皇家音乐学院下属的年轻艺术家表演学院格兰·古尔德学校的学生。现在在茱丽亚音乐学院预科学习。

获得第六名的德米特里（Dmitry Shishkin）是俄罗斯人，他曾在6月份参加柴可夫斯基钢琴赛比赛，他的特点是乐曲的完整性非常好。

三位华裔参赛者在此次肖邦钢琴大赛中发挥稳定，表现出色，演奏精彩，从中让我们看到了亚洲钢琴音乐事业发展的希望。这次获奖名单集结了几位评委的公正判断，可谓众望所归。

6名获奖选手分别获得由波兰总统基金会、华沙市政府等机构提供的丰厚奖金。获得肖赛第一名选手将获得3万欧元的奖金和金牌；第二名将获得2.5万欧元的奖金和银牌；第三名将获得2万欧元的奖金和铜牌；第四名将获得1.5万欧元的奖金；第五名将获得1万欧元；第六名将获得7000欧元的奖金，其他4位选手分别获得荣誉奖4000欧元。

颁奖结束后，获奖者演奏了不同的肖邦作品，美妙的旋律让观众又一次沉浸在音

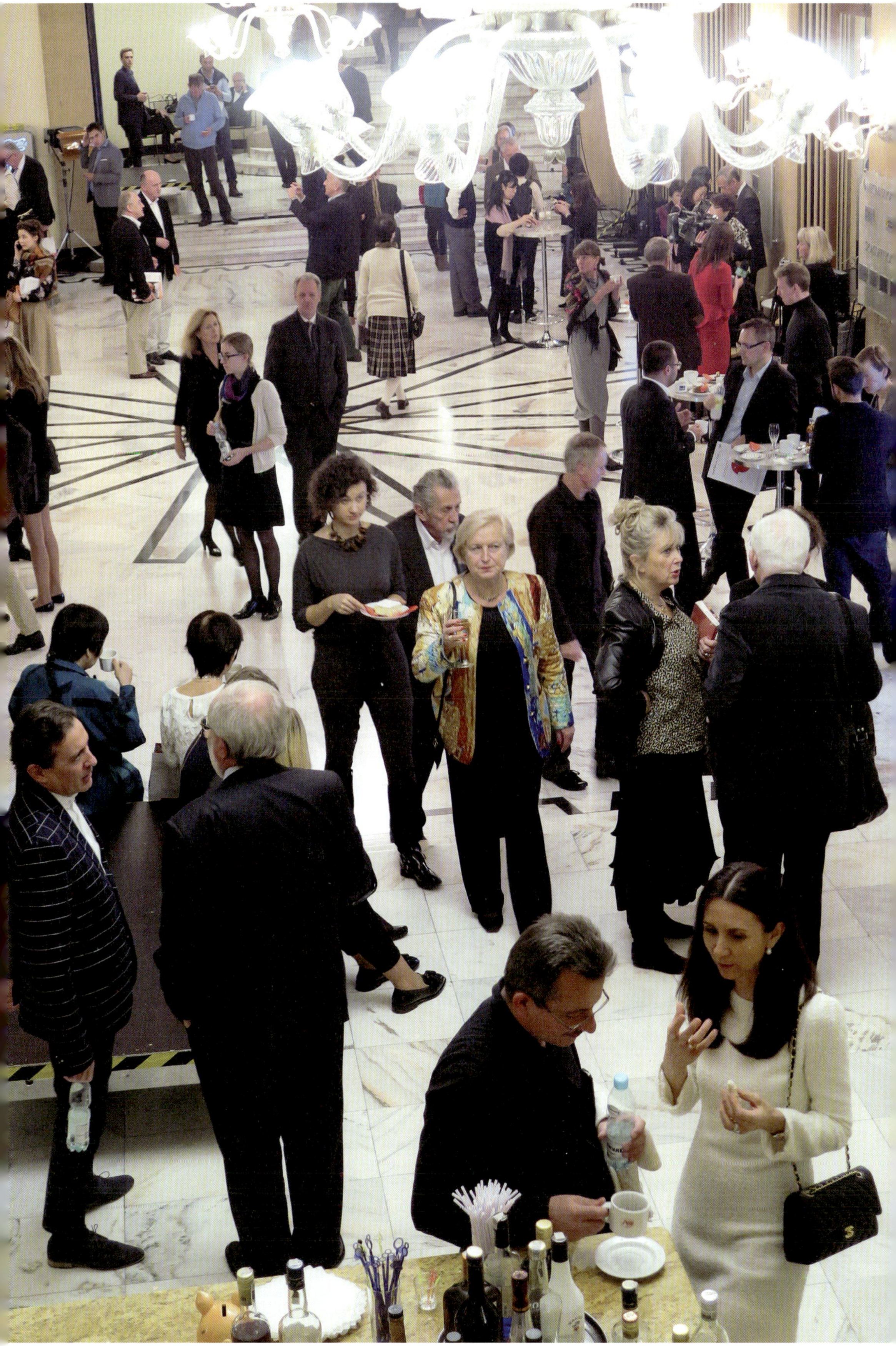

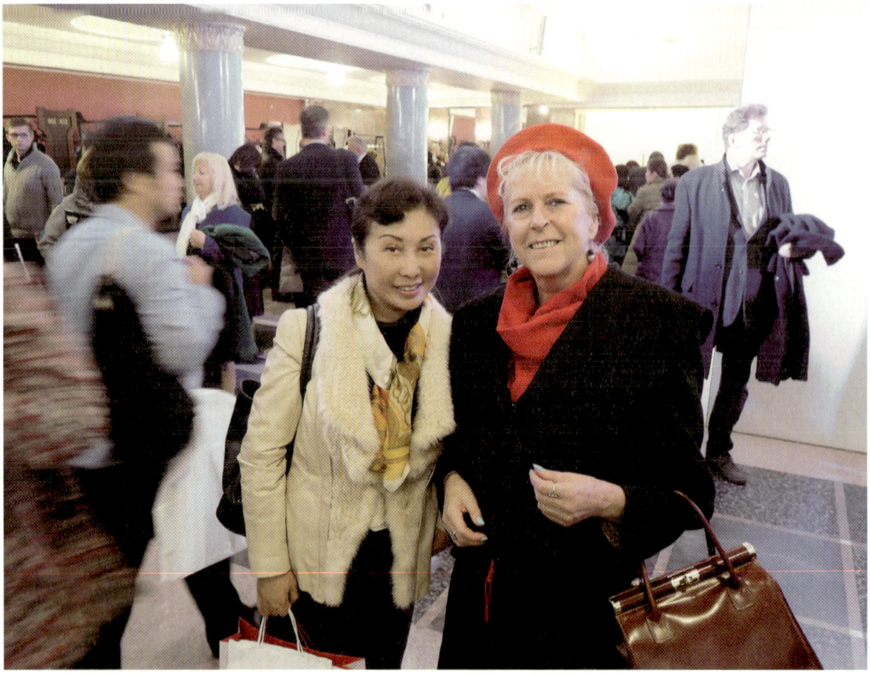

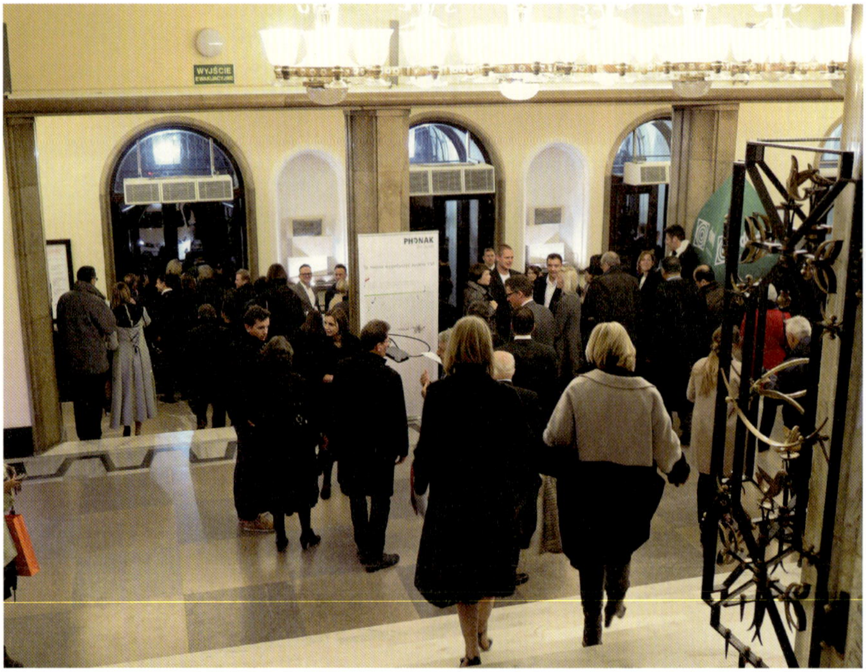
WYJŚCIE
PHONAK

乐的世界中，流畅的旋律像心灵的倾诉，每一个音符都被细心雕琢，精致剔透，音乐的情感带动着观众仿佛进入其中，幻想着音乐里的故事。才华横溢的年轻钢琴家把肖邦音乐演绎得淋漓尽致，在感叹他们精湛表演的同时也感受到了他们所付出的辛勤劳动，再次祝贺他们。

波兰人的确热爱音乐，颁奖音乐会长达5个小时，在千余名观众的热切期盼中，一等奖选手三次返场，演奏了肖邦第一钢琴协奏曲三个乐章、肖邦英雄曲和肖邦波兰舞曲。即便这样，观众们仿佛还不过瘾，演出结束后，人们报以雷鸣般的掌声，他们矗立在华沙音乐厅，久久不愿离开。

直至今日，虽然跨越时空200年，全世界不知有多少人钟情迷恋这位19世纪伟大的钢琴诗人——肖邦，他的才华被同时代大师与无数后人敬仰膜拜，可惜的是，他终生劳累奔波，以及忧患于自己祖国动荡的命运。即使这样也掩饰不住他锋芒毕露、光辉夺目的一生，肖邦的爱国之心永远属于自己的祖国。肖邦一生创作了大约二百部作品，其中大部分为钢琴曲，他被誉为"钢琴诗人"。在浪漫主义时期，肖邦作为一个杰出的波兰民族音乐风格作曲家而拥有非常独特的历史地位。在19世纪欧洲音乐发展历史上，民族音乐风格占有主导地位。尽管在所有的肖邦作品中都具有来自波兰传统的音乐风格，但在肖邦的《玛祖卡》中更为集中地表现了波兰的民族风格。在《玛祖卡》中肖邦运用了直到当今仍为世界所仰慕的最美的波兰旋律，使得当今的音乐家们真正领略到他的作品中，优美的民族音乐元素及独特的波兰文化风格。

舒曼曾经说过，肖邦的音乐灵魂遍布全球各个角落，人们为了纪念肖邦为音乐事业作出的贡献，而创建了肖邦国际钢琴比赛（International Chopin Piano Competition），这是当今最具权威性与最受瞩目的钢琴比赛之一，每五年举办一届，在全球享有极高声誉。

金秋十月，在华沙聆听肖邦，全球的目光聚焦着2015年肖邦大赛。聆听着美妙的肖邦音乐，享受着浓郁的肖邦氛围，盼望着五年之后的再次相聚，期待着脱颖而出的钢琴天才，感受着肖邦音乐带给人们的精神力量。

　　肖邦的国度仿佛处处蕴藏着音乐的源泉，回荡着优美动人的美妙旋律。

"紫禁城"结缘"华沙之秋"

小雪时节，北京迎来了一场大雪，整个城市银装素裹，分外妖娆。在静谧的雪夜，一场别开生面的丝竹音乐给人们的心灵带来如春风般的丝丝暖意。

一年一度的"华沙之秋"国际现代音乐节是世界上最重要的现代音乐聚会之一。11月22日，"2015'华沙之秋'国际现代音乐节——北京之夜特别音乐会"在北京音乐厅隆重上演。曾在去年参加过该音乐节的中国音乐学院紫禁城室内乐团，带着由"华沙之秋"音乐节总监等波兰音乐家创作的中国器乐作品登上北京音乐厅的舞台，用琵琶、古筝等乐器，让乐迷领略波兰音乐家音符下的中国味道。

"华沙之秋"国际现代音乐节始于1956年，是波兰享誉国际的现代音乐节。中央音乐学院紫禁城室内乐团是活跃在当今世界音乐舞台的最优秀室内乐团之一。"中波两国音乐家在此次合作中开创的双向互动性交流模式，对现有的单向展示性交流活动起到超越和提升的作用，不仅搭建了两国音乐文化传播互鉴的平台，对中国与其他国家在音乐领域开展进一步合作也具有积极的参考和借鉴价值。"波兰密茨凯维奇学院亚洲事务委员会总监马丁博士这样说。

本场音乐会是紫禁城室内乐团继去年9月在"华沙之秋"音乐节上成功展演后的

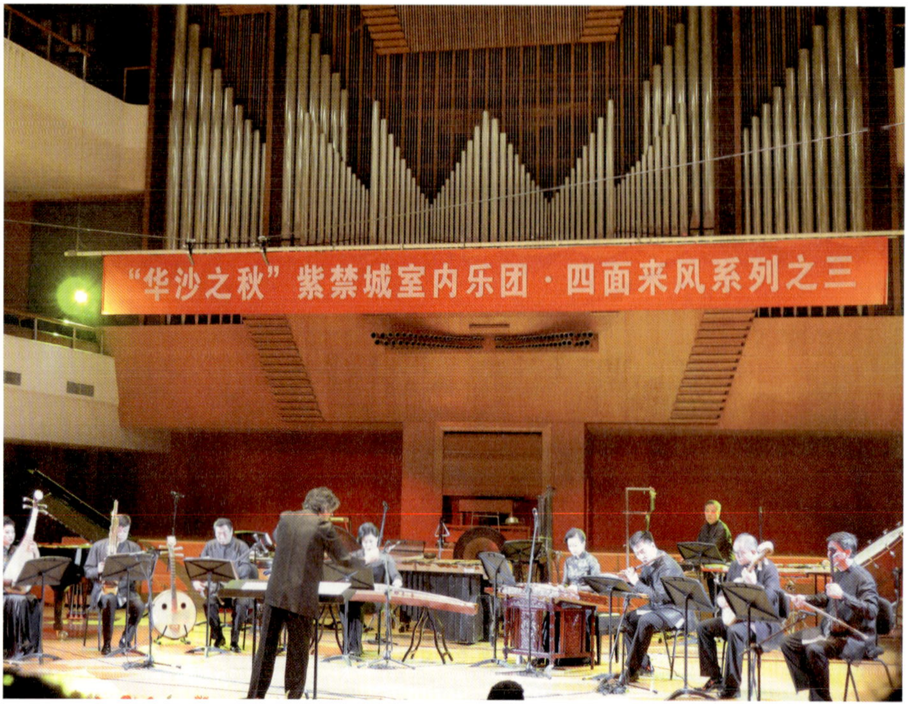
“华沙之秋”紫禁城室内乐团·四面来风系列之三

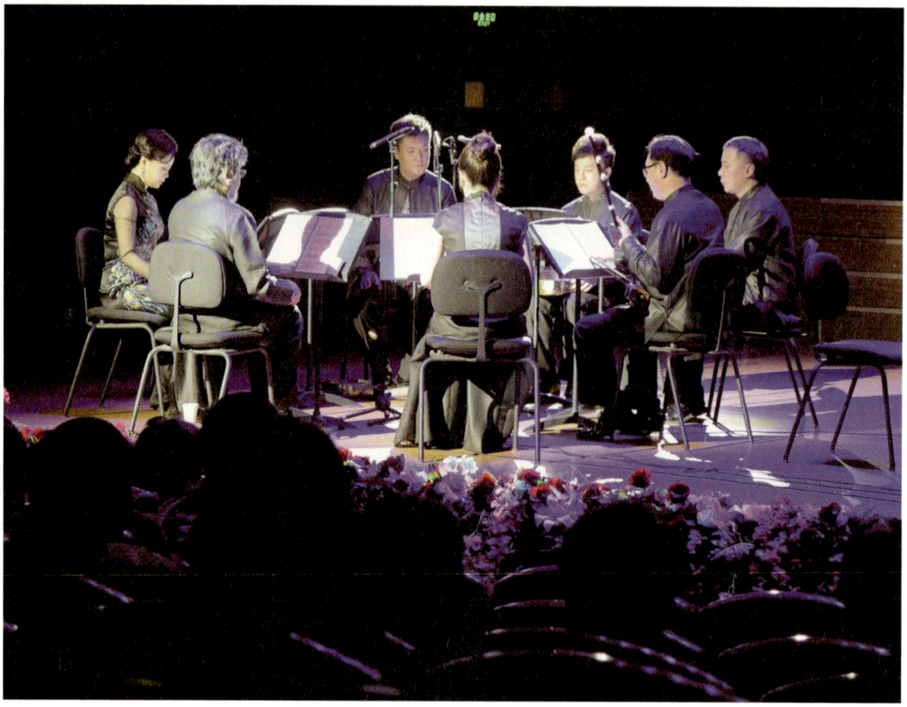

全新作品音乐会,由中国国家文化部、波兰驻华大使馆、波兰密茨凯维奇学院、中国音乐学院、波兰"华沙之秋"国际现代音乐节与北京音乐厅等机构共同主办。音乐会是中国音乐学院紫禁城室内乐团历时三年与波兰密茨凯维奇学院、"华沙之秋"国际现代音乐节合作的一次重要成果展示,是继2014年9月紫禁城室内乐团在"华沙之秋"音乐节上成功展演后的一次全新作品的合作音乐会。本次演出的作品由"华沙之秋"国际现代音乐节音乐总监塔德乌什·维列斯基(Tadeusz Wielecki)先生领衔莉迪亚·捷琳斯卡(Lidia Zielinska)、沃耶切赫·比也勒哈什(Wojtek Blecharz)、保罗·亨德里赫(Pawel Hendrich)、皮挫尔·洛默尔(Piotr Roemer)、杰罗斯瓦夫·西温斯基(Jaroslaw Siwinski)等6位波兰顶尖作曲家,以及由"华沙之秋"音乐节组委会特邀的秦文琛和叶国辉2位中国作曲家创作完成。

  音乐会由捷琳斯卡创作的空灵而悠远的《彻底》开始。"这更像是一次探险,这次探险提醒我们,作曲家应保持谦虚的态度。我感受到来自自身的限制远远超出之前的作品,这使我反躬自省,什么是音乐。"曾获过17次作曲大赛奖项的捷琳斯卡这样评价这部开篇之作的创作历程。捷琳斯卡曾经是波兰波兹南音乐学院的教授。她非常高兴能融入这个中波文化交流项目的创作团队。她的作品在音乐会上彻底征服了观众。

  嘈嘈切切,曲风各异的带有波兰风格的中国乐曲依次上演,曲终余韵绕梁三日。每一首乐曲演奏后,紫禁城室内乐团指挥家刘顺便转身带领乐团成员与观众向作曲家鼓掌致敬。

  1988年出生的年轻作曲家洛默尔帅气逼人,他的《次普亿落土》是今年的新作,也是向中国传统乐器室内乐的致敬。"曲名是我某日灵光一闪创造出的新词,尽管显得像是源自其他地区的文化,但事实上,它和我一样,是地地道道的'欧洲人'——它是属于我的词,是我对中国文化的理解。"洛默尔说。在乐曲终结,他非常激动,用自信而深情的拥抱回馈在场的观众。

富有中国传统美学意境的《动静交融曲Ⅱ》是塔德乌什在本次音乐会献给中国观众的礼物。在近年的文化交流互访中，他被中国传统文化中的高山流水、熊熊烈火和云卷云舒等情境深深吸引，而这几种神秘的意境交织在一起，便是他的创意。"对我而言，这些意境可以与西方的自然艺术相结合，摆动创造了声响，而声响需要音乐的表达。"塔德乌什动情地说。

亨德里奇的《地平线》、西温斯基的《工业音乐》传递了中西文化冲突后的融合，他们巧妙地用中国传统器乐"承载"了这一思想。

两位来自中国的杰出作曲家的作品也可认为是扛鼎之作。中国音乐学院作曲教授秦文琛的《听谷》，展现出了丰富的音乐色彩，表达出对大自然声音的想象。"多年来，我用了大量的时间研习中国画，对宋、元山水画尤其喜爱，这些山水画直面大自然，并理性地表达了自然的精神，这是我创作这首曲子的灵感之源。"秦文琛的曲子是上半场的压轴曲目，演奏结束后掌声不绝。

上海音乐学院教授、作曲家叶国辉的如诗乐曲《暮江吟》，则用诗一般的音乐语言带领观众穿越回落霞秋水的浩瀚意境中。"遥远的乐声，写意了一种时隐时现的朦胧与古朴，这是我在之前的《日落阳关》里营造意境的一种延伸。"叶国辉告诉记者。

波兰密茨凯维奇学院亚洲事务总监马丁博士介绍："2009年，在当时中国与中东欧各国交流互动的大背景下，中波之间的文化交流也开始互派演出团体，互访并交流演出。此后，中波两国的文化互访成了一项新的文化交流方式。"2011年，紫禁城室内乐团交流出访包括波兰在内的中东欧9国，所到之处皆遇知音。"

在当年的互访期间，马丁博士安排紫禁城室内乐团参加在波兰首都华沙和南部文化之都克拉科夫的演出，反响热烈，用马丁博士的话来说："波兰的观众认为，这是一个独具中国风格的、与众不同的乐团，一方面演奏传统的中国民族音乐，另一方面大胆地尝试用中国乐器演奏西方音乐。"当时几位波兰作曲家，在聆听了紫禁城乐团

的演出后，就对中国这个"不一样"的乐团产生了极大的兴趣，马丁博士说："既然波兰作曲家对中国的民族传统乐器感兴趣，由波兰作曲家创作，由中国乐队用民族乐器演奏，这将是一件非常有意义的事情。何不开展真正意义上的文化交流呢？所以，当我和刘顺在紫禁城乐团出访克拉科夫演出之际闲聊时，碰撞出火花，一拍即合。这个项目从2012年开始正式启动。"

2012年10月，中国国家文化部主办了"中东欧地区国际音乐节艺术总监访华考察"活动。紫禁城室内乐团以其精湛的技艺、独特的品质和创新的理念令各位总监耳目一新。"华沙之秋"音乐节艺术总监塔德乌什先生当即与乐团音乐总监达成了合作意向：

"华沙之秋"国际现代音乐节将邀请"紫禁城室内乐团"参加2014年的"华沙之秋"音乐节并举办专场音乐会,音乐会作品由"华沙之秋"国际现代音乐节委托创作。"为中国器乐举办委托创作专场音乐会,在'华沙之秋'音乐节的历史上尚属首次。"塔德乌什先生告诉记者。

刘顺说:"我们搞文化交流活动,应该达到最好的效果。而唯一能使中国传统民族音乐有新的发展渠道的是,在音乐创作上要有开阔的眼界。"刘顺带领的紫禁城乐团完全打破了传统的音乐格局,演奏作品既符合音乐的审美,又用中国的传统乐器演奏。

"华沙之秋"组委会推荐了一位名叫沃耶切赫·比也勒哈什的青年波兰作曲家,为紫禁城乐团创作音乐作品。"当时,我还没那么有名气。学习和了解中国民族乐器

的特色及演奏方法以后，开始创作《一年后》这首曲子，很受欢迎，效果非常令人满意。"比也勒哈什说。

为中国乐器创作的作品《一年后》，前后历时两年时间。其间，中国诗人的诗歌对作曲家比也勒哈什影响深远。"我不得不说研习中国传统乐器以及熟悉它们的音色是一个辛苦的过程：数小时的即兴创作、调试乐器设备、录音、寻找其音乐本体。这首曲子有些部分变成了对碎散、永恒往复破坏的沉思，但同时也是对传统中国乐器'禁地'的探索。"比也勒哈什说。

马丁博士认为，这样的中波文化交流项目和合作方式非常棒。"当这些作品还未诞生时，紫禁城乐团就与'华沙之秋'联系，希望紫禁城乐团能与'华沙之秋'音乐节合作，

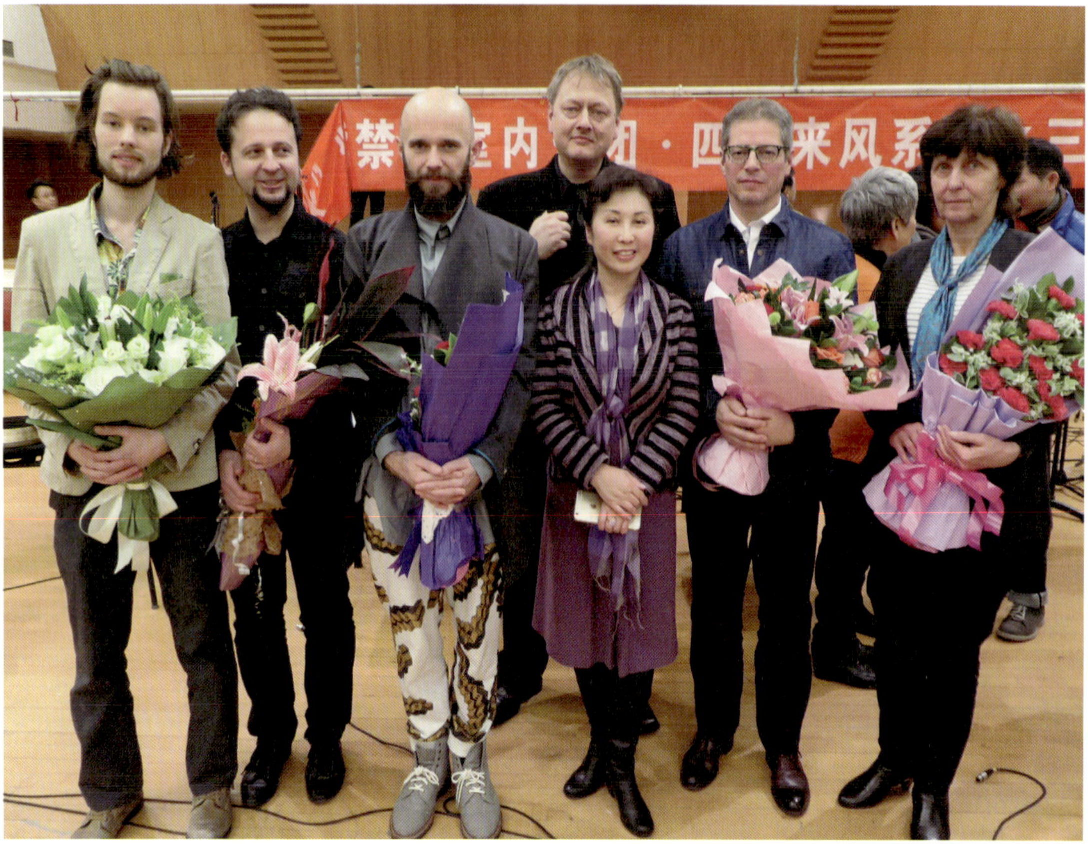

组委会当即表示欢迎，邀请乐团来波兰演出。于是，这个中波文化交流的项目正式开始。波兰的作曲家三次来到中国，第一次是为了学习乐器的知识，与紫禁城乐团艺术家交流，一年后，他们再次来到中国，为紫禁城乐团创作演出音乐作品，再到北京来与乐团沟通，回到波兰，完整地创作音乐作品。第三次来华，就是为演出做准备。"

"在这个冬日，波兰总统安杰伊·杜达（Andrzej Duda）一行访华之际，音乐会呈现给了中国首都北京观众。波兰作曲家先后三次往返中国，他们深入地了解中国乐器的知识及演奏方法，同时，紫禁城乐团的音乐艺术家们也大胆尝试，用新的演奏方法，探索出不一样的中国民族乐器演奏的艺术之路。"马丁博士说。

此次音乐上的交流互动，是中国乐曲的传承，表达出不同的音乐意象。另一方面，探索出新的乐音。"就此而言，中波艺术家都达到了自己的理想，6部新的音乐作品，新颖独特。"刘顺说，"音乐的世界有'险'吗？回答是肯定的。对于中国民族器乐而言，冒民族音乐'不民族'的险，寻找中国传统乐器的美，这是紫禁城乐团音乐家们多年来对中国音乐'探险'的渴望，也是探寻中国器乐艺术之相的创举。"

在波兰密茨凯维奇学院、中国国家文化部、中国音乐学院、紫禁城乐团的多方支持、共同努力、齐心协力合作下，这台别具一格、中西合璧的音乐会成功举办。马丁博士非常高兴地赞叹："让波中音乐家、艺术家，汇入现代音乐大海的百川之中，促进文化艺术的互动发展。音乐无国界，我觉得这样的合作交流才能说是真正意义上的'走出去'。"

当然，无国界的音乐艺术之泉，也随着文化走出去，流淌进中波两国人民的心间……

令人难忘的"肖邦之夜"

皑皑白雪笼罩北京,尽管瑟瑟寒风夹着鹅毛般的雪片,北京音乐厅却灯火辉煌,充满温馨。

2015年11月26日,正值波兰共和国总统安杰伊·杜达(Andrzej Duda)访华之际,"肖邦之夜——第十七届波兰国际肖邦钢琴比赛回顾音乐会"在北京音乐厅举行。沃柴克·史维塔瓦(Wojciech Switala)和陆逸轩(Eric Lu),来自波兰和美国的两位钢琴演奏家同台献艺,让北京观众在温馨的"肖邦之夜"感受浪漫音乐的魅力。

晚上19:20,音乐会开始前,杜达总统在全场热烈的掌声中,来到音乐厅,与北京观众一同观看演出,共度温馨浪漫的"肖邦之夜"。

《玛祖卡》《b小调谐谑曲》《平静的行板与华丽的波兰舞曲》《升f小调夜曲》等肖邦经典曲目,被两位演奏家精湛的琴技和动情的表达,诠释得淋漓尽致。每当曲目终了时,观众们都报以热烈的掌声。

波兰驻华大使馆文化处主任蔡梦灵(Magdalena Czechonska)说:"'肖邦之夜'音乐会将搭建一座音乐的桥梁,贯通两种迥然不同的文化,连接不同时代的钢琴家——

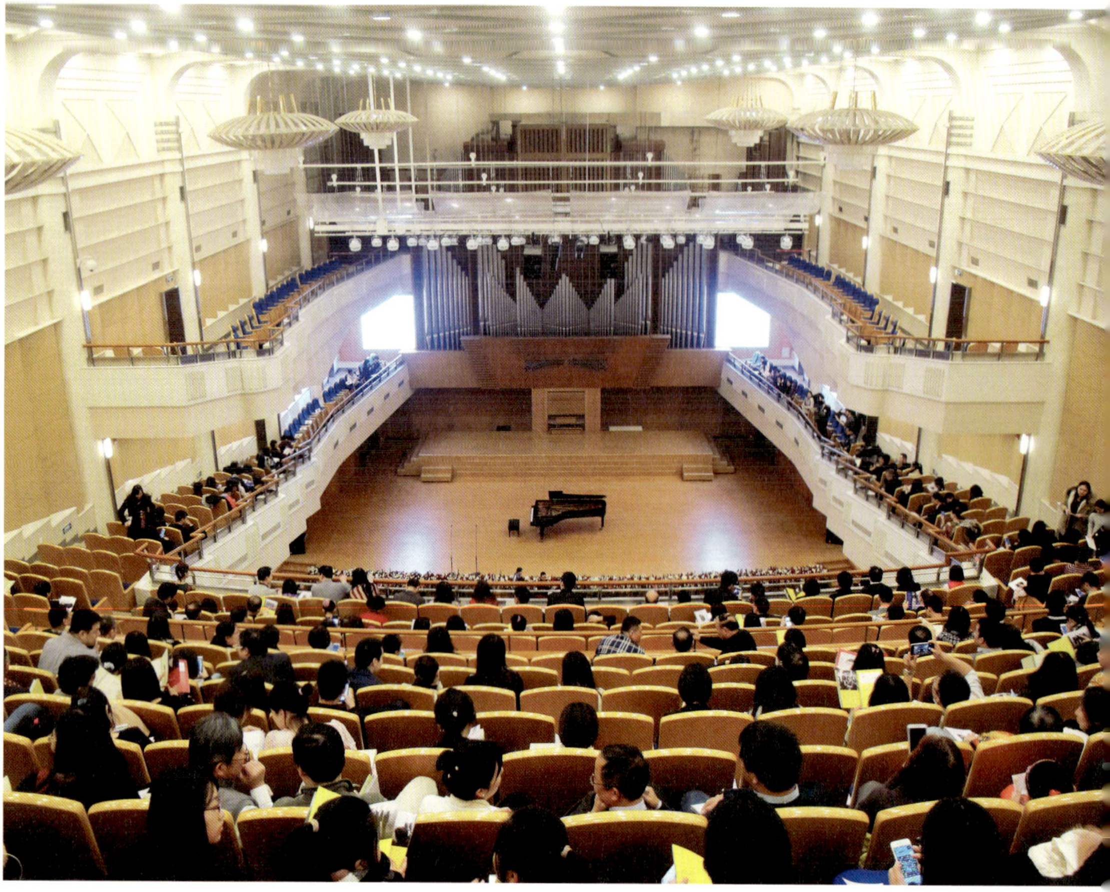

陆逸轩和沃柴克·史维塔瓦教授，向观众呈现肖邦不同类别的作品；曲目包括前奏曲、圆舞曲、玛祖卡以及夜曲。波兰共和国总统亲自赠送由波兰艺术家塔德乌什·沃贾纳（Tadeusz Lodziana）创作的肖邦雕像，以此来表达波兰对中国钢琴家和乐迷的敬意。希望这场由 Culture.pl、波兰大使馆文化处与国家肖邦音乐学院及北京音乐厅共同主办的音乐会，在回顾刚刚结束的肖邦国际钢琴比赛的同时成功打动人心的新起点，拉开下一届 2020 年大赛准备工作的序幕。为使期待不会显得过于冗长枯燥，我们今日即邀请各位参加 2015 年 12 月 12 日在北京音乐厅举办的特别钢琴音乐会，音乐会演奏者为第十七届肖邦国际钢琴比赛大奖得主赵成珍（Seong-Jin Cho）。"

在音乐厅舞台周边白红相间的玫瑰朵朵绽放。音乐会中场休息时，在音乐厅大厅里举行了肖邦雕像捐赠仪式。捐赠仪式的花艺设计也十分考究：整体色彩与波兰国旗的颜色相吻合，为红、白两个主色，在波兰白色不仅象征古老传说中的白鹰，还象征着纯洁，表达出波兰人民渴望自由、和平、民主、幸福的美好愿望；红色象征热血，也象征着革命斗争取得胜利。

捐赠仪式气氛热烈，波兰共和国总统、肖邦国际钢琴比赛荣誉资助人杜达，从密茨凯维奇学院院长保罗·珀陀罗钦（Pawel Potoroczyn）手中接过一尊精美的肖邦雕像，他说："今天晚上在北京这座美丽的城市，在北京音乐厅，能够听到肖邦的音乐，感到非常亲切。在北京音乐厅这座宽敞的大厅里，我们万分荣幸能够留下这尊美丽的肖邦雕像。我希望自己还能有机会再到中国访问，但我知道肖邦音乐会永远地留在中国。"

中国国家交响乐团团长关峡接受杜达总统捐赠雕像时说："波兰，有着悠远而绵长的历史文化，每次提到波兰，我们自然地想到肖邦和居里夫人，还有哥白尼。肖邦是波兰人引以为骄傲的伟大作曲家和钢琴家。华沙举办每五年一度的肖邦国际钢琴大赛，吸引着全世界好手角逐，成为国际音乐界的顶级盛事。在北京音乐厅接受波兰总统杜达捐赠的来自波兰音乐之国的最高礼物——肖邦雕像，非常荣幸。肖邦不仅是波兰的，还是世界的，也是中国的。"

音乐会开演的前一天，两位钢琴家史维塔瓦和陆逸轩分别从华沙和波士顿飞抵北京。令我感到惊奇的是，连续半月来，北京的天气一直雨雪交加，波兰总统安杰伊·杜达访华期间，他在参加完在苏州举行的中国—中东欧国家领导人会晤后飞到北京，天空云开雾散，阳光明媚。我这样认为：杜达总统的到来，为北京带来了好天气。也许，这预示着中波关系未来发展的美好前景。

蓝天白云下，和煦的阳光，给寒冷的冬日带来温暖。在位于北京宣武门大街的美爵酒店，为迎接两位钢琴家的到来，我应邀与波兰密茨凯维奇学院院长保罗·珀陀罗钦、密茨凯维奇学院亚洲事务总监马丁（Marcin Jacoby）小聚。在一小时的交谈中，史维塔瓦教授显得有些沉默寡言，但每当谈到他感兴趣的话题，他总是对谈幽默，并说："我千里迢迢来到北京，担任今晚有总统出席的'肖邦之夜'音乐会的演奏，心里还是有些凝重，只有在演出成功结束后，我才能放松心情。因为这不是一般的演出，而是波中友谊和文化交流的一次音乐对话。"

沃柴克·史维塔瓦毕业于卡托维茨的卡罗尔·席曼诺夫斯基音乐学院（Akademia Muzyczna im. Karola Szymanowskiego w Katowicach），曾师从约瑟夫·斯多派尔教授（Jozef Stompel）。1991年至1996年间在卡尔·海因茨·凯莫林（Karl-Heinz Kammerling）、安德尔·杜莫蒂（Andre Dumortier）和让-克洛德·旺顿-埃因顿（Jean-Claude Vanden-Eynden）教授指导下深造。史维塔瓦曾屡次在国际大赛中获奖，包括：巴尔多利诺大赛（意大利，冠军）、巴黎玛格丽特·隆和雅克·蒂博大赛（亚军、听众奖、欧洲最优秀钢琴家奖）以及蒙特利尔钢琴大赛。1990年举行的第十二届肖邦国际钢琴比赛上，史维塔瓦获得"波兰舞曲特别奖"等多项奖项。

史维塔瓦教授在欧洲颇具影响，他和许多波兰交响乐团都有过合作。除独奏

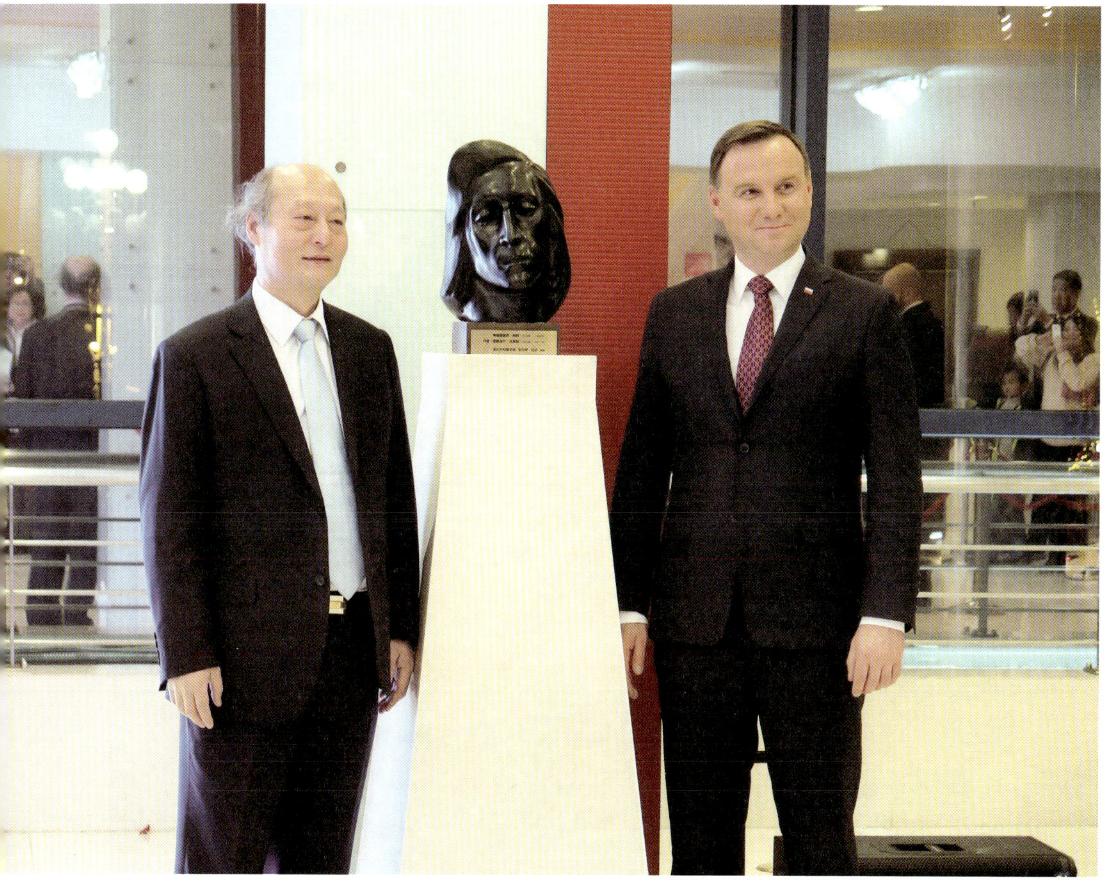

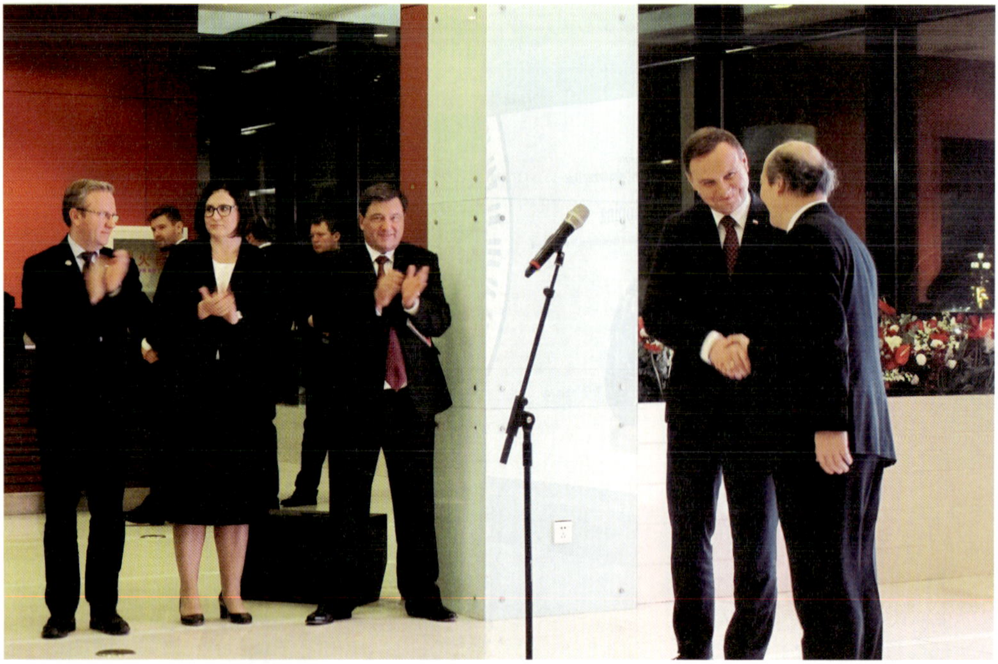

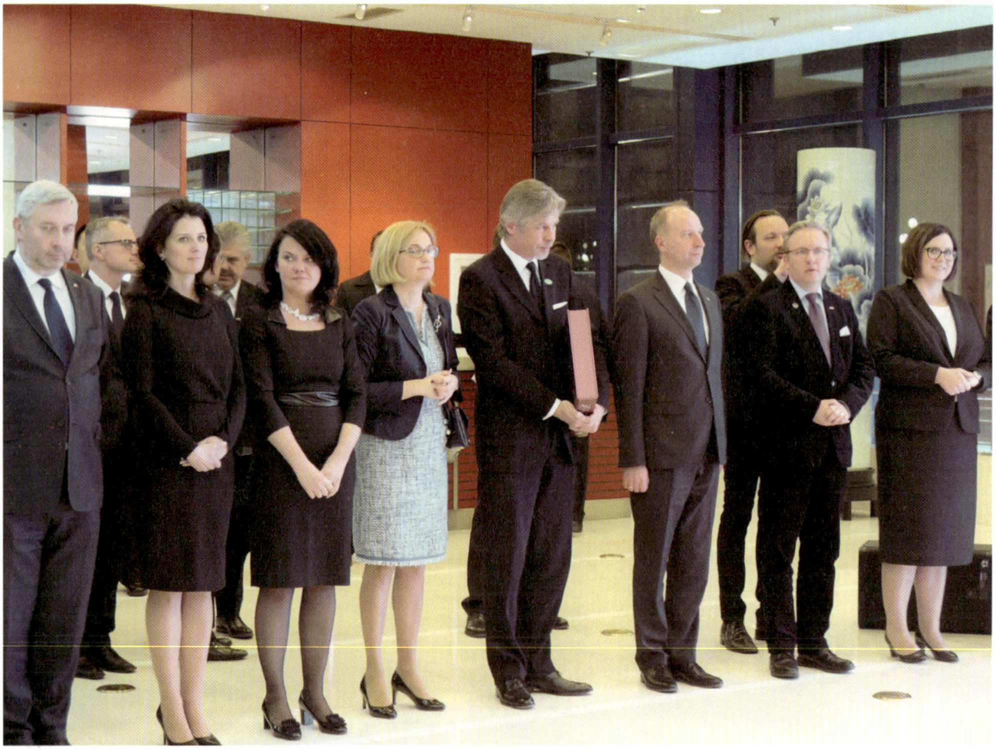

外，他还常从事室内音乐作品演奏，曾与小提琴家西蒙·热科索维茨（Szymon Krzeszowiec）、西里西亚四重奏乐团（Kwartet Slaski）、卡梅拉塔四重奏乐团（Kwartet Camerata）、皇家弦乐四重奏（The Royal String Quartet）及 Aukso 室内乐队合作演出。

1998 年开始，沃柴克·史维塔瓦开始从事教育工作——现身为教授。他曾担任过位于波兰南部西里西亚省卡托维茨的卡罗尔·席曼诺夫斯基音乐学院副院长，但这位不善言谈的音乐家，担心过多的事务性工作影响琴技与教学，所以，2012 年他毅然放弃了副院长的职务，选择回到钢琴系担任系主任，埋头于演奏与研究，培养钢琴人才。2015 年担任华沙第十七届肖邦国际钢琴比赛评委，之前曾作为评委参与巴黎玛格丽特·隆和雅克·蒂博大赛、彼得格什举办的伊格纳奇·扬·帕德雷夫斯基国际钢琴比赛、华沙波兰全国肖邦钢琴比赛、雅马哈基金会奖学金钢琴比赛、克拉科夫的欧洲钢琴教师协会比赛（EPTA）等。2014 年，史维塔瓦应邀加入国家肖邦音乐学院项目委员会。

这是史维塔瓦教授第一次来到中国，在此之前，他多次去过日本。作为钢琴家，他非常希望与亚洲，与中国的艺术家们畅谈交流。2016 年 10 月，鲁宾斯坦钢琴大赛将在中国北京举行，届时，史维塔瓦教授将以大赛评委的身份再次来到北京。

史维塔瓦教授告诉我，在他的学院，有 30 多位中国留学生，他的钢琴系有 2 名中国留学生，他用赞许的口吻说："我非常喜欢中国来的留学生，他们聪明而刻苦。"

眼前这位高个儿偏瘦，有些腼腆的男孩儿就是在第十七届肖邦国际钢琴比赛中，荣获第四名的美籍华裔青年选手陆逸轩。这是他第一次来到北京。他身穿一件浅红色白细格衬衫，说话慢条斯理，待人彬彬有礼。

我问他："北京的天那么冷，你怎么只穿那么薄？"他微笑着说："我人到了北京，但是行李没有到。因为要练琴，也没有时间出去买。"透过他坦诚的话语，我看到他

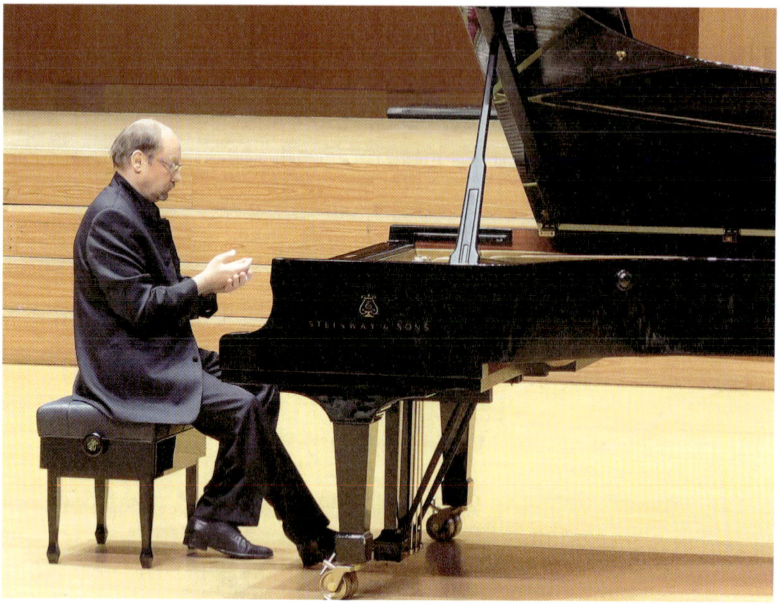
STEINWAY & SONS

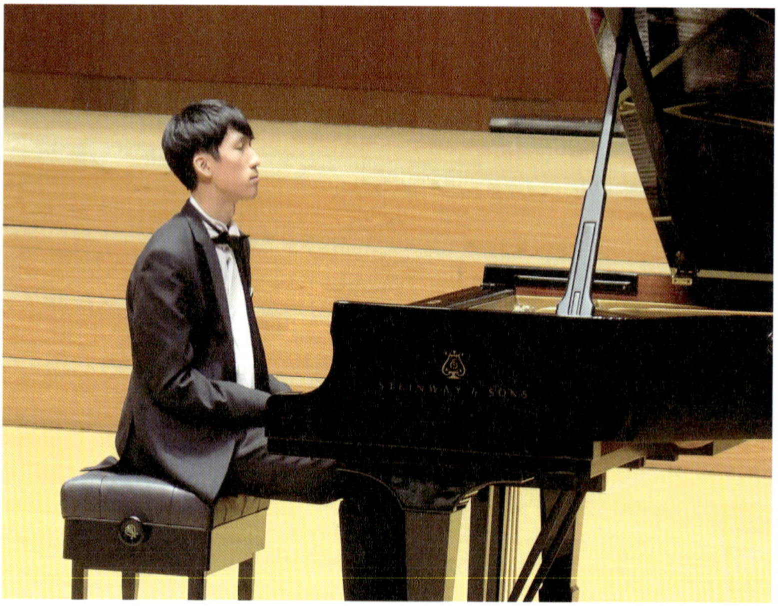
STEINWAY & SONS

对钢琴的热爱，和即将参加当晚"肖邦之夜"演出的认真态度。

陆逸轩1997年12月15日出生在美国，他的母亲是上海人，父亲是台湾人。还有两个星期就满18岁的他，年纪轻轻就载誉颇丰，被评价为新一代钢琴家中最杰出的代表之一。

陆逸轩6岁便师从杨镜钏门下，开始学习演奏。后进入波士顿新英格兰音乐学院预科学校（New England Conservatory Preparatory School）跟随亚力山卓·克桑提亚（Alexandra Korsantia）和蕾梦娜·雷弗利（Ramona Rivery）学习。接下来进入柯蒂斯音乐学院，师从乔纳森·毕斯（Jonathan Biss）和罗伯特·麦克唐纳特（Robert McDonald）。同时，陆逸轩还是邓泰山的门徒。早在获得本届肖邦国际钢琴比赛第四名之前，陆逸轩已屡次在国际钢琴大赛中获大奖，其中包括：迈阿密全美肖邦钢琴比赛（第一名，2015年）、莫斯科青年钢琴家肖邦钢琴比赛（第一名，2014年）、明尼苏达州国际钢琴比赛（第一名、舒伯特特别奖，2013年）、第十二届艾维特根国际钢琴比赛（第一名，2010年）。陆逸轩曾在美国、德国、意大利等国举办音乐会，合作过的乐团包括：明尼苏达乐团、亚美尼亚国家青年管弦乐团、韦尔斯利、朗伍德以及波士顿市民交响乐团。

陆逸轩告诉我："这是我第一次参加为波兰总统访华举办的'肖邦之夜'音乐会的演出，我要努力发挥到极致，将肖邦音乐送给大家。"果然，在当晚的演出中，他不负众望，以精湛的琴技赢得了鲜花和掌声。

虽然是第一次独自来中国，但是他说，在两年前，他已经离开父母，离开波士顿，来到费城音乐学院学习。由于刻苦钻研，才成就了今天的陆逸轩。当保罗院长问他，在艺术界，哪一位是你的偶像时，他毫不犹豫地说："我崇拜格里戈里·索科洛夫（Grigory Sokolov）和埃米尔·吉列尔斯（Emil Gilels）的演奏，他们是有史以来最伟大的钢琴家。"当被问到获奖之后，有没有考虑过找经纪人包装一下自己，打响自己的名气时，他平和淡定地说："不着急,我还年轻,现在最重要的是要好好练琴。"

陆逸轩在练琴中,常常聆听他所崇拜的大师们的演奏,他希望在钢琴艺术的成长道路上,多吸取不同风格演奏家的长处,汲取精华,不断进步。

11月26日的演奏和肖邦雕像捐赠活动,不仅仅是一场传统意义上的音乐会,波兰驻华大使馆文化处与密茨凯维奇学院将以此为崭新的起点,为广大中国观众带来更加精彩纷呈、引人入胜的波兰文化"盛宴",继续在中国推广波兰文化,牵起中波友谊的双手,共铸文化交流的桥梁。

翻开"双面人"的生活

春日的天津大剧院灯火辉煌。这个周末,不少从北京慕名而来的观众,在这里欣赏到了一台虽早已如雷贯耳,却方得一见的经典剧目《卡尔·霍克的影集》。

晚上19:30,安静的剧场响起了三声悠长而神秘的钟声——当、当、当……演出由此拉开了序幕。此刻,只见舞台左上方的屏幕上打出了中文字幕,开始了两个演员这样的对话:

"你是哪里人?叫什么名字?"

"我来自汉诺威,我的名字叫卡尔·霍克。"

……

用纪录剧场的形式探索奥斯维辛集中营"双面人"的生活,作为第三届天津曹禺国际戏剧节暨第六届林兆华戏剧邀请展的剧目之一,4月8日至9日,由波兰华沙跨大西洋剧团演出的小剧场话剧《卡尔·霍克的影集》亮相大剧院的舞台。

这部《卡尔·霍克的影集》源自真实的历史:2006年,一名美国前情报军官向美国犹太人大屠杀纪念馆捐赠了一本奥斯维辛集中营相册,相册内有116张照片,其主人是奥斯维辛集中营指挥官的副官卡尔·霍克。照片展示了党卫军人员在运作人类历

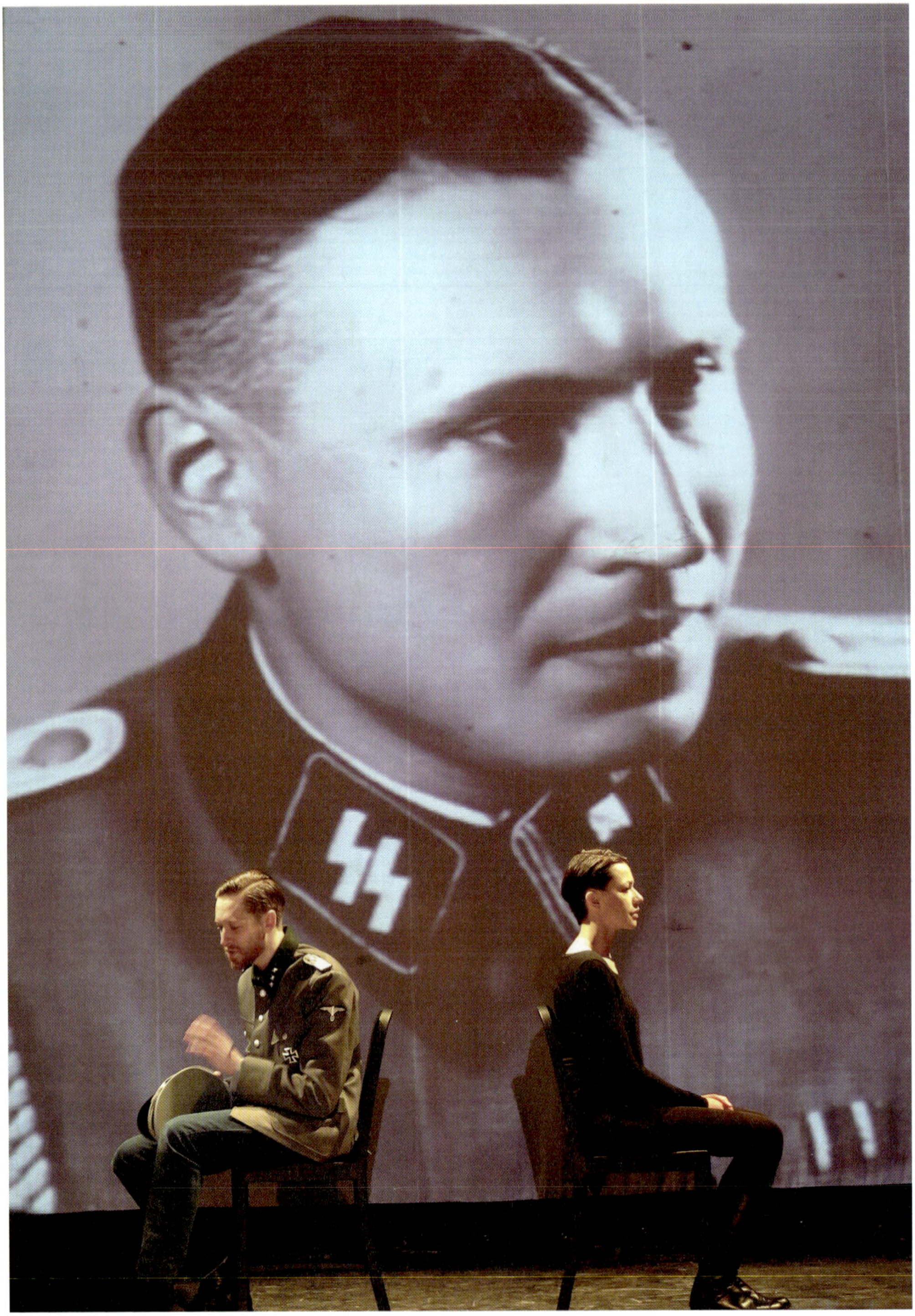

史最臭名昭著的谋杀机器后的放松活动：他们和姑娘们聚会、野餐、喝酒、进行射击练习。一些照片显示，一些党卫军士兵在奥斯维辛附近的一个特别度假地和一些年轻妇女在一起，他们因为射杀犹太人而获得此项奖励。在一张拍摄于1944年7月22日的照片上，一名党卫军辅助队人员抱着党卫军看守们刚刚吃完草莓的空罐子。而就在同一天，一群犯人抵达奥斯维辛比克瑙集中营，33人被挑选出来作杂工，其他人则被送入毒气室。

当然，在残酷的战争中，在那冰冷残暴的地域中，人们仍然期待明媚的阳光和美好的生活。剧中，当卡尔·霍克影集中的一组生活情调浓郁、轻松愉快的照片呈现在舞台时，演员的这段台词更是令人回味。

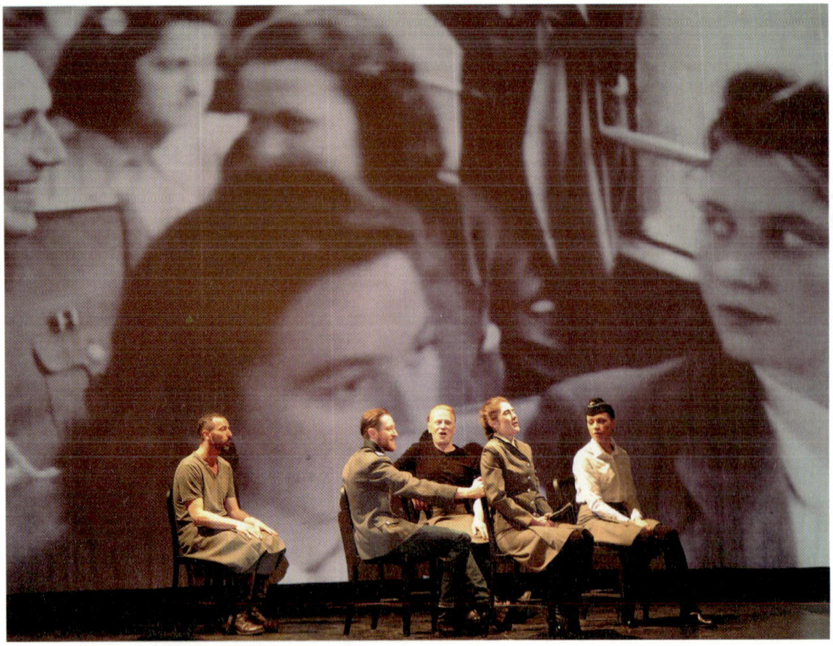

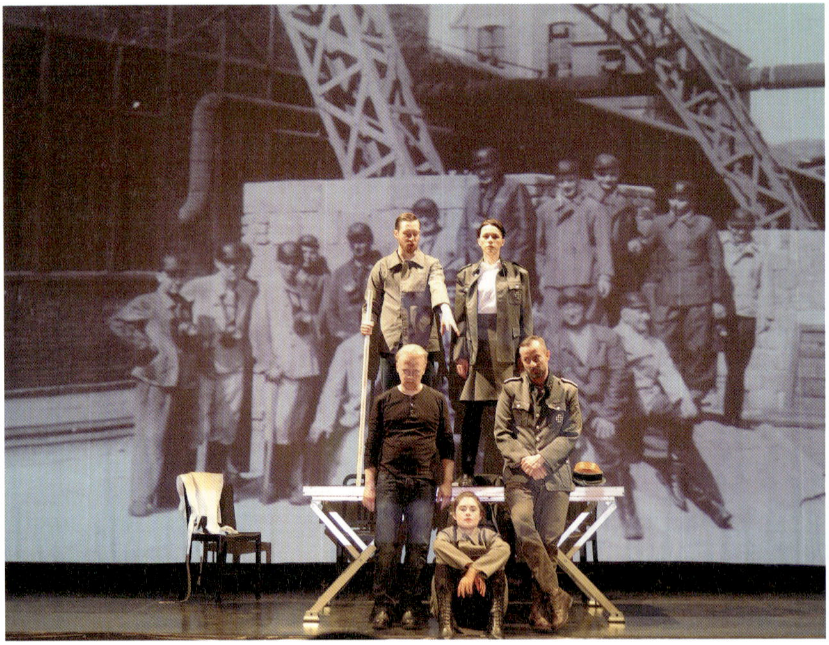

"空气中弥漫着稻香,眼前是丰收的景象。我希望这世界真的美好。蜜蜂在飞舞,花朵在绽放,空气中弥漫着巴赫,耳边回响着贝多芬、海顿……"此刻,观众的心里也洒满了和平的阳光。

1944年,第二次世界大战进入到了反攻阶段,随着盟军在第二战场节节胜利,法西斯占领区的一些暴行逐渐为人们所知。此时,一位名叫卡尔·霍克的德军副官正服务于被称为世界最大的"死亡之墓"——奥斯维辛集中营。正是在这座二战中最大的"杀人工厂",卡尔·霍克军官的影集里,记录了黑暗血腥的画面。

研究表明,这些照片是党卫军摄影师拍摄的,虽然德国当时正在输掉战争。相册的主人卡尔·霍克几乎出现在每张照片中,有一张照片显示,他在1944年圣诞节期间点燃了圣诞树上的蜡烛。奥斯维辛集中营于 1945 年 1 月被党卫军放弃。纽伦堡审判记录没有提及卡尔·霍克的名字，他最终于 1961 年被送上法庭受审。霍克否认他与奥斯维辛的屠杀事件有任何关系，但是作为指挥官的副官，他参与了集中营的日常管理。法庭最后裁决霍克杀害了 1000 名犹太人，他在监狱一直被关押至 1970 年。卡尔·霍克于 89 岁时去世，而这段历史激发了波兰戏剧家的思考与创作的灵感。

《卡尔·霍克的影集》以纪录剧场的形式再现了于 2006 年首次公布的这组拍摄于 1944 年的奥斯维辛集中营的大量照片。该剧由美国人保罗·巴尔哥特执导，首演于 2015 年 1 月。这部新颖的剧目挑战了对大屠杀历史题材剧的传统叙事假想形式，用即兴表演的形式，把当年的现实场景生动地展现在观众面前，同时，打破传统台上台下的固有模式，让观众"坐进"照片中，与人物面对面接触，身临其境，留下深刻的印象和思考。

出品剧场波兰华沙跨大西洋剧团是全世界首个互联网剧团，上演剧目以现实及虚拟形式实现，使观众可以参与到戏剧创作的音效及视觉层面，从而探索戏剧交互式领域的可能性。2001 年 12 月 15 日，全世界 16000 名网民通过互联网亲身参与了帕维尔·帕西尼执导的《安魂曲》的演出中。影像及立体声通过两个小时的戏剧转播传递到了遍布世界各地的观众身边，从而开拓了戏剧历史上一个崭新的阶段。导演保罗曾阐释说，他尝试通过大量犯罪者的视角再现发生在奥斯维辛集中营的历史灾难，并希望运用纪录剧场的表现技术、即兴表演方式，对历史照片的再呈现，让观众见证奥斯维辛集中营中一些最臭名昭著的官员以及其他工作人员的日常生活，再现当年奥斯维辛集中营鲜为人知的真实画面，把半个多世纪存放在影集中的照片"演活"了。

这部作品为人们揭露那段人类历史大灾难背后真实的一面。正如波兰密茨凯维奇学院亚洲事务总监马丁先生在《今日波兰戏剧——悲伤的战争与牺牲的意义》讲座中所说的："为什么波兰的剧作家总是非常关注二战题材的剧目？因为波兰的历史离不

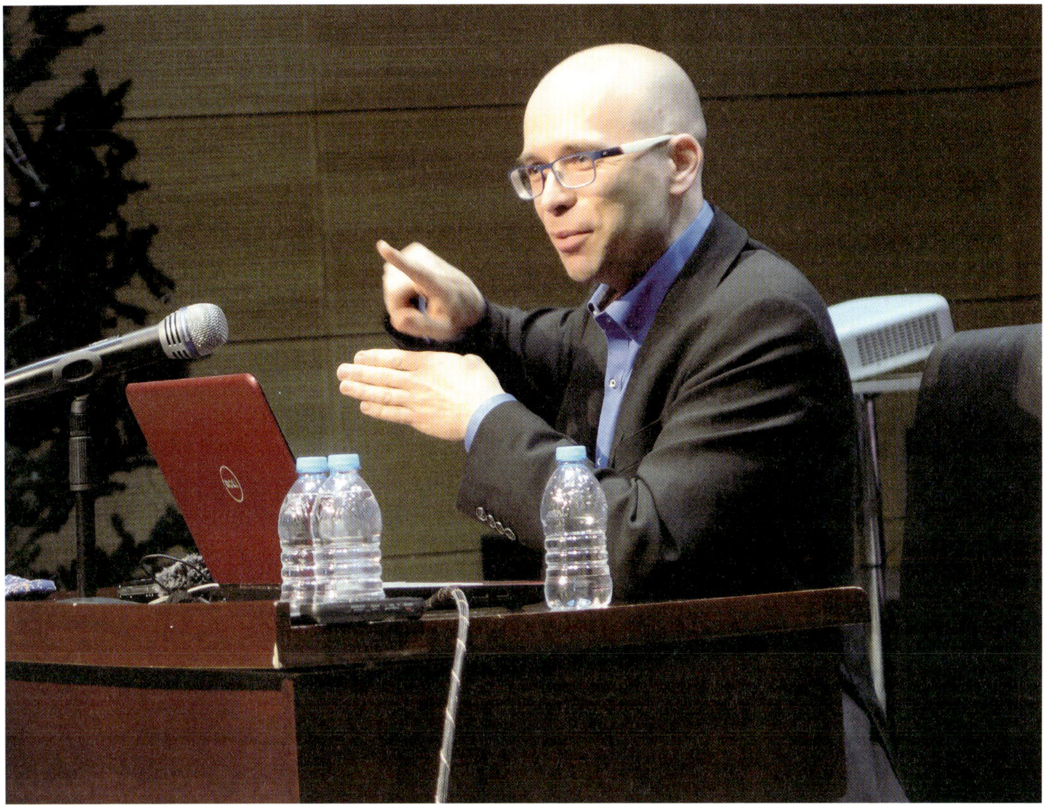

开战争的摧残，波兰的剧作家总是用匠心独创的艺术形式将这段历史呈现在人们面前，提醒人们永远不要忘记那段全人类的悲惨记忆。远离战争，珍视和平。"

马丁先生说："好的艺术并不仅仅是一盘菜，吃完就过了，而是带给观众更多的思考，让人们不要沉迷于吃穿、消费和肤浅的表面，过着看上去似乎很幸福的生活。而我们要更好地反思，有机会做一个好一点点的人。"在我认为，简单说来，就是做个好人，做个善良的人。

在紫禁城聆听穿越时空的古乐

在百花盛开、草长莺飞的春天，北京又迎来了"紫禁城·古乐季"音乐节，其中，波兰的古典音乐闪烁出最耀眼的光芒。"亨德尔之夜——女高音与乐队音乐会"、"巴赫音乐家族——羽管键琴与乐队音乐会""文艺复兴的波兰——鲁特琴之夜音乐会"让中国观众一睹波兰艺术家的风采，领略波兰古典音乐的无限魅力。

近年来，北京中山公园音乐堂已经成为欧洲古乐的要津。对于在中国的古乐爱好者而言，北京举办的古乐季也已成为乐坛上的一大盛事。

曾记得，2015年的春天，波兰艺术家首次参加了古乐季的系列演出，波兰艺术家古乐团以历史乐器还原演奏了巴赫的作品，而波兰八度古乐合唱团则呈献了波兰早期作曲家的曲目。对这两场音乐会，中国观众反响热烈，好评日潮。凭借承办上一届古典音乐季的宝贵成功经验，本届主办机构鼓足勇气、再接再厉，又一次为中国观众献上了一台波兰古典音乐的饕餮盛宴，将本届古乐季打造为一次波兰音乐文化盛事。今年的三场古乐分别为：著名女高音奥尔加·帕丝琴妮克与乐队的音乐会，羽管键琴大师马辛·斯维特科维奇与乐队的"巴赫音乐家音族"乐会，以及鲁特琴家麦克·龚德科的独奏音乐会。

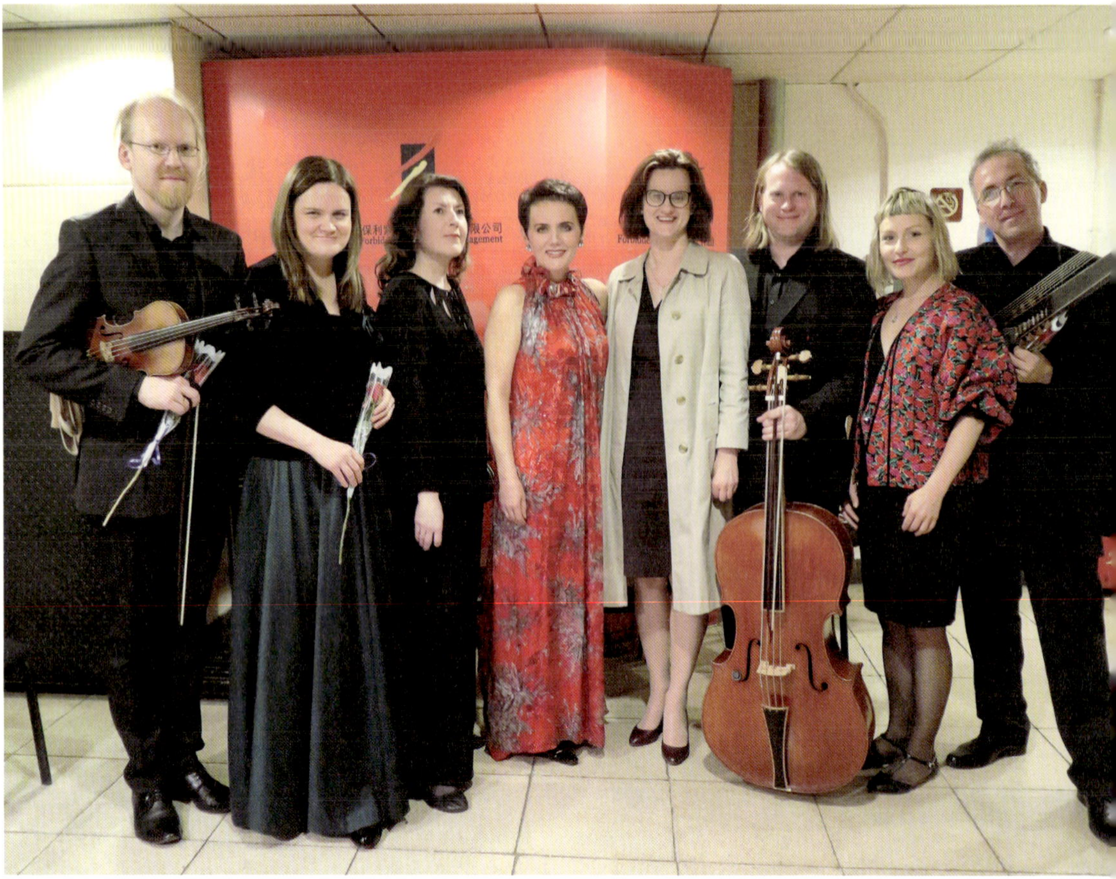

亨德尔之夜——女高音与乐队音乐会

2016年4月8日晚，中山音乐堂人头攒动，观众早早就来到音乐堂，等待着"出席"这场由波兰女高音奥尔加·帕丝琴妮克与乐队的音乐盛宴。这位出生于乌克兰的奥尔加·帕丝琴妮克女士，在家乡罗夫诺学习钢琴和音乐教学法，并先后在基辅音乐学院和华沙的肖邦音乐学院（研究生阶段）研习声乐。1992年，她进入华沙室内歌剧院担任独唱。她曾在多部戏剧中成功担任主角，曾在包括巴黎的国家歌剧院－巴士底歌剧院、巴黎歌剧院、香榭丽舍剧院、阿姆斯特丹音乐厅、柏林音乐厅、马德里的皇家剧院、巴伐利亚国家歌剧院等世界著名场馆演出。和她合作过的乐团及机构有：比利时及波兰的国家交响乐团、波兰国家广播交响乐团、西班牙广播电视交响乐团、波兰华沙交响乐团、俄罗斯国家爱乐乐团、维也纳交响乐团、法国广播交响乐团、法国国家交响乐团等等。

演出开始，身穿绿色真丝长裙的奥尔加·帕丝琴妮克女士一出场，就让观众眼前一亮。她那高亢圆润的声音，将一曲《卢克蕾齐娅》演绎得悠远绵长，在接下来的《g小调三重奏鸣曲》中，她的风格变化，韵高千古，令人心旷神怡。随后的《被遗弃的艾米达》《临终的阿格丽比娜》《F大调三重奏鸣曲》，演唱风格多变，她动情的歌声，赢得满堂喝彩。在鲜花和掌声中，亨德尔之夜——女高音与乐队音乐会圆满落幕。

奥尔加·帕丝琴妮克曾于2000年在比利时举办的伊丽莎白女王国际音乐比赛中获三等奖、特别清唱奖和公众奖。她曾于1997年和2004年两次分别凭希曼诺夫斯基和鲁托斯拉夫斯基作品的独唱录音获弗里德里克奖（即波兰唱片的最高大奖），2001年获波兰金十字勋章，并因在波兰国家歌剧院德彪西剧作《佩利亚斯与梅莉桑德》中扮演梅莉桑德一角获得2004年最佳歌剧女主角奖——约尔斯基奖。她曾两次荣获国际权威歌剧杂志《Opernwelt》最佳歌剧歌唱奖提名。2006年，她获得慕尼黑歌剧节奖。2011年，她获得波兰文化与国家遗产部部长授予的年度奖。2012年，她荣获波兰共和国一级十字勋章。

巴赫音乐家族——羽管键琴与乐队音乐会

说到羽管键琴，人们既陌生又熟悉。陌生的是，在当今社会，我想已经很少有人还知道有羽管键琴这样一种古典乐器。熟悉的是，爱好古典音乐的人们都知道它是钢琴的"前身"。

2016年4月15日晚，来自波兰的音乐家在中山音乐堂演奏了"巴赫音乐家族——羽管键琴与乐队音乐会"。担任羽管键琴演奏者的是马辛·斯维特科维奇，小提琴演

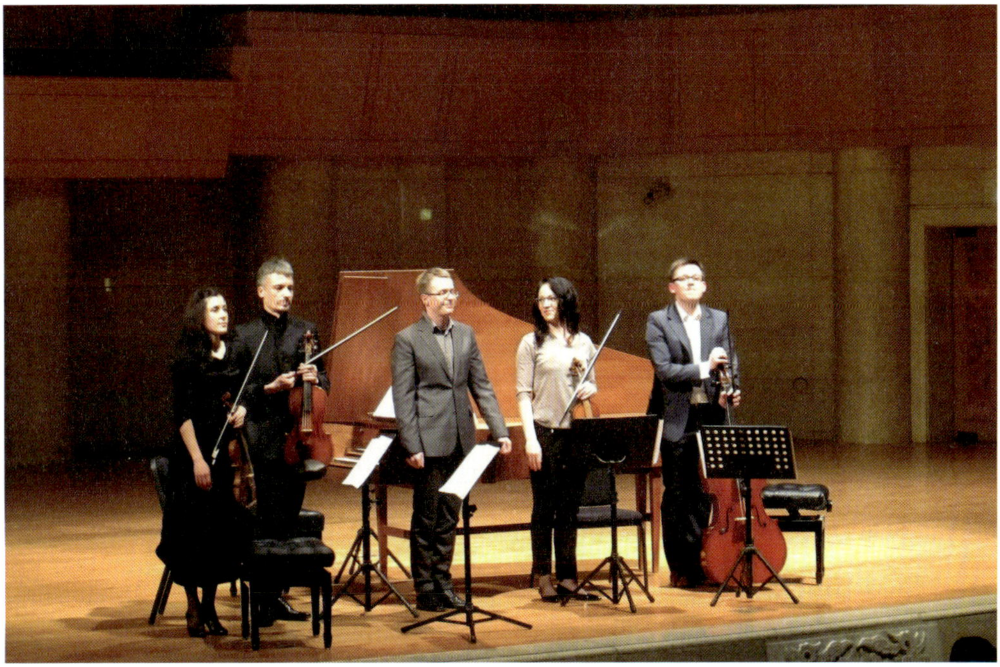

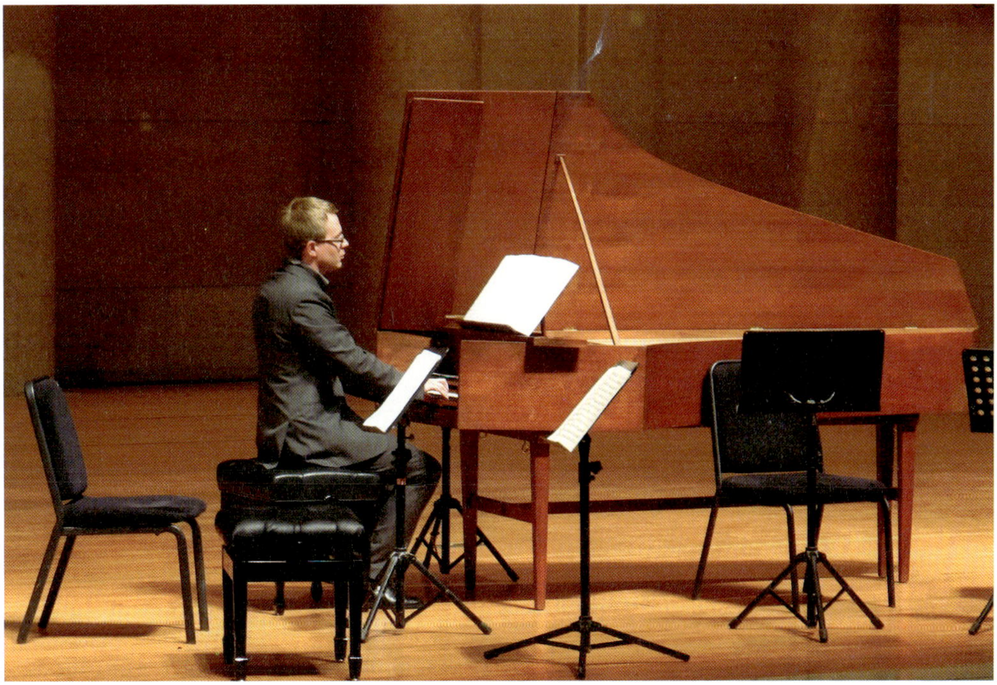

奏者泽菲拉·沃罗瓦，小提琴演奏者卡特林娜·阿勒科斯齐，中提琴演奏者迪米特尔·沃尔舍夫斯基，大提琴演奏者托马斯·博客日文斯基，联袂登台，共同演奏了巴赫作品（1685—1750），D大调羽管键琴协奏曲、A大调第四交响曲等古典乐。羽管键琴是16至18世纪在欧洲最普通也是最受欢迎的乐器，19世纪时羽管键琴逐渐被钢琴取代。到20世纪初，随着新古典乐派的兴起，羽管键琴又活跃在音乐舞台上。当晚，年轻的羽管键琴师马辛·斯维特科维奇以及小提琴、中提琴、大提琴家们的精彩表演，赢得观众经久不息的热烈掌声。

钢琴问世三百余年，它的前身羽管键琴的历史更有六百年。再往前追溯，还有两种更古老的乐器，形状差不多，都是一块面板上固定琴弦，只是演奏方法截然不同，一个是弹拨的索尔特里琴（Psaltery），另一个是敲击的杜西玛琴（Dulcimer）。

中世纪（Middle Ages，476—1453）的西方流行演奏索尔特里琴，游吟诗人们携带着它只身走天涯，一些教堂的浮雕中反映了当时的情景。到了文艺复兴时期，人们结合管风琴的键盘原理，在索尔特里琴上加上键盘装置，逐渐形成羽管键琴和翼琴的雏形。到了巴洛克时期就是羽管键琴独占鳌头的鼎盛年代。尽管羽管键琴和翼琴分属拨弦和击弦两种方式，但都是使用键盘装置演奏固定在音板上的琴弦，这就是键盘乐器走过的漫长成长之路。

在音乐爱好者的心目中，波兰羽管键琴家旺达·兰多芙斯卡（Wanda Landowska，1879—1959）这个名字总是和羽管键琴密不可分的。正是由于这位波兰的女钢琴家的不懈努力，才使这种巴洛克时代的重要独奏乐器得以复活。巴、库普兰、斯卡拉蒂、莫扎特都曾为羽管键琴创作过大量作品。19世纪初，在钢琴初出茅庐、羽毛未丰，还在不断完善的过程中，羽管键琴曾与其相处了一个和谐而又短暂的时期。但这个时期并没有延续多长时间，钢琴扩展的音域就与整个交响乐团旗鼓相当，从而逐渐替代了羽管键琴在演奏新时代音乐作品中的地位，成为一种能独当一面的全能乐器。到了20世纪，随着新古典乐派的兴起，羽管键琴又出现在音乐舞台。为了探究羽管键琴的奥秘，兰多芙斯卡经常在图书馆查阅资料，即使在旅行演出时也是如此。她对古代乐器的兴趣常常不被别人所理解，但她仍不懈努力，复活了羽管键琴的弹奏技术，并在触键、指法、装饰音方面使其加以完善。可以说，兰多芙斯卡是挽救羽管键琴的"救世主"。

文艺复兴的波兰——鲁特琴之夜音乐会

鲁特琴（LUTE）也称琉特琴，是一种曲颈拨弦乐器，主要指中世纪到巴洛克时期在欧洲使用的一类古乐器的总称。鲁特琴有着半梨形的身材、精致的雕花、细致的音响……作为吉他的先祖，它是文艺复兴时期欧洲最最风靡的家庭独奏乐器。也就是这样一个小巧玲珑而又"貌不惊人"的古老乐器，在紫禁城的中山音乐堂，却穿越百年时空，爆发了沉睡已久的魅力。

鲁特琴是一个乐器族，包含多种乐器。不同类型的鲁特琴在形状、结构、弦的数目和音色上各不相同。历史上，鲁特琴充满了象征的意义，在天使的手中，它象征天堂的美与和谐。从文艺复兴时期的绘画中，可看出鲁特琴在艺术中独特的地位。历经19世纪的沉寂之后，鲁特琴在20世纪后半期逐渐复兴，其中有相当的原因是唱片工业的兴盛所致，但录音无法真实保留鲁特琴特有的魔力，相较起来实际的演奏仍十分罕见珍贵。

在这场演出中大放光彩的著名音乐家麦克·龚德科，是莫拉乐团的创立者，也是乐团的核心人物。他先是在祖国波兰学习古典吉他，后专攻早期弹拨乐器。毕业于巴塞尔古乐学院的他，曾跟随霍普金森·史密斯学习文艺复兴鲁特琴，并随克劳福德·扬学习中世纪弹拨乐器。作为独奏家，他专注于挖掘尘封已久的文艺复兴时期鲁特琴曲目，他的乐曲选辑被波兰唱片业协会评选为"2003年度古乐唱片"。龚德科将主要精力投

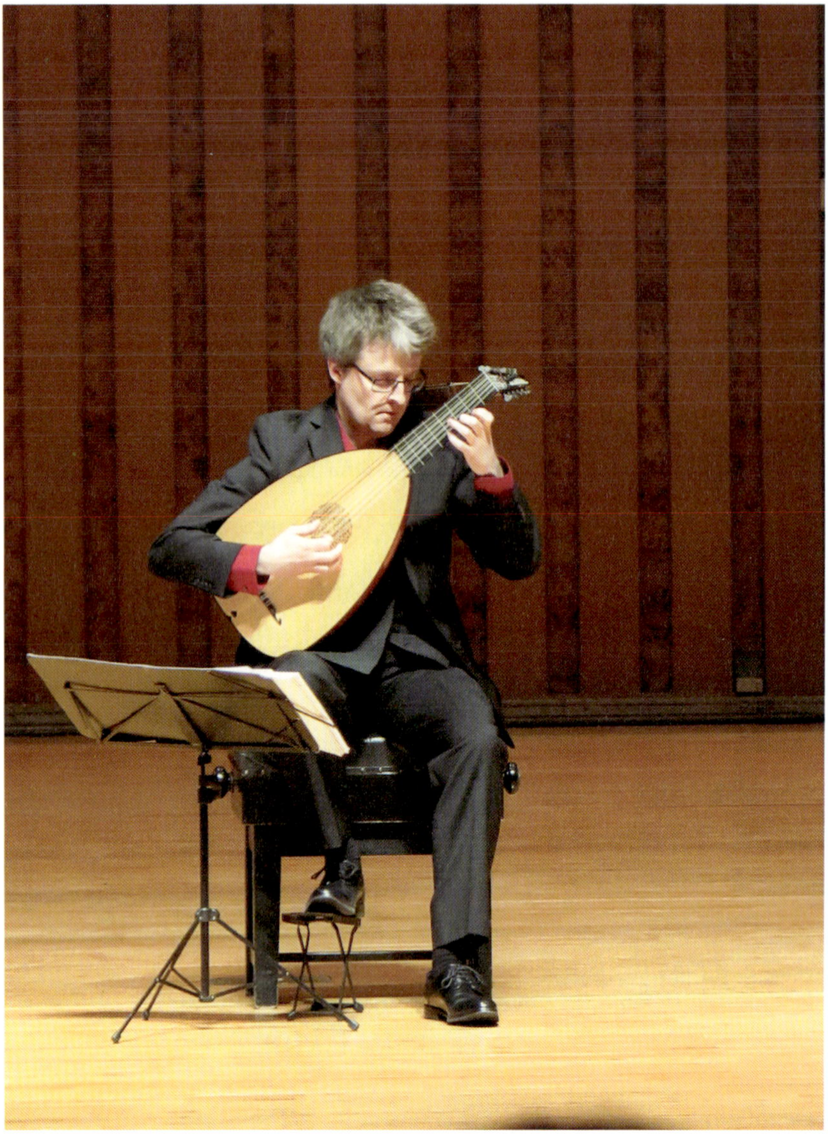

入到莫拉乐团的演出中。此外，他也参与其他音乐活动，并为多个歌手及乐团担任伴奏和通奏低音，其中包括乔迪·萨瓦尔领导的加泰罗尼亚皇家教堂乐团，在他的带领下，乐团致力于演奏中世纪晚期及文艺复兴早期的音乐。

2016年4月22日的这场"鲁特琴之夜音乐会"，为中国听众献上了《波兰舞蹈》《波兰舞曲》《波兰古歌》《维拉涅拉舞曲》《幻想曲》等文艺复兴时期的波兰名曲，纯美的音乐给观众带来愉悦，以至演出结束，观众久久不愿离场，掌声绵延不绝，不少热心观众对鲁特琴产生了浓厚的兴趣，更是希望能够进一步了解这种古老的乐器。麦克·龚德科先生也热情地与观众互动交流，回答他们的种种问题，为观众签名，并与他们合影留念。演出早已落下帷幕，但鲁特琴的声音却久久地回荡在观众的心里。

波兰密兹凯维奇音乐学院院长保罗·珀陀罗钦先生（Pawel Potoroczyn）从遥远的华沙，为本次古乐季送来了衷心的祝福，他说："过去几年间，波兰在中国的文化领域表现得积极而活跃。今年，我们将继续伴随中国朋友领略波兰文化的精华，其中不仅包括仍由保利紫禁城公司主办的波兰华沙交响乐团巡演音乐会，而且还包括现代歌剧《乘客》以及近来声誉鹊起的波兰戏剧导演克里斯提安陆帕的多部舞台制作。在今年的'紫禁城·古乐季'音乐节中，波兰艺术家又一次赢得中国乐迷的厚爱，对此我深有感触并满怀欣喜。我深信，波兰音乐家在今年古乐季上的演出将进一步巩固我们的国际声誉，同时也会凸显波兰表演者在中国的形象。这将再次证明，音乐是无国界的。"

《英雄广场》带来的震撼

一部由奥地利作家撰写的剧本、波兰剧作家导演、立陶宛演员演出的《英雄广场》，这部剧为何会引得中国观众热烈反响？又为何给中国文化界带来震撼？

春天的天津大剧院，春意盎然。日前，奥地利著名剧作家托马斯·伯恩哈德生前创作的最后一部作品《英雄广场》，在这里揭开神秘面纱。欧洲著名戏剧大师、波兰剧作家陆帕先生将这部巨著带到天津，这是继去年《伐木》在北京成功首演之后，他的又一部力作在亚洲首演。在长达4个多小时的演出中，1600个位子座无虚席，观众热情高涨，不时对演员的精湛表演报以热烈掌声……演出结束后，已是子夜，热心、忠实的观众久久不愿离开，与该剧主创人员面对面交流互动。用濮存昕的话来说："今晚，因为戏剧的魅力，天津迎来了一个不眠之夜。"

欧洲戏剧大师克里斯蒂安·陆帕(Krystian Lupa)，1943年出生于波兰，经历物理、美术、电影与剧场等不同领域的学习与训练，以独特的作品风格，被誉为欧陆剧场界的巨人。在波兰剧场史上，陆帕承接康托、葛罗托夫斯基，下传瓦里科夫斯基的枢纽地位，被波兰剧场界奉为"国宝"。以独特的风格被誉为欧陆剧场界的巨人，是多项欧洲戏剧奖得主，长期导演俄语及德语系剧作或小说，并导演和制作多部大型剧作。继《伐木》

2016第三届
天津曹禺
国际戏剧节
THE THIRD TIANJIN CAOYU
INTERNATIONAL THEATRE FESTIVAL
2015
LIN ZHAOHUA
THEATRE ARTS FESTIVAL
林兆华·戏剧邀请展
LIETUVOS NACIONALINIS DRAMOS TEATRAS
立陶宛国家剧院
HEROES'SQUARE
英雄广场
研讨

之后，再一次以精湛的舞台设计，营造了一个夸张而真实的世界，于极度压抑静寂中爆发出直击腐败的戏剧力量，给中国观众带来又一次极大震撼。

作为德语文学最重要的作家之一，托马斯·伯恩哈德一生著述甚丰，他的创作力之充沛也令人惊讶，他的作品涉及诗歌、小说、戏剧等几乎所有文学领域，被译成27种文字，他的戏剧在全世界各大主要剧场不断上演。他被公认为20世纪最伟大的德语作家之一，也是"二战"之后德语文坛风格最独特、影响力最大的作家之一。伯恩哈德生前创作了180多部作品，有着超乎寻常的敏感与语言天赋，在长篇大论的漫骂或讽刺背后，其实是他对艺术、社会近乎苛刻的理想追求。《英雄广场》是伯恩哈德的绝笔之作，他以犀利夸张和激昂猛烈地抨击，在1998年维也纳城堡首演时引起了巨大轰动。

《英雄广场》讲述了已经自杀身亡的舒尔斯教授幽灵般笼罩在维也纳英雄广场边上的一家公寓里，全家在阴森、怪诞的氛围里，被亡者诡异地追问，并以教授夫人的暴毙震撼结尾。剧中许多台词都直击观众的心，人物的语句充满了诗意与韵律，用大篇幅激昂的论调讽刺"愚蠢的公民"，或以疯癫和滑稽的状态揭示上层社会的虚伪，被标榜为伯恩哈德揭示当代精神图画的特有手段。全剧精细判断的艺术夸张表现，让观众领略了陆帕大师执导的戏剧与众不同的魅力。

《英雄广场》共有三个场景。以吉泰尔为主要人物的《英雄广场》第一场，大致可以分为三幕。

由一直迷茫、心不在焉的女仆开场，她是整部剧中"最不起眼也是最为重要的角色"。她眺望观众像眺望广场上的庸众，随后她转过身，带观众进入剧情。我们看到她的无措，了解她无措的原因；责怪压迫她的吉泰尔太太的凶悍，又了解吉泰尔太太凶悍的原因；气愤教授对吉泰尔太太的严苛压迫，又了解到教授同样身在苦中……当吉泰尔太太才出门取东西，一直萎靡的女仆赫塔举起熨斗和皮鞋模仿吉泰尔说话时，我们终于意识到——每个压迫者都把自己的压迫对象同化了。每个被压迫者，也总渴望着成为和延续压迫的行为。第一场也就这样交代清楚了个体与个体之间，最直接的凶恶和冷漠的传递关系。

对第二场的主要人物罗伯特，陆帕也对他做了充分的想象和阐释。罗伯特一开始被称作是"性情温和"的叔叔，直到他拒绝为抗议在苹果园修路签名，然后又发飙吐槽国家社会，观众开始觉得他有意思，又或许会把他当成一个带着淡淡玩世不恭的老犬儒。对愤怒的一面和妥协的一面都采取不真诚的逃避态度，交织成了他晚年的心境——这并不是一种在我这个年纪所可以理解的心境，但是陆帕创造出很好的想象。罗伯特在担当伯恩哈德的核心咒骂段落时，并没有采取哭天抢地或是暴怒的方式，而是带着一种沉稳、自制的悲伤——这使得他的绝望显得并非是情绪化的，而是理性的；并非全然是恨和弃置的，而是"欲爱而不能"之后的恨……对于其他人物，陆帕也都作了相应的填充了血肉的处理，使他们更易被观众认知，在舞台上更站得住脚。

在第三场中，人物的增加使得语境也更为拓展了。全剧看似都没有矛盾冲突，但是到了第三场却展示出"惊心动魄"的一幅冲突画面。窗外喧嚣的嘈杂声，终于一块石头从外面扔向了屋内，砸碎了精致的拼花玻璃——"这个世界太压抑、太悲愤，活不下去，还能活吗？"于是才破窗而入，使戏剧达到了高潮。这一砸打破了压抑，唤起了反抗。正如中国戏剧家协会理事李龙吟所说："最后的玻璃被砸碎，正如陈丹青说是水晶之夜事件，而导演说是有人用石头把玻璃砸碎了。我没有看戏之前，感觉那是大家假装听不见的声音，加上希特勒讲话的噪音，如果你不对它采取措施，就会形成巨大的冲击波，最终将冲到家里来，把你们的玻璃全部砸碎，这是有很强的象征性的。我想砖头砸碎一个玻璃不会把玻璃打成碎片，因为这已经像原子弹的冲击波一样，摧枯拉朽。"

濮存昕在当晚演出结束后感叹道："今晚是天津的不眠之夜，这个戏很长，我相

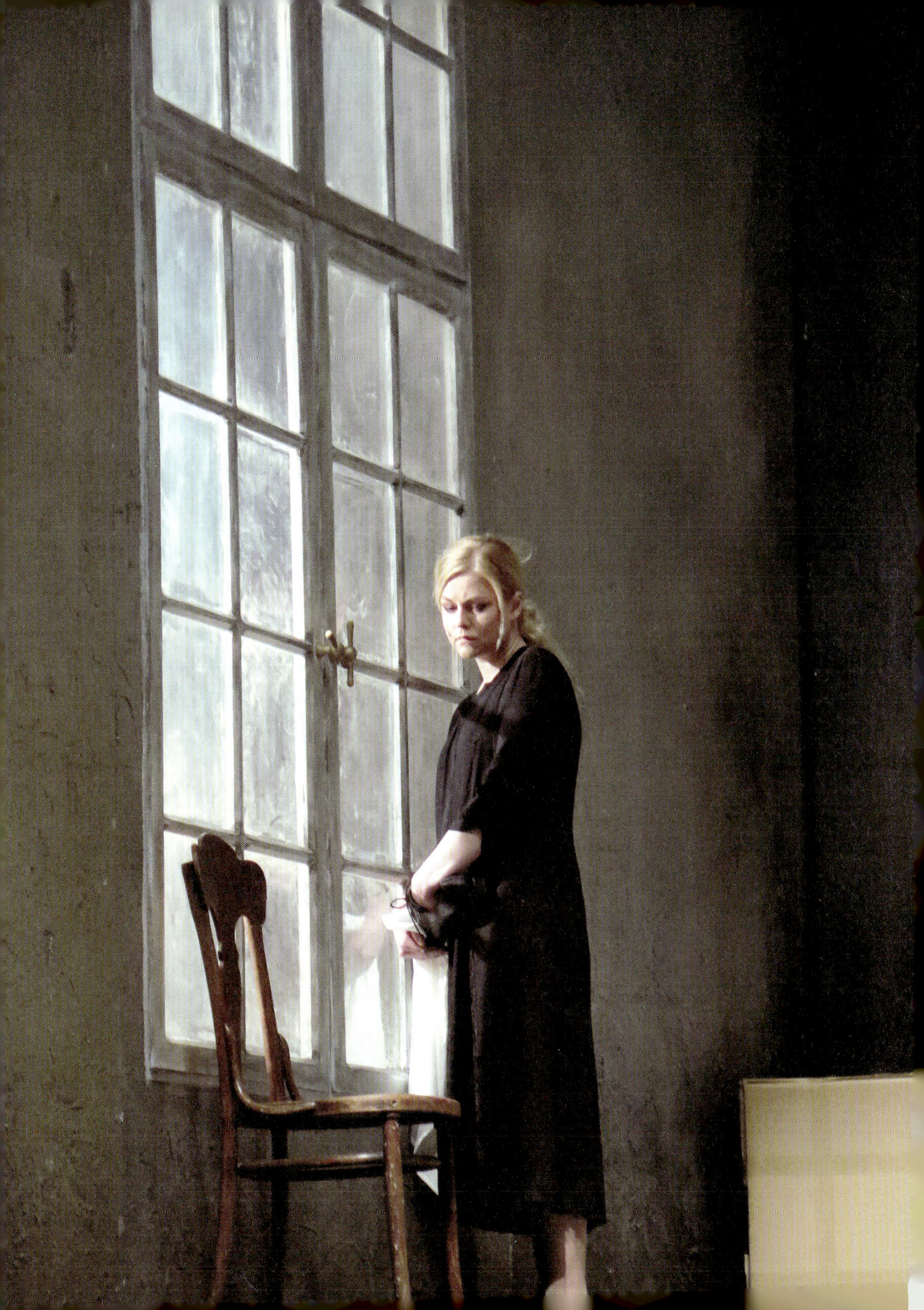

le in mourning so to speak
nd see The Lady of Camellias
期去看茶花女是否妥当

信天津和北京的观众对陆帕的戏剧并不陌生。我要感谢能够把这样优秀的剧团邀请到天津，感谢很多支持这件事情的人，就像我们的布景师，他们的投影做得都很玄妙。我自己觉得很受影响，因为这种戏剧平静的力量是我们不多见的，我们仿佛看到了我们不曾看到的东西，世界上还有这样的风景，文化还有这样的形态，戏剧还有这样的演法。"

演出翌日在天津大剧院举行"英雄广场"研讨会。马文韬、周国平、过士行、何怀宏、陈嘉映、陈丹青、周黎明、李健鸣、李龙吟、李静应邀出席。来自北京、广州、重庆、贵阳等地的戏剧艺术家和热情的观众与陆帕、主创人员畅谈交流。

著名翻译家、将《英雄广场》中文版带给中国读者的马文韬说："我在天津大剧院看了著名戏剧大师陆帕导演的《英雄广场》，对陆帕的团队印象非常好。他们把伯恩哈德一生中最后一部作品《英雄广场》再现得非常到位，用戏剧针砭那个时代的社会人伦，从舞台到美术，从音乐到表演，每一个细节都将伯恩哈德的天才创意表现得淋漓尽致。这是很精彩的，既能表达作者意图，又能表现导演手法，比如教授这一角色，他并没有出现在舞台上，但是通过投影仪投射到银幕上，使教授也能有'出场'的机会。其实在原书结尾，教授夫人自杀了，伯恩哈德的作品中死去的人太多了，但是陆帕让她'活了下来'，他将当年拥护希特勒暴力的游行声，在广场上回响，让教授夫人'不死'，这一创新的改编非常好。"

中国社会科学院哲学研究所研究员、中国当代著名学者、作家、哲学研究者周国平说："我的女儿在读高中，她非常喜欢戏剧。盲目的父爱把我'引诱'到了这个'PK'的场合。这部戏在我看来，首先是剧中再现了当时的社会状况，由于当年政府愚蠢的平庸，使得纳粹有了滋生的土壤。我来看这部戏之前是认真补了课的。马文韬先生翻译的《英雄广场》使我们看到我们平时所在乎的东西，用死亡的眼光来看都是毫无意义的。伯恩哈德的作品有很深的讽刺意义和社会现实意义，他讽刺了很多可笑的无聊荒诞，他是一个玩世不恭的'愤青'，愤世嫉俗的哲人，这部《英雄广场》给我们带来很多对社会、对人类的思考。"

北京大学哲学系教授何怀宏说："剧作最核心的部分是到第三场揭示出来的，就是文化的深重的危机，不可解的危机，这是最让人绝望的。而且这里我们又遇到一个最大的悖论，就是我们道德上寻求和支持的东西恰恰是造成衰落的原因，甚至是造成文化衰落的主要原因。你看到最后的时候，这个家族的内部，看到他的儿子卢卡斯已经变得相当庸俗不堪，但是他会是快乐的，他绝对不会自杀。看到这里，人们是否也要尊重他们的选择、他们的生活方式呢？这非常值得人们思考。"

研讨会上，著名画家、文艺评论家陈丹青这样表达自己对伯恩哈德戏剧的理解："尤其像伯恩哈德，还有像陆帕这种特别硬地诅咒这个世界，表达特别典型的西方主题，就是绝望、死亡，诸如此类。这时候我又有点同意陈嘉映的观点，中国人还是有中国人自己的传统和立场。我不想评论谁对谁错，这种态度在佛教看来其实是一种'嗔'。当今中国已经越来越世界化了，在一套普遍被压抑的儒家、道家文化交融的精神世界里，我们会有中国戏剧，我们会谈到死亡，有很多人自杀，也有很多痛苦，它变成了中国戏剧'怨'的传统，但是'怨'的传统跟西方从莎士比亚以来，我们有了另一个参照，就是如何客观地对待这个主题。"

"这个戏带给我的感觉就像是陆帕先生专门给中国人排的一出戏。"《北京日报》文艺周刊编辑李静认为，"因为我觉得人类的智慧各有不同，但是人类的愚蠢却是一样的。所以，这个戏剧中诅咒和抨击的愚蠢、怯懦、疾病，可以成几何倍数地在中国找到。主人公虽然死了，但是他不是一个圣徒，他本人也是一个病人，这是伯恩哈德非常厉害的一点。伯恩哈德本身是一个预言家，像卡珊德拉一样预言了特洛伊城的毁灭。约瑟夫也是，如果是像一种殉道者的自杀，我们可以说他是一个天使，而约瑟夫本人对这个世界充满了恨意，包括他的兄弟，都是一种完美主义者的苛责，他们非常敏感，

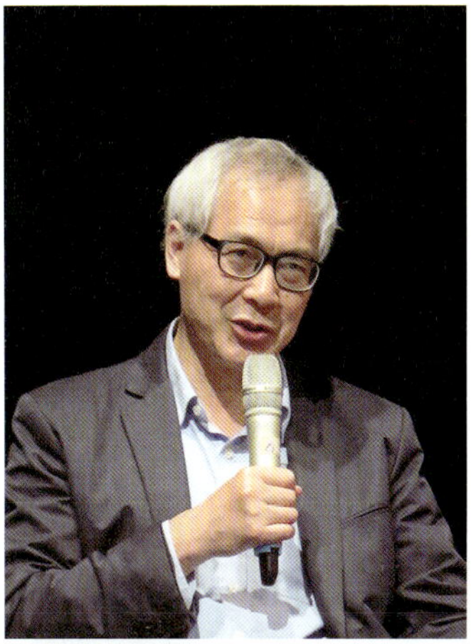
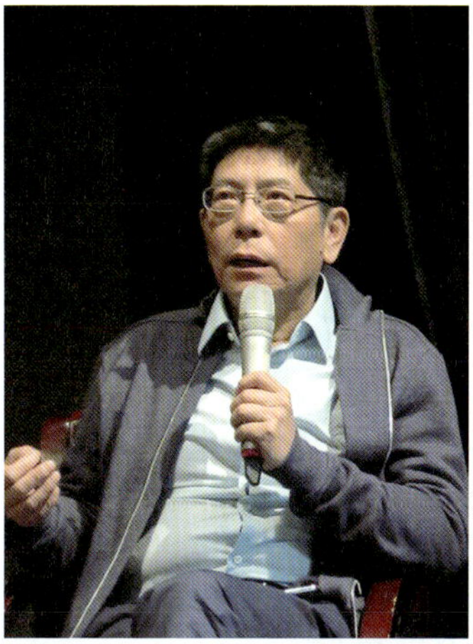
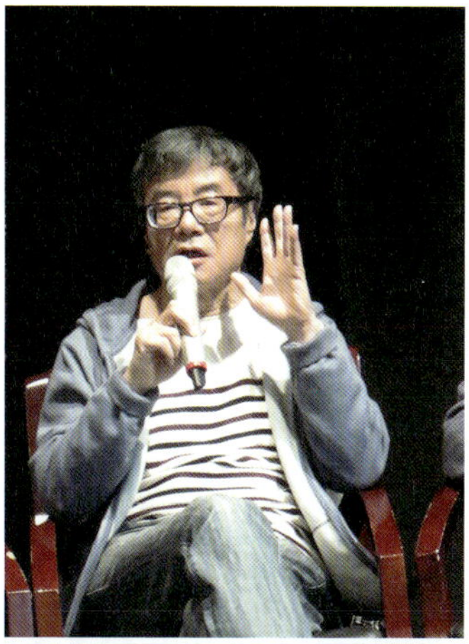
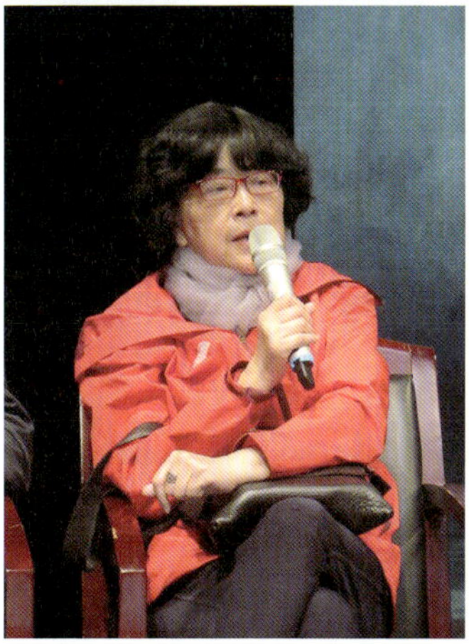
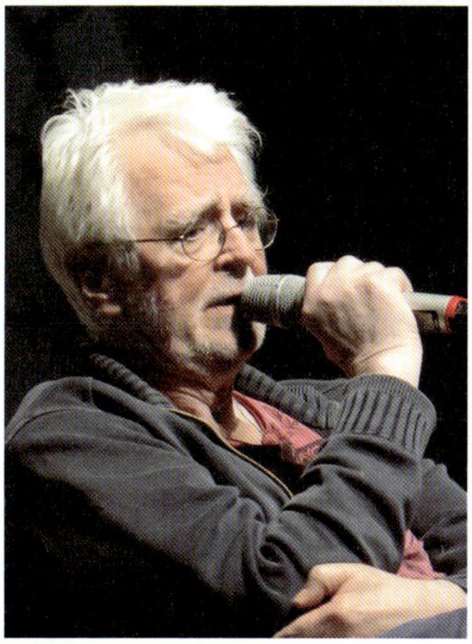
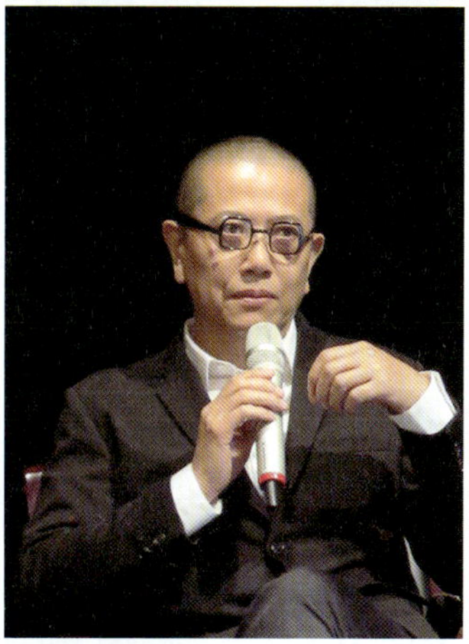
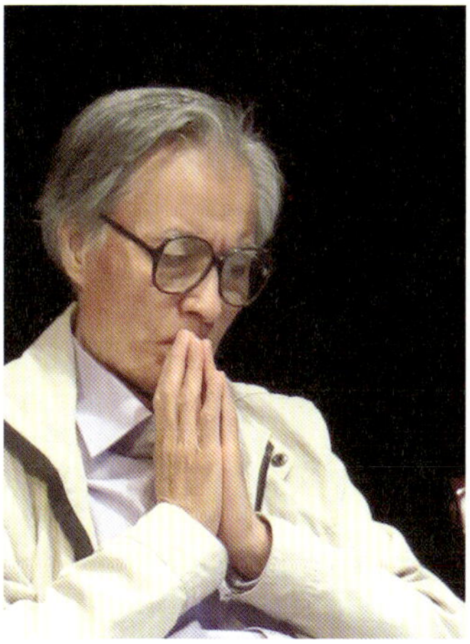
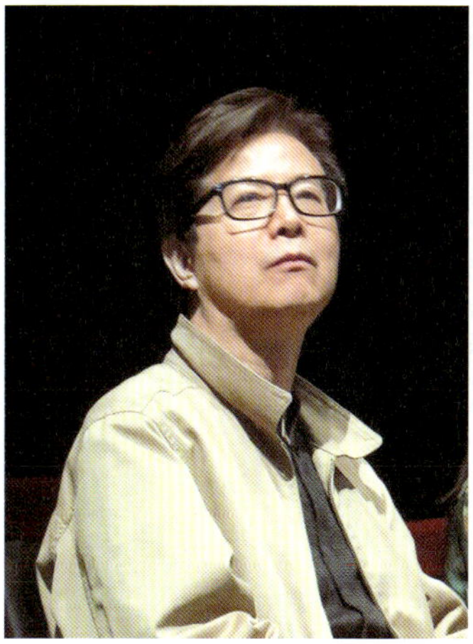
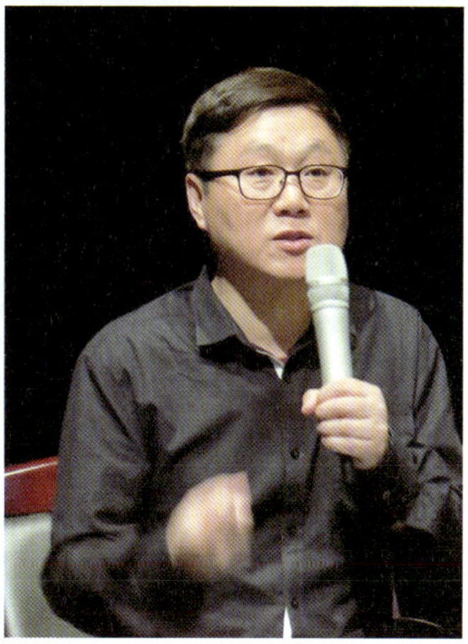

2016 第三届
天津曹禺
国际戏剧节
THE THIRD TIANJIN CAOYU
INTERNATIONAL THEATRE FESTIVAL
2015
LIN ZHAOHUA
THEATRE ARTS FESTIVAL
林兆华·戏剧邀请展
LIETUVOS
NACIONALINIS
DRAMOS
TEATRAS
立陶宛国家剧院
HEROES'SQUARE
英雄广场

就像一个祭品，一个小白鼠一样的角色，在他的眼里，世界的病像是非常极端的。学者可能会觉得这是一个非常不近情理的极端的声音，但是艺术一定要取一个极端的视角才能揭示世界的病相。"

克里斯蒂安·陆帕与在场的中国戏剧家、哲学家和观众面对面交流时说："我在这里所听到的，让我进一步思考，首先我听到在剧本里面有关死亡和死亡的角色，死亡到底有什么样的作用。在我们讨论这些人的生活时，《英雄广场》剧本的最后一部分，教授夫人死的这个情节让我非常意外。事实上，我也不相信这个剧本里面她真的这样死了，我觉得这只是当时她受不了的一种现象，而不是一个死亡。因为在这个戏剧里，如果说真的有重要的角色的死亡，那就是教授的死亡。这个戏剧从教授的死亡开始，托马斯·伯恩哈德常常用死亡开始他的故事，一个人的死对存在者来说是非常激动的一件事，所以，在活下去的人心里有非常重大的作用，死亡可以说有非常非常强烈的内在的力量。如果一个人死了，我们可以说他好像进驻了我们的灵魂里面。比方说我们的父母死了以后，好像他们会继续活下去，在我们的灵魂里面。我们在心里给他们安了一个家，他们继续在那里做事。"

陆帕说："如果有人自杀，那这就不一样了，但伯恩哈德的很多戏剧和小说都用自杀这种死亡的话题开始。我们去年带到中国来的戏剧《伐木》，他的朋友，女艺术家的自杀，就是她死之前没有完成自己的剧作，她很深地进入了男主角的心里。所以，男主角好像自己创造了本来女艺术家要创造的作品，可以说是那个自杀的女人在他的心里面继续创造，好像活着的人圈着死了的人。对我来说，《英雄广场》这个戏是一个非常奇妙的作品，舒斯特教授跳楼的时候他做的那个动作的含义到底是什么？他是因为自私的态度而自杀的，还是一个人没办法接受生活而自杀的，还是他妒忌我们活着的人？这是不是一种艺术，这个很奇怪。《伐木》在中国上演两年以后，《英雄广场》又做了一样的设定，《英雄广场》就是引起的舆论和讨论批评几乎杀了伯恩哈德这个人。他所谓的

同胞批评他的程度,在他出版《英雄广场》以后,这个程度是非常恶劣和非常凶恶的,某种程度上导致了托马斯·伯恩哈德过早的死亡。"

"刚才也说过,他在自己的国家里获得了很多奖,但是他并没有接受所有的奖项,他也拒绝了不少。"陆帕这样评价伯恩哈德,"他在自己的书《我的文学奖》里面说'有权力的人给的奖项,一方面给一个艺术家奖项,一方面却完全忽略艺术家,这样的奖项事实上是一种侮辱。我需要对话,而不是奖项。一个人可以说,那好吧,别人给我一个奖项,我们能做什么呢?我只能接受'。所以,我还要说两句关于他的遗书,这和舒斯特教授的遗书很像,伯恩哈德的遗书与他期望的效果是刚好相反的。他拒绝他的作品在奥地利演出，但却产生了相反效果。很多人由此对他的作品开始感兴趣。这使双方的关系发生了变化。奥地利人开始欣赏他所写所说的东西，可能很多人开始接受并理解他的痛苦，他的《英雄广场》里面有很多部分隐藏了一些含义，我们看到了真正的舒斯特教授的遗书的内容是什么。他的遗书里面说"我的葬礼不要任何人参加，连报纸也不可以发布讣告。让我埋葬的时候像狗一样，完全毁灭"。可能这份遗书的极端性让舒斯特继续活着，活在那些人的精神里面，他像鬼一样，继续在他夫人和弟弟的精神世界活着。"

"一些人非常惊讶，他们惊讶他死亡的突然性和极端性，于是开始做一些工作，是一些舒斯特已经来不及做的工作，就是那些怨恨的抵抗，在他的国家到处有怨恨。如果我们说评论家或是批评家应该要做什么，如果我们批评愚蠢、我们批评谎言，可能我们会强烈地存在于一个人的精神世界。如果我们接受别人的愚蠢的批评和谎言的批评，我们会产生误解。我们应该要从自己做起，读者要清楚自己，伯恩哈德在另外一部作品里是这样说的。"

陆帕导演戏剧的最震撼效果，是会达到一种模糊了戏里戏外的状态：通过大量演员面向观众视线放向远方的独白，使演员是在角色中抑或角色外，以及观众是在剧情中抑或剧情外，对于演员与观众而言愈发难以分辨。结尾处，人们的议论逐渐被舒斯特尔夫人脑中挺进的英雄广场的纳粹军队声淹没，全场掉入历史的漩涡，相信都能给观众甚至演员带来何为真何为假、何为现实何为戏梦的恍惚迷幻。"真实"能造就这样震撼心灵的艺术，"致幻"能造就不朽传奇的艺术。陆帕是真正传奇的导演，因为他震撼人心的戏剧属于后者。

《阿波隆尼亚》：表达人性 诠释生活

"从古希腊的神话到现代人的故事，人们同样都在乎心理的慰藉与精神的追求。我们波兰大部分是天主教徒，所以在很多想法上带有浓郁的宗教色彩。即使动物和人也存在一些类似的感觉，因为人与动物是自然界不可分割的重要部分，因此，人类必须对动物负责"。这是欧洲著名的戏剧大师、波兰国宝级戏剧导演陆帕先生在这部戏演出结束后与观众交流时的一段精彩话语，他说："剧中人们信仰不一样的宗教、对社会现实有不一样的理解和自己的态度，我们都可以用最好的话剧来表达人性，诠释生活。剧中运用了光电声像等科技手段，使这部戏达到了在戏剧界看来是相当好的效果。"

前不久，波兰华沙新剧团带来的戏剧《阿波隆尼亚》应邀参加第三届天津曹禺国际戏剧节暨第六届林兆华戏剧邀请展，走进天津大剧院。波兰戏剧从2015年夏天开始密集轰炸，不能让人忽视其美学思想的独特意义。除了导演具备深厚的舞美功底、较高的知识层次，演员演技炫目、马拉松式超长时间等普遍的鲜明特点，其艺术特征和信念追求也极富启示。这部戏还未上演之前便先声夺人。公演三天前，《阿波隆尼亚》的戏剧主创彼得·格鲁茨辛斯基就在天津大剧院与中国观众面对面沟通交流，波兰密兹凯维奇学院亚洲事务总监马丁先生一口流利的中文翻译，加深了中国观众对这部戏的理解。许多观众从北京、上海、重庆、青岛、昆明等不同的城市慕名而来，观看这部饮誉全欧的、陆帕得意门生瓦里科夫斯基的经典代表作。

波兰当代戏剧的关注点并非完全在情节展示和性格刻画上，所谓现实主义的体验早已成为陈旧的坐标。去掉情节化、忽略性格化，犀利尖锐的质疑以及多重含义的表达与中国的观赏习惯大相径庭。

《阿波隆尼亚》导演瓦里科夫斯基将受难无辜的、在强权和杀戮下默默无语走向牺牲的波兰，"搬上"了戏剧舞台。《阿波隆尼亚》以历史穿透现实，使观众陷入某种迷惑中，或者某种历史衔接的启示中：党卫军军官冯·阿欧通过古希腊统帅阿伽门农之口，或者一个以色列士兵——犹太人大屠杀中的幸存之子说出的话，正是瓦里科夫斯基和利特尔的声音。《阿波隆尼亚》史诗剧的宏大，演出内容由不同时代的代表文本和歌曲精确交织而成。

《阿波隆尼亚》曾在2009年震撼法国阿维尼翁戏剧节，被媒体评为"惊世之作""波兰21世纪第一个十年中最伟大的戏剧杰作"，这部剧之所以如此成功，其主创团队功不可没。本剧的导演，克日什托夫·瓦里科夫斯基1962年生于波兰，曾在波兰学习历史和哲学，上世纪80年代初前往巴黎索邦大学学习戏剧史，其间因参加工作坊结识了彼得·布鲁克。1989年，他返回波兰的克拉科夫学习戏剧，成为克里斯蒂安·陆帕的学生，并在陆帕的作品中担任助理导演。上世纪90年代，瓦里科夫斯基应彼得·布鲁克之邀，进入巴黎北方剧院担任其助理导演，而后他独立执导了一系列莎士比亚名剧和当代剧作。2001年起，他的作品接连受邀在法国阿维尼翁戏剧节演出，他已成为当今欧陆最受瞩目的戏剧导演之一，同时拥有"陆帕门徒""波兰中生代导演新星"等名誉加持。

本剧的导演瓦里科夫斯基在2008年创立了自己的剧团华沙新剧团（Teatr Nowy），华沙市为他改造了一个20世纪20年代盖的老厂房作为剧院。在这个有历史

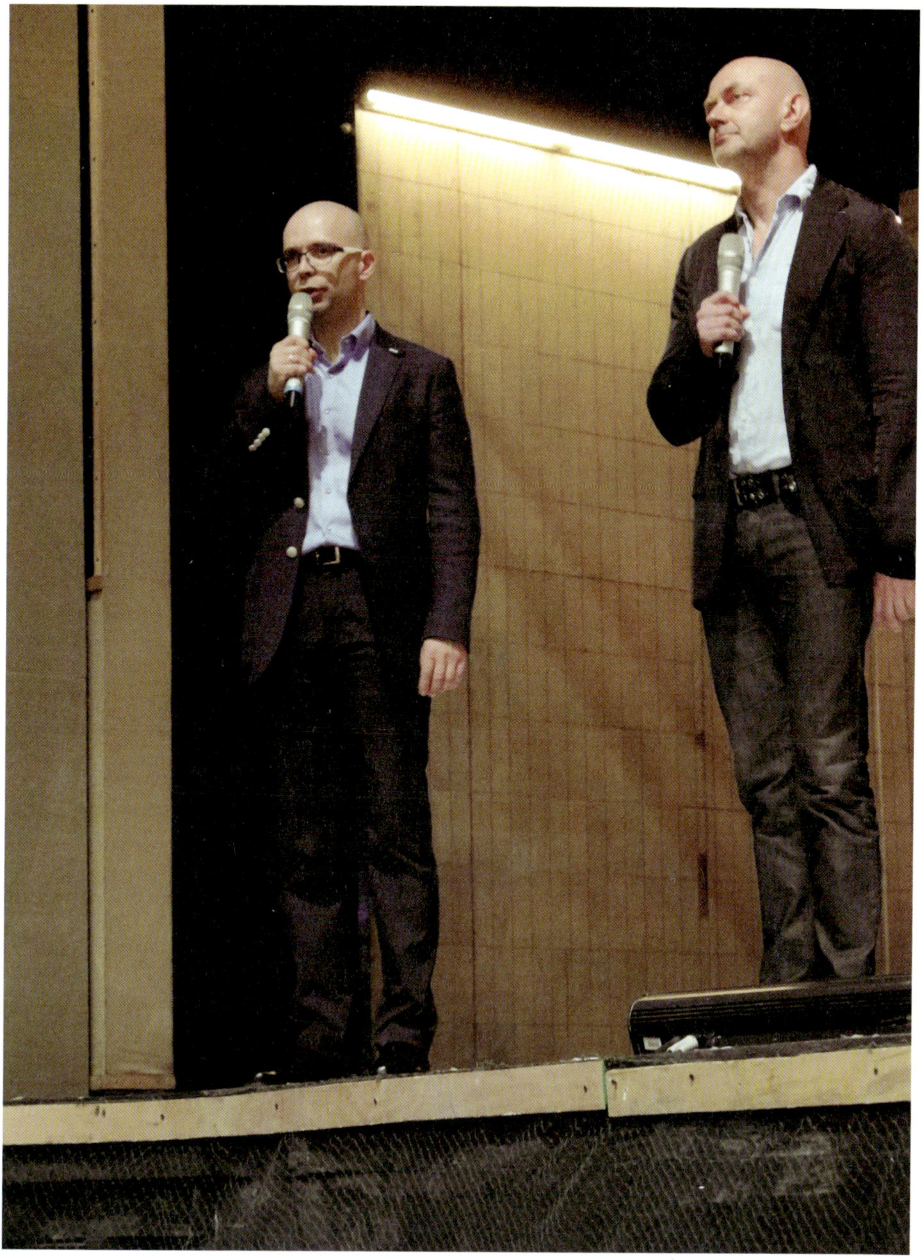

2016.6.10-11
天津大剧院
话剧 DRAM
隆尼亚
导演 / 格日什托夫·瓦里科夫斯基
Direction / Krzysztof Warlikowski
022-83882000 83882008

感的建筑里,瓦里科夫斯基与他的伙伴们开始思考,这家新剧院的开幕大戏应该是一部与二战历史有关的作品,这也与华沙这座城市相关。众所周知,华沙在二战期间损失惨重,现今的大多数建筑也是在战后重建的。用导演的话来说,"这是一部早该被做出来的作品"。

《阿波隆尼亚》的戏剧主创彼得·格鲁茨辛斯基介绍说,创作的第一阶段全剧组二十多个成员一起去希腊的一个小岛上待了两周。为了创作,他们租下教堂里的一个大房间,工作的主要内容是阅读各种文章资料,讨论如何借鉴,进而产生剧本,有了剧本之后演员才开始一点点排练。

《阿波隆尼亚》使用了众多文本素材,但表达的主题却是清晰的。格鲁茨辛斯基说:"如果要我用一句话说《阿波隆尼亚》是关于什么的,我会说《阿波隆尼亚》是关于人为什么牺牲自己生命的问题,牺牲在我们的戏中就是讨论三个女主角的故事。"之所以采用这种方式,他这样解释:"把二战的悲剧与古希腊悲剧联系起来,把经典戏剧与真实事件联结,是为了检查或证明,古希腊悲剧或古希腊的处理方法能帮助我们理解、触碰真正的悲剧。"

时长4个半小时的《阿波隆尼亚》内容非常丰富,带给观众厚重的沉思。究其主线,是三个穿插前行的故事。一是古希腊神话中阿伽门农家族的故事:阿伽门农在征讨特洛伊的过程中,为顺利出海,献祭了自己的女儿伊菲革涅亚。10年后阿伽门农凯旋,随即被耿耿于怀于失女之痛的妻子克吕泰涅斯特拉杀死。之后,这对夫妻的儿子俄瑞斯忒斯又为报杀父之仇,杀死了克吕泰涅斯特拉,所幸后来雅典娜宣判俄瑞斯忒斯无罪。二是古希腊神话中阿尔刻提斯的故事:阿德墨托斯被天神判死,他的家人都不愿为其替死,只有妻子阿尔刻提斯最后献出生命。三是二战中有关波兰女人阿波隆尼亚的真实事件:藏匿犹太人的阿波隆尼亚被其中一位犹太人揭发,她的父亲拒绝为女儿替死,最终阿波隆尼亚被一名喜欢她的纳粹军人杀死。此外,利特尔的《善心女神》、安徒

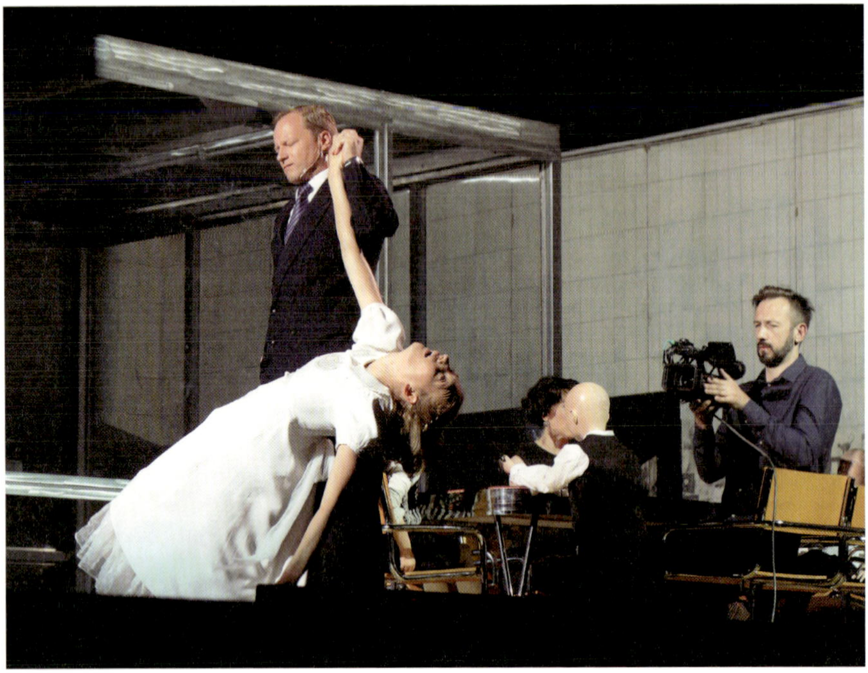

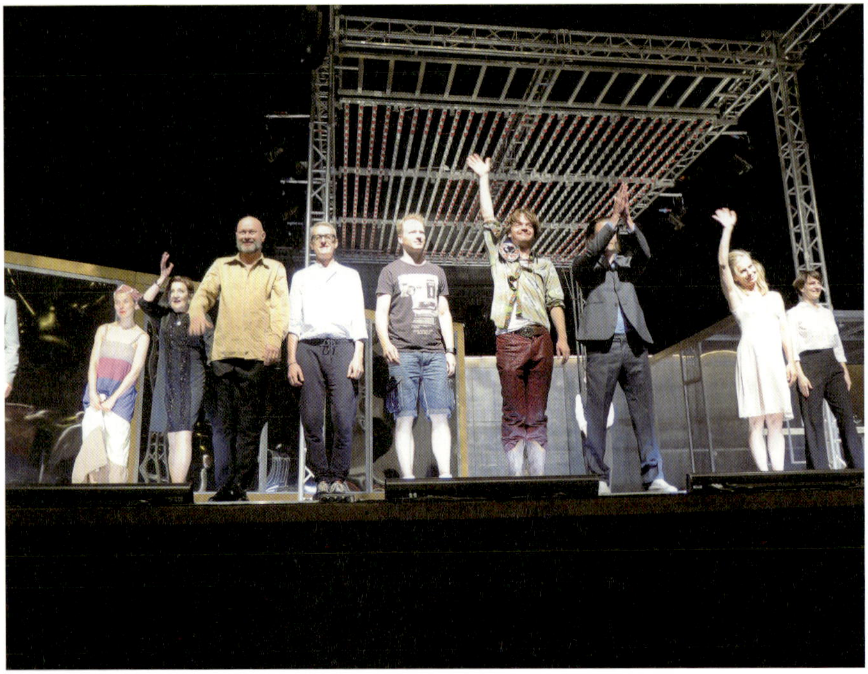

生的《母亲的故事》、库切的《伊丽莎白·科斯特洛：八堂课》等大量旁支文本也被糅入本剧，与三个主线故事形成密切的互文关系。

剧中除了演员精彩的表演，还融入了木偶元素，故事里孩子的形象都是由木偶演出的，但这些木偶并不能灵活地动，大多数时候更像是沉默的道具。格鲁茨辛斯基透露，木偶是导演钟爱的表现方式，他的作品中也常常出现木偶和面具，"它们带来一种非常奇特的、既存在又不存在的感觉，营造出奇怪的陌生感"。而如此处理正是想让观众看到，"孩子们虽然有时候不说话、不参与，但对于家里发生的重大事件，他们一直体验着，而且非常记得，这些东西影响了他们"。剧中阿伽门农有一句台词说："从某种意义上说，战争永不结束，或者说战争的结束是，最后一个出生在战争最后一天的孩子，安稳地活到进坟墓时。到那时，战争又会继续落在他孩子的头上，然后落在孩子的孩子的头上。"

非常值得一提的是，《阿波隆尼亚》这部波兰戏剧不仅剧情深深吸引观众，将舞台语汇推向极致，而且在音乐上的处理也是别具一格，颇有造诣。如葬礼一场的音乐，非常优美，感人至深，仿佛在诉说着心灵的疾病会成为留下来一代人的烙印，战争的摧残会使人身心疲惫，恐慌不安。荡着优美的音乐欢欢流淌到观众的心田，仿佛也为人们内心深处点亮了一盏希望之灯。

《阿波隆尼亚》最后一幕剧，是在一首非常动人的音乐声中徐徐落幕。戏剧是演完了，但音乐还在耳边久久回旋。舞台上情景交融，带给人们的不仅是水晶一般的眼泪，是孩子对于母亲的呼唤；还有生命中永远闪光的痛苦和诗意，是大地对蓝天伸出的手臂，是猴子那滴血的伤口。这首曲子，让全剧中各色的文化、各类的观点、各种的伦理困境、各样的盘根错节都有了一个漂亮的打点，而它如梦似幻，当全场灯光亮起时，仿佛有一种起死回生般的大气磅礴和生命与呼吸紧紧相连的那份温暖。

《妲歌妲娜》"绽放"北京

深秋的北京,微微寒意,秋风乍起。位于北京市东城区美术馆后街的山老胡同14号黄昏黎明俱乐部却人头攒动,热闹非凡。由波兰驻华大使馆文化处、Culture.pl和波兹南市市政府联合推出的——波乌双姝组合《妲歌妲娜》亮相北京。

当晚演出还未开始时,小小的俱乐部里已经挤满了来自中国、法国、美国、印度等国的音乐爱好者们。

仿佛专为老朋友们演唱一样,看到热情的观众已经坐满,妲歌(Daga Gregorowicz)引吭高歌,唱响波兰风情民乐,将人们引向如画的波罗的海之滨。接着妲娜(Dana Vynnytska)用苍茫的乌克兰小调,与妲歌声色合璧。音乐会没有开幕式和主持人,但民族音乐却将小小的舞台与观众联结在了一起——仿佛这是一次面对面的交流,心与心的对话。

妲歌妲娜成立8年来,以糅合爵士乐、电子乐以及世界音乐将波兰与乌克兰的音乐紧密地结合在一起所见长。妲歌妲娜的音乐极富特色,多元化的音乐来自长期与国外音乐家的合作,她们从中汲取更具活力的音乐灵魂。2013年,妲歌妲娜有幸结识

DAgA DAnA 妲歌妲娜

Live in China and Korea

　　了来自中国的两位音乐人。语言的障碍并没有成为彼此沟通的屏障，他们在音乐上的理念一拍即合。不但一同演出了更加多元的音乐，更发布了一张在乐界广受好评的唱片——《子午线68》。名字的由来是纪念彼此国家之间的中间点，即子午线68。68不单单是一个坐标数字，它更代表了民族之间迥异音乐间的水乳交融。《子午线68》这张唱片一经推出便打出了《欧洲世界音乐榜》第8位及《跨全球音乐榜》第14位的骄人成绩。

　　这张唱片比过往推出的唱片更具传统风格，灵感不但有来自斯拉夫民族的传统音乐，更有中国与蒙古族的传统民乐，如《康定情歌》。《子午线68》将波兰、乌克兰与中国在音乐这种无国界的语言上紧密结合在了一起，相信听众会有耳目一新的感觉。

《康定情歌》《你会长大，孩子》《杜鹃》等中西传统民歌，加上蒙古草原上的马头琴激越悠扬，大提琴低沉厚重，加之鼓手的配合，使音乐会似几近完美。这场东西交融、多元文化并存的音乐会，凸显了足以打动每一颗心灵的音韵魅力。

　　来自中国的蒙古族歌手哈斯巴根用浑厚的呼麦，与妲歌妲娜形成完美的和声。他们纯粹用自己的发声器官，在同一时间里唱出两个声部。作为一种特殊的民间歌唱形式，呼麦是蒙古族杰出的创造。它传达着蒙古族人民对自然宇宙和世界万物深层的哲学思考和体悟，表达了蒙古民族追求和谐生存发展的理念和健康向上的审美情趣。

　　除了歌手们精彩的演唱外，大提琴手米克瓦·波斯萨尔斯基（Mikolaj Pospieszalski）动情的演奏、鼓手彼得·索莫斯（Peter Somos）激越的伴奏，以及调

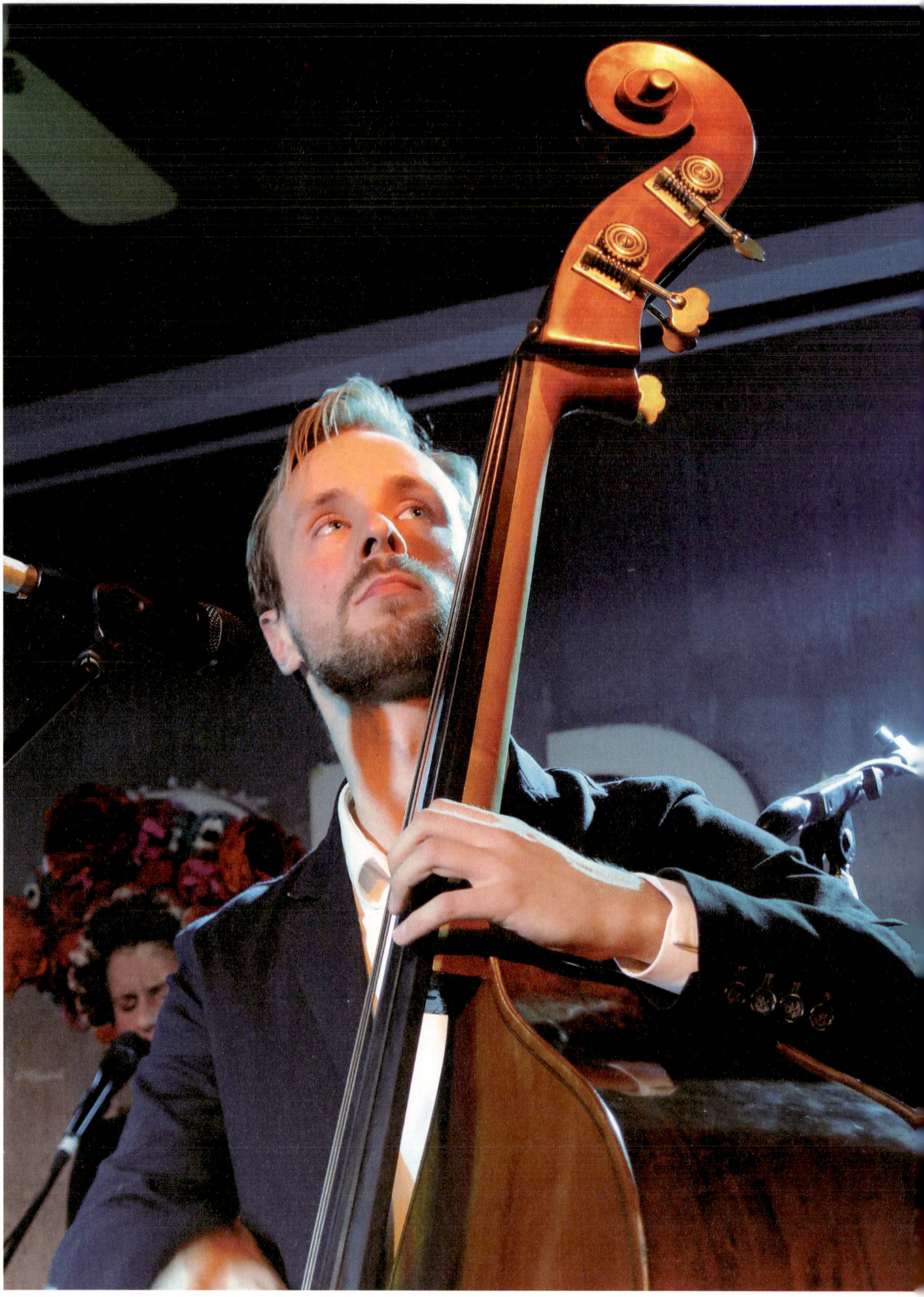

音师雅茨艾科·亚罗塞尔夫斯基（Jacek Jaroszewski）默默地站在台下调配，演出音乐声效达到了最佳效果。值得一提的是，大提琴手米克瓦出生音乐世家，6岁开始学习小提琴，从小就怀揣音乐梦想，23年前，他曾在合唱团唱歌，11岁时加入诺亚方舟乐队，担任弦乐伴奏，从此结下了深深的"琴缘"。他高兴地说："能够来到北京演出，与中国观众面对面交流，让我非常高兴。音乐是无国界的，它让我们联系在了一起。"

演出结束后，很多歌迷涌上台前与妲歌、妲娜合影。妲歌兴奋地说："音乐应该是一个故事。音乐应该是一种相遇。一个可以让你超越习惯与限制的机会。音乐是一把那些有故事、有感情、有神话的人开启你的头脑、心与灵魂的钥匙。"

妲歌妲娜，一对完美的波乌双姝组合，犹如灿烂的鲜花，将沁人心脾的花香和动人心弦的音乐，带向那遥远的地方。

英雄之山

古人云"会当凌绝顶,一览众山小",这不仅是对一种简单的登山状态描述,或许更多的是人们对于攀登的热衷与探索,向往与坚守。

平日很忙,极少运动的我,只要有机会,还是非常喜欢看山登山。雪域奇葩喜马拉雅山、雪域神山梅里雪山、五岳之尊泰山、天下第一奇山黄山、匡庐奇秀甲天下的庐山、禅宗发祥地嵩山、东瀛圣岳富士山、非洲的"珠峰"乞力马扎罗山、大自然的宫殿阿尔卑斯山、希腊神山奥林匹斯山、中欧圣地苏台山、世界上最长的山脉安第斯山脉……虽然,我去过无数高山,见过许多美景,但是,当我来到澳大利亚,眺望这里远处升腾的云海,冰雪连绵,犹如玉龙伸延,冰雪耀眼夺目的独特美景时,心中还是感到震撼,令人流连忘返。身后的雪山、蓝天清晰可见,地球物理性状也展现得淋漓尽致。偶遇两条逶迤下行的冰河,延绵远去,无边无际,我忍不住拍下了这刻骨铭心的画面。晚霞里蕴着一份独特的神秘,顶峰在黄昏的映照下,金箔般的色彩洒下余晖,险峻之外蕴藏着迷人。

这座山就是著名的柯斯丘什科山(Mount Kosciuszko)。根据许多地理学家的考察,得出结论:属于澳大利亚大陆的最高点,是澳大利亚山脉的最高峰。柯斯丘什科

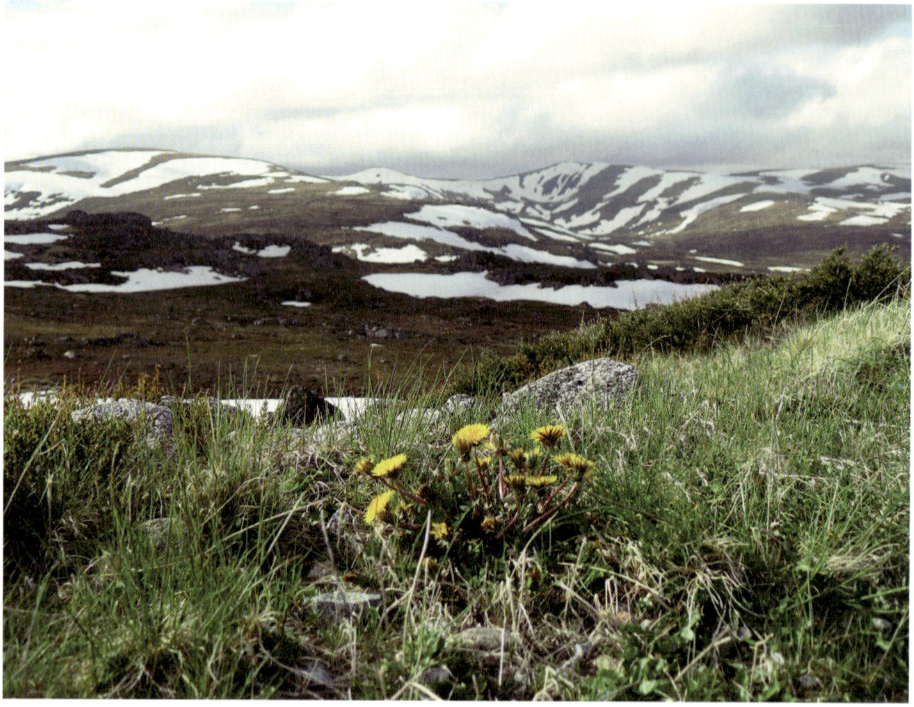

山是由波兰探险家帕维乌·埃德蒙特·斯特舍莱茨基（Pawe Edmund Strzelecki）在1840年发现，首次攀登此山并登上顶峰，以波兰爱国主义英雄及政治家塔德乌什·柯斯丘什科（Tadeusz Kosciuszko）的名字命名的。

2016年金秋时节，我有机会再次出访澳大利亚，在首都堪培拉见到了我的好朋友、曾在中国学习工作过多年的时任波兰共和国驻澳大利亚联邦大使帕维乌·米莱夫斯基（Pawel Milewski）。早在20年前他就到中国来留学，为了便于交往，让中国朋友容易记住自己的名字，他为自己取了一个中国名字——保罗。在一个阳光明媚的周末，他邀请了30多位在澳大利亚异国他乡学习、生活和工作的波兰人，一同攀登澳大利亚的最高峰——科斯修斯科山，他热情邀请我和波兰的朋友一起登山，我非常高兴应邀前往。起初我并不明白，生活在澳大利亚的波兰人为什么要去登这座山，更不知道这其中有着什么特殊的含义。我只是想着，看看风景，换换空气，锻炼身体，挺好。

周末一大早，我们一同乘车前往，路上风景如画，心情惬意。一路上，保罗大使向我讲述着，按照澳大利亚有关数据统计，目前生活在澳大利亚的波兰侨民和后裔共有18万多人，他们有的是早年移民到这里生活，有的是出生后随父母来到澳大利亚生活学习，还有的是来到澳大利亚留学工作，但是无论属于哪种情况，这些远离祖国的波兰人都情牵故土，梦萦波兰；无论他们走到哪里，都不会忘记自己亲爱的家人，不会忘记波兰的文化，更不会忘记波兰的历史。这些优秀的波兰人，将祖先传给他们的精神融入每个波兰人的血脉中，波兰情结正是这样一代代地传承下去。我问保罗大使："你为何会想到要在这个时候组织在澳大利亚的波兰人，攀登这座澳大利亚的最高峰？"他回答说："历史，是一个民族文明记忆的见证；文化，是一个民族精神风貌的镜子。"短短几句话，真知灼见，道出了保罗大使对历史文化的独特见解，也透出他内心对波兰文化的无限热爱，对波兰民族精神的由衷崇敬。

说起保罗，他对中国有很深的感情，和中国结下了用他的话来说"这一辈子也断不了的缘分"。1975年，保罗出生在华沙一个知识分子家庭，他的父亲是一位工程师，母亲是一位会计师，从小就受到良好的教育，他聪明好学，善于思考，还在上中学时就对亚洲哲学，尤其是对中国文化产生了极其浓厚的兴趣。他说服了父母，打消了他们想让自己儿子学习法律，将来做一名律师的念头。21岁那年，保罗以优异的成绩获得赴中国留学的奖学金，也就是从那时起，保罗与中国结下了不解之缘。他来到中国的第一站是厦门大学。由于他刻苦努力，在一年的时间里，他的汉语水平有了很大的提高。在老师的推荐和帮助下，1997年9月，保罗以优异的成绩转学来到北京，就读于首都师范大学中文系，毕业后他回到华沙。1999年以优异的成绩考入波兰外交部工作。他认为作为一名外交官，能有更多的机会了解世界，开阔眼界，学习更多的知识，为促进世界和平作出贡献。2003年，保罗被派到波兰共和国驻华大使馆工作，先后担任二等秘书、一等秘书、文化参赞。2009年，他离任回到波兰，担任外交部亚太司副司长。2003年4月，38岁的保罗被任命为波兰共和国驻澳大利亚联邦大使。作为一名年轻的外交官，保罗深知自己肩上的责任，他说：我的工作就是要增进波兰与澳大利亚及世界人民的友谊，促进各国人民之间的人文交流，在文化间沟通思想和心灵。提到波兰的历史，众所周知，波兰在近代史上是一个命运坎坷的国家，先后被邻国列强三次瓜分，直到1918年重新获得独立。之后又经历二战的腥风血雨，波兰民族有着不屈不挠的勇敢精神，正因为具有这样的勇敢精神民族气节，波兰才得以重新屹立于世界民族之林。每年的11月11日，是波兰的"独立日"，身为波兰共和国驻澳大利亚联邦大使，保罗在任职期间，已经连续四年在澳大利亚组织波兰人登柯斯丘什科山，以这样特别的方式庆祝波兰"独立日"，传承波兰民族精神。

"父母都出生在波兰东部，而我是出生在澳大利亚的波兰人，我从小就学习、生活、工作在澳大利亚，但是我从来没有忘记自己是波兰人。保罗先生出任驻澳大利亚联邦大使以来，经常邀请我们这些在澳大利亚的波兰人相聚，组织丰富多彩的登山聚

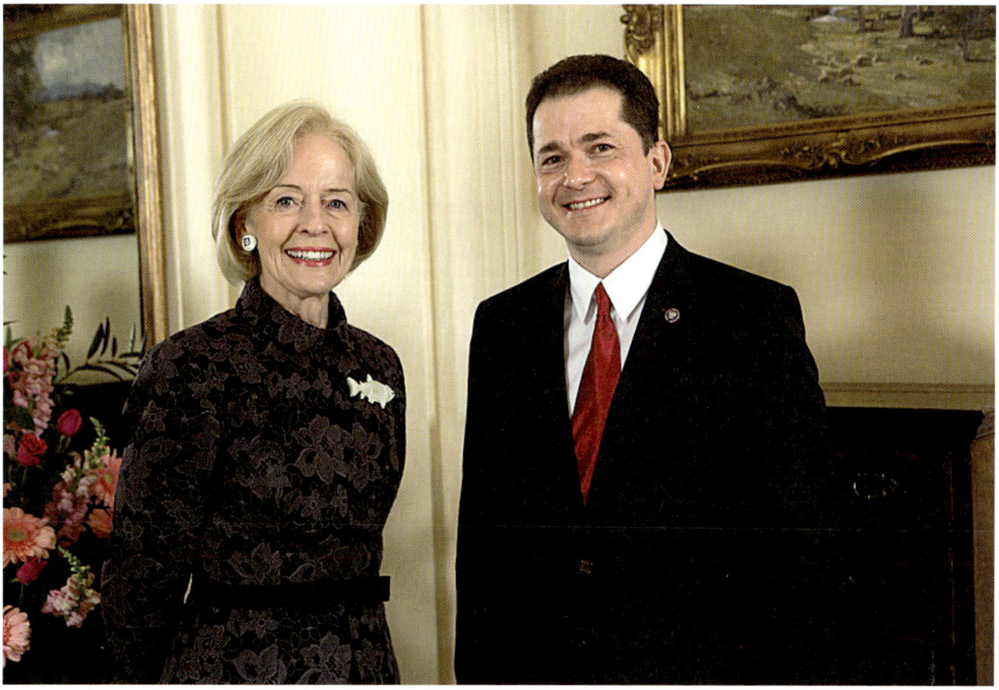

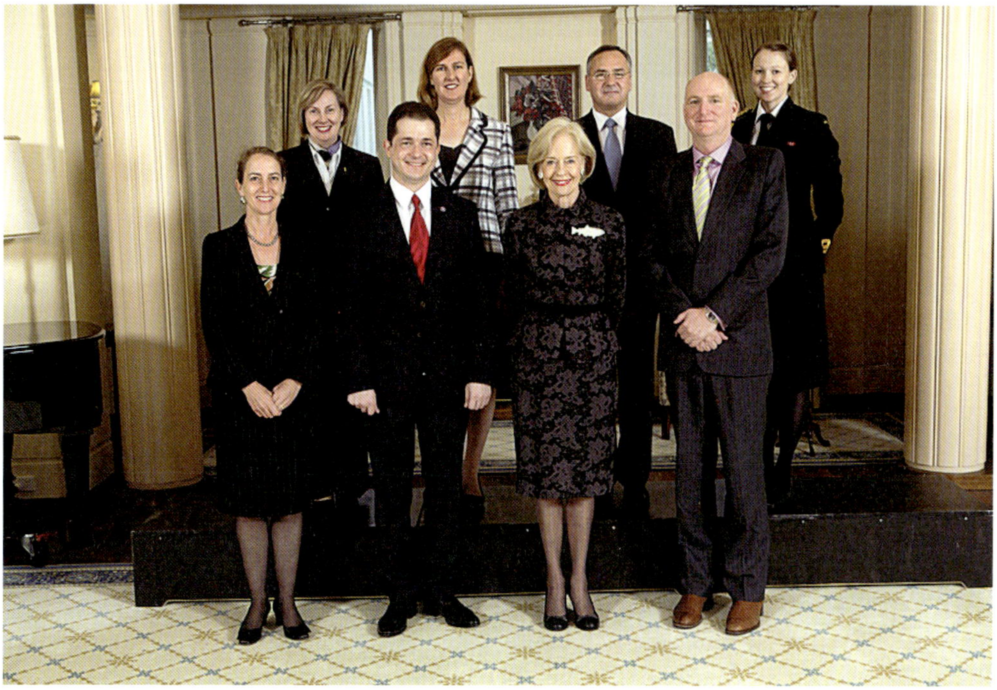

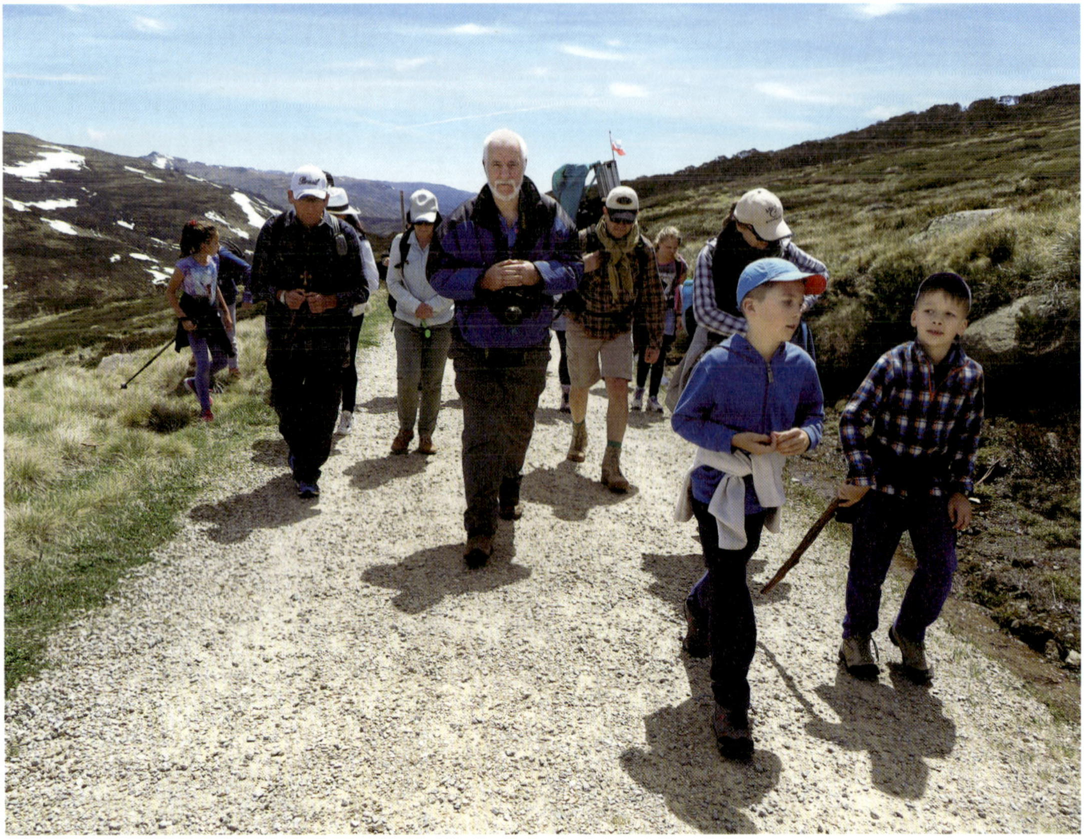

会，让我们这些在外的波兰人感到了家的温暖。"伊莎贝拉·科贝兰斯卡（Lzabella Kobylanski）女士说这番话时，看得出她的心情非常激动，感恩之心溢于言表。

波兰，至今仍然是欧洲少有的对宗教相当虔诚的国家，天主教为波兰95%的人口所信奉，其中有75%依然忠实虔诚地遵守天主教习俗。波兰境内大小教堂林立，宗教气氛浓郁，每周去教堂望弥撒仍是大多数居民重要的生活内容。即使是在堪培拉，也有波兰人的天主教堂。远在西伯利亚的天主教大主教艾德蒙·布吉沃维奇（Edmund Budzilowicz）千里迢迢来到澳大利亚，参加在这里举办的波兰"独立日"庆祝活动，他与30多位在澳大利亚工作、学习、生活的波兰人一起攀登柯斯丘什科山，感到十分高兴。他感慨地说："我虽然远在西伯利亚生活，但是祖国将我们所有波兰人的心紧紧连在一起，我这次前来堪培拉参加'独立日'的纪念活动及为波兰孩子们举行仪式，就是想传播人与人之间真诚的善良和友爱，就是想让更多的人们崇尚善良，远离邪恶；崇尚光明，远离黑暗；让我们的孩子心灵更纯洁，身体更健康，生活更幸福。让这个世界充满爱意，更加美好。"

波兰人心很齐，一大早30多位来自澳大利亚不同方向的波兰人，已经很准时地到达集合地点，其中还有好几个孩子随着父母而来。保罗风趣地说："培养爱国情结，要从娃娃抓起。孩子们虽然年纪小，但要让他们从小就知道自己国家的历史，热爱自己国家的文化。带孩子们一起登山，培养他们的吃是坚韧不拔和顽强毅力，也是波兰精神所在。"在登山途中，保罗告诉我，柯斯丘什科是一位波兰民族英雄，1746年2月4日出生，1817年10月15日去世，作为波兰军队领导人，被授予波兰、立陶宛、白俄罗斯和美国的民族英雄，他的名字，外欧洲人熟知，在波兰语中，人们常用TadeuszKo ciuszko（塔德乌什·柯斯丘什科），而全称 Andrzej Tadeusz Bonawentura Kosciuszko 也可以看到。在立陶宛语中，柯斯丘什科的名字译为 Tadas Kosciuska。在白俄罗斯语中，被译为 Тадэвуш Касцюшка。

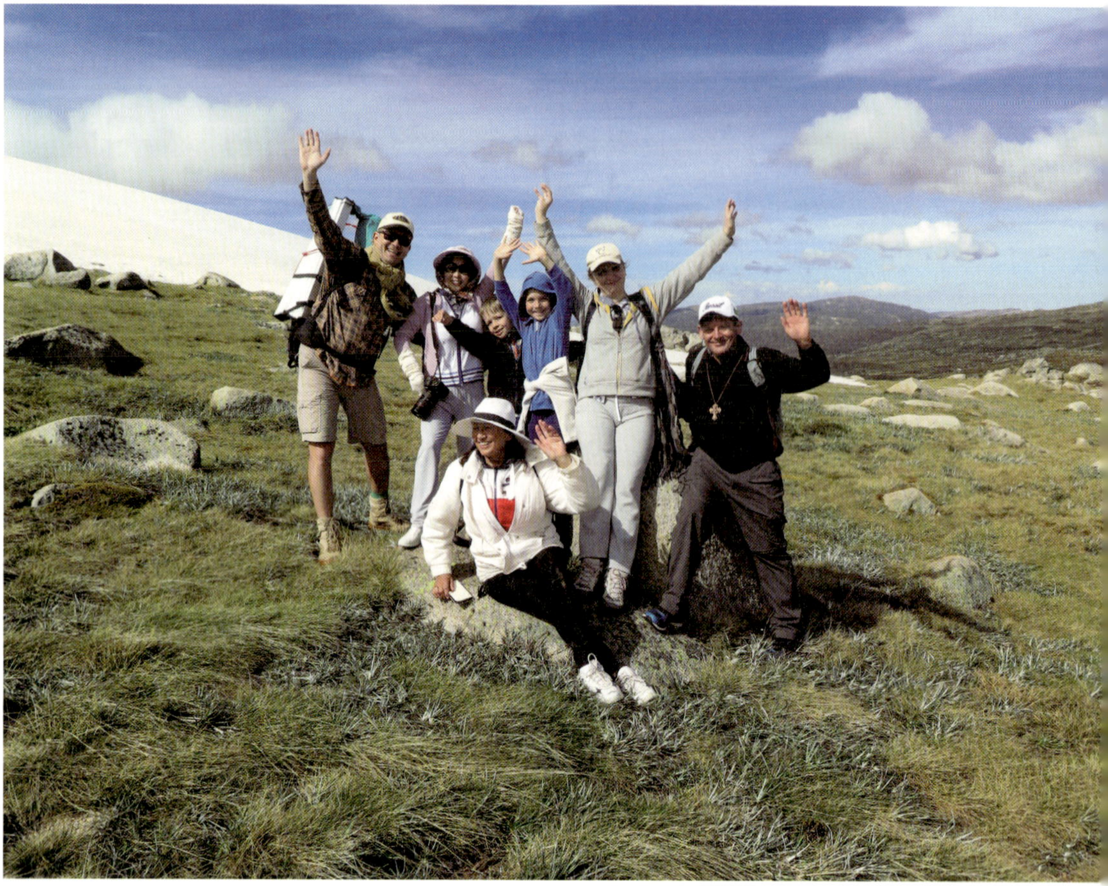

柯斯丘什科担任国家武装部队最高司令（波兰语：Najwyzszy Naczelnik Sily Zbrojnej Narodowej）。在1792年7月18日的杜比恩卡（Dubienka）战役中，塔德乌什·柯斯丘什科率领的军队五千三百人，打败了沙俄的两万五千人；他曾在1794年领导了抗击沙俄和普鲁士王国的战斗。在此之前，他作为一名大陆军上校参加了美国独立战争，由于他聪慧睿智、英勇善战、战功卓著、名声赫赫，因而被晋升为陆军准将，并与托马斯·杰斐逊（Thomas Jefferson）成为好朋友。

波兰探险家帕维乌·斯特舍莱茨基是一位云游四方的著名地质学家，他曾到过许多地方，足迹遍布世界：欧洲的法国等多个国家、美洲多个国家、非洲的埃及等国、亚洲的中国、大洋洲的新西兰及澳大利亚等。

登山，选择好的天气在攀登过程中非常重要，柯斯丘什科山是澳大利亚的最高峰。冬季攀登，常遇到暴风雪天气，会导致旅途艰险，很容易迷失方向，所以许多游人选择春、夏、秋三季来这里，可以轻松登顶。今天，在澳大利亚工作、学习的波兰人，齐心合力，攀登高峰，意义深远。

柯斯丘什科山（Kosciuszko）（英语：Mount Kosciuszko），又译科西阿斯科山，位于澳大利亚新南威尔士州东南隅，大分水岭的大雪山，由花岗岩构成，海拔2228米（7310英尺），顶部冬季积雪，有古冰川遗迹，1700米以下多为森林，墨累河发源于此。雪山以其巍峨壮丽、神秘莫测而闻名于世，是"世界最美之山"，而这座山在波兰人眼里，它是一座英雄之山。

柯斯丘什科山向人们讲述着一个动人的传奇故事，象征着波兰民族的英雄主义精神，传承着波兰的悠久历史及灿烂文化。

英雄之山，唤起波兰人民对自己国家的历史的深切记忆，他们对波兰的民族文化总是心生敬畏。

美妙音乐相伴美食

波兰地处欧洲中心，北临美丽的波罗的海，南依边境绵延的群山。肥沃的土地上种植着种类繁多的农作物，广袤的森林里生长着各种各样的野果野菇。大自然的馈赠为世代生活在这片土地上的人们提供了名目繁多的食材，形成了汇集各地而又独具特色的波兰饮食文化。古往今来，人们都能在波兰人的餐桌上发现来自受其他国家和地区饮食风格影响的美味佳肴，如其他斯拉夫国家、德国、法国、意大利还有阿拉伯国家等，甚至还有不少受到中国饮食文化影响的菜肴。但是波兰人在尝遍各地美食之后，还是对百吃不厌的家乡风味情有独钟。

日前，波兰驻华大使馆举办了一场"波兰好味道"的文化推广活动。波兰女作家、美食家玛格莲娜·汤马斯卡-波拉维（Magdalena Tomaszewska-Bolalek）讲述波兰饮食文化和历史。波兰共和国驻华大使馆副大使高磊（Piotr Gillert）、波兰共和国驻华大使馆文化中心主任蔡梦灵（Magdalena Czechonska）出席活动。主办方还邀请到著名的妲歌妲娜组合为多元美食品鉴舞乐助兴。北京第二外国语学院的学生应邀参加了活动。在活动现场，汤马斯卡-波拉维女士如数家珍地讲述波兰的各种特色食材和烹饪绝招儿，并当场系上围裙，"下厨烹饪"，手把手指导中国大学生烹饪波兰美食，

tłoczony
Słoneczna Tłocznia
nigdy z koncentratu
naturalnie mętny
bezpośredni sok jabłkowy
Hortex
LEON

学生们在欢乐的气氛中收获颇丰。

波兰的农产品、食品、奶制品非常的好，并且均可以保证纯天然无公害。波兰的双色苹果也将在本月进入中国市场。今年6月，习近平主席访问波兰期间，在波兰总统杜达的陪同下，特别品尝了波兰双色苹果，赞不绝口，连连说："咬一口，真好吃！"

提到波兰的无公害食品，豪特客（Hortex）是必须要品尝的一款波兰名牌果汁饮料。在这款饮料中，足以感受到波兰人精巧的食品、科学营养搭配技巧，比如纯果肉型的胡萝卜混合果蔬汁，富含维生素C、维生素E，非常适合老人和孩子饮用；另外，匠心独运的波兰人还专为儿童设计了狮子王系列果汁，还有专门为婴幼儿设计的200毫升单瓶果蔬饮料，里面含有丰富的维生素B、维生素C、维生素E和叶酸等。豪特客进入中国业已多年，在北京各大超市都能买到。

波兰种类繁多、琳琅满目的纯天然果汁、肉类、奶制品、水果有的早已进入中国市场，有些正在陆续引进。这也是此次习主席访问波兰的一大成果。波兰食品进入中国，既拉动了波兰经济，又造福了中国人民，是实实在在的"双赢"。在文化中沟通人与人之间的心灵，在"吃喝"中增进中波两国人民的友谊。

汤马斯卡－波拉维在活动现场向人们讲述了波兰人与酸味的渊源，她说："波兰菜是斯拉夫菜的分支，波兰人生活在土地肥沃的平原上，这里被大自然赐予了蔬菜、水果、谷类、豆类、蘑菇、肉类等丰富资源。四季鲜明的气候教会了波兰人发酵技术，于是，他们喜欢吃酸酸的泡菜。数百年来，酸的味道在波兰有着相当重要的社会意义。依照传统迷信的说法，如果女性怀孕时特别爱吃酸或味道强烈的东西，就代表她会生儿子，而喜欢吃甜点的就表示将产下女儿。同时，波兰菜也受到了欧洲远近邻国的影响，天主教文化圈也令当地饮食增添了许多宗教色彩，最有代表性的要数斋戒了。波兰人为了符合斋期要求（圣诞节和复活节前的周五等），要斋戒肉食。而天主教斋期允许吃鱼，因为水獭的两栖生活特性，聪明的波兰人把水獭视为鱼类，这又为人们增添了

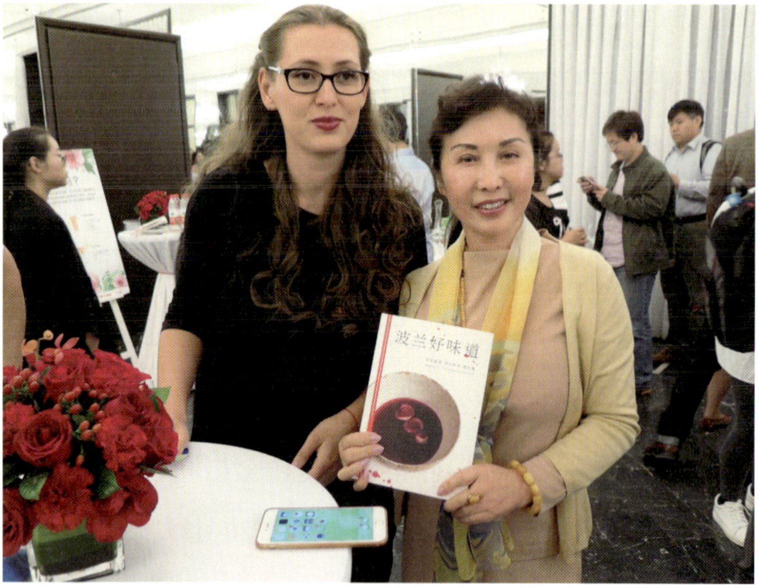
波兰好味道

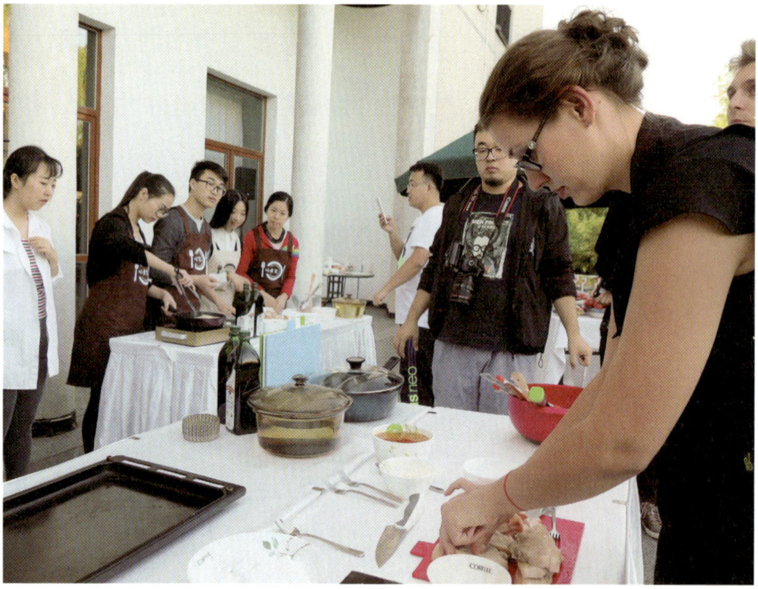

一道美味佳肴。"

美食伴着音乐，是波兰饮食文化的又一特色。在这次活动中，波乌双姝组合妲歌妲娜为人们奉上了空灵美妙的音乐。成立八年来，妲歌妲娜组合糅合了爵士乐、电子乐以及世界音乐，将波兰与乌克兰的音乐完美结合。妲歌妲娜的音乐极富特色，多元化的音乐来自长期与国外音乐家的合作，她们从中汲取更具活力的音乐灵魂，以飨世人。

活动期间，不但有美味佳肴，还有珍贵的精神食粮。主办方在晚宴时，举行了波兰文化有奖问答游戏，获奖者获赠最新介绍波兰文化的著作——《琥珀色的格但斯克》。

"波兰好味道"的文化推广活动落下帷幕。其中一项"重要的环节"——"中波女作家互赠著作，交流厨艺"。一大早，就应邀来到波兰驻华大使馆，与波兰年轻漂亮的波拉维女士，交流写作心得，切磋美食厨艺。她做波兰味道的面包煎蛋三明治，我做地道的山西西红柿鸡蛋蔬菜酸辣刀削面。我们的手艺都受到了高度评价，并且一扫而光。美食即文化，厨艺交流也是文化交流，这样有意义的文化交流，从舌尖沁到心灵。

琴声流淌

金秋十月，收获的季节，硕果累累，挂满枝头。在这个丰收的日子，源远流长的中波友谊结出的又一硕果——"北京肖邦国际青少年钢琴比赛"落户北京。

第一届"北京肖邦国际青少年钢琴比赛"10月16日晚在中央音乐学院拉开帷幕。曾记得90年前，在以耶日·祖拉夫列夫（Jerzy Zurawlew）为首的少数追求完美的钢琴家的不懈努力下，第一届"肖邦国际钢琴比赛"终于在华沙爱乐音乐厅成功举办。然而，时隔90年后的今天，经过10年的不懈努力，2016年6月，习近平主席对波兰进行国事访问期间，在两国领导人的共同见证下，签署了中波两国文化合作协议书，"肖邦国际青少年钢琴比赛"终于落户北京。这对于促进中国钢琴教育的发展，提升广大青少年与社会大众文化艺术修养，推动我国文化对外交流，将产生积极而深远的影响。

此次比赛由中国中央音乐学院主办，由乐东方（北京）文化艺术有限公司承办，比赛得到了中华人民共和国文化部、教育部的大力支持，也得到波兰文化与民族遗产部、波兰驻华大使馆、肖邦研究院、华沙肖邦音乐大学、密兹凯维奇学院的支持，北京二十一世纪中波文化艺术交流中心、北京乐艺中音文化艺术有限责任公司和宁波交响乐团等国内机构也给予了大力协助。

中央音乐学院
CENTRAL CONSERVATORY OF MUSIC
The 1st Fryderyk Chopin
Beijing International Piano Competition for Young Pianists
第一届北京肖邦国际青少年钢琴比赛
中央音乐学院
CENTRAL CONSERVATORY OF MUSIC

肖邦音乐是瑰丽的、不可多得的人类精神财富，极富民族性和超越国界的艺术魅力，他的作品在钢琴艺术领域具有独特而崇高的地位。"北京肖邦国际青少年钢琴比赛"是迄今为止中国引进的世界顶级音乐赛事，是中国、波兰两国政府重大文化合作项目。

开幕音乐会在新近落成的中央音乐学院歌剧音乐厅举行，中国青年钢琴家、第14届"华沙肖邦国际钢琴比赛"冠军李云迪演奏了肖邦的《平静的行板与辉煌大波兰舞曲》，来自拉脱维亚的著名钢琴家蒂娜·约菲演奏了肖邦的《f小调第二钢琴协奏曲》，宁波交响乐团协奏。中央音乐学院院长、大赛组委会主席、艺术总监俞峰担任指挥。波兰共和国驻华大使林誉平（Miroslaw Gajewski）、波兰驻华使馆文化中心主任蔡梦灵（Magdalena Czechonska）、肖邦研究院副院长沃伊切赫·马赫维查（Wojciech Marchwica）、密茨凯维奇学院亚洲事务总监马丁博士（Marcin Jacoby）出席观看。整场音乐会气氛热烈，自始至终洋溢着浓郁的"肖邦气氛"。两位钢琴家的精湛演出，赢得观众阵阵掌声。优美的音乐不分国界，无关信仰，人们在聆听中沟通心灵，寻找梦想……

在开幕音乐会上，俞峰说："中波两国政府和机构非常重视此次比赛，该比赛已被列入中波两国文化合作议定书。'北京肖邦国际青少年钢琴比赛'是唯一与波兰肖邦研究院合作的肖邦国际青少年钢琴比赛，与'华沙肖邦国际钢琴比赛'一脉相承，是目前国内少有的严格按照国际音乐艺术比赛规程、以国际顶级钢琴音乐家和教育家为评委的世界级钢琴比赛，每三年在北京举办一届，并永久落户中央音乐学院。"

波兰驻华大使林誉平在致辞中说："90年前，第一届'肖邦国际钢琴比赛'终于在华沙爱乐音乐厅举办。然而当时没有人看好比赛的前景，人们普遍认为它不会成为一项持久的赛事。首先，技术上，这一举措几乎是不可能完成的；其次，当时的人们普遍视肖邦音乐为使人不思进取的靡靡之音，认为不适合青年演奏。然而时间证明了祖拉列夫的远见，他的创举不仅在波兰本土开花结果，还激励了全世界的音乐爱好者和资助人，世界各地积极响应。第一届'肖邦国际青少年钢琴比赛'期间，世界一流钢琴家和钢琴新秀齐聚北京，这充分证明了一点，即那些来自维斯瓦河畔、领土面积无足称奇的国度的音乐教授们，早在一战前提出的理念，时至今日依然具有鲜活的生命力。这一高雅音乐竞技的参与者们所展示的演奏水平和他们成熟的情感表达，令人再难对比赛的组织者和东道主提出任何质疑，再难对参赛钢琴家和他们的导师提出任何非议。"

林誉平大使还对比赛表示祝贺，他说："在此由衷祝贺比赛取得成功，并祝愿比赛一帆风顺，祝选手们在大赛中展露锋芒，得到进一步磨炼发展。愿艺术家和从事艺术推广活动的机构不断获得动力、灵感和勇气，推进实现功在当代、利在千秋的艺术项目。"

波兰共和国部长会议副主席、文化与民族遗产部部长彼得·格林斯基（Piotr Glinski）、波兰肖邦研究院院长亚瑟·斯克莱内尔博士（Dr. Artur Szklener）和波兰密茨凯维奇学院院长克里斯托弗·奥兰德斯基博士（Dr. Krzysztof Olendzki）相继为比赛组委会发来贺电。

格林斯基在贺电中说："肖邦音乐作为全世界文化遗产的经典充分证明，他艺术创造的完美成就，足以感动每一个人并赢得极高的赞誉，包括对我和所有的波兰人。我向此次比赛的主角，各位在这一最高尚的领域中进行角逐的年轻的艺术家们说，我深信，获得此次比赛的奖项，足以成为你们艺术生涯发展中具有重要意义的时刻。我希望，因为肖邦的音乐，波兰能够成为一个让大家亲近且关注的国家。祝愿大家能够获得更多艺术的感受，我确信这一重大事件将促进我们两个国家之间的文化合作的发展。"

斯克莱内尔博士在贺电中说："肖邦是欧洲最天才的公民之一，而肖邦那富有情感的音乐，一直都是世界上最容易被理解的。肖邦研究院致力于推广一切能够激励和支持肖邦的音乐及表演的举措，尤其是为年轻有才华的音乐家提供支持。我希望杰出

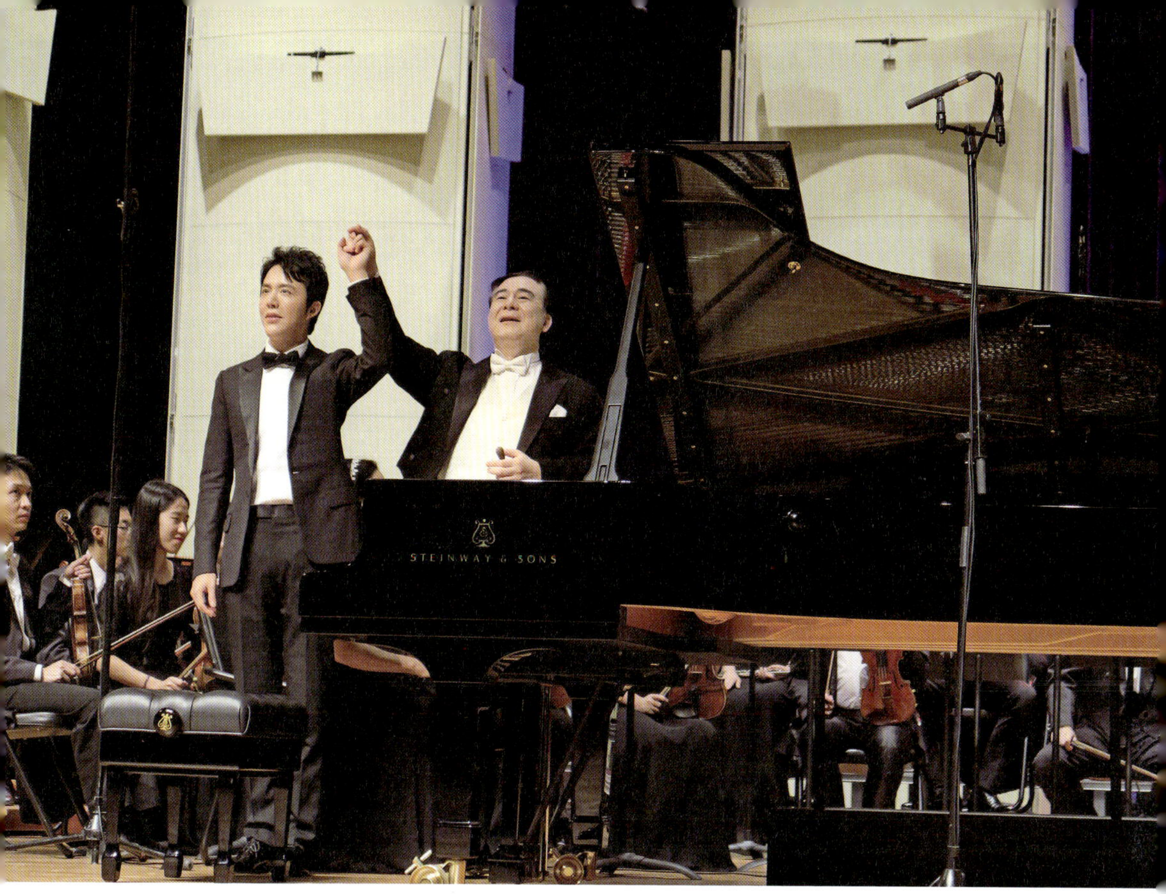
STEINWAY & SONS

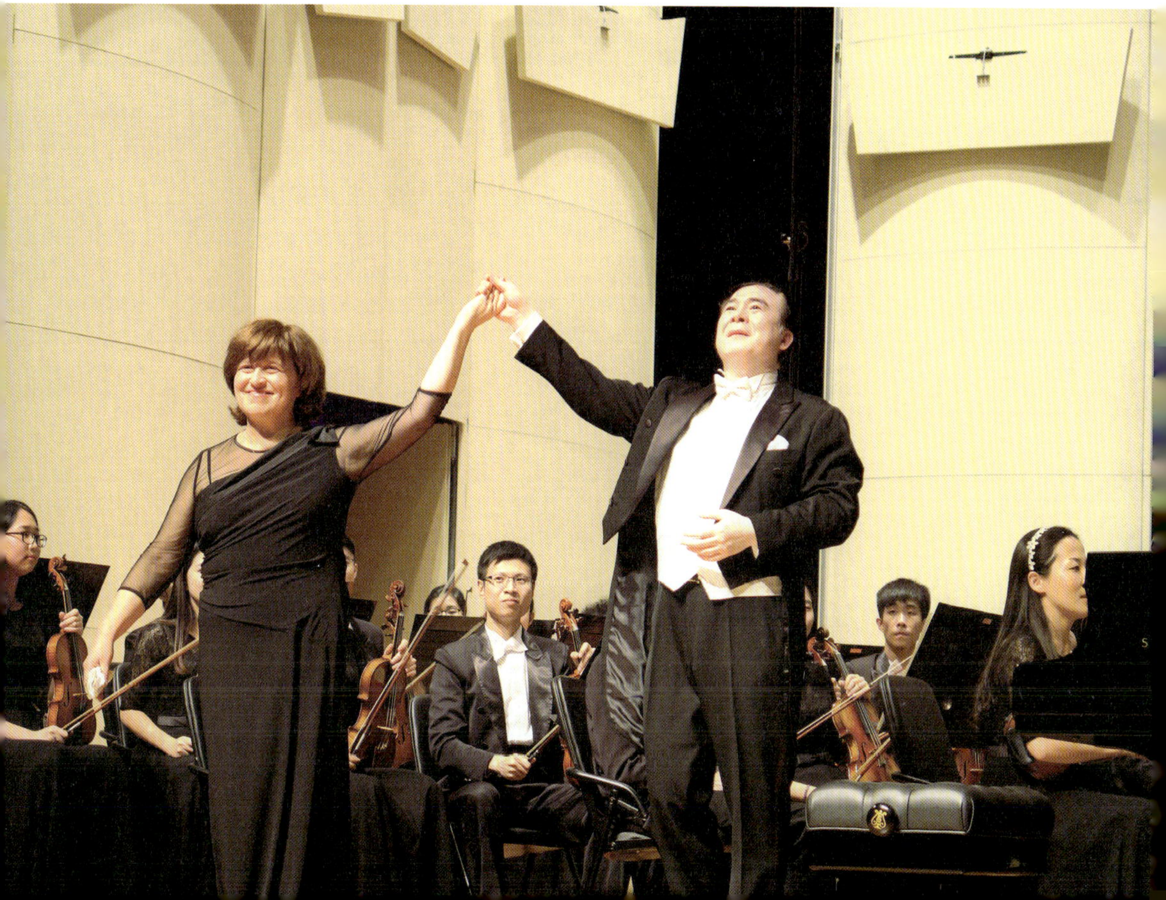

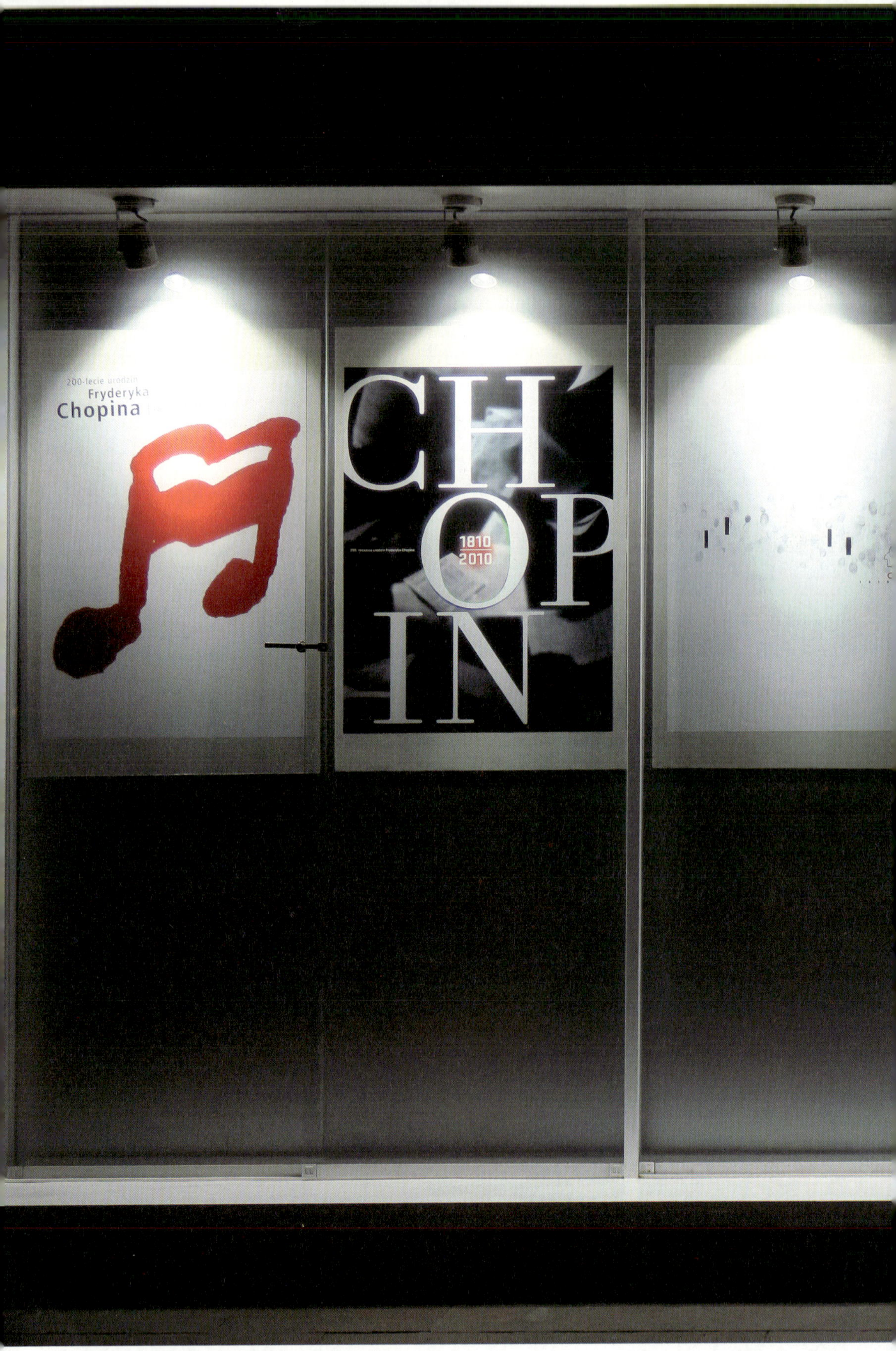
200-lecie urodzin
Fryderyka
Chopina
CH
OP
IN
1810
2010

rocznica FRYDERYKA
urodzin CHOPINA
FRYDERYKA CHOPINA
CHOPIN
厅前厅
音乐被认为是最难以驾驭的艺术形式。 在很多领域都可以找到它的影响和启发,比如海报艺术。根据不同时期,不同片段以及平面设计师不一样的感受,彩色作品亦或是黑白作品,它们都被赋予了强烈的感情和意象。这些极具魅力的作品将奇妙的音乐世界带入了视觉语言的王国。

The 1st
Fryder hopin
Beijing Internatio Competition for Yo Pianists
乐东方（北京）文化艺术有限
Musical China (Beijing) Culture and Arts C

的天才艺术家都来参加在中国举办的第一届'北京肖邦国际青少年钢琴比赛'。我希望所有年轻的选手在北京肖邦比赛中获得巨大的成功,并且保证一定会全力支持你们的精彩演绎。"

奥兰德斯基博士在贺电中说:"作为本次比赛的支持单位之一,密茨凯维奇学院从赛事筹备初期就对此持续关注并抱有极大的兴趣。肖邦是波兰的国家财富,但是肖邦的音乐是属于我们所有人的,不分国界、不论语言与文化。肖邦音乐在中国的广泛流行已经极好地证明了它的普遍性与持久性。预祝比赛取得巨大成功!"

本次比赛与"肖邦国际钢琴比赛"一脉相承,而后者是世界上最著名、最严格、最权威、级别最高的钢琴比赛之一,获奖者名家云集,包括中国著名钢琴家傅聪和李云迪。"北京肖邦国际青少年钢琴比赛"参照"波兰肖邦国际钢琴比赛"的赛程赛制,还将推出"中国风格原创钢琴作品征集活动""琴系欧亚——新丝绸之路文化传播之旅"等一系列主题活动,搭建国际文化交流平台,增强中国当代钢琴作品在全世界的认知度和影响力。

"北京肖邦国际青少年钢琴比赛"是目前国内唯一严格按照国际音乐艺术比赛规程,以国际顶级钢琴音乐家和教育家为评委的世界性钢琴比赛,每三年在北京举办一届。经过评委们的精心选拔,来自世界各地的近60位选手入围本次比赛。比赛分为少年组和青年组,由第一轮比赛、半决赛和决赛组成。参加青年组比赛的选手中有多位参加过2015年在华沙举办的第十七届"肖邦国际钢琴比赛"。本届比赛评委会的阵容非常强大,评委会主席由第十七届"华沙肖邦国际钢琴比赛"评委会主席卡塔琳娜·波波娃·齐德隆担任,评委会中还有中国著名钢琴教育家但昭义教授和中央音乐学院钢琴系主任、本届比赛的执行艺术总监吴迎教授。

决赛将由著名指挥家陈琳担任指挥,宁波交响乐团协奏。此外,中国作品《纳木错》(叶小钢)、《民间玩具》(汪立三)将作为"第一届北京肖邦国际青少年钢琴比赛"指

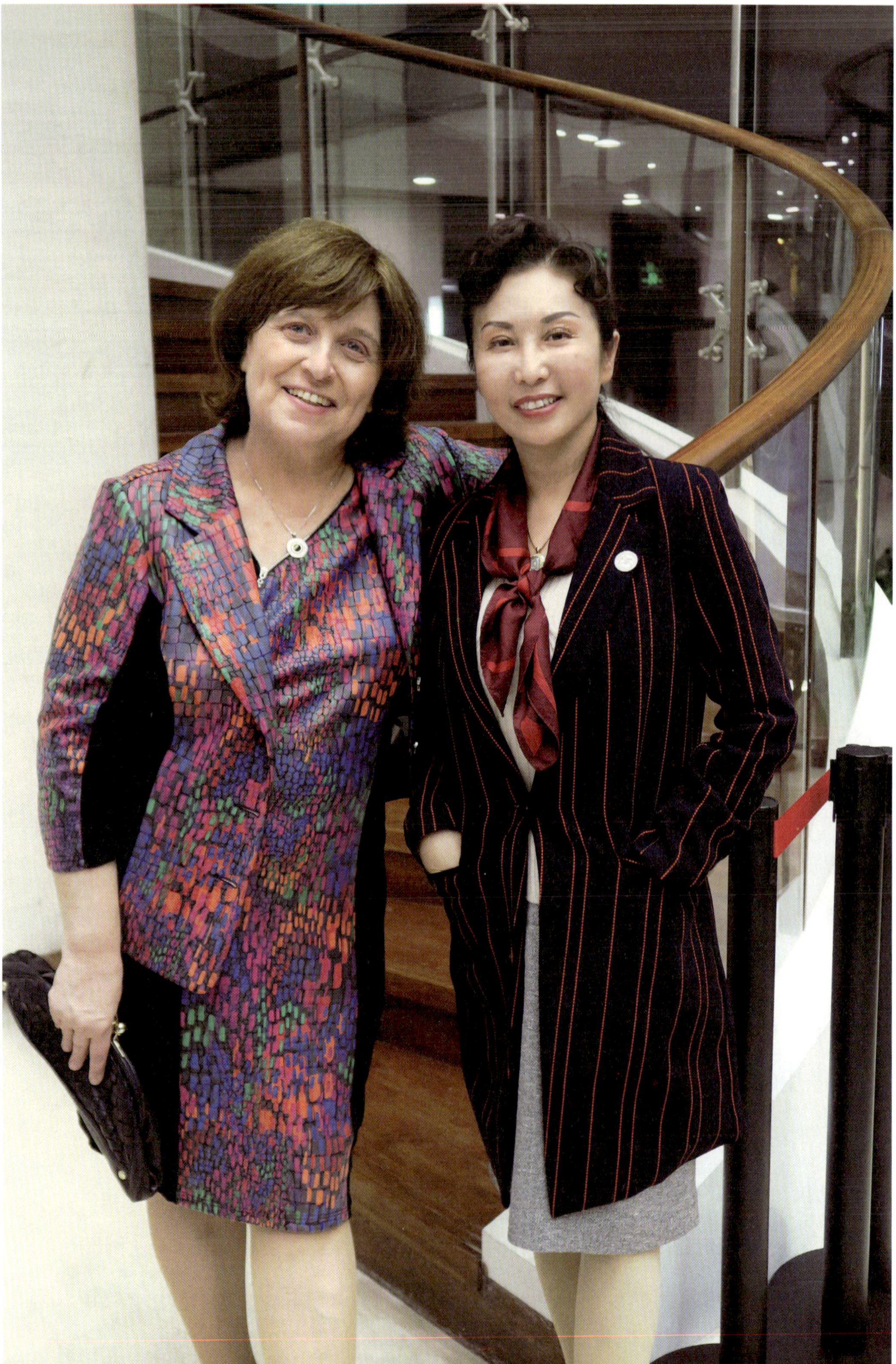

定演奏曲目。通过参加大赛的钢琴家对具有中国风格原创钢琴作品的演奏，让我国优秀的、具有当代"中国风格"的音乐文化真正登上国际音乐舞台。

比赛期间的活动丰富多彩，部分评委将举行大师班和音乐会，为听众带来美好的音乐享受。波兰驻华大使馆将举办有关"华沙肖邦国际钢琴比赛"历史回顾展及肖邦主题海报展览。与此同时，为了给更多琴童提供观摩及互动赛事的机会，赛事主办方还特别推出了"我听肖邦"APP。

本届比赛还将在国内设立京、沪、广、深等赛站，并在海外设立国际赛站。比赛还将推出与肖邦钢琴相关的一系列主题活动，包括"中国风格原创钢琴作品征集活动""惟妙惟肖——东方肖邦音乐漫画和动画比赛""与音乐相伴的日子征文活动""琴系欧亚——新丝绸之路文化传播之旅""大师进社区、进校园公益活动""国际钢琴艺术博览会"等。

第一届"北京肖邦国际青少年钢琴比赛"集比赛、教学和演出于一体，不仅为我国音乐爱好者带来具有国际水准的音乐饕餮盛宴，而且也为我国音乐教育工作者提供难得的教学观摩和交流的机会，对于提高我国钢琴教学和演奏水平、推动中国文化对外交流具有积极意义。

肖邦音乐跨越两百年，他的琴声回荡在世界的每个角落；中波之间的友谊源远流长，祝愿琴声流淌，友谊长存。

深秋时节的美妙乐章

在一曲悠扬曼妙的小提琴演奏中，波兰华沙交响乐团2016年中国巡演拉开序幕。此次巡演，将在武汉、长沙、上海等地演出，乐飨中国。

"从来没有一个乐团曾像波兰华沙交响乐团那样，给身兼独奏与指挥的我以如此的满足。"这是颇具传奇色彩的美国著名小提琴家耶胡迪·梅纽因对华沙交响乐团的评价。1984年4月，华沙艺术中心维特基耶维茨（Witkiewicz Studio）的总监瓦尔德马·东布罗夫斯基，与时任波兰室内管弦乐团（Polish Chamber Orchestra）总监的弗朗齐歇克·怀伯兰茨柯，二人邀请颇具传奇色彩的小提琴家梅纽因爵士来波兰演出，既独奏又指挥。为了配合演出曲目的要求，乐团需要增加乐手，因此邀请波兰各地的知名音乐家同台演出。这几场由梅纽因执棒的音乐会赢得了听众热情的掌声以及乐评人的赞誉，梅纽因本人也欣然接受了东布罗夫斯基与怀伯兰茨柯二人的邀请，成为这个刚成立的乐团——华沙交响乐团——的首位客座指挥。

正是这个曾经与世界上许多卓越指挥家合作，足迹遍布世界各地的优秀乐团——波兰华沙交响乐团，11月3日晚在北京中山音乐堂，献上了一台精彩绝伦的交响音乐会。波兰著名作曲家、指挥大师克里斯托弗·潘德列斯基（Krzysztof Penderecki）担任指

挥；现年20岁的加拿大籍钢琴家扬·李谢茨基（Jan Lisiecki）担任钢琴演奏。

潘德列斯基1933年11月23日出生于波兰德比卡。父亲是一名律师，热衷于小提琴演奏，年幼的潘德列斯基即从父亲那里接受音乐启蒙。18岁时，潘德列斯基进入克拉科夫音乐学院学习，同时在本地大学读哲学、艺术史和文学史。1954年，他开始在克拉科夫州立音乐学院学习作曲，于1958年毕业并在音乐学院任教。

1959年，潘德列斯基在波兰作曲家联合会举办的第二届华沙青年作曲家比赛中荣获一等奖。一年后，他的作品《折射之光》受到媒体赞誉。之后他佳作频涌，屡获殊荣，不仅获得联合国教科文组织奖，而且也因作品《路加受难曲》接连荣获德国北莱茵－威斯特法伦州艺术大奖和意大利广播电视大奖（Prix Italia）。1966年至1968年，潘

德列斯基任教于埃森福克旺大学，同时开始了他首部歌剧《劳顿的魔鬼》的创作。这部改编自奥尔德斯·赫胥黎原著的歌剧，于1969年在汉堡国家歌剧院首演，之后风靡全球。其后，他的三部歌剧相继问世，即1978年的《失乐园》、1986年的《黑色假面》以及1991年的《乌布王》。

1968年，他获得柏林德意志学术交流中心奖学金，1970年又获得波兰作曲家联合会奖，他自1972年起担任克拉科夫音乐学院院长，并于1973年至1978年间任美国耶鲁大学教授。这一时期，潘德列斯基在世界各地巡演，指挥他本人及其他作曲家创作的作品，在国际上获得了很高声誉。潘德列斯基的其他作品也获得过许多奖项，包括阿瑟·奥涅格大奖、维胡里基金会的西贝柳斯大奖、波兰国家奖以及路易斯维尔大学

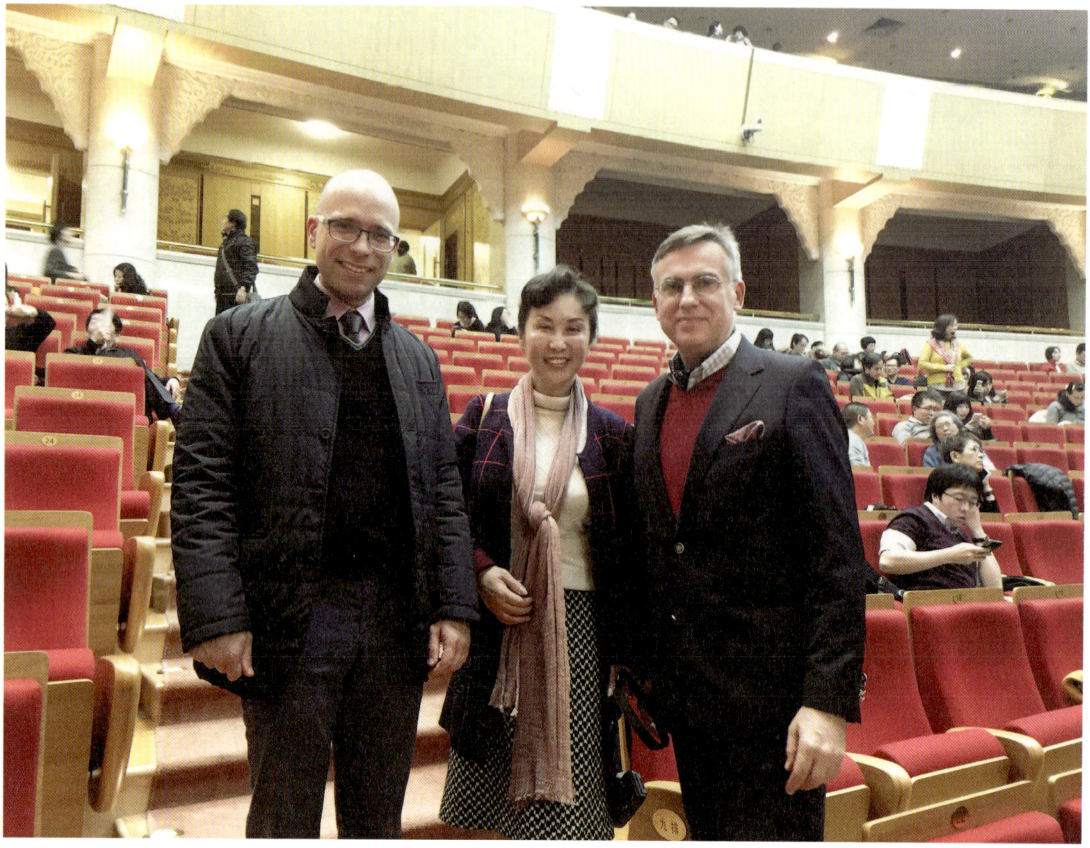

格文美尔作曲大奖等。

担任本场音乐会钢琴演奏的是现年20岁的加拿大籍钢琴家扬·李谢茨基，15岁时他就与驰名世界的唱片公司"德意志留声机"（DG）签订了独家录音协议。在德意志留声机旗下的首张唱片收录了他在克里斯蒂安·查哈里亚斯的指挥下，与巴伐利亚广播交响乐团合作演奏的莫扎特第20、第21钢琴协奏曲。这张专辑获2013年加拿大朱诺古典音乐专辑奖提名，并被《纽约时报》评论为"纯净、抒情、颖悟、坦率、浑然天成、清新自然"。2013年4月，李谢茨基在德意志留声机发行了他的第二张唱片，录制了肖邦练习曲。

李谢茨基的演奏成熟而富有诗意，赢得了许多著名奖项，如2013年德国石荷州（Schleswig-Holstein）音乐节的"伦纳德·伯恩斯坦"奖、2011年法语广播电台青年独奏家奖以及2010年加拿大广播公司音乐台的新人奖。"这位音乐家有罕见的精神与非凡的想象"，他的演奏纯净抒情，浑然天成。2008年起，李谢茨基担任加拿大国家青年代表，2012年起担任联合国儿童基金会大使。

在波兰华沙交响乐团2016年中国巡演音乐会上，克里斯托弗·潘德列斯基的作品《弦乐小交响曲》、弗雷德里克·肖邦的《e小调第1钢琴协奏曲》、路德维希·凡·贝多芬的《A大调第7交响曲》，以超凡的艺术风格和演奏技巧，给观众留下了难忘的印象，赢得阵阵掌声。

潘德列斯基和华沙交响乐团，用深邃庄严的音乐表达了人类的内心感受与梦想追求，给中国观众带来了深秋时节最美妙的乐章。

波兰克拉科夫老剧院：别样的《李尔王》

为纪念莎士比亚辞世400周年，2016首都剧场精品剧目邀请展演拉开帷幕。来自英国国家剧院的戏剧电影《李尔王》和波兰克拉科夫老剧院的《李尔王》，同是一部剧作，却在不同国度艺术家的演绎中，以两种不同的艺术形式及表演风格，为中国观众展现出莎士比亚作品的多面精彩。

11月4日至6日晚，在北京人民艺术剧院首都剧场，波兰艺术家连续三场表演的《李尔王》与众不同，风格别样。波兰克拉科夫老剧院总监杨·克拉塔(Jan Klata)介绍，今年2月，剧中饰演李尔王的演员耶日·格拉雷克不幸离世，剧院将《李尔王》重新编排，运用现代先进的高科技手段，以格拉雷克的影像为背景投射到舞台的独特艺术形式再现全剧。《李尔王》无处不在的影像为全剧增添了独具匠心的精彩，在缅怀这位优秀演员的同时，带给观众更加丰富的情感体验。

整场演出，人物的服饰色彩，使用红、黑、白三色，突出鲜明、热情、悲壮的戏剧效果。音乐准确地捕捉到每一个场景的灵魂，与剧情、与演员的排演完美融合，使观众仿佛置身剧中，不能自拔。急匆而有节奏的舞步，渐行渐近、由近及远的脚步声，漆黑舞台上的急切对白，专注中被打扰后的尖叫……声音充满了惊悚感。

在狂风暴雨的荒野里狂奔，闪电、雷鸣及惊天地泣鬼神的嚎叫，淋漓尽致地体现李尔王撕心裂肺般被抛弃的痛苦。让人在荡气回肠的悲剧中感受到令人震撼的想象力和活力四射的戏剧表现力。小女儿被杀的场景，在悲情的音乐声中，红色的服装及投影形成的粉色花瓣组成了唯美画面，让人唏嘘不已，伤悲又完美。

今年43岁的杨·克拉塔出生于1973年，是波兰著名戏剧导演、剧作家。自2013年起，任克拉科夫老剧院执行总监及艺术总监。曾在克拉科夫戏剧学院学习导演专业，并与克里斯蒂安·陆帕、耶日·亚洛奇等知名导演共同创作多部作品。克拉塔在波兰戏剧界享有很高声望。他执导的30余部作品曾在国内外多个城市演出，包括华沙、克拉科夫，德国柏林、杜塞尔多夫等。克拉塔的创作灵感多来源于波兰国家历史与神话。除了运用突破性的舞台理念，他还大胆选取另类的编舞及配乐。他喜爱与观众直接交流，也会细心与演员探讨角色塑造。克拉塔的作品在波兰文艺界经常受到媒体的广泛关注。他喜欢将文学经典搬上舞台，代表作有《人民公敌》《哈姆雷特》，在欧洲好评如潮。

热心的剧迷周莉女士说："真是被波兰克拉科夫老剧院在北京人艺上演的《李尔王》震撼、感动到了！忍不住又看了第二场。"

整剧表演、舞美、音乐，无一不精。"的确，《李尔王》无处不在的影像也为全剧增添了独具匠心的一笔。同时，这次从舞台布景、服装，到音乐、编剧等都颇具亮点，给我们带来一场视觉与听觉的饕餮盛宴。"周莉女士说。

具有300多年历史的克拉科夫老剧场坐落于波兰克拉科夫，成立于1781年，是波兰最古老的剧院之一。剧院创始人海伦娜·莫杰斯卡是18世纪著名女演员，也是欧洲和美国舞台上莎士比亚戏剧角色的杰出扮演者。1991年，克拉科夫老剧院正式成为国家级剧院，是波兰三大国家剧院之一。同时，该剧院于1994年加入欧洲剧院联盟，并于2009年成为全欧洲最著名剧院联合网络Mitos21的成员。克拉科夫老剧院极具传奇与艺术气息，并在国内外享有盛誉。剧院群星璀璨，大家云集，不乏塔德乌什·坎特、

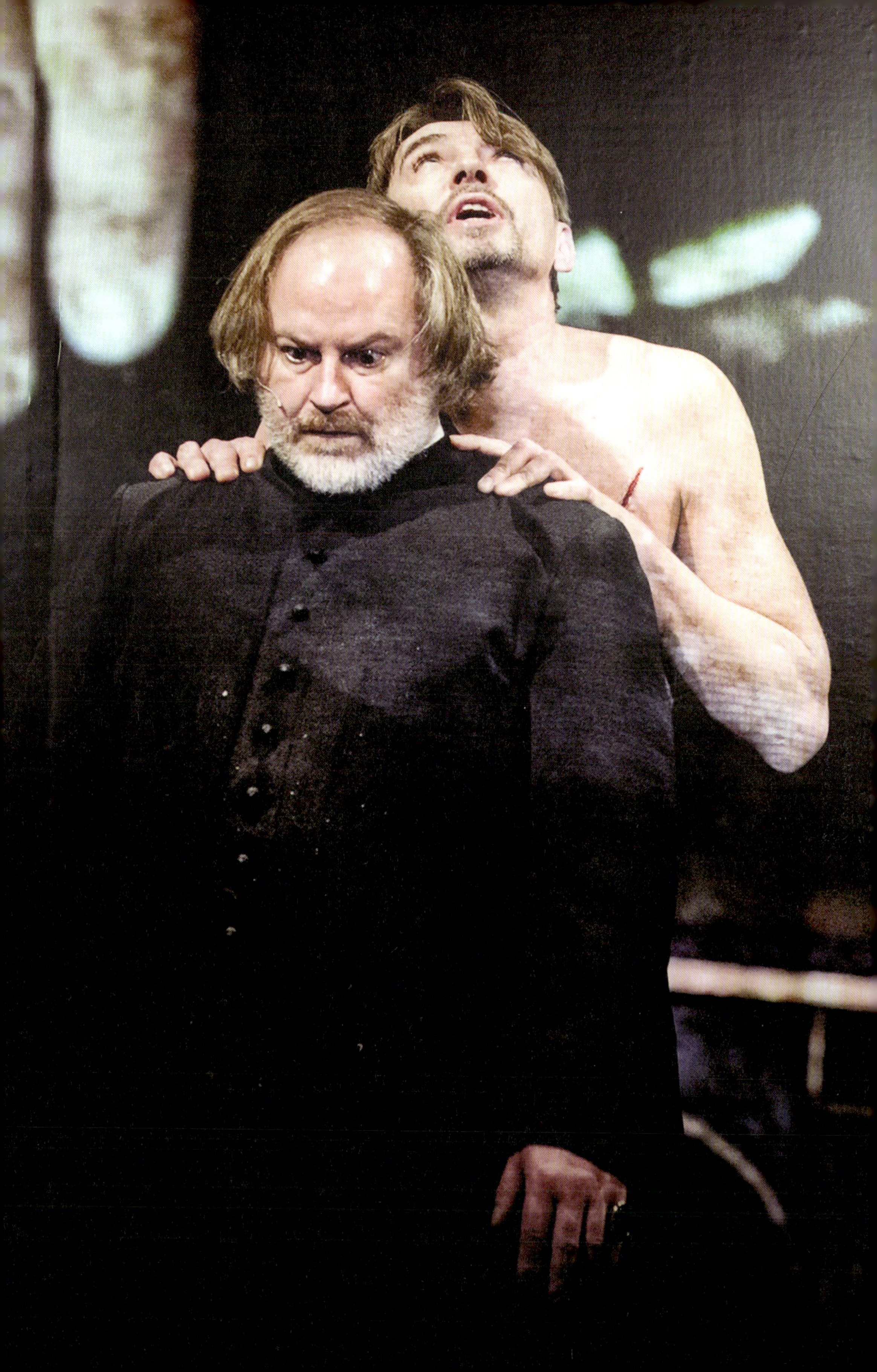

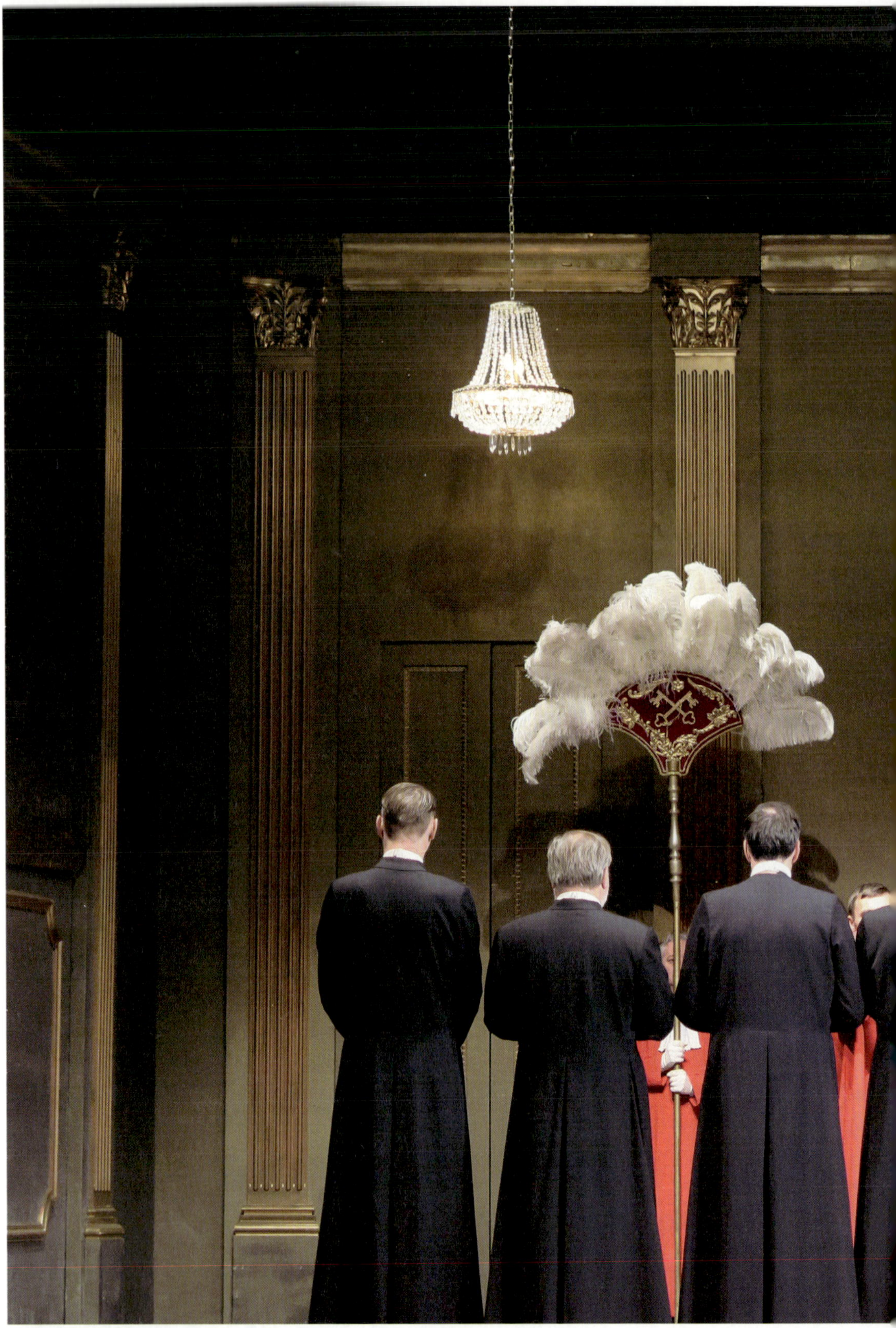

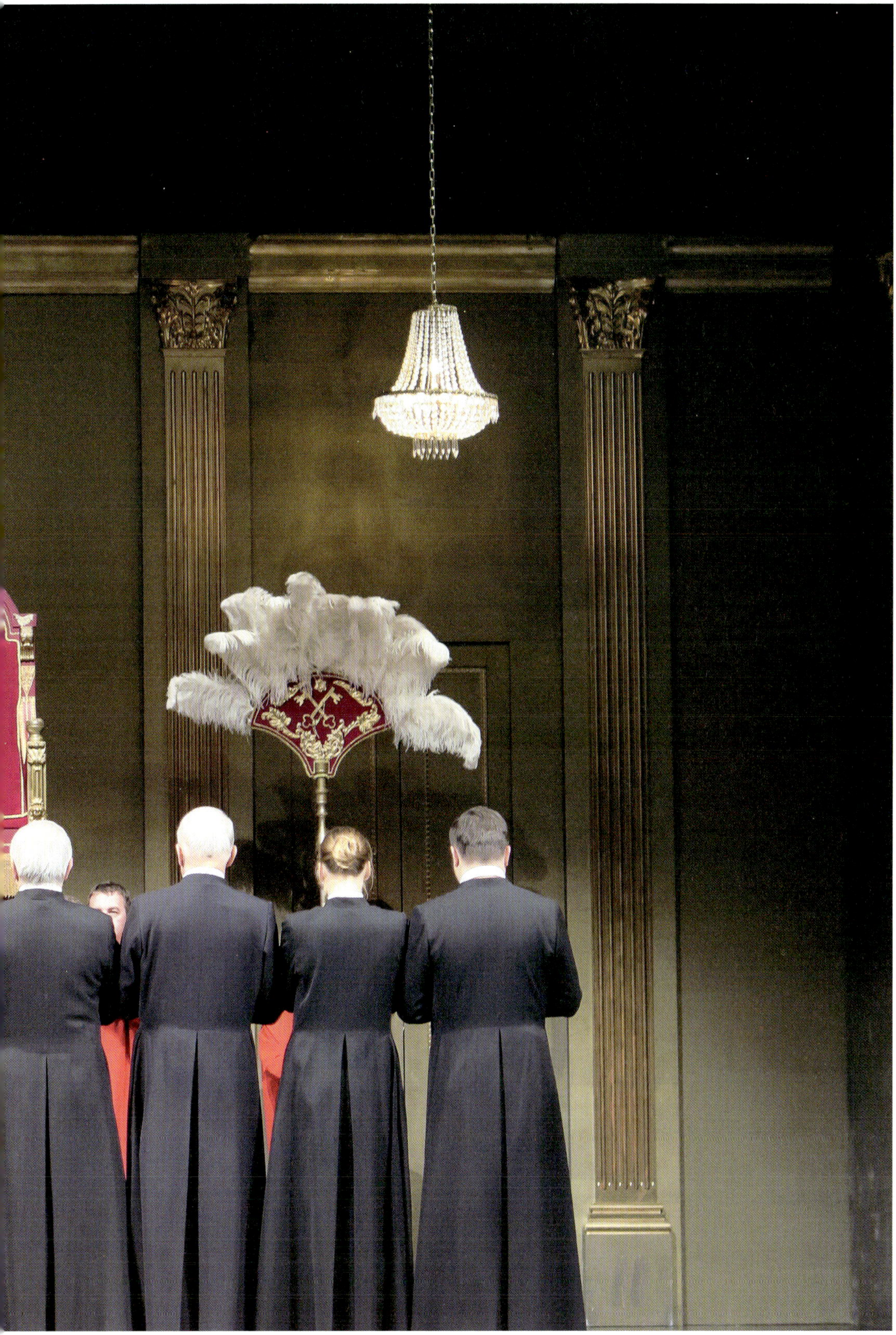

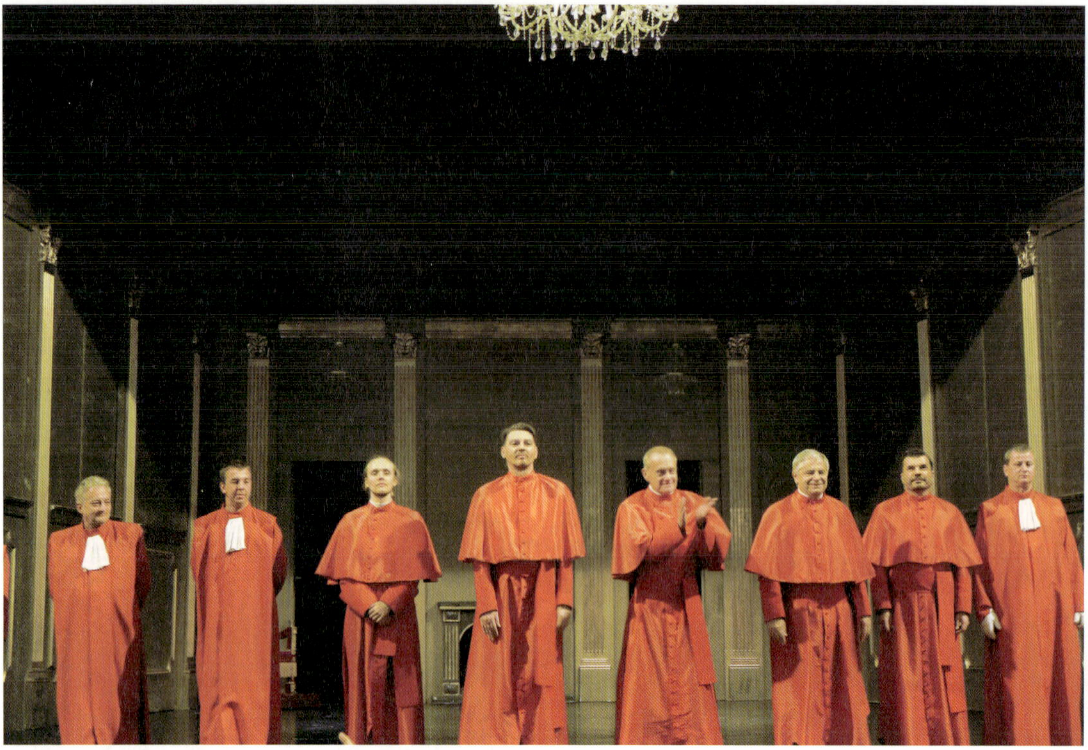

耶日·格洛托夫斯基、齐格蒙特·许布纳、安杰伊·瓦伊达,以及克里斯蒂安·陆帕等一大批耀眼的"剧星"。

深秋时节,在北京首都剧场,三场波兰克拉科夫老剧院演员们的精彩表演,向中国观众展现出一部全新的、不同凡响的《李尔王》。

《火与剑》的声音

来自波兰的诺贝尔文学奖获奖者，在波兰民族危亡时刻，在世界版图也找不到波兰存在的时候，他奋笔疾书创作出许多鼓舞波兰民族精神的不朽作品，1905年，他荣获诺贝尔文学奖。遗憾的是，这位波兰民族的伟大作家没能等到波兰重新出现在世界版图的那一刻，在建国前两年与世长辞。但是他为波兰民族的崛起做出的重要贡献，永远铭刻在人们心中。为纪念亨里克·显克维奇诞辰170周年，2016年被列为"亨利克·显克维奇年"。

11月9日，亨里克·显克维奇（Henryk Sienkiewicz）的史诗巨著《火与剑》（1884年创作）中文有声读物新闻发布会暨朗诵会在北京波兰驻华大使馆举行，这部作品的译者是我国第一批派往波兰留学的北京外国语大学教授波兰语专家易丽君、袁汉镕夫妇。波兰驻华大使馆文化处主任蔡梦灵（Magdalena Czechonska）、北京外国语大学波兰语系教授易丽君、中国出版集团党委副书记孙竞、波兰贝多芬协会执行主管安杰伊·基扎（Andrzej Giza）等参加了本次活动。

为加深波中两国文化艺术交流，纪念显克维奇诞辰170周年、逝世100周年，让中国观众亲身感受波兰文化，波兰驻华大使馆文化处与中国出版集团联袂，推出《火

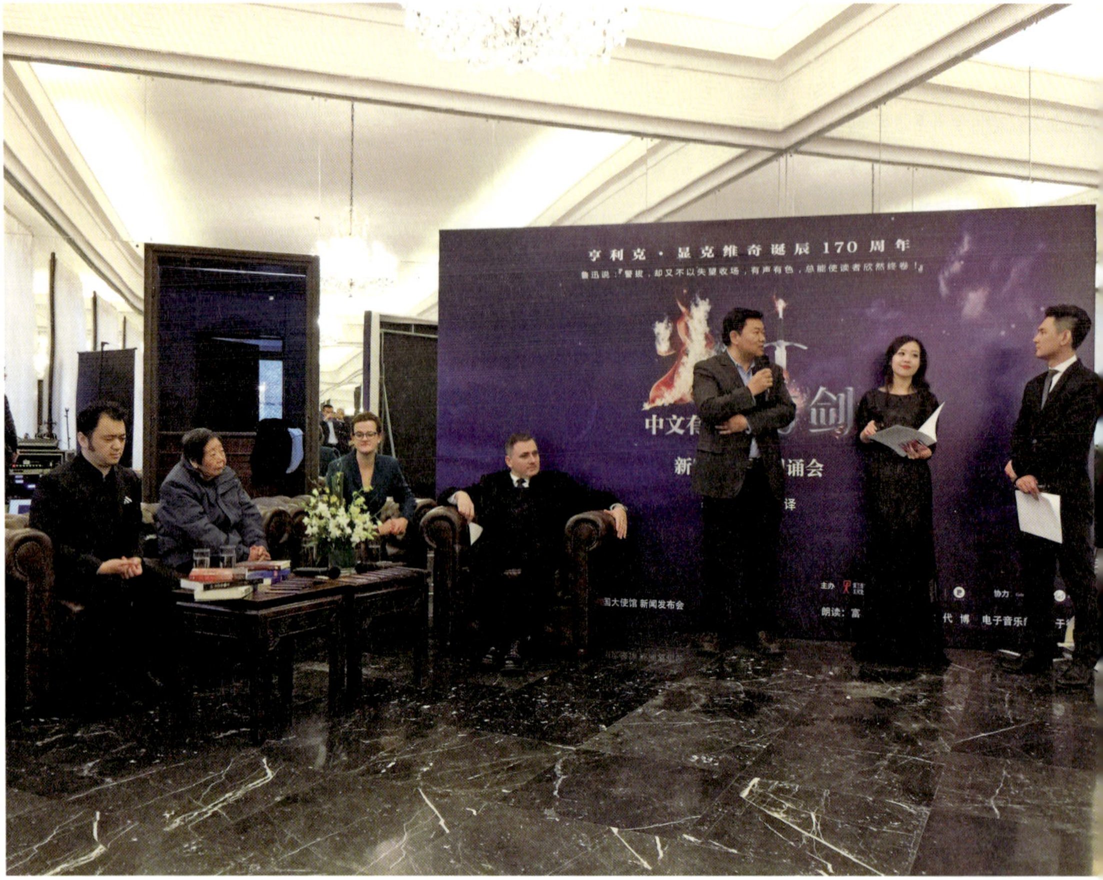
亨利克·显克维奇诞辰170周年
鲁迅说：『警拔，却又不以失望收场，有声有色，总能使读者欣然终卷！』

与剑》的中文版有声读物。使馆联合独家合作媒体《外交之声》召集中国读者走进波兰大使馆，参与波兰史诗巨著《火与剑》有声中文书发布暨朗诵会，由专业音乐人制作的波兰民族音乐配乐，中国读者朗诵表演对白片段。

蔡梦灵在朗读会开始时对现场的来宾及读者说："《火与剑》是波兰著名作家、诺贝尔文学奖获得者亨利克·显克维奇'历史小说三部曲'中的第一部，也是显克维奇的代表作。故事主要描写了人类史上极其可哀的民族悲剧，揭露了国家兴亡史上的千古奇冤。该小说不仅在波兰文学史上占有举足轻重的地位，而且是享誉世界的文学巨著。希望更多中国读者关注和热爱显克维奇，关注波兰文学与文化。"

显克维奇的代表作有通信集《旅美书简》，历史小说三部曲《火与剑》《洪流》《伏沃迪约夫斯基先生》；历史小说《十字军骑士》。显克维奇出身于贵族家庭。中学毕业后，进入华沙高等学校语文系学习，后因不满沙俄政府对学校的钳制，愤然离校。1872年起任《波兰报》记者。大学时期即开始写作，是具有民主主义和爱国主义思想的现实主义作家，素有"波兰语言大师"之称。1896年，显克维奇又完成了反映古罗马暴君尼禄的覆灭和早期基督教兴起的长篇历史小说《你往何处去》，1905年，他因这部作品荣获诺贝尔文学奖。100多年来，显克维奇的作品再版次数和印数均居波兰作家之首，并且被译成40余种外国文字，译本达2000多种。英、法等国曾掀起过"显克维奇热"。鲁迅对显克维奇推崇备至，盛赞他的小说："警拔，却又不以失望收场，有声有色，总能使读者欣然终卷。"

孙竞回顾此次《火与剑》中文有声读物的出版，十分高兴地告诉记者："显克维奇是波兰乃至世界文学史上的著名人物，今年北京国际图书节我们就与波兰签订了文化合作协议，《火与剑》是其中的重要项目之一。我们很高兴能通过这种形式让更多的中国人了解显克维奇这位伟大的波兰作家以及他笔下的这些传奇人物。现在有声读物是蓬勃向上发展的黄金时期，我希望通过这样的活动，让人们了解其作品，更多地

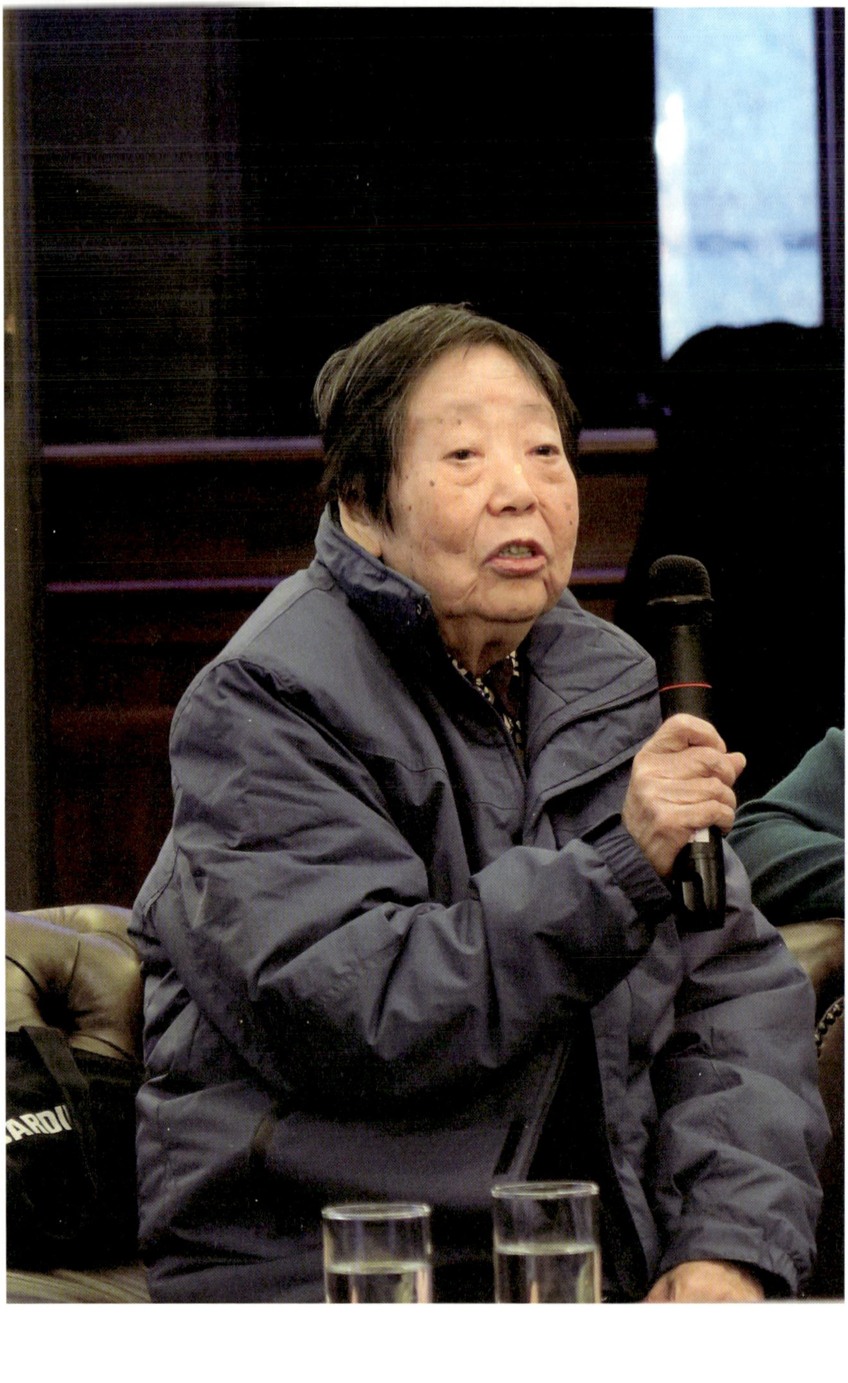

学习他的伟大精神。"

　　《火与剑》所描述的波兰历史的不幸，堪称为人类史上极其可哀的民族大悲剧，是国家兴亡史上的一幕千古奇冤。《火与剑》所塑造的"碉堡最易从内部攻破"的特洛伊木马型的赫米尔尼茨基，其多侧面地对这类奸雄的刻画，是很成功的，其认识价值极大，"因为从帝国主义者的眼睛看来，唯有他们是最要紧的奴才，有用的鹰犬，能尽殖民地人民非尽不可的任务。"赫米尔尼茨基艺术形象塑造的独特性，不妨可看作为《火与剑》对世界文学的一种绮丽的贡献。

　　作为本次活动的承办方，贝多芬协会主任安杰伊说："我们贝多芬协会连续五届在北京举办波兰文化节，都取得了非常大的成功。我们想通过波兰文化节，让更多的中国人了解波兰文化。显克维奇生活时期正是波兰最黑暗、最苦难、饱受侵略和剥削等灾难的时代。显克维奇始终是个爱国者，他确实恰如其分地如实表现了波兰人民的英勇气概。他还强调了波兰作为历史上对抗土耳其人和鞑靼人的基督教世界的堡垒所起的巨大作用。这种高度的客观性最足以证明显克维奇的思想和历史观的睿智。作为一个真正的波兰人，他肯定是不赞成卡尔·古斯塔夫入侵波兰的，然而，他却出色地描绘了这位国王的个人勇敢和瑞典军队良好的纪律和组织性。他在1905年荣获诺贝尔文学奖，我非常高兴这部史诗能在中国出版。今天这部作品的翻译，82岁的易丽君教授也出席了发布会，我感到非常高兴。这么多中国朋友喜欢波兰文学，对我们来说是莫大的欣慰。"

　　本书的译者易丽君教授在谈及自己对《火与剑》有声读物的听后感受时说道："有声读物这种形式对我来说是一种新的体验，里面的声音于我有一种遥远的亲切感，这是译者所独有的感觉。"

　　本次项目力邀中国青年演员富鹏栩对显克维奇的作品进行极富艺术张力的声音演绎；中国青年作曲家、钢琴家代博为该有声读物作曲、配乐，力求还原原著的精髓所在。

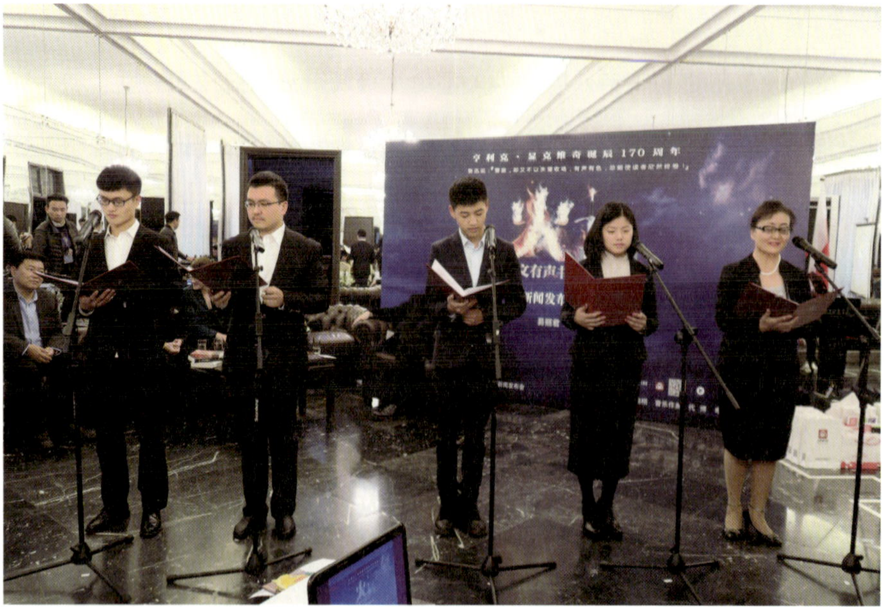
亨利克·显克维奇诞辰170周年

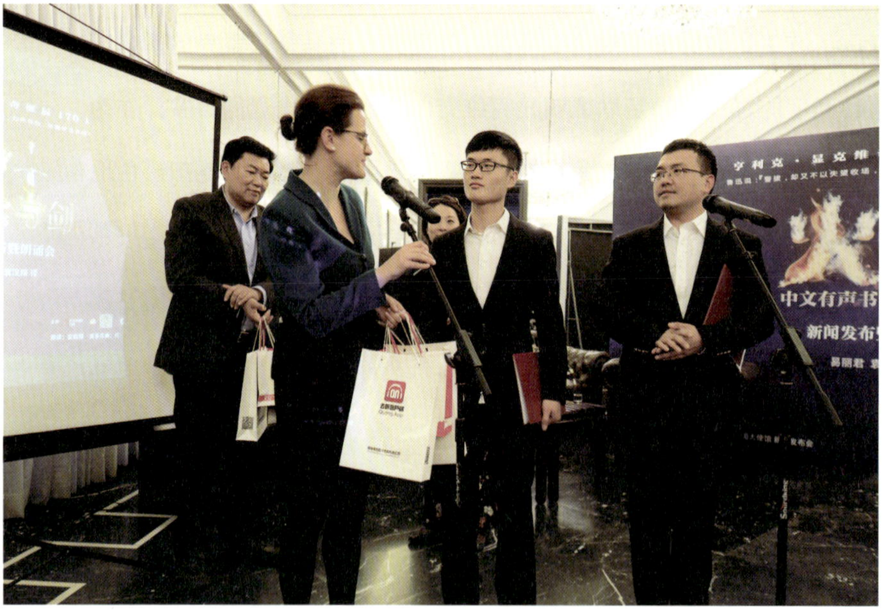
中文有声书
新闻发布

中国青年作曲家、《火与剑》有声读物背景音乐作曲代博说："我从很小的时候就对波兰文化很感兴趣，波兰经典文学也对他影响深远。这次我感到非常荣幸能够为有声读物进行配乐，我将音乐设计了三个层次，用电影的思维去创作。我看过这部小说，文中有跌宕起伏的场面及波兰人精神化的细腻描写。他生活的时代是波兰为之付出代价和从不放弃的过程。显克维奇也有对于遥远祖国文化的遥望。他的精神带给了我创作的灵感。音乐史跳跃的火花，赋予了很深的含义。我希望我的配乐能够帮助听众更好地欣赏和了解这部作品。"

文化的影响深远，亦可跨越语言的鸿沟。显克维奇的作品不仅在波兰影响深远，在世界的影响也非常之大，在中国文学界的影响力也是举足轻重的。这充分展现出其文学作品持久的精神魅力。正如鲁迅先生所说："显克维奇警拔，却又不以失望收场，有声有色，总能使读者欣然终卷。"

青年钢琴家

每年的 11 月 11 日是波兰共和国的国家独立日。今年波兰国家独立日，波兰驻华大使馆在京举办"庆祝波兰独立日"钢琴演奏会。波兰驻华大使林誉平出席活动，外交部、国防部、文化部等有关领导及中外嘉宾应邀出席。来自波兰的 24 岁年轻钢琴家卢卡斯·克鲁宾斯基（Lukasz Krupinski）为嘉宾演奏了潘德列斯基的作品《降 B 大调夜曲》、肖邦钢琴作品《升 e 小调波罗乃兹舞曲》《小调叙事曲》《降 E 大调圆舞曲》《升 F 大调船歌》《降 A 大调波罗乃兹舞曲》。

1917 年，俄国爆发了十月革命。1918 年 8 月 29 日，苏俄政府颁布法令，宣布废除沙俄与普、奥签订的关于瓜分波兰的一切条约，承认波兰人民享有"独立和统一的不可否认的权利"。12 月底，德国、奥匈帝国成立"波兰临时国务会议"，并在波兰青年中征兵，社会党人毕苏斯基被任命为临时国务会议的军政部长。1918 年 10、11 月，奥匈帝国和德国趋于崩解，从而为波兰的复国形成有利的国际条件。10 月 28 日，奥占区的波兰爱国者在克拉科夫成立"波兰清算委员会"。11 月 7 日，社会民主党人在卢布林成立了波兰共和国临时人民政府。10 月 23 日，华沙组成了波兰政府 11 月 11 日，该政府由毕苏茨基领导。卢布林政府和克拉科夫的清算委员会也宣布接受毕苏茨基领

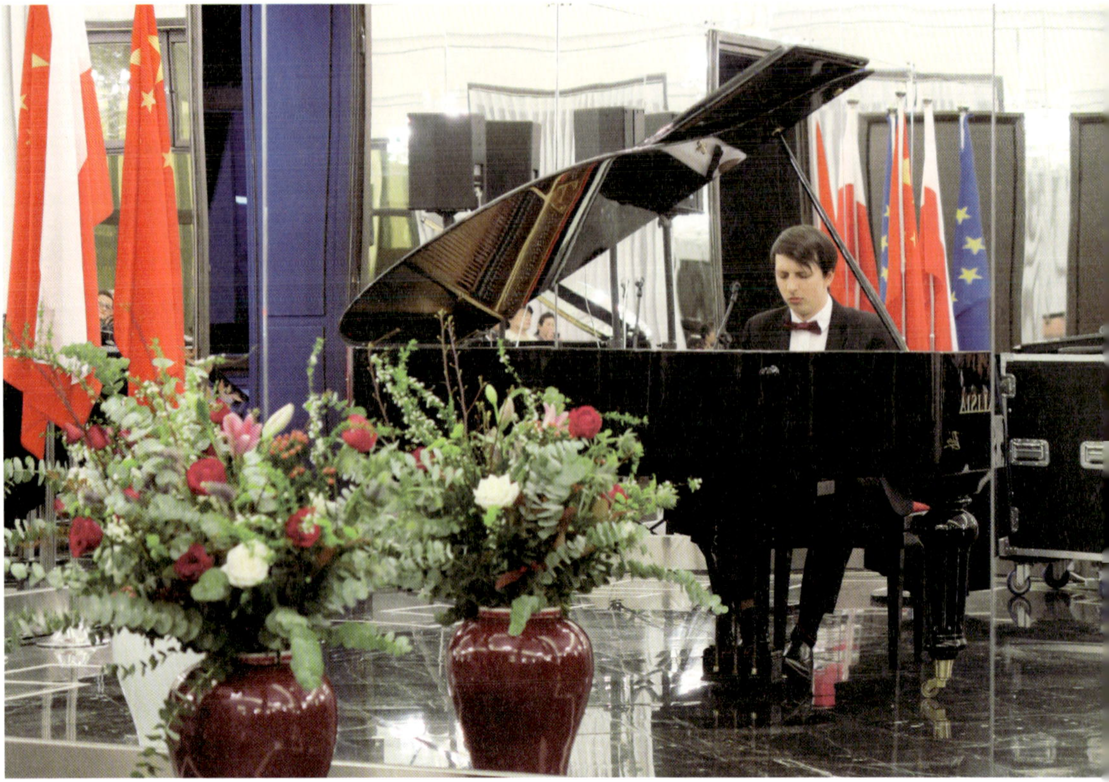

导。11月18日，毕苏茨基在华沙组成联合政府，他成为波兰共和国的国家元首。这样，自1795年波兰被瓜分灭亡以来，历经123年，至1918年11月恢复独立，重建祖国。自此，波兰将每年的11月11日定为波兰独立日。

整场庆祝演出最引人瞩目的莫过于年仅24岁的波兰钢琴家卢卡斯·克鲁宾斯基了。克鲁宾斯基是2016年9月举行的圣马力诺第7届国际钢琴比赛冠军及全部单项奖（包括乐评人奖、观众奖以及乐团奖）。早在2015年10月，他就跻身第17届肖邦国际钢琴比赛半决赛的20名最优秀的选手之列。

克鲁宾斯基在波兰、立陶宛、白俄罗斯、比利时、法国、挪威、德国、西班牙、英国、意大利、俄罗斯、中国、韩国、美国以及澳大利亚等国多次举办过音乐会。他曾经两次获得由波兰文化部与国家遗产委员会颁发的杰出艺术成就奖（2013、2014），由波兰文化部与国家遗产委员会颁发的奖学金（2015）以及克里斯蒂安·齐莫尔曼基金会奖学金（2015）。他在2016年获得了由弗雷德里克·肖邦音乐学院颁发的纪念奖章，以表彰他的艺术成就。

克鲁宾斯基1992年出生于波兰华沙。他从5岁起开始学习钢琴，此后从泽农·布尔采夫斯基中等音乐学院毕业，就读于约安娜·拉弗林诺维茨博士的钢琴班，之后在华沙肖邦音乐学院跟随阿丽西亚·帕莱塔－布加伊教授以及康拉德·斯克拉斯基博士学习。

克鲁宾斯基虽然年轻，但却是非常成功的波兰钢琴家，面对中国观众，他非常谦逊。外表有些腼腆的他，在钢琴前却铿锵有力，精彩的演出给中国观众留下了深刻的印象，从此，人们将永远记住这个伟大演奏家的名字。

紫禁城回荡着中波友谊之声

孟冬时节，皓月当空，晚风习习。

11月12日晚，在北京中山公园音乐堂举行了第五届北京波兰文化节交响音乐会。这场演出是流淌着中波友谊美妙音符的和谐之声。音乐会由三部分组成：克里斯托夫·潘德列茨基的作品《广岛受难者的挽歌》，谢尔盖·普罗科菲耶夫的《g小调第二小提琴协奏曲》和弗雷德里克·肖邦的《f小调钢琴协奏曲》。

中国爱乐乐团常任指挥兼团长助理、中央音乐学院指挥系副教授、中国青年交响乐团常任指挥夏小汤担任本场音乐会的指挥。开场前，夏小汤向观众介绍波兰著名音乐家潘德列茨基的作品《广岛受难者的挽歌》，他说："这部作品非常独特，没有节拍、没有音高，是一个非常伟大的音乐效果的作品，颠覆了我们传统对音乐的理解，52位音乐家全部采用特殊的演奏法，来模拟空袭来临时人们的尖叫等诸多战争场景。"

1981年，夏小汤生于北京，自幼学习钢琴，16岁考入中央音乐学院指挥系，师从著名指挥家俞峰教授。2002年被学校保送就读研究生，继续跟随俞峰教授学习交响乐队指挥。24岁留校任教并担任中国青年交响乐团常任指挥，其间广受赞誉。2007年，夏小汤受聘担任中国爱乐乐团助理指挥，2009年担任中国爱乐乐团驻团指挥，2012年

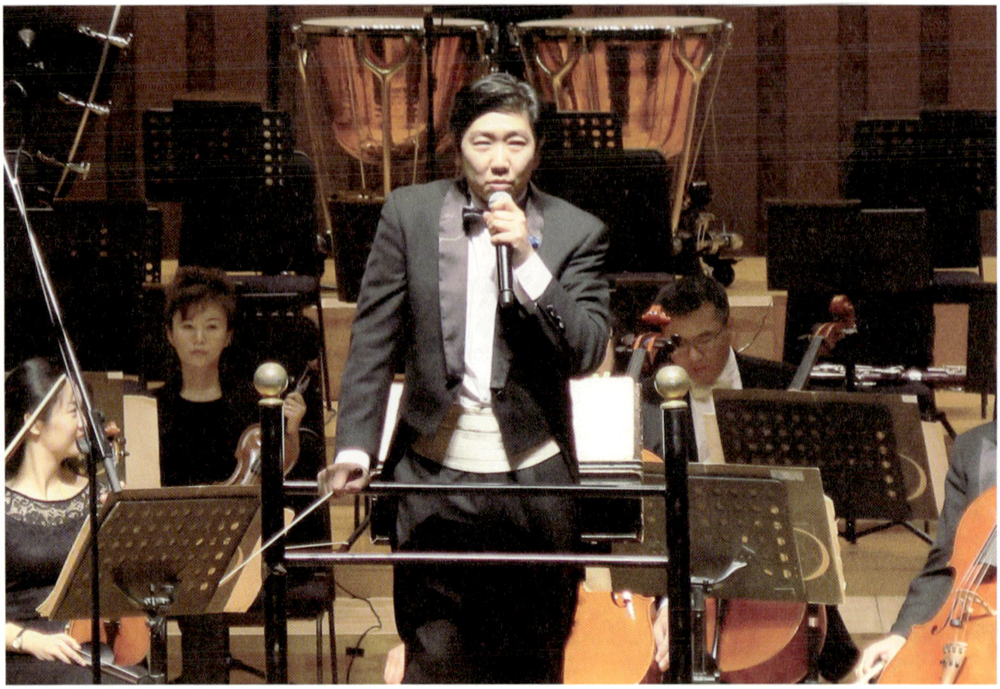

起担任中国爱乐乐团常任指挥。

　　欧洲著名作曲家、波兰人克里斯托夫·潘德列茨基的《广岛受难者的挽歌》也许是20世纪后半叶最著名的音乐作品之一，自从诞生之日起就因为其杰出的创作技法、深邃的人文精神而为人重视与喜爱。1960年，年仅27岁的波兰青年作曲家克里斯托弗·潘德列茨基为参加在波兰卡托维茨举办的作曲比赛而写下了这首音乐作品，虽然仅仅在这项赛事中获得第三名，但从此却深刻地改变了音乐史的方向。在写下这部作品之前，潘德列茨基已经是波兰音乐界人人都在讨论的青年音乐家了：1959年在波兰作曲家联盟青年作曲比赛上，年仅26岁的潘德列茨基递交的3部作品包揽了前三名。

　　《广岛受难者的挽歌》是声音主义手法的典型代表，它力求用声音的色彩与材质来构建叙事，使用的却是非传统的发声方法所产生的"建材"。在这首作品里，52件弦乐器在高音区的嘶吼声贯穿于整部作品，尖锐的滑音勾画出异常恐怖的情景；而除了这种爆发式的声音外，听众还能从中听到哀伤的哭泣与祈祷，这是用声音本身而非旋律所构建出的异常真实的人间地狱。《广岛受难者的挽歌》是声音主义的手法从萌芽走向成熟的转折点，甚至可以被认为是现代音乐与当代音乐的分水岭，但即便抛开这些音乐史上的论断不提，仅仅是这部音乐作品本身带给人们的思索就已经足够让它被永远铭记。

　　当晚，听众还欣赏到中国年轻的小提琴家高参对谢尔盖·普罗科菲耶夫（Siergiej Prokofjew）《g小调第二小提琴协奏曲》的精彩演绎。担任首席小提琴的高参是近年来涌现在国际乐坛的最耀眼的新星之一，在由来自全世界的青年才俊组成的瑞士韦尔比耶节日乐团里担任乐队首席之职。

　　已故中国小提琴教育泰斗林耀基曾经这样评价高参："他是一位少有的天才，演奏丰富而又有色彩，技巧完美，音乐表现完美；他日后必将为中国乃至世界的小提琴事业作出巨大的贡献。"

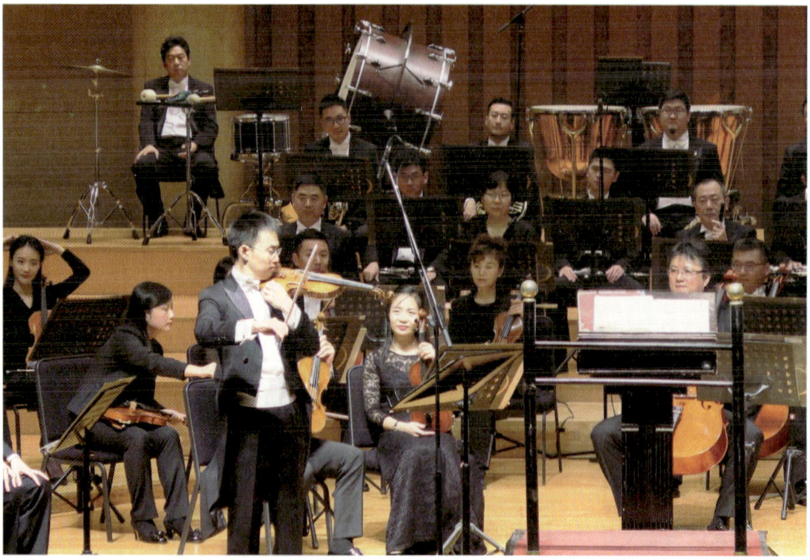

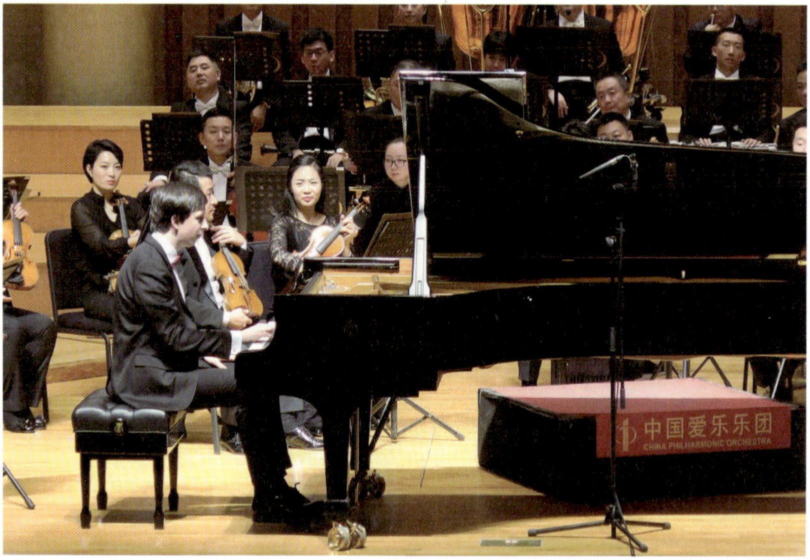
中国爱乐乐团
CHINA PHILHARMONIC ORCHESTRA

高参作为独奏家、室内乐演奏家以及乐队演奏家，成就令人瞩目，2008年获得那不勒斯国际小提琴大赛银奖、2009年获得美国艾玛·霍格国际青年艺术家大赛小提琴最高奖。在2010年最富盛名的瑞士维尔比耶音乐节上，高参与大提琴大师麦斯基、中提琴大师巴什梅特共同演奏了理查德·施特劳斯的《堂·吉诃德》交响组曲，由指挥大师夏尔·迪图瓦执棒，这场由古典音乐传媒巨头Medici.tv向全欧洲现场直播的音乐会，让世界音乐界开始认识到这位来自中国，并越来越活跃在国际主流音乐舞台上的青年小提琴家。2015年3月，他应邀在博鳌亚洲论坛闭幕式上为中国国家领导人和17国元首，以及上千名中外政商领袖嘉宾演出，并使用1727年"杜庞将军·格律米欧"斯特拉迪瓦里名琴。这把天价名琴是中国企业家收藏的第一把大陆的斯特拉迪瓦里，也是唯一被美国宇航局记录声音在太空播放的小提琴。

来自波兰的青年钢琴家乌卡什·克鲁宾斯基（Lukasz Krupinski）压轴演奏了肖邦的名曲《f小调钢琴协奏曲》，并在观众的热情鼓掌下返场两次。2016年9月，乌卡什·克鲁宾斯基在第七届圣马力诺国际钢琴比赛中荣获一等奖，并获得了比赛的所有特别奖，包括：观众奖、音乐评论家奖及管弦乐队奖。同月，作为唯一一位波兰音乐家，他一路过关斩将最终赢得2017年8月在意大利博尔扎诺举办的费鲁乔·布索尼国际钢琴大赛的总决赛入场券。这是24岁的他第二次在中国演出，首次来北京演奏，在接受记者采访时，乌卡什·克鲁宾斯基说："这是他第一次与中国乐团合作，合作非常愉快，希望以后还有机会与中国乐团合作。"

正如乐评人所言，这是一次年轻才华的充分展示，是生于20世纪最后一个十年的艺术家们走向世界舞台的乐坛盛事，同时也将再次印证中波两国间跨文化对话的不断深化和活跃。中国对波兰的兴趣已不仅局限于肖邦，当代波兰作曲家亦将作为中国乐坛的永恒部分，被中国乐迷铭记。

回顾与展望

冬日的北京，寒气袭人。北京外国语大学图书馆三层学术研讨厅却气氛热烈、春意融融。一首象征着中波友谊，半个多世纪来两国间友好交往、情深意长的波兰民歌《小杜鹃》及波兰家喻户晓的歌曲《我们18岁》的优美旋律，身着白衬衣黑裙子的北外波兰语系的学生们，以充满中波友谊之情、活泼欢快的歌声，拉开了由北京外国语大学（北外）波兰研究中心与波兰驻华使馆文化处共同举办的"中波关系回顾与展望国际研讨会"的序幕。

北外副校长闫国华、波兰驻华大使林誉平（Miroslaw Gajewski）、外交部欧洲司参赞、中国—中东欧合作秘书处副秘书长王文刚等嘉宾，出席了12月16日在北京外国语大学举行的"中波关系回顾与展望国际研讨会"。会议由北京外国语大学欧洲语言文化学院院长、北外中东欧研究中心副主任、北外波兰研究中心主任、中国波兰友好协会副会长赵刚教授主持。

闫国华在致辞中介绍，2011年12月20日，时任波兰总统布罗尼斯瓦夫·科莫罗夫斯基（Bronislaw Komorowki）为北外波兰研究中心揭牌，为北外的波兰研究开启了全新的篇章。波兰研究中心的成立，正是为适应中波关系的最新发展，发挥语言优势，拓宽研究领域，着力将其打造成为服务国家外交战略的智库型研究机构。值此波兰研究中心创办五周年之际，为进一步发挥北外波兰研究中心作为高校研究机构和智库的作用举办此次研讨会。我们相信，在中国"一带一路"构想和中国—中东欧合作"16+1"机制飞速发展的大背景下，中波关系将有着辉煌灿烂的未来。

波兰共和国驻华大使林誉平说，今天，我们相聚在北京，回顾波中关系的发展历程，畅叙友谊，共话发展。多年来，北京外国语大学培养了一大批的高素质的波语人才，为中波两国外交事业及中波关系的发展做出了重要贡献。北外是中国最早开设波兰语专业的高校，2011年，北外又成立了中国首个波兰研究中心。相信此次研讨会将会聚集越来越多了解波兰、喜爱波兰、致力于加强中波合作的人士。

王文刚表示，在中波关系发展历程中，北外始终是重要的参与者。在七十余年的办学历程中，北外先后为国家培养了一大批高素质涉外人才，其中不少人都有过对波工作经历，在不同岗位、不同领域为推动中波经贸合作、加强中波文化交流、深化两国人民互相了解而不懈努力，为不同时期的中波关系发展做出了积极贡献。

北外波兰研究中心成立于2011年12月，时任波兰总统布罗尼斯瓦夫·科莫罗夫斯基与中国国家教育部郝平副部长共同为研究中心揭牌。会议以北外波兰研究中心成立五周年为契机，邀请来自中波两国政治、外交、经济、文化界的专家学者参会。研讨会上，16位来自中波两国的专家学者就中波交往历史探源、杨·索别斯基三世写给康熙皇帝的信新解读、面向东方的丝路大门、中波文化交流史评析、文化—中波友谊的桥梁、教育—实现全面双边合作的条件、中波教育合作、当代波兰对中国的认识—教育与文化、西里西亚大学波兰学与远东地区波兰语专业的合作、创办格但斯克大学中文系和孔子学院—与中国合作的良机、中波全面战略伙伴关系的内涵与展望、波兰的国际地位与中波关系、波兰在"一带一路"及"16+1"合作中的作用以及中波关系中的人文交流等议题进行了深入而热烈的研讨。

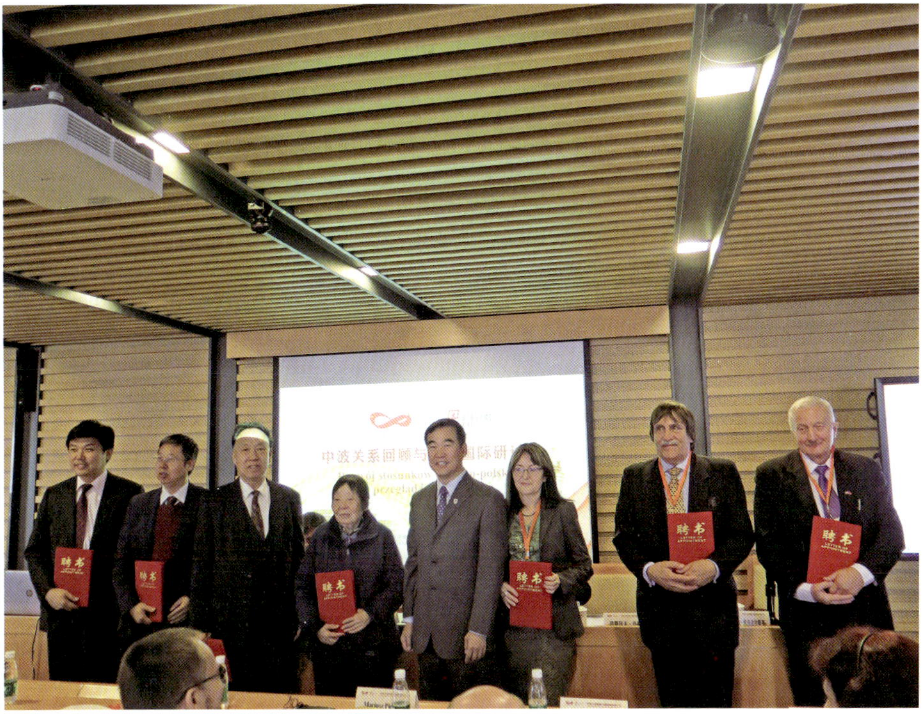
聘书

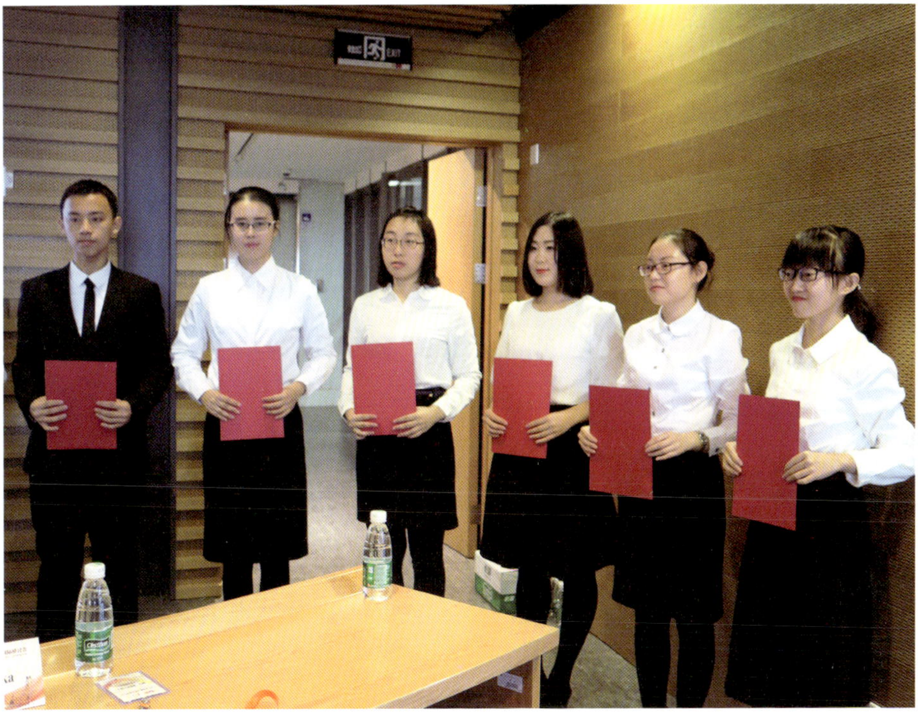

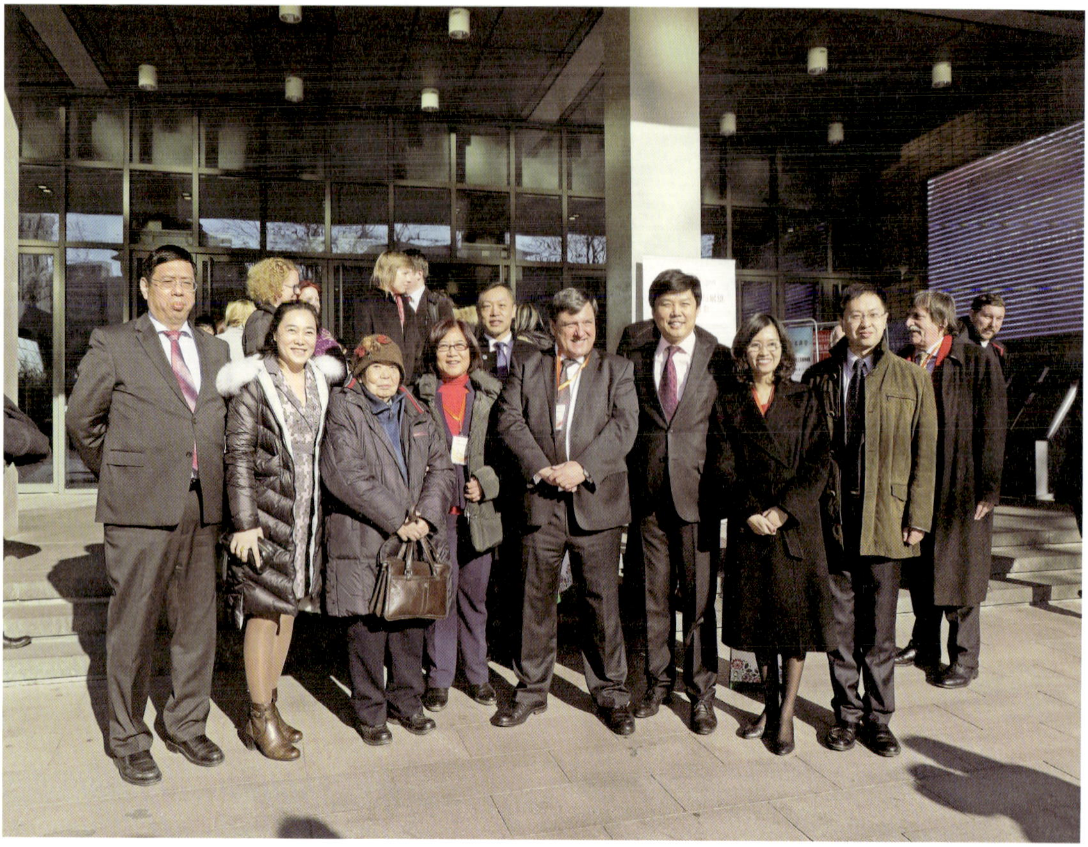

会议期间，波兰格但斯克大学、雅盖隆大学、罗兹大学和西里西亚大学共同签署了《关于参与共建北外波兰研究中心的合作备忘录》。与会嘉宾还参观了"北外波兰研究中心成立五周年纪念展"。

中国波兰研究中心成立五年来，伴随着中波关系的不断发展，2015年11月，波兰总统安杰伊·杜达对中国进行国事访问；今年6月，中国国家主席习近平对波兰进行国事访问，双方一致同意将两国关系提升为全面战略合作伙伴关系。为中波关系的发展注入新的活力，带来新的契机。中波关系正面临着前所未有的发展机遇。双方在政治、经贸、文化、教育各领域的交流与合作不断深化，这些为中国的波兰语人才培养和波兰研究工作，创造了良好的契机。北外波兰中心一直致力于加强对波兰的全方位研究，为中波关系发展提供学术支持，大力推广波兰文化，取得一系列重要成果。

文化——中波友谊的桥梁

文化交流是世界文化进步的一个重要主组成部分，也是推动文化全球化和文化多样性的内在需求。早在春秋战国时期，中国就开启了文化交流的进程，随着时代的发展，这种交流日益增强，最终成为中华文化博大精深、源远流长的一部分。而在今天，随着全球经济一体化步伐的加快，文化软实力在国际竞争舞台上凸显魅力。因此，加强中外文化交流，在中国现代化建设的进程中，显得尤为重要。

在波兰研究中心成立五周年之际，由北京外国语大学波兰研究中心与波兰驻大华使馆文化处共同举办了"中波关系回顾与展望国际研讨会"，我有幸在这里与中波两国政治、外交、经济、文化界的专家学者畅叙一堂，共话中波友谊，感到非常高兴。

随着中波关系的不断深入发展，中波两国人民的友谊不断加深，加强中波两国间的文化交流势在必行。文化，是增进中波两国人民的友谊、传递感情、沟通心灵、启迪思想的无可替代的一座重要桥梁。

中国古代最伟大的思想家、教育家孔子说过："三人行，必有我师焉。择其善者而从之，其不善者而改之。"就是说三人行必有我师，可以学习他们身上的善，并以他们身上的不善为鉴，改正自己的不善。在我看来，国家也一样，无论大小，都有令人震撼的人文奇观和文化魅力。如果我们能像汉唐等历史上鼎盛时期那样，善于观察、学习和借鉴别国的长处，包容、吸取优秀的文化精髓，我们中华民族五千年的文明，不但能够得以传承，还会不断创造出新的文明和奇迹。

在我的眼中，波兰不是一个大国，却是一个文化强国。一个曾经满目疮痍，先后三次被瓜分，在地球上消失了整整123年的国度，如今又屹立在世界民族之林；一个在风云多变、纷繁复杂的世界经济背景下，在26个欧盟成员国中，既无外债又无内债，GDP以3.65%的速度增长，这就是波兰。是什么支撑着这个国家重新站立起来？在我看来，这一切都来自文化的力量。

上帝赐给波兰人一块宝地，北部濒临波罗的海，南部有苏台德山脉和喀尔巴阡山脉。森林、湖泊、丘陵、河流……一年四季如诗如画，春夏秋冬绚丽多彩。在这片土地上，一条玉带般优雅美丽的波兰母亲河——维斯瓦河，波光粼粼，蜿蜒流淌，它是波兰文明的摇篮。波兰地处欧洲心脏的位置，融合了优秀文化的精粹。这些多元文化来自东西南北，在与宗教、语言、习性等各不相同的民族交往融合中，渗透在波兰民族的血脉中，形成独具特色的波兰文化。

波兰人杰地灵，精英辈出。正是这独特璀璨文化的代代相传，才使得波兰的国土失而复得，才使得波兰人民找回了失去的自由与尊严。三个波兰人改变了世界。如果不是波兰天文学家尼古拉·哥白尼（Kopernik）及他的"天体运行论"，近代欧洲也许还要在"地心说"理论中徘徊更长的时间，如今，许多学校、天文台、空间探索器，甚至月球、火星上，都以"哥白尼"命名，他在天文学史上的地位不言而喻。

弗雷德里克·肖邦（Fryderyk Chopin）是19世纪最伟大的音乐家，这位波兰人让全世界从他优秀的音乐作品中认识自己的祖国，肖邦音乐跨越时空，200多年来，经久不衰，世界共鸣。

玛丽亚·居里（Sklodowska-Curie）是全世界最杰出的科学家之一，她在世界

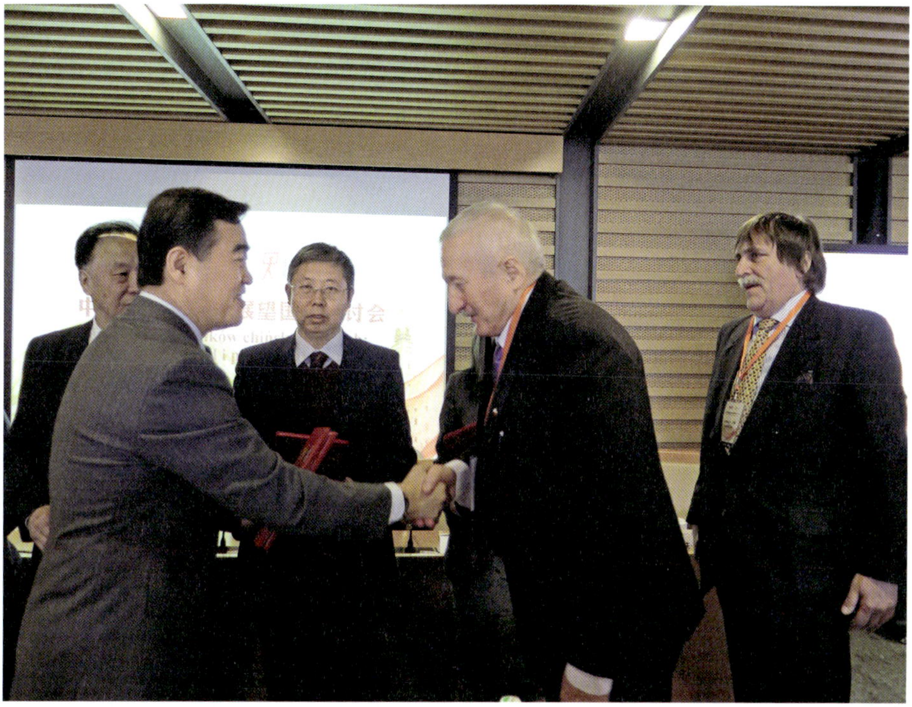

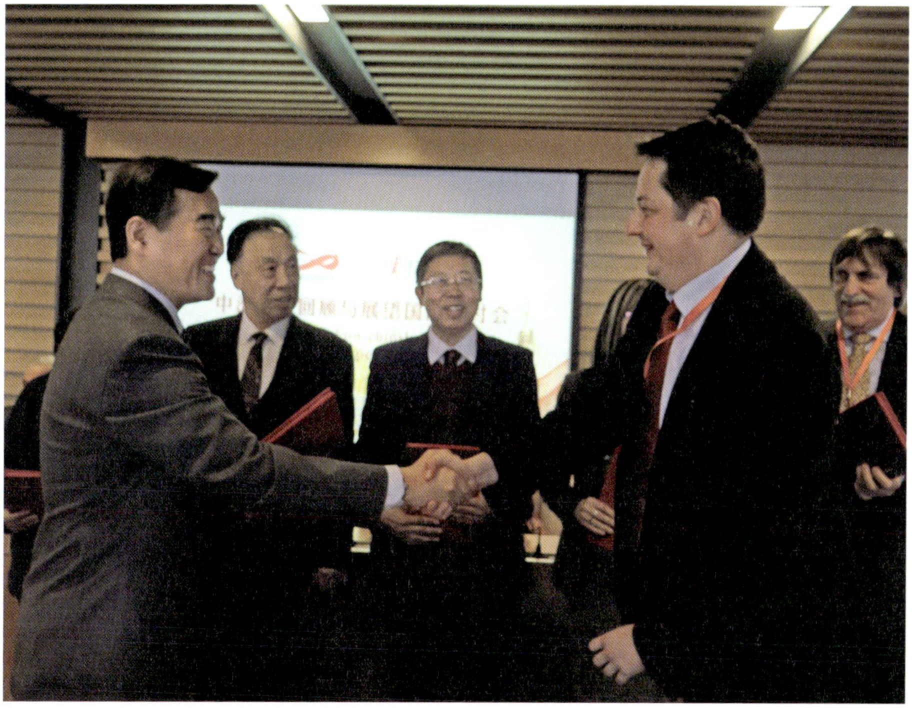

济斯瓦夫·马赫　　　　　　　尤瑟夫·伏沃达尔斯基

上发现并成功分离第一批放射性元素——镭和钋，钋的命名就是居里夫人为纪念自己的祖国而取。她是世界上第一位荣获诺贝尔奖的女性，也是唯一一位在物理、化学两个不同学科领域、两次获得诺贝尔奖的著名科学家，她的美丽跨越百年。三位波兰精英为人类做出了杰出贡献，因而名垂千古、流芳百世。

如今，许多世界之最的辉煌都闪耀着波兰文化之光。当你走进波兰，都会在大大小小的博物馆里找寻到文明的足迹。而一次次的灾难蹂躏着波兰的国土，伟大的波兰人民凭着百折不挠的精神气节，内涵深厚的文化底蕴，战后恢复建设，重振波兰经济，使之在遭受残暴和野蛮的战争屠杀之后迅速崛起，保持着镇定而向上的高贵，这些也是波兰文化的精神瑰宝。

二战中，波兰首都华沙，是在法西斯铁蹄下遭受蹂躏最灾难深重的城市，战争让它成为一片废墟。战后有人说，华沙100年之内都不可能站起来，但波兰人民决心重建华沙老城，找回凝聚民族精神的家园。奇迹终于出现：这座结束了战争蹂躏的华沙古城，被列为世界文化遗产。如今它把历史和辉煌交给了整个世界。而这样的非凡奇迹只是波兰人创造的。此时，我再一次不得不由衷地钦佩这个民族，由此而心生敬畏。

我多次去过波兰，对波兰的历史、文化、政治、经济十分关注。波兰文化蕴藏着包容内敛、典雅蕴藉、百折不挠、坚韧不拔的精神特质，融入每一个波兰人的血脉中……一个民族的历史，凝结着一种独特的文化，而文化就是这个民族的精神脊梁，就是这个国家精神和智慧的源泉。一位人类学家曾经说过，文化就像一束束鲜花，每一束花的组合都不尽相同，用于赠送他人或表达自己心意。

在我看来，文化不是一个标语，几句口号，更不是热热闹闹的形式和轰轰烈烈的运动。文化，是数千年来潜移默化、细水长流的传承与坚守，是一代代人精神特质和民族气节的传递与延续。文化，是一个民族的血液，它耳濡目染、循序渐进地影响着一代代人，为这个国家的人民提供最丰美的精神食粮，用最新鲜的精神养分滋养和哺育着他们，让他们有敏锐的思想、丰富的知识、良好的素养和崇高的境界。有了文化，国家才有一切。

文化，是架起中波友谊的桥梁；文化，也许它就体现在每个公民的一言一行，一举一动之中；也许它就是一部电影、一首乐曲、一行诗歌、一部小说……"随风潜入夜，润物细无声"。

记得，那是2005年丹桂飘香的金秋时节，在杭州召开的"全球多元文化论坛"上，坐在我身边的一位白皮肤、高鼻子、褐色眼睛的青年人，他彬彬有礼，帅气十足。他边认真听论坛发言，边熟练地用中文记笔记，当时很是让我大吃一惊。后来当听到他开口说汉语时，说着一口流利的普通话还带着北京味儿，这又一次让我吃了一惊。在他上中学时，他对亚洲哲学，尤其是对中国文化非常感兴趣，他对中国这么一个有着5000多年悠久历史的国度的一切产生了好奇和好感。

这位当时才十几岁的波兰中学生，在课余时间，他爱看中国书籍、电影，听神话、寓言故事，还喜欢中国的音乐和京剧，从中受到中国文化的很大影响。上高中时，在他头脑中一个志向和目标越来越清晰了：我要做一名汉学家。在他心里，中国是一个文明古国、文化大国，随着它日益强大，国际地位日益提高，经济也会快速发展，学习汉语的人会越来越多。因此，他想："我要学习汉语，将来为推动波中友谊、经济发展、文化交流做点事情，一定很有意思。"几年以后，他终于如愿以偿，来到中国一所大学学习汉语，他刻苦学习，深深爱上了李白、杜甫、白居易等中国文坛上的才子诗人，打下了扎实的汉语基础。他的进步很快，不久便可以说一口非常流利的汉语，交流自如。学校的老师、同学都非常喜欢这位来自波兰华沙的优秀学生。正是这位当年憧憬中国、热爱汉语的波兰年轻人，如今已经成长为一名优秀的外交官，他一直在为增进中波友谊、文化交流添砖加瓦。他就是现任波兰共和国外交部亚太司司长的帕维乌·米莱夫斯基（Pawet Milewski）先生。

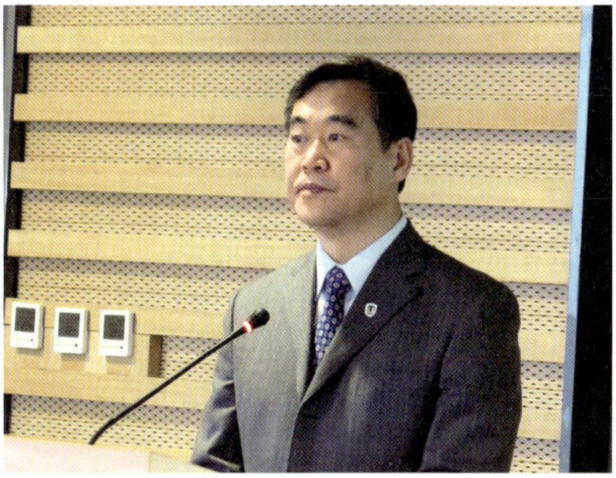
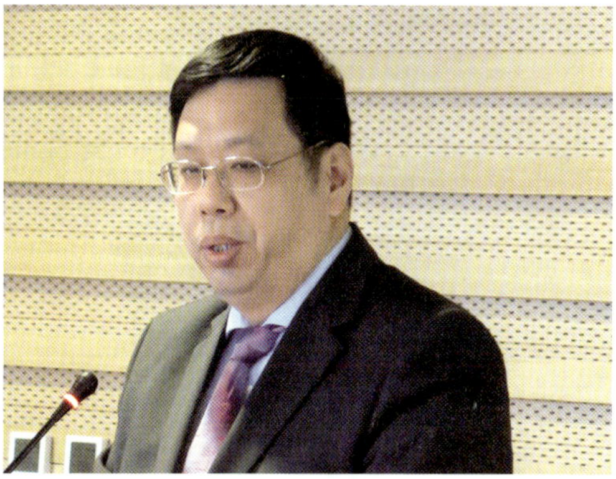
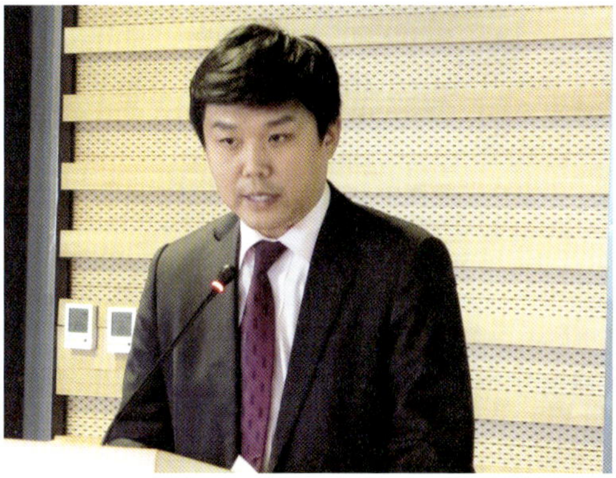
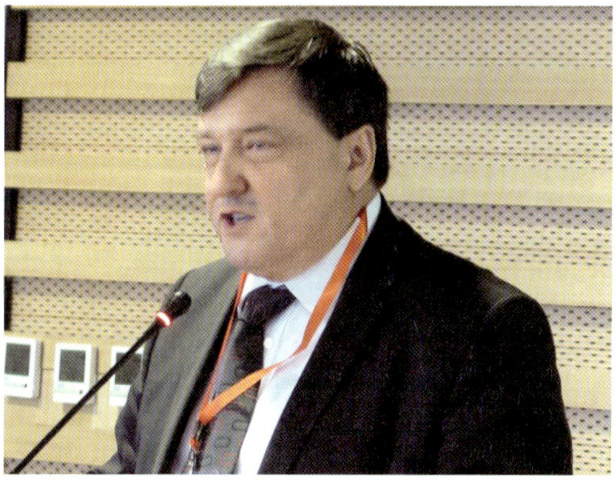

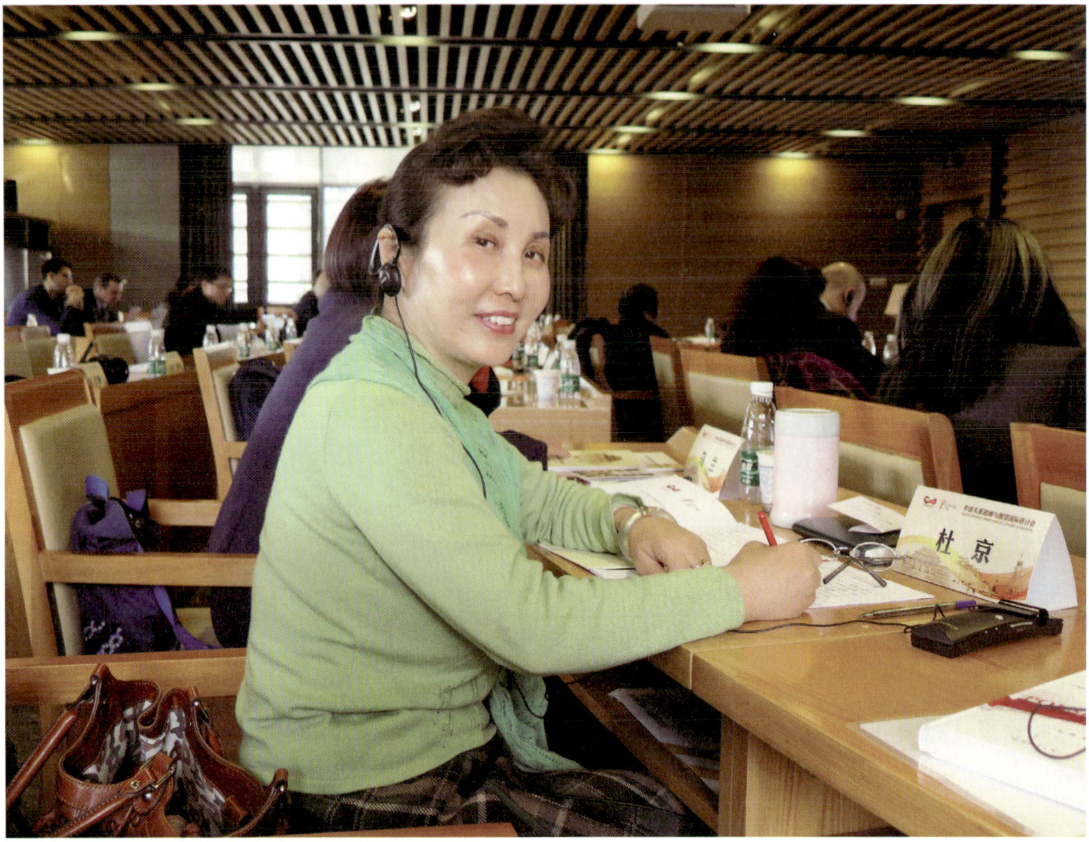
杜 京

就我自己而言，最初知道华沙是因为父母所在的军队中配有华沙和伏尔加牌的轿车，我记得小时候还坐过。所以，"华沙"给我留下的印象很深，那时我以为华沙就是汽车，父亲告诉我华沙是一座城市。我问父亲："华沙在哪里？"父亲回答："华沙是波兰的首都。"我又穷追不舍地问："波兰是什么地方？"在我童年的时代，家里有一台留声机，它成为我最初的音乐老师。母亲虽然是一名军医，但非常喜欢音乐，经常买一些唱片让我听，令我着迷，津津有味。音乐是那么美妙，时而欢乐、时而庄严、时而轻快、时而深沉。听完后，我问母亲："这是什么曲子，是哪个国家、哪个人写的？"我守着留声机听老式黑胶唱片在闪闪地旋转，心里开始想象肖邦、华沙、波兰。后来唯一引领我想象波兰的人是——肖邦，还有他的《A大调－军队波罗乃兹》《C小调练习曲－革命》《降A大调－英雄波罗乃兹》《降D大调 前奏曲－雨滴》《玛祖卡圆舞曲》……30多年后一个阳光明媚的上午，我终于来到肖邦的故居。我怀着朝圣的心情，轻轻走进那令人感到亲切温馨的白色小屋，这里就是肖邦的故居——热拉佐瓦·瓦拉庄园。

风度翩翩的年轻钢琴家，平静地坐在钢琴前，淡定从容，指尖轻轻触动琴键，在一曲《C小调夜曲 Op．posth》(1830) 优美的琴声中拉开了《致肖邦》音乐会的序幕。琴声起，大屏幕上云卷翻滚，一幅幅精美的画面映入眼帘，耳边聆听着肖邦的音乐。眼前，耶日·杜达－格拉茨的《致肖邦》系列作品，把我和身边的听众朋友带到远方的波兰，带到美丽的华沙，带到肖邦的故乡。湛蓝的天空白云朵朵，绿色的原野，芬芳的花朵。在高大的树荫下，一幢波兰式建筑小屋，微风和煦，白色的窗纱轻轻随风起舞，在肖邦诞生和居住过的小屋里，一架黑色钢琴的键盘中，流淌出这位天才音乐家把自己的生活和音乐的经历放在意识深处的琴声，通过音乐作品表达思想，彰显出他爱国主义的精神气质。

我第一次出访波兰，是在2006年，正是因为波兰的音乐、文学、电影、戏剧、绘画、美食深深吸引了我，波兰丰富多彩的文化深深感染了我。令我对波兰文化情有独钟，而刚才我提到的那位波兰友人又对中国文化由颇感兴趣到非常热爱，正是这样从一个故事、一支曲子、一部电影、一首诗歌、一幅绘画、一本书籍的相互的文化交流，到中国与波兰，人与人之间彼此了解，真诚互信。在这十年的时间里，我先后多次去过波兰，并撰写了两本介绍波兰历史文化、人文风情的书《我，文化 波兰》和《琥珀色的格但斯克》，我愿意将我的所见所闻、所感所悟通过自己笔尖中流淌出来的文字、镜头里拍摄下来的照片传递给更多的中国人，希望能把我眼中的波兰和点滴感受与中国的读者分享，为波兰打开一扇小小的窗户，让读者看到它的人物与风景，看到它的文化与风貌。

许多中国读者读过我写的两本关于波兰的书，都情不自禁地爱上波兰，他们说一定要去波兰走一走，看一看；凡是去过波兰的朋友，都非常爱波兰文化。就在最近几年，波兰的文化推广在中国风生水起，这也让中国观众透过波兰的音乐、电影、文学、戏剧、美食等，了解、认识并走进波兰。近年来，随着中波关系的不断发展，中波友谊的日益加深，文化交流书写了中波人文交流史上流光溢彩的诗篇，结出了丰硕的果实，足以印证：文化是沟通人们心灵的纽带，文化是增进中波友谊的桥梁。

透过格但斯克看波兰文化

北京，一个迷人的初秋午后，读者作者相聚一堂，分享阅读快乐时光，对我来说，真是一段非常惬意的美好时光。

8月27日是个恬静的周末。应首都图书馆的邀请，我来到这里与北京读者一道分享我新近出版的一部关于波兰文化的专著《琥珀色的格但斯克》，这是我撰写的第二本关于波兰的作品。2012年金秋时节，我撰写的第一本关于波兰文化的书籍《我，文化波兰》出版了。该书对波兰的历史、文化作了宏观概览，赢得了广泛好评。此次由中国书籍出版社出版的第二本波兰文化专著《琥珀色的格但斯克》，则深入波兰腹地，描述了波兰重要城市格但斯克的美丽景致和多彩风情，让中国读者得以近距离感受当代波兰人的生活热情和精神追求。我热爱波兰文化，钟情于波罗的海之滨的美丽城市——琥珀色的格但斯克。近几年，我三次造访格但斯克市，并为这座城市所倾倒。正是由于这样的热爱，使得《琥珀色的格但斯克》一书得以诞生。这是第一部以中文撰写、以如此多的篇幅介绍格但斯克及滨海地区历史、文化、教育、艺术、经济、旅游等各方面情况的书籍，是中文版的格但斯克市及滨海地区"浮世绘"。全书内容丰富、图文并茂。30余万字的篇幅，400幅照片，以鲜活生动的画面和优美流畅的文字，在述说历史的同时，描绘当代，展望未来，给读者带来美妙的阅读体验。

首都图书馆在此之前就发布了海报宣传画和"这个周末，请一起来听讲座"的预告。副馆长李冠南、工作人员李凌霄、朱亮等为此做了大量的前期准备工作。李凌霄告诉我，在这个周末，许多读者早早地来到首都图书馆一楼多功能厅，聆听"首图讲座"，期待着与作者分享她的创作体会、讲述书中的故事和感受波兰文化。

"首图讲座"开场时，我向首都图书馆赠送了我撰写的两部波兰文化的专著《我，文化波兰》《琥珀色的格但斯克》，首都图书馆向我颁发了"荣誉证书"，感谢我的赠品丰富了首都图书馆的馆藏，为读者提供了新的知识和信息。

一楼的多功能厅坐满了热情的读者，我与他们共同探讨了阅读的话题。生活中，我常常会有些遗憾，许多时候，文学艺术的东西呈现在我们的面前时，有些人往往比较麻木漠然，这种漠然让人感觉很不舒服。当聊到一些重要的作品时，他们的反应却是"从未听说"；谈到一些非常重要的作家时，他们依然"无动于衷"。当我来到格但斯克，漫步在历史文化的长廊中，却感受到了一种浓郁的文化氛围和优雅的艺术气息，于是我在思考，反观自身。感到在我们周围，一种浮躁的无力感、缺乏信仰的空虚感，严重地影响了我们的生活品质，理由很简单，我们的生命和人类历史上最高贵的生命是息息相关的。我们不仅会吃饭、睡觉，还会使用智能手机、驾驶汽车、飞机，甚至宇宙飞船这样的高等行为……但这些并不是我们生命延续的全部意义。人的生命还应该积累一些美丽和高贵的遗产，并将其不断提升和传承下去，这也是我们，不分国籍种族的人类，与仍然处于懵懂时期的动物的最大区别，是人类的可贵和高贵之处。我对读者朋友们说，今天来到首都图书馆，我们可以交流探讨心得体会及阅读话题。比如，人们为什么会喜欢这本书，不喜欢那本书呢？为什么他和我喜欢不一样，理由是人们的心理结构不一样。人们总是在寻找同构关系，你在茫茫大海中要寻找到一个属于你的风帆，你要在茫茫人海中寻找到那个高贵的自己。这是我们不断阅读、不断体

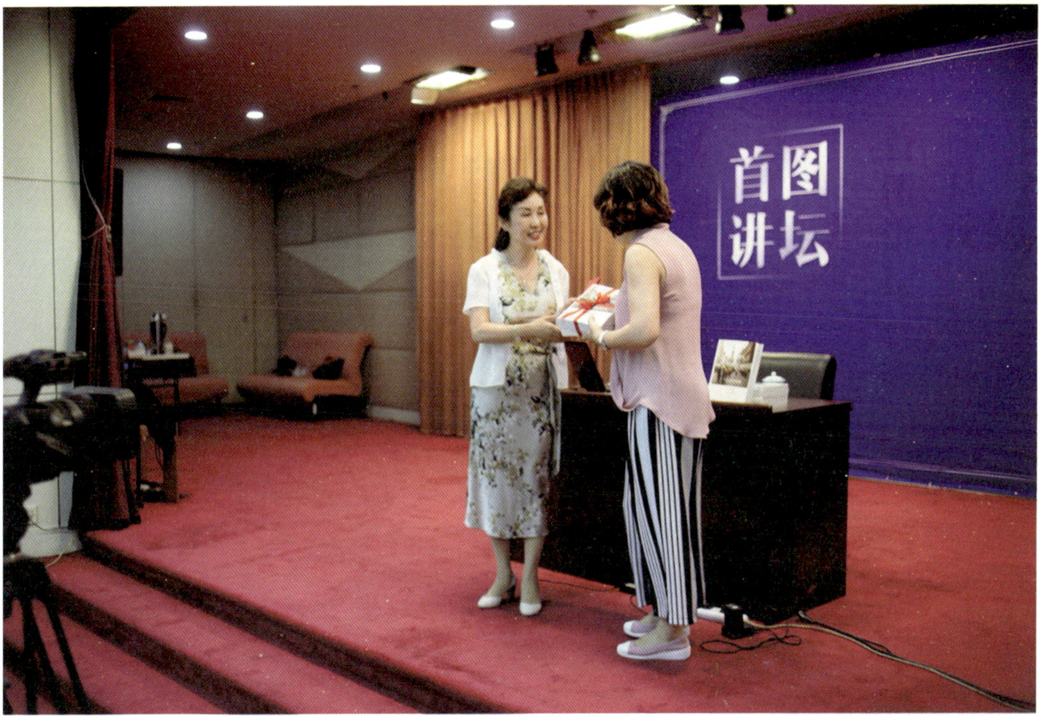
首图
讲坛

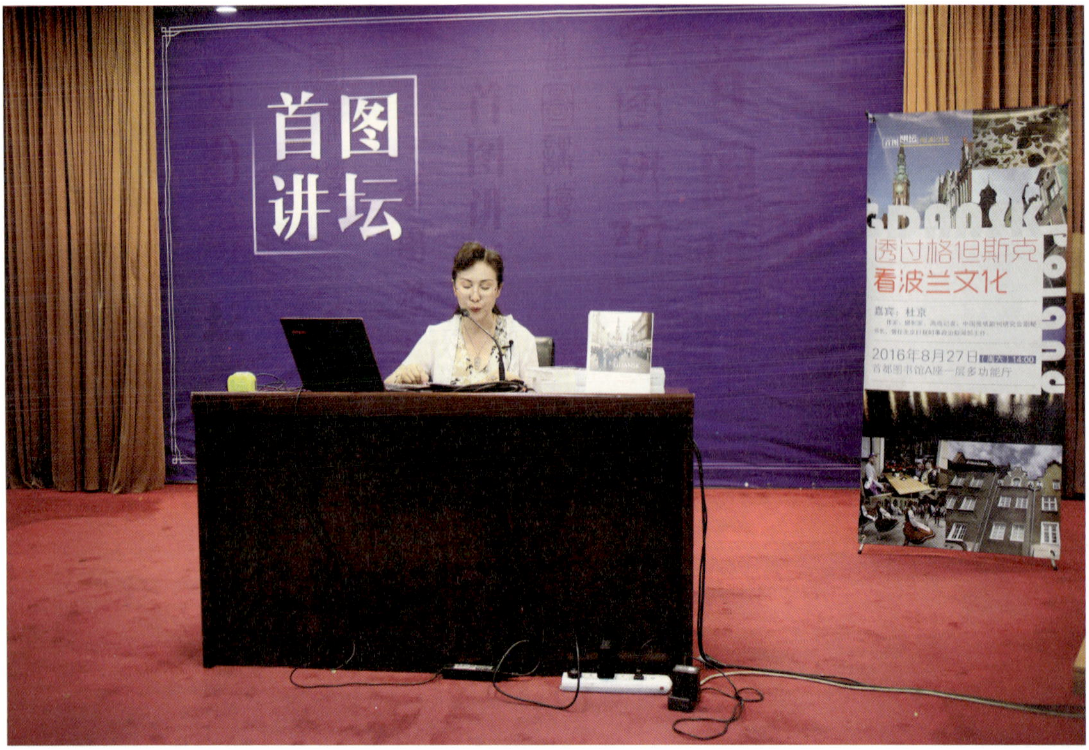
首图
讲坛
透过格但斯克
看波兰文化
嘉宾：杜京
2016年8月27日
首都图书馆A座一层多功能厅

验、不断探索的意义所在。所以今天，我要与大家分享我的新书《琥珀色的格但斯克》，通过对格但斯克这座城市的感受认识，了解波兰文化，与大家分享一种寻找、一种自醒、一种对待生活的态度。"

我在向读者讲述创作经历时，畅谈了自己成长中与书相伴，喜欢阅读，善于发现世界上真善美的好奇心，分享了自己独特的内心体验。我说，世界上有一种鸟是关不住的，因为它的每一片羽毛都沾满了太阳的光辉，使灵魂深处拥有一片自由的天空。我就是想做这只鸟，所以，我从小就有个梦想——读万卷书，行万里路；我最喜欢的生活方式——一半时间在路上，一半时间在书房。随着年龄的增长，通过不断的学习努力，及本人所从事的工作关系，我有很多出国考察访问的机会。每到一个地方，我会特别留心地去观察，与已知的世界进行对比性的思考，所以，我写的几本书，如《跨越过节的芬芳》《地球上的银飘带》《东方多瑙河》，大多反映的是漫步在世界各地，边走边看的感悟，希望通过我的眼睛，带大家一同领略不同的文化，分享生命的绮丽。

在我与读者朋友们的交谈中，毫不掩饰地将写书与出书的纯粹目的向读者们敞怀。记得，当时我这样说："当然，我不是单纯为了写书而写书，而是像古罗马著名的哲学家西塞罗所说的那样：一个人飞上天空，他看到了星辰，但是他不会得到真正的快乐，他必须返回人间，与人们分享，这样，他才能真正地享受这份快乐。所以，我写作的快乐是为了能与读者一同分享，一同行走世界、一同看世界，感受不同的文化，再与中国文化做对比、反思和提升。中国有句古话'三人行必有我师'，国家也一样，无论大小，都有令人震撼的人文奇观和文化魅力。如果我们能像汉唐等历史上鼎盛时期那样，善于观察、学习和借鉴别国的长处，包容、吸取优秀的文化精髓，我们中华民族五千年的文明，不但能够得以传承，还会不断创造出新的文明和奇迹。"

《琥珀色的格但斯克》一书的字里行间，饱含着我本人对格但斯克这座城市的真

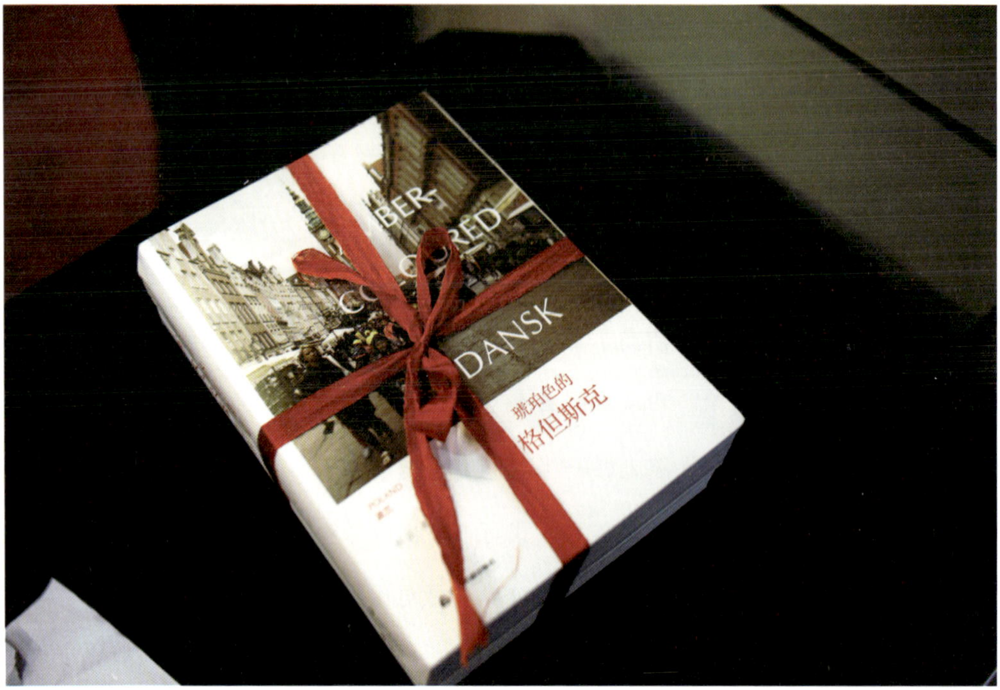
DANSK
琥珀色的
格但斯克

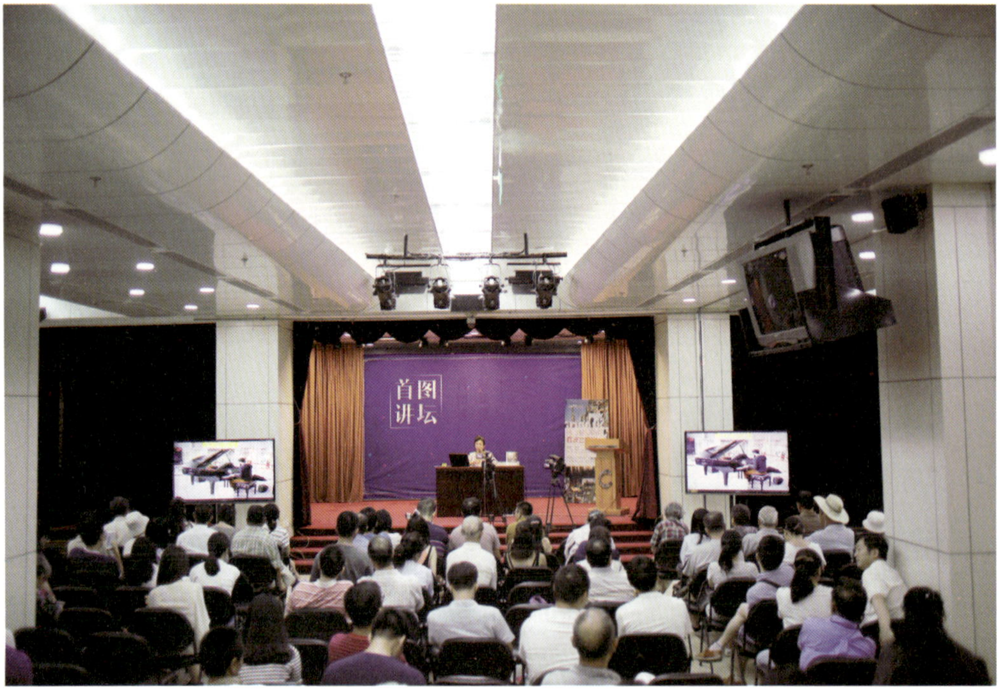
首图
讲坛

挚情感，我曾漫步在这座历史名城，用自己的双眼见证了这座城市美丽和宁静的瞬间；我深入采访过许多格但斯克名人和公众人物，一点一滴地记录下他们的经历、思虑和奋斗；我悉心聆听格但斯克的音乐，用心灵感受其内在的魅力与活力。波兰共和国驻华大使林誉平（Miroslaw Gajewski）对我的新作《琥珀色的格但斯克》给予了很高的评价："杜京女士是一位经验丰富的作家、严谨敬业的记者、目光敏锐的摄影家，这使她笔下的每一段文字和镜头中的每一幅照片都真切感人，栩栩如生。《琥珀色的格但斯克》一书中，渗透了作者杜京对于格但斯克历史文化的感悟和思考。她用独特的视角观察格但斯克，将波罗的海岸边的这座传奇城市真切地呈现在读者的面前。她告诉读者，波兰人不仅勤勉、热情，富有创造力，而且具有不屈不挠、捍卫尊严的高贵气质。而格但斯克确乎是最能体现这种高贵气质的地方。波兰人民的坚韧与顽强，波兰历史的风雨与沧桑，波兰土地上的黯淡与辉煌，都能在格但斯克这座城市寻找到若隐若现的影子。格但斯克，一座文化之城、艺术之城，一座智慧之城、自由之城，在我的眼中光彩夺目，也一定会在中国读者的心中熠熠生辉。"

本人对波兰和格但斯克的确情有独钟。在我的眼中，波兰是镶嵌在欧洲心脏的一颗璀璨明珠，仿佛飘动着美丽灵气的神话，是尘世间每一个旅行者精神与理想的栖息地。值得一提的是，一千多年前，欧洲著名的"琥珀之路"，就源自波兰。而地处波兰北部、波罗的海南岸的格但斯克，则是世界著名的琥珀盛产之地，世界上最好的琥珀就出自这里。在我看来，波兰是当之无愧的"琥珀王国"，而格但斯克就是名副其实的"琥珀之都"。对于大多数中国人来说，波兰是一个既熟悉又陌生的国度，也是一个充满神秘、独具魅力的国度。有着千年历史和璀璨文明的美丽城市——格但斯克，它是一座无与伦比的城市。毫不夸张地说，它是集历史、文化、智慧、自由、包容、生活等世间一切美好意象的代名词。格但斯克是第二次世界大战的爆发地，也是波兰革命的摇篮，它彰显出波兰人民英勇斗争、敢于反抗的性格特征，和波兰民族不屈不挠、捍卫尊严的高贵气节。这样看来，格但斯克是最能体现波兰民族精神的地方。波兰人民的坚韧与顽强，波兰历史的风雨与沧桑，波兰土地上的黯淡与辉煌，都能在格但斯克这座城市寻找到若隐若现的影子。格但斯克气候宜人，风光秀丽，是欧洲和世界最受旅游者欢迎的城市。近年来，不少中国游客也纷至沓来。这里有众多的名胜古迹、宫殿、教堂、剧院、博物馆、画廊、音乐厅。格但斯克还是被世界公认的波兰文化教育中心，全市有著名国家级（私立）学府，其中最著名的格但斯克工业大学，有着110年的悠久历史，是世界著名学府之一。格但斯克的众多古迹及学府，营造出浓厚的文化氛围，使格但斯克这座城市既保持着历史传统，又洋溢着现代气息。

与读者朋友们分享新作，表达了我对格但斯克最为真挚的深情。来到格但斯克，在最美的时光，我带着笔记本，挎着照相机，踏上记忆的旅程。一边走着，一边拍着，一边写着，如同打开心中一扇窗，目光所及之处，满眼旎旖风光。如果朋友们想要更多地了解格但斯克，了解波兰，深切地感受我与大家分享的点点滴滴，请不妨翻开我的这本新书——《琥珀色的格但斯克》，以及我的上一本关于波兰文化的专著《我，文化波兰》，读者朋友们会在轻松体验阅读快乐的同时，与我一同走进格但斯克，领略波兰文化的魅力，感受我要与大家分享的那份对待生活的态度，找寻那个高贵的自己，增强国人的文化自信。

"首图讲座"结束时，许多在场的读者朋友将我团团围住，进行了深入的互动，他们兴致勃勃地询问各种有关格但斯克和波兰的问题，现场气氛热烈。波兰驻华大使馆文化中心主任蔡梦灵（Magdalena Czechonska）女士出席并与我一道解答读者提问。蔡梦灵女士告诉读者："如果你有兴趣，想了解更多有关波兰和格但斯克的事情，请翻开这本真诚的著作——《琥珀色的格但斯克》。随它一起走进格但斯克，走进波兰。"

许多读者希望去波兰看看，一定会感受到不一样的国度。像我在书中所描写的那样：喜欢格但斯克，缠绵玫瑰色的云朵，伴着阳光行走，渐渐变成镶着金边的云彩；

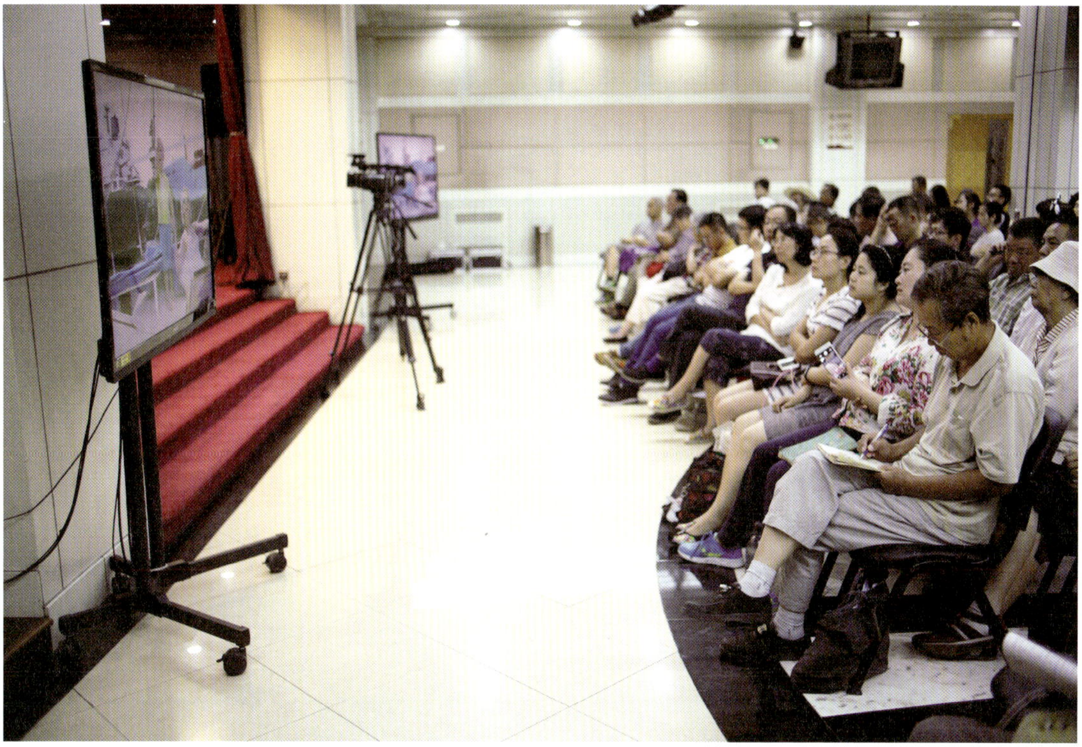

喜欢格但斯克，神清气定，无论碰到莫大的灾难，都从不畏惧，将腐朽化为神奇，坚守崇高的精神追求和乐观豁达的生活态度；喜欢格但斯克，文明优雅的生活氛围，热忱好客的淳朴市民，给你带来春天般温馨的感觉；喜欢格但斯克，这座城市的安静与悠闲，时间在这里自然会停下脚步，让你静静地站立在格但斯克湾，望着波罗的海的晚霞，扬起心中的风帆，驶向梦中的远方；喜欢格但斯克，在清晨和傍晚，独自安坐在圣玛利亚大教堂，聆听着古老悠扬而动人的钟声，描绘心弦上不逝的风景……

我心中的格但斯克

五月的上海，风和日丽，鸟语花香。由波兰驻上海总领馆、波兰滨海省格但斯克市、波兰驻华大使馆文化处、中国书籍出版社、滨海省驻华代表处共同主办的"琥珀色的格但斯克"城市推广及新书发布会在波兰驻上海总领事馆举行。波兰驻上海总领事馆总领事彼得·诺沃德尼克先生及夫人、波兰滨海省副省长贝契柯夫斯基（Wieslaw Byczkowski）先生、格但斯克市副市长彼得·格热克（Piotr Grzelak）先生、索波特市市长卡尔诺夫斯基（Jacek Karnowski）先生、滨海省议会议员皮奥特鲁谢维奇先生、索波特市议会会员奥尔斯基（Leslaw Orski）先生、格丁尼亚议会副议长日穆·赤别托夫斯基(Zygmunt Zmuda-Trzebiatowski)先生、滨海省经济特区主席杨科夫斯卡（Aleksandra Jankowska）女士、滨海省驻华代表处主任斯瓦夫先生（Slawomir Berbec）、格但斯克市政府特邀翻译柯茗蕾（Kamila Kreft）女士、波兰驻华大使馆文化中心主任蔡梦灵（Magdalena Czechonska）女士、中国书籍出版社社长王平先生、著名小提琴家、著名教育家俞丽拿女士（《梁祝》的第一位演奏者）以及《琥珀色的格但斯克》一书的作者我本人。

2016年5月18日这一天，对我来说是一个值得纪念的日子。因为在历经4个多月

利用业余时间，几乎都是在夜深人静的午夜写作，140个日日夜夜的挑灯夜战，精心构思，费尽心血，终于完成了30多万字（配上我在格但斯克为期3周采访时所拍摄的400多幅照片）的专著——《琥珀色的格但斯克》，在波兰驻上海总领事馆举行新书发布会，我感到非常高兴，内心的欣喜溢于言表。因为这本厚厚的书里，溢满了我对波兰文化及濒临波罗的海位于波兰北部一座无与伦比的美丽城市——格但斯克的深厚情谊，寄托着我对这座城市的美好祝福。

为成功举办《琥珀色的格但斯克》新书发布会，波兰驻上海领事馆、滨海省格但斯克市、波兰驻华使馆文化处、中国书籍出版社、滨海省驻华代表处等有关方面都付出了极大的努力。著名小提琴家、音乐教育家俞丽拿是我30多年的朋友，我们的关系如

同亲姐妹。那天，她自己亲自驾车到场祝贺，给予我莫大的鼓励和支持，令我非常感动。她回忆说，1960年，我19岁时到德国演出时路过华沙，我第一眼就喜欢上了这座美丽迷人的城市，后来2002年我去波兰南方一座城市参加比赛当评委，与波兰近距离接触，我感到波兰是艺术之国、文化之国。这个美丽的国度诞生了著名钢琴诗人肖邦及许许多多伟大的艺术家，闪耀着灿烂的文化光芒，流淌着优雅的美妙音符……俞丽拿老师的到场，让现场许多人很是惊喜，而波兰小提琴家保罗（Pawel Kapica）演奏马斯涅（Jules Massenet）的小提琴曲《沉思》（Meditation）、中国乐曲《送花花》《走西口》《茉莉花》《赶马调》，优美的旋律伴着四溢的花香，波兰驻上海领事馆的小院里，散发着高贵的气息，呈现出优雅的格调，令人如醉如痴，心旷神怡。

波兰驻上海总领事馆总领事彼得·诺沃德尼克先生出席新书发布会,他衷心祝贺《琥珀色的格但斯克》一书与广大读者见面。他说,今天我们眼前的这本厚厚的著作,见证和记录着渊源流长的波中友谊,这其中波兰的格但斯克和中国的上海这两座美丽城市,又有着长久的友谊和活跃的贸易经济交往,要想知道其中的故事,请你打开杜京女士的这本书《琥珀色的格但斯克》,它会向你讲述这些动人而迷人的故事。

中国书籍出版社社长王平致辞说,今天是个好日子,在上海这座繁华的中国城市,在波兰驻上海总领馆这个温暖的场所,我们大家欢聚一堂,共同见证中国作家杜京女士的创作成果、一本关于波兰城市的新书《琥珀色的格但斯克》正式出版,这是一种奇特的缘分,是一件令人激动和喜悦的事情。作为本书的出版方和本次活动主办方之一,我们衷心感谢波兰驻上海总领馆和波兰驻华使馆文化处积极倡导这次活动,让一本中文图书打上清晰的国际化烙印;我们衷心感谢波兰滨海省和格但斯克市的朋友远道而来参加这次发布会,这是对作者和出版者的莫大鼓舞和支持。《琥珀色的格但斯克》是杜京女士在我社出版的第二部关于波兰的作品集。如果说,此前出版的《我,文化波兰》一书是她对波兰历史文化的纵横概览,那么这本新作聚焦波兰工业、文化重镇格但斯克,属于对波兰腹地当代社会生活和历史文化资源的深度探寻。对于波兰,对于格但斯克,中国的读者并不完全陌生,我们很多人都从收音机里聆听过肖邦优雅的钢琴乐曲,都在中学课本上读过居里夫人和镭的故事,我们也曾经在电视上看到过瓦文萨先生当年的帅气形象。但一般人的了解可能仅限于这些。现在,热爱波兰文化的杜京女士,用自己的细腻文字和亮丽图片,以一种非常生动、非常直观的方式,将许多热情开朗、真诚友善的波兰人介绍给我们,让一个生机勃勃、充满魅力的格但斯克呈现在我们面前。这样一位作者,这样一部作品,自然会让许多中国人的身心深受触动和感染,从此对波兰和格但斯克的美丽风景充满向往,对波兰的美食、美酒或许还有美女充满期待。

当然,通过杜京女士的娓娓讲述,我们也从一些重要的侧面,更加深刻地感受到波兰

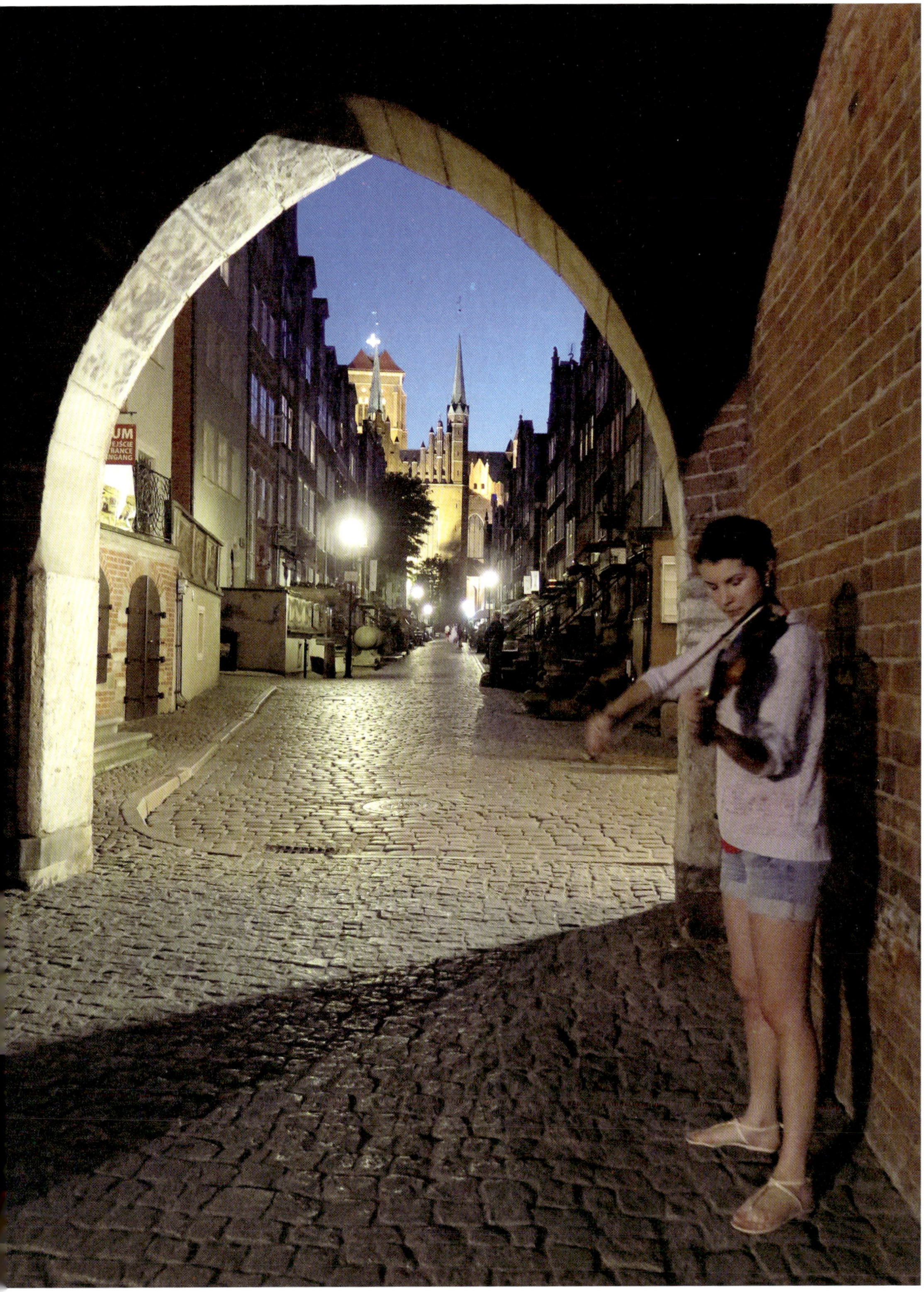

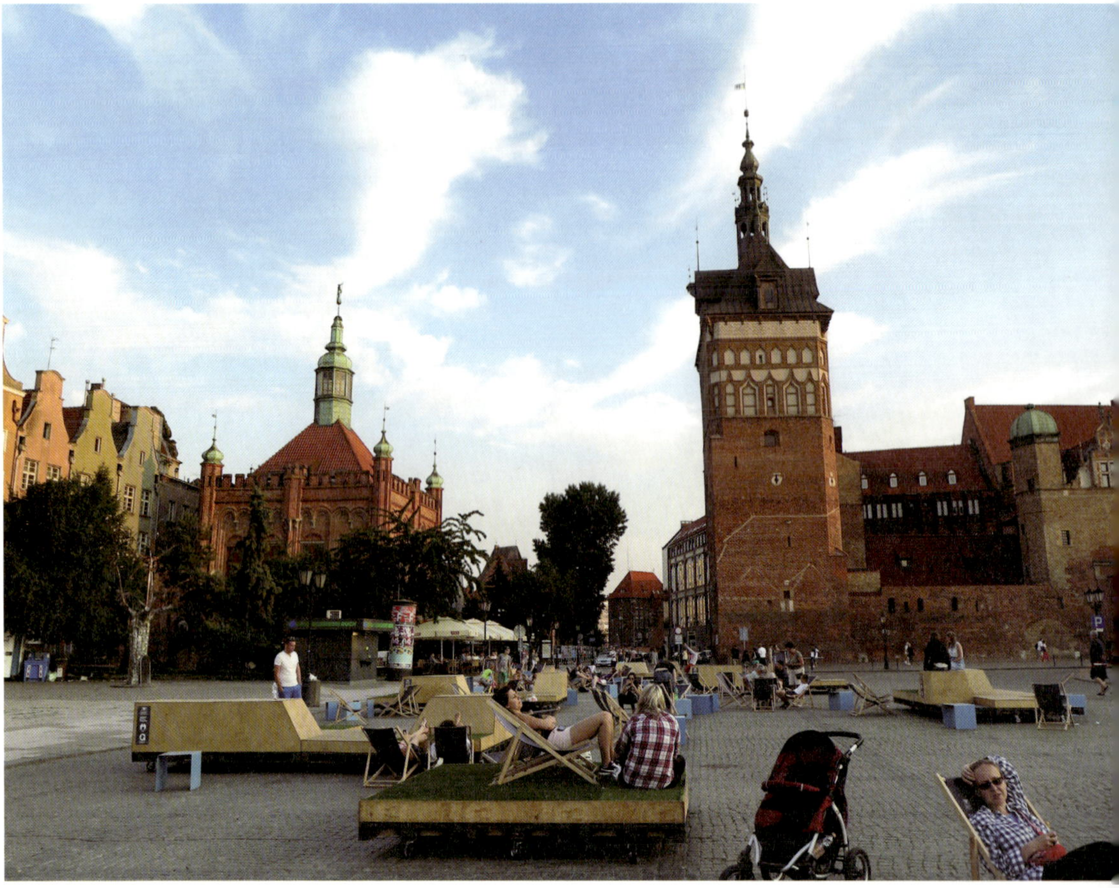

厚重沧桑的历史，更加真切地领略到波兰人坚韧不拔的精神。从这个意义上讲，今天我们大家一起参加这次活动，不仅是为了见证杜京女士作品的问世，也是为了开启另一扇窗户，让波兰文化以更为直接、更为感性的方式进入中国读者的视野，让中波文化有一次别开生面的、深入心灵的对话和交流。作为出版方，我们为自己能够参与开启这扇窗户而感到荣幸，也希望中波文化的对话和交流能够更加丰富多彩，更加卓有成效。

王平社长向与会嘉宾介绍说，迄今为止，杜京女士已经写过两本关于波兰的书，我感觉她还会继续写下去，也应该继续写下去。这是我们作为出版者的心愿，也是作为读者的希望。我们这样说，不仅是因为波兰沉重而辉煌的历史令人动容，波兰优雅而精致的艺术令人敬佩，波兰今天的经济发展和人文追求让人激动，更是由于通过她的讲述，我们深深感受到，在波兰的文化中，有一种既质朴又高贵的气质，而这一点，恰恰也是我们中国人长久以来的人格和文化追求。应该说在很多方面，中国人和波兰人的心是相通的。所以，关于波兰的作品在中国能够赢得广泛的共鸣，拥有潜在的广阔市场，值得作者付出更多心血，值得出版者投入更大精力。也正是基于这样一种认识和信念，我们在编辑、设计、制作《琥珀色的格但斯克》一书时下了很大功夫，动了不少脑筋，力图使其具有素朴而高贵的品相，以与作品内容的丰富多彩相吻合，与波兰文化的质朴、高贵气质相匹配。大家都拿到了这本书，如果大家能感受到我们的努力，如果这本书还能够让杜老师满意，让波兰的朋友认可，让中国的读者喜欢，那将是我们作为出版者最大的欣慰。最后衷心希望并坚信《琥珀色的格但斯克》一书能被中国市场所接受，实现其应有的传播价值，衷心祝愿并坚信波兰、格但斯克经济更加繁荣，文化更加辉煌，也衷心祝愿并坚信中波友谊会更加深厚，地久天长。

作为高级记者、作家、摄影家，我是带着对波兰这个国家文化的兴趣及对波兰人的感情撰写这部《琥珀色的格但斯克》的。新书发布会上，上海的新闻媒体几乎全部都派来记者到场祝贺，这本书被隆重介绍给中国读者。这是我写的第二本关于波兰的作品。2012年，我撰写的《我，文化波兰》一书出版，对波兰的历史、文化作了宏观概览，赢得了广泛好评。此次出版的这本《琥珀色的格但斯克》，则深入波兰腹地，住在格但斯克有着300多年历史的老房子里，体验当地人的生活，而撰写出的作品，描述了波兰重要城市格但斯克的美丽景致和多彩风情，让中国读者得以近距离感受当代波兰人的生活热情和精神追求。

我非常热爱波兰文化，钟情于琥珀色的格但斯克。近几年，我已经三次造访格但斯克市，并为这座城市所倾倒。正是这样的热爱，使得《琥珀色的格但斯克》一书得以诞生。这是第一部以中文撰写、以如此多的篇幅介绍格但斯克及滨海地区历史、文化、教育、艺术、经济、旅游等各方面情况的书籍。有专家评价说，这是中文版的格但斯克市及滨海地区"浮世绘"。全书内容丰富、图文并茂。30多万字的篇幅，数百幅照片，以鲜活生动的细节和优美流畅的文字，在述说历史的同时，描绘当代，展望未来，给读者带来奇妙的阅读体验。

《琥珀色的格但斯克》一书的字里行间，饱含着我对格但斯克的真挚情感。还记得，我曾长久地漫步在这座历史名城，用自己的双眼见证了这座城市美丽和宁静的瞬间；我采访过许多格但斯克名人和公众人物，一点一滴地记录下他们的经历、思虑和奋斗；我悉心聆听格但斯克的音乐，用心灵感受其内在的魅力与活力。用时任波兰驻华大使林誉平（Mirolaw Gajewski）先生的话来说："杜京女士是一位经验丰富、严谨敬业的记者，一位目光敏锐的摄影家，这使她笔下的每一段文字和镜头中的每一幅照片都真切感人，栩栩如生。"

《琥珀色的格但斯克》一书中，也渗透着我对格但斯克历史文化的感悟和思考。我想用独特的视角观察格但斯克，将波罗的海岸边的这座传奇城市真切地呈现在人们

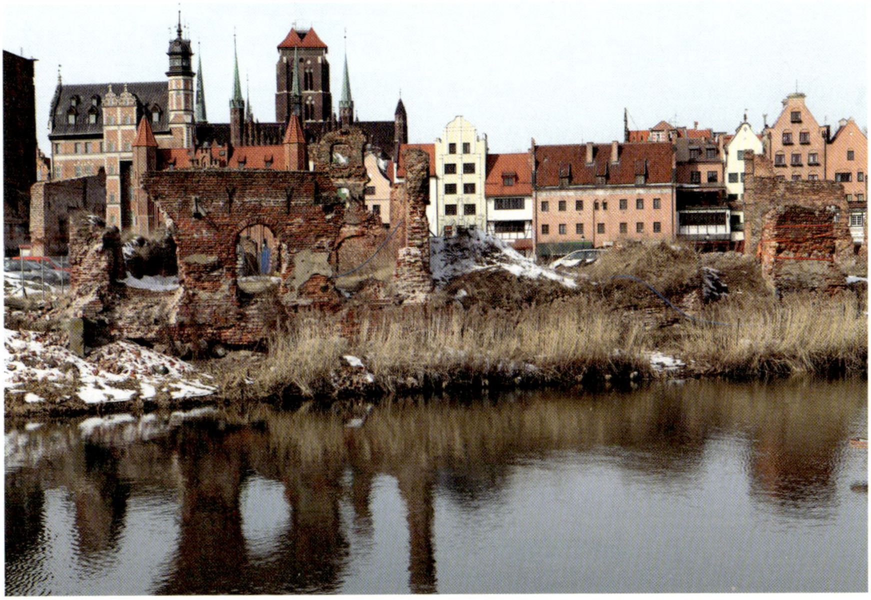

CONCORDIA
SPVBLICÆ PARVÆ CRESCVNT DISCORDIA
KANTOR
Skup Złota
i Srebra

的面前。我想告诉人们，波兰人不仅勤勉、热情，富有创造力，而且具有不屈不挠、捍卫尊严的高贵气质，而格但斯克确乎是最能体现这种高贵气质的地方。波兰人民的坚韧与顽强，波兰历史的风雨与沧桑，波兰土地上的黯淡与辉煌，都能在格但斯克这座城市，寻找到若隐若现的影子。格但斯克，一座文化之城、艺术之城、一座智慧之城、自由之城，它在我的眼中光彩夺目，也一定会在中国读者的心中熠熠生辉。

在新书发布会上，我表达了此时此刻的心情：初夏的上海是一年中最美的季节，今天我们相聚在波兰共和国驻上海领事馆，缘由都是来自千年的琥珀之都——格但斯克。是这座波罗的海之滨的美丽城市——格但斯克，把我们大家的心连在了一起，让我们有缘千里相逢上海，欢聚一堂畅叙友谊。今天我们在这座有着92年历史的法式花园（赉安洋行建造，1924年竣工）——波兰共和国驻上海总领事馆，举办这本《琥珀色的格但斯克》新书发布会，心情特别激动。

经过本人的努力，在各方的大力支持下，我书桌上的一大摞稿纸，今天已经变成了摆在我们面前的这本有30多万字、近400张图片的，图文并茂的著作——《琥珀色的格但斯克》。虽然写作的过程耗费了大量的精力和时间，对于我这个工作本来就已经非常忙的人来说，白天的工作排得满满的，只有利用晚上的时间，夜深人静时坐下来写作，在4个多月写作过程中挑灯夜战、废寝忘食，甚至累得犯了严重的颈椎病住进医院，医生甚至下命令"你必须休息，不许再写作……"但是，当今天看到这本书，用新华社驻澳门分社唐小可的话来说，"比砖头还厚，但是非常好看的书"顺利出版，这么多同行朋友前来参加新书首发式，我感到很高兴。在此我要特别感谢格但斯克市政府及市长鲍威尔·亚当莫维茨（Pawel Adamowicz）先生的鼎力支持；感谢滨海省驻华代表处主任斯瓦夫先生（Slawomir Berbec）的支持与帮助。

提起波兰，我的第一感觉是这个国家的名字很美。而提到首都华沙就更会让人感到，这座城市仿佛是一位轻浮柔软的面纱轻轻飘盖在她高贵典雅额头上的少女。许多人对波兰并不陌生，但也谈不上熟悉。想想看，波兰，对于大多数普通的中国人来说，虽然对这个国家有感情，但除了知道华沙、肖邦、奥斯维辛，恐怕更多的也就说不出一二了。

如今是一个盛行旅游的时代，生活日益富裕起来的中国人，跨出国门，睁大眼睛，要想看看这个异彩纷呈、奇妙精彩的世界。去过欧洲旅游的中国人，几乎跑遍了德国、法国、荷兰、比利时、卢森堡、奥地利……相比之下，只有波兰，隐隐回荡着一种让人还没有靠近它就感到神秘魅力的气息，而在世人的心目中，波兰是一幅看得见摸不着的神秘画卷……

10年前，正是怀着这样的憧憬和梦想，在金色的5月，我终于踏上了向往已久的波兰。在三次造访波兰后，我撰写了20万字、图文并茂的《我，文化波兰》一书。非常有幸的是，我第一次出访波兰就去了格但斯克。格但斯克历史悠久，文化多元，精英荟萃，风景如画。格但斯克是第二次世界大战的爆发地，也是波兰革命的摇篮，彰显出波兰人民英勇斗争、敢于反抗的性格特征，和波兰民族不屈不挠、捍卫尊严的高贵气节。

格但斯克气候宜人，风光秀丽，是欧洲和世界最受旅游者欢迎的城市。近年来，不少中国游客也纷至沓来。这里有众多的名胜古迹、宫殿教堂、剧院博物馆、画廊音乐厅。格但斯克还是被世界公认的波兰文化教育中心，全市有著名国家级（私立）学府，其中最著名的格但斯克工业大学，有着110年的悠久历史，是世界著名学府之一。格但斯克的众多古迹及学府，营造出浓厚的文化氛围，使格但斯克这座城市既保持着历史传统，又洋溢着现代气息。

世界上最好的终年深水不冻港就坐落在格但斯克。从中世纪开始，这里就是世界上最繁忙的港口，欧洲的经济贸易中心，格但斯克的造船工业久负盛名，闻名于世。在经济学家眼里，波兰这个代表着"奇迹"和"希望"的国度，是被经济危机笼罩的欧洲大陆上的一片"绿洲"，而格但斯克则是滋润这片绿洲的一汪活水。

记得，我第三次访问格但斯克时，住在18世纪的一所老式公寓里。推开窗户，便是"琥珀之都"格但斯克市中心，那座被誉为"城市象征艺术殿堂"的圣玛利亚大教堂。天刚蒙蒙亮，路上没有车，也没有行人。石头的街道，石头的房屋，入夜时圣玛利亚大教堂最漂亮的鹅黄色的灯光，已经渐渐熄灭，城市街头一片寂静。我迫不及待地在此刻出门，穿过空气清新、鸟语花香的草坪公园，穿过有四头狮子雕塑的罗马式喷泉，穿过那座高大钟塔下面的拱门，走进格但斯克。我静静地坐在圣玛利亚大教堂门前的石磴上，聆听着悠扬的钟声在宁静的清晨敲响，像是时空穿越，回到几百年前的古城，几乎产生时光倒流的错觉。

我告诉自己：再过一会儿，等到太阳冉冉升起，从沿街打开的木门后面，走出来的会是琥珀色的城市——格但斯克，这座历史悠久、人文丰富的波兰北部名城中，那些友善开朗、乐观向上的人们。

那个夏天，我第三次来到这座美丽的城市。我和格但斯克有着不解之缘。在我心里，可以说是一见钟情、一往情深，此刻就是把心中最美的形容词都用上，也很难表达出我对这座城市的由衷热爱和真情实感。于是，我情不自禁地提起了手中的笔，端起心爱的照相机，把格但斯克的风景、人文和历史故事都集结在这本《琥珀色的格但斯克》一书中。

我真诚希望各位朋友喜欢这本书，也希望大家有机会去这座美丽的城市——格但斯克，走一走、看一看，去其领略它丰富的人文，感受它独特的魅力。

《琥珀色的格但斯克》出版了，我与格但斯克这座城市结下了深深的情缘，在我的眼中，它是一座美丽的城市；在我的心中，它是一座永恒的城市。

波兰好味道

随着"一带一路"国家规划的加快推进,中国与沿线各国的政治、经济、文化等各领域的交往更加频繁。作为中国在中东欧最大的合作伙伴,波兰与中国的关系进入了黄金发展时期,面临着前所未有的发展机遇。双方在政治、贸易、文化、教育等各领域的合作不断深化,在这样的大好机遇下,作为欧洲第二大乳制品出口国的波兰,将质量上乘的乳制品带到中国市场。由波兰农业部副部长雅切克·波古茨基先生(Jacek Bogucki)率领的波兰官方代表团访问中国,目前在北京举办的波兰乳制品推荐会上,他鼓励中国消费者熟悉波兰乳制品行业及"波兰好味道"的乳制品。如今,越来越多的波兰乳制品"登陆"中国市场,深受消费者青睐。

乳业的传统可以追溯到公元前的时代,波兰乳品产业密集的发展开始于 19 世纪,第一个乳制品合作社成立于 1875 年。波兰农业部副部长雅切克·波古茨基先生介绍:"波兰人崇尚健康生活,波兰的乳制品来自欧洲环境最洁净的农场,同时依靠传统和先进的加工技术,使得波兰的乳制品产业具有上千个品种,出口产品种类主要包括:成熟奶酪、脱脂奶粉、乳清粉和超高温灭菌牛奶、黄油、白奶酪、融化奶酪、奶油和风味牛奶。在欧洲,波兰是仅次于荷兰的第二大乳制品出口国,波兰乳制品的高质量

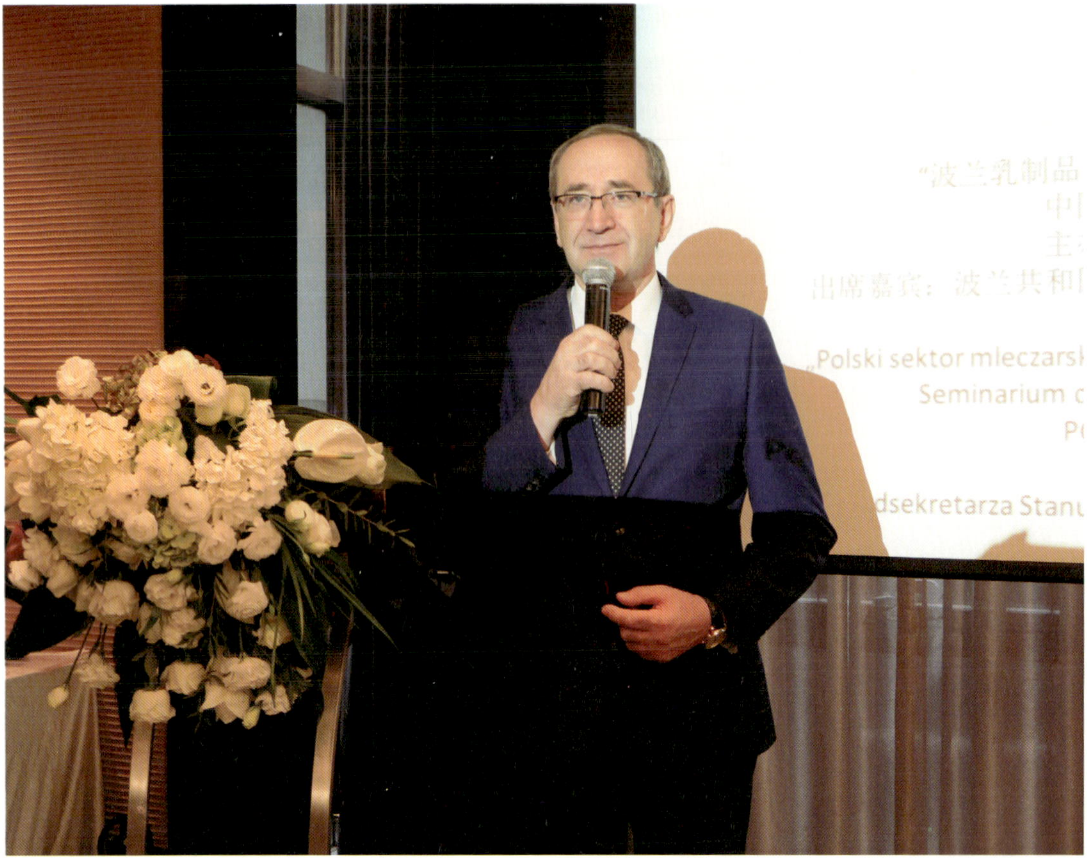

体现在独特的味道，符合国际食品质量和安全标准（如 BRC、IFS、ISO、GMP、GHP）。来自波兰的乳制品销于全世界，波兰乳制品70%的出口额都归功于欧盟市场，还有24%出口到了亚洲和非洲的许多国家。"

雅切克·波古茨基先生还说："中波两国的友谊源远流长，特别是近年来两国在政治、经济、贸易等各个领域加强合作，大有前景。我们希望通过波兰的乳制品进入中国市场为中国人民送去健康的产品，由此而更加加深两国人民的友谊。"

波兰农业市场发展局出口司司长莫妮卡女士（Monika Tyska）介绍了波兰的乳制品是欧洲最好的乳制品之一，以质量高、味道好、价格低三大优势享誉全球，备受消费者青睐。据波兰国家统计机关 GUS 2010年农场普查的数据，波兰农场数量大约有150万，占欧盟农场总数的12.5%，波兰农场多半为小型家庭式企业，平均面积在5公顷以内。目前已有十几家波兰企业的产品出口到中国，此次中国之行，就是要向中国

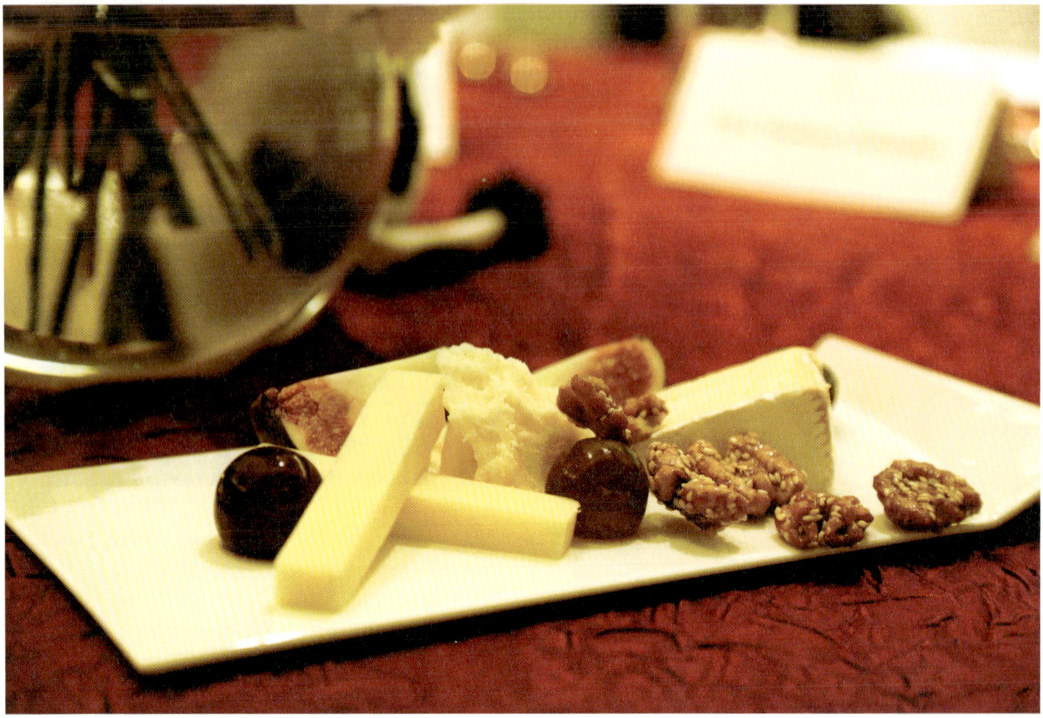

消费者介绍波兰乳制品的优良品质，将健康、高营养的波兰乳制品推广给中国消费者。

著名的波兰乳业商会有70多名成员，由乳品公司与乳品服务供应商组成。正如商会负责人丹尼尔先生（Daniel Dojlidko）介绍时所说，"我们与政府机构，包括欧洲乳业协会（EDA）和国际乳品联合会（IDF），保持良好的合作关系。波兰乳业商会负责'牛奶市场'推广计划的运营，这个计划专门针对中国市场，推广的产品包括奶粉、超高温灭菌牛奶、风味牛奶以及奶酪。"丹尼尔先生特别介绍道，在波兰农场，所有的乳制品从业人员，全部接受过正规的专业培训。波兰有代表性的乳制品企业，年产6000万公升牛奶。

雅切克·波古茨基先生表示，"近年来，波兰的乳制品行业飞速发展，波兰乳制品行业的所有设备都进行了改造和专业提升。许多农场技术含量高，已经可以与法国和德国的先进乳制品加工技术平起平坐，具有明显的竞争优势。来中国之前，我一直在思考，怎么向中国的消费者介绍最优质的波兰乳制品，看到中国市场前景广阔，我们信心百倍，我们的梦想就是让更多的中国消费者品尝到正宗'波兰好味道'安全、优质、高营养的波兰乳制品。"

熠熠生辉的人性光辉

初夏的5月，郁郁葱葱。波兰著名导演、制片人、编剧克日什托夫·扎努西（Krzysztof Zanussi）先生来亚洲参加他的电影回顾展活动，中国北京是他到访的第一站。在波兰驻华大使馆，我有幸与这位来华访问的世界级著名导演面对面交流，聆听他的人生故事，欣赏他的电影作品。

克日什托夫·扎努西1939年6月17日生于华沙。1959年毕业于华沙大学物理系，1962年毕业于雅盖隆大学哲学系。在1960年进入罗兹电影学院之前，他曾经学过四年的物理，并一度对哲学很感兴趣，但是当他意识到自己对于人的关注远远超过对客观自然的研究时，便转向了电影的学习。克日什托夫·扎努西在罗兹电影学院的毕业作品是《主教之死》。之后，他多次荣获国际电影节奖大奖，其中包括：戛纳、威尼斯、洛迦诺、莫斯科、芝加哥、蒙特利尔、柏林和东京电影节各类奖项。

在波兰共和国驻华大使馆，坐在我面前的这位赫赫有名的波兰电影界世界级导演，脸上露出和蔼的笑容，在与他亲切的交谈中，让人领略到他的平易近人及大师风范。克日什托夫·扎努西先生灰白色的头发，身穿白底浅蓝条衬衣，深红色的领带，深灰色的西服，一副眼镜架在他闪烁着智慧光芒的眼睛上，显出儒雅风度。

我非常好奇地问道："您先后毕业于华沙大学物理系和雅盖隆大学哲学系，今天您却是一位出色的电影导演，怎么不是物理学家和哲学家呢？"克日什托夫·扎努西先生回答："的确，时代的变化很快，我从小喜欢物理学，最初的梦想是当一名物理学家。我在想物理是有规律的，选择这个专业也是想增强自己的严谨，从中寻找规律。当我考上大学物理专业学习时，我才发现事情并不那么简单，我喜欢物理，但物理并不是太喜欢我。所以，后来最终选择了电影专业。"说到这里，克日什托夫·扎努西先生告诉我还有这样一段小插曲，"在人生的道路上和选择中，我有一次机会担任外交官，但是经过深思熟虑，最后我还是放弃了外交官的职业选择。说遗憾吗？还是有些，因为外交官可以凭着国家赋予的外交舞台和自身的协调能力，做一些利于国家与国家之间和平发展的事情，可以为避免战争与冲突，维护和平做一些自己的努力。但是作为电影，领域宽阔，题材广泛，它可以反映历史、记录历史，给千千万万的人们留下心灵的永恒记忆，所以，我觉得自己选择从事电影导演更为合适。"

克日什托夫·扎努西先生在大学物理专业学习时，学校里有各种各样的兴趣小组，有戏剧、电影等等，他参加了大学里的电影兴趣小组，17岁时参与拍摄了人生中的第一部电影作品《在垃圾场》，故事讲述的是一位知识分子，竭尽全力想帮助和保护一个人，但是最终他失败了。"其实，很难说清一个电影导演什么时候会走红，其真正内涵真正地被观众所理解。"半个多世纪的电影导演生涯，如今聊起当初的选择，克日什托夫·扎努西先生越发感到当初自己的选择完全正确。当我问他："你们家里有人从事电影及导演工作吗？"他非常干脆地回答："家里从来没人搞电影，但是我从小就喜欢电影，而且从儿时到大学直至今天。"

克日什托夫·扎努西先生自从走上了电影之路后，他越发着迷似的爱上电影，数十年孜孜不倦、钻研探讨，当初播下的种子如今收获满满。他的电影、戏剧作品遍及全球各地，与此同时，他还撰写了多部与电影相关的著作。

黑幕风云
神的兄弟
5月11日晚上19：00 波兰共和国驻华大使馆影院播放《我们神的兄
什托夫·扎努西电影回顾
Foreign body
人性诱惑
Life for life
，映后导演将与观众交流互动

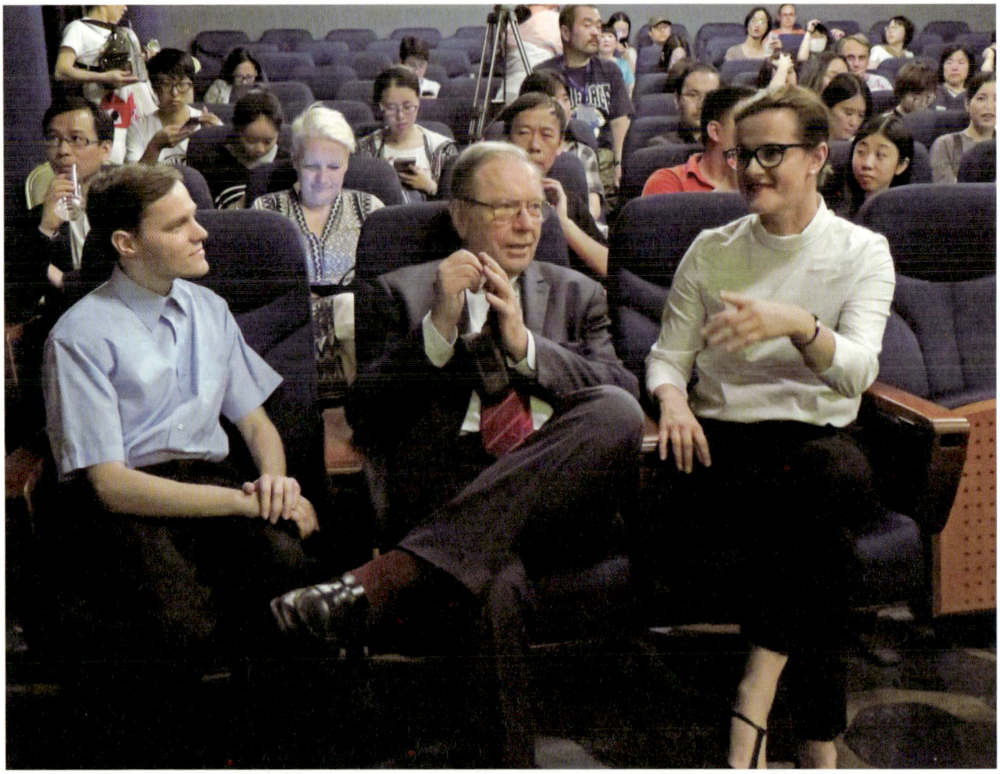

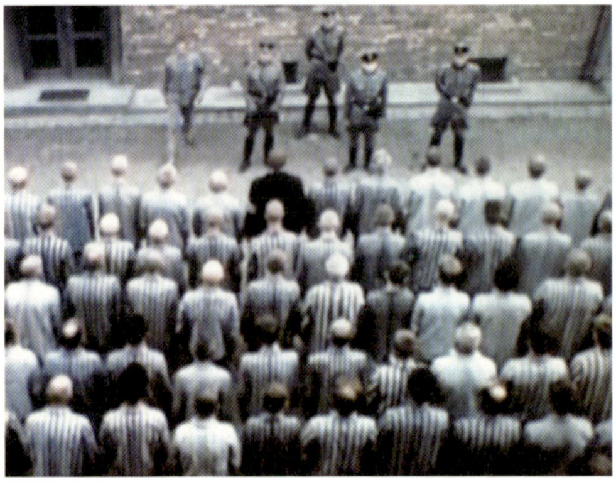

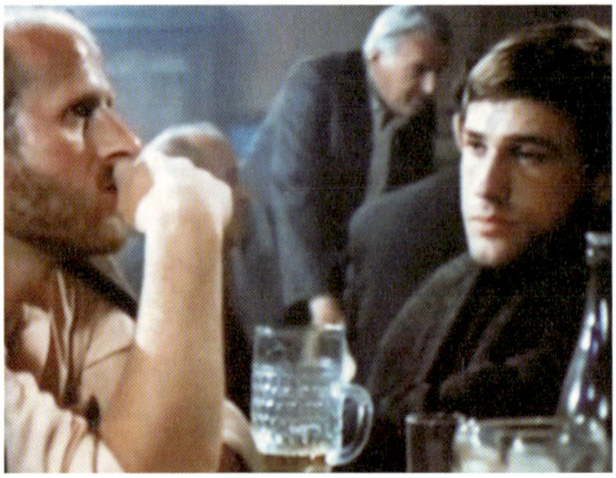

1969年的《水晶的结构》是扎努西的故事长片处女作，描述两名大学好友在追求他们的科学事业时产生歧见的故事。剧情虽然有学院派色彩，但拍出了智慧的光芒和人性的感觉。由于扎努西本身就是学物理的，且兼有深湛的哲学训练，因此在探讨这类科学知识分子的命题时特别生动和深刻。

1973年的影片《启蒙》是为扎努西打开国际影坛大门的早期代表作，以繁复而疏离的形式和内容的命题著称。主人公是一个学物理的学生，一心想进入知名学府物理系就读，他的成长和成熟历程是本片的焦点。习惯于理性思维的主角面对着生活中种种非理性，如好友的猝死、跟一个姐姐型女人的恋爱、婚姻的破裂等等。生活的磨炼使他成熟，也局限了他的视野。整部影片正是通过他恋爱、辍学、逃离尘世到回归体制的过程，不断从生活、精神、思想上发掘冲突与辩证，游走在性灵与现实、自由与责任间。

1977年的《黑幕风云》（Camouflage），影片讲述了在一个大学生夏令营，一个具有独立思想的助教和一个傲慢的终身教授之间发生争执，另外还有所谓的"政治正确派"和"科学追求派"之间的矛盾。讨论的议题并非黑白分明，但学生的热情却保持着高亢的状态，本片将青年的正义感表现到无以复加的程度。

1978年的《忠诚》讲述的是维托尔德在父亲因登山出事身亡之后，一直和母亲平静地生活在一起。他在一家工程设计公司工作，他对工作认真负责、为人正直，然而同事们则常常用非法手段赚取外快，进行欺诈的活动，这令他十分震惊并且拒绝与之同流合污。于是，同事们设计陷害他，让当局找他的麻烦，最终他们的阴谋得逞了。维托尔德沦为一名从事繁重体力劳动的人，在大楼里擦玻璃窗……

在人间最美四月天的美好时节，克日什托夫·扎努西应邀出席第五届北京国际电影节·波兰单元展映开幕式。4月19日，在中国电影资料馆举行了波兰单元展映并放映了克日什托夫·扎努西于1980年执导的影片《山巅的呼唤》。该片曾获得第33届

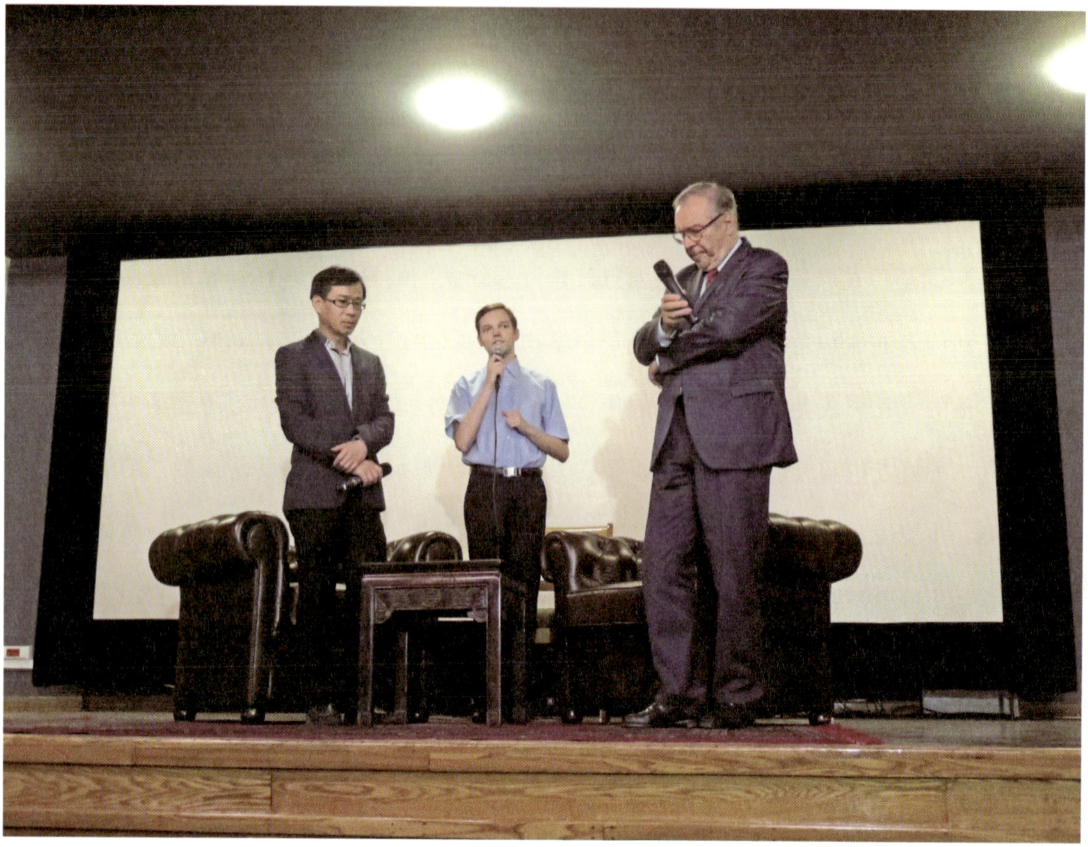

戛纳国际电影节主竞赛单元评审团大奖。

  此次克日什托夫·扎努西亚洲电影回顾展，将放映他到目前为止导演生涯中的4部代表作：《黑幕风云／Camouflage》（1976年出品）、《仁慈之心／Life For Life》（1991年出品）、《我们神的兄弟／Our God's Brother》（1997年出品）、《人性诱惑／Foreign Body》（2014年出品）。在影片放映期间，扎努西导演亲临现场与观众互动交流。在他的导演生涯中《水晶的结构／The Structure of Crystals》（1968年出品）、《灵性之光／The Illumination》（1973年出品）、《山巅的呼唤／The Constant Factor》（1980年出品）、《和平阳光的年代／A Year of the Quiet Sun》（1984年出品）、《无论你在何方／Wherever you are...》（1988年出品）、《狂奔岁月／At Full Gallop》（1996年出品）、《不受欢迎的人／Persona Non Grata》（2004年出品）、《蓦然回首／Revisited》（2009年出品），都是值得观众欣赏的好影片。

  采访结束后，我们同扎努西先生一道在大使馆的电影厅，与北京的观众一起观看了他的电影《仁慈之心》。电影讲述了1941年7月，一名年轻的西里西亚人简从奥斯维辛集中营中逃出，为此恼羞成怒的纳粹集中营指挥官弗里彻下令，将十名囚犯关进禁食间饿死他们。其中一名囚犯由于害怕这种酷刑而瘫痪。圣方济会的修士玛利亚·科尔伯主动要求替换他，逃出去的简为科尔伯的死深感内疚，他一直都在打探科尔伯的下落，而另一名年轻的修士安塞姆也在积极奔走为科尔伯正名……。这部影片凸显了高尚的人性，歌颂了为捍卫信仰最伟大的举动莫过于牺牲自己给他人生命的崇高精神。

  电影放映之前，克日什托夫·扎努西先生与影迷面对面交流，不少波兰电影粉丝向他提问，他都一一作答。当有观众问道："影片中惨烈悲壮的画面，让观众真真实实地感受到奥斯维辛集中营里纳粹的惨无人道。请问影片的拍摄地点是真实的吗？"扎努西导演回答："这部影片正是在奥斯维辛集中营内拍摄的最后一部电影，之后再不允许在奥斯维辛集中营内拍摄电影，就连《辛德勒的名单》也不是在奥斯维辛集中

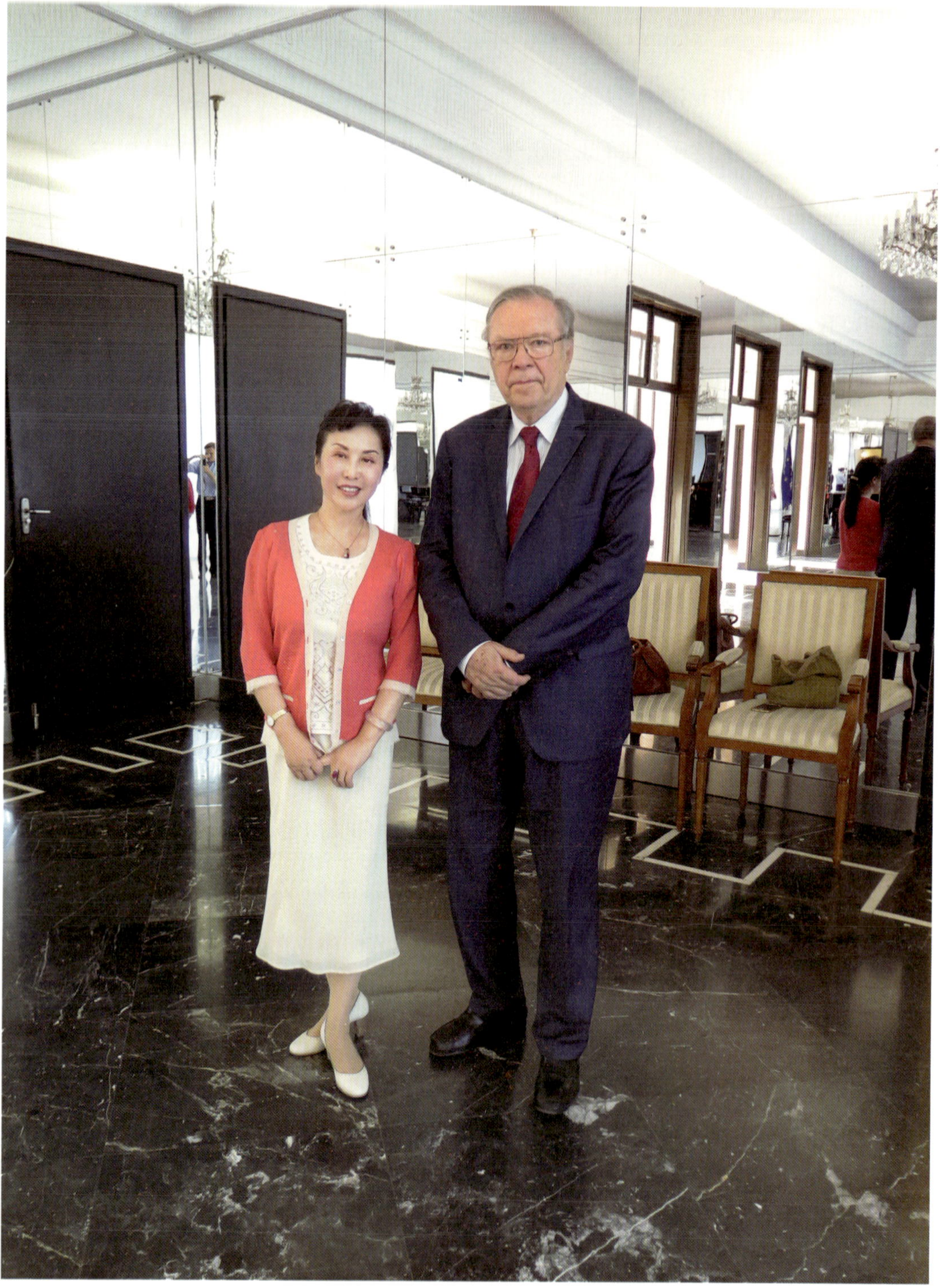

营内拍摄的。"克日什托夫·扎努西告诉观众,我用心在半个世纪的时光中导演过许多电影,而且就连我选用过的起初是无名小卒的演员克里斯托弗·瓦尔兹(Christoph Waltz),也是在经过二十年的历练后两次获得奥斯卡奖。

克日什托夫·扎努西导演介绍:"克里斯托弗·瓦尔兹是一位奥地利人,最初我看重他时对他说'你很有天赋,你会成为一位很棒的演员',当拍完我的这部电影十年后,我们又见面了,这位演员对我说'你看,十年都过去了我还没有成名',后来又过了十年他终于成功了,先后两次获得奥斯卡奖。所以,做电影要放平心态,要经得起时间的考验和观众的检验。"由此可见,扎努西导演的眼里,做电影绝不是急功近利、一夜成名的平台。

之后,我又观看了克日什托夫· 扎努西先生的另一部电影作品《我们神的兄弟》(Our God's Brother)。这部电影讲述了上世纪40年代末,一位名叫卡罗尔·沃伊蒂瓦的年轻神父,他创作了一部戏剧剧本,本片就是根据当年他的剧本改编而成,而这位年轻的神父,就是日后受世人敬仰和爱戴的已故教皇若望保禄二世。电影描述了一位名叫圣阿尔贝特,本名为亚当·赫梅洛夫斯基(Adam Chmielowski)(1845—1916)的波兰青年画家的故事。作为一名画家,为了自己的信仰,放弃了他的艺术生涯,并帮助社会底层的人们,带给他们生的希望。

克日什托夫·扎努西导演关爱人类,他的电影作品大多是关注人及人的心灵感悟,折射出熠熠生辉的人性光芒。

波兰摇滚 魅力 MOA

盛夏的北京，高温酷暑，在位于天桥文化中心的 Omni Space 疆进酒艺术吧，魅力摇滚乐团 MOA 不仅给北京观众带来了火热劲爆的演出，却又夹带着艺术之国波兰北部的一丝清风凉意。在 8 月 1 日晚的演出现场，这支来自波兰著名的 MOA 乐队（中文译名"莫娃"）让观众感受到了波兰本土独立创作风格的摇滚，让观众欣赏了解波兰现代摇滚，感受风格独到的音乐魅力。

此次来华演出的 MOA "莫娃"乐队由六名成员组成，主唱歌手玛尔塔·费托夫斯卡（Marta Fitowska）、键盘手钢琴家卢卡什·斯波舍斯基（Lukasz Spoczynski）、吉他手彼得·奥古斯蒂诺维茨（Piotr Augustynowicz）、鼓手亚当·格里茨基（Adam Golicki）、贝斯手奥斯卡·弗雷德里希（Oskar Frydrych）和音讯工程师卢卡什·奥乐扬斯基（Lukasz Olejarczyk）。这支年轻的摇滚乐队来自波兰北部的三联市，"莫娃"乐队把格但斯克的浪漫环境、格丁尼亚的现代化和索波特的休闲融合起来，形成了自己独具特色的摇滚风格。虽然"莫娃"乐队以新人的面貌出现，是波兰乐坛一颗新星，但是凭借卓越的实力和独特的风格在一系列国际音乐节上屡获大奖，广受好评。毫不夸张地说，"莫娃"乐队的旋律充满着浪漫色彩，每当听到他们的摇滚音乐，观众便情不自禁地随着迷人的波兰旋律，载歌载舞，心情澎湃。

随着女主唱玛尔塔·费托夫斯卡（Marta Fitowska）的一首《冬天》，演出进入高潮。疆进酒艺术吧的观众仿佛跟随玛尔塔来到了波罗的海之滨格但斯克，感受这座城市的霜冻、冷雪以及歌词里所描绘的爱情故事。

《冬天》

人走在街头

发现了霜冻并打破了膝盖

昨天爱情住在这儿

现在只有冷雪

最亲爱的上帝请找到我

而另一曲《林地》，又令中国观众无比神往，动人的旋律、优美的音乐把人们带到风景旖旎的喀尔巴阡山，和煦阳光下的林中空地。

《林地》

树木不会再接受冬天了

它们在无声的痛苦中失去了自己的叶子

春天到了并不容易

每一个人都必须自己去做

我所做就是揭露林地

成为一颗孤独的松树

我所做就是揭露林地

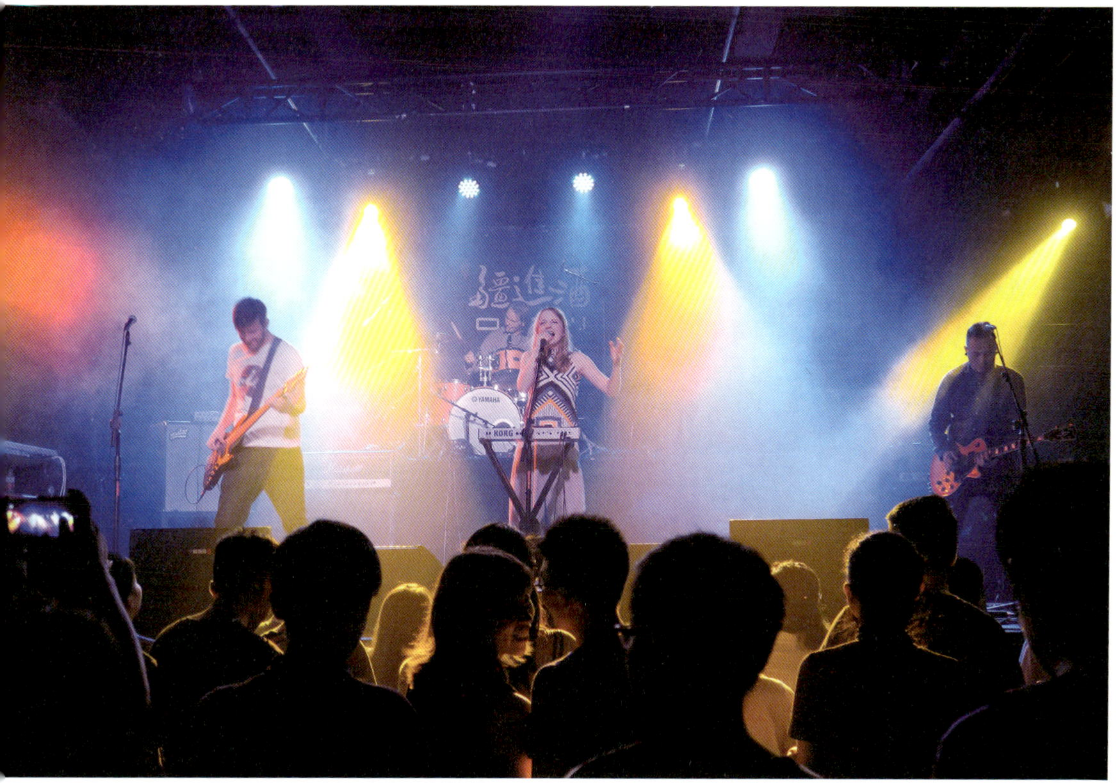
YAMAHA
KORG

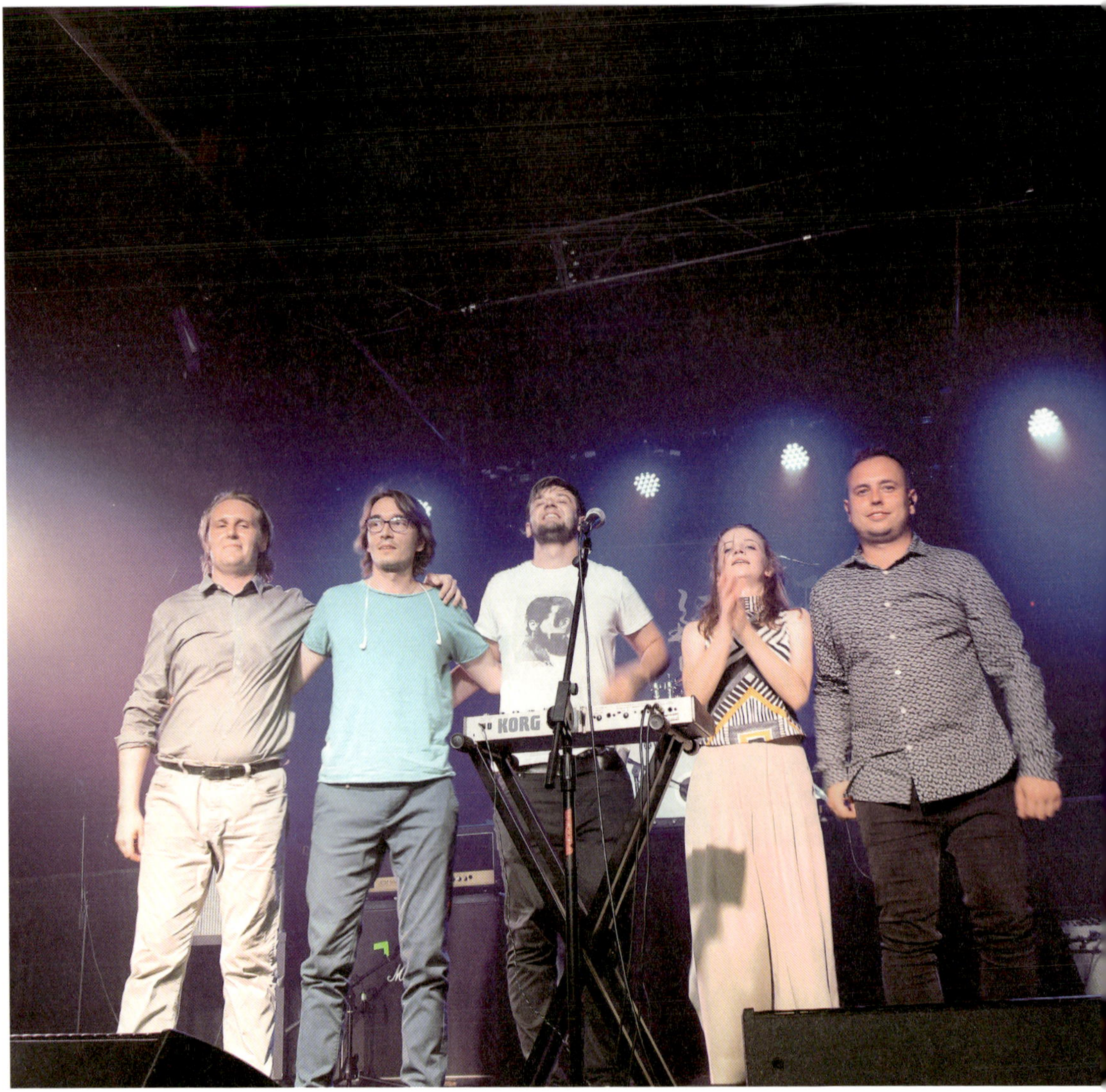
KORG

没有地方隐藏承受风雨

这支摇滚乐队的女主唱玛尔塔（Marta Fitowska）是 MOA 乐队的创始人与乐队领导，乐队的灵魂。玛尔塔于 2016 年获得了爵士音乐的本科学士学位，先后与许多波兰和国外的乐队愉快合作，获得了许多国际和国家音乐节的奖项。这位容貌美丽的年轻女主唱还是一位声乐家、作曲家与歌词作者。现场的许多观众都是玛尔塔的铁杆儿粉丝，她的青春活泼，魅力四射；她的美貌如花，尽显芳华。

值得一提的是，乐队的吉他手彼得·奥古斯蒂诺维茨（Piotr Augustynowicz）和贝斯手奥斯卡·弗雷德里希（Oskar Frydrych）。两位年轻的音乐人为这场"莫娃"摇滚乐增色不少。他们精彩的演奏给观众留下了非常深刻的印象。

彼得·奥古斯蒂诺维茨（Piotr Augustynowicz）于 2012 年获得了爵士音乐的硕士学位，具有丰富的音乐演出经验。他不仅是吉他手，也是作曲家和伴奏者，对摇滚、爵士、蓝调、民俗、乡村和流行音乐等不同音乐类型风格的吉他伴奏颇有造诣。

"莫娃"乐队的贝斯手奥斯卡·弗雷德里希(Oskar Frydrych)是一位多乐器演奏家、作曲家与音讯工程师，Antipop 录音室的所有者。奥斯卡还曾专业学习过小提琴和萨克斯管，他热爱音乐，善于创新。

众所周知，作为鼓手，在一场摇滚音乐演唱会中的角色及作用，无疑是不言而喻的。亚当·格里茨基（Adam Golicki）正是这样一位"重量级"出色的鼓手。他于 2010 年毕业于音乐学院，获得了爵士音乐的硕士学位。作为伴奏音乐家的优秀鼓手，他娴熟地演奏不同风格的音乐，并与波兰及许多国家著名的爵士音乐家合作录制了专辑。还记得，2015 年对他来说是不同寻常的一年，因为不懈的努力，作为鼓手的亚当·格里茨基（Adam Golicki），与欧洲最优秀的爵士音乐家录制了他的首张专辑。

钢琴家卢卡什·斯波舍斯基（Lukasz Spoczynski），是一位出色非凡、才华横溢

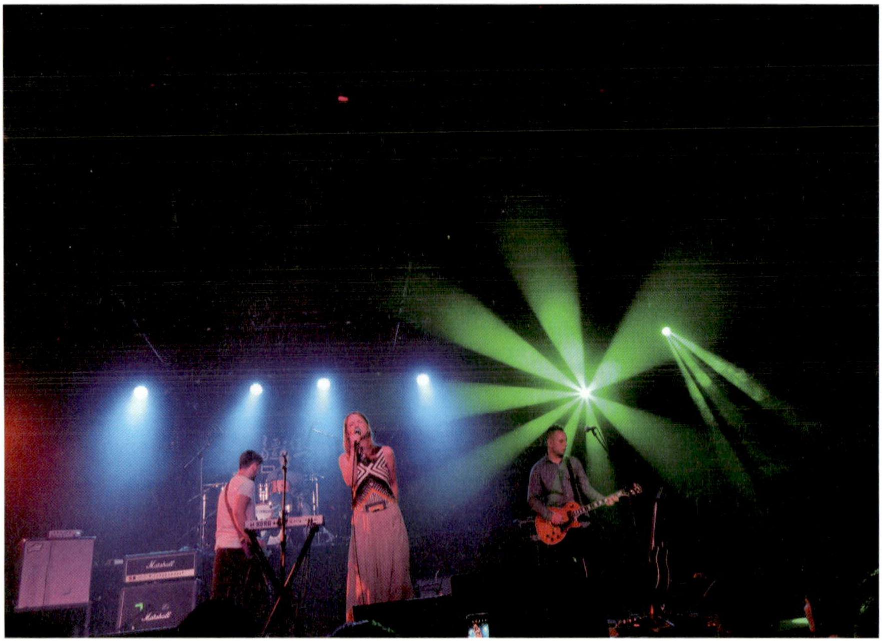

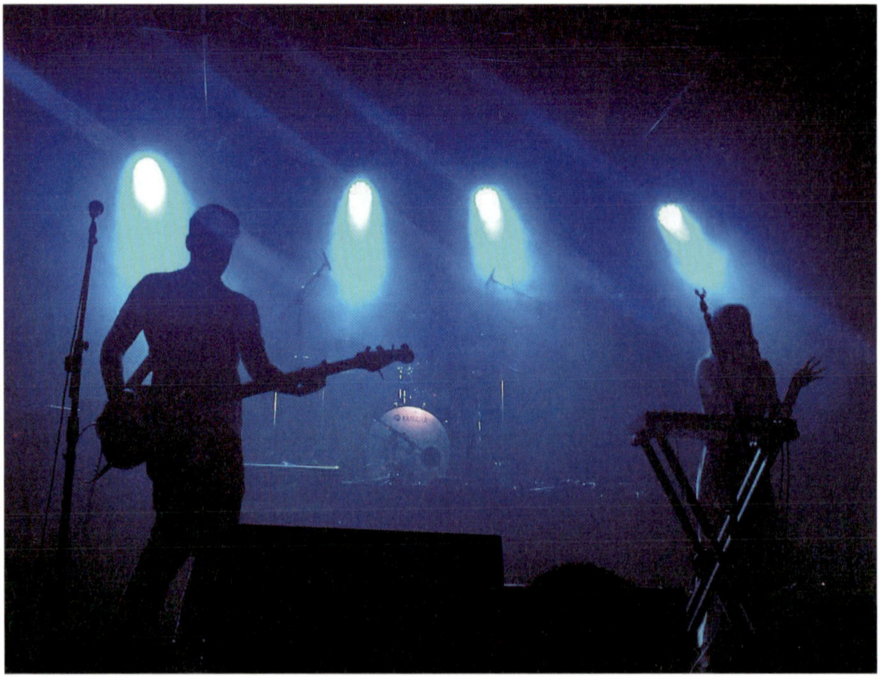

的钢琴家、键盘手、音讯工程师。2013年，他毕业于格但斯克理工大学，获得了音讯工程的硕士学位。他既有丰富的钢琴演奏经验，也是许多国际、国家的音乐节获奖最多的青年钢琴家、MOA乐队的钢琴家与主作曲家。

乐队里的音讯工程师卢卡什·奥乐扬斯基（Lukasz Olejarczyk），从小就酷爱音乐，仿佛音乐就是生命。他不仅是一位音乐天才，还是音乐家、作曲家。他于2017年毕业于华沙音乐大学，获得了音讯工程的硕士学位。他为电影与戏剧作曲，与许多波兰和国外的艺术家都有过愉快的合作，自2009年以来，他在波兰RecPublica录音室当主音讯工程师，以高超的技艺、娴熟的演奏，赢得了观众的喝彩及乐迷的追捧。

这支年轻的波兰摇滚乐队，为中国观众献上了一首又一首的精彩歌曲，随着气氛越来越热烈，演出被一次又一次地推向高潮。现场一位来自北京的大学生武剑这样说，喜欢摇滚因为它纯粹，它抛弃所有让人感到厌恶的东西，走上灵性的路子。从江河水艳阳天到心灵的感悟，聆听这样纯粹的音乐，让我从纯净中找到了原本的自己，我依然还是我。今天，第一次看到波兰最年轻的摇滚乐队演出，感觉超好。

波兰"莫娃"乐队的摇滚乐美丽无限，不仅年轻人喜欢，就连年过半百的张红女士，也为它的到来而欢欣鼓舞。她告诉记者，当她从网上看到这条：波兰"莫娃"摇滚乐即将到北京演出的消息，就毫不犹豫地来了，演出现场的氛围比想象中更好，把我带回到20多年前的大学时代：青春、梦想与美好的追求。那样的热辣激情前所未有。

在北京天桥文化中心疆进酒艺术吧"莫娃"摇滚乐演出现场，来自波兰国家广播电台的对外部主任阿达穆·布拉科夫斯基（Adam Burakowski）介绍，波兰国家电台是波兰历史最为悠久的电台频道，波兰国家电台与四川广播电视台携手，共赏"一带一路好声音"。日前，在"2017成都国际友城青年音乐周"期间，我们特别邀请了这支在波兰快速崛起的新生代乐团——MOA摇滚乐团前来参加本次音乐周活动，希望与

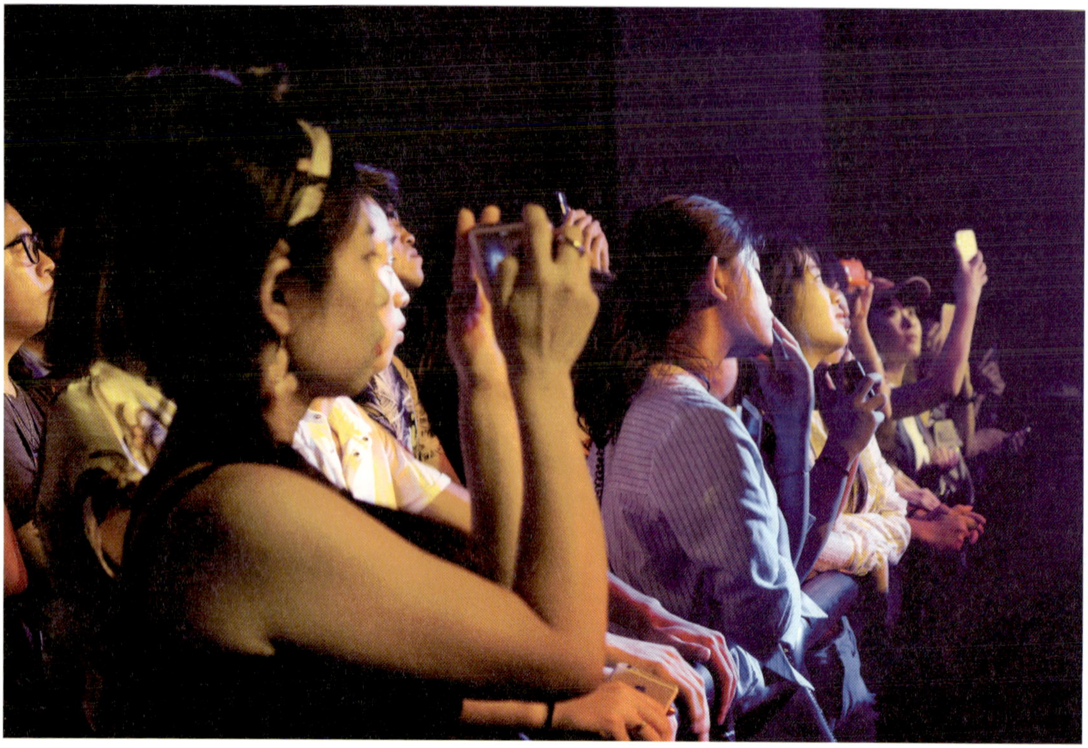

前来参加此次音乐盛会的全世界的乐队相互交流，并在成都、北京为中国观众演出，让中国观众聆听波兰音乐，感受波兰文化。

演出结束时，乐队主唱玛尔塔（Marta Fitowski）激动地说，这是第一次来中国，非常高兴，看到这么多的中国观众喜欢波兰摇滚音乐，非常感动。

音乐无国界，MOA 摇滚乐队亮相北京，让热情的中国观众欣赏到来自波罗的海之滨的独特音乐。波兰摇滚，魅力 MOA。

李云迪携手华沙爱乐乐团中国巡演

众所周知，一个曾经满目疮痍，先后三次被列强瓜分，在地球上消失了整整123年的国度，如今又屹立在世界民族之林，这个伟大的国度就是波兰。为庆祝2018年波兰重获独立100周年的预热演出活动——李云迪与华沙爱乐乐团2017中国巡演项目在北京正式启动。8月29日至9月5日，国际著名钢琴家李云迪将携手拥有116年历史的中东欧交响乐团的典范——华沙爱乐乐团，在重庆大剧院、广州星海音乐厅、深圳音乐厅、国家大剧院和上海东方艺术中心五地登台与万名观众见面，带来肖邦第一与第二钢琴协奏曲。李云迪是2000年"肖邦国际钢琴比赛"的金奖得主，华沙爱乐乐团是"肖邦国际钢琴比赛"官方合作乐团，17年后的联袂演出，无疑将以纯正的肖邦之声，让现场观众再度重温当年"肖邦国际钢琴比赛"的精彩乐章。

华沙爱乐乐团，正是2000年10月见证了18岁的李云迪一举夺得"肖邦国际钢琴比赛"金奖的合作乐团。迄今为止，乐团已在全球五大洲的主要音乐场馆举办过140多场音乐会，现任艺术总监为雅采切克·卡斯普契什克。这支拥有百余年历史的乐团，早在第一次世界大战爆发前，就已经享有波兰人心目中音乐生活"最高殿堂"的盛誉。其录制的潘德列茨基和席曼诺夫斯基的大型声乐与器乐作品专辑，曾赢得2013年格莱

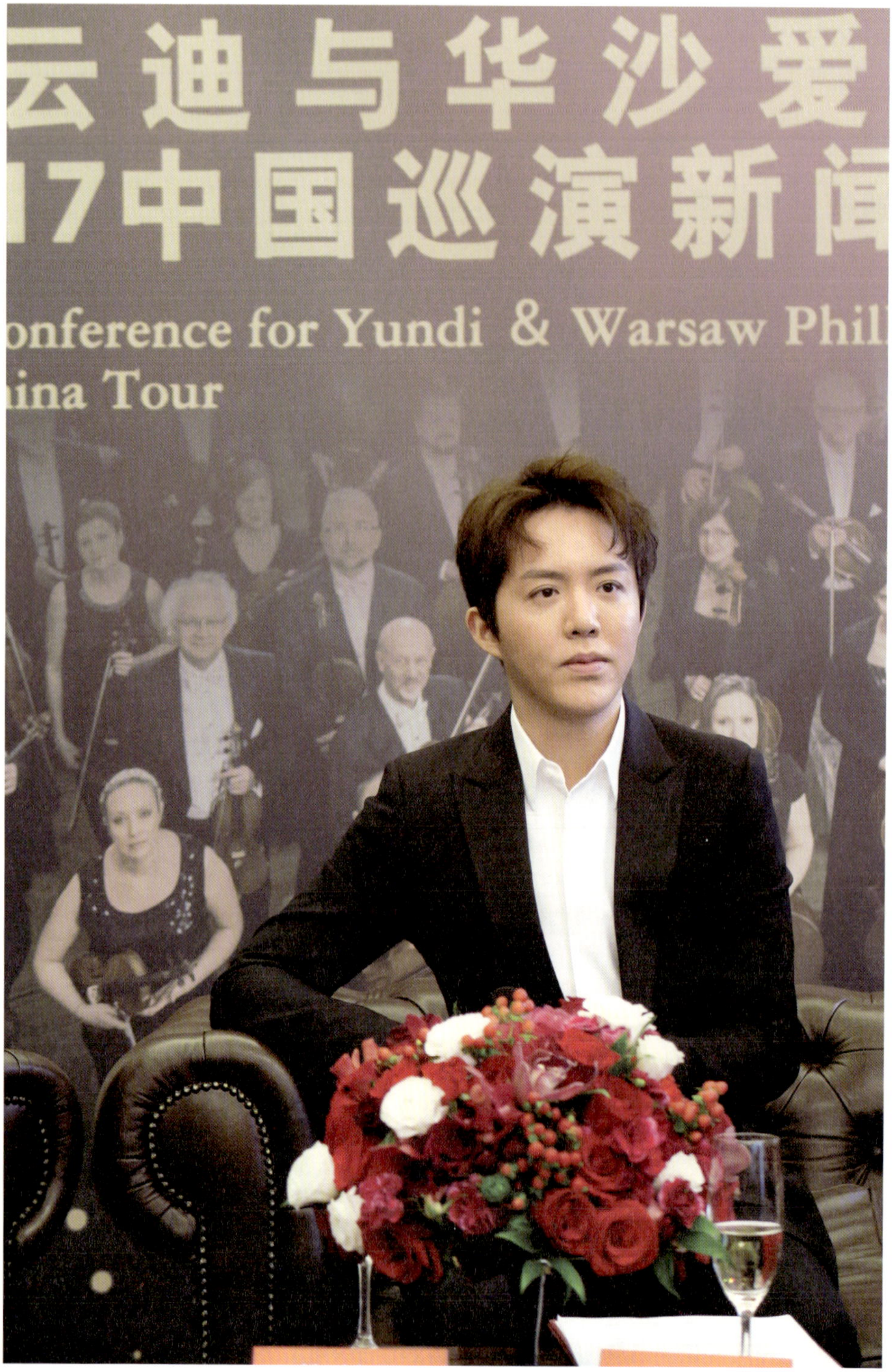
云迪与华沙爱
17中国巡演新闻
onference for Yundi & Warsaw Phil
ina Tour

美大奖（以及六项格莱美提名），乐团还荣获过法国金音叉大奖、ICMA 国际古典音乐大奖、英国《留声机》唱片大奖、日本《Record 艺术》唱片奖、古典在线大奖、戛纳古典音乐奖以及波兰留声机学会颁发的弗雷德里克奖。

2017 年 8 月 10 日，北京天空晴朗，在波兰共和国驻华大使馆举行了"李云迪与华沙爱乐乐团 2017 年中国巡演新闻发布会"。波兰共和国驻华大使馆代办高磊（Piotr Gillert）先生、波兰大使馆文化处主任蔡梦灵女士、著名钢琴家李云迪、吴氏策划总经理吴嘉童出席发布会。蔡梦灵女士在发布会上致辞说：华沙爱乐乐团拥有 116 年的辉煌历史，李云迪是中国第一位获得"肖邦国际钢琴比赛"的获奖者。此次李云迪与华沙爱乐乐团精诚合作，在中国的重庆、广州、深圳、北京和上海五大城市共同演奏肖邦钢琴曲，意义深远，这是为 2018 年波兰重获独立 100 周年而特别举行的巡演音乐会。不仅对于波兰人民抵御外来侵略而重获独立，具有历史象征意义，而且肖邦音乐跨越时空，穿越东西，传递着源远流长的波中两国友谊。

波兰共和国驻华大使馆代办高磊先生说：此次巡演是庆祝 2018 年波兰重获独立的百年庆典系列活动。2018 年 11 月 11 日是我们的祖国——波兰共和国重获独立 100 周年的日子，从那一刻起，波兰作为一个主权独立的国家重返国际舞台。今天，我们用各种形式来庆祝这一值得纪念的历史性时刻，对地区乃至全球政治形势会产生重要意义。因此，我们再次邀请全球的朋友、伙伴们来年与我们共同庆祝这一重要的历史时刻。

华沙爱乐乐团，用音乐的语言诠释出肖邦作品中永恒的波兰浪漫主义情怀和钢琴诗人肖邦对自由的向往，是波兰历史最悠久、最杰出的交响乐团。乐团成立于 1901 年，伊格纳奇·扬·帕德雷夫斯基是该团的创作人之一，他在波兰近代史上是一位影响深远的人物，他不仅是波兰共和国的"独立之父"，也是伟大的作曲家和钢琴家，在音乐方面的造诣可谓登峰造极。

YUNDI
WARSAW PHILHARMONIC
庆祝2018年波兰
重获独立100周年
出品：
吴氏策划
WU PROMOTION
李云迪与华沙爱乐乐团
2017 China Tour

高磊说，在一个多世纪的岁月长河中，华沙爱乐乐团与众多世界顶级的乐界大师都有过愉快合作。此次8月和9月的音乐会将与深受中国人民和波兰人民喜爱的钢琴家李云迪合作。李云迪是中国最负盛名的钢琴家之一，同时也是一位最活跃的中国"波兰大使"，2000年曾一举赢得"肖邦国际钢琴比赛"金奖，2010年更被波兰共和国文化与民族遗产部"荣耀艺术"银质勋章。肖邦的旋律不久将在北京、重庆、广州和深圳最具影响力的音乐厅奏响。我们诚挚地邀请各位参加这场非同寻常的音乐与灵魂的盛宴，与我们共同分享波兰独立百年的庆典与喜悦。

今年是吴氏策划成立的第26个年头。吴嘉童说，26年来吴氏策划一直秉持将世界最好的表演艺术项目带进中国，同时也不遗余力地将中国优秀艺术家带出国门。艺术发展是一个国家软实力最有力的体现，而文化交流正是搭建国与国之间艺术对话，提升艺术发展最佳的途径。除了把维也纳爱乐乐团、德累斯顿国家管弦乐团、圣彼得堡马林斯基剧院、米兰斯卡拉歌剧院等世界顶级表演艺术团带进亚洲，我们也一直联手中国优秀的艺术团体，比如中国爱乐乐团、中央歌剧院、北京京剧院、上海昆剧院走向世界的舞台，奏响中国的声音。而李云迪与华沙爱乐乐团的中国巡演正是我们一直以来努力构建的艺术对话中最佳例证。

谈到与李云迪的合作时，吴嘉童说，其实我们与云迪是老朋友。与他的第一次合作是在2001年，也就是云迪参加"肖邦国际钢琴比赛"夺冠后的一年。2000年，云迪成为了"肖邦国际钢琴比赛"历史上年纪最轻的金奖得主。2001年，吴氏策划与广州交响乐团欧洲巡演，在时任广州交响乐团团长的余其铿及当时的艺术总监叶咏诗的带领下，云迪作为维也纳金色大厅首场音乐会的钢琴独奏，和广州交响乐团一起为欧洲观众带去了《E小调第一钢琴协奏曲》，谢幕3次，那一场演出，在海内外获得巨大反响。正是由于这样的缘分，我们与云迪的合作前景广阔。

"李云迪与华沙爱乐乐团2017年中国巡演"的最大亮点，当属李云迪自弹自指的

首次双栖献艺。作为钢琴家需要真情细腻的情感投入、严谨娴熟的演奏技艺与灵气敏锐的音乐直觉；作为指挥，需要有对总谱的诠释力、对作品的整体把控力和对各声部的有效调配力。如何在一场音乐会中以钢琴带领70人的乐团，正是是李云迪献上的诚意为观众们带来的一大惊喜，更是对自己17年来职业生涯发展交出一份特别的答卷。

2001年至今，李云迪活跃于世界顶级的音乐殿堂及知名音乐节。无论是纽约的卡内基音乐厅、柏林爱乐大厅、维也纳金色大厅、伦敦皇家音乐厅、马林斯基音乐厅、日本三得利音乐厅以及中国国家大剧院都见证过他的精彩演奏。李云迪与世界著名指挥大师洛林·马泽尔、詹姆斯·列文、夏伊、小泽征尔、捷杰耶夫、迪图瓦、杜达梅尔、哈丁、雅尼克、郑明勋等，与国际著名乐团如：柏林爱乐乐团、马林斯基交响乐团、

德累斯顿爱乐乐团、莱比锡交响乐团、伦敦交响乐团、费城交响乐团、洛杉矶交响乐团、NHK乐团、俄罗斯国家交响乐团都曾多次合作。

李云迪说："在过去几年里，从'中国钢琴梦'到'王子幻想'，再到今天的携手华沙爱乐乐团中国巡演，我都在致力于为让更多的人喜欢古典音乐作出努力。如今在中国，有越来越多的年轻人喜欢欣赏古典音乐，我非常欣慰并将一如既往地与他们一道前行。很荣幸我将有机会与有着百余年历史的华沙爱乐乐团合作，'2017年巡演中国'。在重庆、广州、深圳、北京、上海共同演绎肖邦第一与第二钢琴协奏曲，在这里我要真诚地邀请广大古典音乐爱好者一同欣赏，咱们不见不散。"

李云迪希望更多的中国人喜欢古典音乐，与热心的观众分享心中的肖邦。

古老传说搬上现代"银幕"

这是一部名气很大的歌剧，原作者为出生在萨克森王国莱比锡的德国著名作曲家理查德·瓦格纳（Wilhelm Richard Wagner 1813-1883）。这部名为《特里斯坦与伊索尔德》的歌剧，首演的时间是 1865 年 6 月 10 日在慕尼黑皇家宫廷与国家剧院。这部歌剧的首演，在当时便引发了巨大的轰动，该剧很快风靡整个欧洲，成为瓦格纳最受瞩目的歌剧作品之一。在长达五个小时的演出中，观众不仅能够领略瓦格纳所创作出的绚烂璀璨的管弦乐，聆听到挑战歌唱演员极限的高难度咏叹调，更可以跟随剧中特里斯坦与伊索尔德体味催人泪下的爱情悲剧，与瓦格纳共同思考隐藏在剧情背后的哲学命题。

光阴荏苒，时光流逝。时隔 152 年之后的今天，中国国家大剧院、纽约大都会歌剧院、波兰华沙国家歌剧院、巴登-巴登节日剧院，联合制作的理查德·瓦格纳歌剧《特里斯坦与伊索尔德》歌剧终于与中国观众见面。这部由波兰著名导演马里乌什·特雷林斯基（Mariusz Trelinski）执导的歌剧在国家大剧院首演，这与通常上演的现实主义传统制作的歌剧风格不同。执导此版《特里斯坦与伊索尔德》的波兰导演特雷林斯基领衔主创团队对歌剧原作进行了大胆的再创作。

特雷林斯基将原本发生在苏格兰与爱尔兰的剧中故事"移植"到一艘现代战舰上。分别来自英格兰与爱尔兰两个国家的特里斯坦与伊索尔德在昏暗、密闭的船舱中上演至死不渝的爱情大戏。而马克国王在同一艘战舰上的出现则令整部歌剧的戏剧冲突更显跌宕。与此同时,特雷林斯基导演别出心裁地在剧中加入了一名由儿童演员饰演的"童年特里斯坦",以此来回顾特里斯坦的一生。采访导演特雷林斯基时他这样说:"制作这部歌剧的难度非常大。《特里斯坦与伊索尔德》讲述了两人相爱之后,同时走向灭亡。在这部歌剧中,讲述了一个在战争背景下产生的爱情故事。这一版本将剧情设置在同一艘战舰上,不同国籍的人在船上相遇,这样的设置非常有意思。此外,剧中的战舰除了海面上真实的那一艘,还有一个寓意:我们每个人的心里都有一艘船。"

许多观众在聆听这部歌剧的时候,会情不自禁地想到电影《泰坦尼克号》,仿佛这部歌剧也是给人们带来一种全新的歌剧形式——电影艺术的欣赏。

《特里斯坦与伊索尔德》绝非一部传统意义上的悲剧——它从人性、心理和感情层面上对生活进行了叙述。在传统的悲剧中,主角犯下致命的错误,可往往他们当时并不清楚这件事情的后果,直到事后才会意识到。而在瓦格纳的这部歌剧中,情况并非如此:主人公在行动之前,已经完全明白自己的行为可能带来的后果,因此,人的行为界定了这个世界的视野。瓦格纳写的是凡人的故事,而不是英雄的故事,即使每个角色的内心深处仍然对神性充满了无限憧憬。但是,对神奇能力的向往,难道不正是芸芸众生的诸多执念之一吗?

瓦格纳歌剧角色的命运之所以与英雄的命运相似,是因为他们都怀揣着一个真诚的欲望,那就是以无限的激情,拼尽全力,活出比常人更加充实的人生。也正因为这样,瓦格纳笔下的人物个个都想超越自己,在做自己的同时也"成为别人",寻求脱胎换骨。或许这正是他在创作了《特里斯坦与伊索尔德》新的美学观之后写给马蒂尔德·韦森冬克的信中的这段话的真实含义:"我会把我自己的艺术,这极其复杂并深刻的艺术,

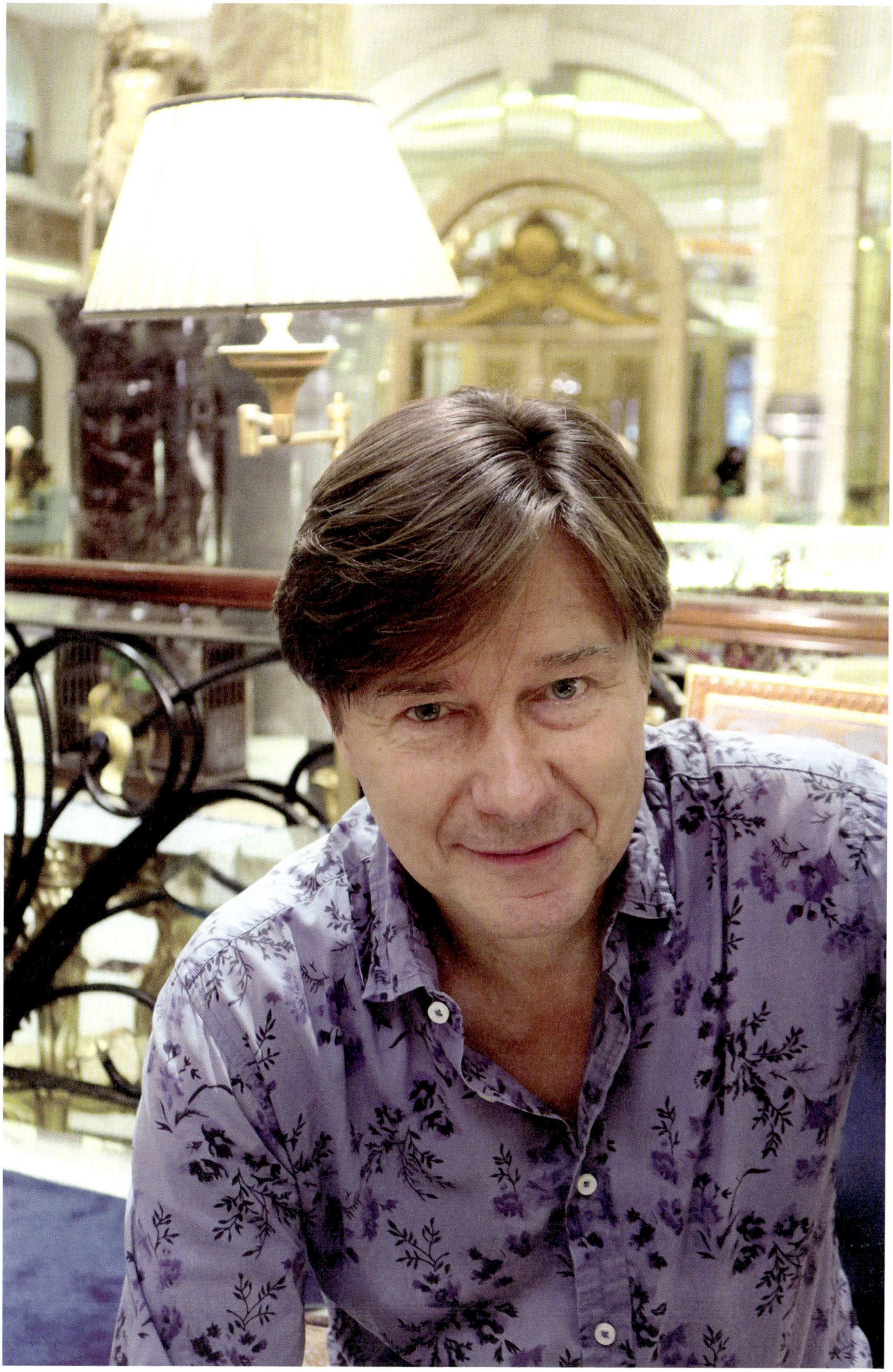

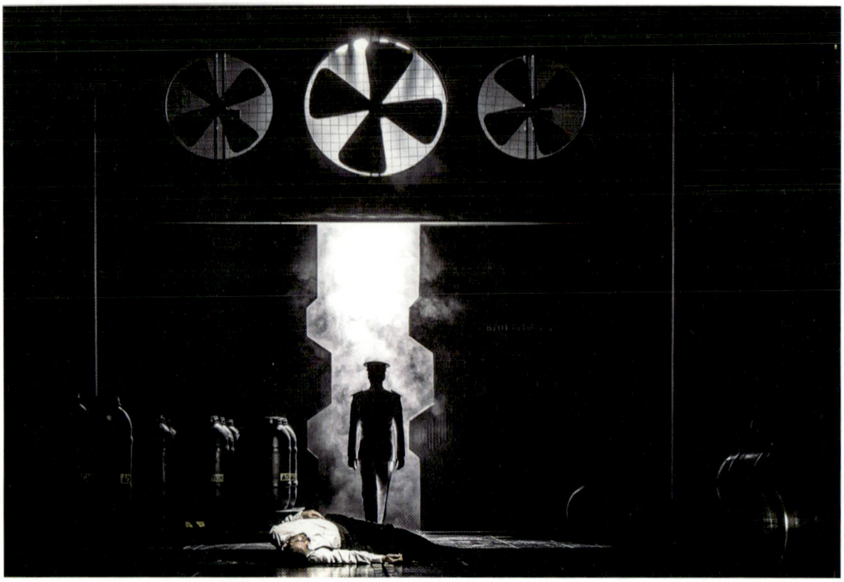

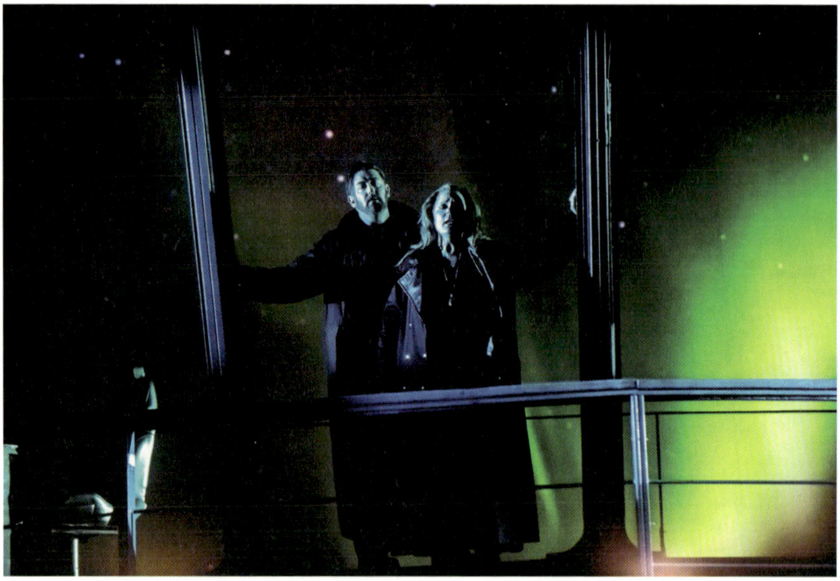

称为变形的艺术。这个作品中最出色的地方莫过于第二幕中那精彩的一场。"瓦格纳所写的《特里斯坦与伊索尔德》的故事上升到了对于"存在主义"的讨论，这也是为什么观众欣赏这部作品之后，没办法做到无动于衷，甚至有所转变。

众所周知，打造这样一部演出时间超长、情节曲折、音乐宏大、布景复杂的经典剧目，对于任何剧院来说都是巨大的挑战。从开幕运营至今的十年间，其中经历的酸甜苦辣，只有这些默默无闻的艺术家们才能体会它的来之不易。

北京国家大剧院在不断推出的五十五部歌剧制作中积累下了丰富的剧目制作经验，选择了高难度的歌剧《特里斯坦与伊索尔德》。它成为了继《漂泊的荷兰人》《罗恩格林》和《唐豪瑟》后，国家大剧院制作的第四部瓦格纳歌剧。2016年3月，此版《特里斯坦与伊索尔德》在巴登－巴登节日剧院完成首演，随后又分别在6月与9月完成了该制作在波兰华沙歌剧院和纽约大都会歌剧院的首度亮相。国家大剧院副院长赵铁春表示："今年是国家大剧院开幕运营十周年。十年来，国家大剧院曾与意大利帕尔玛皇家歌剧院、马林斯基剧院、英国皇家歌剧院等世界一流歌剧院进行过联合制作，共同打造出风格多样的歌剧艺术精品。此版《特里斯坦与伊索尔德》则是国家大剧院与大都会歌剧院、波兰华沙国家歌剧院、巴登－巴登节日剧院首度进行联合制作。"

男高音歌唱家杰·亨特·莫里斯（Jay Hunter Morris）和丹麦女高音歌唱家安·彼得森（Ann Petersen）领衔中外实力阵容参演这部歌剧。杰·亨特·莫里斯是一位歌剧演员、作家，也是格莱美大奖的得主。1995年，他在百老汇名作《大师课》中成功塑造了托尼一角，开始在美国崭露头角。他曾在悉尼、墨尔本、阿德莱德、西雅图、圣地亚哥、圣达菲、圣迭戈、卡尔加里、多伦多、洛杉矶、休斯顿、夏威夷、亚特兰大、巴黎、蒙特卡洛、东京、尼斯、斯特拉斯堡、法兰克福和维也纳等地参与过演出。2011年，他在旧金山歌剧院完成了齐格弗里德的角色首秀。最值得一提的是，他曾在2011-2012演出季由罗伯特·勒帕吉执导的大都会歌剧院制作的尼伯龙根的《指环》

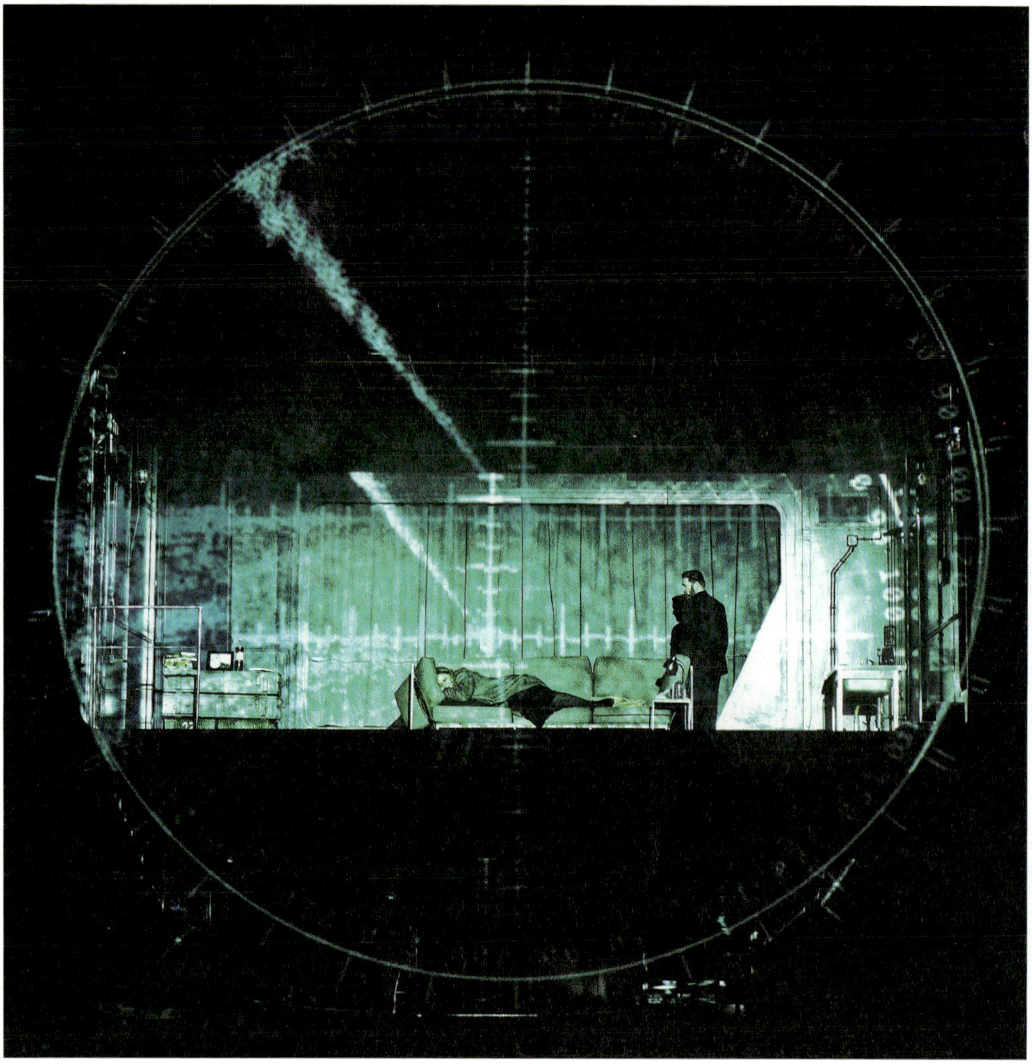

中饰演了该角色，这部作品在全球院线同步直播，所发行唱片夺得2013年格莱美最佳歌剧录制奖。

女高音歌唱家安·彼得森则是一位享誉全球的歌唱家，她在瓦格纳和斯特劳斯的德语歌剧中表现尤为惊艳。除了赴全球各地演出之外，她还是丹麦皇家歌剧院的成员之一。安·彼得森近期的演出包括2017年在《特里斯坦与伊索尔德》中饰演伊索尔德；2016年11月在《格林罗森》中饰演埃尔莎；2016年10月在《莱茵的黄金》中饰演芙蕾雅；2016年9月在《漂泊的荷兰人》中饰演森塔；2016年4月，她在丹麦皇家歌剧院完成了斯特凡·赫海姆执导的《莎乐美》的个人首秀。她还在斯德哥尔摩、里昂、马斯特里赫特和埃因霍温等地举行了多场音乐会，其中包括由哈特穆特·亨兴指挥的贝多芬的第九交响曲，施特拉斯的《最后四首歌》以及伊索尔德的"爱之死"。2016年6月至7月，她还在由巴伦博伊姆指挥的柏林国家歌剧院上演的歌剧《诸神的黄昏》中饰演古鲁特尼一角。

波兰著名导演马里乌什·特雷林斯基执导的这部歌剧，还有一个重要的特点，中西合璧，联袂演出。在剧中成功扮演特里斯坦的养父马克国王，一位慈父与军人、温情与严厉于一身的人物形象的中国男低音歌唱家李晓良，生于中国，曾在天津和北京学习声乐演唱，师从韩宝林教授和黎信昌教授。他首次在欧洲亮相是1998年，在《莱茵的黄金》中扮演法索特，并获得了巨大的成功。自那以后，他成为了一位活跃在世界歌剧院和音乐会舞台上的歌唱家。自从2001年以来，李晓良成为德国汉诺威国家歌剧院和斯图加特国家歌剧院的成员，扮演了许多重要的男低音角色。近年来，他在维也纳金色大厅演出莫扎特的《安魂曲》，在柏林德意志歌剧院和德累斯顿国际歌剧院演出了瓦格尔的《特里斯坦与伊索尔德》。他曾在许多的国际声乐比赛中获奖，慕尼黑ARD国际音乐大赛、德国贝塔斯曼基金会新声音国际音乐大赛、日本静冈国际歌剧比赛等，都留下了他夺得殊荣的骄傲足迹。

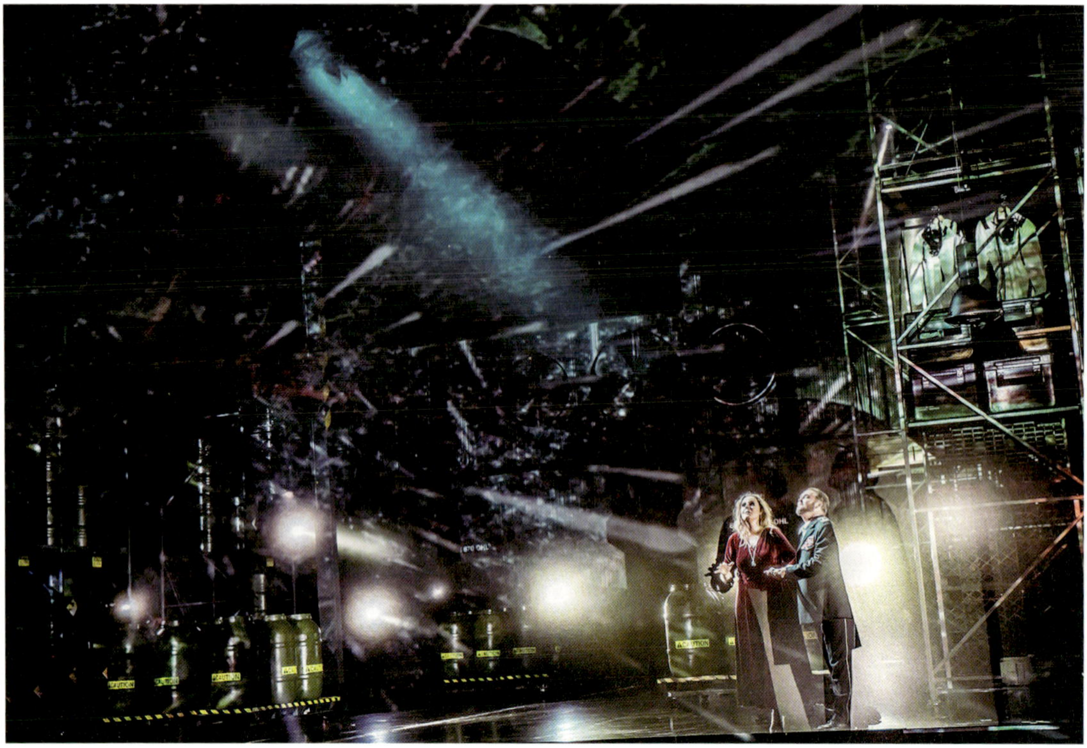

出生于台湾的华人指挥家吕绍嘉，自幼钢琴启蒙，后随陈秋盛研习指挥，继而赴美国印第安纳大学及维也纳国立音乐学院深造。在赢得法国贝桑松，意大利佩卓地和荷兰孔德拉辛三大国际指挥大赛首奖后，展开了他在欧洲的指挥生涯。此次，他在国家大剧院担任《特里斯坦与伊索尔德》的指挥，喜获好评。

理查德·瓦格纳的创作思想严谨缜密，创作风格特色鲜明。他认为，音乐在歌剧中的地位应该是服从于戏剧的。但由于深受叔本华思想的影响，因此，许多瓦格纳学者认为是叔本华"修正"了瓦格纳的艺术观点，使得他在之后创作的《特里斯坦与伊索尔德》以及《尼伯龙根的指环》后两部作品中都明显更加偏重音乐的地位。该剧共分三幕，从这部歌剧的序曲开始，我们就能感受到音乐本身在这部歌剧里起到无可替代的作用。在大提琴缓缓四个音符之后，最后一个音符转变成了双簧管、大管与英国管共同奏出和弦，这就是著名的"特里斯坦和弦"——实际上它听起来并非那么和谐，换句话说，它就像一个没有得到回答的问题，只有在该出答案时，才能产生聆听的圆满效果。然而作者瓦格纳并没有给出回答，而是用一段华丽而充满悲剧性的旋律，向观众讲述了动人的爱情故事。5小时之后，该剧落下帷幕，而这曲和弦终于在伊索尔德和爱人身边缓缓倒下，此时观众感受到原来"爱之死"就是如此的美妙与令人产生无限的遐想。

理查德·瓦格纳为这部歌剧创作隽永优美的旋律，对后世音乐创作产生了重大影响。从《特里斯坦和弦》到脍炙人口的咏叹调《爱之死》，使得这部歌剧成为世界音乐史上具有里程碑意义的永恒经典。波兰导演马里乌什·特雷林斯基匠心独具的再创作，使这部脍炙人口的歌剧给观众带来歌剧艺术的享受的同时，也仿佛让人们走进了电影世界。所以有人说，马里乌什·特雷林斯基是在把古老的传说搬上了现代"银幕"。

马里乌什·特雷林斯基的"一鸣惊人"

波兰导演马里乌什·特雷林斯基（Mariusz Trelinski）第一次来中国，就闹出那么大的"动静"，原因是他执导的《特里斯坦与伊索尔德》由中国国家大剧院、纽约大都会歌剧院、波兰华沙国家歌剧院、巴登－巴登节日剧院联合制作，首次亮相中国，一鸣惊人。

在王府井励骏酒店大厅，与特雷林斯基面对面交谈，他目光炯炯，神采飞扬，谈笑风生，高兴地对我说："导演这部剧，对于一个导演来说是一件大事。去年9月，在美国时代广场参加一年一度的歌剧节，开始上演我导演的歌剧，这是非常重要的演出。全世界几乎同时能收看到，我导演的这部剧非常受欢迎。演出还没结束，就已经接到了美国大都会歌剧院两年以后的再次邀请。"

去年秋天的演出，那场面和震撼至今令特雷林斯基难忘。四千人的观众位座无虚席，连演十场，场场爆满。有人说，这在世界歌剧史上也算是创造了奇迹。此次他又担任导演，打破该剧原来所有的导演模式，让这部新剧彻头彻尾地焕然一新。难怪有人说，特雷林斯基的动作太大，一鸣惊人。

特雷林斯基有着数十年的丰富导演经验，他曾经做过200多名演员参加演出的"大

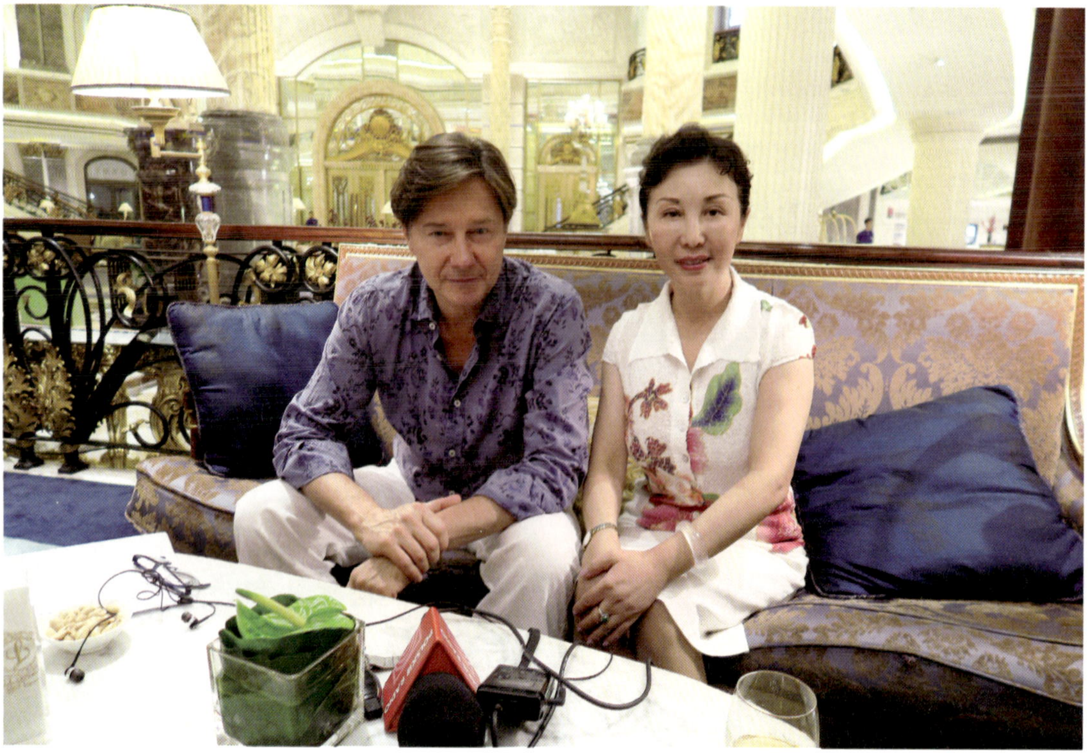

部头"作品。他导演过《漂泊的荷兰》《奥涅金》等知名歌剧。此次来北京之前，他就在想，中国地大物博，人口众多，文化深厚，一定要向中国观众奉献上一台与众不同的《特里斯坦与伊索尔德》。

起初，特雷林斯基在思考：这是一部非常有历史有故事的歌剧，可以将它分为两个部分来思考。在中国与国家大剧院、纽约大都会歌剧院和波兰华沙国家歌剧院合作的歌剧，无论是音乐创作、舞台布景，还是哲学思想，都将与以往的创作思维完全不同。

特雷林斯基深情地向我讲述了这部歌剧动人的爱情故事：男女主人公不仅在活着时在一起，直到死亡降临，也依然不离不弃。特里斯坦与伊索尔德的爱情故事来自古老的凯尔特传说，瓦格纳对其进行了深刻的改造，突出了爱情与死亡的关联。在传说中的中世纪，位于英格兰南部的康沃尔国国王马克娶爱尔兰公主伊索尔德为皇后，他派自己的侄子，忠实的骑士特里斯坦前往爱尔兰迎接和护送伊索尔德。在从爱尔兰返回康沃尔国的海上，伊索尔德被内心的痛苦和矛盾所折磨，因为塔利斯塔曾为了保卫康沃尔国的利益而杀死她的未婚夫，但她又在内心深处爱着特里斯坦这位举世无双的英雄。她欲以毒药结束自己和特里斯坦的生命，却喝下了侍女布兰甘特换上的爱情迷药，与特里斯坦双双陷入情网。后来，他们的恋情被马克国王发现，特里斯坦被国王的侍臣梅洛特刺成重伤，在伊索尔德的怀抱中死去；悲愤绝望的伊索尔德也弃绝人世，以死殉情。

"瓦格纳写的是凡人的故事，而不是英雄的故事，每个角色的内心深处依然对神性充满了无限憧憬。但是，对神奇能力的向往，难道不正是芸芸众生的诸多执念之一吗？"特雷林斯基这样说，瓦格纳的歌剧角色的命运之所以与英雄的命运相似，是因为他们都怀揣一个真诚的欲望，那就是以无限的激情，拼尽全力，活出比常人更加充实的人生。也正是因为这样，瓦格纳笔下的人物个个都想超越自己，在做自己的同时"也成为别人"，寻求脱胎换骨。或许这正是他在创作了《特里斯坦与伊索尔德》新的美学观之后写给马蒂尔德·韦森冬克的信中的这段话的真实意义："我会把我自己的艺术，这及其复杂并深刻的艺术，称为变形的艺术。这个作品中最出色的地方莫过于第二幕中那精彩的一场。"

戏剧顾问皮奥特·格鲁什琴尼斯基、阿达姆·拉德次基这样评价说，马里乌什·特雷林斯基在指导歌剧的时候，总能创造出一些直达潜意识最深处的意象。他总是努力根据音乐的指示对歌剧的台词进行抽丝剥茧般的解读，其中，瓦格纳的音乐不仅发起了角色的心理变化，更是毫无间断地指引、推动了这些心灵进程。因此，舞台工作者能从瓦格纳的音乐中学到很多。与此同时，特雷林斯基总是能够表现出歌剧中所蕴含的普世现象，这些现象虽然并非永恒不变，但他们至少契合了当下的时代精神。从政治背景来说，当下的欧洲分崩离析，并令这个世纪开始变得危机四起，而在瓦格纳歌剧中用来指路的那颗黑色、忧郁的太阳，却显然不会让人迷失方向。

特雷林斯基谈到"爱中有死，死中有爱，这很像佛教中说的爱最完美的状态。在爱的完美状态下，二人合一，爱情至上，将生活、生命、世界全部融入。"他说，在欧洲历史上，《特里斯坦与伊索尔德》是最完美漂亮的一部歌剧。在纽约演出时，为什么这部歌剧如此受到欢迎，原因就是这部歌剧有完美的音乐、完美的故事。我们每个人都具有社会责任和个人角色，在剧中的特里斯坦是士兵，我是导演，不同的角色我们内心有不一样的感受。在这部剧中作为导演，我必须全心全意地百分之百地投入。在导演这部剧期间，我无法走出外面的世界，因为导演这个角色，不能让剧中的自我走出来，一切都要围绕剧中的角色。在剧中特里斯坦作为一名士兵，外表需要坚强，但内心却是很柔软的。特里斯坦的父亲在他出生之前就已死去，而他的母亲因为生他的时候难产丧命，一出生即成为孤儿的他从一开始就被烙上死亡和创伤的印记。然而在母亲去世后特里斯坦一直与舅舅在一起，成长的过程中他的内心总是缺乏母爱，作为士兵他会打仗，但也需要爱情。所以，在导演这部戏的过程中，我总是替这位缺少

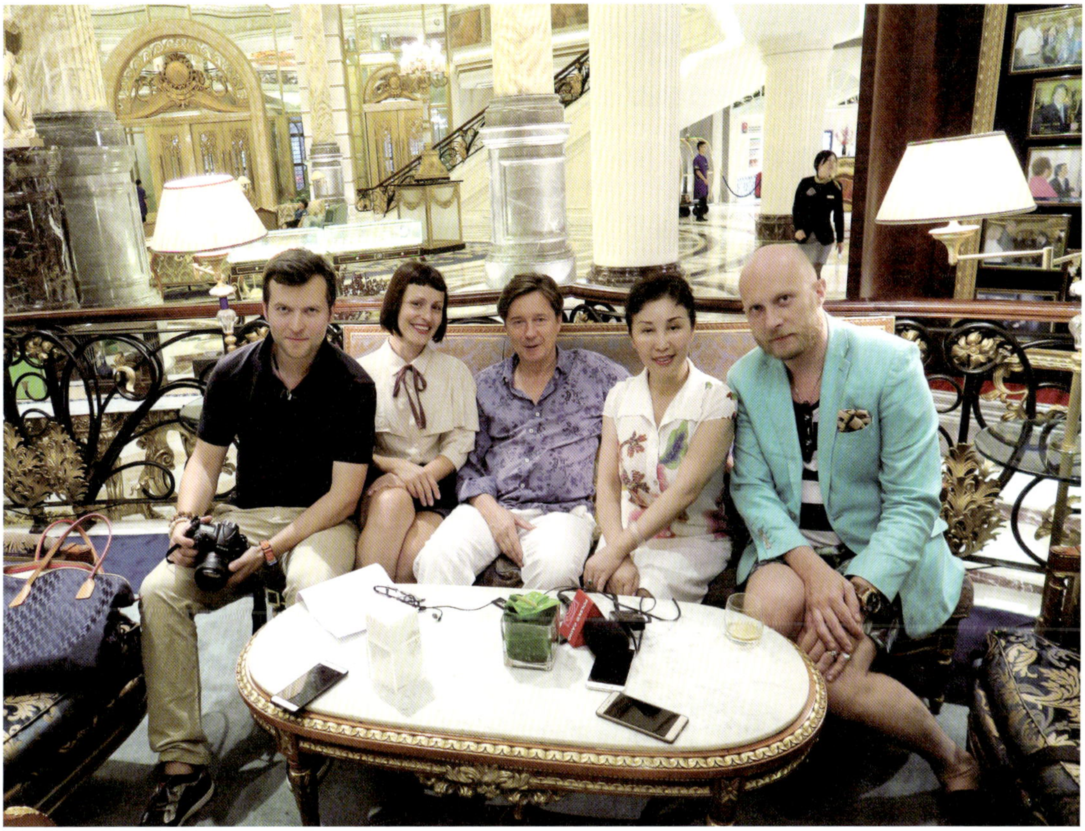

母爱的角色着想，尽可能地让角色的内心得到满足。从而在这部有较大改编的瓦格纳的歌剧中给观众带来新颖的感觉。

"为了在北京国家大剧院为中国观众献上这部深受世界各国观众喜爱的经典歌剧，我们提前很长时间就来到北京。在这三周多的时间里每天都在紧张地排练，因为这场歌剧的艺术水准非常之高，高水平的永叹调非常之难，这难度在世界上仅有少数几位歌剧演员能唱到最好的效果。所以，我们必须抓紧时间，每一天都在分秒必争地排练。这部歌剧的整个制作团队都是波兰人，来自美国、丹麦、德国、俄罗斯的各国演员联袂演出。"特雷林斯基介绍，背景的制作非常复杂，是现代化电影场景很难的制作。从这部歌剧的序曲开始，我们就能感受到音乐本身在这部歌剧里中所占据的无可替代的分量及美妙的效果。整部剧有三位舞美，舞台上的道具是一艘船，用光是不一样的。船一直在水中游动，让观众有一种身临其境的真实感，这就是高科技手段才能打造出的如此现代化的场景。歌剧《特里斯坦与伊索尔德》在大提琴缓缓奏出了四个音符之后，最后一个音符转变成双簧管、大管和英国管共奏出一个和弦，这就是著名的"特里斯坦和弦"。

特雷林斯基思维活跃，颇具儒雅的艺术气质，毕业于赫赫有名的波兰罗兹电影学院电影导演专业。他有着长期积累的电影导演经验，因此，他导演的歌剧也非常具有电影性。他先后导演过四部大片，对于音乐的感情，他珍视为爱情。特雷林斯基导演过17部歌剧，尤其在2000年导演的歌剧《蝴蝶夫人》很受欢迎，从此增添了他对歌剧导演的勃勃雄心。

作为导演的特雷林斯基，他希望向观众奉献的每一部歌剧都称之为经典，分享他作为一名导演的创作成就，让观众和他一样：用我们的耳朵感受更绚丽的声音表情，用我们的双手探寻更新艳的时代文化，用我们的心灵憧憬更灿烂的瞬间感动，用我们的努力创造更精彩的音乐剧经典。

三月春风吹来

三月的北京，风光旖旎，春暖花开。最是一年春好处，静听花开踏歌来。

中山音乐堂灯火辉煌，座无虚席。一场别开生面的音乐会拉开帷幕，来自波兰的"爵士天后安娜·玛丽·约佩克——克拉科手风琴三重奏音乐会"为中国观众奉献了一场女歌手和三重奏乐队同台亮相的音乐会。

伴着节奏感极强的音乐，这场音乐会的主角安娜·玛莉·约佩克款款而来，她亮开歌喉，深情歌唱。她清丽明亮的歌声，动人心魄，一曲《黑暗之光》仿佛将观众带入了一个神秘的世界。

黑暗之光　所有的美德　不同寻常的幸福

尽你所能　月落雅纳　来啊　你是我的呼吸

碧空日落长河　阴影之河　时光目光远不及

……

安娜·玛莉·约佩克（Anna Maria Jopek）1970年出生于波兰华沙艺术世家，父母都是波兰传奇民间歌舞团"玛佐夫舍"的演员。她自幼接受古典钢琴教育，长大后如愿以偿地考入华沙弗雷德里克·肖邦音乐学院学习钢琴专业，她还在纽约曼哈顿音

ANNA MARIA JOPEK & KROKE
FEAT. ROBERT KUBISZYN & PAWEŁ DOBROWOLSKI

Asian Tour

13/08 WUHAN /CHINA
19:30 Wuhan Qintai Concert Hall

15/08 BEIJING /CHINA
19:30 Forbidden City Concert Hall

17/08 HONG KONG
20:00 HK Arts Festival

18/08 HONG KONG
20:00 HK Arts Festival

19/08 TOKYO /JAPAN
18:30 Blue Note Tokyo
21:00 Blue Note Tokyo

20/08 TOKYO /JAPAN
18:30 Blue Note Tokyo
21:00 Blue Note Tokyo

22/08 TAKASAKI /JAPAN
18:30 Gunma Music Center

乐学院攻读爵士音乐，获得了国际肖邦协会和纽约哥伦比亚大学奖学金。

1997年，她签约宝丽金，2002年起签约环球唱片，在都柏林举办的欧洲歌唱大赛中，她作为波兰代表，演唱"But I Am /Ale jestem"歌获得第11名。几个月后，她录制的首张专辑"Ale jestem"，在波兰获得金唱片销量。

安娜·玛丽·约佩克曾与多位国际知名音乐家有着广泛的合作，其中包括鲍比·麦菲林（Bobby McFerrin）、伊凡·林斯（Ivan Lins）、尤索·恩多（Youssou N'Dour）、博比·麦克费林（Bobby McFerrin）、小根真（Makoto Ozone）和理查德·伯纳（Richard Bona）等。与她合作过的音乐家都非常赞赏她的才华，歌手斯汀（Sting）说，"能与约佩克同台是我莫大的荣幸，我是她的忠实粉丝，她的乐队非常优秀，她是一位了不起的音乐家。"

安娜·玛丽·约佩克是一位极具魅力、多才多艺的艺术家，她不仅是波兰的爵士歌手，而且还是一位出色的钢琴演奏家、键盘乐器演奏者、作曲家、歌词作者和音乐制作人。对艺术她总是抱有极大的投入和热情，对音乐极具聪慧的天资和开阔的视野。她曾登台好莱坞露天剧场、卡内基音乐厅、伦敦皇家节日音乐厅、东京Bluenote俱乐部、伊丽莎白女王大厅、特拉维夫以色列歌剧院等，并在英美著名录音室录音，包括"真实世界""阿比路"及"发电站"等，这位出类拔萃的波兰艺术家在世界乐坛上留下了闪光的足迹。

从艺至今，约佩克的唱片销量突破百万，几乎包揽了波兰所有重要的音乐奖项。不仅如此，她还涉猎多个艺术领域，能将风格迥异的音乐、文化、艺术得以完美地融合，在国际音乐界极富影响力。她这样评论自己的音乐：

"请不要把我的音乐归类于爵士乐、流行音乐或民间音乐……我的音乐受很多因素的影响。由于其自由、和谐与时间感的原因，爵士音乐毫无疑问是最重要的，但我是在老波兰民间歌曲的伴随之下长大的。所以，我扎根于这些斯拉夫音乐和曲子。"

音乐会上她极具感染力的出色演唱，赢得了中国观众的阵阵掌声。

本场音乐会的另一"主角"——克拉科乐队（KROKE 即：意第绪语的"克拉科夫"），也让中国观众领略了独到的音乐魅力。帅气十足的演奏家刚刚走上舞台，便让中国观众眼前一亮。他们娴熟的演奏技巧、优美的音乐旋律，让观众领略到了这支来自音乐国度——波兰，多元音乐艺术的别样风情。

1992年，三位毕业于克拉科夫音乐学院的学生：耶日·巴沃尔任手风琴（Jerzy Bawo），托马仕·库库尔巴任中提琴（Tomasz Kukurba）和托马仕·拉托任低音提琴（Tomasz Lato），创建了这支乐队，他们都接受过专业的音乐教育，学习了爵士乐和现代乐。克拉科乐队从成立之日起就有着独特的音乐风格，初始演奏深深扎根于犹太传统音乐，同时深受巴尔干音乐的影响，后又将东方及印度音乐融入其中，汲取了爵士乐和多元化世界音乐元素，独辟蹊径创作出属于克拉科乐队的独树一帜的音乐艺术风格。

起初，克拉科乐队只在克拉科夫前犹太区——卡齐米日区的俱乐部和画廊演奏。从此，人们首次听到克拉科音乐。1993年，他们录制并发行了录音带。在爱俪儿（Ariel）画廊演出时，受到《辛德勒的名单》的导演斯蒂芬·斯皮尔伯格（Steven Spielberg）的欣赏，他把克拉科乐队邀请到了耶路撒冷。

在拍摄电影最后的场景时，在幸存者团聚会上，克拉科乐团为奥斯卡·辛德勒名单上幸存下来的人们举行了一场音乐会，悲怆而深沉的音乐深深打动着幸存者们的心灵，让这段难忘的历史，永远铭记在人们的心中。后来，斯皮尔伯格把克拉科乐队的演奏录音带寄给了英国音乐家彼得·加布里埃尔（Peter Gabriel），听到这支乐队独特的音乐，令他为之一震。于是在1997年他发出特别邀请，克拉科乐队应邀参加了WOMAD（World Music Arts & Dance 世界音乐艺术和舞蹈）音乐节。音乐节上，克拉科乐队和其1996年发行的首张唱片"Trio"一炮走红，赢得了观众们的特别喜爱。

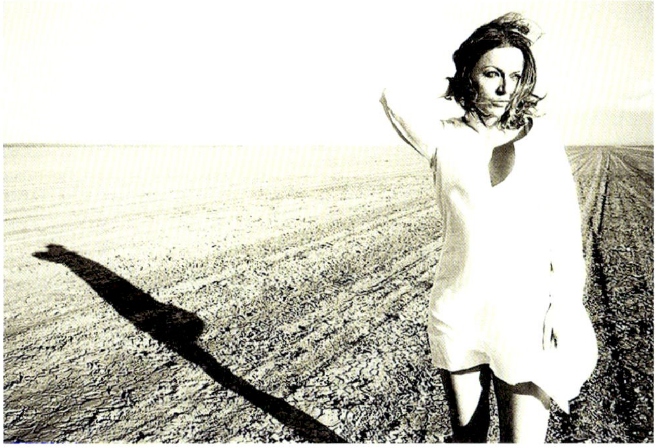

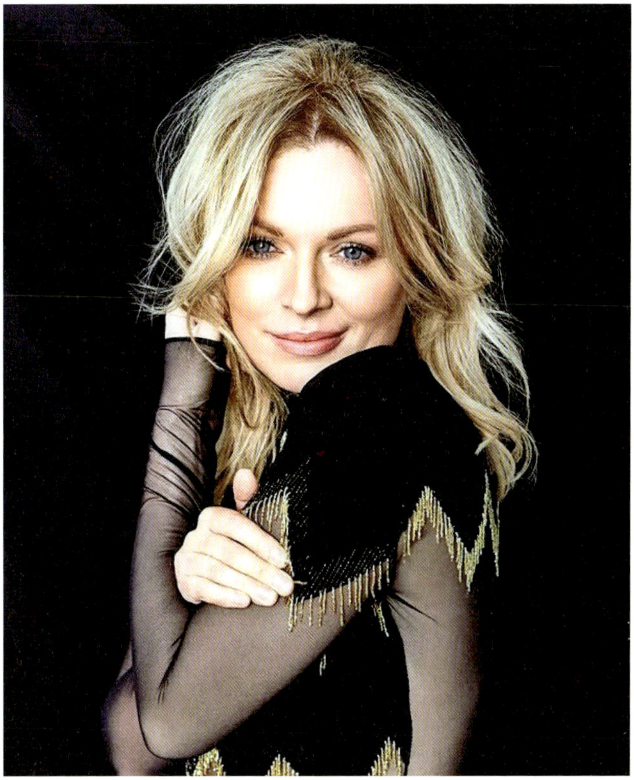

此后他们与英国摇滚音乐家彼得·加布里埃尔（Peter Gabriel）合作，在英国Real World唱片公司录制唱片，其中部分录音以后被加布里埃尔用在其"Long Walk Home"唱片上、菲利普·诺伊斯（Phillip Noyce）《末路小狂花》（"Rabbit-Proof Fence"）电影的配乐中。

1997年，克拉科乐队发行了名为"Eden"的第二张专辑。音乐继续传承犹太音乐传统，正如"Trio"专辑一样，展示音乐、历史的研究结果。观众收到结合传统装饰与现代技术的专辑，而传统主题与现代音乐的结合给人一种全新的感觉。

1998年，克拉科乐队将成立初始的音乐理念及艺术风格，集结成"Live At The Pit"专辑。该专辑在英国录制，被提名为德国唱片评论奖，还应邀参加了欧洲最重要的音乐节，并巡回演出。他们与众多音乐家、艺术家和文化人士进行了深度交流，为今后的音乐创作带来了新的灵感。在其后期的作品中，不仅带有源自犹太人和巴尔干的音乐灵感，还体现了西班牙、犹太、阿拉伯、印度的音乐风格。

1999年，克拉科乐队完成了专辑"The Sounds of the Vanishing"的录制。这张专辑在波兰和欧洲拥有很高的知名度，并在2000年荣获德国唱片评论奖（Preis der Deutschen Schalplattenkritik），为克拉科乐队再次赢得赞誉。

2001年，克拉科乐队在康沃尔的巡回演唱会上首次与英国音乐家奈吉尔·肯尼迪（Nigel Kennedy）合作，之后发行了唱片"East Meets East"。2003年，克拉科乐队发行了一张旋律优美的唱片"Ten Pieces to Save the World"，这张专辑在美国世界音乐排行榜上名列第二，是乐队十年来在音乐届取得的最高成就。

凭着克拉科乐队在欧洲和世界乐坛的影响力，先后录制的"Quartet Live At Home"，"Spiewam Zycie"，"Oriente Musik"，"Seventh Trip"，都取得了巨大的成功。尤其是他们的"Seventh Trip"，音乐不仅充满活力，更在克拉科乐队的音乐历程上续写了辉煌的篇章。

音乐会上，波兰克拉科手风琴三重奏的精彩表演，给中国观众留下了深刻美好的印象。爵士天后安娜·玛丽·约佩克，与波兰克拉科三重奏同台演出（手风琴演奏为耶日·巴沃乌；中提琴、歌手托马什·库库尔巴；贝斯演奏罗伯特·库毕辛；打击乐演奏帕维乌·多布罗沃尔斯基（Tomasz Grochot），实现了爵士女声与手风琴三重奏的完美交融。

"克拉科手风琴三重奏 爵士天后安娜·玛丽·约佩克音乐会"仿佛给春天的北京送上了一曲春之声的美妙乐章。

音乐宛如幽谷深潭，在爵士、古典、民族、犹太等音乐形式和多种文化间自在游走，他们用音乐诉说着故事，唤起了被遗忘的记忆，为观众带来了富有画面感和想象力的文化意象，让听众仿佛在音乐的时空中穿梭、探索、回味。

三月春风吹来，轻风拂过心海，聆听这场音乐会，每一支乐曲，每一段歌声，都仿佛拥有风一样的自信和飘逸。忧伤划过岁月，诠释了永恒更拥有自然的淡定与豁达。

牵着肖邦的手

春天，花正好。芳草，四月天。

莺飞草长、万物复苏的春天，柳枝吐露嫩芽，百鸟鸣唱欢歌。一曲浪漫委婉、优美动听的肖邦钢琴曲萦绕耳畔，回荡心头，把我的思绪带回到刚刚过去的这个夏天。令我心驰神往，怀着朝圣的心情，第八次拜谒弗雷德里克·肖邦（Fryderyk Chopin）的故居——热拉佐瓦·沃拉庄园。

这是一栋坐落在波兰首都华沙郊区，被花木和古树重重包围着的，让人感到亲切温馨的古老住宅。既像一座美丽的别墅，又是一处幽静的农舍。白色的小屋前，一颗巨大的栗子树，日夜守护，四周是一片生机勃勃的绿树花草，丁香花、玫瑰花、郁金香、紫罗兰，香气袭人、沁人心脾，把这座古老的庄园装扮得更幽静美丽。

故居内珍藏着肖邦的出生证、洗礼证明书、肖邦儿时送给父母的贺卡以及他少年时代的手书乐谱。屋里摆放着他和父母使用过的炊具、生活用具，其中最为珍贵的要数一架与肖邦年龄相仿的黑色斯坦威三角钢琴，这一切如今都已经成为波兰的国宝。

钢琴静静地伫立在肖邦诞生的房间，好像一位饱经风霜的老者，守望着肖邦，迎来送往络绎不绝的宾客。此时，钢琴的盖子打开着，似乎一曲未终，仿佛肖邦就在眼前。

他风度翩翩，温文尔雅，坐在钢琴前，演奏着那一曲曲属于热拉佐瓦·沃拉庄园的恬静优雅、诗意浪漫的乐章。

夏日，披着一身绿荫的树叶在风中婆娑摇曳，鸟语花香的肖邦故居迎来了中国的两位英才勃发的英俊青少年：第一届北京肖邦国际青少年钢琴比赛青年组第一名陈学弘、少年组第一名铁顺顺。

这是一个晴朗的周末，阳光明媚，白云缭绕，风景如画。在肖邦故居举办的"陈学弘 铁顺顺肖邦钢琴音乐会"，吸引了不少热心的波兰观众，一位年轻的曾经当过记者的艾娃（Eva）女士告诉我，肖邦是最纯真的浪漫诗人，他是波兰的骄傲民族的象征。今天就在肖邦出生的地方，聆听到来自东方中国的青少年演奏肖邦钢琴曲，一大早我就和丈夫、儿子、儿媳以及八个月大的孙子一同来欣赏这场音乐会，感到特别高兴。

此时，我身边四岁的小女孩卡琳娜（Kalina）和他三岁的弟弟拉杰克（Radek）也随父母一起来欣赏这场由肖邦国际青少年钢琴比赛的中国获奖者演奏的音乐会。虽然姐弟俩年纪小，但当音乐随着清风悠扬地响起时，他们几乎入了迷，一动不动、安安静静地沉醉于美妙的音乐中。

琴声悠扬，旋律回荡。陈学弘演奏的《肖邦玛祖卡4首op.24》乐曲，流淌着波兰民族音乐的魂魄。无论是《肖邦D大调夜曲op.27 no.2》《肖邦C小调夜曲op.48 no.1》，还是《肖邦降A大调英雄波兰舞曲op.53》《肖邦升F调船歌op.60》，他的演奏稳健舒缓，极为细腻，把乐谱上的难度都化作了涓涓细流，出神入化。

性格开朗的铁顺顺坐在斯坦威钢琴前，聚精会神，有板有眼。在《肖邦夜曲op.55》中奏响了独奏音乐会的序曲。他将这首"充满了梦中饱满的甜蜜欢乐，将黄昏、夜的寂静以及从中带来的种种感受，表现得淋漓尽致"。接下来的《肖邦叙事曲op.52》《肖邦谐谑曲》《肖邦波罗乃兹舞曲op.53》，每一首肖邦乐曲，铁顺顺都用心演绎，奏出华彩。

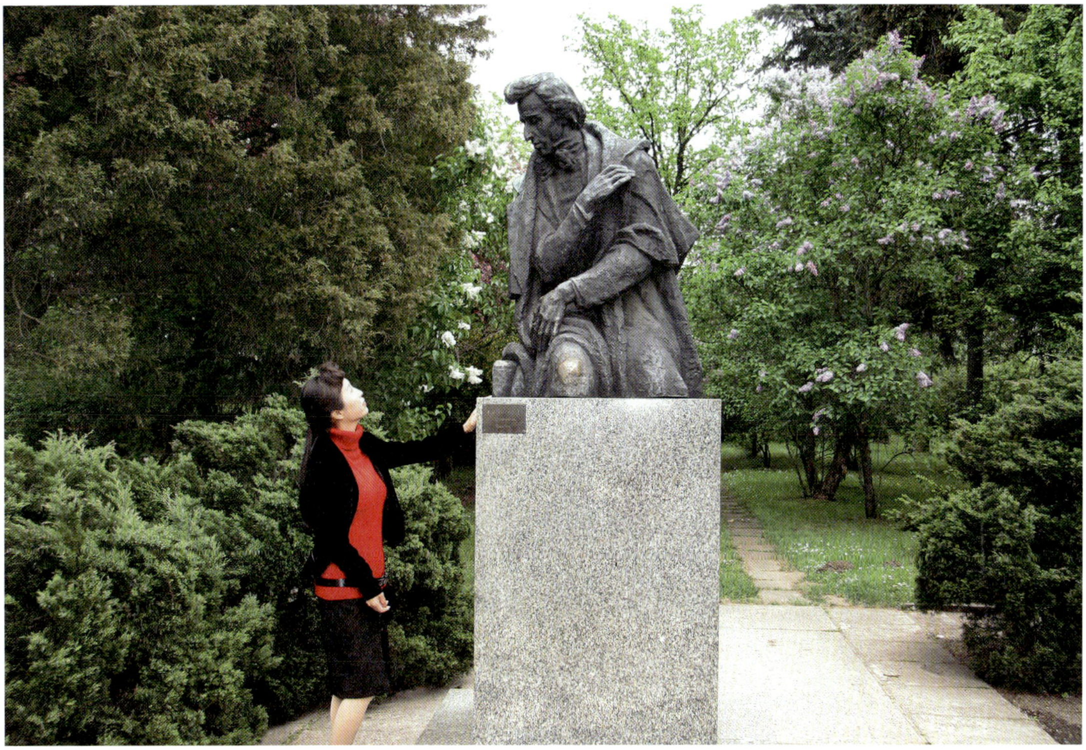

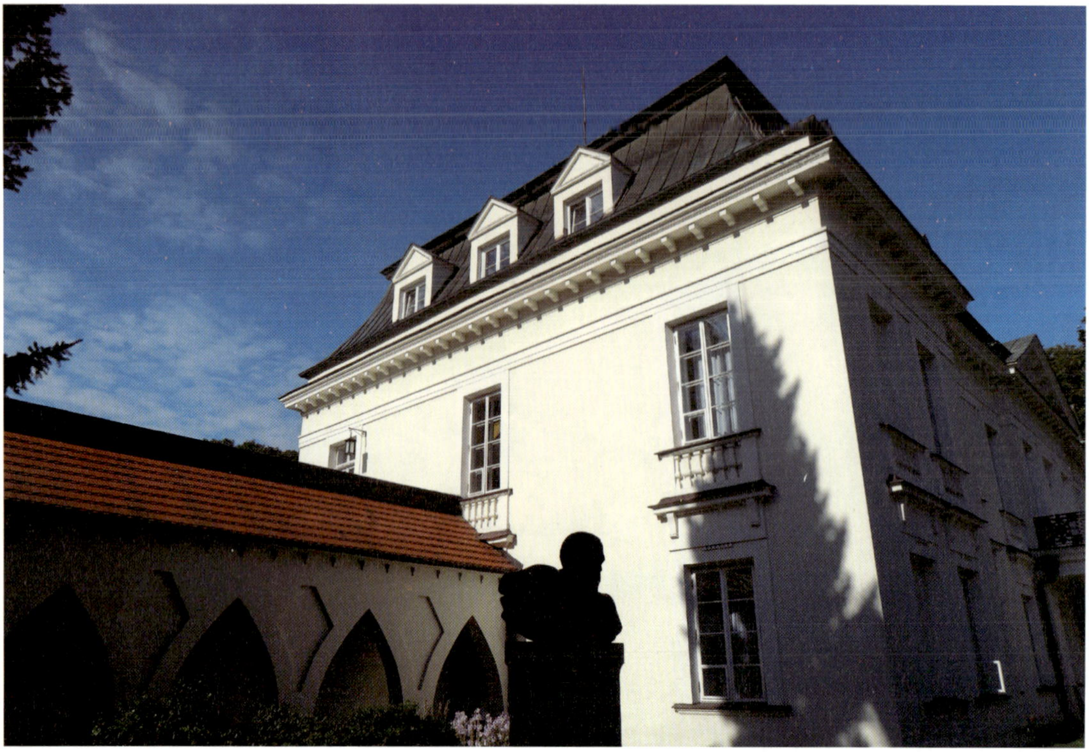

陈学弘、铁顺顺的精彩演奏，获得听众的热烈掌声，赢得肖邦音乐爱好者的赞誉与共鸣。18岁的陶虹屹来自中国武汉，在波兰肖邦音乐学院学习，受父亲的影响，从小就非常喜欢肖邦音乐，他兴奋地说："今天来到肖邦故居，聆听两位首届北京肖邦国际青少年钢琴比赛青少年组的获奖者，演奏肖邦钢琴曲，每一个音符都深深打动着我的心。"

时而委婉动人，含情脉脉；时而激昂跳跃，如滚滚波涛。肖邦音乐华丽雅致，精美绝伦，深为人们喜爱，世界认同。

在我童年时代，留声机是高贵的"奢侈品"，幸好家里有一台，它成为我最初的音乐老师。母亲是一名军医，出生于书香门第。在她很小的时候，家里就有一台留声机，她经常听黑唱片，非常喜欢音乐。记得在我小的时候，母亲经常买回喜欢的唱片，陪伴我和她一起聆听。每次我都听得津津有味，入耳入心。音乐是那么美妙，时而欢乐，时而庄严，时而轻快，时而深沉。听完后，我刨根问底，追问母亲："这是什么曲子，是哪个国家哪个人写的？"后来唯一引领我想象的波兰人——肖邦，还有他的《A大调—军队波罗乃兹》《降A大调—英雄波罗乃兹》《E大调练习曲"离别"》《玛祖卡圆舞曲》……

谁也不成想到，喜欢肖邦音乐的我，在四十多年后的仲夏，伴着肖邦乐曲的旋律，牵着肖邦的手，再次来到波兰，这次依然是为肖邦而来。

"肖邦与他的欧洲音乐节"是这个夏天波兰最重要的文化盛事。从走下飞机的那一刻起，我们就走进了肖邦的世界。以肖邦名字命名的华沙国际机场，是全世界唯一在机场候机大厅里摆放着供乘客演奏钢琴的机场，大厅背景音乐播放着肖邦钢琴曲。在街头的霓虹灯、出租车、歌剧院、商场酒店的广告牌和海报上，悬挂着的都是人们熟悉的肖邦画像。粉色、黄色和谐搭配让人眼前一亮，于是铭记心中的"肖邦与他的欧洲"宣传画，身临其境，切身感受到了浓郁的波兰文化氛围。

曾记得90年前，在以耶日·祖拉夫列夫（Jerzy Zurawlew）为首的少数追求完美的钢琴家们不懈努力下，第一届肖邦国际钢琴比赛终于在华沙爱乐乐团成功举办。然而，90年后，经过十年的努力，2016年6月，习近平主席对波兰国事访问期间，在两国领导人共同见证下，签署了中波两国文化合作协议书。迄今为止，中国引进的世界顶级赛事——肖邦国际青少年钢琴比赛终于落户北京。这对于促进中国钢琴教育的发展，提升广大青少年与大众文化艺术修养，推动我国对外文化交流产生了积极深远的影响，在中波文化交流史上写下了闪光的一页。

这个美丽的夏天，首届肖邦国际青少年钢琴比赛中的获奖者陈学弘、铁顺顺走进肖邦钢琴大师班，与来自美国、英国、法国、奥地利、俄罗斯、哈萨克斯坦、澳大利亚、日本等国的50位音乐爱好者一同聆听世界最优秀的钢琴大师们面对面授课，参与教学交流与观摩演出，享受具有国际一流水准的音乐饕餮盛宴。

漫步在位于华沙45公里处美丽花园宫殿般的波兰艺术之家（Radziejowice），这里绿树成荫、鸟语花香，高耸云天的古树苍翠葱茏，明澈如镜的湖水安和幽静，宛若人间天堂。古老庄重的建筑，给人留下既宁静又厚重的美好印象。

风度儒雅的波兰艺术之家院长波古米乌·穆鲁勃钦斯基（Bogumil Mrowczynski）先生向我介绍，这座美丽的花园宫殿，每年有很多音乐家、画家、导演、艺术家相聚于此，交流学习，畅叙友情。波兰国家和国际艺术节都在这里举办。每年夏天肖邦学院都会在此举办钢琴大师班授课及作品音乐会，为听众带来美好的音乐享受。

阳光灿烂的午后，草地沐浴着阳光，鲜花散发出清香。作为尘世间的乐园，波兰艺术之家——这座曾经古老典雅的贵族花园，张开双臂，迎来世界各地艺术家和怀揣音乐梦想的人们，搭建了以音乐沟通心灵的交流平台，唤醒艺术家们最初的创造灵感。

在莫妮卡（Monika Karpinska Krystek）女士陪同下，我应邀出席肖邦钢琴大师班开班仪式，这里自始至终洋溢着浓郁的"肖邦氛围"。波兰国家肖邦音乐学院副院

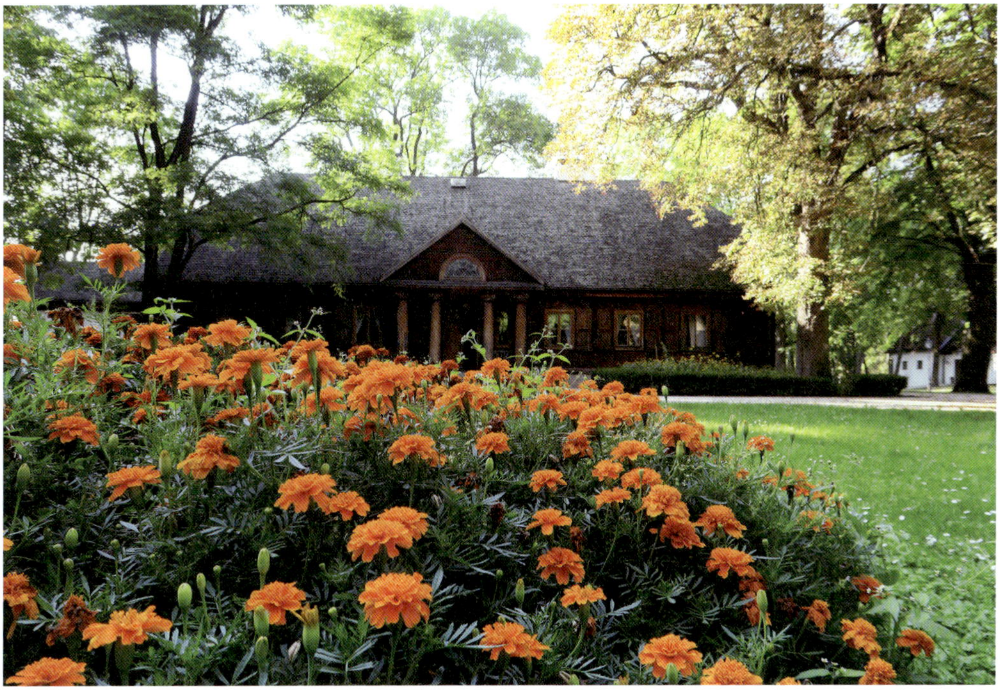

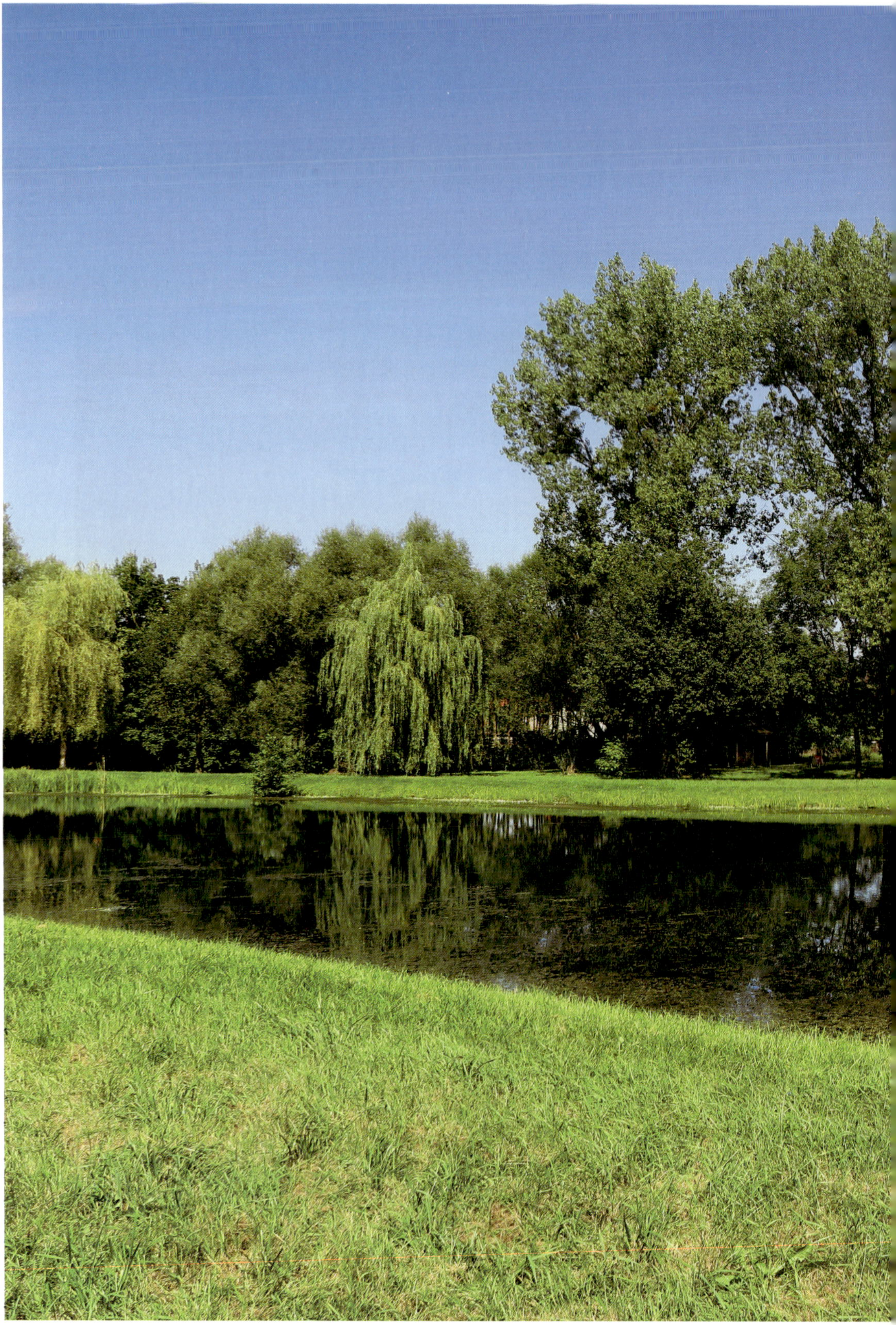

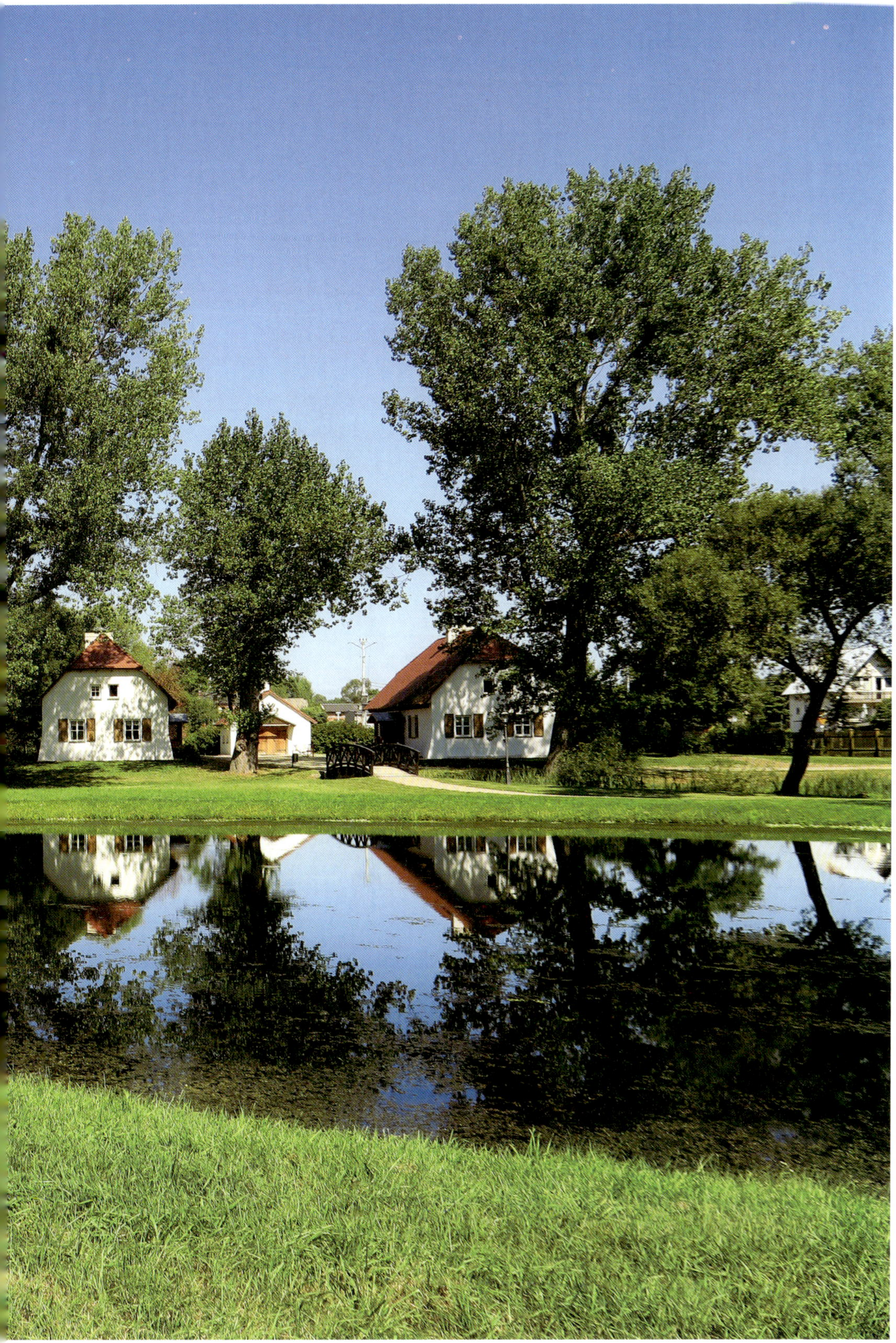

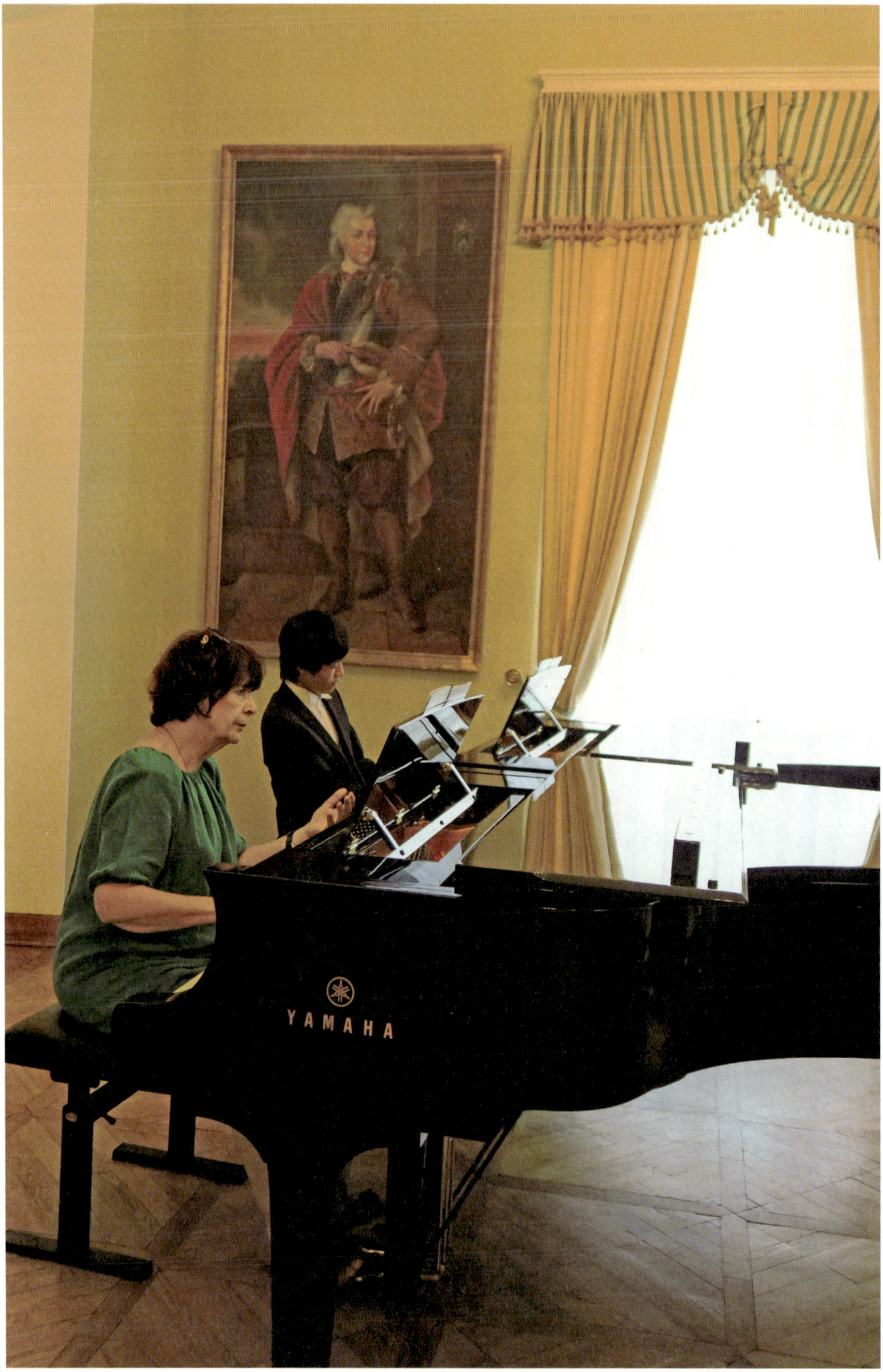
YAMAHA

长斯塔尼斯瓦夫·雷希奇尼斯基（Stainslaw Leszczynski）、音乐项目部主任乔安娜·波希珍尼（Joanna Bokszczanin）、教务主任米郝·布鲁尼斯基（Michal Brulinski）、著名钢琴家托比亚瑟·克赫（Tobias Koch）、卡塔琳娜·波波娃·兹德诺妮（Katarzyna Popowa Zydron）、阿里谢·鲁比莫夫（Alexei Lubimov）、安德瑞思·斯塔耶（Andreas Steier）、尼克莱尔·德米戴克（Nikolai Demidenko）一同出席了肖邦音乐学院钢琴大师班开班仪式。斯塔尼斯瓦夫·雷希奇尼斯基说："优美的肖邦音乐不分国界，无关信仰，人们在美妙的音乐中沟通心灵，分享美好。"

被波兰乃至世界音乐界和教育界亲切地称为"神话般的钢琴教育家"de 卡塔琳娜·波波娃·兹德诺妮，笑容满面，亲切和蔼。她坐在两位来自中国的"小钢琴家"身边，十分认真地聆听陈学弘、铁顺顺的演奏，对他们的表现投去赞许的目光。她对孩子们说："你们的基本功非常扎实，钢琴演奏的技术也较为娴熟，曲子弹得非常棒。每当你们演奏一首曲子时，就好像在面对观众讲述着一个精彩的故事，用音乐表达情感。双手的配合要讲究柔性，强弱音要有区别。演奏每一音节都要有变换，仿佛是从天上掉下来的样子，令人向往，追逐梦想。"

陪同陈学弘、铁顺顺前往肖邦钢琴大师班的中央音乐学院附中音乐教师权洪波，是铁顺顺的钢琴老师。此时，他坐在一旁，认真聆听波兰钢琴大师"传经送宝"，颇有感触。他很年轻的时候，就赴德国参加钢琴比赛，荣获大奖，之后在德国汉诺威音乐学院攻读音乐教育与钢琴演奏双学位，在柏林艺术大学获得钢琴演奏博士学位，四年前回国，进入中央音乐学院附中教学至今。在他看来，中外教育理念各有千秋，我们在抓好钢琴基础教育，学习钢琴演奏，技术水平领先的同时，需要老师尽可能引导、引领孩子走进艺术世界，开阔艺术视野，和学生交友交心。让老师走进学生的心灵，让学生走进艺术的殿堂，激发他们的艺术灵感和生活洞察力。

聆听了波兰钢琴大师面对面、手把手的教诲，陈学弘这样说："虽然是世界级的

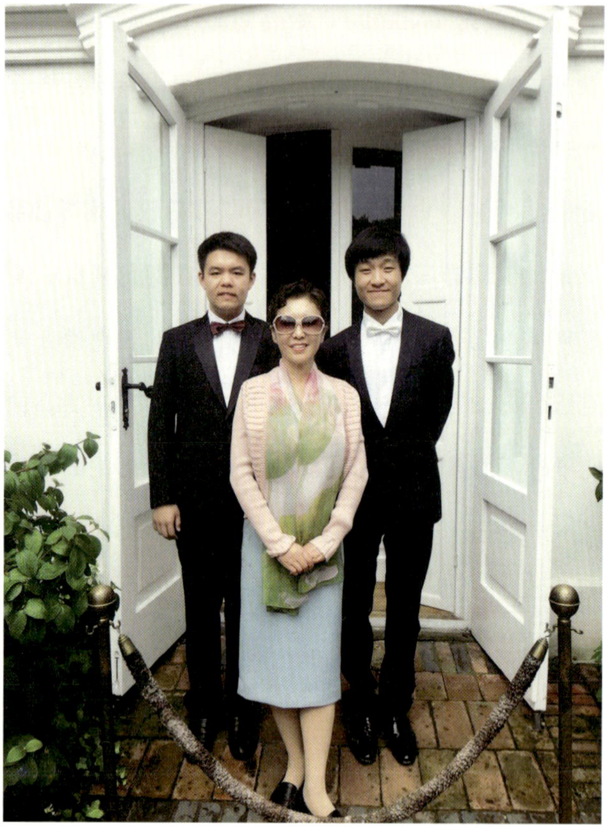

老师上课，坐在他们身边丝毫不觉得紧张，让人特别放松，心更安静。我在演奏《肖邦第二奏鸣曲》时，完全融入其中，用心去感受音乐，感受肖邦。"

陈学弘出生于甘肃永昌。五岁半开始学习钢琴，原因是父亲喜欢乐器，从小受到影响。2007年，他第一次到北京参加全国青少年钢琴比赛获得第一名，8岁时演奏莫扎特《奏鸣曲》，父母突然间发现，这孩子还有点"小天赋"，于是下定决心，让他走上钢琴之路。2008年，陈学弘父母送他到北京学习钢琴。2009年，他考入中央音乐学院附小师从张欣宁教授。他学习非常用心。2015年4月，陈学弘赴华沙参加第17届肖邦国际青少年钢琴比赛预选赛，他是160位选手中年龄最小的参赛者，刚刚15岁的他虽未获奖，但对未来的钢琴音乐之路却充满信心。2016年金秋十月，陈学弘终于获得首届北京肖邦国际青少年钢琴比赛第一名。

出生于辽宁锦州一个普通公务员家庭的铁顺顺，3岁就开始学习钢琴。用他的话说："没人逼我学钢琴，是我自己从小就非常喜欢。"在母亲的支持鼓励下，铁顺顺一直很努力，学习钢琴进步很快。小学六年级时，考入中央音乐学院附中，参加"卡丹萨"钢琴比赛，荣获业余组第二名。后来，遇到权洪波老师，在他看来是一种缘分。"在四年的时间里，我收获很多，不仅学习如何弹钢琴，还学到了许多音乐知识和做人的道理。"

何为幸福？每个人心中对此有不同的解释，而在铁顺顺看来"自己是幸运又幸福的人"。与钢琴结缘，给人生带来一连串的好运，首次参加北京肖邦国际青少年钢琴比赛获得少年组第一名，有机会来到波兰参加肖邦钢琴大师班的学习，感受浓郁的音乐氛围，对未来走好钢琴之路，受益匪浅。

以波兰伟大的爱国诗人密茨凯维奇（Adam Mickicwicz）命名的学院——密茨凯维奇学院，是波兰国立文化传播机构。温文尔雅、谦和友善的院长克里斯托弗·奥兰德斯基（Dr. Krzysztof Olendzki）博士，在百忙之中会见了来自中国的两位钢琴新

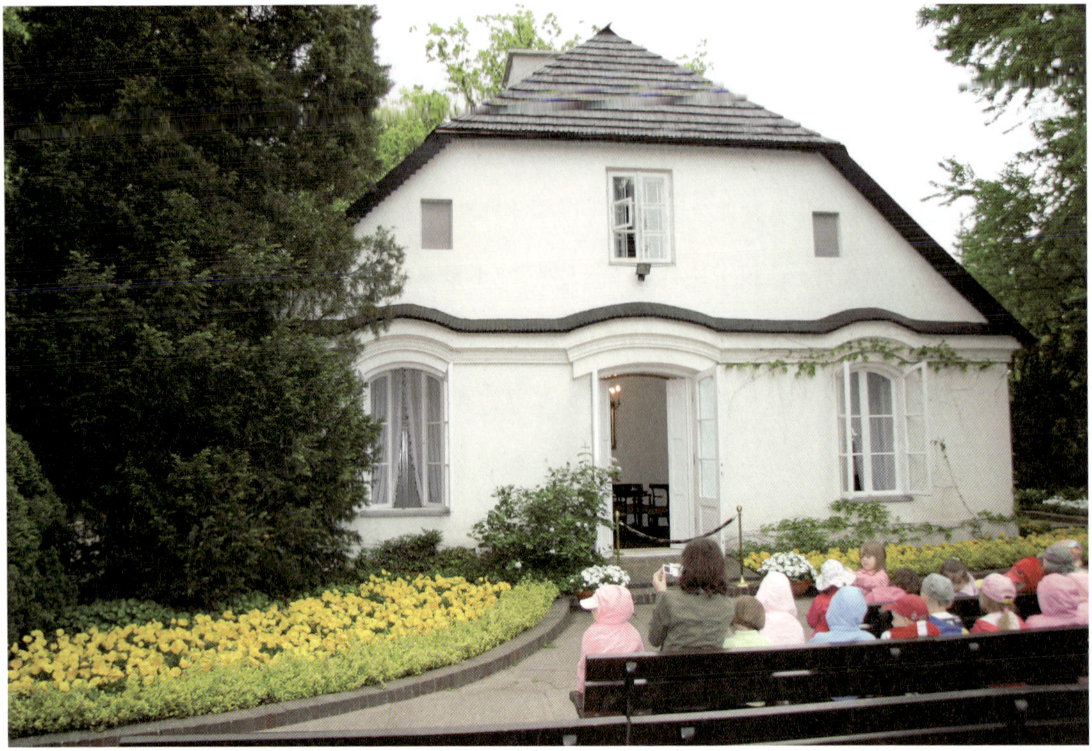

秀及代表团一行，他说："肖邦音乐是波兰国家财富，更是世界文化遗产的经典。肖邦富有情感和极具感染力的音乐，足以感动着每一个人，包括我和所有的波兰人。"作为本次大赛的组织者、参与者之一的密茨凯维奇学院，从赛事筹备初期，就对此给予关注和抱有极大的热情。本次大赛受到中国广大青少年的热切关注和积极参与，再次证明肖邦音乐不分国界，在中国广泛流行，深受人们喜爱。肖邦音乐传递着波中两国人们的深情厚谊。

密茨凯维奇学院亚洲事务总监卡尔罗（Karol Templewicz）先生说："肖邦国际青少年钢琴比赛这一高雅音乐赛事的参与者们的演奏水平，展现了他们对肖邦音乐的深刻理解，情感表达，这次赛事落户中国首都北京，对波中文化交流将产生积极而深远的影响。"

众所周知，肖邦是世界上唯一一位以纯钢琴音乐创造奇迹，因而流芳百世的作曲家。在他神奇灵动的指间，琴键无垠宽广，所呈现出的意境又是极其深远。世间的喜悦欢欣、悲绪愁思、家国仇恨，都活生生地融入一个个血泪凝聚的音符，一段段声情并茂的旋律，永恒在亘古的音乐历史长河之中。他的音乐风格，相比门德尔松更加忧郁多情，敏感激昂；他的创作手法，相比舒曼更加稳健而富于幻想；在钢琴技巧上，被誉为"钢琴王子"的肖邦，为李斯特钢琴演奏技巧的升华奠定了基础。可以毫不夸张地说，肖邦是最纯正的浪漫主义钢琴抒情诗人。

光阴荏苒，似水流年。肖邦钢琴音乐旋律优美动人，节奏精致典雅，和声清澈晶莹，极其抒情，诗意浪漫。肖邦无愧为具有波兰民族气质的、最纯真的浪漫主义钢琴诗人，他的艺术实践将欧洲钢琴艺术推向了一个崭新的高度。

19世纪下半叶以来，从肖邦的音乐中，流淌出的钢琴作品蕴含着丰富的内涵，极具魅力。钢琴在东方人眼中，被视为西方文化的代表，西方文明的象征。肖邦音乐在世界钢琴音乐中一枝独秀，是宝贵的人类精神财富，极具民族性和超越国际的魅力。

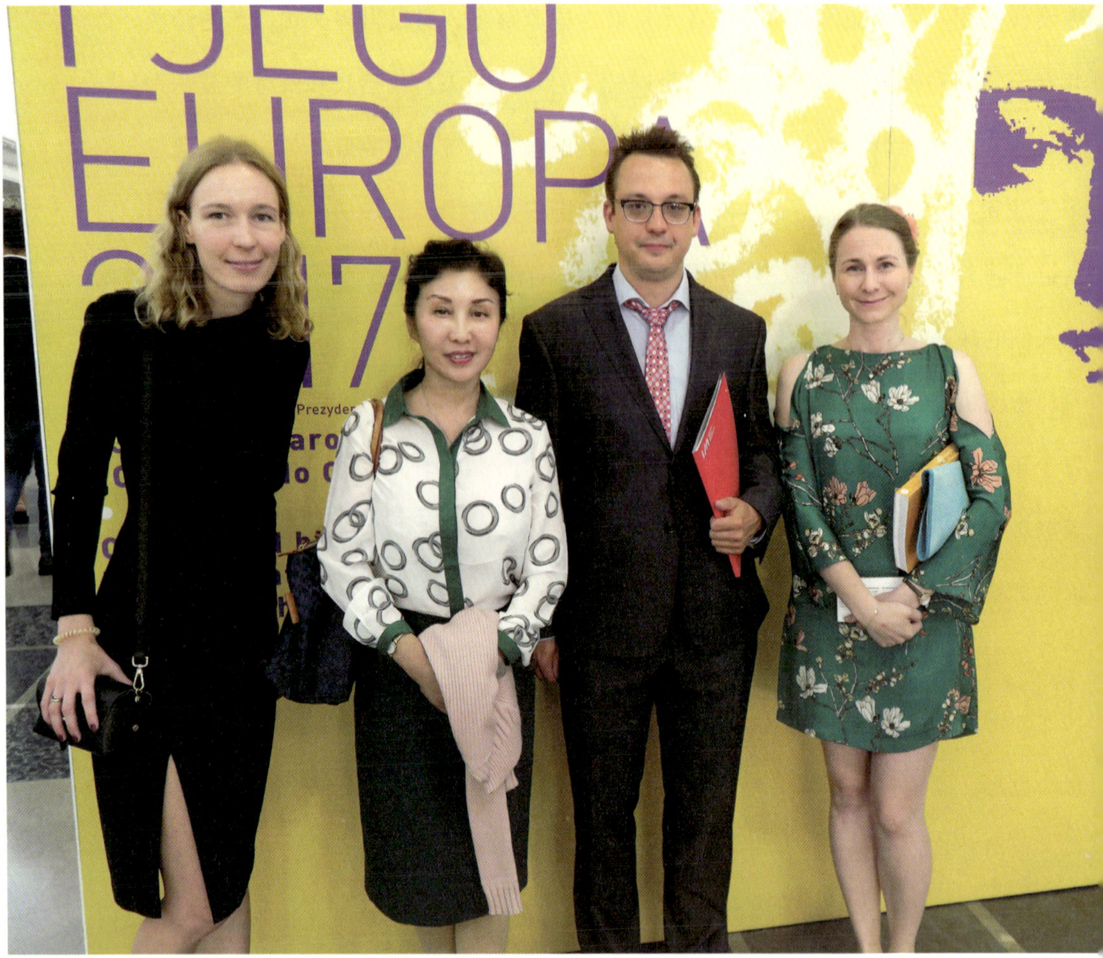

肖邦是浪漫主义时期欧洲音乐史上的杰出代表，是闻名于世的伟大音乐天才，其作品在世界钢琴音乐史上具有特殊而崇高的地位，为后人传承。

九十年的悠悠岁月，再次见证了耶日·祖拉夫列夫的远见，他的创举不仅在波兰本土开花结果，也在世界钢琴音乐史上谱写了辉煌的乐章。

回望荣登国际顶级赛事肖邦钢琴比赛的舞台，中国人摘取桂冠者：有"钢琴诗人"之美名的傅聪，获得1955年3月"第五届肖邦国际钢琴比赛"第三名和"玛祖卡"最优奖；在国外被称为"21世纪钢琴之星"，国内被誉为"钢琴王子"的李云迪，2000年10月，18岁的他赴华沙参加第十四届肖邦国际钢琴比赛，荣获第一名，并获"最佳波兰舞曲演奏奖"，成为这一最高水平钢琴大赛有史以来最年轻的冠军得主。钢琴新秀，后生可畏，人才荟萃。首届肖邦国际青少年钢琴比赛落户北京，陈学弘、铁顺顺分别获得青少年组第一名。

此次，世界一流钢琴家及后起之秀，齐聚中国，那些来自维斯瓦河畔波兰的钢琴家们，早在第一次世界大战前就提出以琴交心的音乐理念，时至今日，依然迸发着鲜活的生命力。

琴声流淌，友谊长存。踏着肖邦的足迹，伴着肖邦音乐，将有更多的钢琴新秀走进绚丽多姿的钢琴世界。

华沙的夏天美丽凉爽，微风轻盈沉醉了夜晚，清凉的雨丝滋润着心扉。在华沙的每一天，盛情的主人——密茨凯维奇学院亚洲项目中国专家安宁（Anna Okurowska）女士，陪同我们一行聆听"肖邦与他的欧洲"多场音乐会。在这个为肖邦而来的夏天，有钢琴独奏、交响乐、歌剧演出、摇滚音乐，古典传统的、现代时尚的，丰富多彩，精彩纷呈。无论是老皇宫音乐厅，还是在华沙国家大剧院，无论音乐会安排在白天还是晚上，无论天晴还是下雨，观众都准时入场，格外专注。即使露天音乐会下起瓢泼大雨，也丝毫不影响人们对肖邦的崇敬及聆听音乐会的勃勃兴致。

伫立在瓦津基公园伟大音乐家肖邦塑像前，聆听着从钢琴键盘中流淌出来的肖邦音乐，华丽雅致，温婉美妙，给人恬静又温馨的感觉，肖邦的国度蕴藏着丰富深厚的音乐源泉，回荡着如此优美动人的旋律。

此时，仿佛肖邦就在身边。牵着肖邦的手，回忆和憧憬萦绕在我心头……

雨中的肖邦

最美人间四月天,草青柳绿燕呢喃。清明的雨,每一滴都浸在心田,四月的花,每一朵都开在眼里。

午后,品一杯咖啡,听一段音乐,很是惬意。此时,耳边回响着我最喜欢的肖邦《降D大调前奏曲"雨滴"op.28》钢琴曲,把我的思绪拉回到波兰首都华沙以西,一个名叫热拉佐瓦·沃拉的地方。这里风景如画,一派田园风光,渥特拉河从脚下悠悠流淌,高大的树木,茂盛的花草,将这里装扮得翠滴葱茏。一栋古老又别致的白色房屋坐落在绿林深处,朴素又静雅。这里就是伟大的钢琴诗人——弗雷德里克·肖邦的故居。

1810年3月1日,肖邦就诞生在这栋古老而庄重,亲切又温馨的老宅。儿时的肖邦,常常在花园和树林间游玩,他安静地坐在渥特拉河边的参天大树下,出神地凝望着这静静的河流和富有诗意的美景。有时他到附近的农民家去做客,听到许多农民演奏和吟唱民乐歌曲,来自乡村田园的优美旋律令他陶醉,铭刻在他幼小的心灵,为他后来的创作带来无限的灵感。

我先后8次出访波兰,酷爱肖邦音乐。肖邦是浪漫主义钢琴前奏曲的创始人,他创作的24首前奏曲,在世界浪漫主义音乐中产生了重要而深远的影响。肖邦的前奏曲

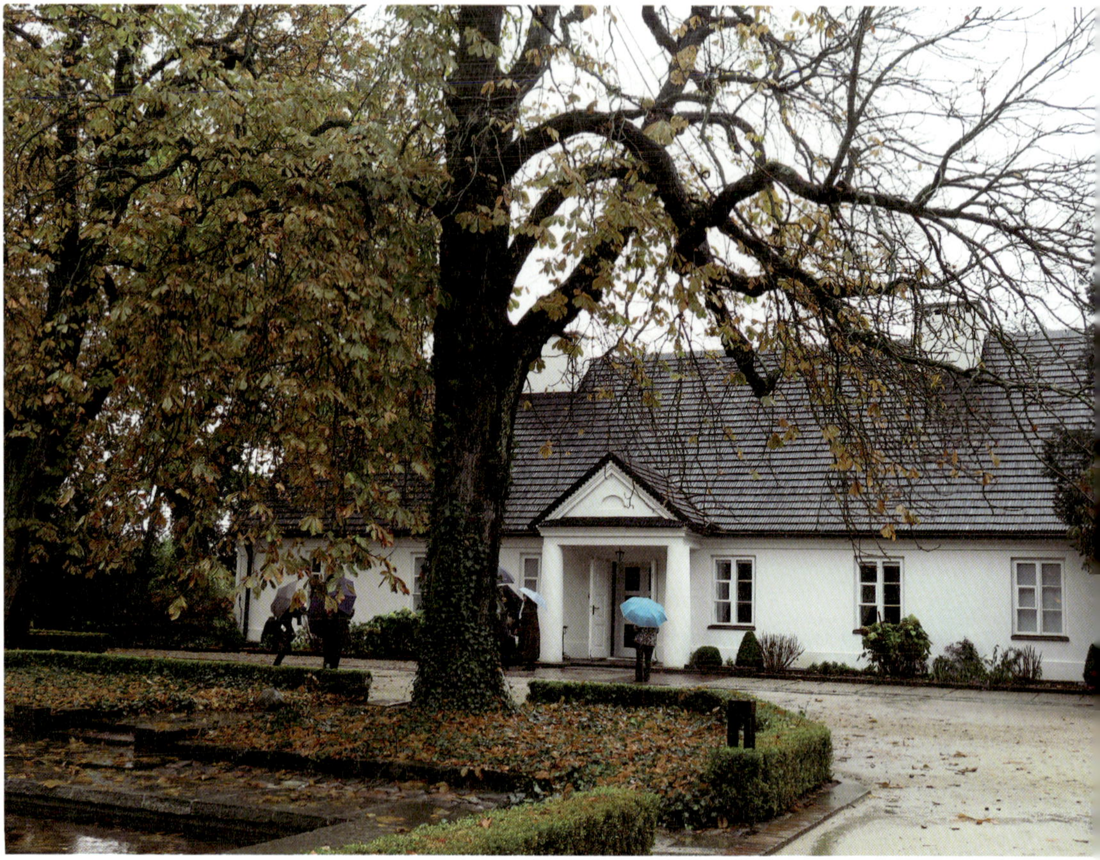

乐章简洁，形象鲜明，内涵深刻，每一首都堪称经典。

《降 D 大调前奏曲"雨滴"op.28》 这首前奏曲，形象化地采用了固定的单音，伴以单调的节奏、细腻的变化，仿佛是对有节奏的雨滴声的生动再现。这首前奏曲创作于 1838 年，关于这首曲子的创作过程，还有这样一段故事。1830 年，"七月革命"在法国爆发，同年 11 月 2 日，肖邦带着友人赠送的一只装满波兰泥土的银杯，离开了自己的祖国，离开了华沙和家人以及让他深深爱慕的波兰女高音歌唱家康斯坦雅。在流亡的岁月里，肖邦途经德累斯顿和布拉格前往维也纳，一路上举行了许多场音乐会，人们为他的音乐才华赞叹不已。

1832 年 9 月中旬，肖邦辗转来到巴黎，这座繁华的都市，注定要让他在此度过后半生及生命中最重要的岁月。在巴黎，肖邦成为贵族们的钢琴教师，与杰出的音乐家李斯特、门德尔松、柏辽兹和贝里尼等人结识，从此肖邦一直定居巴黎，正是在巴黎这个舞台上，肖邦找到了属于自己的艺术感觉，谱写出他一生中最为辉煌的乐章。

肖邦细腻的情感及敏锐的思想，使得他的音乐创作极具个性，既坚守古典音乐传统，又有自己的独立思维及音乐风格，正是因为如此，肖邦音乐才得以跨越二百多年，依然流传至今，为全世界的人们所喜爱。

1836 年，肖邦结识了当时在巴黎最奇特、生活最为多姿多彩的法国女作家乔治·桑（George Sand）。在长达 9 年的时间里，爱情的力量给肖邦的创作带来新的飞跃，使他的音乐创作达到了一生中的辉煌巅峰。而有人用最贴切的说法解释，这些年是肖邦鸣唱天鹅之歌的美好岁月。

1838 年，活跃在巴黎乐坛上的肖邦，由于肺病加重，他和女友乔治·桑千里迢迢来到地中海四季如春的玛略尔岛疗养。有一天，乔治·桑去购物，恰巧遇上大雨而迟迟未归，肖邦躺在屋里担心又寂寞，偏偏房间又漏雨，滴滴答答令人心烦，肖邦起身写作，一气呵成写完了这首著名的前奏曲。

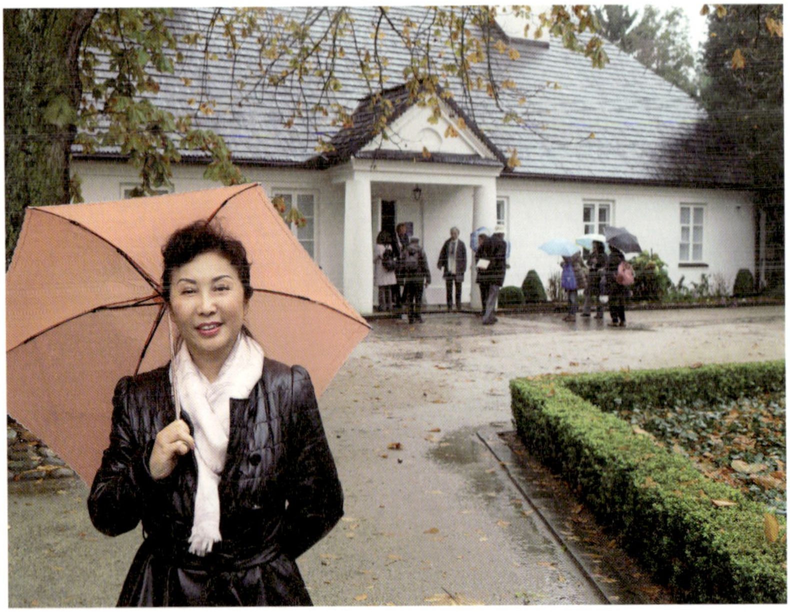

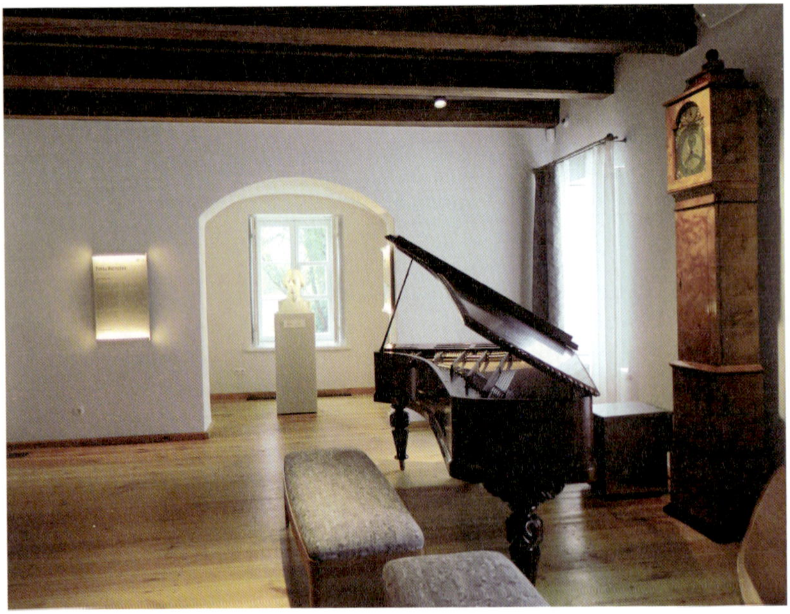

  这首乐曲的开始部分极为抒情，歌唱式的旋律伴着悠悠自如的"雨滴"，仿佛是从清新的雨丝中传来田园的牧歌。这段"牧歌"旋律优美，起伏变幻，如同沉醉在大自然的寂静中，作曲家内心发出的赞叹。

  乐曲中间部分非常优美，沉静的旋律将人们带入神秘的世界。低音部缓缓流动的音符，伴着清脆神奇的雨滴，深沉缠绵，动人心弦。音乐如行云流水，化作细密的雨丝，出神入化。一幅极具浪漫气息的画面仿佛呈现在眼前……

  聆听这首乐曲，好似眨着星星的夜晚，一列人群在庄严肃穆的旋律中缓步而行。每一个音符都倾注了肖邦的心血，浸透着他深厚的感情。第一个对比形象，出现在十二小节的众赞歌之后，低音部分的八度双音，在五度的跳跃中起伏，加之运用了很强的音律修饰，使得这部分的乐章刚毅华美，个性鲜明。特别是乐章的中间部分末尾处非常抒情，优美旋律的歌唱性与低调的音符融合于中声部，"雨滴"声声，隐隐约约，静谧悠然。

  肖邦的浪漫与细腻，还表现在前奏曲的精致完美。这首曲子非常清雅，意味深长。结尾处"雨滴"渐渐远去，留给人们美妙丰富的想象和意犹未尽的享受。

  润物无声的春雨，悄然而来，静静洒向大地。雨后的天空，清明如洗，嗅着花草沁人心脾的芳香，穿过片片郁金香、紫丁香花海，我坐在肖邦故居的花园里，静静凝望着那栋白色古老的老宅，欣赏着从拉着白纱的伟人诞生之地飘来的钢琴曲《降D大调前奏曲"雨滴"op.28》，一位身穿燕尾服的波兰钢琴家把肖邦旋律的浪漫与典雅，呈现得淋漓尽致，将春天般的梦幻带到了遥远的地方……

《光子》——人类的秘密

说到波兰电影，脑海里总会闪现出那些熠熠生辉的名字：瓦伊达、扎努西、波兰斯基、基耶洛夫斯基……波兰电影在世界电影史上占有重要的地位，优秀的波兰电影人与世界电影的发展史一同载入史册。

在第八届北京国际电影节期间，由波兰电影学会国际关系主任罗伯特·巴林斯基先生、波兰电影委员会会长托马什·冬布罗夫斯基先生、华沙电影节主席斯塔凡·劳丁先生、波兰最大的动画制作机构 Platige Image 公司代表阿图尔·兹茨先生等一行13人组成的波兰电影代表团来到北京，在国际饭店向中国电影人和观众介绍了波兰电影发展及产业发展状况。

近年来，中国观众对波兰电影产业产生了浓厚兴趣，这种兴趣或许来自对瓦伊达、扎努西、波兰斯基、基耶斯洛夫斯基等波兰电影大师的推崇，或许源于波兰影片在国际电影节上频频获奖、摘得桂冠的成就征服了中国观众。2017年引进中国备受赞誉的波兰影片《至爱梵高》更是让人们对波兰的电影产业刮目相看。

波兰电影学会国际关系主任罗伯特·巴林斯基先生，介绍了波兰电影在国际顶级电影节上获得的成就。近十年来，波兰电影及电影人共获得10项奥斯卡奖，30项奥斯

PHOTON
映后交流
导演 诺曼·勒托
Director
NORMAN LETO
4月16日 首都电影院（西单店）
北京国际电影节
BJIFF2018
首都电影院

卡奖提名。《修女艾达》获得2015年奥斯卡最佳外语片、《至爱梵高》获得2018年奥斯卡最佳动画片提名。在柏林、戛纳、威尼斯等欧洲顶级电影节上，波兰影片更是获奖无数。2015年至2018年，柏林电影节上每年都有一部波兰影片获得银熊奖；2018年的戛纳电影节，波兰影片《冷战》入围主竞赛单元……波兰电影连续多年在国际电影市场赢得声誉，获得广泛赞誉。

巴林斯基先生同时介绍了第八届北京国际电影节上四部入选展映单元的波兰影片，《爱情税》《光子》《基加利的鸟儿在歌唱》《双重麻烦》。这四部波兰影片的制片人、导演、演员代表也应邀来到现场，与中国观众面对面交流，畅叙友情，共话电影事业的发展。

在首都电影院放映厅，这部名为《光子》的影片引起中国观众的极大兴趣。通常，人们观看的影片有故事片、纪录片、科幻片，但对于《光子》这部拍摄手法新颖、极具科技魅力的电影，中国观众颇为惊叹。

影片结束后，在别开生面的观众见面会上，导演诺曼·勒托（Norman Leto）讲述了这部影片的创作拍摄过程，让中国观众走进《光子》世界，走进诺曼·勒托的心灵。

"这是一部表现世界与科学的纪录科幻片，静静坐在一片黑暗的放映厅，聚精会神地观看着银幕上通过光子变幻再现出的奇特世界，令观众大开眼界。"气质儒雅、高个儿偏瘦的导演诺曼·勒托站在我的面前，一双智慧的眼睛透出和蔼的目光。

我问这部影片希望传递什么样的信息？是科学、哲学、宗教，还是人文思想？诺曼·勒托面带笑容，这样回答：如今的社会，许多人把宗教与社会现实相互混淆，甚至丢掉信仰，迷失方向。世界千变万化、奇妙无比，拍摄这部影片，我不仅想表达世界的广阔奇妙，也想向人们传递一些科普知识。记得这部电影刚拍摄完毕，在大学一年级放映时，许多人觉得很惊奇、很神秘，他们津津乐道，一直在想探究，而我考虑问题却非常简单，就是想把一个真实的科学世界和真实的内心世界告诉观众，从中探

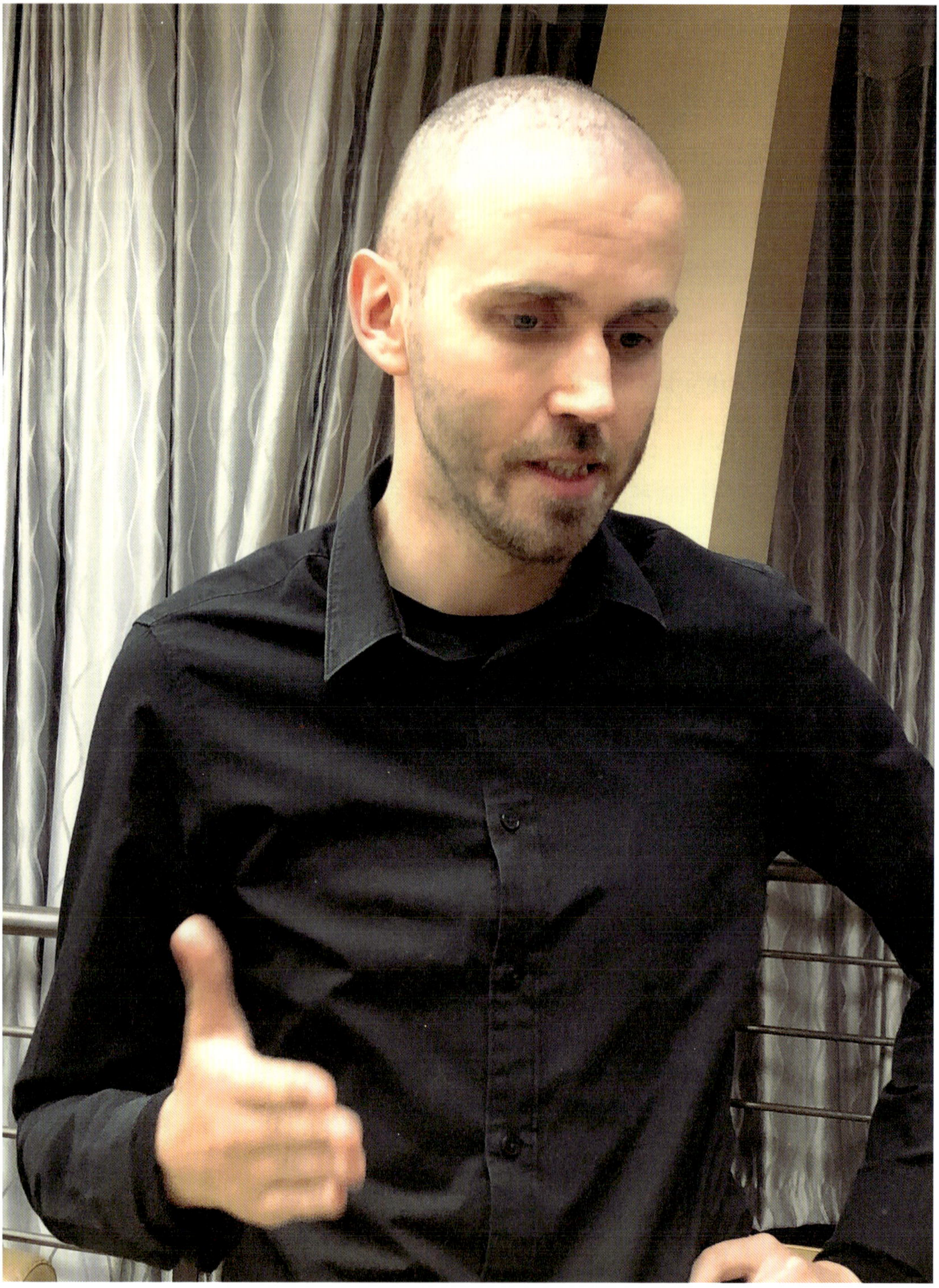

秘哲学与人类及宇宙之间的奇妙关系。

诺曼·勒托导演说，我非常喜欢探究哲学与科学的关系，受古代哲学家、思想家亚里士多德、尼采、黑格尔等人的影响，在拍摄这部电影之前，我看过大量的哲学及科学的书籍，翻阅了相关资料，也一直在思考着人类与哲学及科学的关系，将自己的哲学观点与个人观念结合起来，就是想把真实的世界、真实的自我呈现给观众。

诺曼·勒托导演第一次到中国首都参加北京国际电影节，他感到非常高兴。在他看来，不同国家有着不同的历史渊源与文化背景。对于哲学与科学的话题，欧美及波兰的观众更为热衷。起初，我担心这部影片来到中国，会不会同样受到人们的关注。事实证明，中国观众对哲学与科学的话题依然很有兴趣。

一生将自己视为忠实电影观众和执着电影人的诺曼·勒托导演认为，现在很多电影表达方式和艺术魅力显得平淡，受到一些局限，如何拍摄一部包容无限想象力，用更加独特和新奇的方式表达大自然神奇以及人类哲学思想的影片，一直是他苦思冥想、执着追求的目标。

《光子》这部科幻纪录片，影片中的主角——记者，以第一人称采访者的身份出现，毫无疑问将观众带入"光子世界"，身临其境感受美妙的大自然和神秘的科学世界。

"影片中带有男声磁性的旁白解说，对于这部影片有何意义？"诺曼·勒托导演回答说，对于影片中的采访部分，记者要花时间问问题，科学家要回答问题。对于导演来说，人的意识与身体是分开的。影片中，细胞的DNA通过光子再现银幕，这些过程强弱得当、真实感人，动态画面部分由我和几位科学家组成的很棒的团队采用3D技术独立完成，最终影片成功上映。

更真实有趣的是，诺曼·勒托导演72岁的父亲斯塔尼斯瓦夫·巴纳赫（Stanislaw Banach）和65岁的母亲答努塔·巴纳赫（Danuta Banach）在影片中分别担任了男女主角。父亲本身患有帕金森氏综合征，因此选择他作为演员，扮演帕金森氏综合征患者，

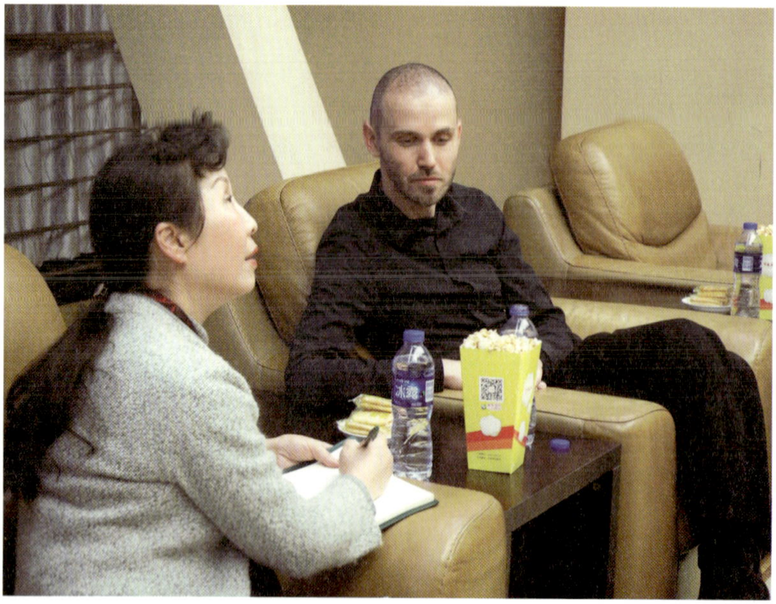

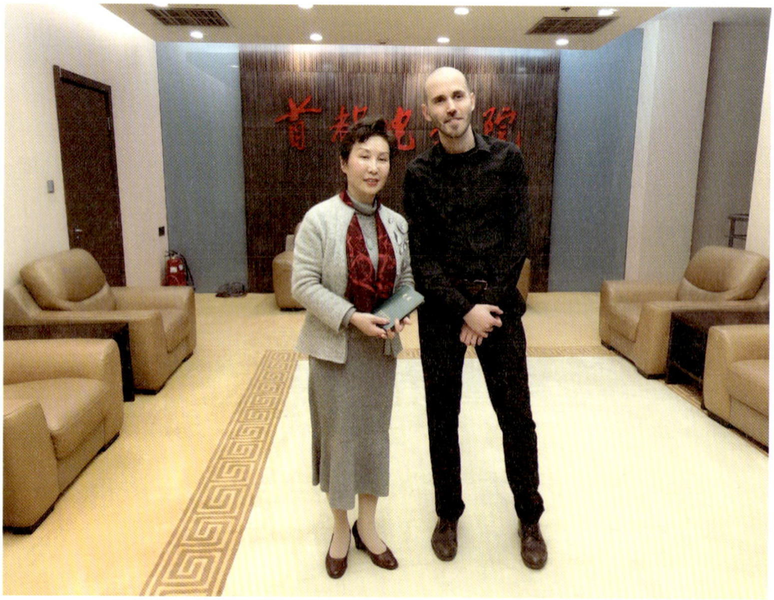

某种程度上是诺曼·勒托导演的一个大胆决定。他就是想通过父亲的真实表演，让更多人关注当今社会的老年群体和这个时代的父亲、母亲，更关注这个世界人与自然的情感、人与科学的关系。

当谈到这部影片为何取名《光子》时，诺曼·勒托导演回答：一方面是简单明了，朗朗上口；另一方面是我对物理学很感兴趣，在翻阅大量资料时发现，光，在不同的宗教里，特别是在《圣经》中提到，它给人带来光明与希望、思考与遐想。光子是存在于大自然的一种能量，它是复杂的、变幻的，它和宇宙的起源有着密切的逻辑关系，与生命科学密不可分。因此，在电影的拍摄中，我始终保持着用善于探索发现的科学眼光拍摄这部与众不同的影片。

诺曼·勒托导演觉得这样的影片增加和培养孩子们对科学的热爱，是电影未来发展的方向与趋势。他的父母亲非常支持这部电影的拍摄，尽管开始拍摄时，老人体弱多病，没有表演经验，但对他们来讲，这是人生中一次难忘的尝试。其中，初次走进银幕的母亲，对于电影拍摄更为紧张。面对镜头，她总是说她的头发乱了，衣服没有整理好等等。

这部电影堪称匠心之作，整整花了五年时间，得以完成。在拍摄电影的过程中，为使影片更真实，摄制组去西班牙、美国、冰岛等地取景，虽然得到波兰电影学会的资金支持，但经费远远不够。为了顺利拍摄这部影片，原本身为画家的诺曼·勒托导演将自己多年来的积蓄和卖画所得款项全部用于影片的拍摄和制作。

诺曼·勒托导演16岁时，就开始在电脑上动手设计动漫画面。在学生时代，他就制作小视频，对这些很感兴趣。虽然学习成绩不算太好，但老师依然对他在艺术方面的天赋及才华给予了充分肯定。

当这部在诺曼·勒托导演眼中被视为人类秘密的——《光子》影片拍摄成功时，得到了赫赫有名的波兰电影界世界级导演扎努西赞不绝口的肯定。他觉得，这部影片非常棒，拍摄得非常好，是一部让人们真实感知自然界的好电影。与此同时，作为导演的诺曼·勒托，也在电影创作的过程中收获满满。

影片《光子》先后参加了波兰弗罗茨瓦夫电影节、丹麦哥本哈根电影节、加拿大多伦多电影节，并获得了很高荣誉。每当回忆起难忘的创作拍摄经历，诺曼·勒托导演的感恩之情溢于言表。他感恩父母，感恩师长，感恩观众，感恩波兰。

紫禁城古乐会之"中世纪的吟游"

春风轻拂，绿树吐烟，陌上花艳，好一个人间最美四月天！

走进中山公园，花香芬芳宜人，花影千姿百态，仿佛置身于诗意画卷。我踏着春天的脚步，追随波兰拉莫拉古乐团，穿越时空，去品味一场中世纪波兰的文化音乐盛宴。

由波兰亚当密茨凯维奇学院、北京中山音乐堂共同举办的波兰古乐欣赏，连续第四年亮相中国紫禁城古乐季。日前，由艺术总监波兰鲁特琴家麦克·龚德科（Michal Gondko）和柯琳纳·玛蒂（Corina Marti）领衔的波兰拉莫拉乐团，在北京中山音乐堂为观众精彩演绎了一场波兰中世纪作曲家佩特鲁斯·威廉密·德·格鲁丹茨的作品。

波兰拉莫拉乐团于2000年在世界闻名的瑞士巴赛尔音乐学院的古乐学院（Schola Cantorum Basiliensis）成立，以演奏中世纪晚期和文艺复兴早期音乐获得业界瞩目。自组建以来，在多个国家演出，受到各国观众的热情欢迎和高度赞誉。他们不仅活跃于比利时佛兰德音乐节、法国"罗曼声路"音乐节、德国雷根堡古乐节、爱尔兰基尔肯尼艺术节、荷兰乌得勒支古乐节、挪威奥斯陆国际圣乐节、波兰"圣餐"音乐节、瑞士巴塞尔"古乐之友"音乐节、美国西雅图"古乐群英会"等世界各大

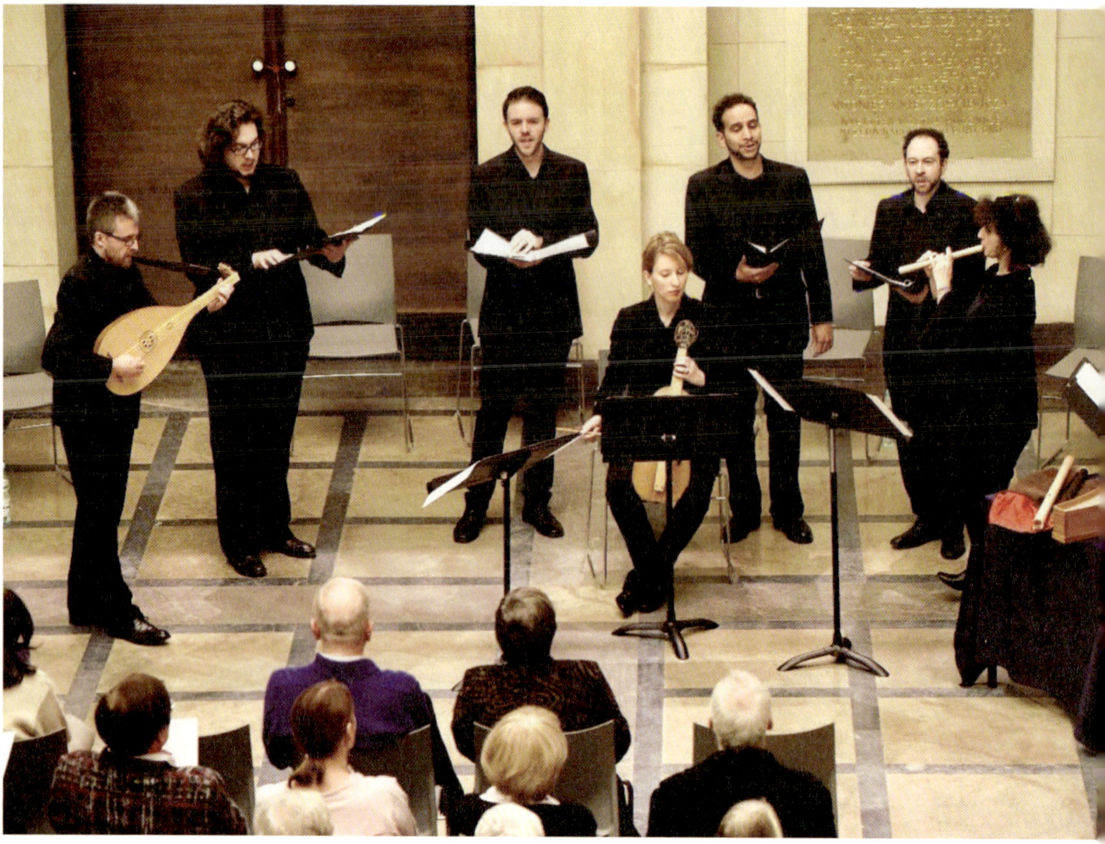

著名的古乐盛会，还应邀赴塞浦路斯、爱沙尼亚、芬兰、意大利、葡萄牙、西班牙、美国、英国等多地进行巡演。不仅如此，他们录制的唱片受到人们的喜爱，受到国际各大音乐媒体的好评，获得了包括法国"金音叉"大奖、德国唱片评审年度大奖、美国音乐学协会颁发的"诺亚·格林博格"奖，以及"留声机"大奖和国际古典音乐大奖的提名。

拉莫垃古乐团 7 位成员来自不同的国家，均为瑞士巴塞尔知名古乐学府的精英。他们不仅拥有高超的技艺，极高的音乐天赋，而且对古乐怀有炽热的感情，也为古乐的传承和发展作出了巨大的贡献。

早期羽管键琴／竖笛／艺术总监柯琳纳·玛蒂（Corina Marti）生长于瑞士，先就读于瑞士的卢塞恩音乐学院，随后加入著名的巴塞尔古乐学院深造，现任教于该校教授早期竖笛和键盘乐器，对古乐器的复兴与传承做出了巨大的贡献。她极高的演奏水平被德国古乐期刊《托卡塔》称赞"极其高级、极富表现力"，法国《音叉》杂志赞誉她"精准、稳定"。

拨片早期鲁特琴／艺术总监麦克·龚德科（Michal Gondko）早年在家乡波兰研习古典吉他，后进入巴塞尔古乐学院，师从鲁特琴大师霍普金森·史密斯。麦克专心从事鲁特琴门类中早期拨弦乐器的演奏，是他那一代鲁特琴演奏家中的佼佼者，英国《鲁特琴简报》曾评价他"音符随性而至，随绮想纷至沓来，这个境界不少人想往，但鲜有人达到"。

歌手朵洛·施雷菲尔（Doron Schleifer）自幼在耶路撒冷的希伯来联合学院担任犹太教堂的童声独唱，长大后进入耶路撒冷音乐学院，师从伊扎克·科索夫（Itzhak Kosoff）、伊莲娜·斯维托娃（Elena Svetova），后赴瑞士巴塞尔知名古乐学府，拜于古乐大师伊芙琳·图博（Evelyn Tubo）、杰德·于尔克（Jade Jurg）和安德瑞斯·舒尔勒（Andreas Scherrer）门下。他还担任过塔拉姆斯男声四重唱、以色列先知五重唱，

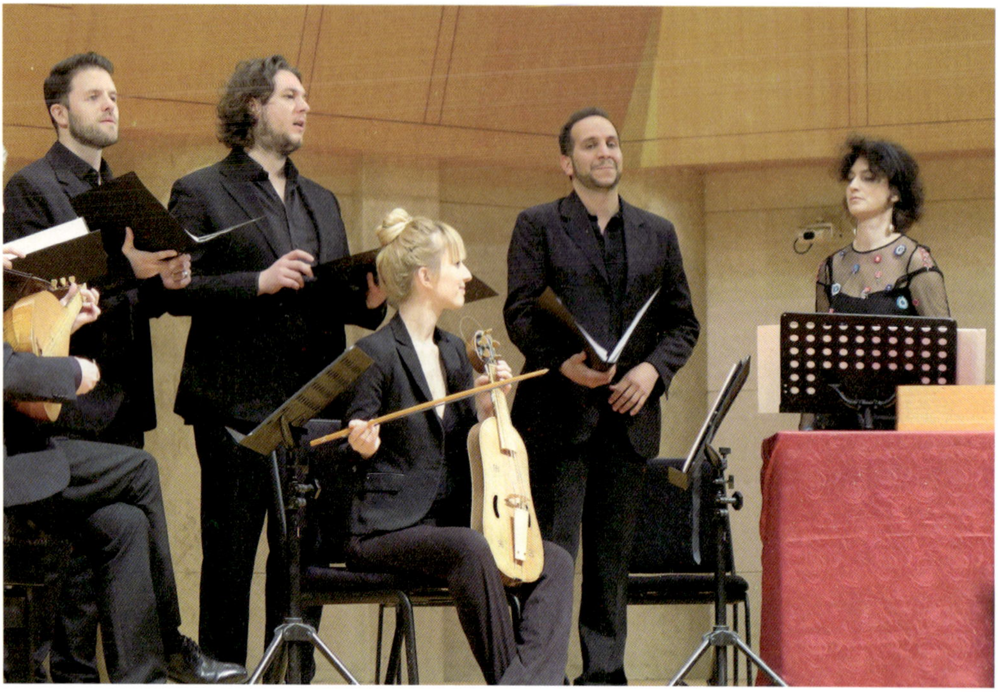

曾连续数次荣获美国—以色列文化基金会的嘉奖。

歌手伊沃·豪恩·德奥利维拉（Ivo Haun de Oliveria）出生于法国，在巴西长大。他系统地学习过古典吉他和演唱技巧，在加入圣保罗乐团两年后，于 2010 年移居瑞士巴塞尔，后在巴塞尔古乐学府圣歌学院，师从杰德·于尔克（Jade Jurg）和理查德·利维（Richard Levy），取得了硕士学位。德奥利维拉定期参与森特拉合唱班与巴洛克交响乐团、倾声合唱团等乐团，是一位非常受人们喜爱的歌手。

意大利歌手嘉科莫·施亚弗（Giacomo Schiavo）毕业于瑞士巴塞尔古乐学府圣歌学院的声乐系，曾与瓦尔特·泰斯托林（Walter Testolin）、塞吉欧·巴勒斯特拉奇（Sergio Ballerstrait）、费德里科·马利亚·萨尔德里（Federico Maria Saldy）等多位国际大师合作。2014 年，嘉科莫首度登台表演歌剧，也陆续接触幕后剧目制作，曾工作于巴塞尔剧院、庞齐埃利剧院、克雷莫纳剧院。他是蓬博拉乐团的创始人之一，目前专注于乐团 16 世纪意大利牧歌音乐系列专辑。

歌手塞巴斯蒂安·莱昂（Sebastián León）为哥伦比亚人，在波哥大的哈维里亚那天主教大学修读人文专业。2008 年，他定居瑞士，在巴塞尔古乐学府圣歌学院深造声乐，取得了古乐系的学士和硕士学位。在他的欧洲音乐生涯中，塞巴斯蒂安参加了瑞士室内合唱团、班舒瓦古乐团、音乐谐谑乐团、美德演绎唱诗班等乐团，是一位十分出色的歌手。

小提琴安娜·丹妮列弗斯卡娅（Anna Danilevskaia）生于俄罗斯圣彼得堡的一个音乐世家，她在西班牙巴塞罗那师从佩德罗·迈莫斯多弗（Pedro Mamosdorf），在法国里昂师从皮埃尔·哈蒙（Pierre Harmon），在瑞士巴塞尔的古乐音乐学院跟随保罗·潘多夫（Paul Pandorf）学习。安娜弹奏技艺精湛，不仅能完美契合歌手的演唱需求，又能独奏演出，由她创办的苏拉佐乐团，专注演绎中世纪和文艺复兴时期的音乐，曾荣获约克古乐大赛的首奖、金音叉大奖等多项大奖。

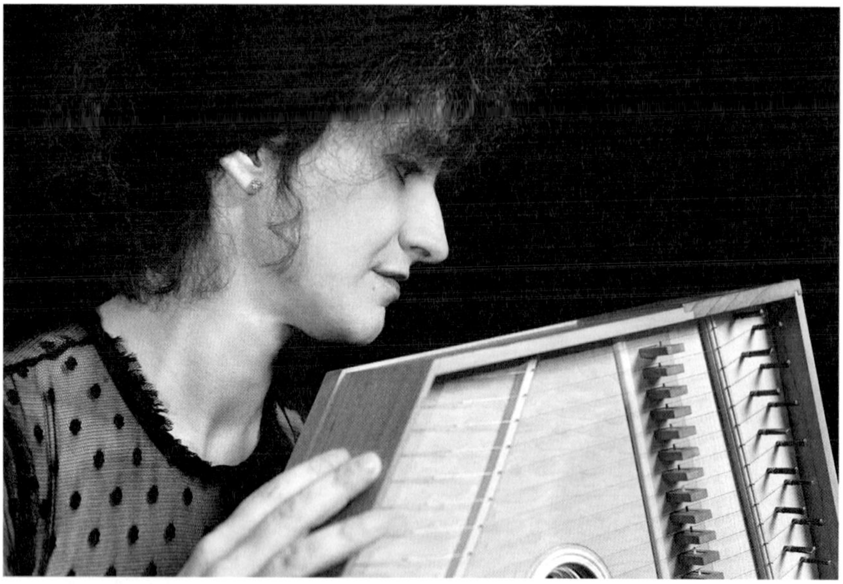

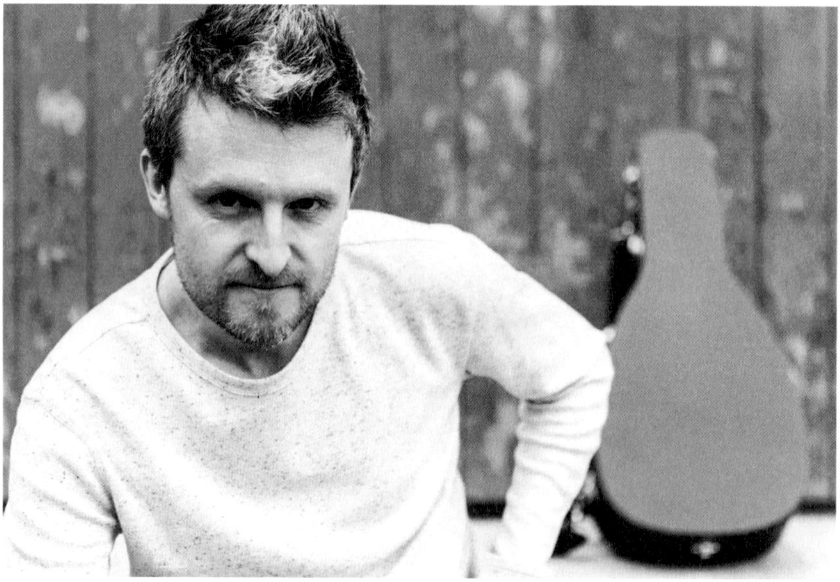

艺术总监柯琳纳·玛蒂和麦克·龚德科怀着自己的博学、技艺与想象，根据不同的音乐项目不懈地进行自我更新，带领汇集众多精英的拉莫拉古乐团，契合了佩特鲁斯·威廉密·德·格鲁丹茨等人的音乐作品，挖掘尘封已久的拉丁文曲目，不断将中世纪的音乐密码解密。连《留声机》杂志评都价他们的演奏"始终都能抓住听众的心""始终令人如痴如醉"。

4月20日这一天，对中国听众来说是一个幸运的日子，波兰拉莫拉古乐团献艺中山音乐堂。这个由四位歌唱家和三位演奏家组成的简单朴素的乐队，带来了一场令人震撼的音乐盛宴，随着美妙的波兰中世纪古典音乐，人们探寻了古乐之美，追溯着14—15世纪拉丁语诗人、作曲家佩特鲁斯·威廉密·德·格鲁丹茨（Petrus Wilhelimi Grudencz）的音乐足迹，用古老器乐羽管键琴、鲁特琴、小提琴以及艺术家的歌声，突破了欧洲大陆的音乐藩篱，完美地诠释了中世纪晚期及文艺复兴早期的音乐，让巴洛克时期的浪漫和中世纪游吟诗人的虔诚情思得到了完美展现。

鲁特琴是中世纪的古老乐器之一，在20世纪后半期逐渐复兴，如今它的演奏十分罕见珍贵。虽小巧玲珑，却爆发出了沉睡已久的魅力。而羽管键琴的历史已有六百年，在巴洛克时代和古典时代的初期，不仅是钢琴的前身，也是当时教堂、歌剧院和宫廷乐队不可或缺的重要乐器。

音乐会上，波兰拉莫垃古乐团表演了歌曲《快给我力量》《拂面东风》《来吧／赐福我们／来吧》《崇高的精神，来吧》《头脑清晰的史学者》《圣洁的女子》《人世的女主》《慈悲的母亲》等19首歌曲，《小羊儿咩咩》《轮旋曲》《启颂"善之源"》等7首器乐曲。

拉莫垃古乐团以《快给我力量》作为序曲，拉开古典音乐季的序幕，美妙的波兰中世纪古典音乐顿时在耳边回响。

快给我力量

快给我帮助

荣耀归于你们

一如既往，从现在直至将来

无尽的世界啊，我们赞美你

……

优美的旋律如一阵微风，不仅飘过了人们的耳边，更如春天的细雨滋润触动人们的心灵。柯琳纳和麦克跨过了时间和空间的距离，用稀奇罕见且音色迷人的鲁特琴和巴洛克时代重要乐器羽管键琴，向世人展示它们无穷的魅力。配合安娜悠扬婉转的小提琴，四位歌手动人的嗓音，台下的每个人沉醉在音乐里，随着跳动的音符里，感受着波兰中世纪的音乐文化之魅力。

作为音乐会"大手笔"之一的14—15世纪拉丁语诗人、作曲家佩特鲁斯·威廉密·德·格鲁丹茨生于波美尼亚的格劳丹茨（临近波兰北部的格鲁琼兹），他1418年就读于波兰克拉科夫大学，后来成为神圣罗马帝国腓特烈三世（Holy Roman Emperor Frederick III）麾下的一名神职人员。佩特鲁斯是唯一一位拥有大量传世作品的中欧作曲家，他深受中世纪晚期音乐传统的影响，将一位饱学之士雄辩的诗作与颇具古风的音乐风格结合起来，既保留了当地源远流长的传统复调技巧，又吸收了14世纪法国的"新技艺"乐风，而且他并未完全排斥"同时代"的声音。波兰密茨凯维奇学院院长克里斯托弗·奥兰斯基（Krzysztof Olendzki）博士曾写道："虽然这位文人音乐家的生平与音乐艺术仅在四十年前才重建天日，但其广泛的影响，尤其是在中欧地区，一直持续到16世纪。佩特鲁斯身上熔铸着当时欧洲文人所器重的美好价值。"

拉莫拉古乐团在探究15世纪中欧音乐手稿时，将佩特鲁斯的作品放入了更为宏大的艺术文化图景之中，力求重新焕发这位具有代表性的中欧文人音乐家的光辉。

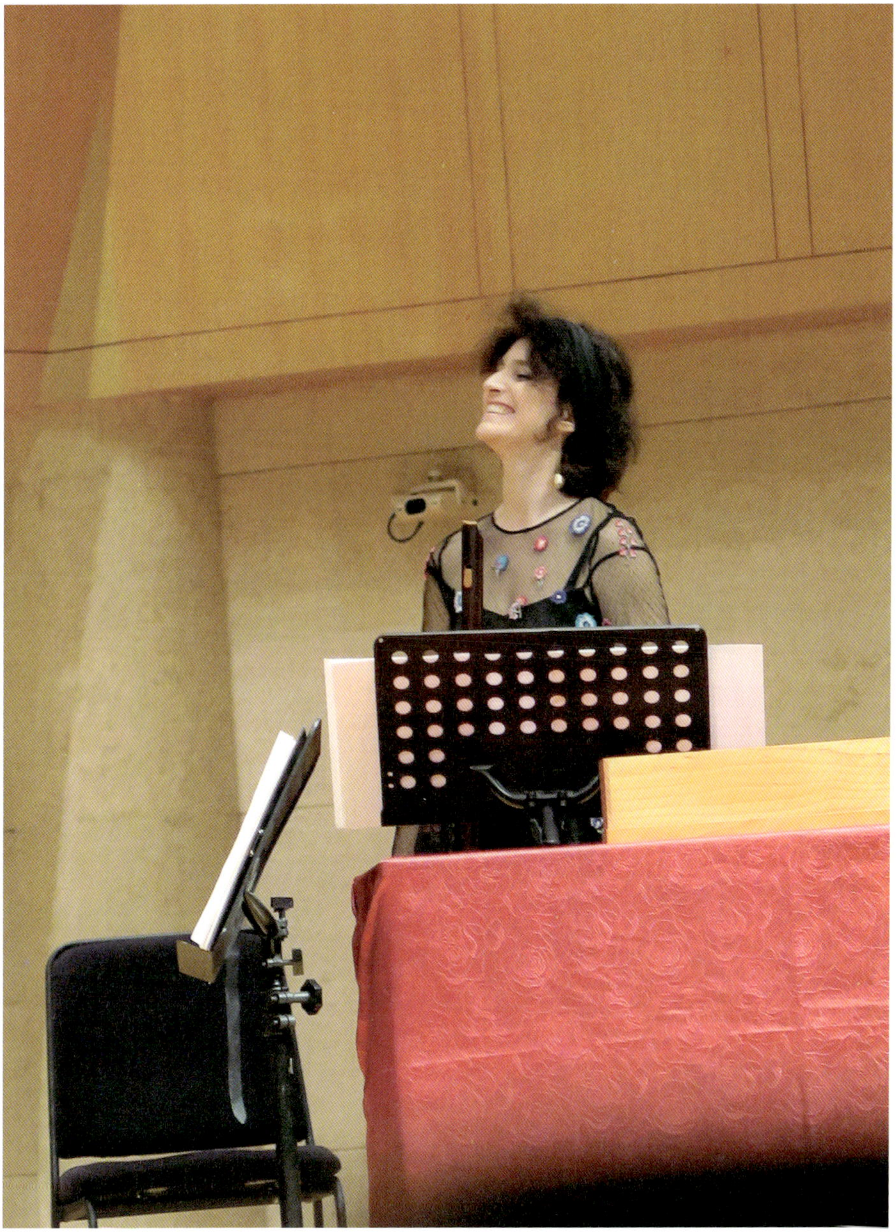

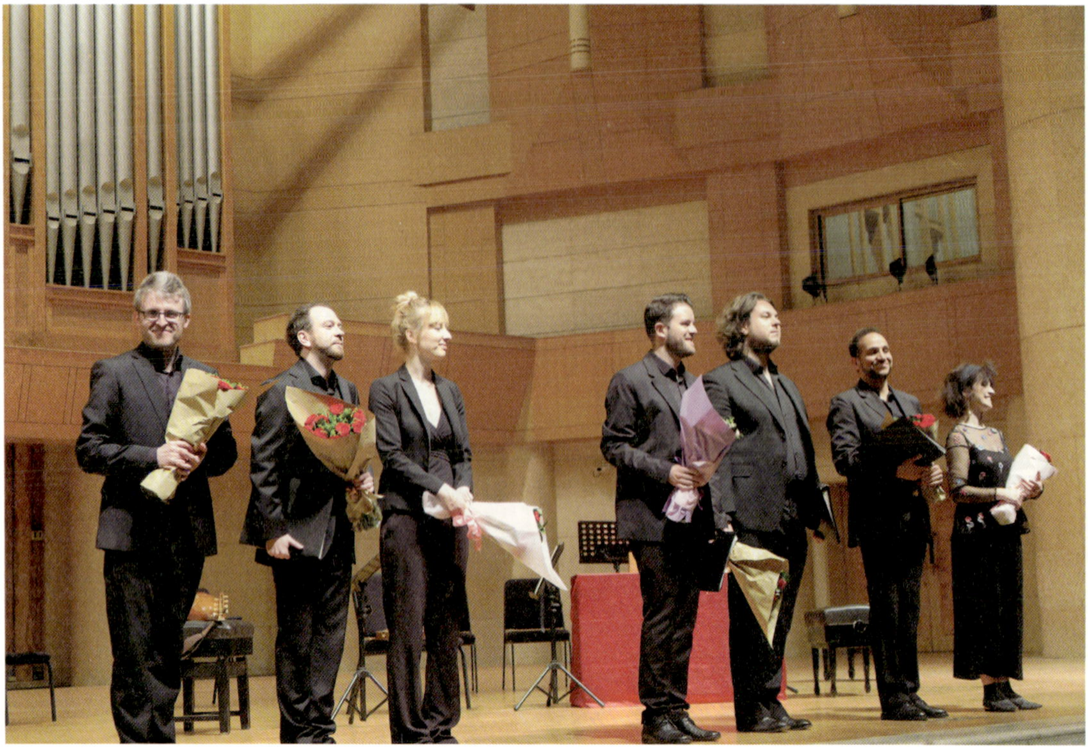

六百年后的今天，了解佩特鲁斯·威廉密·德·格鲁丹茨所作词曲的缘由和目的并非易事。历史线索指出，他的音乐受众包括了神职人员、大学师生以及中欧受过教育的市民。当时的社会所弥漫的拉丁人文与宗教氛围，佩特鲁斯·威廉密·德·格鲁丹茨这些充满虔诚情怀的作品，为受众在祈祷时带来了更为浓厚的宗教色彩，极富音乐艺术的感染力。正因如此，他的作品直到17世纪仍在中欧许多地区传唱。

在音乐会演奏了另一位波兰作曲家尼古拉斯·德·拉德姆的作品，他也是古乐史上的重要人物。他于1462年创作的《史学者的犀利》这部伟大宏歌，歌颂并祝福了当时波兰国王与王后沃兰·肖·雅戈洛（Zofia Holszanska）和索菲亚·霍萨桑斯卡（Zofia Holszanska）的婚姻，以及他们刚降生的王子卡斯尔米茨（Kazimierz）。这场迷人且难得的古乐盛宴将完美地契合诸位的音乐感受力，使在场的听众仿佛穿梭在百年前的波兰及欧洲，领略独具特色的早期文人雅乐。

波兰音乐家们用手中的乐器，用美丽的歌喉，引领听众穿越百年时空，开启这场时光倒流的音乐之旅，让留存于中世纪与巴洛克时期的浪漫回响，重现耳畔，感受着隐匿于时光中的音乐梦幻。

这不能不说对所有人是一种幸运，拉莫拉古乐团挖掘尘封已久的拉丁文曲目，让深沉与虔诚交会，让来自中世纪的拉丁文密码以和声之美颂咏吟唱，让观众在百年后的古乐旋律中再次遇见腓特烈三世麾下的波兰文人音乐家佩特鲁斯·威廉密·德·格鲁丹茨，在中世纪的漫长时光中感受深邃浪漫的乐思。

演唱会在不知不觉中结束，伴随着观众经久不息的掌声，拉莫拉古乐团又演唱了一首关于爱的歌曲。此刻，我深深地领悟到——音乐无国界，多少拉丁字迷都无法掩盖古乐本身的华美。神秘优雅的中世纪的音乐密码，仿佛向人们倾诉着那些蕴藏在音乐里的故事或感情，一切无需海枯石烂，不曾遗忘就好。

在四月的中山音乐堂，来自波兰的古乐让我心海溢满花的清香，簇簇芳菲在心中翩翩起舞，散落一片姹紫嫣红。我仿佛看到了中世纪游吟诗人们的虔诚情思，玫瑰花窗下，从黑暗臻至光明……

世界的《福地》

波兰是世界文化遗产的重要贡献者。波兰的艺术、音乐及文学植根于波兰厚重内涵的文化沃土。与欧洲文化潮流同步发展之时,既保留了欧洲传统的文化特质,又创新了波兰独特的风格,因此,波兰无论在艺术领域的各个方面都在世界享有盛誉,具有广泛的影响力,对世界特别是对欧洲文化的发展起到了积极的作用。

提到波兰的文学,弗瓦迪斯瓦夫·莱蒙特(Wladyslaw Reymont 1868-1925)的名字耳熟能详,不仅在波兰,而且为中国的读者所喜爱。他是波兰著名的现实主义作家,1924年诺贝尔文学奖获得者,在欧洲和世界文坛都有较大的影响。他的代表作《农民》和《福地》不仅在波兰文学史上占有重要地位,而且已被公认为世界现实主义文学名著。1924年"由于他伟大的民族史诗式的作品《农民》"而获得诺贝尔文学奖。

鲁迅先生20世纪30年代在研究东欧被压迫民族文学时,对莱蒙特十分推崇。早在20世纪40年代,我们就开始翻译莱蒙特的小说。中华人民共和国成立后,莱蒙特的作品得到了更为广泛的介绍。

在这个火热的夏天,位于北京王府井大街的首都剧场会议厅,被誉为"波兰版《子夜》"的《福地》再版首发仪式在这里举行。

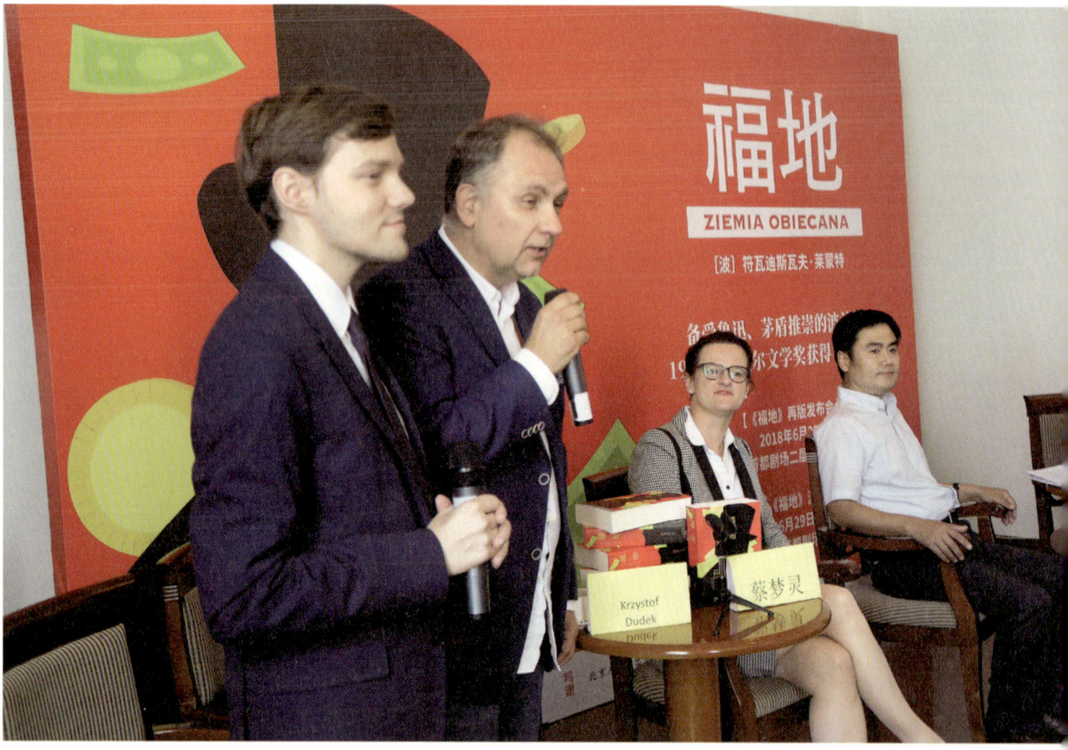
福地
ZIEMIA OBIECANA
[波] 符瓦迪斯瓦夫·莱蒙特
Krzystof
Dudek
蔡梦灵

波兰共和国驻华大使馆文化处主任蔡梦灵、中国画报出版社副社长方允仲、波兰卡齐米日·戴梅克罗兹新剧院院长克日什托夫·杜德克（Krzysztof Dudek）、剧院市场营销主任（Piotr Kaluzny）、北京人艺演出中心业务部经理林芝、《福地》译者、著名波兰文学翻译家张振辉教授及来自波兰卡齐米日·戴梅克罗兹新剧《福地》剧组的演员、各界嘉宾、媒体记者齐聚一堂，深入探讨《福地》的时代背景、创作历程及艺术风格。现场气氛热烈，人们对这部作品高度关注，对作品的历史背景及在现实生活产生的深远意义颇有浓厚的兴趣。

长篇小说《福地》以波兰纺织工业城市罗兹市19世纪八九十年代的工业发展为题材，对波兰王国19世纪资本主义社会状况进行了全面、深刻的描述，揭示了资产阶级尔虞我诈、弱肉强食的本性。小说因为对新兴资产阶级入木三分的生动描写，被誉为"波兰版《子夜》"。莱蒙特鲜明的民主主义思想、敏锐的洞察力，以及卓越的现实主义的创作才能，都在小说中展露无遗。

波兰驻华大使馆文化处主任蔡梦灵在首发式上说，今年恰逢波兰重获独立100周年，今天我们齐聚一堂，一同来庆祝《福地》一书的再版发行和戏剧公演。《福地》这部享誉波兰乃至世界的文学巨著出自波兰作家弗瓦迪斯瓦夫·莱蒙特之手。小说以19世纪八九十年代的罗兹为背景，向人们展示出那个时代环境下的写实故事，深层次地挖掘人性的百态，从而使人们在读完这部小说后有所反思。

中国画报出版社副社长方允仲表示，今天，无论是对于中国还是对于波兰，无论是对于文学界还是演艺界来说，都将是一个十分重要的日子，因为全世界最优秀的作家之一、波兰文学巨匠莱蒙特的文学名著《福地》在中国再版，与此同时搬上中国的话剧舞台，这是令人兴奋的盛事和喜事。今天，我们在这里见证《福地》再版，并欣赏同名话剧第一次在北京演出。莱蒙特先生思想深刻，他以纺织工人为题材，揭露了资产阶级的狡诈与贪婪，体现出对底层民众的关注，用今天的话来说，就是关心民生，

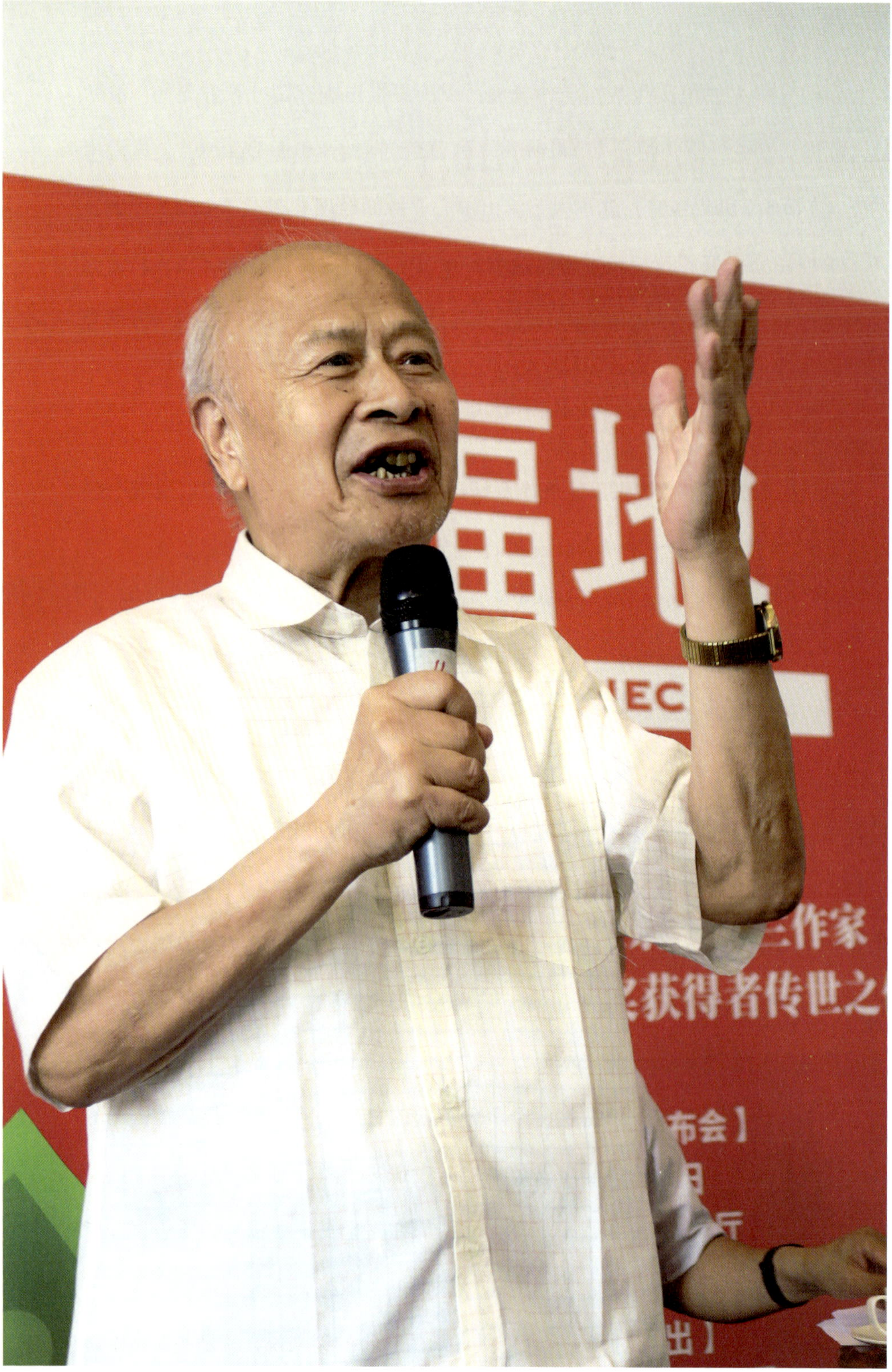
作家
获得者传世之
布会】

接地气。也正是因为莱蒙特的贡献,他荣获诺贝尔文学奖,也获得了现代中国最受尊敬的文学大师鲁迅先生和茅盾先生的推崇。《福地》是莱蒙特先生的作品,但作为出版单位,也是中国画报出版社的作品。尽管是再版,但这仍然令我们感到高兴、激动和自豪。

作为2018首都剧场精品剧目邀请展演的波兰卡齐米日·戴梅克罗兹新剧院创作的话剧《福地》,受邀来到中国演出。波兰卡齐米日·戴梅克罗兹新剧院院长克日什托夫·杜德克在首发式上介绍了由雷米吉乌什·布热克导演的《福地》,该剧汇聚了卡齐米日·戴梅克罗兹新剧院的优秀主创力量及演出团队,强强联手,将《福地》这部曾获诺贝尔文学奖的巨作如愿以偿地搬上了话剧舞台。

克日什托夫·杜德克说,今天在这里亲眼见到了《福地》译者、著名波兰文学翻译家张振辉教授,我感到非常荣幸,感谢张振辉教授将备受鲁迅、茅盾推崇的波兰作家、诺贝尔文学奖获得者传世之作介绍给中国读者,让我们有机会带着《福地》这部话剧来到北京献艺,用戏剧独特的艺术表现方式向中国读者讲述发生在波兰19世纪那个特殊年代的历史故事。

虽已年过八旬,但神采飞扬、精神矍铄的张振辉教授在首发式上向中波朋友介绍,弗瓦迪斯瓦夫·莱蒙特的这部巨作是19世纪的著名文学经典。19世纪下半叶,波兰王国华沙一带变成沙俄占领区。位于波兰中部、地处维斯瓦河与瓦尔塔河的分水岭的罗兹是波兰王国重要的工业城市,纺织业、机械工业尤为著名,当时罗兹的工人运动蓬勃发展,工人们对压榨和剥削他们的资本家奋起反抗。这段历史与中国20世纪30年代上海半殖民半封建社会资本家对工人欺诈与压迫的社会背景相似,五四新文化运动先驱者之一、中国革命文艺奠基人、著名作家茅盾在他的长篇小说《子夜》中对这段历史有着深刻描述。

张振辉教授说,茅盾、弗瓦迪斯瓦夫·莱蒙特两位中国与波兰的文学巨匠撰写的《子夜》与《福地》，完全可以作为中波文学比较的经典之作，对于促进中波文学交往与文化交流意义深远。

1984年，张振辉教授沥尽心血，用了一年多时间，首次将《福地》这部巨作翻译成中文，由漓江出版社出版，此后还复版了两次。2012年，《福地》由凤凰出版社第二次再版。此次《福地》第三次再版，距离首次翻译出版，已经时隔30多年。

张振辉教授还翻译了波兰知名作家显克维奇的历史小说代表作《你往何处去》，由人民文学出版社，近期也将再版，这是100多年来唯一一部获得诺贝尔文学奖的历史小说。此外，张振辉教授还翻译了波兰知名作家普鲁斯的代表作《玩偶》，1996年由上海译文出版社出版。该作是19世纪下半叶波兰批判现实的代表作，也是19世纪历史题材小说中最重要的一部作品。

弗瓦迪斯瓦夫·莱蒙特出生在拉多姆附近的大科别拉村，父亲是一位管琴师，由于家境贫寒，只上过几年学，后流浪谋生，饱尝了人生的艰辛。但他从小就酷爱文学，并且在这方面显示出了他的天才。1924年，莱蒙特"因其那部伟大的民族史诗般的作品《农民》"而获得诺贝尔文学奖，《福地》是他的重要代表作。《福地》属于波兰人民，《福地》属于全世界，《福地》同样也属于中国。

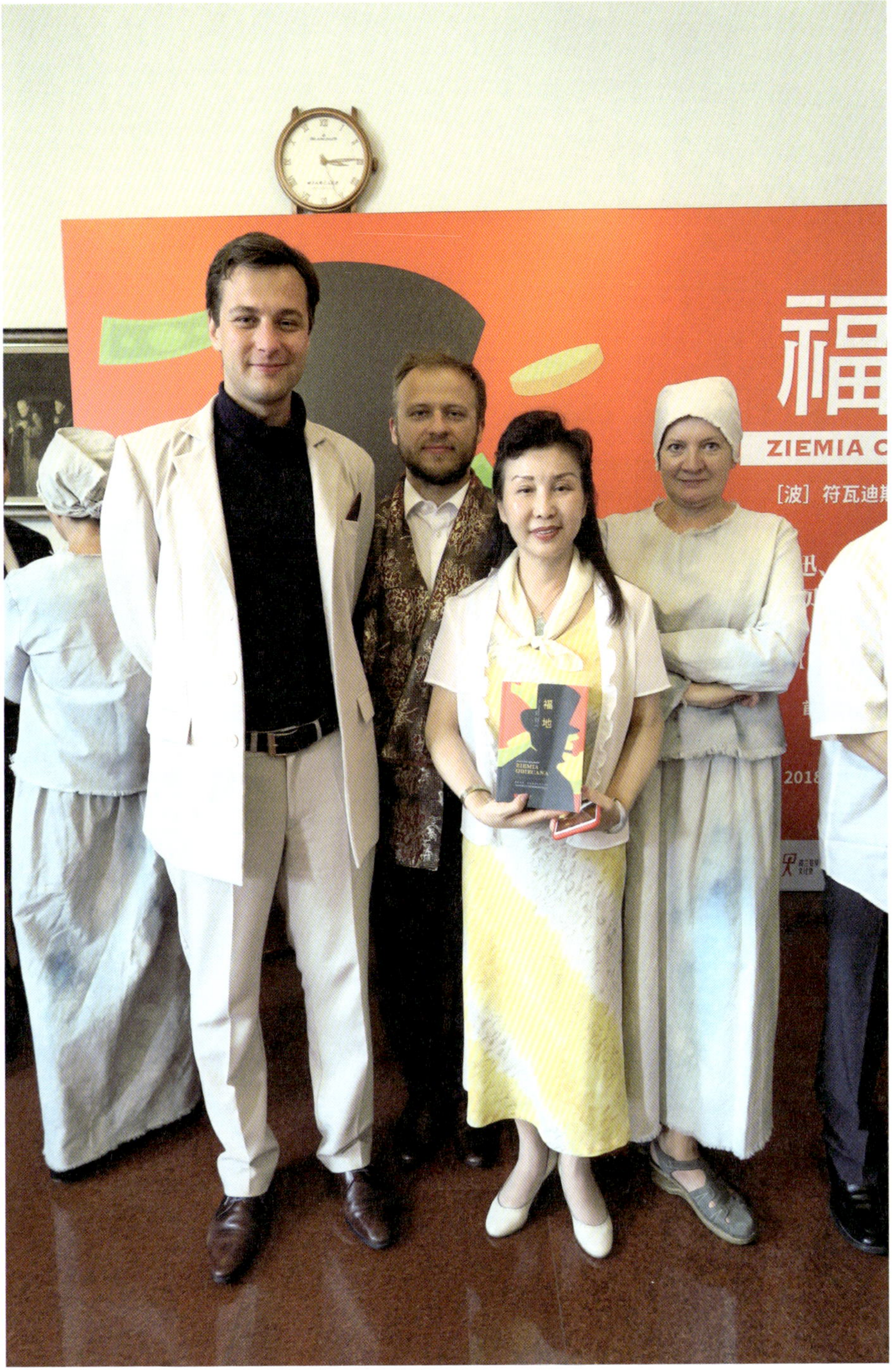

《福地》与福气

雨后的夏日微风轻拂，凉爽清新。由波兰著名导演雷米吉乌什·布热克（Remigiusz Brzyk）导演的话剧《福地》6月29日—7月1日在北京人民艺术剧院上演。该剧是2018首都剧场精品剧目邀请展演中的经典剧目，是波兰卡齐米日·戴梅克罗兹新剧院的剧作，根据诺贝尔文学奖得主弗拉迪斯拉夫·莱蒙特（Wladyslaw Reymont）的同名小说改编。

话剧《福地》是继2015年米哈尔·泽达拉的《先人祭》以及2016年扬·克拉塔导演的《李尔王》之后，第三部在首都剧场精品剧目邀请展上演的波兰戏剧，给中国观众带来了全新的戏剧艺术享受。

卡齐米日·戴梅克罗兹新剧院院长克日什托夫·杜德克（Krzysztof Dudek）介绍，《福地》以罗兹19世纪八九十年代的工业发展为题材，对波兰王国当时的资本主义社会状况进行了全面深刻的剖析，揭示了资产阶级尔虞我诈、弱肉强食的本性。那时的罗兹，是波兰和外国垄断资本主义高度发展和十分集中的地方，本剧所写的印染厂老板布霍尔茨和棉纺厂老板莎亚就是垄断资本的代表人物。布霍尔茨由于拥有亿万财产，被人们看成是"罗兹的统治者""罗兹的灵魂""千百万人生命的主宰"。在他死之后，

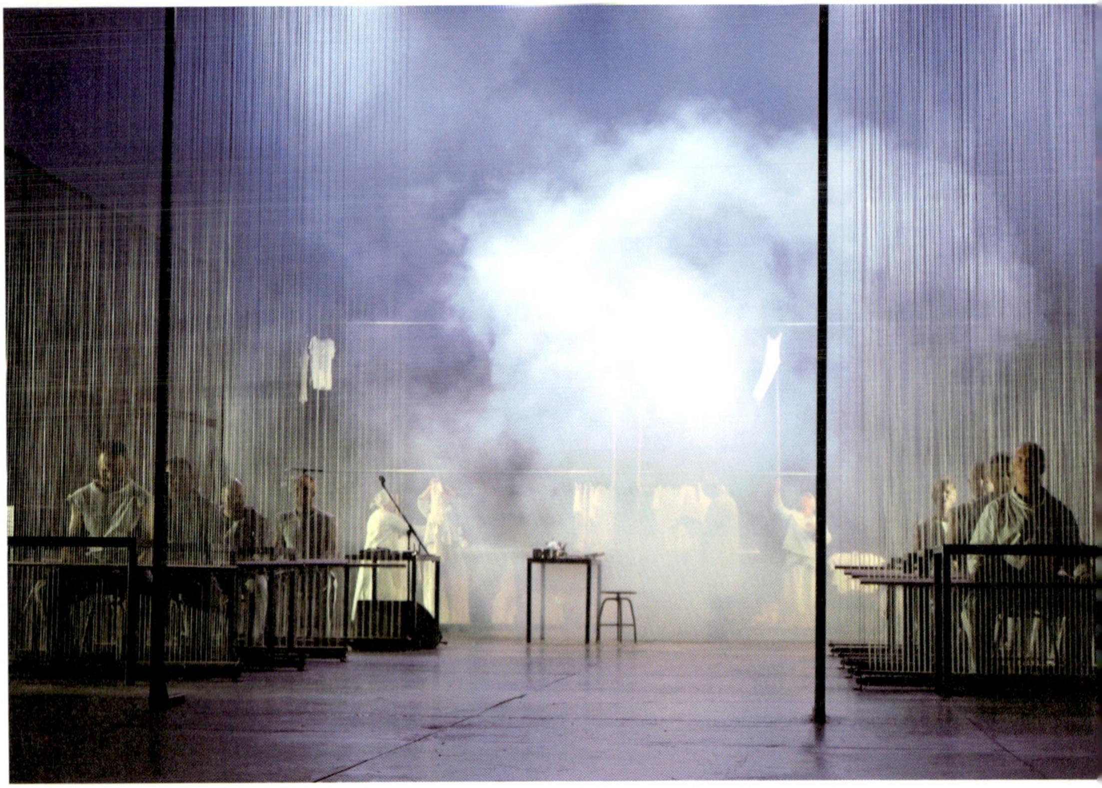

全罗兹为他举行盛大的葬礼，所有的工厂这一天都停工，全体职工被派去送葬。莎亚来到恩德尔曼家参加资本家们的聚会时，到会的工厂老板们都得听从他的意见，对他百依百顺。

改编这部小说的米哈尔·可米希克（Michal Kmiecik）在谈到演出时说，《福地》是一只"怪物"诞生的故事，是一座新兴城市、繁荣工业和吸血资本主义的故事。它也是工业巨子及其奴隶、一群又一群来到城市寻找生计农民的故事。小说注重当时的国家历史背景和社会渊源，剧中三位人物分别为德国人、犹太人和波兰人，德国人和犹太人代表着资本家，波兰人则代表工人阶层。小说讲述了波兰人、犹太人、德国人三兄弟开办工厂、合作经营的故事。通过这三位想开办工厂、雄心勃勃的青年人的合与分，讲述主角罗兹这座城市的迅速发展，它是一座拥有巨大工厂、巨大财富、巨大宫殿和巨大穷困的城市。这只"怪物"许下更好生活的承诺，却无法履行诺言。雷米吉乌什·布热克的戏剧讲述这个世界最后时刻的故事。

小说十分注重社会全景的描写，而这部剧则是注重新阶层的崛起。1905年，新阶层掀起对资本家的反抗，经过斗争后的罗兹发生了很大变化。如今，剧中所展现的那座波兰王国重要的工业城市、纺织业、机械工业尤为著名的罗兹已经不复存在。今天罗兹市已经成为波兰人民安宁生活的地方。

在2018首都剧场精品剧目邀请展"菊隐·艺术汇——中外艺术家高端对话"，《福地》作品研讨会现场，克日什托夫·杜德克讲述了卡齐米日·戴梅克罗兹新剧院的发展历史。那是1949年，一群毕业于罗兹电影学院的年轻人，创立了一家全新的现代剧院。剧院一直继承并发扬创始人、20世纪伟大导演——卡齐米日·戴梅克所规划的宏伟蓝图。剧院最初成立时绝大多数演员为犹太人，他们用犹太语演出。自1968年之后，卡齐米日·戴梅克先后三次出任罗兹戏剧院院长。卡齐米日·戴梅克始终认为，戏剧艺术家及导演应该以国家利益为重，与祖国同呼吸共命运，贴近生活，服务人民，才能创作出更多、更优秀的艺术精品。

在卡齐米日·戴梅克担任罗兹新剧院院长期间，他先后导演了许多与品德、政治、国家发展相关的剧目。如1856年上演的《温克瑞茨假日》，1957年上演的《黑暗覆盖地球》、《轻歌剧》等都是那个时期的重要作品。在他任职期间，剧院突破性地创造了一种前所未有的戏剧表现形式，将当代戏剧、波兰戏剧、西方先锋派和荒诞派戏剧中最经济的成就予以展示，佳作不断，好评如潮，在世界戏剧史上写下了辉煌的一页。经过半个多世纪的发展，卡齐米日·戴梅克罗兹新剧院已成为当今波兰最具影响力的品牌剧院。

卡齐米日·戴梅克还担任过波兰文化部部长，他的品格和威望极富盛誉，被誉为"波兰历史上最优秀的文化部长"。他高度重视文化的发展，认为文化是一个国家的命脉，是促进社会发展的排头兵，而不是末端。他在第三次担任罗兹新剧院院长时，毫不犹豫地选择了莎士比亚的剧目《哈姆雷特》。他希望在有生之年，将这部著名作品搬上戏剧舞台。对待戏剧艺术，他的理念是，台词功底自然重要，更重要的是艺术家的责任和担当。

卡齐米日·戴梅克"三上三下"，跌宕起伏的人生故事，为他一生的戏剧创作带来十分重要的影响。

卡齐米日·戴梅克罗兹新剧院的优秀主创力量及演出团队打造了精品戏剧《福地》。该剧无论是舞美还是音乐、灯光都极具艺术魅力，灯光设计由导演雷米吉乌什·布热克（Remigiusz Brzyk）亲自上阵，服装设计由西蒙·谢夫奇克（Szymon Szewczyk）、伊加·斯武普斯卡（Iga Slupska）负责，演员从台下走上舞台，从台上走进观众，使剧情极富感染力，人物鲜活，让观众身临其境，与剧中情节融为一体，产生共鸣。用卡齐米日·戴梅克罗兹新剧院院长克日什托夫·杜德克的话来说，我非常喜欢首都剧场的艺术氛围，特别是舞台、走廊和地板及剧院的设计都与罗兹十分相

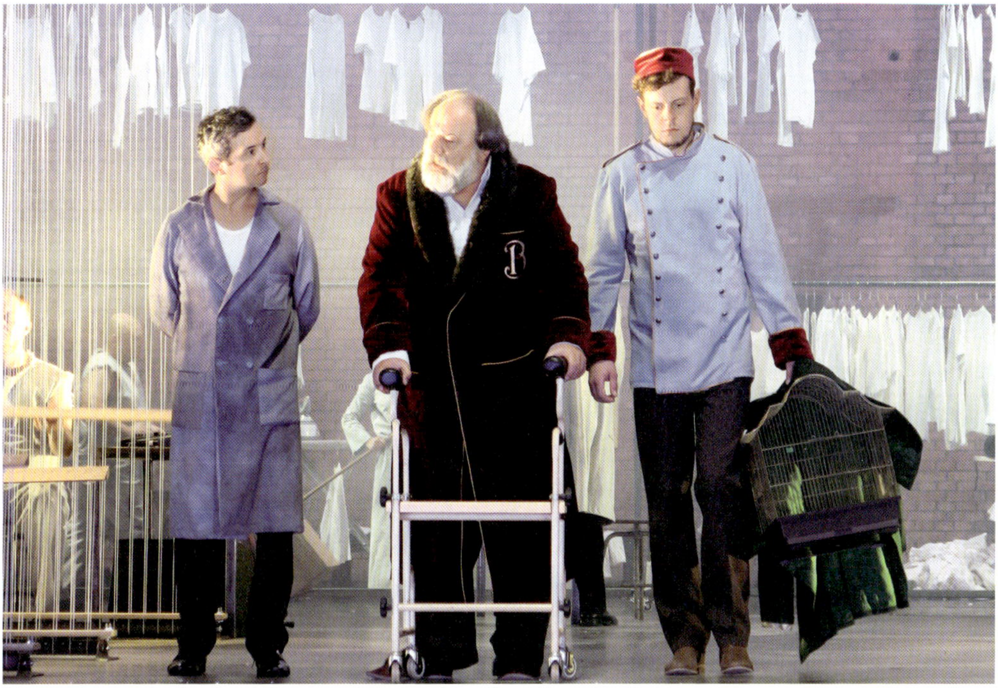

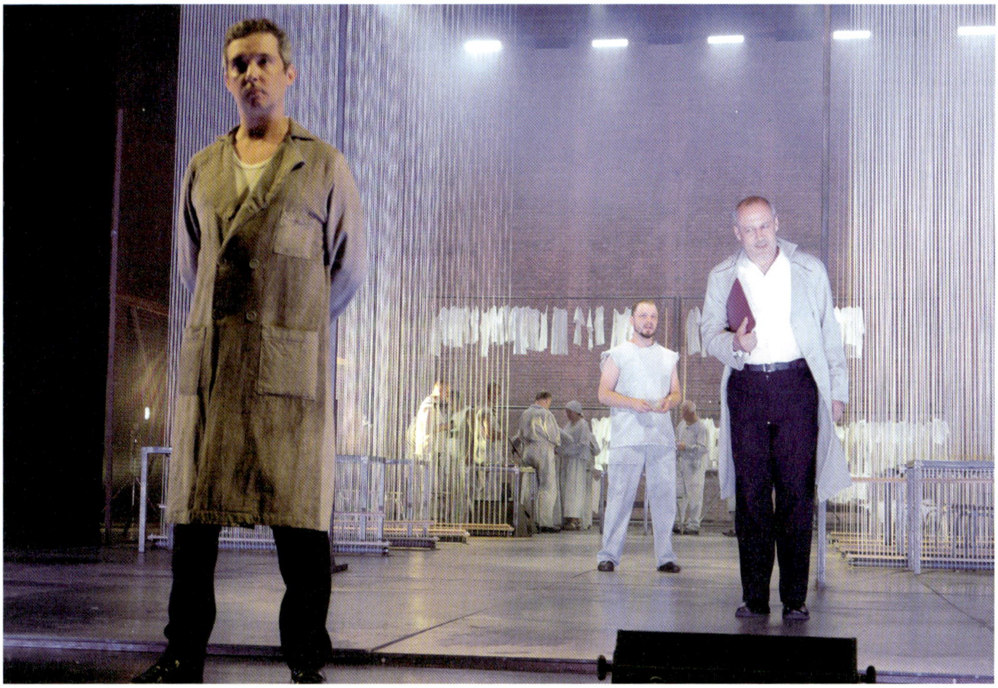

似，所以，演员们来到北京演出，仿佛在家里一样。演员们走下台，与观众面对面交流，使这部在他看来有些时候觉得有点"无聊"的戏剧，无形中拉近了和观众心与心的距离，增加了观众对该剧的关注度和与演员近距离接触的亲切感。

这部在欧洲戏剧史上颇有影响力的戏剧搬上中国北京的舞台，演员们的高超演技及精湛的艺术造诣，令观众大饱眼福。许多人都羡慕北京观众真幸福，能在首都剧场观看到那么精彩的戏剧。不少戏剧迷不辞辛苦，专程从湖南、山西、上海、杭州等地专程来京"戏剧朝圣"，有幸观看到波兰的经典戏剧《福地》，感到真是莫大的福气。

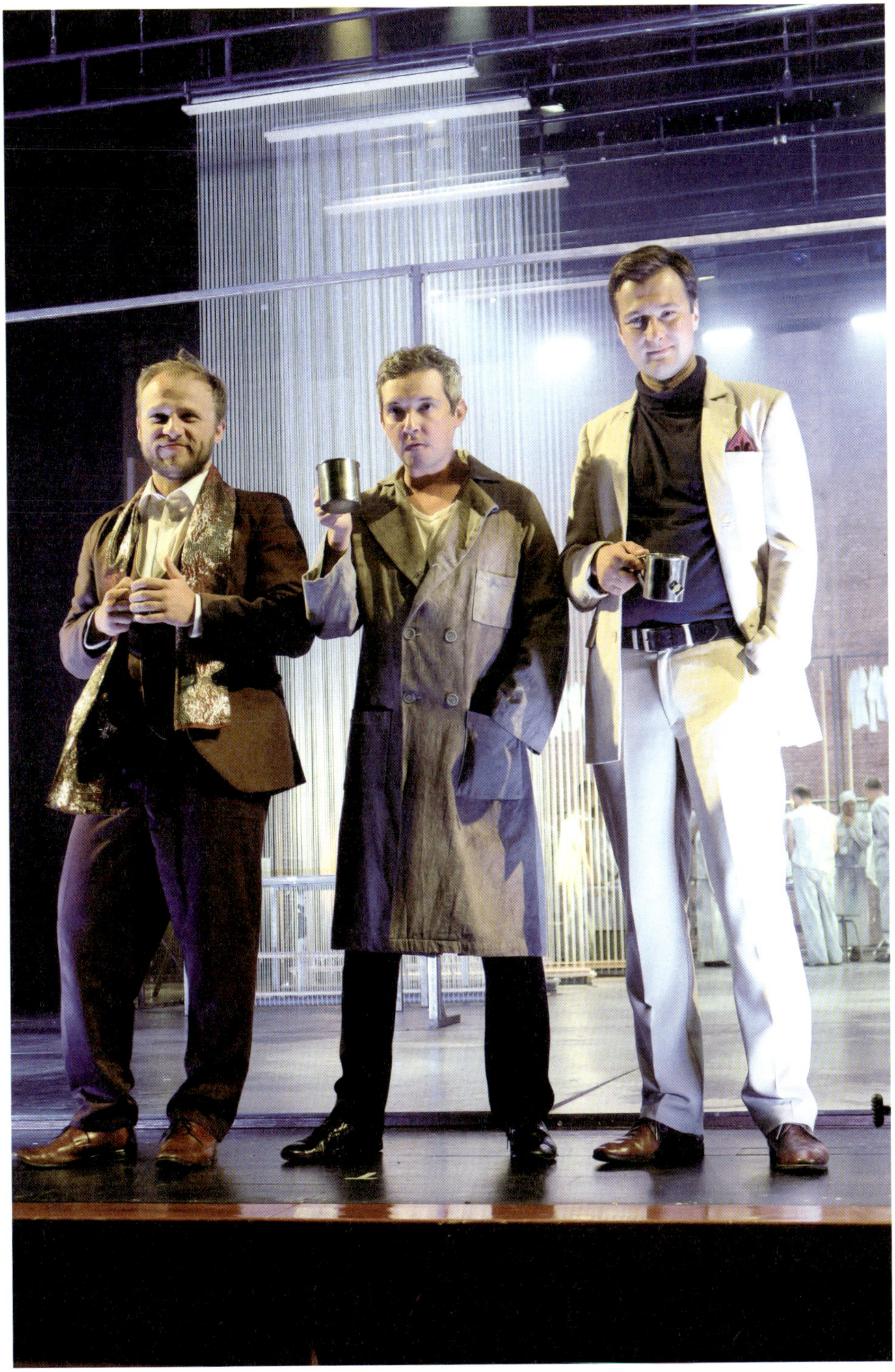

伊莎贝拉的心愿

深秋时节,金风送爽,在波兰共和国驻华使馆见到大使夫人伊莎贝拉(Izabella Zajaczkowska),她笑意盈盈,满面春风,令人感到温暖。第一眼见到伊莎贝拉,从她的眼神和笑容里你能感到她的善良与爱心。

前不久,在北京朝阳公园举办的第十届"大爱无国界"义卖活动。作为波兰共和国刚上任不久的大使赛熙军(Wojciech Zajaczkowski)的夫人伊莎贝拉是第一次在中国参加"大爱无国界"义卖活动。她得知这次"大爱无国界"义卖活动的主题为"听见世界的爱",为耳残儿童送去希望与梦想。她非常热心,积极参与并组织波兰相关企业参与这次"大爱无国界"的义卖活动。波兰的琥珀、香肠、啤酒、伏特加、饼干、蛋糕、甜品,非常受欢迎。伊莎贝拉告诉我,她最开心的是大家喜欢琥珀王国的波兰琥珀,也喜欢波兰的香肠、啤酒、伏特加等产品,这些义卖款全部捐给耳残儿童,能为他们献一份爱心,她非常高兴。这样的爱心活动对于那些需要帮助的孩子来说,真是一个福音。伊莎贝拉了解到这项活动始于2009年,今年是第10次举办。10年前"大爱无国界"活动由国务委员、时任外交部部长杨洁篪夫人乐爱妹女士倡导发起。如今"大爱无国界"义卖活动由国务委员兼外交部部长王毅夫人钱韦女士延续。"大爱无国界"

在过去9年中，陆续关注了社会弱势群体、贫困社区的整体改造、先天性心脏病儿童、贫困地区教师、贫困地区基础设施建设等方面，并逐渐发展为每年聚焦一个公益主题，关注一个弱势群体，解决一类社会问题。她激动地说，"这样献爱心的好事，我是一定要积极参与的，并希望更多的人和我们一起手牵手、心连心去帮助更多的人。'大爱无国界'这个活动，与我内心的愿望是契合的，因此，我非常喜欢并善于和希望多做这样的好事，为推动中波友谊做一些力所能及的事情。"

赛熙军大使曾先后两次在俄罗斯工作6年，担任波兰驻俄大使，在此期间伊莎贝拉是他最好的助手和伙伴，他们夫唱妇随，合心牵手，在俄罗斯也多次举办过献爱心活动。伊莎贝拉说："我喜欢孩子，乐于在献爱心活动中为孩子们送去温暖和关爱。"

伊莎贝拉出生在离波兰首都华沙35公里处的切丝克区（Czersk）马佐夫舍（Mazowsze），家中有两个兄弟，姊妹三人一直受到非常良好的教育。伊莎贝拉性格开朗，敏锐智慧，她从小的愿望是当一名记者，中学毕业后她考入鲁布林天主教大学，攻读哲学专业，正是在这所学校一起学法语时，她认识了历史系的高才生赛熙军，两人因此结下缘分，后来结为夫妻。伊莎贝拉毕业后当时的选择很多，她完全可以凭着她的成绩和才华，完实现自己当记者的梦想。就在这时，当地的一所学校给她发来一封热情洋溢的邀请函，恳请她能到这所学校去教学，她经过犹豫之后还是选择了从事教育。

刚刚大学毕业的伊莎贝拉，对未来充满期待与憧憬，她信心满满地走进这所学校，承担起了多个班的教学任务。她对孩子们总是热心、爱心、耐心，她的教学非常有特点，既严格按照传统意义上的教学方法，又有自己独到的创新，灵动活泼，深受孩子和家长们的欢迎。没过多久，她在当地就成了小有名气的名牌教师，第二年她就晋升为教务主任。按照中国话来说就是"无心插柳柳成荫"。这句话，用在伊莎贝拉身上再合适不过了。

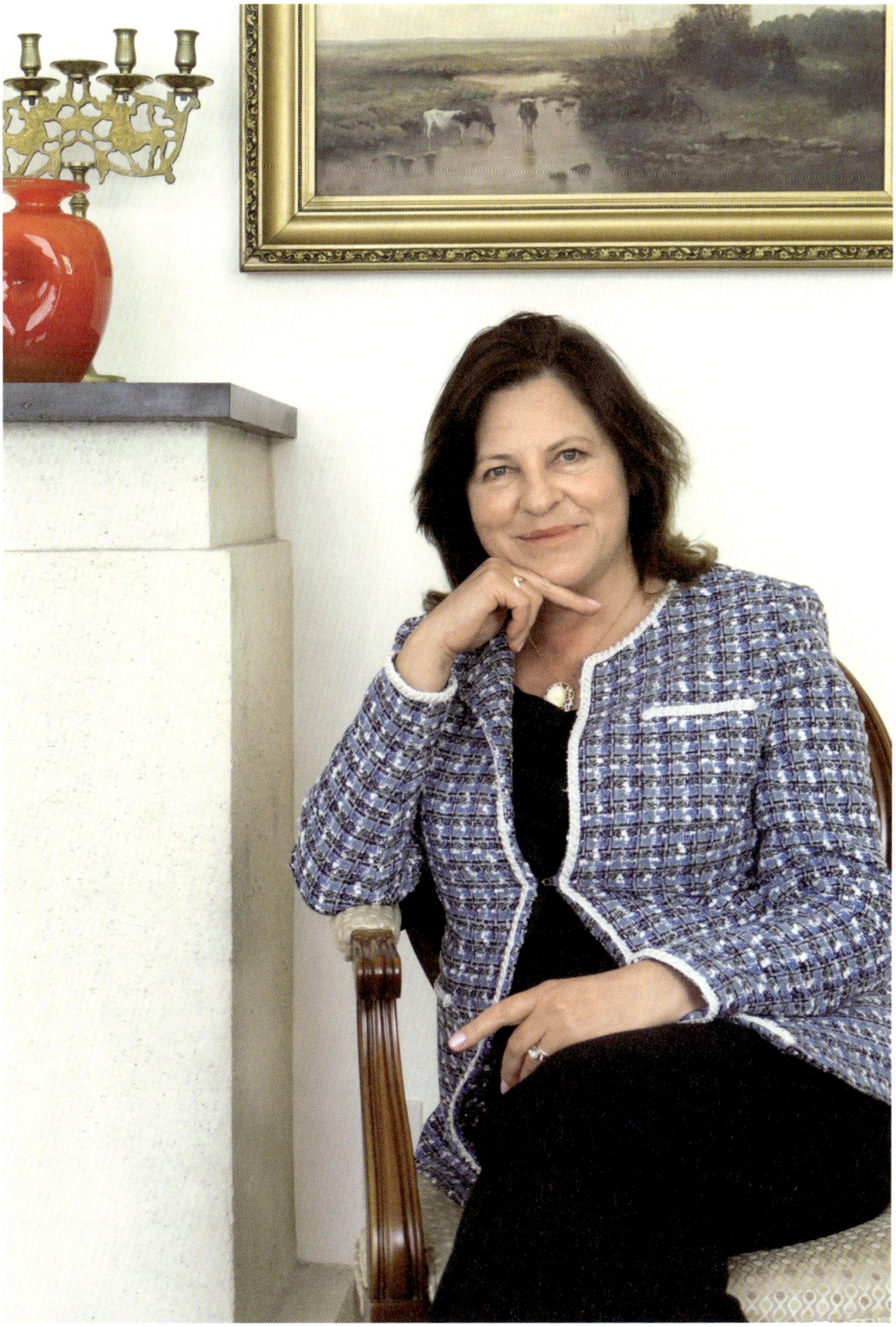

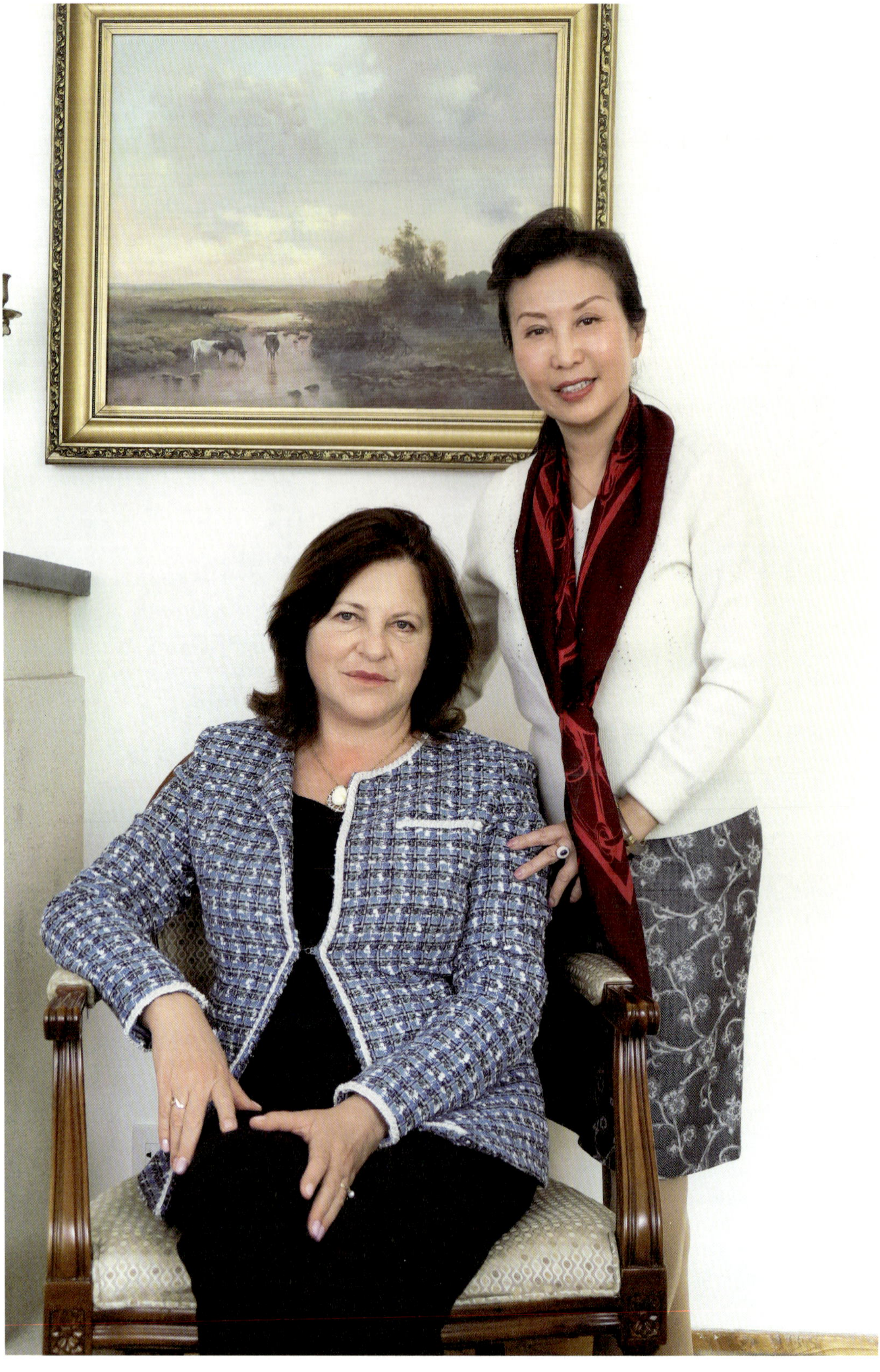

伊莎贝拉从事教育工作多年，她是个善良纯朴的女性，更是个善于学习、不怕困难的女人。她随赛熙军大使来到中国仅半年多的时间，现在每当我们见面时，她总会热情地用汉语与我寒暄交谈，"你好""谢谢你""我很高兴，我喜欢北京，我爱中国"。从她的神态和话语中，你可以感受到她的温暖和对中国人民的友善。她的书桌上总是放着《汉语口语速成》等学习汉语的书籍，伊莎贝拉经常到北京外国语大学欧洲语言文化学院与学生们交流，并教授波语。她希望更多的中国学生学好波兰语，而她自己也在努力地学好汉语。她说："她最喜欢的诺贝尔文学获奖者、波兰诗人切斯瓦夫·米沃什（Czeslaw Milosz）。他熟悉几种语言，一生中大部分时间又是在国外度过的，但他并没有放弃用波兰语写作。这一方面是他意识到诗歌必须要使用母语才能写好，另一方面，坚持用母语写作，也是他与自己的过去保持联系的最好方式。"因此，伊莎贝拉认为，学好语言是国际交往中重要的一课。

金秋十月，伊莎贝拉参加了在北京举办的波兰作家、诺贝尔文学奖得主切斯瓦夫·米沃什的诗歌作品《米沃什诗集》（上海译文出版社出版发行）的出版发布会。这是米沃什的诗歌作品第一次以中文全貌呈现。书中收录的诗歌跨度从1931年至2001年，描述了作者在波兰度过的少年时代、战乱中华沙的悲痛或对信仰的追寻。在他的诗歌中可以感受到强烈的生活气息和平凡人生的个体性。该书力邀国内波兰语界权威人士林洪亮、波兰语文学专家杨德友和赵刚直接从波兰文原作译出，完整地呈现米沃什诗歌的风貌和创作轨迹。日前，在诗集首发式上，林洪亮和赵刚到场，结合诗歌文本，向读者朗诵和解读了这位伟大诗人的一生。她对我说，"非常愿意参加这样的波中文化交流活动，文化间沟通心灵，沟通思想"，她希望通过更多的文化交流活动，把波中两国人民的心连在一起。

采访临别时，伊莎贝拉邀请我为她读一首中国古诗，我为了她朗诵了一首唐代诗人李白的《早发白帝城》："朝辞白帝彩云间，千里江陵一日还。两岸猿声啼不住，轻舟已过万重山。"听完后,她拍手为我鼓掌,连声说中国的古诗真美。她说:"我喜欢汉语,喜欢诗词,喜欢中国。"